AF888503

Ekkehard Felder

Juristische Textarbeit im Spiegel der Öffentlichkeit

Studia Linguistica Germanica

Herausgegeben
von
Stefan Sonderegger
und
Oskar Reichmann

70

Walter de Gruyter · Berlin · New York
2003

Ekkehard Felder

Juristische Textarbeit im Spiegel der Öffentlichkeit

Walter de Gruyter · Berlin · New York
2003

∞ Gedruckt auf säurefreiem Papier
das die US-ANSI-Norm über Haltbarkeit erfüllt.

ISBN 3-11-017731-5

Bibliografische Information Der Deutschen Bibliothek

Die Deutsche Bibliothek verzeichnet diese Publikation in der Deutschen Nationalbibliografie; detaillierte bibliografische Daten sind im Internet über <http://dnb.ddb.de> abrufbar.

© Copyright 2003 by Walter de Gruyter GmbH & Co. KG, D-10785 Berlin.

Dieses Werk einschließlich aller seiner Teile ist urheberrechtlich geschützt. Jede Verwertung außerhalb der engen Grenzen des Urheberrechtsgesetzes ist ohne Zustimmung des Verlages unzulässig und strafbar. Das gilt insbesondere für Vervielfältigungen, Übersetzungen, Mikroverfilmungen und die Einspeicherung und Verarbeitung in elektronischen Systemen.

Printed in Germany
Satz: Lars Füchtjohann, Münster
Einbandgestaltung: Christopher Schneider, Berlin

Inhaltsverzeichnis

Zur Notation:

- Objektsprachliche Einheiten (z.B. besprochene Wörter, Wortgruppen/ Syntagmen) werden in Kursivschrift gesetzt.
- Zitate aus dem Textkorpus oder aus sonstiger Literatur erhalten doppelte Anführungsstriche.
- Teilbedeutungen als semantische Angaben werden, wenn sie Bedeutungsangaben zu bestimmten objektsprachlichen Ausdrücken sind, gemäß der philologisch-sprachwissenschaftlichen Tradition in einfache Anführungsstriche gesetzt.
- Anmerkung zur juristischen Zitierweise: Kommentartexte zu einzelnen Paragraphen werden üblicherweise nach Randnummern (Rdn.) zitiert. Die Kennzeichnung „vor" bedeutet, dass es sich um eine Rdn. der einleitenden Erläuterungen zu den jeweiligen Ausführungen vor jedem § handelt.

Abkürzungsverzeichnis und Fachausdrücke:

AG	=	Amtsgericht
Art.	=	Artikel
Abs.	=	Absatz
BGH	=	Bundesgerichtshof
BGHSt	=	Amtliche Sammlung der „Entscheidungen des Bundesgerichtshofs in Strafsachen" (Beispiel für die Zitierweise: BGHSt 35, 270 = 35. Band, Seite 270)
BVerfG	=	Bundesverfassungsgericht
BVerfGE	=	Amtliche Sammlung der „Entscheidungen des Bundesverfassungsgerichts" (Beispiel für die Zitierweise: BVerfGE 92, 1 = 92. Band, Seite 1)
GG	=	Grundgesetz
LG	=	Landgericht
OLG	=	Oberlandesgericht
RG	=	Reichsgericht
Rspr.	=	Rechtsprechung
Rubrum	=	Urteilskopf: Dort wird der Gegenstand des Verfahrens, das erkennende Gericht und die am Verfahren Beteiligten angegeben
StGB	=	Strafgesetzbuch
StPO	=	Strafprozessordnung
Tenor	=	Urteilsformel mit dem getroffenen Entscheidungsergebnis und der Rechtsfolge

1 Einleitung

In der vorliegenden Untersuchung wird die Arbeit mit Texten als zentrales Charakteristikum der Tätigkeit eines juristischen Funktionsträgers herausgearbeitet. Aus diesem Grunde wird die Darstellung juristischen Handelns programmatisch als „juristische Textarbeit" bezeichnet. Die juristische Arbeit mit Texten nennt der Rechtstheoretiker Friedrich Müller „Rechtsarbeit", Gesetzesmacher und –anwender werden in seiner *Juristischen Methodik* „Rechtsarbeiter" genannt.[1] Mit diesen Bezeichnungen wird die Rolle des juristisch handelnden Subjekts bei der Normkonkretisierung betont. Die Untersuchung schließt sich dieser Sichtweise an und will die von Rechtsarbeitern vollzogenen Sprachhandlungen auf der Basis von Normtexten in den Mittelpunkt der Untersuchung rücken.

Da die gesellschaftliche Diskussion über die Rechtsprechung der Strafgerichte und des Bundesverfassungsgerichts eine durch Medien vermittelte Auseinandersetzung ist, bedarf die Untersuchung der mediengestützten Vermittlung von Rechtsprechung einer systematischen Vergleichsanalyse von ursprünglicher juristischer Textarbeit auf der einen Seite mit der Rezeption derselben in ausgewählten Medien auf der anderen Seite. Wegen der Komplexität der rechtlichen Zusammenhänge kann ein solches Erkenntnisinteresse nur an einem konkreten Fall erarbeitet werden. Deshalb bildet im Folgenden exemplarisch eine Judikatur (Gerichtsentscheidungen) zu Sitzblockaden den Ausgangspunkt der Analyse.

1.1 Fragestellung und Erkenntnisinteresse der Untersuchung

Eine Analyse mit dem Titel *Juristische Textarbeit im Spiegel der Öffentlichkeit* muss neben dem Untersuchungsprogramm der *juristischen Textarbeit* auch Rechenschaft über das Verständnis von Öffentlichkeit und den damit verbundenen Erkenntnisansprüchen ablegen. Der Begriff der *Öffentlichkeit* bezeichnet diejenigen gesellschaftlichen Bereiche, die idealiter allen Bürgern offen zugänglich sind. In engem begrifflichen Zusammenhang dazu steht die *öffentliche Kommunikation*, die unter anderem in allen Massenmedien stattfindet

[1] Müller ^{7}1997.

und auf die Gestaltung und Veränderung von Ansichten und Einstellungen zielt – also auf die Beeinflussung der öffentlichen Meinung. Der extrem unscharfe Begriff der „öffentlichen Meinung“ wird hier – wie in den Sozialwissenschaften üblich – präzisiert zugunsten der „veröffentlichten Meinung“ (siehe dazu ausführlicher Teil IV der Arbeit). Diese Bezeichnung erfasst die Auffassungen und Einschätzungen derjenigen, die Zugang zu und Einfluss in den Medien haben, und vermeidet die unangemessene Gleichsetzung beider Begriffe.

Obgleich es sich bei der Untersuchung einer Sitzblockadenjudikatur und der dazu gehörigen juristischen Fachliteratur um einen kleinen Ausschnitt der Rechtsarbeit handelt, so können dennoch die Gerichtsentscheidungen des juristischen Textkorpus einen besonderen Status für sich reklamieren, wie die *Neue Zürcher Zeitung* vom 29. November 1986 feststellt.

> „Aus einer gro[ß]en Zahl von Verfassungsbeschwerden, die von Demonstranten wegen ihrer Bestrafung eingelegt worden waren, hatte das Bundesverfassungsgericht diese sieben Verfahren zur gemeinsamen Entscheidung ausgewählt, weil sie ihm charakteristisch für das Spektrum der Probleme erschienen. Alle Aktionen hatten zwischen Mitte 1981 und Anfang 1984 stattgefunden, vorwiegend in Württemberg. Zufahrten zu militärischen Einrichtungen waren ohne jedes gewalttätige Verhalten durch Menschenleiber blockiert worden. Die Ma[ß]nahmen wurden vorher angekündigt. Die Demonstranten lie[ß]en sich von der Polizei ohne Widerstand vertreiben oder wegtragen. Die gerichtlichen Geldstrafen betrugen 100 bis 640 Mark, in einem Falle 1500 Mark.“[2]

Gleiches gilt für die sog. zweite Sitzblockadenentscheidung des Bundesverfassungsgerichts vom 10.01.1995. Das im Rahmen dieser Verfassungsbeschwerde überprüfte Strafverfahren vom Amtsgericht bis zum Bundesgerichtshof ist Gegenstand der vorliegenden Untersuchung. Nicht nur die verhandelten Sitzblockaden weisen große Ähnlichkeit auf, sondern auch die Argumentation in beiden Bundesverfassungsgerichtsentscheidungen von 1986 und 1995 sind durch viele Gemeinsamkeiten gekennzeichnet. Allerdings gibt es einen zentralen Unterschied:

> „Und in der Tat, liest man die Entscheidungsgründe des neuen Beschlusses [gemeint ist der vom 10.01.1995/Anm. E.F.] und vergleicht sie mit den im Mutlangen-Urteil getroffenen Erwägungen [11.11.1986/Anm. E.F.], fällt die in weiten Teilen vorhandene Deckungsgleichheit der jeweiligen Argumente auf. Der einzige Unterschied scheint in den Mehrheitsverhältnissen zu liegen, die sich auf Grund dieses Meinungsspektrums gebildet und jetzt verschoben haben.“[3]

Hat das BVerfG 1986 die Kriminalisierung von Sitzblockaden mit der Verfassung für vereinbar erachtet, so stellt es in seiner Entscheidung 1995 fest, dass

---

[2] Neue Zürcher Zeitung 29.11.1986.
[3] Jeand'Heur 1995: 465.

diese Frage „nunmehr im Sinn der Unvereinbarkeit beantwortet"[4] werde. Das Verfassungsgericht ist selbstverständlich nicht daran gehindert, seine Judikatur zu ändern, „doch hätte man sich hinsichtlich dieses Sinneswandels doch etwas mehr an Aufklärung gewünscht"[5]. In der Folge ist es nicht verwunderlich, dass der Argumentationsweg des Ersten Senats des BVerfG sowie die Entscheidungsbegründungen der Fachgerichte (vom Amtsgericht bis zum Bundesgerichtshof) facettenreich interpretiert wurden und immer noch werden.

„Der Inhalt" des Nötigungsparagraphen § 240 StGB ist gemäß dem common sense in der Rechtsmethodik[6] lege artis – sprich unter Zugrundelegung der herkömmlichen juristischen Auslegungsmethoden – zu ermitteln, wobei dem möglichen Wortsinn eine entscheidende Funktion zukommt, markiert er doch die „äußerste Grenze zulässiger richterlicher Interpretation". Dieses Syntagma, das wörtlich im ersten Sitzblockadenurteil vom 11.11.1986 [BVerfGE 73, 235] und in der sog. zweiten Sitzblockadenentscheidung vom 10.01.1995 [BVerfGE 92, 10] vorkommt, muss ja die Neugierde von Sprachwissenschaftlern wecken ebenso wie die Feststellung, dass in diesem Rechtsstreit dem „möglichen Wortsinn" [BVerfGE 92, 10] besondere Bedeutung zukommt.[7]

Der Beschluss des BVerfG vom 10.01.1995 bietet, wie im übrigen das sog. erste Sitzblockadenurteil aus dem Jahre 1986, ein „neuerliches Beispiel, an dem exemplarisch studiert werden kann, wie ein Gesetzestext zum ‚Sprechen' gebracht wird"[8]. Denn auf Grund der Tatsache, dass „der Inhalt" eines Normtextes, also eines Gesetzesparagraphen, nicht passiv aus dem Buchstaben des Gesetzes herausgelesen werden kann, verlagert sich die Aufgabe des Rechts-„anwenders" auf die aktive Konstituierung der Norm der in concreto relevanten Gesetzesvorschrift in Bezug auf den konkret festzusetzenden Sachverhalt. Normen stecken nicht in den Gesetzestexten (deswegen die Anführungsstriche bei „der Inhalt"), sondern entfalten ihre Normativität über mehrere Textstufen, wie im zweiten Kapitel dargelegt wird. „Rechtsarbeit ist ein Vertextungsprozess, der aus Texten über verschiedene Zwischenstufen (mit Beteiligung von Texten) wieder Texte macht."[9] Richter als sprachhandelnde Subjekte im Normkonkretisierungsprozess ziehen mit anderen Worten die – eine zulässige

---

[4] BVerfGE 92, 14.

[5] Jeand'Heur 1995: 465.

[6] Vgl. z.B. Larenz [6]1991, Zippelius [6]1994 und auch Engisch 1956/[9]1997.

[7] Nach klassischer Methodenlehre besteht die richterliche Aufgabe zunächst darin, den „möglichen Wortsinn" zu bestimmen. Nur wenn diese Bestimmung des Rechtsbegriffs nicht möglich ist, so wird gemäß der Methodenlehre von Zippelius „der Typenvergleich als Mittel der Auslegung" herangezogen [Zippelius 1994: 65]. Gelingt auch dies nicht, wird das Rechtsprinzip zu erfassen versucht. Ist auch dieses nicht zu ermitteln, so rückt die Rechtsidee in den Mittelpunkt der Normpräzisierung.

[8] Jeand'Heur 1995: 466.

[9] Busse 2000a: 664.

von einer unzulässigen Auslegung scheidende – Grenzmarke des möglichen Wortsinns.

Diese herausragende Bedeutung von Texten in der Rechtsarbeit und der oben erwähnte zentrale Stellenwert der „Wortsinnauslegung“ in der Sitzblockadenjudikatur machen die hier untersuchten Gerichtsentscheidungen zu einem besonders lohnenden Gegenstand einer sprachwissenschaftlichen Untersuchung.

1.1.1 Am Anfang ist ein Textgeflecht – nicht das Wort[10]

Gängige Erklärungsmuster rechtssprachlicher Besonderheiten setzen bei Rechtstermini oder Gesetzesvorschriften an.[11] „Ohne klare Begriffe und präzise Formulierungen kann der Rechtsanwender nicht auskommen.“[12] Auf Grund dessen präferieren rechtssprachliche Untersuchungen zumeist terminologische Betrachtungen oder analysieren die Gesetzesverständlichkeit für sich genommen. Es wird explizit oder implizit behauptet, der Schlüssel zum Verstehen des schwer zugänglichen Sprachgebrauchs in juristischen, rechtlich institutionellen Kontexten liege bei einzelnen Rechtstermini oder der Gesetzesformulierung.[13]

Die vorliegende Arbeit will nachweisen: Weder die Begriffslehre noch die Gesetzesformulierung sind der entscheidende Ansatzpunkt beim Umgang mit Rechtssprache, sondern die Frage, wie Normtext und soziale Wirklichkeit in der Rechtsnorm (die mehr ist als der Normtext) strukturell verbunden werden. Diese Frage ist nur auf der Ebene der Texte bzw. des Textgeflechts und der dort realisierten Sprachhandlungen in Bezug auf den jeweiligen Fall (Sachverhalt) adäquat zu diskutieren. Der juristische Umgang mit Texten weist ein charakteristisches Spezifikum auf: „nämlich die Tatsache, dass das Recht selbst eine textbasierte Institution ist, deren wesentliche institutionelle Arbeitsvorgänge als (institutionelle) Textarbeit charakterisiert werden können.“[14] Recht ist demzufolge eine Texte be- und verarbeitende Institution, der Rechtsstaat bildet ein Kontinuum juristischer Texte (die ausführliche Begründung folgt in Kapitel 2.7).

Die linguistische Beschäftigung mit dem Nötigungsparagraphen soll exemplarisch an einem Sachverhalt verdeutlichen, wie sich juristische und alltagsweltliche „Verarbeitung“ aufgrund unterschiedlicher Wissensrahmen in ver-

---

[10] Es handelt sich dabei selbstverständlich **nicht** um eine religiös motivierte oder gar theologische Behauptung in Abgrenzung zum Evangelium nach Johannes, das mit den Worten beginnt: „Im Anfang war das Wort“.

[11] Vgl. z.B. die Beiträge in: Deutsche Akademie für Sprache und Dichtung (Hg.) 1981.

[12] Wasserman 1981: 131.

[13] Siehe z.B. Wassermann/ Petersen (Hg.) 1983; Fleiner-Gerster 1985.

[14] Busse 2000a: 664.

schiedenen „sozialen Tatsachen“[15] oder „Wirklichkeiten“ niederschlagen können beziehungsweise fachsprachlich und gemeinsprachlich zu unterschiedlichen Sachverhaltskonstitutionen führen.

Projiziert man das Konzept der „juristischen Textarbeit“ auf Fragen der Vermittlungsproblematik, so wird offensichtlich, dass die sog. Verständlichkeitsansätze (siehe ausführlicher Kapitel 4.7) mit ihrem verengten Blick auf die Wortebene bzw. die Gesetzesformulierung den eigentlichen Gegenstand der Rechtsarbeit – nämlich die im juristischen Textgeflecht vollzogenen Sprachhandlungen juristischer Funktionsträger bei der Anwendung von Normtexten auf Sachverhalte – nicht gebührend berücksichtigen. Die sprachlichen Handlungen des „Rechtsarbeiters als Textarbeiters“ (siehe Teil II) stehen aus diesem Grunde auch im Rahmen der Vermittlungsproblematik rechtlicher Tatsachen im Mittelpunkt.

Der Terminus *Rechtsarbeiter* ist, wie eingangs erwähnt, nicht despektierlich oder gar desavouierend gemeint, sondern – ganz im Gegenteil[16]- das Konzept der „juristischen Textarbeit“ hat neben dem des „Verstehens“ und dem der „Interpretation“ einen eigenen theoretischen Status[17], wie in Kapitel 2.7 *Konkrete Rechtsarbeit in fünf Textstufen: Der Rechtsstaat bildet ein Kontinuum juristischer Texte* vorgestellt wird. Sogenannte Übersetzungen von Rechtstermini und Verbesserungsvorschläge für Gesetzestexte bleiben Stückwerk. Nur eine systematische Darstellung des Zusammenspiels von Normtext und Sachverhaltsfestsetzung im je konkreten Rechtsfall vermag jedoch eine Horizonterweiterung zu ermöglichen, welche im Herausarbeiten der grundlegend verschiedenen Sichtweisen von juristischer im Unterschied zu alltagsweltlicher Sachverhaltskonstitution bestehen soll.

Eine Herangehensweise an die Verstehensproblematik juristischer oder rechtssprachlicher Zusammenhänge über die Rechtstermini und Formulierungstechniken zementiert die weit verbreitete Sprachauffassung, die zur Hypostasierung von Sprache neigt, unabhängig davon, ob es sich um Gemeinsprache im Alltag oder Fachsprache in bestimmten Wissensdomänen handelt. Eine Annäherung an die Problematik über Sprachhandlungen hat den entscheidenden Vorteil, dass sie schon den Zugriff auf die Sachverhalte mittels Sprache unter semiotischen Aspekten problematisiert und nicht als den einzig möglichen unhinterfragt akzeptiert. Darüber hinaus ist ein solches Herangehen bestrebt, gerade die Divergenzen in Form von verschiedenen Versprachlichungsmöglichkeiten transparent zu machen, wohingegen wort-zentrierte

[15] Vgl. auch Searle 1997.

[16] Ich schließe mich der folgenden Einschätzung von Jürgen Habermas an: „Auf juristische Fachdiskussionen mußte ich mich tiefer einlassen, als mir, dem juristischen Laien, lieb sein konnte. Währenddessen ist mein Respekt vor den eindrucksvollen konstruktiven Leistungen dieser Disziplin noch gewachsen.“ [Habermas 1992: 9]

[17] Vgl. außer dem zweiten Kapitel auch Busse 1992a: 187 ff. und Kapitel 4.7.

Untersuchungen von Rechtstermini genau diesen Versprachlichungsprozess von wahrgenommenen „Wirklichkeiten" in ihrem Ergebnis als gegeben hinnehmen und ihn lediglich erklären wollen, anstatt ihn als den zentralen Prozess beim (Nicht)Verstehen aus semiotischer Perspektive zu problematisieren. Eine solche rein instrumentelle (um nicht zu sagen mechanistische) Betrachtungsweise impliziert zusätzlich eine naive abbildtheoretische 1:1-Beziehung zwischen sprachlichem Ausdruck und ontologischer Entität (siehe die ausführlichen Darlegungen in Kapitel 2).

Eine handlungstheoretisch fundierte semantisch-pragmatische Analyse setzt dahingegen bereits dort ein, wo Sprache einwirkt in die juristische „Wirklichkeitsverarbeitung", nämlich „die normative Stellungnahme zu einer Situation", die nur allzu oft – so formuliert Seibert – zur „Wirklichkeitsherstellung" wird.[18] Der juristische Zugriff auf die zu beurteilende soziale „Wirklichkeit" (soziale Situation) setzt schon bei den Kategorien an, die durch juristische Tatbestandsbegriffe gesehen und beschrieben werden. Bei Verbrechen beispielsweise (Kaufhausdiebstahl) deuten schon die Darstellungselemente (= Wörter), mit welchen auf den Vorgang zugegriffen wird: Es findet dadurch eine Etikettierung vor der Sachverhaltsherstellung selbst statt. Seibert weist darauf hin, dass die menschlichen Handlungen (durch ihre kategoriale Zurichtung = Etikettierung von Handlungen) bereits sozial vororganisiert und vorgedeutet sind. Damit erläutert er die Darstellung des juristischen Akts der „Sachverhaltsherstellung", d.h. die bereits juristisch aufbereiteten bzw. vorgedeutete Auswahl und Zurichtung von Sachverhaltselementen als Zielobjekt der Normanwendung. Diese Zurichtung kann aber nicht einfach als eine weitere Form der Deutung (des „Verstehens") neben die Interpretation des Normtextes gestellt werden, vielmehr vereinigen sich Normtext-Interpretation und (juristische) Deutung sozialer Wirklichkeit in einem Prozess juristischen Handelns.[19]

Jeand'Heur spricht in diesem Zusammenhang trefflich von der „Zubereitungsfunktion", die der Verwendung juristischer Fachtexte zu eigen ist, wodurch der „Fall" überhaupt erst zum rechtlich relevanten „Sachverhalt" umgestaltet wird.[20] Die vorliegende Untersuchung fokussiert mit dem Terminus *Sachverhaltsfestsetzung* die richterlichen Aktivitäten, die bezüglich der Sachverhaltsformulierung darin bestehen, aus der Vielzahl der Sachverhaltseigenschaften eine bestimmte Anzahl als rechtlich relevant zu klassifizieren und damit als bedeutsam für den Sachverhalt festzusetzen.

In diesem Sinne versteht sich das hier angewandte Konzept der „juristischen Textarbeit" innerhalb des rechtstheoretischen Ansatzes der *Strukturierenden Rechtslehre* nicht als eine abgeschlossene Theorie, die „ausgehend von

---

[18] Seibert 1981: 16.
[19] Vgl. dazu ausführlicher Busse 1993: 231.
[20] Jeand'Heur 1998: 1292.

ihren Grundbegriffen deduktiv ableiten wollte, was ein Rechtstext seinem Wesen nach ist und wie eine darauf bezogene Tätigkeit juristischer Funktionsträger beschaffen sein müßte."[21] Sie setzt vielmehr inmitten juristischer Texte an.

> „Die Strukturierende Rechtslehre versteht sich als begleitende Reflexion einer Praxis des Rechts, in der die entscheidenden Maßstäbe juristischer Rationalität als verstreute bereits vorhanden sind. Ihre Aufgabe sieht sie in der Begründung dieser Momente zu einem vorläufigen und für neue Entwicklungen offenen Modell. Damit sind theoretische Annahmen nicht Voraussetzung, sondern Folge einer Analyse der Praxis und ist der Rationalitätsmaßstab kein aus der Philosophie importierter und nachträglich auf das Recht angewendeter, sondern ein sprachspielimmanenter."[22]

Die vorliegende Untersuchung setzt sich daher in Anlehnung an die *Strukturierende Rechtslehre* zur Aufgabe, an einer exemplarischen Judikatur (vom Amtsgericht bis zum Bundesverfassungsgericht) folgende zentrale Fragen der juristischen Textarbeit und ihrer Rezeption in der Öffentlichkeit (wie sie in den Printmedien wiedergegeben wird) transparenter zu machen:

- Was geschieht tatsächlich, wenn Juristen einen Rechtsfall (hier Sitzblockaden) entscheiden, also juristische Sprachhandlungen vollziehen?
- Welche Vorgaben liefert der Gesetzestext (hier § 240 „Nötigung" des StGB) für juristische Entscheidungen?
- Wie funktioniert die auf Texte bezogene Arbeit juristischer Entscheidungsträger?
- Wie wird die juristische Textarbeit in der Öffentlichkeit rezipiert? Oder anders formuliert: Wie werden in Printmedien Ergebnisse der juristischen Textarbeit dargestellt, und welche veröffentlichten Meinungen werden ihnen gegenübergestellt?

---

[21] Müller/ Christensen/ Sokolowski 1997: 15.

[22] Müller/ Christensen/ Sokolowski 1997: 15. Mit diesen Erkenntnisansprüchen und einem induktiven Vorgehen inmitten juristischer Texte grenzt sich die *Strukturierende Rechtslehre* von dem in Habermas (1992) praktizierten deduktiven Ansatz ab, der sich auf die Grundannahmen der Theorie des kommunikativen Handelns stützt. Habermas 1992 verweist ausdrücklich auf Günthers (1991) Aufsatz *Möglichkeiten einer diskursethischen Begründung des Strafrechts*. Günther betont dort, dass die Diskursethik kein materiales ethisches Prinzip als allgemein gültig auszeichne, sondern „Verfahrensbedingungen" angebe, „unter denen die Beteiligten selbst beurteilen können, ob sie eine Norm oder ein Prinzip als gültig anerkennen." [Günther 1989: 205] Die vorliegende Untersuchung beschäftigt sich mit dem vorgelagerten Problem, wie sich Normen auf der Grundlage von Gesetzestexten überhaupt erst konstituieren. Ist dieser Prozess ein Stück weit transparent (vgl. Kapitel 2.6 *Der Rechtstext: Geltung, Bedeutung, Rechtfertigung*), dann können die erwähnten Verfahrensbedingungen für die rechtsbetroffenen Diskursteilnehmer eine neue Qualität hinsichtlich der Frage nach der Akzeptanz von Normen erfahren.

1.1.2 Einführung in die juristische Problematik und Aufbau der Untersuchung

Gegenstand der Judikatur ist die Strafbarkeit von Sitzdemonstrationen bzw. Sitzblockaden (beide Termini werden im juristischen Diskurs verwendet) als Nötigung im Sinne des § 240 StGB. Beispiele für solche Blockadeaktionen unterschiedlicher Provinienz aus Protest gegen atomare Nachrüstung einerseits – wie hier untersucht – und solcher zum Protest gegen Werksstillegungen, Gebührenerhöhungen, Subventionskürzungen, sog. Atomtransporten oder Verkehrsplanungen andererseits sind in der Öffentlichkeit bekannt. Selbstredend geht es hier nicht um eine Beurteilung des Sachverhalts an und für sich, sondern um seine juristische Konstitution. Wer immer eine bestimmte Blockadeaktion mit Sympathien betrachtet, muss sich vor Augen führen, dass mit solchen Blockadeaktionen Zielsetzungen verfolgt werden können, die der eigenen Gesinnung zuwider laufen. In der juristischen Fachliteratur wird den Blockadeaktionen gegen atomare Nachrüstung als Kontrastbeispiel Sitzblockaden angeführt, die beispielsweise Gläubigen den Zutritt in die Kirche bzw. Synagoge verwehren oder Theaterbesuchern den Zugang zu einem umstrittenen Schauspiel unmöglich machen[23]. Diese Hinweise dienen nur der Klarstellung, dass politische „Links-Rechts-Klischees“ als Erklärungsmuster nicht greifen, da Gruppierungen, die in der Öffentlichkeit sowohl in das politisch rechte als auch linke Spektrum eingeordnet werden, sich dieser Protestform gleichermaßen bedient haben.

Nach dem Nötigungsparagraph 240 StGB wird bestraft, wer einen anderen rechtswidrig mit Gewalt oder durch Drohung mit einem empfindlichen Übel zu einer Handlung, Duldung oder Unterlassung nötigt (§ 240 StGB, Abs. 1). Eine solche Tat ist aber nur dann rechtswidrig, wenn die Anwendung der Gewalt oder die Androhung des Übels zum angestrebten Zweck als verwerflich anzusehen ist (sog. Verwerflichkeitsklausel), wie Absatz 2 des § 240 StGB formuliert.

Der Nötigungsparagraph ist – wie soeben vorgestellt – vor allem im Zusammenhang mit politisch motivierten Blockadeaktionen in die Schlagzeilen der Medien geraten. Im internationalen Rechtsvergleich kommt ihm ein besonderer Stellenwert zu:

> „Der Tatbestand der Nötigung gilt als ein spezifisch deutscher Beitrag zur internationalen Rechtskultur. In der Epoche der Spätaufklärung, in der Amerikaner und Franzosen die Grundrechte schufen, um die bürgerliche Freiheit gegen den Staat zu sichern, schufen die Verfasser des Preußischen Allgemeinen Landrechts von 1794 das erste strafbewährte Nötigungsverbot, um diese Freiheit gegen Bedrohungen aus

[23] Vgl. ausführlicher zu „politisch zielgerichteten Sitzblockaden in der Rechtsprechung“ Reichert-Hammer 1991: 25 ff.

> der Gesellschaft zu schützen. Doch so recht glücklich sind wir mit der Erfindung nicht geworden."[24]

Dieses Fazit wird durch die dauerhafte öffentliche Auseinandersetzung über Bundesverfassungsgerichtsentscheidungen im Zusammenhang mit dem Nötigungsparagraphen bestätigt.[25] Bei dem untersuchten Beschluss des Ersten Senats des Bundesverfassungsgerichts aus dem Jahre 1995 ging es ebenfalls um die Strafbarkeit von Sitzdemonstrationen bzw. Sitzblockaden als Nötigung, allerdings aus dem Blickwinkel einer verfassungsrechtlichen Problemstellung. Dabei galt es vor allem die Frage zu klären, ob die weite Auslegung des Gewaltbegriffs in § 240 StGB mit dem Bestimmtheitsgrundsatz[26] des Art. 103 Abs. 2 des Grundgesetzes vereinbar ist. In zwei vorangegangenen Bundesverfassungsgerichtsentscheidungen aus dem Jahre 1986[27] und 1987[28] konnte ein Verfassungsverstoß wegen Stimmengleichheit im Senat nicht festgestellt werden. In der Entscheidung des Bundesverfassungsgerichts vom 10.01.1995 heißt es:

> „Die verfassungsrechtliche Frage war damit offen geblieben. Sie ist nunmehr im Sinn der Unvereinbarkeit der Rechtsprechung mit dem Grundgesetz beantwortet worden. Sitzdemonstrationen können danach grundsätzlich nicht mehr als Nötigung im Sinn von § 240 StGB bestraft werden. Nur darauf bezieht sich der Beschluß. Die Rechtswidrigkeit von Sitzdemonstrationen nach anderen Vorschriften bleibt davon unberührt."[29]

Es ist anzumerken, dass sich das Bundesverfassungsgericht in der untersuchten Entscheidung vom 10.01.1995 nur mit der Auslegung des Gewaltbegriffs in § 240 Abs. 1 StGB beschäftigt und nicht mit dem Verwerflichkeitsbegriff in § 240 Abs. 2 StGB, während die beiden vorangegangenen Entscheidungen aus dem Jahre 1986 und 1987 sowohl bei der Auslegung des Gewaltbegriffs als auch bei der Verwerflichkeit keine verfassungsrechtlichen Bedenken geltend machten. Trotzdem ist zu berücksichtigen, dass es sich infolge Stimmengleichheit im Ersten Senat um ein denkbar knappes Abstimmungsergebnis handelte, welches aber laut Bundesverfassungsgerichtsgesetz (§15 Abs. 3 Satz 3 BVerfGG) zur Zurückweisung der Verfassungsbeschwerde führen musste.

---

[24] Amelung 1995: 2584.

[25] Vgl. dazu die ausführlichen Darstellungen bei Lamprecht 1996.

[26] Der Bestimmtheitsgrundsatz als ein wesentliches Prinzip des Strafrechts legt in Art. 103 Abs. 2 GG und wortgleich in § 1 StGB fest, dass der Staatsbürger aus Gründen der Rechtssicherheit einen verlässlichen Anspruch darauf hat, welches Verhalten der Gesetzgeber als strafwürdig ansieht: Der Straftatbestand muss also hinreichend genau umrissen sein: „Eine Tat kann nur bestraft werden, wenn die Strafbarkeit gesetzlich bestimmt war, bevor die Tat begangen wurde."

[27] BVerfGE 73, 206.

[28] BVerfGE 76, 211.

[29] Verlautbarung der Pressestelle des Bundesverfassungsgerichts Nr. 17/95 zur BVerfGE 92,1 vom 10.01.1995 „Die erweiterte Auslegung des Gewaltbegriffs in § 240 I StGB im Zusammenhang mit Sitzdemonstrationen verstößt gegen Art. 103 II GG", S. 1.

Meines Wissens gibt es bisher keine sprachwissenschaftliche Untersuchung auf der Grundlage einer Judikatur, die von der ersten Tatsacheninstanz des Amtsgerichts ausgehend denselben Fall über die Berücksichtigung der Berufungs- und Revisionsverfahren in Land- und Oberlandesgerichten sowie unter Einbeziehung einer höchstrichterlichen Fachgerichtsentscheidung (Strafsenat des Bundesgerichtshofs) bis hin zur verfassungsmäßigen Überprüfung der fachgerichtlichen Entscheidungen durch das Bundesverfassungsgericht verfolgt und somit ein breites Spektrum der juristischen Textarbeit beleuchtet.

Zusätzlich zu den Gerichtsentscheidungen umfasst das juristische Textkorpus die fachwissenschaftliche Diskussion über diese Judikatur in der rechtswissenschaftlichen Fachliteratur (juristische Binnenkommunikation) als auch die nicht-wissenschaftliche Rezeption in Printmedien. Damit wird beabsichtigt, die Konstitution von fach(sprach)lichen Sachverhalten mit gemeinsprachlichen bzw. alltagsweltlichen zu vergleichen, um in einer gesamtgesellschaftlich besonders relevanten Fachdomäne Spezifika der Vermittlungsproblematik transparent zu machen.

Als Lesehinweis seien die folgenden Anmerkungen zum Aufbau der Untersuchung vorangestellt. In Teil I *Theoretische Grundlagen* werden die juristischen und linguistischen Annahmen dargelegt und in Teil II *Rechtsarbeit als Textarbeit* kritisch nachgezeichnet, so dass in Teil III *Linguistische Analysen* mit Hilfe eines linguistischen Instrumentariums die juristische Textarbeit untersucht werden kann, um sie in Teil IV *Rezeption der Judikatur in Printmedien* einem journalistischen Textkorpus kontrastierend gegenüber stellen zu können.

Schematische Übersicht zum Aufbau der Untersuchung

Theoretische Herleitung		**Textanalyse**
Die Rolle von Sprache im Recht • Sprachwissenschaftliches Interesse am Recht **[Kap. 2]**	⇨	**Darstellung der juristischen Spracharbeit** • Rechtsarbeit als Textarbeit **[Kap. 5-7]**
Linguistischer Untersuchungsansatz		**Linguistische Analysen**
• Wortsemantische Betrachtungsweise **[Kap. 3.2]**	⇨	• Sprachnormierungs„kämpfe" auf Wortebene **[Kap. 8]**
• Satz- und textsemantische Betrachtungsweise **[Kap. 3.3]**	⇨	• Semantisch–pragmatische Textanalyse: Sprecherhandlungen und Sprechereinstellungen **[Kap. 9]**
• Der argumentationstheoretische Ansatz **[Kap. 3.4]**	⇨	• Untersuchung der Sprachgebrauchstopoi **[Kap. 10]**
Die Vermittlungsproblematik in der Theorie • Text, Textsorten, Textverstehen **[Kap. 4]**	⇨	**Die Vermittlungsproblematik in der Praxis** • Rezeption der Judikatur in Printmedien **[Kap. 11-12]**
	Resümee	

1.2 Sprache im Rechtswesen und in der Justiz: Forschungsrichtungen und Desiderata

Als „klassische" funktionale Anforderungen an Fachsprachen gelten herkömmlich Exaktheit, Explizitheit und Ökonomie. Daneben wird immer häufiger auch die Verständlichkeit von Fachtexten als zusätzliche Verwendungseigenschaft angeführt.[30] Fachtexte werden in der Forschung zum einen unter sprachsystematischen Gesichtspunkten untersucht, zum anderen wird der Fachsprachengebrauch auf seine (kognitive) Funktion als Erkenntnisinstrument sowie auf seine kommunikative Funktion bei der Vermittlung von Fach-

---

[30] Vgl. Biere 1998: 402.

wissen in disparaten (d.h. fachinternen, interfachlichen und fachexternen) Verwendungszusammenhängen beleuchtet.[31]

Der Vermittlungsaspekt rückt in aller Regel dann in den Mittelpunkt der Aufmerksamkeit, wenn es Verstehens- oder Kommunikationsschwierigkeiten gibt. In diesem Zusammenhang wird *die* (sic!) Rechtssprache mitunter als Paradebeispiel der Unverständlichkeit angeführt.[32] Konkret erstreckt sich nach Hoffmann die geläufige Kritik an *der Rechtssprache* auf

- „die Verwendung von Rechtstermini mit gegenüber dem Alltag spezifischer Bedeutung (z.B. sind *Mensch, Sache, Dunkelheit* rechtlich terminologisiert)
- den Gebrauch unbestimmter Ausdrücke (Ermessensbegriffe wie *Interesse des öffentlichen Verkehrs*, Generalklauseln wie die *guten Sitten* oder *niedrige Beweggründe*)
- weiter verwendete Archaismen (*Kraftdroschke, Mutschierung*) und die (verglichen mit anderen Fachwortschätzen nicht so frequenten) nichtindigenen Ausdrücke (*persona non grata, Poolvertrag, Postulationsfähigkeit*)
- einen komprimierten Stil (durch eine Vielzahl von Attributen komplexe Nominalgruppen; häufige Nominalisierungen; schwer überschaubare komplexe Sätze und logisch zusammengehörige Satzfolgen);
- schwierig formulierte semantische Relationen (Konditionalstrukturen, Negationen, Disjunktionen etc.)“[33]

Im Folgenden werden nach einer kurzen Synopse der linguistischen Fachsprachenforschung wesentliche Aspekte des Forschungsbereichs *Sprache im Rechtswesen und in der Justiz* vorgestellt, um den hier vorgenommenen Untersuchungsansatz im Gesamtfeld der rechtssprachlichen Forschungspraxis verorten zu können.

1.2.2 Paradigmenwechsel in der linguistischen Fachsprachenforschung

In der linguistischen Fachsprachenforschung hat sich in den letzten Jahrzehnten ein Perspektivenwechsel vollzogen: Im Mittelpunkt steht weniger die Erforschung von Fachsprachen, sondern von Fachkommunikation. Unter Fachkommunikation wird hier nicht nur intra- oder interfachliche Kommunikation zwischen Experten verstanden, sondern auch fachexterne Verständigung zwischen Experten und relativen Laien. Beide Bezeichnungen stehen für unter-

---

[31] Vgl. Lothar Hoffman ^{2}1985: 15 ff.

[32] Aus diesem Grunde gibt es auch Leitfaden zur Gestaltung von Gesetzen und Rechtsverordnungen; siehe zum Beispiel Fleiner-Gerster 1985 und Bundesministerium der Justiz ^{2}1999.

[33] Ludger Hoffmann 1992: 123.

schiedliche Schwerpunkte: Die frühere Fachsprachenforschung konzentrierte sich in erster Linie auf sprachsystematische Untersuchungen über fachsprachliche Erscheinungsformen[34] auf morphologischer, lexikalischer, syntaktischer, wortsemantischer oder textueller Ebene.[35] Mitte der siebziger Jahre beginnt die Hinwendung zur Fachkommunikation und damit die Einbeziehung der Sprachpragmatik.[36] Aspekte von Verstehensprozessen, Wirkungsfunktionen, der Sprachverwendungssituationen, der Adressatenspezifizierung ergänzen zunehmend die traditionelle Forschungsarbeit. (Fach)Sprache wurde in der Folge weniger hypostasiert und einer isolierten atomistischen Betrachtung unterzogen als vielmehr auf ihre Einsatz- und Wirkungsmöglichkeiten in konkreten Kommunikationssituationen untersucht.[37]

Im Rahmen der Forschungsaktivitäten wird demnach eine Sprachbetrachtung favorisiert, die einerseits Sprache als Medium begreift (kognitive Funktion). Andererseits wird darüber hinaus auch das Sprachhandeln (kommunikative Funktion) einer sich fachlich äußernden Person („Fachsprache-in-Situationen") genauer zu untersuchen beabsichtigt.[38] Dadurch rückt der Text als Ganzheit – im Sinne von „Fachtexten-in-Funktion" – in das Blickfeld sprachlicher und fachdomänenspezifischer Forschung und berücksichtigt diverse Gliederungsdimensionen.[39]

> „So richtet sich der Blick heute verstärkt auf die kommunikative handlungsbezogene Dimension von Fachtexten, auf die Sprache im Fach und auf die mit ihrem Gebrauch verbundenen Sprachverwendungssituationen, auf die Bedingungen fachlich-beruflichen Handelns und die damit verbundenen Fachtextsorten, auch im Hinblick auf die Experten-Laien-Kommunikation."[40]

Als Fazit kann festgehalten werden, dass die heutige Erforschung fachlicher Interaktion in stärkerem Maße den Fachtext mit seinen Funktionen im Rahmen sprachlich kommunikativer Handlungen betrachtet. Die Fachsprache, genauer fachsprachliche Varietäten stehen dabei insofern im Mittelpunkt, als sie zur Erfüllung bestimmter Funktionen benutzt werden.[41] Und in Bezug auf die fach-

---

[34] Unter Erscheinungsformen werden die konkreten Ausprägungen einer Einzelsprache verstanden.

[35] Vgl. Möhn/ Pelka 1984: 11 ff.

[36] Vgl. Fluck ^{5}1996: 31 ff., Hahn 1983, Lothar Hoffmann ^{2}1985, Lothar Hoffmann 1988, Niederhauser 1999.

[37] Vgl. Felder 1999, 1999a.

[38] Vgl. Vater ^{2}1994: 22.

[39] Vgl. Wichter 1994.

[40] Fluck ^{2}1997, S. 16.

[41] Vgl. Roelcke 1999: 26 ff. „Varietäten sind die in verschiedenen Forschungstraditionen ausgegrenzten und beschriebenen Teilsprachen wie Gruppensprachen, Dialekte, Fachsprachen, Standardsprachen." [Becker 2001: 78] In diesem Zusammenhang wird in der Theorie diskutiert, ob fachliche Varietäten eher der Ebene der langue oder der parole zuzurechnen sind. „Varietäten, die der langue zugerechnet werden können, müssen in ihren entscheidenden linguistischen Eigenschaften systemhaften Charakter haben. Solche, die der parole zugerechnet werden können,

externe Vermittlung lässt sich resümieren, dass am ehesten eine Synthese von *(Fach)Textlinguistik* und *(Fach)Textpragmatik* weiterhilft, die „sowohl schriftliche als auch mündliche Texte in gegenstands- und situationsbezogenen Kommunikationsbereichen bzw. Sprachhandlungsräumen auf möglichst vielen zweckbestimmten (Sprach-) Handlungsebenen“[42] zu beschreiben versucht.

1.2.2 Der Untersuchungsansatz im Forschungskontext

Als unbestritten gilt in der Literatur, dass interdisziplinäre Untersuchungen am ehesten der komplexen Thematik *Sprache und Recht* gerecht zu werden vermögen. Betrachtet man aus diesem Grunde den Forschungsstand im Bereich *Sprache im Rechtswesen und in der Justiz* unter dem Aspekt, in welchen breit rezipierten Publikationen der Ausdruck „Rechtslinguistik“ als Etikett für Forschungsaktivitäten verwendet wird, so ist mit dem Jahre 1970 zuerst der Kreis des „Darmstädter Programms“[43] zu erwähnen. Diese Gruppe stellte allerdings ihre Tätigkeit schon 1974 ein, was mitunter damit erklärt wird, dass der dort gewählte bewusste Formalismus und das Festhalten am überlieferten Positivismus (Logischer Positivismus, Subsumtionsmodell der Rechtsanwendung, Wortsemantik) nicht nur „hinter differenziertere Ansätze der alten Hermeneutik und der Hamann-Herder-Wilhelm von Humboldt-Tradition“ zurückfiel, sondern darüber hinaus auch „Einsichten der Spätphilosophie Wittgensteins und der neueren Sprachwissenschaft und -philosophie des letzten Jahrhundertdrittels seit dem pragmatic turn“[44] vernachlässigte.

Des Weiteren scheinen mir unter dem Aspekt eines rechtslinguistischen Interesses (auch wenn *Rechtslinguistik* noch kein einheitlich verwendeter terminus technicus darstellt) die folgenden interdisziplinären Forschungsansätze bzw. -gruppen auf Grund ihrer breiten Rezeption in der Forschungsliteratur besonders erwähnenswert, die hier nur mittels weiterführender Literaturhinweise aufgeführt werden:[45]

---

sind Realisationsmuster des Systems [...] An die Zugehörigkeit zu langue und parole schließt sich auch der entsprechende Normtyp an [...]: Richtigkeitsnormen für Einheiten der langue, Angemessenheitsnormen für Einheiten der parole. [...] Varietäten sind also aufgrund ihrer Charakterisierung als Varietäten hinsichtlich des sprachtheoretischen Status nicht bestimmt.“ [Becker 2001: 82]

[42] Lothar Hoffman 1998: 166.

[43] Vgl. die Ergebnisse in den Sammelbänden Brinckmann/ Grimmer (Hg.) 1974 und Hartmann/ Rieser (Hg.) 1974 sowie zum Konstanzer DFG-Projekt „Textlinguistik“ die Beiträge von Brinckmann, Petöfi und der Herausgeber Hartmann und Rieser.

[44] Müller (Hg.) 1989: 5.

[45] Vgl. dazu auch Kischkel 1992: 86.

1) Arbeitsgruppe zur *Analyse juristischer Texte* und zur *Juristischen Argumentationstheorie* (Rieser 1976; Podlech 1976; Petöfi u.a. 1975).
2) Münsteraner *Rechtslinguistisches Colloquium*, das in der Veröffentlichung *Materialien zu einer Bibliographie der Rechtslinguistik* fast 800 Titel zu den Bereichen Rechtssprache, Gesetzessprache, Fachsprache, Argumentationstheorie und Rechtstheorie zusammengestellt hat (Bülow/ Schneider 1981).
3) Projekt über die Gesprächs- und Interaktionsanalyse von Schlichtung am Institut für deutsche Sprache (Nothdurft (Hg.) 1995 ff.), in dessen Rahmen 1985 eine kommentierte Fachbibliographie mit dem Titel *Studien zur juristischen Kommunikation* vorgelegt wurde (Reitemeier 1985).
4) „Heidelberger Gruppe der Rechtslinguistik", die sich als linguistisch-juristische Arbeitsgruppe (initiiert von Friedrich Müller und Rainer Wimmer) in ihren interdisziplinären Studien mit sprachtheoretischen Fragen, praktischer Semantik und Strukturierender Rechtslehre beschäftigt. Bisher sind neben dem 1998 erschienen Heft *Sprache und Recht* in der Reihe „Sprache und Literatur in Wissenschaft und Unterricht" (Wimmer (Hg.) 1998) noch zwei Sammelbände mit den Titeln *Untersuchungen zur Rechtslinguistik* (Müller (Hg.) 1989) und *Neue Studien zur Rechtslinguistik* (Müller/ Wimmer (Hg.) 2001) als Gemeinschaftspublikation präsentiert worden.
5) „Berliner Arbeitsgruppe: Sprache des Rechts", die (ebenfalls aus Juristen und Linguisten bestehend) im Herbst 1999 ein interdisziplinäres Forschungsprojekt zur Verständlichkeit von Gesetzestexten gestartet hat. Erste Ergebnisse finden sich in dem von Rainer Dietrich und Wolfgang Klein herausgegebenen Themenheft *Sprache des Rechts* der „Zeitschrift für Literaturwissenschaft und Linguistik (Lili)" (Heft 118/2000). Das Projekt will die Frage der Verständlichkeit empirisch angehen und nicht spekulativ oder hypothetisch.

Wer sich für eine systematische Darstellung des Forschungsstandes interessiert, der sei zur Einarbeitung auf die Bibliographien von Reitemeier (1985), Ludger Hoffmann (1989: 9-38) und Nussbaumer (1997) verwiesen. An dieser Stelle wird das weite Feld „Sprache und Recht" nach Nussbaumer 1997 in folgende Teilgebiete unterteilt, um den hier praktizierten Forschungsansatz einordnen zu können:

- Kommunikation im Rechtsbereich (Wassermann/ Petersen (Hg.) 1983; Ludger Hoffmann 1983, 1989, 1998; Becker-Mrotzek 1991)
- Subsumtion – Auslegung von Normtexten (und von Sachverhalten) – juristische Semantik und Hermeneutik (Christensen 1989; Busse 1992, 1993; Müller ^{2}1994; Müller ^{7}1997)

- Entscheidungsfindung und -begründung – juristische Argumentation, Rhetorik und Topik (Viehweg [5]1974; Haft 1978; Ballweg 1982; Alexy 1983; Neumann 1986; Gast (Hg.) 1996)
- Sprachliche Eigenheiten von Rechtstexten – Rechtssprache als Fachsprache (Neumann 1992; Werlen 1994, Jeand'Heur 1998; Wimmer 1998)
- Verständlichkeitsdiskussion – Sprachkritik (Ludger Hoffmann 1992; Busse 1994)
- Rechtsgeschichte und Sprachgeschichte (Piirainen 1980, 1997; Schmidt-Wiegand 1990, 1998; Macha 1992)
- Generelle Bezüge zwischen Rechts- und Sprachtheorie (Hartmann 1970; Burkhardt 1986; Jeand'Heur 1989a; Grewendorf (Hg.) 1992; Haft [6]1994)
- Sprachenrecht – rechtliche Bestimmungen über Sprachen und Sprachverwendung (Kirchhof 1987)
- Forensische Linguistik – sprachwissenschaftliche Gutachten für das Recht (Kniffka (Hg.) 1990, 1996, 2001; Ludger Hoffmann 1983, 1989)
- Sprachausbildung in der juristischen Ausbildung (Hassemer 1972, Seibert 1977)
- Juristische Texte im Sprachunterricht (Ladnar/ Plottnitz (Hg.) 1976; Frilling 2000; Felder 2000a)

In der Rechtslinguistik lassen sich unter Berücksichtigung der eben genannten Aspekte und Schwerpunktbildungen des Gesamtbereiches *Sprache im Rechtswesen und in der Justiz* drei Forschungsrichtungen herauskristallisieren: zum einen empirische (diskurs- und interaktionsanalytische, soziolinguistische) Untersuchungen von rechtlicher Kommunikation, zum zweiten praktisch-semantische Analysen rechtstheoretischer und rechtspraktischer Probleme der Normtextbearbeitung und zum dritten das Gebiet der forensischen Linguistik. Während die rechtslinguistische Orientierung der empirischen Kommunikationsanalyse auf deren Interesse an der allgemeinen und speziellen Beschreibung von Kommunikation in Institutionen zurückzuführen ist, kam der Anstoß für Untersuchungen im Paradigma der praktischen Semantik auch aus parallelen Themenstellungen der *Strukturierenden Rechtslehre.*[46]

Ungeachtet diverser Unterschiede zwischen den einzelnen Untersuchungsansätzen sind sich alle in dem Erfordernis interdisziplinärer Forschungsaktivitäten einig. Aus diesem Grunde sieht sich auch die vorliegende Arbeit einem interdisziplinären Ansatz verpflichtet. Ein solches Anliegen kann allerdings nur verfolgt werden, wenn man die eigene Arbeit in eine interdisziplinäre Arbeitsgruppe als Forschungs- und Diskussionsgemeinschaft einbringen kann. Meiner Einschätzung nach ist es wohl nur mit fachkundiger Anleitung mög-

[46] Vgl. auch Kischkel 1992: 108.

lich, sich gezielt in die komplexen juristischen Zusammenhänge einzuarbeiten. In meinem Fall war dies die „Heidelberger Arbeitsgruppe zur Rechtslinguistik“, deren Mitgliedern an dieser Stelle ganz besonders gedankt sei.

Die vorliegende Untersuchung setzt sich in Anknüpfung und Weiterführung der Strukturierenden Rechtslehre und der praktischen Semantik zum Ziel, anhand einer konkreten Untersuchung einer Sitzblockadenjudikatur nicht nur juristisches Handeln als eine Arbeit mit juristischen Texten (in einem Textgeflecht) transparent zu machen, sondern darüber hinaus auch die Rezeption der juristischen Textarbeit in vorwiegend überregionalen Printmedien zu verfolgen. Diese Untersuchungsperspektive wird gewählt, um grundsätzliche Probleme der Vermittlung des juristischen Spezialdiskurses verdeutlichen zu können, und zwar in deutlicher Abgrenzung zu sonstigen Vermittlungsversuchen im Bereich Rechtssprache (wie in Kapitel 4.7 dargelegt wird).

Untersuchungsansatz und -thema sind m.E. nicht nur inhaltlich von didaktischem Interesse, sondern auch seiner Struktur nach. Anders formuliert: Es geht nicht nur um Vermittlung von juristischem Wissen, Denken und Sprachhandeln innerhalb eines kleinen Rechtsausschnittes an Rechtsunkundige. Bedenkt man, dass Gerichtsentscheidungen selbst schon Rechtsauffassungen, Normtextbearbeitungen, Normkonkretisierungen usw. primär an juristische Adressaten wie z.B. den Staatsanwalt, Rechtsbeistand der Verfahrensbeteiligten usw. (intrafachliche Kommunikation) vermitteln, so handelt es sich bei der journalistischen Weitervermittlung der Gerichtsentscheidungen um eine zweite fachexterne Vermittlungsstufe. Diese Tätigkeit übernehmen bei großen überregionalen Zeitungen juristisch ausgebildete Journalisten (z.B. die Redakteurin Ursula Knapp von der *Frankfurter Rundschau* und die Ressortredakteure Helmut Kerscher, *Süddeutsche Zeitung*, und Friedrich Karl Fromme von der *Frankfurter Allgemeine Zeitung*).

Gelingt es in dieser Arbeit, Rechtsarbeit als Textarbeit strukturell zu verdeutlichen, so kann mit diesem Strukturwissen über juristische Sprachhandlungen die Auseinandersetzung mit anderen Gerichtsentscheidungen erleichtert werden.

Abschließend sei mittels dreier Verweise auf rechtswissenschaftliche Begriffspräzisierungen eine vorläufige Bestimmung von *Rechtssprache* vorgenommen. Der ehemalige Bundesverfassungsrichter und Rechtswissenschaftler Kirchhof zieht beispielsweise die Qualifizierung der Rechtssprache als Fachsprache in Zweifel, weil sie in einem engen Bezug zur Umgangssprache stehe und weil zentrale Gesetzesausdrücke zugleich Wörter der Gemeinsprache seien. Und darüber hinaus führt er als einen weiteren Grund an, dass sie sich in ihrer sozial-regulativen Funktion an jedermann wende.[47] Der Rechtswissenschaftler Neumann formuliert dahingegen:

---

[47] Vgl. Kirchhof 1987: 754.

> „Die Umgangssprache ist [...] nicht eine defizitäre, weil >ungenaue< Variante der rechtlichen Fachsprache, sondern: Rechtliche Fachsprache und Umgangssprache folgen unterschiedlichen, aber prinzipiell gleichberechtigten Regeln. Dabei ändert an der Gleichwertigkeit der Regeln auch die Tatsache nichts, daß die Regeln der Rechtssprache hier in höherem Maße differenziert sind als die der Umgangssprache."[48]

Unter „Rechtssprache" versteht Neumann im empirischen Sinne eine Fachsprache, in der „die Gesetze, die Regeln, die Rechtsdogmatik und sonstige juristische Texte tatsächlich formuliert werden."[49] Bezeichnet Neumann die Rechtssprache als eine Fachsprache, die weithin auf das „Vokabular der Umgangssprache" zurückgreift, so beschreibt das Autorenkollektiv Müller, Christensen und Sokolowski die Sprache des Rechts als eine von „fachsprachlichen Elementen durchsetzte natürliche Sprache"[50]. Die beiden letzten Definitionsversuche dürften nicht weit auseinander liegen und decken sich im Großen und Ganzen mit dem Verständnis von Rechtssprache der vorliegenden Untersuchung. Beide Definitionen perspektivieren das Verhältnis Fachsprache-Gemeinsprache nur von unterschiedlichen Standpunkten. In Kapitel 4.3 *Abgrenzungsproblematik Fachsprache und Gemeinsprache* präzisiere ich mein Verständnis von *Rechtssprache* und *Gemeinsprache* im linguistischen Forschungskontext. Dort wird deutlich werden, dass meine Definition von *Gemeinsprache* zum Teil Überschneidungen aufweist mit dem von Juristen in aller Regel eher intuitiv verwendeten Ausdruck *Umgangssprache*.

---

[48] Neumann 1992: 110.
[49] Neumann 1992: 111.
[50] Müller/ Christensen/ Sokolowski 1997: 9.

Teil I: Theoretische Grundlagen

Im ersten Teil dieser Arbeit werden rechtstheoretische und sprachwissenschaftliche Grundlagen diskutiert und im Anschluss ein Untersuchungskonzept entwickelt, welches die theoretisch reflektierte Grundlage bildet für die vorliegende Sprachanalyse einer bestimmten Sitzblockadenjudikatur.

2 Sprachwissenschaftliches Interesse am Recht

Was vermag eine linguistische Untersuchung wie die vorliegende am Recht interessieren? Um es vorweg zu sagen: es ist die juristische Textarbeit, das heißt die vielfältigen Textproduktionsformen und Textrezeptionsweisen der juristischen Funktionsträger im Textgeflecht ihrer alltäglichen Arbeit. Und was könnte eine sprachwissenschaftliche Untersuchung für die Rechtswissenschaft interessant erscheinen lassen? Linguistische Forschung zur juristischen Textarbeit kann unter Umständen zu einem besseren Verständnis der Funktionsweise sprachlicher Elemente in einer komplexen, institutionell geprägten, fachspezifischen Gebrauchsform von Sprache beitragen.[1]

Im System des geschriebenen Rechtes sind die Grobstrukturen von Macht, aber auch die Stellung ihrer Träger, deren Kompetenzen und Handlungsmöglichkeiten sowie die Maßstäbe ihrer (Sprach)Handlungen vertextet.[2] Fragen und Schwierigkeiten der Vertextung und des Verstehens sind genuin sprachwissenschaftliche Fragestellungen. Rechtstheoretisch zu unterscheiden sind mehrere Strukturierungsebenen in Gestalt der Normstruktur, der Textstruktur des Rechtsstaats sowie der Geltungsstruktur der positiven Rechtsordnung.[3]

Rechtswissenschaft als die „das Recht betreffende Wissenschaft" gilt gleichermaßen als Geistes- wie auch im weiteren Sinne als Sozialwissenschaft und gliedert sich herkömmlich in Rechtsphilosophie bzw. Rechtstheorie, Rechtssoziologie, Rechtsgeschichte, Rechtsvergleichung, Rechtspolitik und Rechts-

---

[1] Vgl. zu diesem bewusst bescheiden gehaltenen Anspruch die Ausführungen bei Busse 1993: 11.

[2] Müller 1990: 133.

[3] Siehe dazu in diesem ersten Teil das Kapitel 2.6 „Der Rechtstext: Geltung, Bedeutung, Rechtfertigung".

dogmatik.[4] Für die Fragestellung der vorliegenden Arbeit sind in erster Linie Rechtstheorie und Rechtsdogmatik relevant.
Die Theorie des Rechts – die sich mit den allgemeinen Fragen des Rechts, insbesondere mit seiner logischen Struktur beschäftigt – wird in eine allgemeine Rechtslehre und in eine Rechtsethik untergliedert.[5] Diese Einteilung korrespondiert mit der Unterscheidung zwischen einer deskriptiven und normativen Betrachtungsweise des Gegenstandes „Recht". Die Rechtsethik mit ihrer Fragestellung, wie die Rechtsordnung mit ihren grundlegenden Institutionen und Normen beschaffen sein sollte, ist in unserem Untersuchungskontext nicht von Bedeutung. Die allgemeine Rechtslehre mit ihrem deskriptiven Ansatz hingegen zeigt Überschneidungen mit dem deskriptiven Anspruch eines linguistischen Erkenntnisinteresses.

Ein zentraler Forschungsgegenstand der Rechtsdogmatik (als Wissenschaft von der Behandlung und Darstellung der Gesamtheit der Rechtssätze) ist die Frage nach der korrekten Anwendung des Rechts. Kaufmann[6] versteht unter Rechtsdogmatik mit Hinweis auf Kant „das dogmatische Verfahren der reinen Vernunft, ohne vorangehende Kritik ihres eigenen Vermögens".[7] Der Dogmatiker gehe von Voraussetzungen aus, die er ungeprüft als wahr annehme, da er „ex datis" denke. Was Recht sei und unter welchen Umständen, wenn überhaupt, es Rechtserkenntnis gebe, solche Fragen stelle sich der Rechtsdogmatiker nicht, weil er stets systemimmanent argumentiere und das geltende System unangetastet lasse.

Genau solche Fragen stelle sich dahingegen der Rechtsphilosoph. Kaufmann zufolge beschäftige sich die Rechtsphilosophie – als eine zur Philosophie und nicht zur Rechtswissenschaft gehörende Wissenschaftsdisziplin – mit juristischen Grundsatzfragen und Grundproblemen, die auf juristische Manier reflektiert werden.[8]

Die Rechtstheorie ebenso wie die Rechtsphilosophie ergänzen das rein systemimmanente Denken der Rechtsdogmatik durch ein systemtranszendentes oder meta-dogmatisches Nachdenken über rechtlich relevante Fragen. Aufgrund dessen sieht Kaufmann auch keinen Wesensunterschied zwischen Rechtsphilosophie und Rechtstheorie, er betrachtet vielmehr bestimmte Themen der Rechtsphilosophie ausgesondert und diskutiert sie unter der Bezeichnung *Rechtstheorie*, als da etwa sind:

---

[4] Siehe den Eintrag *Rechtswissenschaft* in dem von Horst Tilch ^{2}1992 herausgegebenen „Deutschen Rechts-Lexikon". Larenz ^{6}1991: 189 nimmt eine ähnliche Aufteilung vor, lässt aber Rechtsvergleichung und Rechtspolitik unerwähnt.

[5] Herbert 1995: 119.

[6] Vgl. die genauere Gegenstandsbestimmung in seinen grundlegenden Ausführungen *Rechtsphilosophie, Rechtstheorie, Rechtsdogmatik* [Kaufmann ^{6}1994: 1 ff].

[7] Kaufmann ^{6}1994: 2.

[8] Kaufmann ^{6}1994: 1.

> „Normentheorie, Gesetzgebungstheorie, Theorie der Rechtssprache, weiter Wissenschaftstheorie, Erkenntnistheorie, Argumentationstheorie und Entscheidungstheorie des Rechts, sodann juristische Methodenlehre, Semantik und Hermeneutik, ferner juristische Topik, juristische Rhetorik und noch manches andere mehr. “[9]

Die Rechtstheorie als Metatheorie begegnet diesen Themen in einer deskriptiven und einer normativen Weise. Sie setzt sich einerseits zum Ziel, die Tätigkeit der Rechtsanwendung angemessen zu erklären bzw. zu verstehen. Sie gibt andererseits Anleitungen, welcher Methoden sich die Rechtsdogmatik bzw. der konkret tätige Richter bei der Rechtsanwendung bedienen sollte. In unserem Zusammenhang ist nicht die grundlegende Erörterung rechtstheoretischer Grundsatzfragen und Ausrichtungen von Interesse, sondern das Augenmerk wird ganz konkret auf die zentrale Rolle von Sprache in rechtstheoretischen Überlegungen zur Normtext-Verarbeitung im richterlichen Entscheidungsprozess gerichtet.

2.1 Methoden (Kanones) der rechtswissenschaftlichen Gesetzesauslegung

Laut Grundgesetz legen Verfassung und Gesetze das Recht durch schriftlich festgehaltene Normen fest – also in Form von Normtexten (Art. 1 Abs. 3 und Art. 20 Abs. 3 GG regeln unter anderem die Verbindlichkeit der Rechtsnormen für richterliche Entscheidungen). Auf den ersten Blick scheint dies eine klare Bestimmung zu sein. Unter kommunikationstheoretischen Aspekten ist allerdings zu fragen, welchen Veränderungen ein Inhalt unterliegen kann, wenn der Gesetzgeber (als Textproduzent) „gesetzliche Normen in Texten ausdrückt“, damit der Richter (als ein Rezipient) diese hinsichtlich eines bestimmten Rechtsfalls „interpretiert“ oder „auslegt“.[10] Engisch geht in seiner *Einführung in das juristische Denken* davon aus, dass Richter bei dieser Tätigkeit (die) Bedeutung ermitteln[11].

Es sei daran erinnert, dass seit Friedrich Carl von Savigny in der klassischen juristischen Auslegungslehre vier verschiedene Elemente der Gesetzesauslegung unterschieden werden.[12] Die klassische heutige Auslegungslehre

---

[9] Kaufmann [6]1994: 12. Kaufmann weist außerdem darauf hin, dass trotz der Ausgliederung diese Bereiche noch immer zur Rechtsphilosophie gehören.

[10] So vielfache Formulierungen in klassischen Methodenbüchern, siehe z.B. Larenz [6]1991: 312 ff. und Zippelius [6]1994: 39: „Ein Gesetz auslegen heißt, die Bedeutung der Gesetzesworte zu ermitteln.“

[11] Zur Problematik dieser Fiktion der Ermittlung anstelle der tatsächlichen Festsetzung vergleiche Busse 1993: 259 ff.

[12] Vgl. ausführlicher dazu Schroth [6]1994: 356.

unterscheidet nach Engisch ebenfalls vier verschiedene Methoden und Ansätze der Auslegung,

- nämlich die „Auslegung nach dem Sprachsinn (die ‚grammatische' Auslegung)",
- weiterhin „die Auslegung aus dem gedanklichen Zusammenhang (die ‚logische' oder ‚systematische' Auslegung, die sich an die Stellung einer Bestimmung im Gesetz und an ihren Zusammenhang mit anderen Bestimmungen hält)",
- außerdem „die Auslegung aus dem historischen Zusammenhang, insbesondere aus der ‚Entstehungsgeschichte'"
- und schließlich „die Auslegung aus der ratio, dem Zweck, dem ‚Grund' der Bestimmung (die ‚teleologische' Auslegung)."[13]

Diese Auslegungsebene ist allerdings im Rahmen des Auslegungsstreits mit zwei weiteren Ebenen zu kontrastieren. Zum einen handelt es sich dabei um die Kontroverse zwischen subjektiver und objektiver Auslegungstheorie. Gemäß der subjektiven Theorie wird durch Interpretation die Textbedeutung als ursprüngliche Autor-Intention, hier „Wille des (historischen) Gesetzgebers", ermittelt. Die objektive Theorie dahingegen stellt auf den „sachlichen Gehalt des Gesetzes" oder auf „den objektiven Sinn des Gesetzes" ab, der „in ihm selbst ruht".[14]

Eine weitere zu berücksichtigende Ebene des Auslegungsstreites betrifft die Abwägung zwischen Gesetzesauslegung bzw. Rechtsanwendung einerseits und Rechtsfortbildung andererseits. Diverse rechtstheoretische Gesetzesauslegungskonzeptionen sehen im Richter den „Mund des Gesetzes"[15] sprechen. Laut Grundgesetz Art. 20 Abs. 3 ist Rechtsprechung an „Gesetz *und* Recht" gebunden, offensichtlich gibt es neben dem gesetzlichen Normtext noch „etwas anderes". In der Rechtsprechungspraxis können sich Richter darüber hinaus auch auf andere Texte wie z.B. Entscheidungsbegründungen, Kommentare etc. berufen. In der herkömmlichen rechtswissenschaftlichen Lehre bewegen sich ihre Entscheidungsbegründungen dabei im Spannungsfeld zwischen Auslegung – also Argumenten, die sich auf den Normtext zu stützen beanspruchen – und Rechtsfortbildung, also der Befugnis des Gerichts, bei unvollständiger oder fehlender gesetzlicher Regelung (Gesetzeslücke) eine rechtliche Wertung selbst zu finden und der Entscheidung zugrunde zu legen.[16] Selbstredend sieht sich das Gericht bei der Rechtsfortbildung einem größeren Rechtfertigungsdruck ausgesetzt.[17]

---

[13] Engisch [1]1956/[9]1997: 90.

[14] Engisch [1]1956/[9]1997: 110.

[15] Vgl. kritisch zu diesem Bild Christensen 1989a.

[16] Zu diesem Problemkreis vergleiche Larenz [6]1991: 366 ff. und Zippelius [6]1994: 76.

[17] Siehe dazu exemplarisch die Entscheidungsbegründungen zum „vergeistigten" oder entmaterialisierten Gewaltbegriff in Teil II und III dieser Arbeit. Dazu ausführlicher Schäfer 1989 im

> „Rechtssoziologisch könnte man diesen Gegensatz so formulieren, daß eine sich als *Auslegung* gebende Entscheidungsbegründung den Richter von Verantwortung entlastet, während eine klar als Rechts*fortbildung* erkenntliche Begründung Verantwortung aufbürdet und vor allem Aufmerksamkeit auf sich zieht.“[18]

Nach Schroth wird in der heutigen Rechtswissenschaft überwiegend die Auffassung vertreten, dass das Ziel der Auslegung der heutige Zweck des Gesetzes sei; subjektive Auslegung könne dann nur ein Hilfsinstrument objektiver Auslegung darstellen.[19] Viele Autoren versuchen zwischen subjektiver und objektiver Auslegung einen Mittelweg zu finden. Müller in seiner Methodik geht einen anderen Weg, indem er bestreitet, dass es eine Alternative zwischen subjektiver und objektiver Auslegung gebe. Unterdessen schlägt er ein Verfahren der Normkonkretisierung[20] vor, mit dem versucht wird, Normen auf Sachverhalte anzuwenden. Dieser Ansatz wird weiter unten noch ausführlich zu erörtern sein.

2.2 Freiheit und Gebundenheit des Richters

Resümiert man die gesetzlichen Grundlagen der Richterbindung, so sind vor allem drei zentrale Stellen der Rechtsordnung zu erwähnen, welche die Unabhängigkeit des Richters einerseits bekräftigen und andererseits dessen Freiheit einschränken bzw. Bindung betonen: „Die Richter sind unabhängig und nur dem Gesetz unterworfen“ (Art. 97 Abs. 1 GG) und der bereits erwähnte Artikel 20 Abs. 3 des Grundgesetzes: „Die Gesetzgebung ist an die verfassungsmäßige Ordnung, die vollziehende Gewalt und die Rechtsprechung sind an Gesetz und Recht gebunden“ sowie „Die richterliche Gewalt wird durch unabhängige, nur dem Gesetz unterworfene Gerichte ausgeübt“ (§ 1 Gerichtsverfassungsgesetz). Für strafrechtliche Verurteilungen wie bei der untersuchten Sitzblockadenjudikatur verschärft Art. 103 Abs. 2 (wortgleich mit § 1 StGB) die Gesetzesbindung des Richters sowohl durch das sogenannte „Analogieverbot“, welches der rechtsprechenden Gewalt verbietet, „Straftatbestände oder Strafen durch Gewohnheitsrecht oder Analogie zu begründen oder zu verschärfen“,[21] als auch durch den „Bestimmtheitsgrundsatz“, der besagt: „Der einzelne soll von vornherein wissen können, was strafrechtlich verboten ist und

Leipziger Kommentar zu § 240, Rdn. 20. (Anmerkung: Kommentartexte zu einzelnen Paragraphen werden üblicherweise nach Randnummern (= Rdn.) zitiert. Die Kennzeichnung „vor“ bedeutet, dass es sich um eine Rdn. der einleitenden Erläuterungen zu den jeweiligen Ausführungen vor jedem § handelt.)

[18] Busse 1989: 95.

[19] Schroth ^{6}1994: 358. Eine Mindermeinung favorisiere aber immer noch als Ziel der Auslegung die Ermittlung des Willens des historischen Gesetzgebers.

[20] Müller ^{7}1997: 168 ff.

[21] Jarass/ Pieroth ^{5}2000, Art. 103, Rdn. 47.

welche Strafe ihm für den Fall eines Verstoßes gegen das Verbot droht, damit er in der Lage ist, sein Verhalten danach einzurichten."[22]

Im Zusammenhang mit diesem Grundgesetzartikel wird in der Strafrechtslehre üblicherweise noch genauer zwischen vier – nebeneinander zu stellenden – Unterprinzipien in dem Sinne unterschieden, dass das Bestimmtheitsgebot an den Gesetzgeber, das Rückwirkungsverbot sowohl an den Gesetzgeber als auch den Richter, das Analogieverbot und das Verbot strafbegründenden Gewohnheitsrechts an den Richter gerichtet ist.[23]

Jedoch wurde schon seit langem dezidierte Kritik am Gesetzesbindungspostulat geübt. Herkömmlich versteht man darunter in erster Linie die Bindung durch die oben bereits erwähnten Auslegungsregeln, die Bindung durch Richterrecht[24] (Hassemer geht von einer wenigstens faktischen Bindungswirkung des Richterrechts aus, von den sog. Präjudizien, obgleich formalrechtlich keine Bindung z.B. an höchstrichterliche Rechtsprechung vorgeschrieben ist[25]) und die Bindung durch die Rechtsdogmatik.[26] Stellvertretend sei Hassemer zitiert, der mit Verweis auf seine Schriften aus den 1960er Jahren bilanziert:

> „Es ist offenbar widersinnig, entgegen den Erkenntnissen zur Vagheit und Porösität von Gesetzesbegriffen oder zum je differenten richterlichen Vorverständnis darauf zu beharren, der Richter müsse sich streng an das Gesetz halten. Er kann es nicht. Konsequenz einer solchen, sich scheinbar rechtsstaatlich begründenden Forderung ist nicht, daß die Rechtsprechung sich exakter an gesetzliche Vorschriften hält, sondern vielmehr, daß sie so tut, als folge sie nur dem Gesetz."[27]

---

[22] Jarass/ Pieroth ^{5}2000, Art. 103, Rdn. 48.

[23] Vgl. dazu ausführlicher Pieroths Kommentar zum Grundgesetz in Jarass/ Pieroth ^{5}2000, Art. 103, Rdn. 43 ff, der das Rückwirkungsverbot (im Unterschied zu Amelung 1995: 2587) nicht nur an den Gesetzgeber, sondern auch an den Richter gerichtet versteht. Das Rückwirkungsverbot „verbietet dem Strafgesetzgeber die rückwirkende Strafbegründung und Strafschärfung [...] und dem Strafrichter die rückwirkende Anwendung einer Strafnorm." [Jarass/ Pieroth ^{5}2000, Art. 103, Rdn. 52]

[24] Richterrecht ist „die Bezeichung für eine ständige Rechtsprechung, besonders im Zusammenhang mit Rechtsfortbildung. Eine exakte und einheitliche Beschreibung dessen, was unter Richterrecht zu verstehen ist, läßt sich nicht finden; in der Verwendung steht der Begriff ‚Richterrecht' zwischen ständiger Rechtsprechung und Gewohnheitsrecht: In der allgemeinen Diskussion wird Richterrecht sowohl für eine gefestigte ständige Rechtsprechung als auch für eine im Wege der Rechtsfortbildung gewonnene tragende Rechtsansicht, besonders höchstrichterlicher Art, verwendet." [Tilch ^{2}1992, Bd.3, S.153]

[25] Hassemer ^{6}1994: 263.

[26] Hassemer ^{6}1994: 261 ff. führt darüber hinaus z.B. die Bindung durch informelle Programme usw. an [Ebenda S. 264].

[27] Hassemer ^{6}1994: 259.

2.3 Parallelen der Sprach- und Rechtswissenschaft

Aus dem oben dargelegten Interesse an juristischer Spracharbeit entscheidet sich – angesichts diverser rechtstheoretischer Ansätze, die im Kontext dieser Arbeit nicht Gegenstand der Untersuchung sein können[28] – diese Untersuchung für einen Ansatz, der sich von Grund auf sehr stark mit der linguistischen Theorieentwicklung der letzten Jahrzehnte auseinandergesetzt hat und mit dieser vielfältige Überschneidungen teilt. Es handelt sich um den rechtstheoretischen Ansatz der *Strukturierenden Rechtslehre*, der Parallelen zur sogenannten pragmatischen Wende in der Linguistik und zu den in der Folge entstandenen Sprachhandlungsansätzen[29] aufweist. Das gilt – so viel sei an dieser Stelle schon vorweggenommen – für die Einstellung beider Disziplinen zum linguistischen bzw. juristischen Positivismus (Ablehnung der Vorstellung von „Ausdrücken als Bedeutungscontainer" oder vom „Rechtstext als Rechtsnormbehälter") sowie für ihr Bekenntnis zu einem handlungstheoretischen Ansatz in der Rechts- bzw. Spracharbeit. Überdies betrifft es auch den Regelbegriff, der hier als analog aufgefasst werden kann, was das Erzeugen einer Rechtsnorm und das Erzeugen einer sprachleitenden Regel anbelangt. Damit einher geht die Betonung der Rolle des Subjekts bei der Normkonkretisierung (Rechtsarbeiter) und beim Sprachhandeln (Sprecher).

> „Weder die Norm im Sinn des Gesetzespositivismus noch die Sprache als angeblich naturhaft normatives System werden als vorgegebene Größen anerkannt. Die Strukturierende Rechtslehre identifiziert ‚Norm' ebensowenig mit ‚Normtext' wie die neuere Linguistik ‚Text' mit ‚Textformular' und ‚Regel' mit ‚Regelformulierung'."[30]

Damit sind erste, wesentliche Gründe skizziert, warum sich der vorliegende linguistische Untersuchungsansatz für das Paradigma der *Strukturierenden Rechtslehre*[31] entschieden hat (die ausführliche Begründung erfolgt weiter unten): Sie versteht die Rechtsstruktur als Textstruktur, unterscheidet konsequent zwischen Normtext und Norm (analog zu Textformular und Textbedeutung) und setzt – sich auf Wittgenstein berufend – in Sprachspielen an, die sich

---

[28] Vgl. dazu das grundlegende, inzwischen in sechster Auflage erschienene Werk von Kaufmann, Arthur/ Hassemer, Winfried (Hg.) (^{6}1994): Einführung in Rechtsphilosophie und Rechtstheorie der Gegenwart. Heidelberg.

[29] Müller ^{2}1994: 378 verweist vor allem auf die „Praktische Semantik" mit ihren Grundannahmen, dass sprachliche Zeichen nichts Einheitliches sind, nie isoliert, sondern nur in Sprachspielen (also Verwendungszusammenhängen) betrachtet werden sollten und dass Referieren, Prädizieren, Quantifizieren und das Herstellen von Relationen (Aussageverknüpfung) elementare sprachliche Handlungen darstellen [Heringer 1974; Heringer/ Öhlschläger/ Strecker/ Wimmer 1977; Wimmer/ Christensen 1989].

[30] Müller 1990:133.

[31] Das Konzept der Strukturierenden Rechtslehre wird überblicksartig und auch für Nichtjuristen verständlich in Müller 1990 „Notiz zur Strukturierenden Rechtslehre" vorgestellt.

im Gesamthorizont des durch die Verfassung gezogenen größeren Sprachspiels bewegen.[32]

Versucht man nun den Erkenntnisanspruch der vorliegenden sprachwissenschaftlichen Untersuchung im Bereich der konkreten Rechtspraxis, Rechtswissenschaft und der Rechtstheorie präziser zu fassen, so kann hier selbstredend die rechtliche Spracharbeit – also die Beobachtung von sprachlichen Verwendungszusammenhängen – nur aus linguistischer Perspektive untersucht werden, das heißt auf Aspekte von Sprachtheorie und Sprachpraxis im Recht besonders geachtet werden. Gegebenenfalls vermögen linguistische Analysen rechtspraktischen, rechtstheoretischen und rechtswissenschaftlichen Zusammenhängen von „außen" Anstöße zu geben. So ist in zahlreichen linguistischen, rechtswissenschaftlichen und vor allem auch interdisziplinären Veröffentlichungen schon herausgearbeitet worden,[33] welche sprachtheoretischen Defizite juristischen Sprach(gebrauchs)auffassungen innewohnen.[34] Diese Darlegungen werden hier nicht ausführlich wiederholt, sondern es wird auf einzelne Aspekte an entsprechender Stelle des Gedankengangs verwiesen. Die übergeordnete Frage der vorliegenden Untersuchung lautet – daran sei erinnert: Was leistet die Sprache des Rechts im Rahmen juristischer Sprachhandlungen – exemplifiziert an einem konkreten Fall im Rahmen der Sitzblockadenjudikatur?

2.4 Gemeinsame Erkenntnisziele von Sprach- und Rechtswissenschaft

Die *Strukturierende Rechtslehre* nimmt im Rahmen rechtstheoretischer Ansätze aus linguistischer Sicht eine Sonderstellung ein. Denn sie schreibt Sprache – im Unterschied zu sonstigen in der Jurisprudenz vorherrschenden Sprachauf-

---

[32] Müller ²1994: 147 und 374 ff. Wittgenstein führt den Terminus des *Sprachspiels* ein, mit welchem er die verschiedenen Funktionen unserer Sprache beschreiben möchte. Zum Sprachspiel gehören die Handlungen des Äußerns von Sätzen, das „Verstehen" des Partners und das Handeln der beteiligten Kommunikationsteilnehmer. Sprache ist nicht nur Instrument des Mitteilens [Wittgenstein 1958/¹¹1997: § 363). Wittgenstein betont bei der Einführung des Sprachspielbegriffs, dass verschiedene Sprachspiele in ganz verschiedenen Zusammenhängen gespielt werden. Wenn man ein bestimmtes Sprachspiel spielt, kann man auch nur in bestimmter Weise handeln. Und natürlich wird man das Sprachspiel nach den Notwendigkeiten der Handlungen einrichten. „Und eine Sprache vorstellen heißt, sich eine Lebensform vorstellen" [Wittgenstein 1958/¹¹1997: § 19]. Die Sprache bestimmt die Lebensform und ist Produkt der Lebensform. Mit dieser Formulierung geht Wittgenstein m.E. allerdings eine gefährliche Nähe zum Sprachdeterminismus ein.

[33] Siehe dazu vor allem die beiden Sammelbände „Untersuchungen zur Rechtslinguistik" [Müller (Hg.) 1989] und „Neue Untersuchungen zur Rechtslinguistik" [Müller/ Wimmer (Hg.) 2001].

[34] Weitere wichtige Arbeiten sind die von Müller 1975, ²1994, Christensen 1989, Busse 1992, 1993, Jeand'Heur 1989, 1998, Müller/ Christensen/ Sokolowski 1997.

fassungen – nicht nur instrumentellen Charakter bei der Behandlung juristischer Phänomene zu, sondern Sprach- bzw. Textarbeit wird als genuiner Bestandteil juristischer Tätigkeit betrachtet.

Die Relevanz der *Strukturierenden Rechtslehre* für die vorliegende linguistische Analyse und die Begründung der Herangehensweise kann wie folgt bilanziert werden.

1) Innerhalb der rechtstheoretischen Diskussion hat die *Strukturierende Rechtslehre* mit dem Ansinnen, die Grundlagen praktischer Rechtsarbeit nicht länger als solche von Begriffen oder Rechtstermini zu behandeln, sondern vielmehr die tatsächlichen Konkretisierungsakte des praktisch tätigen Juristen als wissenschaftlich strukturierende Vorgänge zu untersuchen, sich gegen die dominierende Vorstellung der juristischen Entscheidungstätigkeit gewendet, die von einer als objektiv vorgegebenen gedachten Referenzbeziehung von Sprache und Welt ausgeht. Die *Strukturierende Rechtslehre* rückt stattdessen den praktisch tätigen, an und mit Sprache bzw. Texten arbeitenden Juristen in den Vordergrund, der „gewöhnlich in Rechtswissenschaft und Rechtstheorie ein Schattendasein fristet“[35] und in positivistischer Tradition allenfalls als „Mund des Gesetzes“ in Erscheinung tritt. Sie hebt – mit explizitem Verweis auf die praktische Semantik – auf konkrete Sprachhandlungen, die Gebrauchssprache des juristischen Funktionsträgers ab:

> „Der praktisch tätige Jurist [...] wird zum Sprecher, der, indem *er* referiert, die Gebrauchsweise der Zeichen nach seinen Motiven prägt. Weder Sprache noch Welt(gegenstände) garantieren von sich aus merkmalssemantisch unmittelbare Referenzrelationen. Es sei nochmals daran erinnert: Nicht ein vorgeblich existenter und kognitiv erkennbarer, anwendungsbereiter Begriff des Sprachzeichens, sondern vielmehr erst der Sprecher/ Rechtsanwender referiert auf Merkmale, die *er* als relevant festsetzt, die *er* aus ihrem kontingenten Vorliegen in eine die einzelne Entscheidung überdauernde Form transformiert.“[36]

2) Die *Strukturierende Rechtslehre* interessiert sich für offene Fragen, die in der Sprach- und der Rechtswissenschaft von Bedeutung sind. Versteht man Sprechen als menschliche Tätigkeit bzw. als eine Form des kommunikativen Handelns,[37] dem in verschiedenen Situationskontexten unterschiedliche Lebensformen oder „Sprachspiele“[38] zugrunde liegen, so können – in Abhängigkeit des jeweiligen Handlungszusammenhangs

---

[35] Jeand'Heur 1989: 54.

[36] Jeand'Heur 1989: 55.

[37] Handlungen werden von Verhalten abgegrenzt durch das definierende Kriterium einer Handlungsabsicht (Intention) [Busse 1992: 18].

[38] Wittgenstein 1958/[11]1997: § 7, 19, 23.

– die einzelnen Sprachspiele als durch spezifische Regeln[39] (sprachliche Verwendungsweisen) konstituiert beschrieben werden, die die Sprachteilnehmer befolgen.[40] Ohne Wittgensteins Regelbegriff hier problematisieren zu wollen,[41] ist es offensichtlich, wie diese Gedanken auf das Sprachspiel der juristischen Entscheidungstätigkeit übertragen werden können. Genau dies tut die *Strukturierende Rechtslehre* mit ihrer Ausgangsfrage: Nach welchen Spielregeln funktioniert die Rechtsarbeit tatsächlich? Dadurch unterscheidet sich die *Strukturierende Rechtslehre* von deduktiv argumentierenden Rechtsontologien.[42] Sie beginnt inmitten juristischer Texte und geht damit induktiv vor.[43] Sie will Reflexion einer Praxis des Rechts für ein – neuen Entwicklungen gegenüber aufgeschlossenes – Modell bündeln. „Damit sind theoretische Annahmen nicht Voraussetzung, sondern Folge einer Analyse der Praxis und ist der Rationalitätsmaßstab [...] ein sprachspielimmanenter."[44] Auf Grund dieses Umstandes des induktiven Vorgehens und der Fokussierung der rechtspraktischen Tätigkeit eignet sich das Paradigma der *Strukturierenden Rechtslehre* für eine linguistische Untersuchung in besonderem Maße, weil die von diesem Ansatz vorgenommene Strukturierung der

---

[39] Es wird explizit Bezug genommen auf Wittgensteins Interesse am Regelbegriff, vgl. Wittgenstein 1958/[11]1997: §§ 185-242. Die Muster, nach denen Sprachspiele gespielt werden, heißen *Regeln*. Menschen befolgen in ihrem Handeln Regeln. Die Regeln ergeben sich aus dem Handeln, insofern verschiedene Handlungen zur gleichen Regel gezählt werden. Voraussetzung dafür ist eine Regelmäßigkeit der Handlungen, das heißt, an den Regeln ist irgendetwas gleich [Heringer 1974: 21]. Eine Voraussetzung dafür, dass jemand eine Regel befolgt, besteht in der Einsehbarkeit, in dem bewussten oder unbewussten Erkennen eines Musters. *Unbewusst* bedeutet hier, dass die Regel vom einzelnen nicht expliziert werden kann: „Ich folge der Regel *blind*" [Wittgenstein 1958/[11]1997: § 219]. Menschen vermuten hinter Handlungen ihrer Mitmenschen Regelmäßigkeiten (Musterhaftes, Regularitäten), die sozusagen hochgradig „regelverdächtig" sind. Die so aufgestellten Hypothesen über Handlungen – ob sie sich also in eine Regel einordnen lassen – werden im weiteren Sprachgebrauch verifiziert oder falsifiziert. Dies geschieht durch Anwendung einer ähnlichen Handlung und der Beobachtung, wie die Kommunikationspartner darauf reagieren.

Wittgenstein hebt hervor, dass das Befolgen einer Regel immer etwas zu tun hat mit der Übereinstimmung der Menschen in einer Handlungsweise. „Die Verwendung des Wortes ‚Regel' ist mit der Verwendung des Wortes ‚gleich' verwoben." [Wittgenstein 1958/[11]1997: § 225] Die Verknüpfung von *Regel* und *gleich* hat zwei Richtungen: 1) *Gleich* kann sich auf Regeln beziehen (*gleiche Wortverwendung, Bedeutung*); 2) *Regel* bestimmt sich daraus, was in einer Gesellschaft als die „gleiche Handlungsweise" („das gleiche Sprachspiel") gilt.

[40] Jeand'Heur 1989a.

[41] Vgl. dazu die Aufsätze in dem von H.J. Heringer (1974a) herausgegebenen Sammelband „Seminar: Der Regelbegriff in der praktischen Semantik" und die Ausführungen bei Busse 1993: 253 ff., Müller/ Christensen/ Sokolowski 1997: 74 ff oder bei Beckmann 2001: 18 ff.

[42] Müller 1975: 15 ff.

[43] Müller [7]1997: 12.

[44] Müller/ Christensen/ Sokolowski 1997: 15.

Richterhandlungen mit einer sprachwissenschaftlichen Perspektivierung kontrastiert werden kann.

3) Gerade das verbreitete und auch in außerjuristischen Kreisen bekannte syllogistische Subsumtionsmodell[45] mit seiner idealisierten Vorstellung einer anzustrebenden Übereinstimmung von Obersatz („Wenn die Voraussetzungen t_1, t_2, t_3, ... verwirklicht werden, gilt die Rechtsfolge R.") und Untersatz („Die Voraussetzungen t_1, t_2, t_3, ... werden durch den konkreten Sachverhalt s_1, s_2, s_3, ... verwirklicht") bis hin zu dem Schluss („Also gilt für den konkreten Sachverhalt s_1, s_2, s_3, ... die Rechtsfolge R.") ist dazu prädestiniert,[46] eine Trennung von Sprache und Welt als getrennte Entitäten zu implizieren und damit Sprache als Abbild von Wirklichkeit aufzufassen. Jeand'Heur skizziert die in der Jurisprudenz, aber auch in der Rechtswissenschaft geläufige Abbildtheorie in vier Stichworten: „1. Instrumentalistische Sprachtheorie; 2. Repräsentationsfunktion der Sprache; 3. Atomistische Bedeutungsauffassung sowie 4. Annahme einer ontologisch-essentialistischen Beschaffenheit von Welt(gegenständen)"[47] Diese von vielen Juristen vertretene Vorstellung[48] und nach Broekman in rechtstheoretischen Ansätzen üblicherweise implizierte und allgemein vorherrschende Sprachtheorie,[49] der zufolge Sprache ein Werkzeug zur Bezeichnung von Gedanken (instrumentalistische Sprachauffassung) sei, welche durch Worte transportiert würden, „ohne dabei die Identität dieser Gedanken zu tangieren",[50] wird von der *Strukturierenden Rechtslehre* in Übereinstimmung mit sprachwissenschaftlichen Auffassungen des pragmatischen[51] und teilweise kognitiven[52] Paradigmas abgelehnt und ersetzt durch die Sprachauffassung, die im Folgenden noch genauer dargelegt wird und sich schlag-

---

[45] Inwiefern die Vorstellung der automatischen Subsumtion heute noch im Alltagsbewusstsein und in der Selbstdarstellung von Juristen bzw. der juristischen Methodenlehre vorherrscht, ist umstritten [Busse 1992:18]. Hassemer [1972: 468] hält die Vorstellung für überwunden, nach Haft [1978: 87] wird an ihr festgehalten. Larenz unterscheidet zwischen der Mehrzahl juristischer Fälle, bei denen sich Sachverhalte unter Sätze subsumieren lassen, und einer „verschwindenden Minderzahl", die so „hart an der Grenze" liegen, dass nur die „reine Dezision übrigbleibt" [Larenz [6]1991: 158]. Auch Zippelius stellt als erklärungsfähiges Gedankengebäude juristischer Tätigkeit die Konzeption der Subsumtion vor, obgleich sich „Zweifel" regen, ob „Tatsachen [...] streng genommen überhaupt unter abstrakte Begriffe [...] subsumiert werden können" [Zippelius [6]1994: 90].

[46] Engisch [9]1997: 55, Haft 1978: 87.

[47] Jeand'Heur 1989: 57.

[48] Jeand'Heur 1989: 65.

[49] Vgl. Broekman 1984: 19.

[50] Simon 1977: 1.

[51] Vgl. die Gesamtdarstellung bei Gloning 1996.

[52] Vgl. z.B. den Überblick bei Scherner 2000.

wort- und thesenartig zusammenfassen lässt als „Rechtsarbeit ist Sprach- bzw. Textarbeit!“

2.5 Sprachliche Grundannahmen der *Strukturierenden Rechtslehre*

Etwa seit einhundert Jahren versteht sich die deutsche Rechtstheorie und Methodenlehre in erster Linie als Auseinandersetzung mit der Polarität von gesetzlicher Norm und richterlichem Urteil.[53] Die zentrale Bedingung richterlichen Handelns ist die Kodifikation. Der Richter ist bei seinem Handeln an die mehr oder weniger exakt formulierten Gesetzestexte gebunden, nach denen er den entsprechenden Fall zu entscheiden habe.

> „Welche Funktion Kodifikationen jedoch für richterliches Handeln haben und in welcher Weise sich die Bindung des Richters an die kodifizierte Norm verstehen läßt, hängt davon ab, für wie zwingend man die Determination der Rechtsentscheidung durch die Rechtsnorm hält.“[54]

Die *Strukturierende Rechtslehre* stellt sich als nachpositivistisches Gesamtkonzept die Aufgabe, juristisches Handeln von den rechtsstaatlichen Anforderungen her zu strukturieren. Sie grenzt sich entschieden von dem rechtstheoretischen Ansatz des Rechtspositivismus ab, dem zufolge – im Rahmen der früheren Ansätze zur Selbstreflexion juristischen Tuns – in Gesetzbüchern dem Richter Normen zur Auslegung zur Verfügung gestellt werden, ebenso wie sie die Annahme des Dezisionismus verwirft, der in der juristischen Entscheidung nur die richterliche Gewalt sieht und demgegenüber dem Gesetzgeber und den aus Normtexten entstehenden Anschlusszwängen juristischer Spracharbeit keinen größeren Stellenwert beimisst.[55] Die *Strukturierende Rechtslehre* bean-

---

[53] Hassemer ^{6}1994: 248.

[54] Hassemer ^{6}1994: 249.

[55] Ein damit eng verbundener, aber unter linguistischen Gesichtspunkten nur peripher relevanter Aspekt behandelt die Legitimation richterlicher Entscheidungen in Rechtspositivismus und Dezisionismus: „Einig sind sich beide Auffassungen darin, eine richterliche Entscheidung werfe keine Rechtfertigungsprobleme auf. Entweder, weil der Richter als Gesetzesanwender schon gar keine Gewalt ausübt, oder weil die unvermeidliche Gewalt nicht an einem Umstand gerechtfertigt werden kann, der außerhalb der Entscheidung liegt.“ [Müller/ Christensen/ Sokolowski 1997: 16] Die Autoren werfen beiden Ansätzen vor, richterliches Handeln zu immunisieren. Die Strukturierende Rechtslehre setze hingegen mit der Frage ein, ob das rechtstheoretische Wissen wirklich auf der Höhe des praktischen Könnens ist. Das Richterbild und die Entscheidung über den Legitimationsbedarf juristischen Handelns dürften nicht am Beginn, sondern erst am Ende der Rechtstheorie stehen. Viele Elemente der klassischen Theorien beanspruchen die Autoren für den hier proklamierten Neuansatz zu nutzen, die zuvor verteilt auf zwei gegensätzliche Theorien zur „Aufrechterhaltung eines imaginären Richterbildes“ beitrügen, weil beide Theorien die jeweils anderen Komponenten juristischen Handelns systematisch verkennen würden! [Müller/ Christensen/ Sokolowski 1997: 16]

sprucht hingegen, ausgewählte Beschreibungselemente der klassischen Theorien in ihrem Ansatz systematisch und stringent integriert zu haben.

Gemäß dem Rechtspositivismus und seiner linguistisch unhaltbaren Sprachauffassung sei der Inhalt der Gesetzesnormen als objektive Bedeutung erkennbar – so spricht auch Larenz von „Norm, die im Gesetze steht, um angewandt zu werden"[56] –, der Jurist brauche die gesetzlichen Formeln nur noch auszulegen und erkenne so die Bedeutung des Gesetzes für den gegebenen Rechtsfall und wende es auf diesen an.

> „Die Subsumtion ist dann gerechtfertigt, wenn er [der Richter/ Anm. E.F.] sie kognitiv richtig vollführt. Die Brücke zwischen der Geltung der Vorschrift und der Legitimität juristischen Entscheidens wird also von der Bedeutung gebildet, von der des *Rechtstextes*, der als Norm schon im Gesetzbuch steht. Für Anwendungsschlüsse solcher Art erübrigen sich Begriffe wie ‚*Textarbeit*'."[57]

In dieser Bedeutungsauffassung manifestieren sich grundsätzliche Unterschiede zwischen Rechtspositivismus bzw. Dezisionismus auf der einen und der *Strukturierenden Rechtslehre* auf der anderen Seite. Der Dezisionismus – wie bereits erwähnt – misst juristischer Spracharbeit generell keine große Bedeutung bei. Die Divergenzen von Rechtspositivismus und *Strukturierender Rechtslehre* hinsichtlich der Sprachauffassungen erstrecken sich neben der erwähnten Textbedeutungs- und Geltungsproblematik darüber hinaus auf die Frage, was ein Text ist und was er zu leisten vermag.

Die Sprache des Rechts lässt sich als eine von „fachsprachlichen Elementen durchsetzte natürliche Sprache"[58] beschreiben. Die Grenzen der Leistungsfähigkeit natürlicher Sprache werden vielfach in der Jurisprudenz nicht ausreichend berücksichtigt,[59] weil sie der vorherrschenden Meinung über die Methoden der Gesetzesauslegung (also der Entnahme der Gesetzesbedeutung hinsichtlich des Rechtsfalls aus dem Paragraphen im Sinne einer Containermetapher)[60] die Legitimität zu entziehen scheint. Es wird stattdessen die Fiktion der fachsprachlichen Eindeutigkeit bevorzugt und Zweifel an dieser Einschätzung werden bagatellisiert:

---

[56] Larenz ⁶1991: 133.

[57] Müller/ Christensen/ Sokolowski 1997: 9.

[58] Müller/ Christensen/ Sokolowski 1997: 9.

[59] Siehe exemplarisch Larenz ⁶1991: 320 „Jede Auslegung eines Textes wird mit dem Wortsinn beginnen." Oder Zippelius ⁶1994: 43 „Die *Grenze des möglichen Wortsinns* ist auch die *Grenze der Auslegung*." Siehe dazu im dritten Teil *Linguistische Analysen* Kapitel 10 *Untersuchung der Sprachgebrauchstopoi* und dort die Auseinandersetzung mit der Wortlautgrenze.

[60] Vgl. z.B. Larenz ⁶1991: 320 „Gegenstand der Auslegung ist der Gesetzestext als ‚Träger' des in ihm niedergelegten Sinns, um dessen Verständnis es in der Auslegung geht." oder Zippelius ⁶1994: 39 „Ein Gesetz auszulegen heißt, die Bedeutung der Gesetzesworte zu ermitteln, also jene Tatsachen-, Wert-, und Sollensvorstellungen zu gewinnen, die durch sie bezeichnet sein sollen."

> „Aussagen über wahrnehmbare Tatsachen können ‚wahr' oder ‚falsch' (unwahr) sein, Aussagen über die Geltung einer Norm nennen wir ‚richtig' oder ‚unrichtig'. Beide Ausdrucksweisen meinen anscheinend dasselbe, doch drückt die zweite einen etwas schwächeren Grad an Gewißheit aus. Die Rechtswissenschaft begnügt sich in der Regel mit der ‚Richtigkeit' ihrer Aussagen, ohne deshalb den Anspruch auf Wissenschaftlichkeit aufzugeben. Es bleibt ein letzter Rest von Ungewißheit, der aber praktisch vernachlässigt werden kann." [61]

Eine solche Ansicht lässt außer Acht, dass in Gesetzesbüchern nicht Gesetze stehen, sondern Textformulare. Text und Textformular ist die textlinguistische Parallele zur juristischen Unterscheidung von *Norm* und *Normtext*[62] und berücksichtigt jene nicht zu leugnende Diskrepanz oder Lücke zwischen dem, was ein Textautor (hier z.B. der Gesetzgeber) gemeint haben könnte, und dem, was ein Rezipient (z.B. Richter) daraus macht (aus diesem Grunde ist das Bild der Subsumtion linguistisch nicht haltbar). Schmidt versteht unter *Textformular* die pure Zeichenausdruckskette[63], während *Text* auf das sinngefüllte, vollständige Verstehens- oder Interpretationsergebnis verweist.

> „Was dort [im Gesetzbuch/ Anm. E.F.] steht, sind nur Textformulare für später zu erzeugende Normen; sind nur ‚Normtexte' als nicht-normative Vorformen dessen, was dann einen bestimmten Konfliktfall auf bestimmte Weise verbindlich entscheiden wird: Vorform der Rechtsnormen. Diese können nur *im Fall* erarbeitet werden; im Rahmen eben des realen Falles, der sie überhaupt provoziert und den sie regeln sollen."[64]

Somit liegt dem rechtstheoretischen und rechtsmethodischen Paradigma der *Strukturierenden Rechtslehre* ein Sprachverständnis zugrunde, das der in der Linguistik verbreiteten Sprachauffassung einer handlungstheoretischen Semantik[65] insofern gerecht wird, als es Eigenheiten – insbesondere die Grenzen – natürlicher Sprache bei der Beschreibung der richterlichen Textarbeit berücksichtigt. Ein solcher Ansatz achtet darauf, „was natürliche Sprache nicht können kann und auf das, was sie wirklich kann."[66]

---

[61] Larenz ^{6}1991: 198.

[62] Müller 1990: 117 ff. und Müller ^{2}1994: 267 f.

[63] Schmidt unterscheidet in Abgrenzung zur gängigen Bedeutung von „Text" als „kohärenter Menge von Sätzen" zwischen *Text* als „Äußerungsmenge-in-Funktion bzw. soziokommunikativ realisiertes Vorkommen von Textualität" einerseits und *Textformular* als die „aus einem kommunikativen Handlungsspiel linguistisch-analytisch isolierte kohärente Sprachzeichenmenge bzw. Satzmenge" andererseits: „Der Ausdruck ‚Formular' verweist auf den defizienten Status; ein Textformular hat den Status einer abstrakten geordneten Menge von Instruktoren und muß in kommunikativen Handlungsspielen ‚ausgefüllt' werden, um soziokommunikativ relevant sein/ werden zu können." [Schmidt 1976: 150]

[64] Müller/ Christensen/ Sokolowski 1997: 9.

[65] Vgl. die grundsätzlichen Ausführungen und die Übersicht verschiedener Ansätze bei Gloning 1996.

[66] Müller/ Christensen/ Sokolowski 1997: 9.

Damit soll für die vorliegende Sprachuntersuchung festgehalten werden: Sie will im Paradigma der *Strukturierenden Rechtslehre* die Rechtsarbeit am Beispiel einer bestimmten Judikatur zu Sitzblockaden (siehe Teil II und III) nachzeichnen. Die Entscheidung für die *Strukturierende Rechtslehre* ist gefallen, weil sie nicht deduktiv von Grundbegriffen ausgehend Rechtstexte seinem Wesen nach zu bestimmen versucht. Vielmehr beginnt sie – als nicht abgeschlossene Theorie – „inmitten juristischer Texte" unter Berücksichtigung des Wissens bzw. der Tatsache, dass auch die von juristischen Funktionsträgern „produzierte Zeichenkette die vorgefundene Vielfalt nicht auf den einzigen Text reduzieren kann, sondern nur unabschließbar vermehren" kann.[67]

Die *Strukturierende Rechtslehre* versteht sich als begleitende Reflexion einer Praxis des Rechts und knüpft in ihrer sprachtheoretischen Auffassung zur Beschreibung juristischer Tätigkeit an genuin (referenz)semantischen, textlinguistischen und verstehenstheoretischen Fragestellungen und Erkenntniszielen an:

- Was geschieht tatsächlich, wenn Juristen einen Rechtsfall entscheiden, also juristische Sprachhandlungen vollziehen?
- Welche Vorgaben liefern Gesetzestexte für juristische Entscheidungen?
- Wie funktioniert die auf Texte bezogene Arbeit juristischer Entscheidungsträger?
- Wie konstituiert sich aus alltagsweltlichen Sachverhaltserzählungen der juristische Sachverhalt?

2.6 Der Rechtstext: Geltung, Bedeutung, Rechtfertigung

Im Folgenden wird unter rechtstheoretischen Gesichtspunkten der Rechtstext hinsichtlich seiner Geltung, Bedeutung und Rechtfertigung diskutiert. Damit sind wir beim Problem der Bedeutungsfestsetzung von Gesetzestexten angelangt und befinden uns inmitten des Rechtfertigungsprozesses juristischen Handelns. Müller/ Christensen/ Sokolowski beleuchten den Zusammenhang, das Zusammenspiel von Geltung, Bedeutung und Rechtfertigung in Form von drei Thesen, die hier vorgestellt und diskutiert werden:

1. These: „Für den Positivismus bildet die objektivierbare Bedeutung die Brücke zwischen der Geltung des Gesetzes und der Rechtfertigung des juristischen Handelns."[68]

Für den Positivismus sei nach Darstellung des Autorenkollektivs die Bedeutung des Gesetzestextes gleichzusetzen mit der hinter ihm stehenden

[67] Müller/ Christensen/ Sokolowski 1997: 15.

[68] Müller/ Christensen/ Sokolowski 1997: 19.

Rechtsnorm, der Normtext repräsentiere sozusagen die Rechtsnorm. Und die Geltung des Gesetzes lasse sich fassen als genau diese in der Textbedeutung objektivierbare Rechtsnorm, die auf den jeweiligen Rechtsfall angewendet werde. In solch einem Gedankengebäude über Sprache werde deutlich, dass die Idee der Geltung von Gesetzen auf der linguistisch unhaltbaren Annahme basiere, *die* Textbedeutung (von Normtexten) sei ermittelbar.

Der Gesetzestext wird in der Tat von Larenz in seiner verbreiteten *Methodenlehre der Rechtswissenschaft* als „Träger" oder Ausdruck des als stabil angenommenen, hinter ihm stehenden Sinns bezeichnet.[69] Nach dieser Auffassung steht der Richter bei seiner Arbeit nicht vor einem Gestaltungs-, sondern vor einem Erkenntnisproblem. Der Rechtspositivismus schränkt dadurch die juristische Textarbeit auf einen Erkenntnisvorgang ein. Grundlage dieses Modells sicherer Ableitung ist offensichtlich die alte metaphysische Vorstellung, dass die Schrift die Gegenwart eines Gedankens oder Meinens ersetze (naiver Realismus und Abbildtheorie). Dem Normtext kann in diesem Gedankengebäude objektiv und eineindeutig die sprachliche Bedeutung zugeordnet werden, welche die auf den Fall anzuwendende Rechtsnorm enthält. Die Vielschichtigkeit sprachlicher Aktivität einzelner Sprecher beim Referieren und Prädizieren auf Lebenswelten wird aufgegeben zugunsten einer hypostasierten Sprachauffassung, die als unabhängig angesehen und zur (statischen) sprachlichen Ordnung im Sinne eines Codes überhöht wird. Probleme der Normativität werden in Sprache projiziert.[70] „Sprache wird dabei zum Subjekt des Rechts und zur Quelle der Normativität. Allerdings nur um den Preis, daß die Dynamik wirklicher Rede verdrängt wird und die Sprache einfriert zur statischen Ordnung eines Sprachgesetzbuches."[71]

Die Arbeitsleistung besteht nach rechtspositivistischer Auffassung in der Bedeutungs*erkenntnis* durch den Richter, so dass diese als Grundlage für die Geltung des Gesetzes fungieren kann und somit richterliches Handeln legitimiert:

> „Die drei Fragen nach Geltung und Bedeutung des Rechtstextes sowie nach der Rechtfertigung des juristischen Handelns werden von den älteren Rechtstheorien des Positivismus und Dezisionismus zu einer einzigen Struktur miteinander verschweißt. Unter anderem diese Verbindung will die Strukturierende Rechtslehre mit

---

[69] Larenz ^{6}1991: 320 oder ähnliche Formulierungen bei Zippelius ^{6}1994: 39 ff.

[70] Eine ähnliche Problematik liegt in anderen fachkommunikativen Kontexten vor (z.B. der Politik, Gentechnik-Debatte etc.), in denen es nicht nur um die vermeintlich sachliche Darstellung von Sachverhalten, sondern um die spezifische Perspektivierung aufgrund eines bestimmten sprachlichen Zugriffs geht [Felder 1999, Felder 1999a].

[71] Müller/ Christensen/ Sokolowski 1997: 21. Zum Bild „gefrorene Sprache" vgl. das Heft VI/1993 der Zeitschrift *Der Deutschunterricht* mit gleichnamigem Titel.

der Unterscheidung von Geltungs-, Text- und Legitimierungsstruktur in Frage stellen."[72]

2. These: Die sprachliche Bedeutung als objektive Instanz ist mit der Rolle der Rechtfertigung richterlichen Entscheidens überfordert.[73]

Die von der herkömmlichen Lehre hergestellte Verkettung von positivistischer Rechtsnormtheorie, juristischer Semantik und Legitimationsmodell weise nach Ansicht der Autoren eine entscheidende Schwachstelle auf: Die ganze Konstruktion beruhe auf der Voraussetzung, dass sich eine volle und mit sich selbst identische Textbedeutung als sicherer Ausgangspunkt für weitere Ableitungen nachweisen lasse. Die Autoren behaupten, dass es in der juristischen Methodendiskussion eine Tendenz gebe, eine bestimmte Sprachauffassung als „Dienstmagd" juristischer Legitimationsbedürfnisse zu verwenden, die auf der Fiktion vom Text als Repräsentant der Rechtsnorm und von der Auslegung als Erkenntnis basiere.

> „Genau darin besteht die bizarrerweise so genannte ‚sprachphilosophische Wende' der juristischen Methodendiskussion. Es handelt sich dabei um Versuche zur zitatenweise Annexion sprachwissenschaftlicher Theoreme. Entschlossen sind die so gewendeten Juristen zum Transfer von Fremdautorität."[74]

Demzufolge solle die vermeintliche Ordnung der Sprache dem Handeln der Juristen den lange ersehnten objektiven Halt verschaffen. Der Sprache komme danach die Aufgabe zu, die Rechtfertigungsfrage weg vom Richter und hin zu einer objektiven Instanz zu verschieben (Sprache als Legitimationsinstrument).[75]

Juristische Lehrbücher legen ihren Sprachgebrauchsauffassungen überwiegend eine an logischen Ideal- oder Kunst-/ Fachsprachen orientierte Semantikvorstellung zugrunde.[76] Um die einzige Bedeutung des Rechtstextes zu garantieren, vereinfacht mitunter die juristische Theorie die Komplexität der Sprache. Wesentlich sind drei Reduktionen, die wie folgt bilanziert werden können:

a) Sprache wird als homogene, hypostasierte Größe mit Normen, die überall und für jeden gleich ‚gelten', aufgefasst;
b) der Kontext einer geäußerten Zeichenkette wird als endlich und beherrschbar vorausgesetzt, der überwiegend die Klarheit der Begriffe garantiert. In der Theorie berücksichtige Ausnahmen sind die unbestimm-

---

[72] Müller/ Christensen/ Sokolowski 1997: 19.

[73] Dies ist die paraphrasierte Form der 2. These von Müller/ Christensen/ Sokolowski 1997: 22.

[74] Müller/ Christensen/ Sokolowski 1997: 23.

[75] Vgl. im Gegensatz dazu weiter unten die textlinguistischen Ausführungen zu den Forschungsarbeiten von Schmidt 1976, Schemer 1984, 1996, Nussbaumer 1993.

[76] So auch Larenz ^{6}1991: 320, der aber einräumt: „Auch diese Kunstsprache lehnt sich indessen an die allgemeine Sprache an, da das Recht, das sich an alle wendet und alle angeht, nicht auf ein Mindestmaß an Allgemeinverständlichkeit verzichten kann."

ten Rechtsbegriffe, später die normativen Begriffe, die Ermessensbegriffe und die Generalklauseln;[77]

c) es liegt die illusionäre Annahme einer identischen Wiederholung von sprachlichen Regeln ohne verschiebenden Charakter zugrunde.

So kann als linguistische Quintessenz hinsichtlich der juristischen Erwartungen in Bezug auf das Phänomen festgehalten werden: Die sprachliche Ordnung kann die Erwartungen der Juristen nicht erfüllen. Die Juristen erwarten zuviel von der sprachlichen Ordnung „ihrer" Rechtssprache.[78] Schon Apel hat in *Sprache und Ordnung. Sprachanalytik versus Sprachhermeneutik* darauf hingewiesen, dass es beim Verhältnis zwischen Sprach- und Weltordnung nicht um die Gewinnung der einen Weltordnung gehen kann, sondern um die Ordnung eines Weltaspektes, der sich selbst nur erst in Sprache konstituiert.

> „Die Vorstellung nämlich, man könne über das Verhältnis von Weltordnung und Sprachordnung von einem dritten Ort außerhalb der Sprachordnung a priori gültige Feststellungen treffen, oder anders gefaßt: man könne die Sprache der Welt logisch eindeutig zuordnen, ohne dabei von der logisch vieldeutigen Sprache und ihrer Weltdeutung Gebrauch zu machen, erwies sich als unmöglich."[79]

Die Ordnung der Sprache lässt sich vielmehr als Phänomen der dritten Art zwischen zwei Extremen beschreiben:[80] Das eine Extrem hypostasiert Sprache unzulässigerweise in einer organischen, die Sprachpraxis inadäquat erfassenden Version, wenn es zum Beispiel unter Vernachlässigung der Sprecher fragt: Warum ändert sich die Sprache? Das andere Extrem favorisiert eine mechanistische Version, die sich durch folgende Frage veranschaulichen lässt: Warum ändern die Sprecher die Sprache? Eine solche Fragestellung impliziert fälschlicherweise, Sprachbenutzer würden ihre Sprache intentional, geplant und bewusst verändern.[81] Keller sieht nun Sprache als ein Phänomen der dritten Art an, das er wie folgt definiert: Es gibt Dinge, die Ergebnisse menschlicher Handlungen, nicht aber Ziel ihrer Intentionen sind.[82]

> „Unsere Sprache ist, wie alle natürlichen Sprachen, weder natürlich noch künstlich. Sie ist weder ein Naturphänomen noch ein Artefakt. Sie ist ein Phänomen der dritten Art, die unbeabsichtigte Konsequenz individueller (intentionaler) kommunikativer Handlungen. Während Naturphänomene kausale Erklärungen fordern und Artefakte intentionale (finale), ist der adäquate Erklärungsmodus eines Phänomens der dritten Art die invisible-hand-Erklärung."[83]

---

[77] Engisch [1]1956/[9]1997: 134ff.

[78] Müller/ Christensen/ Sokolowski 1997: 25.

[79] Apel 1973: 171.

[80] Keller 1984, [2]1994.

[81] Keller [2]1994: 19ff.

[82] Keller [2]1994: 80 f.

[83] Keller 1984: 66.

Die Ordnung der Rechtssprache ist damit weder von objektiver Natur im Sinne eines geschlossenen Systems noch ist sie von radikal subjektiver Natur auf der Basis einer Vereinbarung freier Individuen. Sie ist vielmehr die unbeabsichtigte Nebenfolge individuellen Sprechens in institutionellem Rahmen.

> „Statt *in* der Sprache die Legitimität ihres Handelns zu überprüfen, wollen die Juristen als angemaßte Sprachgesetzgeber die Bedingungen legitimen Sprechens selbst festlegen. Die verborgene Einheit von Positivismus und Dezisionismus findet ihre systematische Grundlage in einer Sprachtheorie, welche der ideale juristische Sprecher dem Wildwuchs laienhafter Rede entgegenhalten kann [gemeint ist die alltagsweltliche Gemeinsprache; Anm. E.F], ohne selbst an deren Standards überprüft werden zu können. [...] Tatsächlich hängt die Ordnung juristischen Sprechens von politischen Grundentscheidungen der Verfassung ab, ist nur in den entsprechenden Formen veränderbar und bedarf der ständigen Überprüfung in der öffentlichen Diskussion. Wenn man diese Ordnung zur normativen Sprachordnung überhöht, entzieht man sie jeglicher Kontrolle und überantwortet sie der Willkür zufälliger Machtkonstellationen.“[84]

Aus diesem Grunde ist es angezeigt, sprachliche Bedingungen juristischen Handelns überhaupt erst näher zu erfassen und für die öffentliche Diskussion nachvollziehbarer zu machen. Dazu gilt es rechtliche Spracharbeit transparenter zu machen, innerhalb derer juristische Texte verfasst, rezipiert, weiterverarbeitet, umgeschrieben, paraphrasiert werden. Dieses Ansinnen verfolgt die vorliegende Arbeit im vierten Kapitel, in dem die Rezeption der Judikatur in Printmedien unter Vermittlungsaspekten näher beleuchtet wird.

3. These: „Geltung, Bedeutung und Rechtfertigung sind als Probleme voneinander zu trennen.“[85]

Als Fazit der Ausführungen des Autorenkollektivs wird die scharfe Trennung von Geltung, Bedeutung und Rechtfertigung verlangt. Die sprachliche Bedeutung sei – wie soeben dargelegt – dem juristischen Handeln nicht vorgeordnet, deswegen gewinne man Erkenntnisse über Bedeutungsexplikation erst durch juristische Textarbeit.

Das juristische Handeln sei infolge dessen als eine semantische Praxis zu bezeichnen, welche aus der Textarbeit (Gesetzestexte, Gesetzeskommentare, juristische Fachliteratur) die Rechtsnorm erzeuge. „Statt von den Bedingungen des Subsumtionsmodells her Sprachtheorie zu betreiben, sollte man also die Bedingungen richterlichen Handelns in den realen Argumentationsvorgängen alltäglicher Rechtsarbeit einfordern.“[86]

Der Normtext habe zu Beginn juristischer Textarbeit nicht schon Bedeutung, sondern nur Geltung. Beim Normtext handle es sich lediglich um Handlungsdirektiven (und nicht um Rechts- bzw. Entscheidungsnormen), auf deren

---

[84] Müller/ Christensen/ Sokolowski 1997: 28.

[85] Müller/ Christensen/ Sokolowski 1997: 29 ff.

[86] Müller/ Christensen/ Sokolowski 1997: 31.

Grundlagen elaborierte und begründete, rechtsstaatlich korrekte Rechtsnormen hervorzubringen seien.[87]

> „Die vom BVerfG immer wieder verwendete Formel vom Verbot richterlicher Normgebung muß also präzisiert werden: die Rechtsnorm als Bedeutung des geltenden Rechts für den Fall setzt notwendig der Richter. Hier ist der Gesetzgeber mit der Determination überfordert."[88]

2.7 Konkrete Rechtsarbeit in fünf Textstufen: Der Rechtsstaat bildet ein Kontinuum juristischer Texte

Gemäß der *Strukturierenden Rechtslehre* ist demnach das Gesetz nicht Gegenstand einer Rechtserkenntnis, die Rechtsnorm ist infolgedessen nicht länger eine apriorische Vorgabe[89] im Rahmen einer Rechtsanwendungslehre, sondern Rechtsnormen gewinnen ihre Struktur unter analytischer Verarbeitung der praktischen Erfahrungen im Rahmen einer Rechtserzeugungslehre.[90] Der klassische Positivismus bestimmt als Angelpunkt allein das geschriebene Recht, der Dezisionismus bestimmt dahingegen als Angelpunkt für die Bedeutung das gesprochene Recht des Richters. Die *Strukturierende Rechtslehre* entwickelt das Konzept der Textstruktur. Demzufolge konstituiert sich Bedeutung von Normtexten – also die Rechtsnorm – im tatsächlichen Handeln der Rechtsarbeiter. Somit rückt das Problem der Rechtserzeugung ins Zentrum, um diese von rechtsstaatlichen Anforderungen her zu strukturieren.[91] Dieses juristische Handeln folgt sprachlichen Regeln der semantischen Praxis.

> „Das Konzept der Textstruktur analysiert das wirkliche Funktionieren und die tatsächlichen Bindungen des juristischen Sprachspiels. [...] Eingangsdatum ist vielmehr nur das in den amtlichen Sammlungen enthaltene Textformular oder – rechtstheoretisch ausgedrückt – der Normtext. [...] Die Bindungen müssen sich also *in der* richterlichen Textarbeit entfalten, die den Normtext als Eingangsdatum mit der konkret fallbezogenen Bestimmung seiner Bedeutung im tragenden Leitsatz der Entscheidung (d.h. im Text der Rechtsnorm) verknüpft. Entgegen der herkömmlichen Auffassung ist weder der Sprecher das bloße Organ eines vorgegebenen Sprachsystems noch umgekehrt die Sprache das beliebig formbare Instrument des Sprechers. Als Phänomen der dritten Art liegt sie vielmehr zwischen diesen Extremen."[92]

---

[87] Müller/ Christensen/ Sokolowski 1997: 33.
[88] Müller/ Christensen/ Sokolowski 1997: 35.
[89] Müller ^{2}1994: 184 ff.
[90] Müller ^{7}1997: 311 ff. Müller/ Christensen/ Sokolowski 1997: 68 sprechen von einer „Arena für den Kampf um das Recht im Raum der Sprache".
[91] Müller ^{2}1994: 263 ff.
[92] Müller/ Christensen/ Sokolowski 1997: 71.

Der von der *Strukturierenden Rechtslehre* entwickelte Gedanke der Textstruktur, in dem sich juristisches rechtsstaatliches Handeln bewegt, gliedert das Kontinuum juristischer Texte.[93] Innerhalb dieser Textstruktur der Legalität, die eine durchgehende ist, geht ein Rechtsarbeiter (z.B. Richter, Anwalt, Funktionär der Exekutive) vom vorgelegten Sachverhalt aus. Dabei ist nicht unerheblich, inwiefern bei der Formulierung des Sachverhalts juristische Fachleute bewusst oder unbewusst den sprachlichen Zugriff – also die Ausdrucksweise – auf den zu beschreibenden Sachverhalt beeinflusst haben auf der Grundlage gemeinsprachlicher Sachverhaltserzählungen (vgl. dazu in Teil II die Formulierung des Sachverhalts durch den Amtsrichter im Vergleich zu den Formulierungen in den weiteren Gerichtsentscheidungen). Jeand'Heur schreibt in diesem Zusammenhang Rechtssprache neben der bloß kommunikativen verständigungsorientierten Funktion die mindestens gleichbedeutende „Zubereitungsfunktion" zu und meint damit, dass juristische Fachtexte den „Fall" überhaupt erst zum rechtlich relevanten „Sachverhalt" umgestalten: „Gegenstand juristischer Überlegungen ist nicht Lebenswirklichkeit als solche, sondern sprachlich gefaßte in eine spezifische Fachterminologie übersetzte Sachverhaltsbeschreibung."[94] Es werden vom Rechtsarbeiter also diejenigen Eigenschaften des Geschehens herausgefiltert, die für die rechtliche Bewertung interessant oder relevant erscheinen. Demnach wird deutlich und ist evident: Rechtssprache oder hier Gerichtssprache bildet – wie oben dargelegt – nicht Wirklichkeit ab, sondern konstituiert den justitiablen Sachverhalt aus Fakten und Tatsachen. Juristische Textarbeit setzt bereits dort ein, wo Sprache einwirkt in die „juristische Wirklichkeitsverarbeitung", nämlich bei der normativen Stellungnahme zu einer Situation, die nur allzu oft zur „Wirklichkeitsherstellung" wird.[95] Damit einher geht eine rechtliche Strukturierung alltagsweltlicher Ereignisse und Praktiken. Der Rechtssprachgebrauch stellt spezifische Deutungsschemata sozialen Handelns zur Verfügung, wenn er bestimmte Eigenschaften der Lebenswelt als rechtlich relevant oder „einschlägig" auswählt.[96] „Recht/ Rechtsprechung" bedient sich infolgedessen einer besonderen, von der Gemeinsprache sich unterscheidenden Fachsprache, deren spezifische Funktion darin besteht, Deutungs- und Entscheidungsmodelle zur Verfügung zu stellen.

Der *Strukturierenden Rechtslehre* zufolge bildet der tätige Jurist anhand bestimmter Eigenschaften des Sachverhalts – so die Modellvorstellungen – Hypothesen über die ihm als einschlägig, als für den Fall passend erscheinenden Normtexte. Grundlage für die Hypothesenbildung ist die Gesamtmenge des sogenannten geltenden Rechts, also die Gesamtmenge aller Normtexte; der ausgewählte Normtext entspricht der 1. Textstufe. Als Zwischenergebnis erhält

---

93 Müller ^{2}1994: 246 ff.

94 Jeand'Heur 1998: 1292.

95 Siehe in diesem Sinne Seibert 1981: 15 ff. und Busse 1993: 229.

96 Neumann 1992: 119.

der Rechtsarbeiter auf Grund der interpretierten Sprachdaten ein Normprogramm (2. Textstufe).

Mit dessen Hilfe wählt er aus dem Sach- bzw. Fallbereich, das heißt aus den im Fall aktuellen Realdaten, den Normbereich aus (3. Textstufe). Der Normbereich wird also konstituiert als die Teilmenge der für die Entscheidung als normativ mitwirkenden Tatsachen.

Nun vermag der Rechtsarbeiter auf der Grundlage von Normprogramm (gesetzlich vorgegebene Sprachdaten) und Normbereich bzw. Fallbereich (der im Kontext als relevant erachteten Realdaten des Sachverhalts) eine generell formulierte Rechtsnorm zu erzeugen (4. Textstufe). Diese wird in einem letzten Schritt zur Entscheidungsnorm des konkreten Rechtsfalles individualisiert (5. Textstufe). Alle beschriebenen Stufen und Mittel des richterlichen Arbeitsvorganges sind entweder schon vertextet (Normtexte, Texte von Normvorläufern, Texte aus dem Entstehungsverfahren der fraglichen Normwortlaute, Texte dogmatischer Argumente usw.) beziehungsweise müssen von dem Richter vertextet werden.

> „Normtext, Normprogramm, Normbereich (in einer sekundär sprachlichen Formulierung), Rechtsnorm und Entscheidungsnorm ergeben, vereinfachend gesprochen, fünf Textstufen. Diese bezeichnen zum einen die genannten Strukturbegriffe des Normmodells, zum anderen die hauptsächlichen Stationen des tatsächlichen Konkretisierungsablaufs.“[97]

Abschließend lässt sich festhalten, dass das integrale Modell der *Strukturierenden Rechtslehre* durch die Unterscheidung der oben erwähnten fünf Textstufen die juristische Argumentation deutlich strukturiert und kontrollierbar macht.[98] Es eignet sich von daher besonders für sprachwissenschaftliche Fragestellungen, in denen sprachliche Leistungen in der konkreten Rechtsarbeit transparent gemacht werden sollen (wie in den folgenden Kapiteln am Beispiel einer konkreten Sitzblockadenjudikatur angestrebt wird).

Der von der *Strukturierenden Rechtslehre* entwickelte Gedanke der Textstruktur gliedert die Rechtsarbeit in die folgenden Schritte, die hier in einer Übersicht zusammengefasst werden:[99]

1. Ausgangspunkt ist der vorgelegte bzw. festgesetzte **Sachverhalt**. Dem Richter liegen als Eingangsdaten seiner Entscheidung (neben den Normtexten) die Fallerzählungen vor.
2. Der Rechtsarbeiter wählt eine – zum Fall passenden – **Normtexthypothese** aus der Gesamtmenge aller Normtexte aus.

---

[97] Müller 1990: 128.

[98] Müller ^{7}1997: 266 f.

[99] Die einzelnen Schritte und die sie abstrahierenden Begriffe werden genauer bei Müller ^{2}1994: 263 ff. und Müller ^{7}1997: 172 ff. erläutert.

3. Als Zwischenergebnis entsteht das **Normprogramm** (als *Sprach*bestandteil einer Rechtsnorm) aufgrund der Interpretation der Sprachdaten.
4. Auswahl des **Normbereichs** (als *Sach*bestandteil) aus dem Sach- bzw. Fallbereich, das heißt aus den im Fall aktuellen Realdaten. Der Normbereich wird also konstituiert als die Teilmenge der für die Entscheidung als normativ mitwirkenden Tatsachen.
5. Normprogramm und Normbereich bilden zusammen die vom Rechtsarbeiter auf diesem Wege erzeugte, generell formulierte **Rechtsnorm** als den – die richterliche Entscheidung tragenden – Leitsatz.
6. Der Rechtsarbeiter individualisiert die Rechtsnorm zur **Entscheidungsnorm**, die im Tenor (Urteilsformel) zum Ausdruck kommt.

Die bereits erwähnten fünf Textstufen *Normtext, Normprogramm, der Normbereich der sekundär-sprachlichen Elemente, Rechtsnorm* und *Entscheidungsnorm* stellen ein Kontinuum juristischer Texte im Entscheidungsfindungsprozess dar. Der richterliche Entscheidungs- bzw. Anordnungstext wird mittels des Rechtfertigungszwangs in die rechtsstaatliche Textstruktur eingeschrieben.[100] Normprogramm und Normbereich ergeben zusammen die *normative* Rechtsnorm (als Zwischenergebnis), deren Zuspitzen auf den individuellen Fall hin die *normative* Entscheidungsnorm (als Endergebnis) ergibt. Die Legitimation richterlicher Entscheidung ist damit eingebettet in einen – die praktische Tätigkeit reflektierenden – Gedankengang der Rechtserzeugung. „Willkür oder Unfairneß in juristischen Entscheidungen kann man nicht aus der Welt schaffen. Aber sie lassen sich, nicht zuletzt dank der rechtsstaatlich angeordneten Begründungs- und Darstellungspflichten der Amtsträger, erschweren.“[101]
Fazit: Das Konzept der Textstruktur gibt das herkömmliche Verständnis einer notwendigen Verknüpfung von Normtext und Rechtsnorm auf. Insofern kommt dem Normtext als Eingangsdatum der Normkonkretisierung nur *Geltung*, nicht schon *Normativität* als verbindliche Bedeutung zu. Der Rechtsarbeiter als Adressat der Geltungsanforderung, der diese Verknüpfung zwischen Normtext und Rechtsnorm aktiv herstellt, wird für jedermann damit als Schlüsselfigur erkennbar.[102]

---

[100] Müller/ Christensen/ Sokolowski 1997: 125.
[101] Müller/ Christensen/ Sokolowski 1997: 124.
[102] Müller/ Christensen/ Sokolowski 1997: 126.

3 Pragmatische Semantikauffassung

Die Diskussion über die Abgrenzung zwischen Semantik und Pragmatik kann hier nicht nachgezeichnet werden.[1] Vielmehr ist das als „pragmatische Semantikauffassung“[2] in der Überschrift titulierte Verständnis von Semantik und Pragmatik der vorliegenden Arbeit dahingehend zu resümieren, dass zwar theoretisch eine Grenze zwischen der Theorie der konventionellen (und in Fachsprachen teilweise gesetzten) Bedeutungsregeln (Semantik) einerseits und der Theorie der konversationellen Besonderheiten des Gebrauchs (Pragmatik) gezogen werden kann,[3] dass aber bei konkreten Beschreibungsversuchen von Äußerungen in Verwendungszusammenhängen sich diese als ein zu komplexes Phänomen hinsichtlich einer klaren Grenzbestimmung erweist.[4]

Auf Grund des vorliegenden praktischen Untersuchungsinteresses, konkrete Rechtsarbeit als Te[5]xtarbeit nachzuzeichnen, erübrigt sich hier eine theoretische Abgrenzung der linguistischen Beschreibungsebenen *Semantik* und *Pragmatik.* Für das in dieser Arbeit angestrebte Erkenntnisinteresse ist daran zu erinnern, dass die eben erwähnten semantischen und pragmatischen Aspekte bei Bedeutungsexplizierungsversuchen von Relevanz sind. Auf der Grundlage des zweiten Kapitels *Sprachwissenschaftliches Interesse am Recht* dürfte deutlich geworden sein, dass eine linguistische Fragestellung nicht ohne eine vertiefte Auseinandersetzung mit Teilgebieten des äußerst komplexen Rechtsbereichs angegangen werden kann, was von Linguisten die aufwändige Einarbeitung in das bearbeitete Fachgebiet erfordert. Unterscheidet man bezüglich Sprachgebrauchsnormen im Rechtsdiskurs zwischen gesetzten Normen (per Gerichtsentscheid wird eine bestimmte Auslegung eines Rechtsterminus für

---

1 Siehe bei einem solchen Interesse z.B. die Ausführungen bei Gloning 1996: 264 ff., der von „bislang wenig befriedigenden Versuchen der Abgrenzung“ spricht [S. 275].

2 Siehe dazu auch die nahezu programmatischen Aufsatztitel „Pragmatische Wortsemantik – Zum pragmatischen Hintergrund einer gebrauchstheoretisch orientierten lexikalischen Semantik“ [Hundsnurscher 1998] und „Über den Zusammenhang von Wortsemantik, Satzsemantik und Textsemantik“ [Hundsnurscher 1991].

3 So auch Fritz 1998: 9.

4 In Kapitel 4 werden wir die in der Forschung vertretene Behauptung diskutieren, dass in diesem Zusammenhang verschiedene Kenntnissysteme zu berücksichtigen sind – und zwar „das sprachliche (Bedeutungs-)Wissen, das enzyklopädische (Alltags)Wissen sowie das Handlungs- und Interaktionswissen.“ [Lewandowski ^{5}1990: 942. Vgl. dazu weiter unten die differenzierteren Vorschläge von Scherner 1994.]

rechtens erklärt) und konventionalisierten Normen (d.h. zwischen Rechtsprechung und rechtswissenschaftlicher Fachdiskussion wird eine Auseinandersetzung zum Beispiel über die adäquate Auslegung eines Rechtsbegriffes geführt), so ist auch für den Rechtsbereich der Übergang von *Gebrauch, Habitualisierung und Konventionalisierung* als ein gradueller Prozess zu verstehen,[6] der Phänomene betrifft, die weder eindeutig einer der beiden sprachwissenschaftlichen Beschreibungsebenen zugeschrieben werden können noch klar den an den Zeichenbegriff des Wortes gebundenen Auffassungen einerseits oder gebrauchstheoretischen Ansätzen andererseits zuordenbar sind.[7]

3.1 Die Bedeutungsproblematik

Keller weist in seiner „Theorie semiotischen Wissens" mit dem Titel *Zeichentheorie* darauf hin, dass schon Aristoteles im Rahmen der Zeichenproblematik drei Betrachtungsebenen unterscheidet:[8]

1. die linguistische Ebene der Zeichen (Wörter, Sätze etc.);
2. die epistemologische Ebene der kognitiven Korrelate, oft mit dem uneinheitlich gebrauchten Terminus *Konzept*[9] (Begriffe, Propositionen etc.) bezeichnet;
3. die ontologische Ebene der Dinge und Sachverhalte.

Die Frage, auf welcher Ebene sinnvollerweise angesiedelt werden soll, was man „Bedeutung" nennt, ist grundsätzlich wohl kaum zu klären. 1961 bezeichnet schon Austin die Frage, was die Bedeutung eines Wortes sei, als „specimes of nonsense"[10], obwohl meines Erachtens diese Problematik so einfach nicht vom Tisch zu wischen ist. In der vorliegenden Untersuchung werden Aspekte der Bedeutungsproblematik hinsichtlich verschiedener – im juristischen Textverarbeitungs- und Verstehensprozess relevanter – Betrachtungsweisen erörtert, um juristische Textarbeit ein Stück weit transparenter machen zu können.

---

[6] Vgl. dazu Genaueres in Kapitel 3.1.3 und bei Beckmann 2001: 79 ff. in Bezug auf metaphorisches Sprechen.

[7] Vgl. zu dieser Kontroverse auch Herbermann 1995. Im Folgenden soll gezeigt werden, dass kein prinzipieller Gegensatz zwischen kognitionsorientierten und gebrauchsorientierten Semantikauffassungen besteht.

[8] Keller 1995: 36.

[9] Unter *Konzept* verstehe ich – vorest allgemein formuliert – eine kognitive Einheit oder Inhaltskomponente, an der Eigenschaften oder Teilbedeutungen identifiziert werden können. Dabei ist noch nichts darüber ausgesagt, inwiefern diese Einheit sprachlicher oder nichtsprachlicher Natur ist. „By *concept* I mean the descriptive information that people represent cognitively for a category, including definitional information, prototypical information, functionally important information, and probably other types of information as well." [Barsalou 1992: 31]

[10] Austin, John L .(1962): The meaning of a word. p. 55; zitiert nach Keller 1996: 47.

Wenn es um die Verortung der „Bedeutung“ von sprachlichen Zeichen geht, dann müssen besonders drei Ebenen berücksichtigt werden:

- Bewusstseinsebene: Zeichen und deren Beziehung zur kognitiven Welt (repräsentationistische Zeichenauffassung)
- Referenzebene: Zeichen und deren Beziehung zur Welt der Dinge und Sachverhalte (referentielle Zeichenauffassung)
- Handlungsebene: Zeichen und deren konventionalisierte Verwendungsweise (instrumentalistische Zeichenauffassung).

Der repräsentationistischen Zeichenauffassung wirft zum Beispiel Keller vor, dass sie die Frage, vermöge welcher Eigenschaften es Zeichen schaffen, für Ideen zu stehen, nicht zu beantworten in der Lage ist. Die von Vertretern repräsentationistischer Theorien gegebene Antwort „dadurch, daß die Zeichen die Ideen symbolisieren“ bezeichnet Keller als eine Scheinantwort, denn sie lasse die analoge Frage ein zweites Mal zu.

Genau diese offene Frage beanspruchen instrumentalistische Zeichentheorien zu beantworten, wenn sie sagen: Die Wörter müssen es auf irgendeine Weise zeigen, was der Sprecher denkt. „Ich *sage* dir, was ich denke, indem ich Mittel verwende, die dir dies zeigen.“[11] Die Zeichen werden als Mittel der Beeinflussung konzipiert.

Ich halte die Bezeichnung „instrumentalistische“ Zeichenauffassung für das von Keller Gemeinte für unglücklich gewählt, ebenso wie die von Feilke vorgenommene und häufig zitierte Formulierung „Begriffe sind sprachliche Werkzeuge des Denkens“[12]. Wählt man solch ein Bild für die Veranschaulichung von Zeichen in Funktion, so ist der Übergang zu einer – gerade im Rechtspositivismus implizierten – mechanistischen Sprachauffassung fließend (ohne dass ich Keller und Feilke eine solche Auffassung unterstelle), der zufolge im „Normalfall“ ein 1:1 Verhältnis zwischen Ausdruck und Inhalt existiert, was wiederum Meinens- und Verstehensdivergenzen zwischen Sprechern und Hörern – zumindest in der Theorie – ausschließen müsste. Spricht man dagegen von *Sprache als Medium*, wird neben dem zweifelsohne zentralen Aspekt der instrumentellen Beeinflussung des Gegenüber durch Sprache (als Mittel) auch ein nicht zu unterschätzender Mehrdeutigkeitscharakter mit angedeutet.

Dieser Gedanke der tendenziellen „Schlechtbestimmtheit“ (Wolski 1980) von sprachlichen Mitteln als Argument für die Etikettierung von *Sprache als Medium* wird auch dadurch gestützt, dass wir als Sprachbenutzer gerade in Abgrenzung und vor dem Hintergrund der Kommunikationserfahrungen mit

---

[11] Keller 1995: 72.

[12] Feilke 1996: 40. An anderer Stelle führt er aus: „Die Rolle der Common sense-Kompetenz wie sie in dieser Arbeit analysiert worden ist, ist vielmehr zu verstehen im Sinne einer >sozialen Mechanik< des Common sense, d.h. eines sprachlichen Prinzips der sozialen Prägung von Meinen und Verstehen.“ [Feilke 1994: 382]

dem unscharfen Medienbegriff in diversen gesellschaftlichen Aktionsfeldern an vielfältige Facetten gewöhnt sind. Der abstrakte Begriff *Medien* – daran sei erinnert – bündelt in der Medienwissenschaft verschiedene Aspekte:[13]

- Semiotisches Kommunikationsmittel (z.B. natürliche Sprache)
- Materialien der Kommunikation wie z.B. Zeitungen und Bildschirme
- Technische Mittel zur Herstellung und Verbreitung von Medienangeboten wie z.B. Verlage, Rundfunkanstalten oder Internetprovider (samt ihrer ökonomischen, juristischen, sozialen und politischen Handlungsvoraussetzungen)
- Die Medienangebote selbst (z.B. Zeitungsartikel, Rundfunk- und Fernsehsendungen, Internetinhalte), die in *dynamische* (Video- und Audiosequenzen) und *statische* (z.B. Text und Dateien) Medien unterteilt werden können.

Es wird hier folgendes Fazit gezogen: Repräsentationistische Zeichenauffassungen sehen gemeinhin die Bedeutung eines Zeichens in dem, wofür das Zeichen steht. Instrumentalistische Zeichentheorien (wie Keller sie bezeichnet) oder mediale Zeichentheorien (als m.E. adäquatere Bezeichnung) sehen die Bedeutung des Zeichens in dem, was es zu Zeichen macht – und das ist die Tatsache, dass ein geregelter Gebrauch ihm kommunikative Funktion verleiht. Mitunter wird in Abhandlungen der Eindruck erweckt, Gebrauchstheorie und repräsentationistische Theorie seien alternative, sich gegenseitig ausschließende Theorien. Das wird für das vorliegende Untersuchungsinteresse bezweifelt: sie geben nur auf unterschiedliche Fragen Antworten – und die können unter Umständen beide erkenntnisstiftend sein. Deswegen werden hier beide Theorieansätze bei der Formulierung des Untersuchungsinteresses eingearbeitet und am selben Textkorpus mit je spezifischen Fragestellungen abgearbeitet.

Um die Frage nach der Bedeutung und den Beschreibungsmöglichkeiten von Bedeutung adäquat angehen zu können, sollte also geklärt werden, welche Aspekte in Bezug auf die zugrunde liegende Sprachauffassung relevant sind.

- (Sprach)Handlungstheoretische Gesichtspunkte: Die Bedeutung eines Wortes ist die Regel seines Gebrauchs bzw. die durch Regeln gesteuerte Verwendung eines Wortes mit allen seinen kontextuellen Varianten.[14]
- Begriffstheoretische Gesichtspunkte: In einer Vorstellungstheorie als mentalem Bild der Dinge oder Sachverhalte innerhalb der traditionellen Bedeutungslehre[15] oder im kognitivistischen Paradigma werden – mit-

[13] Schmidt 1996: 3.

[14] Vgl. diverse Formulierungen zu Wittgensteins „Gebrauchstheorie der Bedeutung" in der Wittgenstein-Rezeption und in seinem Werk *Philosophische Untersuchungen* – z.B. Wittgenstein 1958/[11]1997: § 43, 560.

[15] Vgl. dazu Fritz 1998: 93. Eine charakteristische Formulierung ihres Grundgedankens findet sich bei Paul, der allerdings noch die bekannte Unterscheidung von usueller und okkasioneller Bedeutung hinzufügt [Paul 1886: 75].

unter terminologisch undifferenziert – *Begriff* beziehungsweise *Konzept* als mentale Einheiten derselben Art mit unterschiedlichen Nuancen je nach Theorieansatz gleichgesetzt.[16]

Referenztheoretische Gesichtspunkte[17]: Dabei wird versucht zu klären, wie das (außersprachliche) Referenzobjekt bzw. Bezugsobjekt, auf das mittels sprachlicher Ausdrücke in konkreten Situationen verwiesen wird, genauer erfasst oder beschrieben werden kann. Referenz wird auch als „semantisch-kognitives Phänomen"[18] im Anschluss an Jackendoff (1983) gesehen, der Referenzobjekte als Entitäten innerhalb einer „projizierten Welt" versteht. Damit sind fließende Übergänge zwischen referenz- und kognitionsorientierten Ansätzen erkennbar. Aufgrund der Analyse der juristischen Textarbeit kommen u.a. Jeand'Heur (1989) und Busse (1993) zum Schluss, dass ein eigenständiger „juristischer Referenzbegriff" erst gefunden werden müsse. Beeinflusst von der *Strukturierenden Rechtslehre* plädieren sie deshalb für ein Modell im Sinne einer „Rechtsarbeit als Textarbeit"[19] – ein Paradigma, das im folgenden Kapitel mit gleichlautender Überschrift übernommen und am Beispiel einer Sitzblockadenjudikatur nachgezeichnet wird. Juristische Falllösung steht in vielen Fällen im Zwischenfeld zwischen alltagsweltlichem Wissensrahmen und juristischem Wissensrahmen; Rechtsexperten und Laien konstituieren bei der Verwendung derselben sprachlichen Ausdrücke unterschiedliche Referenzobjekte.

Betrachtet man mit Keller Repräsentationsfunktion, Klassifikationsfunktion und kommunikative Funktion als drei wesentliche Funktionen von Sprache,[20] so neigen kognitivistische Theorien zur Betonung der ersten beiden und vernachlässigen infolgedessen die kommunikative Funktion, während handlungsorientierte Theorien die Frage nach dem Modus, wie unser Vorwissen und unsere Sprachgebrauchserfahrung zum Beispiel hinsichtlich der Wortverwendungsweisen von *Gewalt* kognitiv verankert sind und Sprachverstehen und

---

[16] Strauß 1996: 37. Dies gilt unabhängig davon, ob eine ein- oder zwei- oder gar dreistufige Bedeutungskonzeption angesetzt wird wie zum Beispiel bei Bierwisch/ Lang 1987 bzw. Jackendoff 1983 bzw. Schwarz 1992.

[17] Referenztheorien gehen davon aus, dass in natürlichen Sprachen mit Zeichen über Dinge oder Sachverhalte geredet wird. Das Ding oder der Sachverhalt, auf das oder auf den man sich bezieht, heißt *Referent* oder *Bezugsobjekt* des sprachlichen Ausdrucks. Unterschiedliche Referenten entsprechen dabei unterschiedlichen Bedeutungen. Schwierigkeiten der Referenztheorie bestehen darin, dass Ausdrücke wie *mein Elternhaus* je nach Sprecher verschiedene Bedeutungen haben, da die Bedeutung mit der Verwendungsweise der Sprachzeichen variiert. Das kommt daher, dass die Bedeutung hier gar nicht als Teil der langue aufgefasst wird [Heringer 1974: 11].

[18] Vater ²1994: 111.

[19] In leichter Abänderung des Titels von Müller/ Christensen/ Sokolowski (1997).

[20] Keller 1995: 73.

Sprachproduktion beeinflussen, nicht systematisch angehen und in den undurchdringbaren Bereich des Mentalen bzw. Kognitiven „wegschieben".

> „Eine Theorie der Bedeutung sprachlicher Zeichen ist nicht identisch mit einer Theorie ihrer möglichen kognitiven Entsprechungen. Der Versuch, die Bedeutung von Zeichen auf kognitive Einheiten zu reduzieren, ist [...] ebenso unangemessen wie der Versuch, kognitive Einheiten auf Bedeutungen von Zeichen zu reduzieren."[21]

Eine Theorie, die den Zusammenhang von Semantik und Kognition – genauer beispielsweise die Struktur kognitiver Konzepte (z.B. Stereotypenforschung) und Typen von Gebrauchsregeln – betrachtet, gibt es derzeit nicht, obgleich sich diese Komponenten **Kognition, Referenz, Handlung** sinnvoll zu einer Bedeutungstheorie ergänzen ließen. Im Folgenden werden diese drei Aspekte der Bedeutungsproblematik – Kognition, Referenz, Handlung – hinsichtlich des vorliegenden Untersuchungsinteresses fokussiert.

3.1.1 Bedeutung und Kognition

Obwohl es keine einheitliche kognitive Semantik gibt, lassen sich prototypisch Zielsetzungen und theoretische Auffassungen beschreiben. In diesem Abschnitt werden weder diverse kognitive Ansätze der Linguistik oder Psychologie referiert noch der Streit zwischen einzelnen linguistischen und psychologischen Forschungsrichtungen nachgezeichnet.[22] Im vorliegenden Untersuchungskontext werden ausschließlich die Aspekte kognitiver Bedeutungstheorien (und in den folgenden Abschnitten Aspekte von Referenz- und Handlungstheorien) erwähnt, die bei der Beschreibung der konkreten praktischen Rechtsarbeit zu mehr Klarheit bei der Bewältigung bestimmter (fach)-sprachlicher Probleme beitragen können ebenso wie bei der rechtstheoretischen Aufarbeitung der juristischen Textarbeit.

Für den Kognitivismus sind Begriff beziehungsweise Konzept mehr oder weniger Synonyme für mentale Einheiten. „Konzepte sind mentale Repräsentationen, sind ‚Konzeptualisierungen' von Entitäten und Ereignissen der außersprachlichen Wirklichkeit."[23]

Die Konzeption der kognitiven Semantik ist im Wesentlichen durch folgende Annahmen gekennzeichnet, wobei die Nicht-Unterscheidung von sprachlicher und kognitiver Ebene mit Sicherheit beträchtliche theoretische Schwierigkeiten bereitet:

---

[21] Keller 1995a: 180.

[22] Vgl. dazu beispielsweise den Sammelband von Grabowski/ Harras/ Herrmann (Hg.) 1996.

[23] Strauß 1996: 37.

„1. Die Bedeutung von sprachlichen Ausdrücken *ist* eine kognitive Kategorie bzw. schwächer, die Bedeutung eines sprachlichen Ausdrucks ist bestimmt durch kognitive Kategorien. (Welche Auffassung vertreten wird, bleibt manchmal unklar.)
2. Kognitive Kategorien haben eine interne Struktur. [...]
3. Soweit Kategorien lexikalisch durch Bündel von Bedeutungsnuancen charakterisiert sind, zeigen auch diese Bündel interne Strukturen. [...]
4. Es gibt keine (strikte) Unterscheidung zwischen semantischem und enzyklopädischem Wissen."[24]

Ohne die programmatischen Annahmen hier näher zu diskutieren, lassen sich zwei Richtungen der kognitiven Semantik diagnostizieren:[25]

a) die semantische Struktur wird mit der kognitiven Struktur identifiziert, was meines Erachtens eine falsche Annahme ist, weil z.B. sprachungebundene Komponenten damit nicht erfasst werden;
b) Zweistufenmodell: es geht von einer sprachgebundenen gedachten semantischen Form und einer sprachunabhängig (übereinzelsprachlich) gedachten konzeptuellen Struktur aus.[26]

Es herrscht in der Linguistik größtenteils Übereinstimmung darin, dass eine Theorie der Konzepte nicht identisch sein kann mit einer Theorie der sprachlichen Semantik. In der mitunter psychologisch dominierten „cognitive semantics" werden dahingegen nicht selten Konzepte ohne Begründung mit sprachlichen Kategorien wie „meaning" (Bedeutung) gleichgesetzt. Erkenntnisse über sprachlich vermittelte Konzepte sind zwar aufschlussreich, aber sie sind nicht der Schlüssel zur menschlichen Kognition. Bescheidenere Erkenntnisansprüche gilt es dabei zu formulieren. Wer Bedeutung mit Begriffen oder Gedanken gleichsetzt, kann sich dem Vorwurf ausgesetzt sehen, in der zugrunde gelegten Sprachauffassung einem unhaltbaren erkenntnistheoretischen Realismus der Abbildtheorie gefährlich nahe zu kommen anstatt in Sprache einen semiotisch perspektivierten Zugriff auf Sachverhalte der Lebenswelt zu entlarven.

Vorstellungstheorien und kognitive Theorien versuchen zu erklären, inwiefern ohne die direkte Verbindung der sprachlichen Ausdrücke zu Dingen der Welt Wörtern wie *Gewalt, Verwerflichkeit* eine Bedeutung zugeschrieben werden kann. Sie gehen davon aus, dass zwischen sprachlichen Zeichen und Dingen in der Welt irgendwelche mentalen Einheiten, z.B. Vorstellungen die Verbindung herstellen.[27] In diesen Theorien ist das sprachliche Zeichen eine Marke für eine Idee oder eine Vorstellung, die unabhängig von der Sprache existiert. Das Verhältnis von Wort und Vorstellung wird dabei als Assoziation gedeutet. Die Bedeutung eines sprachlichen Ausdrucks ist hier also etwas in den Sprechern der Sprache.[28]

---

[24] Fritz 1998: 99.
[25] So auch Keller 1995: 82 ff.; 1995a: 179.
[26] Schwarz 1992: 71 ff.
[27] Siehe zum Beispiel Johnson-Laird 1983 mit seinen Annahmen zum „mentalen Modell".
[28] Heringer 1974: 13.

Kritiker[29] führen als gravierendsten Einwand gegen die Vorstellungstheorie der Bedeutung die „Zirkularität und damit die Leere von Erklärungen“ an: „Zirkularität liegt dann vor, wenn Bedeutungsübergänge als Indikatoren für bestimmte Vorstellungsassoziationen gedeutet werden und eben diese Vorstellungsassoziationen dann zur Erklärung der Bedeutungsübergänge genutzt werden.“ Das Programm der kognitiven Semantik[30] sieht Fritz in der Nähe der traditionellen semasiologischen Auffassungen angesiedelt, mit denen die kognitive Semantik nach Fritz' Einschätzung auch die Zuordnung zum Bereich der Psychologie teilt.[31] Daher muss die kognitive Semantik sich denselben Zirkularitätseinwand gefallen lassen.[32]

Kognitivistische Theorien lehnen eine objektivistische, wahrheitswertfunktionale Semantikkonzeption ab und verlegen Bedeutungen in den Kopf der Sprecher und Hörer. Feilke spricht von einer „Flucht in den Kopf“[33]. Eine solche „Flucht“ – um den Schwächen des Objektivismus zu entgehen – ist nicht vonnöten, denn die nicht-objektivistischen Aspekte der Bedeutung wie Subjektivität, Perspektivität oder Evaluativität sind nichts anderes als Gebrauchsregeln, bei denen (evaluative) Sprecherhandlungen, Sprechereinstellungen und Sprecherperspektiven Bedingungen für den regelkonformen Gebrauch der betreffenden Wörter darstellen.

Fazit: Die Anziehungskraft der kognitiven Semantik ist ungebrochen. Sie konkurriert in erster Linie mit der handlungstheoretischen Semantik.[34] Eine Schwäche kognitiver Theorien (mitunter auch der im folgenden Abschnitt zu erörternden Referenztheorie) besteht jedoch darin, dass sie mitunter implizieren, es gebe eine einheitliche Bedeutung eines Zeichens in einer Sprache und die Verwendung eines Wortes sei systematisch, einheitlich und (wenigstens prinzipiell) eindeutig.[35] Meines Erachtens scheint es sinnvoller, von Bedeutungspostulaten oder interpretativen Hypothesen auszugehen, wie in Kapitel 4.6 *Textorientierte Verstehensmodelle* näher ausgeführt wird.

---

[29] So z.B. Keller 1995: 84 und Fritz 1998: 93.

[30] Dieses Problem trifft auf die unterschiedlichen Ausprägungen der kognitiven Semantik z.B. bei Lakoff/Johnson 1980, Lakoff 1987, Johnson-Laird 1983 und auch Jackendoff 1983 zu.

[31] Fritz 1998: 100.

[32] So auch Keller 1995: 86

[33] Feilke 1994: 19.

[34] So auch Fritz 1998: 9. Feilkes Einschätzung lautet wie folgt: „Diskurs-Semantik einerseits und kognitive Prozesse der Konstruktion von Bedeutung andererseits scheinen gegenwärtig den ‚main stream' kommunikationstheoretischen Interesses zu dominieren.” [Feilke 1994: 16]

[35] Busse 1992a: 50.

3.1.2 Bedeutung und Referenz

Die Arbeit des juristischen Funktionsträgers oder rechtlichen Textarbeiters besteht unter anderem darin, ein Verhältnis gegenseitiger Bezugnahme von Gesetzestext und Sachverhalt zu beschreiben.[36] Mittels der vom Gesetzgeber zur Verarbeitung vorgegebenen Sprachzeichen, welche als Normtexte formuliert sind, nehmen die Gerichte Bezug auf den Sachverhalt. Diese gegenseitige Bezugnahme von Sprache und Welt lässt sich sprachwissenschaftlich als *Referenzverhältnis* bezeichnen. Bezogen auf die juristische Entscheidungstätigkeit lässt sich mit Jeand'Heur das folgende Untersuchungsinteresse formulieren:

> „Es handelt sich hierbei um die in der rechtswissenschaftlichen Diskussion teils explizit formulierte, teils implizit unterstellte Behauptung, die Auslegung des Gesetzestextes vollziehe sich im wesentlichen in Form eines Zuordnungsverfahrens tatbestandlicher, sprachlich gefaßter, begrifflich formulierbarer Inhaltsmerkmale auf dazu kongruente außersprachliche Eigenschaften des jeweiligen Sachverhalts(gegenstandes).“[37]

Vereinfacht ausgedrückt wird erkenntnistheoretisch unterstellt, ein Rechtsarbeiter wende ein im Gesetzestext angeblich vorgegebenes Anwendungspotential „richtig“ an, falls er belegen kann, auf welche Eigenschaften des Sachverhalts die Teilbedeutungen des Normtextes verweisen, so dass aufgrund dessen von der Verwirklichung eines oder mehrerer Tatbestandsmerkmale auszugehen ist.

Daraus lassen sich zentrale Fragen von referenzsemantischer Relevanz für die vorliegende Untersuchung formulieren:

- Welche Schritte vollzieht ein juristischer Textarbeiter, wenn er mit Normtexten auf Sachverhalte Bezug nimmt?
- Welche Funktion erfüllt dabei der Normtext, wie konstituiert sich der Sachverhalt aus dem beschriebenen Lebensweltausschnitt?
- Welchen Einfluss haben bei der juristischen Referenztätigkeit die Realdaten des strittigen Wirklichkeitsausschnittes, auf den die Sprachdaten im Normtext verweisen sollen?[38]

Nun ist aber in der sprachwissenschaftlichen Diskussion die Frage umstritten, was mit „Referieren“ oder „Bezug nehmen“ gemeint ist. Schon deshalb wäre es willkürlich, irgendeine linguistische bzw. sprachphilosophische Referenztheorie der rechtstheoretischen Auseinandersetzung oder der Beschreibung der praktischen Rechtsarbeit einfach aufzupropfen. Stattdessen ist es nützlicher, die den praktisch tätigen Rechtsarbeiter interessierenden Sachprobleme zu

---

[36] Vgl. etwa Larenz ^{6}1991: 278.

[37] Jeand'Heur 1989: 10.

[38] Zu den Termini *Realdaten* und *Sprachdaten* siehe Kapitel 2.7 sowie Kapitel 6.3 und 6.4.

benennen und daraufhin sprachwissenschaftliche Denkansätze nach Lösungsmöglichkeiten zu befragen.[39]
In Anlehnung an Wimmer verstehe ich unter „Referieren" eine sprachliche Teilhandlung (eine weitere ist das Prädizieren im Rahmen der Prädikation), in dem ein Sprecher mit Hilfe eines sprachlichen Ausdrucks oder mehrerer sprachlicher Ausdrücke auf einen bestimmten Gegenstand (Konkreta und Abstrakta) Bezug nimmt.[40] Gegen die Annahme, ein sprachliches Zeichen sichere schon von sich aus im Rahmen seiner möglichen Verwendung einen bestimmten Bezug auf Gegenstände oder Sachverhalte, verlagern Referenzsemantiker die Priorität auf die sprachlichen Handlungen des Sprechers, insbesondere auf diejenigen Regeln, nach denen diese Handlungen vorgenommen werden. Mittels Sprecherhandlungen werden Referenzbezüge hergestellt. Referieren wird in der vorliegenden Untersuchung als Handlungsmuster angesehen, das unter anderem auf der Grundlage der Ausdrücke, mit denen referiert wird, nach inhaltsseitigen Kriterien zu spezifizieren ist. Referenzakte sind daher Handlungen der Sprecher.[41]

Als Fazit lässt sich festhalten, dass Referenztheorien nur eine der wichtigen Leistungen natürlicher Sprachen zu erfassen suchen, nämlich die des Bezugs auf Dinge oder Sachverhalte der Welt. Referieren geschieht also – in Abgrenzung zu Vorstellungstheorien – nicht als bloßer Nachvollzug (Repräsentation) eines bestehenden Weltbildes, stattdessen eher „in Form einer sprachlich vermittelten, prozessual zu realisierenden Wirklichkeitsbeziehung".[42] Bei einer derartigen Konstituierung von Sachverhalten kommt der schöpferische Anteil von Sprache deutlich zum Vorschein. Aus den in Abschnitt 3.1.1 *Bedeutung und Kognition* und 3.1.2 *Bedeutung und Referenz* formulierten Erklärungsleistungen stellen sich zwei Fragen an eine im folgenden Abschnitt zu behandelnde handlungstheoretische Semantik:

1. Wie wird die Rolle der Sprache für das Denken, für die Weltsicht beschrieben?
2. Wie wird das Verhältnis Sprache–Welt in einer Gebrauchstheorie beschrieben?[43]

---

[39] Jeand'Heur 1989: 15.
[40] Wimmer 1979: 12.
[41] Wimmer 1979: 13. Vgl. zum Sprachhandlungsverständnis dieser Arbeit Kapitel 3.3 und die Ausführungen zum Prädizieren und Referieren.
[42] Jeand'Heur 1989: 69.
[43] Vgl. auch Gloning 1996: 242.

3.1.3 Bedeutung und Sprachgebrauch (Sprachhandeln)

Die handlungstheoretische Semantik in ihren verschiedenen Varianten geht aus von Wittgensteins sog. Gebrauchstheorie[44] und der von Grice entwickelten intentionalen Semantik.[45] Handlungstheoretische Ansätze sind Teil einer Theorie der Verwendung und des Verstehens sprachlicher Ausdrücke.[46] Einen theoretisch reflektierten Rahmen dafür bildet die Sprachhandlungstheorie (wie sie z.B. Searle in der Nachfolge von Austin formuliert hat), in der Sprechen und Schreiben als eine Form sozialen Handelns verstanden wird. „Die verschiedenen Arten des Sprachgebrauchs bilden ein System von Handlungsmustern, die allem Sprechen zugrunde liegen und die kommunikative Kompetenz der Sprecher/ Hörer ausmachen."[47]

Die vor allem von Ludwig Wittgenstein (1889-1951) begründete Gebrauchstheorie sieht die Bedeutung eines sprachlichen Zeichens als die Regel seines Gebrauchs an. Unter *Gebrauch* wird die durch *Regeln* gesteuerte Verwendung eines Wortes mit allen seinen kontextuellen Varianten verstanden. Bedeutung wird nicht als Korrelat zum Lautbild des sprachlichen Zeichens aufgefasst, das in Bezug zum Gegenstandsbereich steht,[48] sondern als eine Größe des Kommunikationsprozesses bzw. der semantischen Situation. Aus diesem Grunde soll die Spekulation über den Bereich des Mentalen/Kognitiven ersetzt werden durch genaue Beobachtung des Sprachgebrauchs. Das Bezugssystem der Sprache ist die gemeinsame menschliche Handlungsweise.[49]

Damit ist die Sprache in den Gesamtzusammenhang des menschlichen Handelns gestellt, weil der Gebrauch eben dieses menschliche Handeln ist. Die Sprache wird nicht als Zeichensystem angesehen, das unabhängig von Sprechern und sozialen Gruppen existiert. Durch die Annahme von Regeln ist das

---

[44] Vgl. dazu ausführlicher Gloning 1996: 233 ff.

[45] Grice 1989. Grices bestimmt Bedeutung über die Relation „intention – recognition" (Absicht-Erkennen) Grice 1957/1971: 58.

[46] Fritz 1998: 101.

[47] Hundsnurscher 1984: 32.

[48] Die Gebrauchstheorie distanziert sich vom bilateralen Zeichenmodell im Sinne Ferdinand de Saussures (1916), dem zufolge das Zeichen die Verbindung der Vorstellung mit dem Lautbild sei, ebenso wie von dem Gedanken, die Wörter würden wie Etikette den Objekten einer schon vorgegebenen Welt anhaften. Aus diesem Grunde hat Wittgenstein die ontologischen Voraussetzungen bzw. Abbildvorstellungen des *Tractatus logico-philosophicus* (1922) aufgegeben.

[49] Wittgenstein 1958/[11]1997: § 206.

Verhältnis von langue und parole und die Möglichkeit der Veränderung, der Erlernung und der Entstehung sprachlicher Zeichen vorgesehen.[50]

Sprache scheint für Wittgenstein ein Medium zu sein, in dem die Welt sich dem Menschen erschließt, denn Wirklichkeit ist uns *oft* (bei Wittgenstein hat man mitunter den Eindruck, er meint *nur*) als sprachliche gegeben, das heißt, dass jene Entitäten, die in von ihm abgelehnten realistischen Bedeutungstheorien (z.B. Abbildtheorie) durch ihren Reflex Bedeutung in uns schaffen, selbst erst durch Sprache konstituiert werden. Nach Wittgenstein gibt es keine Bedeutung eines Wortes und deren Annahme ist entbehrlich. Kritiker wenden ein, dass das Problem der Bedeutung im Zuge einer alle ontologischen Voraussetzungen aufgebenden Sprachimmanenz nur neu formuliert oder umgangen wird.[51]

Meines Erachtens ist diesbezüglich kritisch anzumerken, dass Wittgenstein mit seinem Ansatz Denken und Erfahrung auf Sprache zu reduzieren scheint oder (weniger strikt formuliert) dass er zumindest deren Abhängigkeit von Sprache voraussetzt. Die strikte Reduktion von Denken auf Sprache (wenn sie denn zuträfe) käme problematischerweise einem Sprachdeterminismus sehr nahe, der ebenso einseitig ist wie sein kognitionsdeterministisches Gegenstück, das Denken völlig unabhängig von Sprache betrachtet. Die weniger strikte Annahme der Abhängigkeit von Sprache und Denken ist für die im Rechtswesen und in der Justiz grundlegende Konstitution sozialer Sachverhalte von elementarer Wichtigkeit, erfasst aber dennoch unzureichend Aspekte wie z.B. anthropologische Konstanten (Schlafen, Essen, Trinken, Schmerz, Freude, Trauer, Sexualität etc.), die stärker auf perzeptuellen Erfahrungen basieren.[52]

Um Sprache anwenden zu können, bedarf es der Fähigkeit vorsprachlicher und außersprachlicher Unterscheidungsmöglichkeiten, die allerdings durch die Sprache gesteuert werden. Eine vorgegebene Welt wird in Wittgensteins Ansatz nicht angenommen. Eine Bedeutungstheorie wie die Gebrauchstheorie, welche die Bedeutung bestimmter sprachlicher Ausdrücke als die Regel ihrer Verwendung ansieht, beansprucht erklären zu können, aufgrund welcher Handlungsweisen und Einführungen in Handlungsweisen soziale Gruppen oder Individuen diese oder jene Annahme über die Welt machen und vermag auch zu erklären, wie es möglich ist, dass verschiedene soziale Gruppen unterschiedliche Welten haben.[53]

---

[50] Wittgenstein hat betont, dass der Gebrauch sprachlicher Zeichen nicht im naiven Sinne systematisch ist. Es gibt keinen logischen Grund, einen bestimmten Ausdruck so oder so zu verwenden. Daher sieht Wittgenstein die Sprache in diesem Sinne als unsystematisch, aber regelhaft an. Vgl. auch in diesem Sinne Heringer 1974: 18f.

[51] So fasst dies z.B. Lewandowski [5]1990: 160 zusammen.

[52] Vgl. zum Stellenwert der Perzeption im Rahmen des (Sprach)Verstehens Scherner 1994: 330.

[53] Vgl. auch Heringer 1974: 19f.

Fazit: Als grundsätzlicher Unterschied zu Vorstellungstheorien oder kognitiven Ansätzen lässt sich festhalten, dass der Grundbegriff der Vorstellung oder des Begriffs in sprachhandlungstheoretischen Ansätzen ersetzt wird durch den Grundbegriff des kommunikativen Zwecks bzw. der sprachlichen Handlung.[54] Dabei sind zwei wichtige Aspekte zu berücksichtigen:

1. Verschiedene Menschen benutzen in verschiedenen Situationen dieselben Wörter nach unterschiedlichen Regeln. Ein Wort hat dann je nach Kontext unterschiedliche Funktionen. Ein Mensch kann nicht die Vielfalt der Verwendungsmöglichkeiten überschauen, schon gar nicht die Verwendungsmöglichkeiten im Fachsprachengebrauch (eine Ursache für Verständigungsprobleme im Verstehensprozess).[55]
2. „Bedeutung" hat etwas mit dem Lehren von Sprache zu tun. Der Bedeutungsbegriff betrifft Beispiele der Verwendung, Paradigmen, an denen die Verwendung eines Wortes gezeigt werden kann.[56]
   Bezieht man nun die Methode der Gebrauchstheorie – nämlich *Beschreibe den Sprachgebrauch* – auf die Spracharbeit des juristischen Funktionsträgers, so ist sie zum einen natürlich unbefriedigend, weil unpräzise. Andererseits kann sie gerade bei juristischen Sprachspielen genau dann besonders aufschlussreich sein, wenn es gelingt, plausible und nachvollziehbare Beschreibungskriterien der Rechtsarbeit zu entwickeln, die hier – verkürzt und zugespitzt formuliert – als Spracharbeit bezeichnet wird, weil im Zentrum der juristischen Tätigkeit die Rezeption und Produktion von Texten steht. Auf dieser Grundannahme basierend, gilt es Verfahren der Beschreibung zu entwickeln, wie sie beispielsweise in Kapitel 2 auf der Modellbasis der *Strukturierende Rechtslehre* sowie in den folgenden Abschnitten 3.2 *Wortsemantische Be* 3.4 *Der argumentationstheoretische Ansatz* vorgeschlagen und in also die Gebrauchszusammenhänge analysieren, in denen die sprachlichen Zei-

---

[54] Vgl. z.B. Hundsnurscher/ Splett 1982.

[55] Ein Ausdruck kann in vielfältigen Verwendungsweisen benutzt werden. Zwischen den Verwendungsweisen bestehen oft Zusammenhänge, aber nicht immer der Art, dass allen Verwendungsweisen etwas gemeinsam ist. Wittgenstein bezeichnet eine Art des Zusammenhangs zwischen Verwendungsweisen als Familienähnlichkeit: „Wie haben wir denn die Bedeutung" eines Wortes gelernt? „An was für Beispielen; in welchen Sprachspielen? (Du wirst dann leichter sehen, daß das Wort eine Familie von Bedeutungen haben muß.)" [Wittgenstein 1958/[11]1997: § 77]. Unter den Verwendungsweisen gibt es besonders hervorgehobene „Zentren der Variation" [Wittgenstein 1970: 190]. „Wir finden hier also die ursprüngliche Idee der Familienähnlichkeiten und der Prototypik als semantische Konzeption ohne kognitivistische Deutung." [Fritz 1998: 102]

[56] Vgl. auch Busse 1992a: 50f.

chen regelhaft verwendet werden und damit vielfältige Bedeutungsmöglichkeiten annehmen können.[57]
Im Rahmen des handlungstheoretischen Ansatzes gilt es das Augenmerk auf den Vorgang der *Routinisierung, Standardisierung und Konventionalisierung* von Verwendungen zu richten,[58] Beckmann spricht in ihrer Untersuchung über die Entstehung bis zur kommunikativen Etablierung metaphorischen Sprechens von Phasen, die sie in *Gebrauch, Habitualisierung und Konventionalisierung* unterteilt.[59] Im Spektrum der Verwendungsweisen wird die Bedeutung eines Ausdrucks erkennbar. Der Bezug auf Kommunikationsprinzipien wie das der Verständlichkeit, der Genauigkeit, der Originalität und der Höflichkeit spielt bei der Erklärung der Selektion und Verbreitung von innovativen Verwendungsweisen eine wichtige Rolle. Schließlich erlaubt die handlungstheoretische Semantik auch einen direkten Anschluss an eine Theorie der unsichtbaren Hand,[60] die u.a. zur Erklärung der Konventionalisierung und der Verbreitung von Verwendungsweisen geeignet ist. Bedeutung kann somit in Anlehnung an Wittgenstein als die durch Regeln gesteuerte Verwendung sprachlicher Ausdrücke mit allen ihren kontextuellen Varianten verstanden werden,[61] die in einem System der konventionellen Verwendungsweisen manifestiert werden.[62]

3.1.4 Fazit der Bedeutungsdiskussion für die Untersuchung

Mit dem Eingrenzungsversuch von *Bedeutung als die durch Regeln gesteuerte Verwendung sprachlicher Ausdrücke* (gebrauchstheoretischer Ansatz) auf der einen Seite und der an den Zeichenbegriff des Wortes gebundenen Auffassung von Wortbedeutung (repräsentationistische Zeichenauffassung) auf der anderen Seite sind wir an einem heiklen Punkt der Bedeutungsproblematik angekommen, nämlich an **dem Zusammentreffen und der Verbindung von Kognition und Handlung**. Gewöhnlich wird die folgende, unzulässig vereinfachende Korrelation unterstellt: Die Bedeutung ist ein kognitives Konzept, das die Grundlage der Verwendungsweisen mitbestimmt. Und umgekehrt: Der Gebrauch hat Auswirkungen auf die Bedeutung (Ausgestaltung des kognitiven Konzeptes).

[57] Busse 1992a: 50.
[58] Strecker 1987.
[59] Beckmann 2001: 79 ff.
[60] Keller ^{2}1994.
[61] Wittgenstein 1958/^{11}1997: § 43, 560.
[62] Weigand 1989: 21.

Es ist allerdings in diesem Zusammenhang zu unterscheiden zwischen lexikalischer Semantik einerseits und Wortsemantik im Äußerungskontext andererseits. Lexikalische Semantik versucht eine aus typologisierten Kontexten (= Verwendungssituationen) abstrahierte Bedeutung zu umschreiben – sie bezieht sich auf die langue-Ebene. Die aktuelle Äußerungsbedeutung eines Wortes in konkreten Verwendungssituationen bezieht dahingegen sprachliche und außersprachliche Situationsfaktoren so weit wie möglich ein und fokussiert damit die Ebene der parole.

> „Verstehen, so eine der Konsequenzen aus solchen Überlegungen der sprachanalytischen Philosophie, kann man nur ‚Sätze'; die einzelnen Wörter für sich besagen nichts; ihr semantischer Wert ist nur über synonymische Zusammenhänge zu ermitteln, die aber auch nur auf den Gebrauch in Sätzen verweisen."[63]

So wird auch in der Forschung zur Rechtssprache unzulänglicherweise häufig ein Rechtsterminus als Lexem an und für sich untersucht und weniger die Anwendung des Lexems in konkreten juristischen Handlungssituationen. Bei einer lexikalischen Betrachtung fließen vielfältige, aber völlig verschiedene juristische Sprachverwendungsweisen in abstrahierter und selektierter Form als Bedeutungsaspekte in den Rechtsterminus ein. Da wir aber im zweiten Kapitel gezeigt haben, wie sich die Rechtsnorm erst aus den Sachverhaltserzählungen in Wechselwirkung zu Normtexthypothesen konstituiert, verbietet es sich hier selbstredend, eine solche isolierte und die konkrete Rechtsarbeit ignorierende Betrachtung zu wählen. Stattdessen soll gezeigt werden, wie im Rahmen des Nötigungsparagraphen dem Gesetzestext und seinen Bestandteilen in der konkreten Anwendung auf einen Sachverhalt erst Bedeutung verliehen oder zugeschrieben wird. Selbstverständlich wirken sich die Vorerfahrungen der Juristen bezüglich der bisherigen Verwendungsweisen der Rechtstermini bei jeder neuen Anwendung aus.

Kognitions- und Handlungsansatz sind also zwei verschiedene Betrachtungs- und Herangehensweisen mit unterschiedlichen Forschungsinteressen.[64]

> „Ein gebrauchstheoretischer Bedeutungsbegriff und ein kognitiver schließen sich nicht aus, nur stehen beide in unterschiedlichen Zusammenhängen. [...] Doch ist kommunikatives Handeln kein Abbilden kognitiver Strukturen. Nur unter psychologischem Aspekt kann Bedeutung mit einer kognitiven Struktur identifiziert werden. Zwischen kommunikativer und psychologisch-kognitiver Bedeutung ist ein Zuordnungsmechanismus anzusetzen, der unterschiedliche Gegenstände, die in un-

---

[63] Hundsnurscher 1991: 42.

[64] Dass zu einer vollständigen Darstellung von Sprechen als Handeln sowohl der Aspekt der Handlung wie der Kognition gehört, hat Searle schon 1983 betont, wenn er versucht, „die Sprechakttheorie als Philosophie der Sprache in einer Theorie der Intentionalität als Philosophie des Geistes zu begründen." [Weigand 1989: 22]

terschiedlichen Theorien zu behandeln sind, aufeinander bezieht und über den wir nach wie vor sehr wenig wissen."[65]

Verstehen" kann demnach als eine kognitive Voraussetzung der Handlungsfunktion der „Verständigung" aufgefasst werden, da es es doch vor allem das Erkennen des – in Sprecherhandlungen vollzogenen – Handlungsmusters beinhaltet.[66]

Eine linguistische Analyse rechtssprachlicher Diskurse muss daher von der Beschreibung des kommunikativen Gebrauchs sprachlicher Zeichen ausgehen und kann nicht die kognitiven Korrelate, also den Begriff oder das Konzept, an den Anfang der sprachwissenschaftlichen Analyse stellen, weil dieser vor Untersuchungsbeginn nur unzureichend beschrieben werden kann (auf der Grundlage von Wörterbüchern, Lehrbüchern, Expertenerklärungen usw.) und infolgedessen ausschließlich über die Verwendungsweisen ermittelt werden kann.[67] Die vielfältigen Sprachhandlungen verdichten sich für im Rechtsdiskurs Erfahrene in Rechtstermini (als kognitive Verankerung oder als Zwischenprodukt bis zur weiteren Modifikation auf Grund weiterer Gebrauchserfahrungen). Das komplizierte Zusammenspiel von kognitiven und kommunikativen Strukturen beim *Äußerungen formulieren* (unter bestimmten Handlungszwecken und -bedingungen) als Übertragen von kognitiven Voraussetzungen in Handlungsfunktionen (Übergang des Gedankens in die Sprache) ist eine sehr komplizierte Erscheinung (wie bereits Wygotski 1934/1979 feststellte). „Der Gedanke wird nicht in der Sprache verkörpert, sondern durchläuft eine Reihe von Etappen, er *entwickelt sich* oder *vollzieht sich in der Sprache*." [68] Dessen ungeachtet sind die „vorsprachlichen" – wie v. Polenz betont – und sprachlichen Wissensvoraussetzungen von zentralem Stellenwert, wenn wir uns mit der Produktion und dem Verstehen von Verwendungsweisen sprachlicher Zeichen auseinandersetzen. Deshalb ist zu „fragen nach den verschiedenen Reduktionsstufen des Satzinhaltes bis hin zum sprachlich geäußerten Satz; und wir wundern uns nicht, wenn oft der Satzausdruck dürftiger erscheint als die anschließbare Satzinhaltsstruktur."[69] Damit grenzt sich v. Polenz von Wittgenstein ab und versucht die Schwachstellen der Gebrauchstheorie zu entschärfen, indem er von „vorsprachlichen Wissensvoraussetzungen" spricht (weitere Ausführungen dazu im vierten Kapitel). Abschließend seien drei Schwächen der Gebrauchstheorie zusammengefasst:

1. Eine Schwäche der Gebrauchstheorie besteht darin, dass beim Sprachgebrauch (z.B. der Wortverwendung) die Kenntnis, die Annahme, die Vorahnung, das ungenaue Wissen eines jeweiligen Bedeutungspostula-

[65] Weigand 1989: 22.
[66] Vgl. Hundsnurscher 1984: 32.
[67] Siehe auch Hundsnurscher 1998: 133.
[68] Weigand 1989: 23; ähnliche Formulierungen finden sich bei Gadamer 1960/^{6}1990.
[69] v. Polenz ^{2}1988: 157.

tes immer schon vorausgesetzt scheint. Diesen Aspekt berücksichtigt die Gebrauchstheorie nicht gebührend.

2. Aus diesem Grunde wird Wittgenstein vorgehalten, er ignoriere den Bereich des Mentalen/ Kognitiven sowie den Referentenbezug. Sicher ist, dass er ihn nicht gebührend berücksichtigt – weder für sich genommen noch im Wechselverhältnis der mentalen Kategorie mit dem Bezugsobjekt.
3. Ein weiterer Kritikpunkt betrifft den zu abstrakten Status der „Regeln“ in der Gebrauchstheorie.

3.2 Wortsemantische Betrachtungsweise

In strikter Abgrenzung zu Ansätzen in der juristischen Methodendiskussion, deren Beschränkung auf *Wort*semantik von Juristen selbst schon kritisiert wurde[70], wird hier – auf Grund der vorherigen Ausführungen in Abschnitt 3.1 – eine Untersuchung der zentralen Rechtstermini des § 240 StGB aus textsemantischer und pragmatischer Sicht vorgenommen (die Untersuchung wird im achten Kapitel *Sprachnormierungs„kämpfe" auf Wortebene* vorgenommen).

In diesem Zusammenhang stellt sich die Frage nach den Explikationsmöglichkeiten von Bedeutungs- und Referenzfixierungsversuchen bei der Auslegung von Rechtsbegriffen. Vor der Folie des semiotischen Dreiecks lässt sich das vage, subjektiv unterschiedliche Verhältnis zwischen Ausdruck, Begriffsinhalt und Sachverhalt unter semantischen, pragmatischen und textlinguistischen Gesichtspunkten verdeutlichen.[71] Durch den Gebrauch eines juristischen Terminus wird bei dem jeweiligen Experten eine stereotypisierte Begriffsstruktur (auf der Basis seiner Sprachgebrauchserfahrungen) als ein Aspekt des Wissensrahmens[72] hervorgerufen, die in der Gegenüberstellung mit einem entsprechenden Sachverhalt der wahrgenommenen und konstituierten Lebenswelt als übereinstimmend betrachtet bzw. aktuell angepasst wird. Somit ist evident, wie juristische Falllösung in vielen Fällen im Zwischenfeld zwischen alltagsweltlichem Wissensrahmen und juristischen Domänenwissen steht.

3.2.1 Bedeutungs- und Referenzfixierungsversuche

Unter **Bedeutungs- und Referenzfixierungsversuchen**[73] wird hier das Unterfangen eines juristischen Experten verstanden, einen Terminus (in konkreter

[70] Busse 1993: 189 ff.
[71] Felder 1999: 80.
[72] Vgl. dazu Kapitel 4.2 und zur Typologie juristischen Wissens Seibert 1996: 33.
[73] Siehe zur Genese der Termini Wimmer 1979, 1998.

Rechtsarbeit) im gesetzestextbasierten Referenzakt auf einen Sachverhalt eines konkreten Falles der Lebenswelt unter Berücksichtigung möglicher Tatbestandsmerkmale aktuell anzuwenden und damit anzupassen (aktuelle Bedeutungsform). In der Folge wirken die jeweiligen, von den Richtern aktualisierten und auf den Einzelfall zugeschnittenen Bedeutungsformen (also der konkrete Wortgebrauch) modifizierend oder bestätigend auf die kontextabstrahierte Begriffsstruktur zurück, indem die Juristen die Entscheidungen ihrer Kollegen rezipieren und in ihre Wissensstrukturen über Rechtsbegriffe integrieren.

Damit wird jede mechanistische Auffassung von Sprache – also ein 1:1-Verhältnis zwischen Gesagtem und Gemeintem, zwischen Ausdrucks- und Inhaltsseite – relativiert, und das in der Fachsprachenrezeption vorherrschende Eindeutigkeitsparadigma als zu idealistisch enttarnt. Tatsächlich besteht nämlich eine sprachlich vermittelte „Konzeptualisierungs-Konkurrenz"[74] zwischen Vor-Einstellungen, Begriffsstrukturen und Wissensrahmen einzelner Experten, indem bestimmte Ausprägungen von Begriffen und Wissenskonzepten in spezifischen Sprachgebrauchssituationen als aktuelle Bedeutung vor dem Hintergrund einer kontextabstrakten Begriffsbildung dominant gesetzt werden sollen. Dies ist die Erklärung dafür, dass ich im Folgenden (vor allem in Abschnitt 3.2.2) in metaphorischer Sprechweise von „semantischen Kämpfen" oder „Sprach-Normierungskonflikten" rede und diese als den Versuch von Sprechern definiere, bestimmte Teilbedeutungen eines Rechtsbegriffes oder eine spezifische Benennung im juristischen Diskurs argumentativ gegenüber anderen Vorschlägen durchzusetzen.[75] Aufgrund dessen gilt es das Eindeutigkeitspostulat in der Fachsprachenforschung – bezogen auf Fachtexte und aus ihnen hervorgehende Vermittlungstexte – zu relativieren.[76] Diese Problematik wird in Abschnitt 4.7 *Vermittlungsproblematik im Fokus von Sprecherhandlungen* aufgegriffen und mit einem eigenen Vorschlag weitergeführt.

Wie lassen sich aber diese Fixierungsversuche näher beschreiben? Juristische Bedeutungsbestimmung kann entweder durch explizite, sprachlich formulierte Bedeutungsdefinition geschehen, d.h. unter Angabe zentraler Teilbedeutungen des zu definierenden Ausdrucks; sie kann aber auch durch „Subsumtion" von Lebenssachverhalten (den sog. Tathandlungen) unter den fragilen Normtext (Paragraphen) vollzogen werden, die auch ohne explizite semantische Begründung erfolgen kann.[77] In einem verkürzten Rechtsmodell versteht man unter „Subsumtion", dass ein konkreter Lebenssachverhalt einem der einschlägigen Normtexte (Gesetzesparagraphen) als Referenzbereich zugeordnet werden kann.[78] Linguistisch gesehen handelt es sich bei der Subsumtion

[74] Felder 1999b.
[75] Wimmer 1998: 15 ff.
[76] Gardt 1998, Roelcke 1991.
[77] Vgl. Busse 1991: 264.
[78] Busse 1991: 271.

ebenfalls um eine Form der Bedeutungsbestimmung, weil ausgehend von dem – als Text vorgebrachten – Sachverhalt aus der Gesamtmenge aller Normtexte eine zum Fall passende Normtexthypothese ausgewählt werden muss.[79]

Die im achten Kapitel untersuchten Termini *Gewalt, Verwerflichkeit* und *Rechtswidrigkeit* werden in der Annahme einer ganzheitlichen Bedeutungsauffassung (Holismus) beschrieben, die sich auf analytischer Ebene mit dem Prinzip der Kompositionalität verträgt, wenn damit der bescheidene Anspruch erhoben wird, mittels der Explizierung von Bedeutungsaspekten – also von Bedeutungskomponenten bzw. Teilbedeutungen – Bedeutung teilweise, wenn auch nicht *die* Bedeutung als Ganzes erfassen zu können. Der vorliegenden Studie liegt eine solche ganzheitliche Bedeutungsauffassung zugrunde, die zu Analysezwecken mit Teilbedeutungen als Beschreibungshilfe arbeitet, ohne die falschen Annahmen der Merkmalssemantik und der ihr zugrunde liegenden und nicht einzulösenden Kompositionalitätsannahmen mit Hilfe von semantischen Merkmalen zu übernehmen.[80] Bedeutung ist keine Entität, sondern ein Bedeutungspostulat bzw. eine interpretative Hypothese, die sich aus Text- und Situationsdeutungen zusammensetzt.

3.2.2 Linguistische, juristische, alltagsweltliche Perspektivierung

Auch in der Jurisprudenz gibt es wie fast in den meisten anderen Fachdomänen „semantische Kämpfe" oder Sprach-Normierungskonflikte. Zur deutlicheren Differenzierung unterscheide ich im Folgenden bei der Darstellung der Bedeutungs- und Referenzfixierungsversuche zwischen den Ausdrücken *Teilbedeutungen, Merkmale* und *Eigenschaften*: Im Rahmen der Gesetzes- oder Normtexte interessieren die dort verwendeten Ausdrücke hinsichtlich ihrer jeweils aktuellen kontextabhängigen Bedeutung, die sich als Ganzes nicht beschreiben lässt und auch nicht beschrieben werden muss. Vielmehr stehen hier die je dominant gesetzten Bedeutungskomponenten im Mittelpunkt, die einzelne Gerichte in Abweichung von vorherigen Instanzen den jeweiligen Begriffen zuschreiben – also die umstrittenen Bedeutungsaspekte eines Begriffs. Solche Bedeutungskomponenten werden hier *Teilbedeutungen* genannt (und zum besseren Verständnis in einfache Anführungsstriche gesetzt z.B. ‘physisch’). Im Unterschied dazu verwende ich den Terminus *Merkmal* – den juristischen Gepflogenheiten folgend – als Bestandteil des juristischen Tatbestandes. So bleibt noch der festzustellende Sachverhalt der wahrgenommenen Lebenswelt, dessen Teile hier als *Eigenschaften* bezeichnet werden, so dass im Weiteren die folgende Sprachgebrauchsregelung gilt:

---

[79] Müller/ Chrstensen/ Sokolowski 1997: 123.

[80] Vgl. zur Kritik an der Merkmalssemantik Felder 1995: 35 ff.

Linguistische Sicht	**Juristische Sicht**	**Lebensweltliche Sicht**
Normtextbedeutungen	Tatbestand	Sachverhalt
↓↑	↓↑	↓↑
Teilbedeutungen	Merkmale	Eigenschaften

Diese Unterscheidung dient ausschließlich heuristisch der Klarstellung von Erkenntniszusammenhängen, es sollen damit **nicht** getrennte Entitäten (Sprache – Expertenwelt – Alltagswelt) impliziert werden.

Eine juristische Semantik sollte die Praxis der juristischen Sprachspiele genau zu untersuchen versuchen, und das heißt: die Praxis der juristischen Arbeit an und mit (Gesetzes-) Texten[81] in der richterlichen Rechtsprechung und der wissenschaftlichen Rezeption derselben. Zwar konstituieren Texte, nicht Begriffe die Rechtsnormen[82], dennoch kommt den Begriffen eine ganz zentrale Rolle zu. Es soll im Folgenden herausgearbeitet werden, wie infolge von Sprachspielregeln Begriffe (im Rahmen juristischer Entscheidungstätigkeit oder aktueller Bedeutungsfestlegungen) festgesetzt, stereotypisiert, bestätigt oder modifiziert werden, indem der Jurist beim Vollzug von Referenzfixierungsakten auf der Grundlage dieser Begriffe juristische Sachverhalte erst konstituiert.[83] Denn nicht die Begriffe als eigene Entitäten nehmen von sich aus bedeutungsvoll auf Sachverhalte als andersgeartete Entitäten Bezug, sondern umgekehrt, der normtextorientiert handelnde Jurist ist Subjekt des Entscheidungsvorgangs, indem er Rechtsbegriffe überhaupt erst beim Vollzug von Referenzfixierungsakten (neu) festsetzt, stereotypisch bestätigt oder verändert.

3.3 Satz- und textsemantische Betrachtungsweise

Texte sind in Funktionen eingebettet, in Sprachspiele (Wittgenstein) bzw. in kommunikative Handlungsspiele (S.J. Schmidt). Beides sind keine rein sprachlichen Größen, sondern sie sind stets sprachlich und sozial bestimmt: Texte erfüllen ihre Funktion stets nur als situierte Texte.[84] Eine semantisch-pragmatische Analyse ergänzt traditionelle ausdrucksseitig orientierte Analysen auf Wort- oder Satzebene um inhaltsseitige kommunikative Einheiten wie Sprachhandlungen (Handlungsmuster), die sich ausdrucksseitig auch oberhalb der Satzebene niederschlagen können. Dieser Untersuchungsabschnitt wird im

[81] Busse 1993: 248 ff.
[82] Vgl. dazu die Ausführungen im zweiten Kapitel.
[83] Jeand'Heur 1989:191 und Wimmer 1979.
[84] Busse 1992: 79.

neunten Kapitel *Semantisch–pragmatische Textanalyse: Sprecherhandlungen und Sprechereinstellungen* vorgestellt.

In diesem Untersuchungsteil werden unter semantischen und pragmatischen Gesichtspunkten Sprecherhandlungen[85] in der Tradition der Sprechakttheorie und nach dem Vorbild der sprachanalytischen Philosophie betrachtet. Dazu gilt es auf der Basis der in der Literatur vorgeschlagenen Ansätze zentrale und vor allem im juristischem Diskurs umstrittene Sprecherhandlungen im konkreten Rechtsfall herauszuarbeiten und in grundlegenden juristischen Sprachhandlungstypen (Handlungsmustern) zu klassifizieren. Es wird inhaltsseitig vorgegangen, es wird also versucht, von Inhaltskomponenten und begrifflichen Einheiten ausgehend transparent zu machen, wie mit spezifischen ausdrucksseitigen sprachlichen Mitteln die jeweiligen Inhalte vermittelt werden. Es spielt dabei vorerst keine Rolle, ob die Inhalte ausdrucksseitig auf der Wort-, Syntagma- oder Satz-Ebene realisiert werden.

Syntaktisch können sich die Beziehungen zwischen Satzinhalten ausdrücken als Subjekt-, Objekt-, Prädikativ-, Adverbial-, Attributivsatz oder auch als Adverbiale, Präpositionalphrase oder durch Konjunktionaladverbien.

> „In der Grammatik des Deutschen werden – meist unter dem Oberbegriff der Kausalbeziehungen mit den Subkategorien kausal (im engeren Sinne), konsekutiv, final, instrumental, konditional und konzessiv – die wichtigsten eindeutigsten Indikatoren für konklusive Beziehungen aufgeführt, soweit sie sich auf die Satzebene beziehen und soweit es sich dabei um Konjunktionen, Konjunktionaladverbien und Präpositionen handelt.“[86]

Zur Kategorisierung der Inhalte (inhaltsseitigen Einheiten) wird unterschieden zwischen Aussagegehalt (einer Äußerung) und Handlungsgehalt (Sprache verstanden als Handeln von Menschen in sozialen Situationen).[87] Im Aussagegehalt wird über Dinge in der bzw. einer wahrgenommenen Lebenswelt, auf die man Bezug nimmt (Referenz), etwas ausgesagt (Prädikation).

In Bezug auf den Handlungsgehalt hat schon Austin 1962 die Lehre von den verschiedenen Funktionstypen der Sprache „as the doctrine of ‘illocutionary forces’“[88] bezeichnet. Nach Hundsnurscher[89] sind bei der Beschreibung sprachlicher Handlungen drei Komponenten zu unterscheiden:

1. der kommunikative Zweck, der mit der Sprachhandlung angestrebt wird

---

[85] Im Folgenden werde ich mich im Wesentlichen an den von Peter v. Polenz’ (^{2}1988) entwickelten Instrumentarien orientieren und diese abgleichen mit anderen Ansätzen wie z.B. dem von Eckard Rolf (1997), um aus der Vielzahl der Vorschläge zu einer eigenen Typologie von juristisch besonders relevanten Sprecherhandlungen zu kommen.

[86] Klein 1987: 224.

[87] Vgl. Polenz ^{2}1988: 67 ff.

[88] Austin 1962/^{2}1975: 100.

[89] Hundsnurscher 1984: 32.

2. die Bedingungen, unter denen die Sprachhandlung vollzogen wird (Handlungsbedingungen)
3. die Äußerungsform, mit der die Sprachhandlung realisiert wird (sprachliche Ausdrücke als Handlungsmittel).

Rolf spricht von *Illokutionskräften* und definiert sie als „Eigenschaften sprachlicher Handlungen", es sind damit Bedeutungs- und Sinnaspekte von Äußerungen gemeint oder anders gesagt deren „kommunikative Funktion"[90]. Brinker versucht den Funktionsbegriff bezüglich der ausdrucksseitigen Größe des Textes zu bestimmen: „Der Terminus ‚Textfunktion' bezeichnet die im Text mit bestimmten, konventionell geltenden, d.h. in der Kommunikationsgemeinschaft verbindlich festgelegten Mitteln ausgedrückte Kommunikationsabsicht des Emittenten."[91] Man könnte nun die Definitionsspirale weitertreiben und den Begriff der *Absicht* näher betrachten, mittels dessen Brinker den Begriff der *Textfunktion* an den (Sprach)Handlungsbegriff der kommunikativ orientierten Linguistik angeschlossen hat. Dies habe ich bereits an anderer Stelle getan.[92] Im Kontext dieser Untersuchung ist vielmehr zu fragen, ob der Textverfasser mit seinem Text eine einheitliche Absicht oder mehrere sich überlagernde Absichten verfolgt. Damit wird deutlich (wie im Folgenden noch zu erörtern ist), dass die Verwendung des Terminus *Textfunktion* im Rechtsdiskurs nicht ganz unproblematisch ist, wie an den in der Literatur vorgenommenen Definitionsversuchen zu den Termini *dominierende Funktion* oder *hauptsächlicher Zweck* zu erkennen ist.

3.3.1 Abgrenzung: Sprachhandlungen und Textfunktionen

Die vorliegende Untersuchung geht – wie übereinstimmend in der Textlinguistik angenommen wird – davon aus, dass einem Text mehrere kommunikative Funktionen zugrunde liegen können.[93] Die vorliegende Untersuchung interessiert sich für bestimmte Sprecherhandlungen und deren „kommunikativen Zweck", die zwischen einzelnen Gerichten innerhalb des Instanzenzuges, zwischen verschiedenen Fachwissenschaftlern in der juristischen Binnenkommunikation oder zwischen alltagsweltlichem und juristischem Sprachhandeln aufgrund abweichender Wissensrahmen und Einstellungen unterschiedlich ausfallen. Geht man davon aus, dass Texte einen Zweck erfüllen, dann wird damit impliziert, dass ein Textverfasser mittels der im Text vollzogenen Sprachhandlung die Absicht verfolgt, eine oder mehrere Funktionen (da sie im Text medialisiert sind, nennt man sie *Textfunktionen*) zu verrichten und damit

[90] Rolf 1997: 7.
[91] Brinker 1985: 86.
[92] Zum (Sprach)Handlungsbegriff vergleiche Felder 1995: 28 ff.
[93] Brinker 1985: 77.

etwas beim Rezipienten zu bewirken.[94] Die Sprachhandlung ist nicht nur die zentrale Größe der Sprechakttheorie, sondern auch der vorliegenden Untersuchung.

Für den zentralen Begriff der Sprechakttheorie sind neben dem Terminus *Illokution* von John L. Austin die deutschen Fachausdrücke *Sprechakt* und *Sprachhandlung* üblich geworden. Diese beiden entpersonalisierten Fachausdrücke für von Menschen in spezifischen Kontexten mit bestimmten Intentionen vollzogene Sprachhandlungen möchte ich nur als Oberbegriff übernehmen, da der individuell beabsichtigte Handlungscharakter in diesen Bezeichnungen zu kurz kommt, wenn ein Sprecher oder Textverfasser durch das kommunikative Äußern eines Satzes oder Textes gegenüber Adressaten – oder monologisch zu sich selbst – Sprachhandlungen vollzieht. Stattdessen verwende ich hier den Terminus *Sprecherhandlung* (wobei damit sowohl schriftlich als auch mündlich medialisierte Äußerungen gemeint sind), der zum einen ein verständliches Fachwort darstellt und zum anderen mit dem üblichen (und im Folgenden noch zu erklärenden) Terminus *Sprechereinstellung* harmoniert.[95] *Sprecherhandlungen* können von *Sprachhandlungen* (als einem Hyperonym) unterschieden werden, da es auch Sprachhandlungen gibt, die nur im Aussagehalt vorkommen und daher keine Sprecherhandlungen (Illokutionen) sind. Beispielsweise wird die Sprachhandlung des Behauptens in der Äußerung *Der Kollege B. hat in der letzten Konferenz laut Protokoll die These aufgestellt...* von einer anderen Person nur erwähnt oder in Erinnerung gerufen, aber nicht vollzogen. In der Sprecherhandlung des Erwähnens wird von einem Sprachhandlungstyp des Behauptens (realisiert mit Hilfe des Sprachhandlungssyntagmas bzw. Funktionsverbgefüges *eine These aufstellen*) berichtet.
Im Fortgang der Untersuchung lege ich den Ausführungen folgende terminologische Differenzierung zur Klassifizierung von Sprachhandlungen zugrunde:[96]

---

[94] Vgl. auch Busse 1992 :75.

[95] So auch die Terminologie in v. Polenz ^{2}1988.

[96] Für die Oberklassen von Sprachhandlungen gibt es verschiedene Klassifikationsvorschläge, die entweder weniger oder mehr als fünf Klassen zugrunde legen oder andere Klassenbezeichnungen verwenden. [Rolf 1997: 112 ff.] „Die Zahl der anzusetzenden Typen von Sprachhandlungen (= Handlungsmustern) ist noch ebenso offen wie die ohne Zweifel noch größere Zahl der in der deutschen Sprache üblichen Ausdrücke für Sprachhandlungen.“ [Polenz ^{2}1988: 204]

Bezeichnungen	Erläuterungen
Sprachhandlungsklassen oder ***Oberklassen von Sprachhandlungen***	Die aus der Sprechakttheorie bekannten, aber unterschiedlich bezeichneten Klassen wie *Repräsentativa/Assertiva, Deklarativa, Expressiva, Direktiva, Kommissiva*
Kulturspezifische ***Sprachhandlungstypen*** (= Handlungsmuster), die in der deutschen Sprache auf mehrere Weisen ausgedrückt werden können	Sinnverwandte Sprachhandlungen z.B. des Behauptens
Einzelne ***Sprachhandlungen***, die ***Sprecherhandlungen*** genannt werden, wenn sie konkret von einer oder mehreren Personen in einem Text vollzogen werden	Mittels Sprachhandlungsverben realisierte oder nur implizierte (mittels indirekter illokutionärer Indikatoren wie z.B. Satzform, Verwendung von Modalverben usw.) Sprach- bzw. Sprecherhandlungen wie *behaupten, unterstellen, eine Behauptung/ These aufstellen, feststellen* etc. (als Beispiele für den Sprachhandlungstyp des Behauptens)

Austin und Searle hatten den Begriff der „Illokution" auf Typen verschiedener mit Sätzen vollzogener Sprecherhandlungen wie z.B. *Versprechen* bezogen. In der Folge wurde die These vertreten, dass in einem Text mehrere Sprechakte (mitunter in einem hierarchischen Verhältnis) aneinandergereiht seien[97] bis hin zur Auffassung Brinkers[98], der dem Text als Ganzem einen Handlungscharakter, der durch die Textfunktion bezeichnet wird, zuordnet.[99]

Die Anwendung des sprechakttheoretischen Ansatzes auf Texte zeigt interessante Möglichkeiten auf, aber auch Grenzen.

„Texte sind also Konjunktionen von mindestens zwei der so bestimmten Äußerungen und demzufolge auch von zumindest zwei Illokutionen bzw. zwei Komplexen aus Illokution und Proposition. Der Gesamttext ist Resultat der in ihm enthaltenen

---

[97] Motsch/ Viehweger 1981, Rosengren 1980, Rosengren (Hg.) 1992/1993.

[98] Brinker 1985: 90.

[99] Ein Überblick über die Ansätze befindet sich in Rolf 2000.

> Illokutionen und Propositionen. Aus der Summe der Propositionen baut sich die Textwelt auf: Die Propositionen sind Teilwelten einer Textwelt."[100]

Allerdings darf man sich nicht zu der – schon von Katz[101] verworfenen – Annahme verleiten lassen, die Texthandlung sei die Summe der Illokutionen aller Teiläußerungen eines Textes. So lassen sich ganzen Texten zwar Handlungskategorien (z.B. *ein Urteil aufheben, eine Begriffsauslegung gutheißen*) zuordnen, diese Zuordnungen sind aber weder notwendig Summe der einzelnen im Text bestimmten Illokutionen noch müssen sie explizit im Text vorhanden sein.

Die Diskussion um Textfunktionen im holistischen Sinne *einer* Textillokution/ Texthandlung (im Sinne der Frage: kann einem Text holistisch eine *dominierende* Grundfunktion zugeschrieben werden?) soll hier nicht fortgesetzt werden[102] ebenso wenig wie die Frage, in welchem hierarchischen Verhältnis Handlungen einzelner Textteile zur Gesamtfunktion eines Textes stehen[103] (falls diese überhaupt bestimmbar sein sollte[104]).

Für die hier beabsichtigte Textanalyse lassen sich folgende Schlussfolgerungen hinsichtlich der Frage formulieren, wie sich die in der Sprechakttheorie entwickelte Kategorie der *Illokution* (in dieser Arbeit werden wie erwähnt die Ausdrücke *Sprecherhandlung* oder als Oberbegriff *Sprachhandlung* benutzt) für Texte fruchtbar machen lässt:

- Sprecherhandlungen (Illokutionen) von Äußerungen in Texten sind nicht immer eindeutig und bedürfen daher der (kontroversen) Deutung. Das gilt im juristischen Sprachspiel für die – durch den Rechtsarbeiter auf der Grundlage von Normtexten – vollzogenen Sprachhandlungen selbst, insbesondere für die höchstrichterliche Rechtsprechung. Textfunktionen sind – ebenso wie nicht explizit ausgedrückte Satzillokutionen ohne performative Verben – nicht immer eindeutig zu ermitteln.

---

[100] Burkhardt 1986: 396.

[101] Katz 1977: 17.

[102] Vgl. Rolf 2000, Busse 1992: 74 ff.

[103] Burkhardts Analyse meherer Beispieltexte ergab, dass „dominierende" Illokutionen im Text nur selten erscheinen, sondern aus Zielzuschreibungen rekonstruiert werden müssen. Damit verbiete es sich von „subsidiären" Illokutionen zu sprechen: „Texte sind letztlich durch inhaltlich und mittels Konnektoren sowie Verweisformen verbundene Propositionen bestimmt, die Textwelten konstituieren. Zuschreibungen von Gesamthandlungen sind dabei nur ein sekundärer Aspekt." [Burkhardt 1986: 427 f.]

[104] Burkhardt merkt dazu kritisch an, dass die Rede von der „dominierenden" und „subsidiären" Illokution jedoch einen logischen Defekt aufweise; „denn es wird dabei vorausgesetzt, der betreffende Text hätte bereits i n s i c h die betreffende dominante Illokution. Freilich braucht diese keineswegs immer explizit genannt zu werden und ist also – besonders offenkundig in den Fällen, wo sie unbezeichnet bleibt – eine rein interpretative Leistung des Hörers, der dazu allerdings durch die vom Sprecher bereitgestellten Informationen angeregt bzw. durch diese gesteuert wird." [Burkhardt 1986: 401]

Daher gibt es auch keine eindeutige Zuordnung von sog. sprachlichen Indikatoren und Sprachhandlungen oder Textfunktionen.

- Unabhängig davon, ob theoretisch die untersuchten Texte eine einheitliche Textillokution aufweisen oder nicht, sie sind hier nicht Untersuchungsgegenstand, weil das Erkenntnisinteresse der vorliegenden Analyse auf die unterschiedlichen Sprecherhandlungen (also auf die Äußerungen innerhalb der Texte) im Rahmen der juristischen Fachkommunikation zwischen den Rechtsexperten (intrafachliche Auseinandersetzung) sowie zwischen Juristen und Nichtjuristen (interfachliche Deutungsunterschiede) abstellt.
- Sprecherhandlungen in Texten sind interpretative Leistungen des Rezipienten auf Grund der „durch die strategische und informatorische Gesamtheit der Sprecheräußerungen in ihrem Kontext bereitgestellten Textmerkmale"[105]. Burkhardt erweitert die verkürzte These aus Sprecherperspektive *Sprechen ist Handeln* um den hörerseitigen Aspekt mit dem Satz *Sprechen wird als Handeln interpretiert* und verlagert die Betrachtung weg vom Handlungs*vollzug* (Produzentenperspektive) hin zur Handlungs*zuschreibung* (Rezipientenperspektive)[106]. Für unseren juristischen Kontext ist diese Verlagerung mit Sicherheit zu einseitig bzw. erweiterungsbedürftig. Denn in der Rechtsprechung können z.B. Richter von Berufungs- und Revisionsverfahren, wenn auf ihre frühere Rechtsprechung in inadäquater Weise Bezug genommen wird (z.B. von Gerichten der ersten Instanz), „korrigierend" eingreifen und ihre ursprüngliche Autorintention als korrigierende Handlungszuschreibung in den Diskurs einbringen und somit – wenn auch mit Verzögerung – zu einer Deckung von beabsichtigtem Handlungsvollzug (Sicht des Textverfassers) und tatsächlicher Handlungszuschreibung (Sicht des Textrezipienten) beitragen.
- Gerade was das Hineinwirken des Rechtswesens und der Justiz in den Alltag und die Wahrnehmung und Beurteilung juristischer Sprachhandlungen im Alltag anbelangt, so kann die Analyse der Sprecherhandlungen vor dem Hintergrund möglicher Unterschiede zwischen intendiertem Handlungsvollzug (aus Verfasserperspektive) und tatsächlich vorgenommener Handlungszuschreibung (aus Rezipientensicht) von großem Nutzen sein, wenn es gelingt, in der Institution Recht vollzogene Sprecherhandlungen nach überprüfbaren und nachvollziehbaren Kriterien zu beschreiben.

---

[105] Burkhardt 1986: 407.

[106] Burkhardt 1986: 426.

3.3.2 Aussage- und Handlungsgehalt einer Äußerung

Einen – im Vergleich zur Bestimmung von Textfunktionen – entgegengesetzten Weg ist v. Polenz[107] gegangen, der den Handlungsbegriff in Bezug auf sprachliche Phänomene in erster Linie auf Sätze bezieht (also Klärung auf satzsemantischer Ebene sucht) und darüber hinaus noch „nach unten" erweitert hat, indem er auch den Teilaspekten unterhalb des Satzranges wie der „Prädikation (Aussage)", der „Bezugnahme (Referenz)" und der „Quantifizierung (Größenangabe)" Handlungscharakter zugeschrieben hat. Von Polenz schreibt im Unterschied zu Brinker einzelnen Inhaltseinheiten in Texten Teilhandlungen zu (die sich ausdrucksseitig auf Satzebene äußern können aber nicht müssen), während Brinker unter anderem von der Annahme ausgeht, dass „dem Text als Ganzem" ein „Handlungscharakter, der durch die Textfunktion bezeichnet wird", zukommt: „Die Textfunktion als die kommunikative Grundfunktion eines Textes ist durch eine Auflistung der illokutiven Rollen der einzelnen Sätze nicht zu gewinnen".[108] Auch v. Polenz behauptet nicht, dass die Summe der Teilhandlungen *die* Textfunktion ergebe, aber er geht nicht von der Bestimmbarkeit *der* Textfunktion eines Textes als Ganzes aus, sondern unterscheidet bezüglich der im Text realisierten linearen Abfolge von Handlungsschritten zwischen „Haupt-Handlungen" und „Unter-Handlungen" und „Neben-Handlungen"[109].

Ungeklärt bleibt bei v. Polenz' Ansatz allerdings, wie man die Relation dieser Teilhandlungen eines Textes zur Gesamtbedeutung des Textes (bzw. seiner Funktion als Ganzem) näher bestimmt. Diese Einschränkung ist für das Erkenntnisinteresse der vorliegenden Untersuchung nur bedingt relevant, weil es in ihr um die im juristischen Sprachspiel umstrittenen Sprecherhandlungen auf der einen Seite und um die kontrastive Gegenüberstellung dieser rechtssprachlichen Sprecherhandlungen mit alltagsweltlichen andererseits geht.

---

[107] v. Polenz ²1988: 91 ff.

[108] Brinker 1985: 90.

[109] v. Polenz ²1988: 328 ff.

A. Aussagegehalt (Referieren, Prädizieren, Quantifizieren, Relationen herstellen) von Äußerungen

Zunächst gilt es den **Aussagegehalt** als die logisch-semantische Seite des Satzinhaltes (gemeint sind einfache und komplexe Satzinhalte[110]) methodisch genauer zu erfassen:

> „Die beiden wichtigsten gegenstandsbezogenen Teilhandlungen des Satzinhaltes (im Sinne von Bühlers Darstellungsfunktion) sind also das REFERIEREN/ BEZUGNEHMEN und das PRÄDIZIEREN/ AUSSAGEN. [...] Prädikat und Referenzstelle(n) zusammen bilden nach der Prädikatenlogik die PRÄDIKATION/ AUSSAGE."[111]

Dies ist sozusagen der nichtpragmatische oder vorpragmatische Teil, obwohl *Bezugnehmen*, *Prädizieren* (dem Bezugsobjekt etwas zuschreiben) und *Quantifizieren* auch als kognitive Sprachhandlungen aufgefasst werden können. Die beiden Teilhandlungen oder Aspekte einer pragmatischen Satzsemantik – nämlich das Referieren (das Bezugnehmen auf Gegenstände und Sachverhalte gleich welcher Art) und Prädizieren (das Aussagen über Gegenstände, auf die Bezug genommen wurde) – bilden das Kernstück des Ansatzes. Die beiden weiteren Teilhandlungen, das Quantifizieren (die Größenbestimmung für Bezugstellen als Modifikation der Referenz) und das Herstellen von Relationen (in der Aussageverknüpfung, vor allem zwischen Teilsätzen in komplexen Sätzen), komplettieren das Modell.[112]

B. Kategorisierung des Handlungsgehalts von Äußerungen in Oberklassen

Bei dem pragmatischen Gehalt oder Handlungsgehalt der Äußerungen – der in der traditionellen Sprachwissenschaft meist vernachlässigt wurde – handelt es sich um Sprecherhandlungen, die der Sprecher durch das kommunikative Äußern eines Satzes gegenüber seinem Hörer als Adressaten vollzieht.[113] Grundlage dieses Modells – das sich wesentlich an Searle (1975/1982) und Wunderlich (1976) orientiert – sind die im engeren Sinne sprechakttheoretischen Komponenten, die hier als *Sprecherhandlung* (Illokution), *Bewirkungsversuch* (Perlokution) beim Hörer (nach Holly ist zu unterscheiden zwischen Bewir-

---

[110] Im Sprachgebrauch gibt es keine eins-zu-eins-Entsprechung zwischen Inhalt und Ausdruck. Daher werden auch Einfach-Satzinhalte nicht immer durch einfache Sätze ausgedrückt (man denke nur an die Komplexität von Satzinhalten in einfachen komprimierten Sätzen), genauso wenig wie zusammengesetzte bzw. komplexe Satzinhalte ausdrucksseitig stets in zusammengesetzten Sätzen ihre Versprachlichungsform finden. [Polenz ^{2}1988: 231 ff.]

[111] Polenz ^{2}1988: 91.

[112] Polenz ^{2}1988: 91 ff.

[113] Polenz ^{2}1988: 195f.

kungsversuch, Bewirkungsziel sowie tatsächlichen Folgen[114]) und *Sprechereinstellung* (propositionale Einstellung) bezeichnet werden. Dabei ist zu bedenken, dass die meisten Sprecherhandlungen Einstellungsbekundungen beinhalten. Zur Klassifizierung von Sprecherhandlungen stützt sich v. Polenz größtenteils auf die durch Searle bekannten Oberklassen der Sprechakttheorie.[115] Weitere „Klassifikationsvorschläge zeichnen sich zum einen dadurch aus, daß sie entweder weniger oder mehr als fünf Klassen unterscheiden, zum anderen dadurch, daß sie andere Klassenbezeichnungen verwenden."[116] In den Klassifikationsvorschlägen von Wunderlich (1976), Katz (1977) und Burkhardt (1986) sind ebenfalls alle Searleschen Klassen mit erfasst. Es ist hier nicht der Ort, die in der Literatur vorgeschlagenen Einteilungen der unterschiedlichen Sprachhandlungen in Oberklassen theoretisch zu diskutieren.[117]

Im Weiteren werden stattdessen auf Grund eines anders gelagerten Untersuchungsinteresses folgende Sprachhandlungsklassen[118] (Rolf 1997 spricht von Illokutionskraftfamilien) zugrunde gelegt, die zusätzlich noch zwischen sprecher-seitigem Ergebnisaspekt und hörer-seitigem Folgeaspekt unterschieden werden können:[119]

- Repräsentativa/ Assertiva: es handelt sich dabei um kognitive, darstellende, informierende Sprecherhandlungen wie z.B. mitteilen, hinweisen, erinnern, berichten, erörtern, zur Sprache bringen, als Argument vorbringen.
- Deklarativa: darunter fallen tatsachen- und sinnschaffende Sprecherhandlungen wie beispielsweise taufen, ernennen, benennen, festsetzen, für gültig erklären, ein Urteil fällen, definieren,
- Expressiva: diese Klasse gibt Einstellungsäußerungen, Gefühle, Absichten, Meinungen, Bewertungen usw. wieder; exemplarisch bereuen, bekennen, zugeben, behaupten, vermuten, unterstellen, Stellung nehmen, missbilligen, erwarten.
- Direktiva: in diese Oberklasse fallen Aufforderungshandlungen wie beispielsweise bitten, nahe legen, empfehlen, einen Antrag stellen, befehlen, beauftragen, fragen, zur Rede stellen.
- Kommissiva: mit dieser Kategorie sollen selbstverpflichtende Sprecherhandlungen erfasst werden wie z.B. versprechen, ankündigen, garantieren, geloben, drohen.

---

114 Polenz ^{2}1988: 209.

115 Searle 1975/1982: 31 ff. unterscheidet fünf Klassen von Sprechakten: Assertive, Direktive, Kommissive, Expressive und Deklarationen.

116 Rolf 1997: 112 ff.

117 Vgl. bei solch einem Interesse vor allem die Werke von Searle/Vanderveken 1985, Burkhardt 1986 und Rolf 1997.

118 Die Bezeichnungen richten sich im Wesentlichen nach Polenz (^{2}1988: 205) und Rolf 1997.

119 Rolf 1997: 29.

Im Zusammenhang mit evaluativen Äußerungen ist zwischen bewertenden Sprecherhandlungen (Expressiva) und bewertenden Sprechereinstellungen zu unterscheiden. „Bewertende Sprecherhandlungen sind solche, bei denen eine bewertende Einstellung ganz offen den Kern der Haupt-Handlung des Satzinhaltes darstellt“ (z.B. Handlungstypen wie billigen, missbilligen, loben, tadeln etc.), während bewertende Sprechereinstellungen „ebenso (und mitunter noch stärker) wirksam“ werden, obwohl oder gerade weil sie „nur nebenbei geäußert werden, also nicht im Zentrum des Satzinhaltes erscheinen.“[120] Mit *Sprechereinstellungen* (propositionale Einstellung) sind demnach im Unterschied zu Sprecherhandlungen Attitüden bzw. Einstellungen des Sprechers zum Aussagegehalt gemeint, „von Gewissheit und Vermutung über Distanzierung und Bewertung bis zu Wollen, Erwarten, Hoffen usw.“[121], die beispielsweise als adverbiale Zusätze (z.B. *zu Recht*) oder attributive Zusätze (z.B. *mehrfach, nachdrücklich unterbreitetes Begehren*), Modalpartikel oder Adverbien (z.B. *gezwungenermaßen, nur*), Wortkonnotationen etc. in Erscheinung treten.[122] Kategorien von Sprechereinstellungen sind

- *Für-Wahr-Halten* und *Verneinen* (epistemische Sprechereinstellung),
- *Bewerten* (evaluative Sprechereinstellung) und
- *zukunftsgerichtetes Wollen* (volitiv/ intentionale, präferentielle, exspektative, kommissive, deontisch/normative Sprechereinstellung).

Von Polenz formuliert einen Vorschlag zur (im Vergleich zu Searles Oberklassen von Sprachhandlungen) weiteren Differenzierung in Form von Sprachhandlungstypen (Handlungsmustern) aus der Autor-Perspektive. Er geht dabei nicht wie Searle abstrakt von einem Wort-Welt-Verhältnis alleine aus, sondern er legt als Kriterium das Verhältnis eines Textemittenten zum Inhalt seiner Äußerung zugrunde. So unterscheidet er auf der ersten Ebene nach den drei möglichen Bezugsrichtungen der Sprachhandlung eines Individuums zwischen „ichorientierten“, „partnerorientierten“ und „kooperativen Sprachhandlungen“ (im Sinne einer gleitenden Skala vom Individuellen zum Sozialen), die im Weiteren noch dahingehend untergliedert werden, ob der Aussagegehalt „eigenhandlungsbezogen“, „weltbezogen“ oder „partnerhandlungsbezogen“ ist.[123] Als zusätzliches Kriterium kommt hinzu, ob die Handlung in der Vergangenheit oder Zukunft liegt.

In der vorliegenden Untersuchung bedürfen die im juristischen Diskurs besonders relevanten Sprachhandlungsklassen der Deklarativa (in dieser Oberklasse insbesondere der Sprachhandlungstyp des Benennens bzw. Klassifizierens) und Repräsentativa/ Assertiva besonderer Aufmerksamkeit, wie im zweiten Teil *Linguistische Analysen* im achten Kapitel *Semantisch-pragmatische*

---

[120] v. Polenz ²1988: 218 f.
[121] v. Polenz ²1988: 212.
[122] v. Polenz ²1988: 219.
[123] v. Polenz ²1988: 206 ff.

Textanalyse am Textkorpus dieser Untersuchung gezeigt werden soll.[124] Wenn Juristen Sachverhaltserzählungen als Eingangsdaten der juristischen Textarbeit weiterverarbeiten, dann handelt es sich dabei meist um **ichorientierte und weltbezogene Sprecherhandlungen** des Typs *x tut etwas in Bezug auf einen über z usw. ausgesagten Sachverhalt.* Beispiele für **deklarative** Sprecherhandlungen sind *etwas benennen, definieren, klassifizieren, anerkennen als* usw., Exempel für **repräsentative/ assertive** Sprecherhandlungen lauten *etwas erwähnen, feststellen, zusammenfassen, aussagen, behaupten, begründen* usw. Mit *Ichorientierung* ist in unserem Zusammenhang mitunter die – nicht ganz unproblematische – kollektive Autorenschaft einer Gerichtsentscheidung (mit Ausnahme beim Amtsgericht) gemeint – man müsste eigentlich dann von *Wir-Orientierung* sprechen, was hier aber nicht eigens ausgewiesen wird und mit zur Ichorientierung gezählt werden kann.

Searle selbst hat darauf hingewiesen, dass die Abgrenzung von repräsentativen/ assertiven Sprachhandlungen auf der einen Seite und deklarativen andererseits schwierig sein kann, weil in ein und derselben Äußerung mehrere Sprachhandlungen vollzogen werden können.[125] Dieses Phänomen der Polyfunktionalität[126] in Bezug auf assertive und deklarative Sprecherhandlungen kommt im Recht besonders häufig vor:

> „Zwischen Deklarationen und Assertiven gibt es Überschneidungen, und zwar aus folgendem Grund: In gewissen Einrichtungen tritt die Situation auf, daß wir nicht bloß feststellen, ob etwas der Fall ist, sondern auch die Autorität besitzen müssen, um endgültig darüber zu befinden, was der Fall ist, nachdem das Ermittlungsverfahren darüber abgeschlossen ist."[127]

Es geht also darum, die juristisch umstrittene Sache des Rechtsfalls zu beenden und die nächsten institutionellen Schritte zu ermöglichen. Searle spricht hinsichtlich solcher Tatsachenentscheidungen von „assertiven Deklarationen":

---

[124] Busse bezeichnet *deklarative, kommissive* und *direktive* Sprechakte als „die rechtlich relevanten Typen" [Busse 1992: 96]. Damit lässt er die m.E. im juristischen Kontext nicht minder wichtigen Sprachhandlungsklassen der *Repräsentativa/ Assertiva* und *Expressiva* unerwähnt. Im zweiten Kapitel *Rechtsarbeit als Textarbeit* wird dahingegen gezeigt, wie z.B. die vermeintlich meinungs-neutrale Sprecherhandlung des Sachverhalts-Zusammenfassen als eine repräsentative/ assertive Sprachhandlung vom Strafsenat des Bundesgerichtshofs (der als Revisionsinstanz nicht selbst den Sachverhalt feststellt bzw. festsetzt, sondern sich auf die sog. Sachverhaltsfeststellung der vorherigen Instanzen stützt) eine spezifische Perspektivierung aufgrund eines bestimmten sprachlichen Zugriffs im Rahmen von Reformulierungshandlungen vornimmt.

[125] Searle 1975/1982: 50.

[126] Unter Polyfunktionalität versteht man, dass derselben Äußerung – bezogen auf ein Handlungsspiel – verschiedene Funktionen und Wirkungsintentionen zugrunde liegen können. [Holly 1990: 54]. Vgl. dazu Beispiele aus fachkommunikativen Zusammenhängen bei Felder 1999: 83 ff.

[127] Searle 1975/1982: 38 f.

> „Im Gegensatz zu den anderen Deklarationen haben sie mit den Assertiven eine Aufrichtigkeitsbedingung gemeinsam. Richter, Geschworene und Schiedsrichter können lügen – nichts daran ist logisch abwegig; wer hingegen Krieg erklärt oder jemanden nominiert, kann dabei nicht lügen.“[128]

Der Ausdruck *lügen* ist in diesem Kontext problematisch, weil er dem Handelnden eine Intention beim Vollzug einer derartigen Sprecherhandlung mit repräsentativem/ assertivem und deklarativem Charakter unterstellt, was nicht unbedingt gegeben sein muss, wenn man die breite Palette möglicher Fälle einer solchen inadäquaten Sprachhandlung in Betracht zieht.
In seinem Werk *Die Konstruktion der gesellschaftlichen Wirklichkeit* beschäftigt sich Searle intensiver mit der Schaffung und den Eigenschaften institutioneller Tatsachen und stellt fest, dass diese sowohl durch explizite performative Formeln bzw. Äußerungen geschaffen werden können, gleichwohl aber nicht geschaffen werden müssen.[129] Gerade in dem hier untersuchten Textkorpus sind explizite Performative in der Minderzahl, deklarative Sprecherhandlungen werden in aller Regel implizit vollzogen in Sprachhandlungen, die ebenfalls assertiven und repräsentativen Charakter haben.

> „In Deklarationen wird der Sachverhalt, der durch den propositionalen Gehalt des Sprechakts repräsentiert wird, durch die erfolgreiche Verrichtung eben jenes Sprechakts geschaffen.“[130]

Die in der Institution Recht nicht minder wichtigen **kommissiven** (z.B. *sich-zuständig-erklären*), **direktiven** (z.B. *eine Rechtsfrage zur Entscheidung vorlegen* oder *die Sache zur erneuten Entscheidung an eine andere Strafkammer zurückverweisen*) und **expressiven** (z.B. *eine Begriffsauslegung gutheißen* oder *beanstanden*) Sprecherhandlungen sind im vorliegenden Untersuchungstextkorpus unter Gesichtspunkten des formalen Rechts als rechtmäßig anerkannt und sowohl in Rechtsprechung als auch in der Literatur unbestritten. Sie stehen deshalb nicht im Mittelpunkt des Untersuchungsinteresses. Damit wird nicht bezweifelt, dass auch diese wie alle anderen juristischen Sprecherhandlungen im rechtlich institutionellen Rahmen erhebliche rechtliche Auswirkungen und eine spezifische Bindungswirkung für die Betroffenen haben können. Dies gilt insbesondere für den direktiven Charakter von Gesetzestexten, wenn in ihnen neben der Beschreibung des Tatbestands das Strafmaß angegeben wird.[131]

---

[128] Searle 1975/1982: 39.

[129] Searle 1997: 41 ff.

[130] Searle 1997: 44.

[131] Vgl. dazu auch Busse 1992: 82, der darauf hinweist, dass in Gesetzestexten so gut wie nie explizit die Sprachhandlung durch performative Verben ausgedrückt wird, sondern zumeist indirekte illokutive Indikatoren verwendet werden. Befehle beispielsweise können durch Modalverben (*können, dürfen, sollen, müssen*) ausgedrückt werden.

3.4 Der argumentationstheoretische Ansatz

Wesentlicher Bestandteil juristischen Handelns sind Argumentation und Entscheidung. Mit jeder Sprachhandlung des *Entscheidens* geht eine des *Argumentierens* einher. Die derzeitigen juristischen Argumentationstheorien unterscheiden sich in ihrem Erkenntnisinteresse: eine Richtung der Argumentationstheorien versteht sich als Theorie normativer Verhaltensanweisungen an den Rechtsanwendenden (präskriptive Argumentationstheorie), eine andere konzipiert Argumentationstheorie als verstehende und fragt nach dem Sinn juristischer Argumentation (verstehende Argumentationstheorie) und eine dritte Richtung versteht sich als empirisch und untersucht, wie juristische Argumentation in der Rechtspraxis aussieht (empirische Argumentationstheorie).[132]

Die hier vorliegende Untersuchung betrachtet die Sitzblockadenjudikatur mit einem empirischen Erkenntnisinteresse. Es sollen „Sprachgebrauchsargumente“, die zunächst definiert und im Spiegel juristischer und nicht juristischer Argumentationsschemata diskutiert werden, klassifiziert und beschrieben werden. Diese Untersuchung wird im zehnten Kapitel mit der Überschrift *Untersuchung der Sprachgebrauchstopoi* vorgenommen.

3.4.1 Begriffliche Abgrenzungen

Gegenstand dieses Untersuchungsabschnittes sind spezifische Sprecherhandlungen, die konstitutiv sind für Argumentationen und für den Gewinn von tatsächlicher oder vermeintlicher Erkenntnis, soweit diese sich in der Sprache vollzieht. Klein nennt sie *konklusive* (Inferenzen oder Schlüsse verwendende) *Sprachhandlungen*, weil ihr gemeinsames klassenbildendes Merkmal die Operation des Schließens ist, wobei Schließen nicht als identisch mit deduktivem Schließen betrachtet wird.[133] In unserem Untersuchungszusammenhang stehen als terminologische Subtypen des Begriffs „Argumentieren“ die Termini „Begründen“ (als Terminus für das Stützen oder Angreifen eines Wahrheitsanspruches einer strittigen Behauptung) und „Rechtfertigen“ (als Terminus für das Stützen strittiger Richtigkeitsansprüche) im Vordergrund[134], welche gleichsam als Bezeichnung für die in der Sitzblockadenjudikatur überwiegend relevanten Sprachhandlungen dienen. Man argumentiert also, indem man die Sprachhandlung des Begründens oder Rechtfertigens vollzieht.

---

[132] Schneider/Schroth [6]1994: 431.

[133] Klein 1987: 1. Als primäre konklusive Sprechhandlung werden BEGRÜNDEN, ERKLÄREN – WARUM, FOLGERN und RECHTFERTIGEN behandelt. Andere konklusive Sprechhandlungen, wie z. B. WIDERLEGEN oder BEWEISEN, führt Klein auf diese zurück bzw. betrachtet sie als deren Varianten.

[134] Klein 1987: 19.

Der Terminus *Argumentation* wird hier – im Unterschied zur angelsächsischen Argumentationsforschung – nicht in der auf Toulmins[135] Einfluss zurückgehenden und in der englischsprachigen Logik üblichen Bedeutung von „argument" verwendet (jede Schlussfigur aus Prämissen und Konklusion unabhängig von pragmatischen Aspekten), sondern er wird eingeschränkt auf solche Sprecherhandlungen, die neben dem Merkmal *Schlusscharakter* das pragmatische Merkmal *Strittigkeit* aufweisen[136]. Unter *Argumentation* wird hier das Anführen von Gründen für oder gegen eine Behauptung verstanden. *Argumentieren* als Anführen von Gründen ist eine Sprachhandlung, die sich auf eine „Quaestio"[137] bezieht, die unter den argumentierenden Diskursteilnehmern als strittig erachtet wird. Somit verstehe ich im Sinne von Kienpointner unter *Argument* „die als Schlussregeln formulierten inhaltlichen Relationen" von Prämissen und Konklusionen, die kategorisiert als *Argumentationsschemata* oder *Topoi* bezeichnet werden.[138]

Ein *Argument* stützt oder widerlegt demnach strittige Propositionen und gilt als ein Grund im Sortiment der angeführten Gründe. Unter *Sprachgebrauchsargumenten* verstehe ich eine Klasse von Gründen, die Aspekte des fachlichen und alltagsweltlichen Sprachgebrauchs, des Sprachsystems und des (Fach)-Sprachenwandels zur Stützung einer Behauptung anführen. Die den Argumentationen jeweils zugrunde liegenden Sprachauffassungen können in starkem Maße divergieren.

3.4.2 Argumentetypologie, Argumentationsschemata und Topoi

Versteht man unter „Topik" die Lehre von den Gesichtspunkten (Aristoteles: Rhetorik 1358a) oder von den standardisierten Schlussregeln[139], die beim Anführen von Gründen für oder gegen eine Behauptung verwendet werden, so können diese „Fundstellen" oder Suchverfahren für Argumente innerhalb des menschlichen Wissens als Argumentationsschemata bezeichnet werden, die sich Aristoteles zufolge in „**spezifische**" Topoi – das sind fachdomänen- oder disziplinspezifische Wissensbestände über die Bildung von Schlussregeln – und „**allgemeine**" Topoi unterteilen lassen.[140] Topoi sind Schemata für den einzelnen Argumentationsschritt zur Bewältigung wiederkehrender komplexer

[135] Toulmin 1958.
[136] Klein 1999: 3.
[137] Klein 1980: 10.
[138] Kienpointner 1992: 44.
[139] Vgl. dazu Ottmers 1996: 86 ff.
[140] Klein 1999: 7.

Aufgaben[141], für den Übergang von – wie auch immer konstituierten – Daten zur Konklusion.

I) Das für die juristische Topik grundlegende Werk von Viehweg betont hinsichtlich der **spezifischen** Topoi, dass bei der Bestimmung des Verhältnisses von „Topik und Jurisprudenz" (als Technik der Problemerörterung[142]) an die formale Topik, also an die Analyse der topischen Struktur juristischen Redens, anzuknüpfen sei und es den Gesichtspunkt der Situationsbezogenheit der Argumentation zu betonen gelte: daher sollte versucht werden, „alle Argumentation aus der Redesituation verständlich zu machen". [143]

Dieser Ansatz von Viehweg wie auch weiterführende Ansätze[144] der juristischen Topik teilen als gemeinsamen Ausgangspunkt der juristischen Argumentationstheorie die Überzeugung vom Vorrang der Pragmatik gegenüber Syntax und Semantik, „die Hervorhebung der Situationsgebundenheit der Argumentation und die Kritik der Ontologisierungen, zu denen ein naives Sprachverständnis tendiert."[145] Diese Kritik an der – zum Teil auch in der Sitzblockadenjudikatur vorkommenden – „essentialistischen" Begrifflichkeit und dem „realistischen Begriffsverständnis" der Rechtsdogmatik (Ballweg 1982) sowie an der – in der richterlichen Tätigkeitsbeschreibung unterstellten – Bedeutungsinvarianz sprachlicher Äußerungen wird bei der Untersuchung der richterlichen Entscheidungsbegründungen noch von Bedeutung sein.

Juristische Argumentation ist durch einen (fachdomänen-)spezifischen oder bereichsabhängigen Bestand an Argumentationsformen gekennzeichnet, die Seifert[146] m.E. zu weit gefasst und die Aristotelische Unterscheidung nicht berücksichtigend folgendermaßen klassifiziert:[147] Argumentation zur Auslegung von Gesetzen, spezielle juristische Argumentationsformen (argumentum a simili, argumentum e contrario, argumentum a fortiori, argumentum ad absurdum) und Argumentation mit juristischer Dogmatik und Argumentation mit Präjudizien. Die von Seifert als „spezielle juristische Argumentationsformen" (argumentum a simili etc.) bezeichneten Argumentetypen gehören mit Sicherheit zu den bereichsunabhängigen oder allgemeinen Topoi. Ansonsten bietet diese Aufteilung nur eine – sicherlich nicht zufriedenstellende – Grobstrukturierung, deren erkenntnisstiftende Kraft hinter die in einem Münchner DFG-

---

[141] Klein 2000.

[142] Otto 1970 untersucht als „topikverdächtige" Aspekte der Jurisprudenz die Benutzung anerkannter Sätze als Prämissen (Aristoteles), die Suche nach Prämissen (Cicero) und die Problemerörterung (Viehweg) und kommt zu dem Schluss, dass „unsere Jurisprudenz nicht dem [entspricht], was historisch Topik war" [Otto 1970: 197].

[143] Viehweg 1974: 111.

[144] Neumann 1986: 54.

[145] Neumann 1986: 55.

[146] Seifert 1996: 57.

[147] Klug [4]1982: 109 ff.

Projekt schon Ende der 1970er Jahre herausgearbeiteten Argumentetypen zurückfällt. Dort wurden innerhalb der spezifischen juristischen Topoi laut Schroth[148] folgende Argumentetypen bei der richterlichen Entscheidungsfindung und – rekonstruktion unterschieden:

- Wortlautargumente
- Genetische Argumente
- Historische Argumente
- Interessenargumente
- Prinzipienargumente
- Teleologische Argumente
- Rechtssicherheitsargumente
- Gerechtigkeitsargumente
- Folgeargumente
- Argumente der Gesetzessystematik
- Praktikabilitätsargumente
- Paralogische Argumente

Die von Gerhard Struck – ohne Anspruch auf Vollständigkeit – 1971 in dem Werk *Topische Jurisprudenz* vorgeschlagene Übersicht an 64 Topoi hat nur „eine Familienähnlichkeit mit den Topoi-Annahmen und Maximen der traditionellen Rhetorik und Dialektik, sie umschreiben Verfahrens- und Argumentationsprinzipien moderner Rechtspraxis in Deutschland“[149]. In diesem Zusammenhang wurde der Sinn solcher Topoikataloge in Frage gestellt. So bezweifelt beispielsweise Alexy den heuristischen Wert solcher Zusammenstellungen.[150] Diese Diskussion soll hier nicht weitergeführt, sondern unter einer spezifischen Fragestellung betrachtet werden: Welche Typen von Argumenten weisen eine Ähnlichkeit auf mit den hier untersuchten „Sprachgebrauchsargumenten“?

In der erwähnten Palette an Argumentetypen steht nur einer in besonders enger Verwandtschaft mit dem hier fokussierten *Sprachgebrauchsargument* als spezifischem Sprachgebrauchstopos, nämlich das sog. Wortlautargument. Dem Verständnis der Wortlautargumente liegt die oben beschriebene naive Bedeutungsvorstellung zugrunde, von der ich mich aus oben genannten Gründen selbstredend abgrenze. Nach der hier zugrunde gelegten Bedeutungsauffassung erhalten Wörter erst aus ihrer Verwendungsweise in spezifischen Handlungsbereichen bestimmte Funktionen (Bedeutung). Die im juristischen Diskurs überwiegend (aber nicht durchgängig) implizierte Sprachauffassung „Wörter

---

148 Schroth 1980.

149 Ueding 1992: 977.

150 Alexy 1983: 40.

haben Bedeutung" ist also zu präzisieren durch die Maxime „mit Worten macht der Sprecher Bedeutung auf der Grundlage seiner Erfahrungen mit Wortverwendungsweisen".

II) Neben den spezifischen Argumentationstopoi gilt es den Blick auf die **allgemeinen** Topoi zu richten. Obwohl schon Aristoteles in seiner „Rhetorik" betont hat, dass die Schlüsse bzw. Inferenzen, die dem Argumentieren in Alltag, Politik und vor Gericht zugrunde liegen, in wichtigen Hinsichten vom formal-logischen Schließen abweichen (Aristoteles: Rhetorik 1356b- 1357b), ist diese Tatsache erst in den 1958 erschienenen Grundlagenwerken der Neuen Rhetorik (Perelman/ OlbrechtsTytecas) und der modernen Argumentationstheorie (Toulmin) wieder ins Bewusstsein gehoben worden. Die wichtigsten Tatsachen in diesem Zusammenhang sieht Klein darin, dass erstens alltagssprachliche Begründungen und Rechtfertigungen nicht alle ihre Prämissen explizit machen und dass zweitens eine von den Kommunikationsbeteiligten als geltend akzeptierte regelhafte Beziehung zwischen Argument und Behauptung bestehen muss.[151]

Wir haben es bei den allgemeinen Topoi in Aristoteles „Rhetorik" mit einer groben Systematisierung zu tun, die auch Chaim Perelman und L. OlbrechtsTytecas[152] mit ihrer Einteilung der Argumentetypen in drei Klassen nicht wesentlich voranbrachten, als sie unterschieden zwischen

- *quasi-logischen Argumenten* (die an eine formale Struktur naturwissenschaftlicher oder logischer Natur erinnern) und
- *Argumenten, die auf einer Wirklichkeitsstruktur gründen* (Argumente der Aufeinanderfolge, des Nacheinander und der Koexistenz, der Gleichzeitigkeit), sowie
- *Argumenten, die eine Wirklichkeitsstruktur begründen* (also mit Hilfe eines Beispiels zur Ausbildung eines Gesetzes, einer Verallgemeinerung oder wenigstens zu der Wahrscheinlichkeit führen).

Zwischenzeitlich hat sich m.E. Kienpointners alltagslogische Klassifikation der topischen Argumentationsschemata mit Hilfe einer dreistufigen Typologie durchgesetzt; er unterscheidet zwischen

- Schlussregel-benützenden Argumentationsschemata (Einordnungs-, Vergleichs-, Gegensatz- und Kausalschemata),
- Schlussregel-etablierenden Argumentationsschemata (induktive Beispielargumentation) und

[151] Klein 1999: 5.
[152] Perelman/ OlbrechtsTytecas 1958.

- Argumentationsschemata, die weder die erstgenannte Schlussregel einfach benützen noch die zweitgenannte induktiv etablieren (illustrative Beispielargumentation, Analogie- und Autoritätsargumentation).[153]

Klein sieht noch dahingehend einen Erweiterungsbedarf, dass bei diesen bereichsunabhängigen Argumentationsschemata (Topoi) im Rahmen argumentativer Stützung von strittigen Behauptungen zwischen Datentopos (Situationsbeschreibungen), Prinzipientopos (Werte/ Normen/ Prinzipien), Motivationstopos (Situationsbewertungen) und Finaltopos (Ziele/ Zwecke) zu unterscheiden sei.[154]

Betrachtet man nun die Argumente mit Bezug auf sprachliche Aspekte genauer, so ist zunächst die Typologisierung von Wengeler in dem Aufsatz „Sprachthematisierungen in argumentativer Funktion" zu erwähnen, die er im Rahmen seiner Untersuchung zum Einwanderungsdiskurs vorgenommen hat. Dort unterscheidet er sechs verschiedene allgemeine Topoi mit sprachlichen Aspekten:[155]

- Berufung auf Wortverwendungs-Konventionen
- Berufung auf die referentielle Funktion von Ausdrücken
- Berufung auf den Bewusstsein und Handlungen mit-bestimmenden Charakter von Sprache
- Berufung auf den strategischen/ kämpferischen Aspekt von Sprache
- Berufung auf die emotive Funktion sprachlicher Zeichen
- Berufung auf die sozial- und mentalitätsgeschichtliche Funktion von Sprache

In der vorliegenden Untersuchung wird das von mir als *Sprachgebrauchstopos* bezeichnete Argumentationsschema eingeführt (im Unterschied zu Wengelers Topoi siehe weiter unten). Dabei ist zu beachten, dass der Sprachgebrauchstopos in der domänenspezifischen – also hier der juristischen – Diskurswelt grundlegend anders gebraucht wird als in bereichsunabhängigen oder allgemeinen Argumentationsschemata, wie im Anschluss gezeigt werden soll.

3.4.3 Der fachdomänenspezifische und der allgemeine Sprachgebrauchstopos

Wie oben erwähnt, verstehe ich unter *Sprachgebrauchsargument* in Abgrenzung zu sonstigen Argumentetypen eine Klasse von Gründen, die Aspekte des Sprachgebrauchs (fachliche im Unterschied zum alltagsweltlichen), des Sprachsystems und des (Fach)Sprachenwandels zur Stützung einer Behaup-

---

[153] Kienpointner 1992: 246.
[154] Klein 1999: 9.
[155] Wengeler 1996: 418.

tung anführen. Dabei gilt es – wie eben dargelegt – im Aristotelischen Sinne zwischen spezifischem und allgemeinem Sprachgebrauchstopos zu unterscheiden, die beide im untersuchten Textkorpus vorkommen.

Unter **fachdomänenspezifischen Sprachgebrauchstopoi** verstehe ich Bedeutungsexplikationsversuche juristischer Fachwörter oder Syntagmen durch Angabe von Teilbedeutungen in Rahmen einer ganzheitlichen Bedeutungsauffassung (bezogen auf Wortinhalte und auf ihr In-Beziehung-Setzen zum juristisch konstituierten Sachverhalt) unter Herstellung intertextueller Bezüge durch den Einbezug und die Darlegung bisheriger Interpretations- und Präzisierungsversuche in Gerichtsentscheidungen und der juristischen Fachliteratur (Sprachgebrauchsnormierung durch *richterliche Setzung* oder den Dreischritt *Gebrauch, Habitualisierung und Konventionalisierung*[156] in der juristischen Binnenkommunikation).

Im Bereich der **allgemeinen** Topoi verstehe ich unter *Sprachgebrauchstopoi* Argumentationsschemata, die zum Begründen strittiger Behauptungen auf einem laienhaften Sprachverständnis basierende Sprachargumente in objektivistischem Duktus vorbringen (z.B. „wie schon das Wort sagt", „nach allgemeinen Sprachverständnis", „darunter versteht man im Allgemeinen" „mit dem Wort x ist gemeint" und ähnlichen alltagssprachlichen Begründungsfloskeln). Der domänenspezifische – also hier der juristische – Sprachgebrauchstopos unterscheidet sich demnach grundlegend von den bereichsunabhängigen oder allgemeinen Argumentationsschemata: im Rahmen der spezifischen Sprachgebrauchstopoi sind Wortbedeutungsaspekte als diskutabler Gegenstand zu explizieren und durch juristisch anerkannte Verweise („Autoritätstopos") zu belegen, während bei der Verwendung des allgemeinen Sprachgebrauchstopos – auch in der untersuchten Judikatur – Bedeutung als einheitlich bestimmbar und gegeben impliziert wird.

Aufgrund dessen ist die oben erwähnte Typologisierung von Wengeler am Beispiel des Einwanderungsdiskurses – trotz geringfügiger Ähnlichkeiten in den Bezeichnungen bei den Typen *Wortverwendungs-Konventionen* und *referentielle Funktion von Ausdrücken* – nicht zu vergleichen mit den domänenspezifischen juristischen Topoi, sondern eher mit den oben dargelegten allgemeinen Sprachgebrauchstopoi (Argumentationsschemata). Typologien einzelner Diskurswelten sind nicht ohne Weiteres auf andere (hier Jurisprudenz im Vergleich zur politischen öffentlichen Kommunikation) übertragbar. Den Grund dafür hat Wimmer[157] überzeugend erläutert: die Konventionalisierungsregeln oder Referenzfixierungsakte (Namengebungsakte) sind im öffentlichen Diskurs als einem gemeinsprachlichen Beispiel weder zu vergleichen mit den Bedingungen fachdomänenspezifischer Sprachgebrauchsregeln im Allgemei-

---

156 Beckmann 2001: 6 und 79 ff.

157 Wimmer 1998.

nen noch mit den Bedingungen für die juristisch-fachsprachliche Terminologisierung der institutionellen Sprach-Normierungsinstanzen im Speziellen, die unter anderem „im Namen des Volkes“ Sprachgebrauchsnormen setzen.

Damit unterscheidet sich der Terminus *Sprachgebrauchsargument* grundsätzlich von der – vereinzelt in der juristischen Literatur – verwendeten Bezeichnung „semantisches Argument“. Ich beziehe lexikalische, syntaktische, semantische, pragmatische, textlinguistische und verstehenstheoretische Aspekte mit ein, während in der Rechtsliteratur bei der Verwendung der Bezeichnungen *semantisches Argument*[158], *sprachliche Festsetzungen, semantische Interpretationen* (des Gesetzgebers, des juristischen Funktionsträgers oder eines anderen Sprachkreises)[159] oder *Wortlautargumente* (Aussagen über die Regeln der Umgangs- bzw. juristischen Fachsprache[160]) meist auf die kontextabstrahierte und als invariant unterstellte *Wortbedeutung* – meist als „Wortlaut“ oder „Wortsinn“ bezeichnet – abgestellt wird, und das im Sinne einer essentialistischen Bedeutungstheorie.

[158] Rottleutner 1973: 190 ff.
[159] Rottleutner 1980: 103 und 107.
[160] Schroth 1980: 122.

4 Text, Textsorten, Textverstehen

In diesem Kapitel gilt es, grundlegende Begriffe der Untersuchung zu präzisieren und innerhalb der vielfältigen Forschungsrichtungen zu verorten. Dabei wird über die in der Überschrift genannten Fachtermini keine ausführliche Diskussion geführt, die die Breite der Forschungen aufzeigt, sondern vielmehr resümiert, welchen Ansätzen die vorliegende Untersuchung sich verpflichtet sieht und wo inhaltliche Abgrenzungen vonnöten sind.

Dies gilt insbesondere für den vielfältigen Textbegriff. Die meisten Forschungsansätze verbinden textinterne und textexterne Kriterien und erfassen mit dem Textbegriff das kognitiv, grammatisch, propositional und illokutiv strukturierte Ergebnis einer – mündlich oder schriftlich realisierten – sprachlich kommunikativen Handlung eines Textproduzenten, der mit seinem Text als intentional konstituierte Folge kohärenter Äußerungseinheiten (Brinker) vielfältige Sprecherhandlungen vollzieht, und zwar unter Berücksichtigung sprachlicher und außersprachlicher Kontexte sowie angenommener Textadressaten, die sich von den tatsächlichen Textrezipienten unterscheiden können. Im Rahmen der Textrezeption wird einer kommunikativen Handlung der vom Textproduzenten realisierten Zeichenkette Sinn und Intention unterstellt.[1] „Rechtstext und Textarbeit"[2] sind die Größen, deren praktisches Funktionieren im Rahmen einer exemplarischen Judikatur unter sprachwissenschaftlichem Forschungsinteresse (Teil II und III) analysiert werden sollen, um im Anschluss Charakterisitika der Rezeption juristischer Textarbeit (Teil IV) unter Vermittlungsgesichtspunkten transparenter machen zu können.

Bevor in diesem Kapitel das Textkorpus hinsichtlich seiner Charakteristika und Klassifizierungsmöglichkeiten erläutert wird, muss noch der Terminus *Diskurs* definiert werden, der in der vorliegenden Arbeit gebraucht wird und nicht nur in der Linguistik eine ausgesprochen uneinheitliche Verwendung findet. Eine ausführliche Diskussion dieses Terminus kann hier nicht vorgenommen werden. Stattdessen schließe ich mich dem Ansatz einer linguistischen Operationalisierung des pluralen Diskursbegriffes an, wie ihn Busse und Teubert formuliert haben. Sie definieren *Diskurs* „in forschungspraktischem Sinne" als die Texte, die

---

[1] Dies sind schlaglichtartig die Aspekte des Textbegriffs, die in der Untersuchung eine gewichtigere Rolle spielen und im Weiteren problematisiert werden.

[2] Müller/ Christensen/ Sokolowski 1997: 15.

„– sich mit einem als Forschungsstand gewählten Gegenstand, Thema, Wissenskomplex oder Konzept befassen, untereinander semantische Beziehungen aufweisen und/ oder in einem gemeinsamen Aussage-, Kommunikations-, Funktions- oder Zweckzusammenhang stehen,
– den als Forschungsprogramm vorgegebenen Eingrenzungen im Hinblick auf Zeitraum/ Zeitschnitte, Areal, Gesellschaftsausschnitt, Kommunikationsbereich, Texttypik und andere Parameter genügen,
– und durch explizite oder implizite (text- oder kontextsemantisch erschließbare) Verweisungen aufeinander Bezug nehmen bzw. einen intertextuellen Zusammenhang bilden."[3]

4.1 Textkorpus: juristische und journalistische Textsorten

Wie in der Einleitung dieser Arbeit bereits erwähnt, werden die linguistischen Untersuchungsmethoden auf zwei verschiedene Textkorpora angewendet – und zwar zum einen auf juristisch fachsprachliche Texte und zum anderen auf nicht spezifisch rechtssprachliche, also nicht fachsprachliche Texte aus vorwiegend überregionalen Printmedien, die im Folgenden als *journalistisches* Textkorpus oder *journalistische* Texte bezeichnet werden. Mit *Journalismus* ist hier die publizistische Tätigkeit bei Zeitungen und Zeitschriften und deren Hervorbringung gemeint (Hörfunk, Film und Fernsehen werden also bewusst ausgespart).

Wenn man versucht, mit Hilfe von Textsortenkriterien die Charakterisierung der untersuchten Texte zu präzisieren, bezieht sich der Terminus *Textsorte* „auf Klassen von Texten, die in bezug auf mehrere Merkmale spezifiziert sind, die also auf einer relativ niedrigen Abstraktionsebene stehen."[4] Geht es der Texttypologie-Forschung „um systematische Klassifizierungen von Texten mittels universell anwendbarer wissenschaftlicher Kategorien", so richtet sich die Textsorten-Forschung „auf die Beschreibung einzelsprachspezifischer kommunikativer Routinen"[5] und setzt meist die Textfunktion als wichtigstes Kriterium des Beschreibungsansatzes an. Daneben finden sich auch weitere Aspekte wie „Formen der thematischen Entfaltung, Arten der Kohärenzstruktur, sprachliche Gestaltung wie z.B. syntaktische und lexikalische Mittel/ Formulierungsstrategie/ Stilebene, thematische Struktur, dominante Texthandlun-

---

[3] Busse/ Teubert 1994: 14.

[4] Adamzik 1995: 16. Dort präzisiert die Autorin, dass *Textsorte* „nie auf bestimmte Klassen höherer Abstraktionsstufe eingeschränkt" wird. Man bezieht ihn also im Unterschied „zu *Textyp, Textart, Textklasse* nie spezifisch auf Klassen wie FIKTIONALER TEXT, AUFFORDERUNGSTEXT, ARGUMENTATIVER TEXT etc., sondern referiert, wenn überhaupt, mit *Textsorte* auf solche Klassen nur dann, wenn man damit überhaupt auf alle Gruppierungen von Texten referiert, d.h. den unspezifischen Begriff zugrundelegt." [Adamzik 1995: 17]

[5] Adamzik 1995: 30.

gen".[6] Textsorten gelten herkömmlich als Verbindungen aus Ausdrucks- und Inhaltssystemen einerseits und dem grammatischen System andererseits[7] unter Berücksichtigung situationaler Gebrauchsfaktoren:

> „Textsorten stellen sich daher in einer Typologie als idealtypische/ prototypische Phänomene dar, als Verallgemeinerungen, die auf Durchschnittserfahrungen (von Sprechern einer bestimmten Kommunikationsgemeinschaft) basieren; sie können daher als globale sprachliche Muster zur Bewältigung von spezifischen kommunikativen Aufgaben in bestimmten Situationen umschrieben werden."[8]

Die gegenwärtige Textsorten-Forschung vermag kein kohärentes System von Textsorten ohne Anwendung von Alltagskategorien[9] vorzulegen. Auch die vorliegende Untersuchung setzt sich nicht eine Textsortenklassifikation der im Rechtswesen und der Justiz vorkommenden Textexemplare zum Ziel, obwohl darin ein Forschungsdesiderat besteht.[10] Mit *Textsorten* sind hier vielmehr Erscheinungsformen von Texten gemeint, die durch bestimmte signifikante Eigenschaften (im Vergleich zu anderen Texten) zur Erledigung kommunikativer Routinen[11] charakterisiert sind und Aspekte der Konventionalität, Standardisiertheit, Stereotypie von Texten erfassen.[12]

Heinemann versucht anhand von vier Grundkonzepten den Textsortenbegriff zu präzisieren:

a. Textsorten als grammatisch geprägte Einheiten;
b. Textsorten als semantisch-inhaltlich geprägte Einheiten;
c. Textsorten als situativ determinierte Einheiten;
d. Textsorten als durch die kommunikative Funktion determinierte Einheiten.[13]

Diese Kategorien helfen mit Sicherheit den unscharfen Terminus *Textsorte* begrifflich zu systematisieren, sie dienen allerdings nicht als Konkretisierungs- und Charakterisierungsinstrumentarium des juristischen Untersuchungstextkorpus. Denn juristische Textsorten lassen sich weniger auf der Basis textin-

---

[6] Busse 2000a: 658.

[7] So die Definition von Becker/ Hundt 1998: 139.

[8] Heinemann/ Viehweger 1991: 170.

[9] Heinemann 2000: 9 bezeichnet Textsorten als Alltagsphänomene, und das Wissen über Textsorten darf daher als etwas „intuitiv ungemein Einleuchtendes" (Horst Sitta), Alltägliches ja Selbstverständliches angesehen werden.

[10] Busse 2000a: 658.

[11] Rolf 1993: 165 ff. handhabt die kommunikative Funktion von Textsorten sogar als ausschließliches Klassifikationskriterium und orientiert sich dabei an Searles (1982) Klassifikation der Illokutionsakte. Brinker (1985) betrachtet ebenfalls die „Textfunktion als Basiskriterium" der Textsortenklassifikation, bezieht aber zur Subklassifizierung weitere Differenzierungskriterien ein: kontextuelle Kriterien, Emittenten-Rezipienten-Konstellation, Handlungsraum („privat", „offiziell", „öffentlich"). Die damit einhergehende Frage, ob in jedem Text (sinnvollerweise) eine dominierende Funktion zu bestimmen ist, haben wir im dritten Kapitel bereits diskutiert.

[12] Adamzik 1995: 30.

[13] Heinemann 2000: 11 ff.

terner Merkmale (also sprachlich-linguistischer Mittel) klassifizieren als vielmehr vor dem Hintergrund des institutionellen Handlungszusammenhangs – hier verstanden als Textgeflecht, in dem die einzelnen Texte als Teile des größeren ganzen Handlungskomplexes Rechtswesen und Justiz produziert, verwendet und weiter verarbeitet werden. Aus diesem Grunde ist auch der Textfunktionsbegriff (der meist als dominantes Merkmal zur Klassifizierung von Textsorten herangezogen wird) im juristischen Handeln speziellen Bedingungen unterworfen: Textfunktion juristischer Texte kann nicht mittels allgemeiner Verstehensansätze adäquat beschrieben werden in Bezug auf einen Adressaten als „generalized other" (G.H. Mead), sondern muss auf seinen Einsatz in der institutionellen Binnenkommunikation gesehen werden sowie hinsichtlich der primären Adressaten, nämlich den Richtern, Rechts- und Staatsanwälten usw. als juristischen Funktionsträgern: Strafgesetze sind „an die Verfolgungsorgane gerichtete Normen"[14]. Die Gesetzestexte[15] werden im Rechtsdiskurs durch Anwendung und Auslegung weiter verarbeitet. „Spezifisch für das Recht freilich ist die Tatsache, daß hier bestimmte Textsorten eine solche fundamentale Funktion für den Bestand und die Arbeitsweise erhalten, daß sie nicht nur als Texte *in* Institutionen gelten können, sondern *selbst* zur Institution werden."[16]

Da bisher – wie Busse feststellt – eine textlinguistische systematische Forschung zur Vielfalt und Spezifik von „Textsorten des Bereichs Rechtswesen und Justiz" nicht stattgefunden hat und da es vielfältige Überschneidungen zwischen juristischen Textsorten im engeren Sinne (Textsorten des Rechtswesens und der Justiz) und Textsorten in solchen Bereichen gesellschaftlichen Handelns und gesellschaftlicher Institutionen gibt, die von juristischen Regeln im weitesten Sinne betroffen sind, schlägt er eine Heuristik vor,[17] die hier nur insofern relevant ist, als in der vorliegenden Untersuchung genau die juristischen Textsorten im Mittelpunkt des Interesses stehen, die dort als zentral aufgeführt werden. Es handelt sich im einzelnen um die folgenden:

- „Textsorten mit normativer Kraft": Verfassung und Gesetzestexte;
- „Textsorten der Normtext-Auslegung": Gesetzeskommentare, rechtswissenschaftliche Auseinandersetzung mit richterlichen Entscheidungen in der Fachliteratur, Leitsätze von Obergerichten;
- „Textsorten der Rechtsprechung": Gerichtsurteil, Beschluss.[18]

---

[14] Schmidhäuser 1989: 425.

[15] Vgl. zu „Fachtextsorten in Institutionensprachen", dem Gesetz, den Artikel von Ludger Hoffmann 1998.

[16] Busse 2000a: 664.

[17] Busse 2000a: 658, 662 und 669 ff.

[18] Vgl. dazu den Aufsatz *Die richterliche Entscheidung als Texttyp* von Altehenger 1983.

Diese juristischen Textsorten werden journalistischen Textsorten (Teil IV) gegenübergestellt, das Untersuchungstextkorpus ist entsprechend dem Erkenntnisinteresse zweigeteilt: Neben den Gerichtsentscheidungen umfasst das juristische Textkorpus die fachwissenschaftliche Diskussion über die hier untersuchte Sitzblockadenjudikatur in der rechtswissenschaftlichen Fachliteratur (juristische Binnenkommunikation). Das journalistische Textkorpus beinhaltet in Zeitungen und Zeitschriften publizierte Texte, die als Beispiele der nicht wissenschaftlichen und nicht-fachspezifischen Rezeption der erwähnten juristischen Texte dienen.

Das **juristische Textkorpus** umfasst konkret richterliche Entscheidungstexte zu Sitzblockaden (also Urteils- und Beschlusstexte) vom Amtsgericht Münsingen über das Landgericht Tübingen, das Oberlandesgericht Stuttgart, den Bundesgerichtshof bis zum Bundesverfassungsgericht. Hinzu kommt die juristische Fachliteratur in Fachzeitschriften, Monographien, Sammelbände und Gesetzeskommentare. Auch Jeand'Heur formuliert in erwähntem Sinne „allgemeine Merkmale von Fachtexten der Jurisprudenz und wichtige Fachtextsorten“[19]. Den Textaufbau von Urteilen gliedert er wie folgt: Tenor, Sacherzählung, Entscheidungsgründe, Kosten, Rechtsmittelbelehrung usw.[20] „Zu den wichtigsten Fachtextsorten zählen Gesetzestexte (Normtexte), gerichtliche Entscheidungen (Beschlüsse, Urteile), Verwaltungsentscheidungen sowie wissenschaftliche Texte aus der Kommentar- und sonstigen juristischen Literatur“[21]. Alle erwähnten Fachtextsorten – außer den Verwaltungsentscheidungen – sind Bestandteil des hier untersuchten *juristischen Textkorpus*.

Neben juristischen Funktionsweisen können Fachtextsorten nach den drei großen Rechtsgebieten differenziert werden: wir haben es dann mit Fachtextsorten nach zivil-, straf- und öffentlich-rechtlichen Sachgebieten zu tun. Das vorliegende Textkorpus gehört in den Sachbereich des Strafrechts und unter Berücksichtigung der Entscheidungen des BVerfG zusätzlich zum Verfassungsrecht.

Wir haben es bei der Rezeption dieser juristischen Fachtextsorten in Printmedien mit dem Problem zu tun, wie zunächst überwiegend intrainstitutionell funktionable Texte (Textsorten) außerhalb der primären Funktionsbereiche rezipiert werden. Hinsichtlich der kommunikativen Vermittlungsschwierigkeit in der Rechtsprechung ist zu unterscheiden zwischen Gesetze-Verabschiedenden (Legislative) und Recht-Sprechenden (Judikative) auf der einen Seite (innerfachliche Fachkommunikation) und Vertretern der Institution Recht und Rechtsbetroffenen auf der anderen Seite (fachexterne Kommunikation).[22]

---

[19] Jeand'Heur 1998: 1287.

[20] Jeand'Heur 1998: 1289.

[21] Jeand'Heur 1998: 1288.

[22] Siehe dazu ausführlicher Kapitel 4.6 und 4.7.

Das **journalistische Textkorpus** umfasst Zeitungs- und Zeitschriftenartikel (Nachrichten, Berichte, Feature, Reportagen, Kommentare, Leserbriefe, Abdrucke anderer Texte als Dokumente etc.) aus vorwiegend überregionalen Zeitungen und Zeitschriften. Die Textsortenbezeichnung *Artikel* dient als Sammelbezeichnung.

> „Zentrale journalistische bzw. redaktionelle Form in der Zeitung ist der Artikel, der sich auf ein bestimmtes Ereignis oder Thema bezieht, und als Bericht, Nachricht, Reportage, Interview, Kommentar, Glosse oder als Mischform eine funktionale Einheit bildet."[23]

Texte, die zum Boulevardjournalismus gezählt werden können, sind nicht Gegenstand des journalistischen Textkorpus, vielmehr werden hier nur Publikationen berücksichtigt, deren Adressaten in aller Regel über eine gesamtgesellschaftlich überdurchschnittliche Qualifikation (Vorbildung) verfügen (wie dies bei Lesern von überregionalen Zeitungen und Zeitschriften in aller Regel der Fall ist). Es handelt sich also dabei um fachexterne Textsorten in massenmedialen Formen, deren Klassifikationen in der Literatur umstritten sind und noch nicht umfassend vorgenommen wurden.[24] Die in der vorliegenden Untersuchung herangezogenen journalistischen Texte lassen sich als fachexterne Textsorten klassifizieren.[25] Zur Charakterisierung von fachexternen Textsorten gehört die

- Erfassung grundlegender Funktionen in Texten und deren Bezug zu andern Texten
- Umschreibung der Kommunikationssituation bezüglich der Beziehung zwischen Textproduzenten und Adressaten unter Berücksichtigung der Wissensrahmen und möglicher Textverstehensschwierigkeiten
- Beachtung der Modalitäten *mündlich* versus *schriftlich* in fachexternen Texten.

In Teil IV *Rezeption der Judikatur in Printmedien* wird untersucht, wie richterliche Entscheidungen als ein Endprodukt juristischer Textarbeit in vorwiegend überregionalen Printmedien rezipiert werden bzw. welche Reaktionen sie dort auslösen. Präzisiert man mit Maaßen (1996) zur Charakterisierung des journalistischen Textkorpus das Attribut *überregional* dahingehend, dass die Verbreitung einer Zeitung keine erheblichen regionalen Schwerpunkte hat, gehören zweifelsohne die *Frankfurter Allgemeine Zeitung* (FAZ) und *Die Welt* zu die-

---

[23] Straßner 2000: 26.

[24] Im Folgenden kann dieser Aspekt nicht weiter diskutiert werden. Eine differenzierte Aufarbeitung findet sich in Becker 2001: 18 ff. Beispielsweise stellen „institutionell rückgebundene fachexterne Textsorten" wie die Bürger-Verwaltungs-Kommunikation [Becker-Mrotzek 1999] und Kommunikation vor Gericht [Seibert 1983, Hoffmann 1989] einen Sonderfall fachexterner Texte dar.

[25] Möhn 1977: 314 unterscheidet zwischen „fachinterner", „interfachlicher" und „fachexterner" Kommunikation.

ser Kategorie ebenso wie die *Frankfurter Rundschau* (FR), die *Süddeutsche Zeitung* (München), das *Handelsblatt* (Düsseldorf) und die *Tageszeitung* (Berlin). „Zur Überregionalität gesellt sich häufig die Qualifizierung als ‚meinungsbildend' sowie die Ausrichtung auf eine soziologisch vergleichsweise hoch angesiedelte Leserschaft (Akademiker)."[26] Maaßen klassifiziert in diesem Zusammenhang die *Frankfurter Allgemeine Zeitung* als „konservativ-liberal", die *Frankfurter Rundschau* als „linksliberal", die *Süddeutsche Zeitung* als „liberal", das manchem Leser „zu rechts, manchem zu links" ist.[27] Die Tageszeitung *Die Welt* hat Maaßen zufolge nach Springers Tod den Kurs verändert „zugunsten einer eher weicheren konservativen Linie"[28]. Die „*taz* startete als Alternative zu bürgerlichen Zeitungen" und bezeichnet sich selbst mitunter als „Giftzwerg"[29] – ob zu Recht oder nicht sei dahingestellt.

Sicherlich entspricht diese Grobcharakterisierung alt hergebrachten Klischees, die spätestens nach Beendigung des sog. Kalten Krieges in der Form nicht mehr zutreffen und auch in der hier untersuchten Thematik mitunter Lügen gestraft werden. Jedoch kann und soll hier eine solche – wenig ergiebige und relevante Überprüfung – nicht geleistet werden. Wichtig für die Fragestellung der vorliegenden Untersuchung ist lediglich, dass diese Voreinstellungen den Lesern der überregionalen Zeitungen bekannt sind und mitunter die Rezeption der Zeitungslektüre bewusst oder unbewusst beeinflussen können.

Nicht anders verhält es sich mit den Klischees in Bezug auf das politische Wochenmagazin *Der Spiegel*, das seit 1993 Konkurrenz von *Focus* bekommen hat. Auch die Wochenzeitungen *Die Zeit* (die 1993 von *Die Woche* Konkurrenz erhielt, welche sich wiederum 1997 mit der *Wochenpost* vereinigte) und *Rheinischer Merkur* (seit 1980 zusammengelegt mit *Christ und Welt*) werden in der Öffentlichkeit als „meinungsbildende Wochenzeitungen"[30] wahrgenommen.

Der größte Teil des Inhalts, der Zeitungen füllt, stammt normalerweise von Nachrichtenagenturen.[31] Die hier untersuchte Berichterstattung über strafrechtliche Gerichtsentscheide und die sog. zweite Bundesverfassungsgerichtsentscheidung zu Sitzblockaden sind jedoch von (mitunter speziell juristisch vorgebildeten) Korrespondenten und Redakteuren verfasst, die bei höchstrichterlicher Rechtsprechung in aller Regel vor Ort recherchieren und ihre Texte verfassen. So ist es auch nicht verwunderlich, dass sich die Berichte über die BVerfGE in den verschiedenen überregionalen Zeitungen grundlegend unterscheiden und nicht – wie sonst bei von Nachrichtenagenturen verbreiteten

---

[26] Straßner ^{2}1999: 19.
[27] Maaßen 1996: 35 ff.
[28] Maaßen 1996: 37.
[29] Maaßen 1996: 37.
[30] Maaßen 1996: 41.
[31] Straßner 2000: 4.

Meldungen – in Inhalt, Aufbau, Sprachduktus und Perspektivierung des „Wirklichkeitsausschnittes“ ähneln bis gleichen. Dies ist auch der Grund dafür, dass auch andere auflagenstarke Zeitungen – wie z.B. die *Westdeutsche Allgemeine Zeitung* (WAZ) – für das Untersuchungsinteresse dieser Arbeit nur selten relevante Texte veröffentlichen, da sie zumeist über keinen eigenen Korrespondenten vor Ort verfügen und sich in ihrer Berichterstattung auf die gängigen Nachrichtenagenturen stützen müssen.

4.2 Alltagsweltliche versus juristische Wissensrahmen

Referieren ist abhängig vom zugrunde gelegten Wissensrahmen oder Bezugsrahmen, Sprachwissen und Weltwissen fließen ineinander über. Bezugsrahmen stellen Formen der sprachlich gebundenen Aktivierung von Wissen dar, die nicht als abstrakte Leistungen des Sprachsystems bzw. der Wörter oder Sätze (also der langue-Ebene) anzusehen sind, sondern als – aus diversen Kontexten und Erfahrungen bzgl. konventionalisierten Verwendungsweisen – abstrahierte Konstrukte von situativen, epistemischen und textuellen Kontexten.

Was hilft die Annahme von alltagsweltlichen und juristischen Wissensrahmen bei dem Bestreben, konkrete Rechtsarbeit nachzuzeichnen? Kann die Modellierung von Wissensrahmen plausible Erklärungshilfen geben, wenn es um die Vermittlung juristischer Zugriffsweisen auf Sachverhalte im Unterschied zu alltagsweltlichen geht? Oder anders gefragt: Stellen Wissensrahmen ein geeignetes Mittel dar, um besser veranschaulichen zu können, wie das funktionieren könnte, wenn ein Jurist von Tatbeständen und Rechtstexten (als Wissensrahmen) ausgehend Sachverhalte der Lebenswelt „zubereitet“?[32]

Zur terminologischen Klärung sei hier zusammengefasst:[33] Unter Frame, Schema oder Wissensrahmen (ich spreche im Folgenden von Wissensrahmen[34]) verstehe ich in Anlehnung an Barsalou vernetzte oder isolierte Konzepte.[35] Einzelne Teile dieses Konzepts heißen Teilbedeutung genau dann, wenn sie einen Aspekt eines größeren Ganzen (eben eines Konzeptes) oder eines Exemplars (Vertreter) einer Kategorie beschreiben. Konzepte sind eingebettet in ein Beziehungsgeflecht, also einen Rahmen und repräsentieren demnach

---

[32] Jeand'Heur 1998: 1292. Siehe dazu die Erklärungen zur „Zubereitungsfunktion“ im zweiten Kapitel.

[33] Eine theoretische Diskussion kann hier nicht geleistet werden. Vgl. dazu Konerding 1993.

[34] Busse 1992: 36 ff.; Busse 1992a: 74 ff., 88 ff., der Wissensrahmen als „allgemeinen Oberbegriff für alle verschiedenen Formen von in der Textlinguistik bisher festgestellten verstehensrelevanten Wissensagglomerationen“ auffasst [Busse 1992: 37].

[35] Barsalou 1992: 31. Wir haben in Kapitel 3.1 bereits definiert: „By *concept* I mean the descriptive information that people represent cognitively for a category, including definitional information, prototypical information, functionally important information, and probably other types of information as well.“ [Barsalou 1992: 31]

Wissen über Sachverhalte und konstituieren Fachwissen. In diesem Zusammenhang gilt es zu berücksichtigen, dass die Wissensrahmen von Experten grundsätzlich differenzierter und auch theoretischer gestaltet sind als die von Laien.[36] Wir haben es demnach mit Wissensrahmen zu tun, in denen je nach Kommunikationssituation und Sprecherabsicht spezifische Wissensformen repräsentiert sind.[37] Sie erlauben Inferenzen zu ziehen, nicht erwähnte oder implizierte Sachverhalte zu erschließen und sind teilweise anpassungsfähig.[38]

Es ist bekannt, dass das Wissen einer Domäne umfangreicher ist als der durch den Domänenwortschatz repräsentierte Inhalt.[39] Meines Erachtens kann nicht oder nur unzureichend bzw. willkürlich zwischen Wissen und Wortschatz (bzw. enzyklopädischem und lexikalischem Wissen oder Sprachwissen und Weltwissen) unterschieden werden. Eine solche Annahme der Differenzierbarkeit entsprechender Wissenselemente kann unter Umständen in der Theorie der semantischen Netze für die Erläuterung der Zusammenhänge erhellend sein, lässt aber außer Acht, dass kognitive Einheiten oder Inhaltskomponenten sprachlicher und nichtsprachlicher Natur (zum Teil mit fließenden Übergängen) sein können – schließlich werden nicht alle Einheiten lexikalisiert.[40] Es geht hier nicht um die sogenannte Sprachbedeutung (als inhaltliches Pendant zur Ausdrucksseite), sondern um das Wissen, das „mit der minimalkontrastiven Bedeutung verbunden ist, aber über sie hinausgeht und alle mit dem Wort handlungspraktisch verbundenen Inhalte umfaßt“[41].

Außerrechtliche „Wirklichkeit“ wird zunächst einmal auf die rechtliche Welt zugepasst, bevor ein Rechtstext auf sie überhaupt „anwendbar“ ist. So bewirkt die fachliche Sicht der Jurisprudenz auf die alltagweltliche Lebenswirklichkeit die institutionelle Konstruktion von „Wirklichkeit“[42]. Juristische Tätigkeit kann daher als textgestützte Integration eines Sachverhalts in Schemata der juristischen Wirklichkeitsverarbeitung aufgefasst werden. Rechtsanwendung besteht zu einem guten Teil darin, außerrechtliche Sachverhalte in rechtliche Sachverhalte (institutionell definierte und konstituierte Sachverhalte) umzuwandeln.

Folglich wird hier eine „Wirklichkeit“ eigener Art, eine institutionelle „Wirklichkeit“ der Sachverhalte, zuallererst konstituiert. Gesetzestexte spielen in diesem Vorgang eine zentrale Rolle. Jedoch kann diese Rolle häufig nicht einem einzelnen Rechtssatz (oder gar einem einzelnen Rechtsbegriff) zugeschrieben werden, sie ergibt sich vielmehr erst aus dem Zusammenspiel eines

---

[36] Barselou 1992: 64 und Wichter 1995: 284 ff.

[37] Barsalou 1992: 39.

[38] Konerding 1993.

[39] Wichter 1995: 292.

[40] Scherner 1989: 96.

[41] Wichter 1995: 292.

[42] vgl. Busse 1993: 282 ff.; Searle 1997.

dichten Netzes von in der Rechtsarbeit jeweils neu herzustellenden Wissensrahmen, die ihr Fundament nur teilweise in schriftlichen Texten haben (jedenfalls nur teilweise in den kanonischen Gesetzestexten).

Fazit: Das übergreifende Problem der juristischen Fachsprache sollte als ein funktionaler Zusammenhang aufgefasst werden, welcher soziale Sachverhalte, gesellschaftliche und kulturelle Deutungsmuster, institutionelle Rahmenbedingungen, fachsprachliche Spezial-Terminologie und fachspezifische Deutungszusammenhänge als Teil einer zusammenhängenden Praxis begreift.

4.3 Abgrenzungsproblematik Fachsprache und Gemeinsprache

Bereitet die Kategorisierung der rechtssprachlichen Texte bzw. des *juristischen Textkorpus*[43] als Fachsprache[44] keine grundsätzlichen Probleme (sondern nur hinsichtlich der Binnendifferenzierung von juristischen Texten im Sinne einer rechtssprachlichen Textsortenklassifikation[45]), so ist das *journalistische Textkorpus* unter theoretischen Gesichtspunkten weitaus problematischer zu klassifizieren. Im Folgenden wird das journalistische Textkorpus als ein einflussreiches Beispiel für gemeinsprachliche Texte betrachtet, obwohl die im Folgenden zu resümierenden theoretischen Probleme bei den Bestimmungsversuchen dessen, was *Gemeinsprache* genannt wird oder im konkreten Sprachgebrauch sein könnte, nicht gelöst werden können. Als „orientierende Größe"[46] macht die Annahme einer Gemeinsprache trotz aller Bestimmungsproblematik Sinn, wie es zu erläutern gilt.

Der Grund für die Etikettierung des journalistischen „Kontrast-Textkorpus" als gemeinsprachlich liegt darin, dass diese Bezeichnung am ehesten die vergleichend an beiden Textkorpora vorgenommenen Untersuchungsabsichten zu verdeutlichen vermag, auch wenn theoretisch nicht alle Schwierigkeiten der Varietätenabgrenzung und Textsortenbestimmung geklärt werden können. Die Sonderung *Fachsprache – Gemeinsprache* ist wissenschaftsmethodisch, forschungspraktisch und in Bezug auf das Untersuchungsinteresse dessen ungeachtet sinnvoll, wenn man sie nicht als statische Größen betrachtet, sondern als (bewusst) ausgewählte rollen- und situationsspezifische Sprachgebrauchsfor-

[43] Vgl. dazu Kapitel 1.2 *Sprache im Rechtswesen und in der Justiz: Forschungsrichtungen und Desiderata*.

[44] In Kapitel 1 wurde Sprache des Rechts unter anderem als eine von „fachsprachlichen Elementen durchsetzte natürliche Sprache" [Müller/ Christensen/ Sokolowski 1997: 9] beschrieben.

[45] Vgl. zur Typologisierungsproblematik juristischer Texte Engberg 1993, Frilling 1995, Busse 2000a.

[46] So auch Möhn/ Pelka 1984: 141 und Wichter 1994: 22.

men in einem Kontinuum von fachlichen und nicht-fachlichen Versprachlichungsmöglichkeiten.

Als die zentrale Frage der Fachsprachenforschung bezeichnet Hoffmann die nach dem Verhältnis der Fachsprachen zur Gemeinsprache:

> „Als Gemeinsprache galt ‚jenes Instrumentarium an sprachlichen Mitteln, über das alle Angehörigen einer Sprachgemeinschaft verfügen und das deshalb die sprachliche Verständigung zwischen ihnen möglich macht' [...], oft alterierend verwendet mit ‚Nationalsprache', ‚Landessprache', ‚Umgangssprache', ‚Volkssprache', ‚Alltagssprache', später auch ‚Standardsprache', oder im Sinne von überregionalem gruppenunabhängigem, vereinheitlichtem allgemeingültigem Sprachgebrauch."[47]

Im Zusammenhang dieser Untersuchung kann nicht ausführlich auf die Abgrenzungsproblematik zwischen Fachsprache und Gemeinsprache in der theoretischen Diskussion eingegangen werden[48] – auch nicht darauf, ob die Annahme einer Gemeinsprache bzw. der Dichotomie Fachsprache versus Gemeinsprache gerechtfertigt ist oder ob beide – wie Kalverkämper vorschlägt – integriert gesehen werden sollten.[49] Vielmehr werden nur die für die vorliegende Untersuchung relevanten Punkte herausgearbeitet. Nach Becker wird „Gemeinsprache" vage verstanden „(1) im Sinne eines statistischen Durchschnitts [...], über den alle Sprachteilhabenden verfügen, (2) im Sinne einer virtuellen Gesamtsprache und (3) zur Bezeichnung der überregionalen Standardsprache in Opposition zu Dialekten und Regionalsprachen"[50].

Vor der Auseinandersetzung mit dem Begriff *Gemeinsprache* gilt es die beiden sehr unterschiedlichen gebrauchten Bezeichnungen *Alltagssprache* und *Standardsprache* abzugrenzen: „Alltagssprache ist als lebenspraktische Sprache durch die Dimension der kommunikativen Funktion bestimmt. Sie ist die Varietät, deren Einsatzbereich und versprachlichter Weltausschnitt der Alltag ist."[51] Sie bezieht sich demnach auf das grundlegende semantische System, also die alltagsweltliche Semantik (als konzeptuelle Ebene natürlichsprachlicher Zeichen auf der sprachlichen Inhaltsseite). Mit *Standardsprache* als deskriptivem Terminus ist dahingegen das höchstreichweitige Ausdruckssystem (d.h. Laute, Formen, Bezeichnungen auf der Ebene der sprachlichen Ausdrucksseite) gemeint.[52] Allerdings ist zu beachten, dass *die* Standardsprache ein Abstraktum darstellt und nirgendwo als solche realisiert – also gesprochen oder geschrieben – wird. Vielmehr lassen sich in sprachlichen Erscheinungs-

---

[47] Hoffmann 1998: 157.

[48] Hoffmann 1998, Becker/Hundt 1998.

[49] So Kalverkämper 1990 in seinem Plädoyer für eine integrierende Sichtweise. Zur Abgrenzungsdiskussion siehe den Handbuchartikel von Hoffmann 1998.

[50] Becker 2001: 50.

[51] Becker/ Hundt 1998: 126.

[52] Becker/ Hundt 1998: 126. Weiter differenzieren sie (in Anlehnung an Steger 1991) Regionalsprache als mittelreichweitiges und Ortsmundart oder Dialekt als kleinreichweitiges Ausdruckssystem.

formen (mehr oder weniger viele) Merkmale identifizieren, die einer kodifizierten, überregionalen (mit maximaler Reichweite), historisch legitimierten Standardvarietät (mit disparaten Semantiken und Verwendungsfunktionen) zugerechnet werden können. Diesem komplexen Umstand kann man am ehesten gerecht werden, wenn man verschiedene Standardvarietäten als sprachliche Erscheinungsformen des Abstraktums Standardsprache zulässt.[53] **Gemeinsprache** kann somit als **Synkretismus aus hochreichweitigem Ausdruckssystem und alltagssemantischem und alltagsfunktionalem Inhaltssystem** aufgefasst werden.

Als Kritiker der Kategorie Gemeinsprache ist vor allem Hartmann zu erwähnen, der zu Recht auf die zu scharfe Grenzziehung zwischen den Kategorien *Fach-* und *Gemeinsprache* hinweist, die mit den empirischen Befunden eines oft fließenden Übergangs von Fach- und Nicht-Fachssprache nicht mehr in Übereinstimmung gebracht werden kann:

> „Die Zerlegung der Gesamtsprache in Fachsprachen und Gemeinsprachen als komplementäre Begriffe ist auch deswegen verfehlt, weil sich damit die recht unterschiedliche Nähe bzw. Ferne einzelner Fachsprachen zur Gemeinsprache sowie die Benutzung gemeinsprachlicher Mittel durch Fachsprachen nicht erfassen läßt."[54]

Anders verhält es sich allerdings – und damit wird die Hartmannsche Kritik relativiert -, wenn man Gemeinsprache als eine von vielen Subsprachen (z.B. Fachsprachen) betrachtet und nicht die beschriebene Opposition zwischen beiden Kategorien unterstellt. Bezogen auf die Sprachbenutzer und ihr Wissen stehen sich dann Laiensystem und Expertensystem mit je niveaubezogenen Subsystemen gegenüber.[55]

Mit der Ablehnung der Polarität von Gemeinsprache und Fachsprachen (inklusive der idealtypischen Unterstellung von Laien und Fachleuten) hat Kalverkämper in der Fachkommunikationsforschung „eine gleitende Skala der Fachsprachlichkeit von Texten" als Modell vorgeschlagen, das „sich mit einer Skala der Fachlichkeit von Handlungen korrelieren läßt"[56], wobei die Skalen von „(extrem) merkmalreich" bis „(extrem) merkmalarm" reichen.[57] Mit dieser Annahme einer Skalierung will Kalverkämper die beschriebene Polarisierung relativieren (und die Opposition Fachsprache – Gemeinsprache sowie Laienschaft – Fachlichkeit aufheben), weil die meisten Texte irgendwo zwischen den Extremen liegen und alles Sprechen über die Welt fachlich sei.[58]

---

[53] Siehe auch Felder (im Druck).

[54] Hartmann 1980: 32 f.

[55] Wichter 1994: 43.

[56] Hoffmann 1998: 163.

[57] Kalverkämper 1990: 124.

[58] Kalverkämper 1990. „Zu dieser Skalierung haben die folgenden Überlegungen geführt: (1) Zum Maßstab kann der Fachmann mit seinem Können erhoben werden. Der Laie wird als ‚Nicht-Fachmann' negativ zu ihm definiert. (2) Die Beziehung zwischen beiden ist durch die Qualität

Er sieht Fachsprachlichkeit als tertium comparationis. Der Ansatz vertritt die Auffassung, dass Fachlichkeit und Expertentum als primäre Kategorie und Laienschaft als sekundäre zu verstehen sei. Becker und Hundt weisen zu Recht darauf hin, dass dies eine Umkehrung der (im Anschluss an die Sozialphänomenologie von Alfred Schütz sich herauskristalliesierenden) Sichtweise darstellt, die von der Alltagswelt als Ausgangs- und Bezugsgröße ausgeht. „Danach bildet die unbeachtete und unbezweifelte Alltagswelt die Grundlage, auf der alle sekundären Welten aufbauen, wie die künstlerische Welt, die Welt einer wissenschaftlichen Disziplin, deren Regeln erst erlernt und übernommen werden müssen.“[59] Die im Folgenden zu analysierende „Rechtsarbeit als Textarbeit“ fördert vielfältige Beispiele als Beleg für die Gültigkeit dieser Sichtweise im Rechtsbereich zu Tage.

In der vorliegenden Arbeit sollen forschungspraktisch vielmehr rechtssprachliche Charakteristika (die im zweiten und dritten Teil herausgearbeitet werden) auf ihre jeweilige Rezeption und „Weiterverarbeitung“ in journalistischen Texten (Teil IV) beleuchtet werden, die überwiegend gemeinsprachliche Charakteristika erfüllen. Damit wird offensichtlich: Das Etikett *Gemeinsprache* dient der Verdeutlichung der Untersuchungsabsicht und weniger der präzisen Klassifikation der zugrunde liegenden Textsorte. Zur Veranschaulichung können die untersuchten Texte-in-Funktion oder – abstrahiert gedacht – die Textsorten-in-Funktion auf einem komplementären Spektrum mit fließenden Übergängen gedacht werden, deren Extreme auf der einen Seite mit (extrem) reich an fachsprachlichen Charakteristika und auf der anderen Seite (extrem) arm an fachsprachlichen Charakteristika beschrieben werden können.[60]

In der vorliegenden Untersuchung übernehme ich auf Grund der dargelegten Gesichtspunkte eine **Definition von Gemeinsprache**, die sowohl die Ausdrucksseite und damit Phänomene der Idiomatizität als auch die Inhaltsseite berücksichtigt: Gemeinsprache wird dabei als Erscheinungsform (mit einem hohen Verbreitungsgrad) definiert, in der ein hochreichweitiges Ausdruckssystem nicht nur mit der Alltagssemantik,[61] sondern auch mit alltagsweltlichen Verwendungsfunktionen (Sprachhandlungsperspektive) verbunden wird. Und

---

der Fachlichkeit geprägt. (3) Fachlichkeit – auch im Sinne fachlicher Qualifikation – ist bei Kommunikationspartnern unterschiedlich stark ausgebildet. (4) Die Ausbildung der Fachlichkeit ist (nur) in der Kommunikation zu erkennen. (5) Sie äußert sich dort in der Fachsprachlichkeit von *Texten-in-Funktion*. (6) Sowohl Fachlichkeit als auch Fachsprachlichkeit treten mit Merkmalsabstufungen auf (vgl. Kalverkämper 1990: 97 f, 110f).“ [Hoffmann 1998: 163 f.]

[59] Becker/ Hundt 1998: 122.

[60] Vgl. neben Kalverkämper 1990 auch die Anwendungs- und Präzisierungsversuche bei Göpferich 1995: 189 ff. Die Streitfrage, ob es sich bei funktionalen Sprachvarietäten um Kontinua oder Gradata handelt, beantwortet Becker mit ausführlicher Begründung dahingehend, dass die „Beschreibung der Varietäten des Deutschen als Ausprägungen in einem Kontinuum (einer bestimmten Dimension) adäquater erscheinen als die Annahme von Gradata.“ [Becker 2001: 83]

[61] Siehe ausführlicher dazu Becker/ Hundt 1998: 126; Becker 2001: 53.

die Alltagssemantik, die auf die Beschaffenheit des Wissens abstellt, kann wie folgt eingegrenzt werden:

> „Die Alltagssemantik leistet die umfassende sprachliche Interpretation des einzelnen Menschen und seiner Lebensnormen im Rahmen seiner gesamten materiellen wie sozialen Umgebung. Die dabei gewonnenen Begriffe und die diese fassenden Ausdrücke statten jeden einzelnen von uns mit einem offenen System von Handlungs-, Sach- und Ordnungsbegriffen aus, das die ganze Breite der Lebenswelt erfaßt."[62]

Das journalistische Textkorpus der vorliegenden Untersuchung weist auf der Basis dieser Eingrenzungsversuche unterschiedlich viele esoterische Charakteristika der juristischen Fachsprache (in Bezug auf die Verwendung von Rechtstermini, Sprachhandlungen usw.) auf, wie im vierten Kapitel *Rezeption der Judikatur in Printmedien* näher ausgeführt wird. Die heuristische Gegenüberstellung von Gemeinsprache und Fachsprachen im Sinne einer Skalierung „ist, auf der sprachlichen Ebene, für die Erforschung der Variation grundlegend."[63]

Die hier untersuchten Texte des journalistischen Textkorpus sind von Fachleuten für „informierte" (und nicht für „absolute") Laien[64] oder auch „relative Laien"[65] verfasst worden und fallen daher in die Kategorie *fachexterne Kommunikation*. In diesem Zusammenhang stellt sich die Frage (wenn man die absolute Einordnung in eine der beiden Kategorien Fachsprache und Gemeinsprache vermeiden will), mit welchem Grad von Fach(sprach)lichkeit wir es bei den hier untersuchten Zeitungstexten zu tun haben. Korrespondenten oder Redakteure als Fachleute vermitteln mithilfe ihrer Texte fachspezifisches Wissen an Adressaten – verstanden als die beim Textproduzieren leitende Hypothese des Textproduzenten über den Textempfänger im Unterschied zum Rezipienten, dem tatsächlichen lesenden oder hörenden Alius[66] –, die in Bezug auf die Thematik unter Umständen keine Fachleute sind. Es handelt sich also um ein beachtliches Informationsgefälle zwischen Textproduzenten und Adressaten als einem wesentlichen Merkmal der fachexternen Kommunikation, wobei beim Adressatenkreis von einer inhomogenen Gruppe auszugehen ist.

Legt man das ganze Spektrum bzw. die Spannbreite von Fachlichkeit und Nichtfachlichkeit zugrunde, so kann das journalistische Textkorpus als anspruchsvolle, im nicht negativen Sinne populärwissenschaftliche Abhandlung charakterisiert werden. Dabei ist zu berücksichtigen, dass öffentlich geführte Diskussionen über ein gesellschaftlich als relevant erachtetes Thema einen

---

[62] Steger 1991: 76.
[63] Wichter 1994: 22.
[64] Wichter 1994: 42 ff.
[65] Liebert 1996: 791.
[66] Liebert 1996: 792.

Komplexitätsgrad hinsichtlich der inhaltlichen Tiefe der diskutierten wissenschaftlichen Themen erreichen können, dass

> „dies mit einfachen statistischen Modellen einer Laien-Experten-Kommunikation oder einer Trennung von Fachsprachen und Gemeinsprache oder auch Gesamtsprache nicht mehr erfaßt werden kann: Laien beginnen sich kundig zu machen, werden Experten und mischen sich in Diskussionen ein."[67]

Dieser Aspekt wird insbesondere bei der **Vermittlung fachlichen Wissens** relevant, das von gesamtgesellschaftlicher Bedeutung ist, so dass demgemäß dessen Verfügbarkeit für möglichst viele Bürger eine wichtige Voraussetzung für die politische Partizipation an demokratischen Meinungs-, Willensbildungs- und Entscheidungsprozessen darstellt. Die Vermittlung zwischen den fachlichen Kommunikationsbereichen und der alltäglichen Lebenspraxis begeht eine Gratwanderung zwischen zwei unterschiedlichen Semantik„welten". Mit Becker kann „Vermittlung im Anschluß an die Sozialphänomenologie und die Wissenssoziologie definiert werden als der an Laien gerichtete Transfer von Wissensbeständen aus der wissenschafltichen Welt in die Alltagswelt"[68], wobei für den Rechtsbereich ergänzt werden muss, dass wir es zum einen mit einem Geflecht aus wissenschaftlichen und institutionellen Texten zu tun haben und zum anderen neben Wissensbeständen auch institutionell gesetzte Fakten vermittelt werden. Vermittlungstexte im Allgemeinen sind infolgedessen Texte, zu deren wesentlichen Funktion unter anderem der Transfer von Wissen gehört. Vermittlungstexte mit Gegenständen aus dem Rechtsbereich, die also Aspekte aus Rechtwissenschaft und der Institution Recht thematisieren und Nicht-Kundigen zur Kenntnis bringen wollen, sind (in Erweiterung der allgemeinen Definition) Texte, deren Verfasser sich neben der wesentlichen Funktion des Wissenstransfers die Darstellung der Entstehung „sozialer Tatsachen"[69] (z.B. institutionell gesetzter Normen) zum Ziel setzen.

Mit solch einer Eingrenzung sind rein textexterne Kriterien zur Bestimmung von Vermittlungstexten angeführt. Textinterne Kriterien können nur empirisch ermittelt werden und sind für die einzelnen Wissensdömänen und Fachbereiche getrennt zu untersuchen. Es soll daher in Teil IV *Rezeption der Judikatur in Printmedien* versucht werden, die anhand situativer Kriterien als Vermittlungstexte klassifizierten journalistischen Texte auf spezifische Charakteristika im Vergleich zu den insitutionellen und rechtswissenschaftlichen „Ursprungstexten" zu untersuchen (insbesondere hinsichtlich der Sachverhaltskonstitution und der rechtlichen Sachverhaltsklassifikation).

Schwierigkeiten einer Laien-Experten-Kommunikation unter besonderer Berücksichtigung der Vermittlungsproblematik auf Grund fachsprachlicher

---

[67] Liebert 1996: 795.
[68] Becker 2001: 105.
[69] Searle 1997.

und gemeinsprachlicher Aspekte sowie grundständiger Fragen des Texte-Verstehens beinhalten genuin didaktische Komponenten. Dieses Spannungsverhältnis auf die Muttersprache beziehend können wir von einem Grundlagenproblem der Fachdidaktik Deutsch sprechen, das in Kapitel 4.6 und 4.7 näher beleuchtet wird.[70]

4.4 Zusammenhang von Kognition, Kommunikation, Kultur, Medien beim Erwerb von medial vermitteltem (Fach)Wissen

Im Folgenden wird dargelegt, wie das Zusammenspiel der vier Dimensionen *Kognition, Kommunikation, Kultur, Medien* im Paradigma des kognitiven Konstruktivismus gesehen wird. Es handelt sich dabei um einen Ansatz, der in dieser Untersuchung bis auf wenige Einschränkungen im Wesentlichen geteilt wird.

Schmidt als Vertreter kognitiv-konstruktivistischer Konzeptionen des Verstehens gebraucht innerhalb des systemtheoretischen Paradigmas das Wort *Wirklichkeit* sinnvollerweise als einen systemrelativen Begriff im Plural[71] und bringt darüber hinaus als zweites wichtiges Konzept der philosophischen Diskussion den Beobachter ins Spiel, um mit diesen beiden Konzepten deutlich zu machen, dass Menschen die Realität „unhintergehbar" als „kongnizierende Realität, d.h. als Erfahrungswirklichkeit oder Umwelt"[72] erleben. „Die Konstruktion von Wirklichkeiten" wird umschrieben als Emergenz[73] „sinnvoll gedeuteter Umwelten in kognizierenden Systemen."[74] Schmidt übernimmt dabei Luhmanns kategoriale Trennung von Kognition und Kommunikation, die jeweils als operational geschlossene, autopoietisch operierende und daher vollständig autonome Systeme konzipiert werden. Es stellt sich dabei die Frage, wie diese beiden Systeme in Beziehung gebracht werden können, „daß sich eine plausible Erklärung für die intuitive Gewißheit jedes Sprechers ergibt, daß

[70] Fluck (1992) versucht diese Aspekte in einer *Didaktik der Fachsprachen* zu bündeln, wobei sein Didaktikbegriff nicht mit dem hier vertretenen übereinstimmt, wie in Kapitel 4.7 *Vermittlungsproblematik im Fokus von Sprecherhandlngen* von Teil I *Theoretische Grundlagen* deutlich werden soll.

[71] Schmidt 1996: 15. Auf Grund dessen setze ich *Wirklichkeit* in Anführungsstriche.

[72] Schmidt 1994: 114.

[73] „*Emergenz*: [...] In einer modernen Version spricht man von Emergenz, wenn durch mikroskopische Wechselwirkung auf einer makroskopischen Ebene eine neue Qualität entsteht, die nicht aus den Eigenschaften der Komponenten herleitbar (kausal erklärbar, formal ableitbar) ist, die aber dennoch allein in der Wechselwirkung der Komponenten besteht." [Krohn/ Küppers 1992: 389]

[74] Schmidt 1996: 15.

beim Kommunizieren Sprecher und Hörer ‚mitdenken' müssen, soll Kommunikation gelingen."[75]

Ich gehe hier nicht von dieser kategorialen Trennung[76] aus, sondern vielmehr davon, dass „Wirklichkeiten" – ich bevorzuge den Ausdruck Sachverhalte – erst in und durch sprachliche Kommunikation sich konstituieren und von Ausdrucksweisen geprägt werden – so wie Feilke dies in seinem Common sense-Ansatz (Kapitel 4.5) darlegt – und nicht schon a priori als ontologische Entitäten vorhanden sind.[77] Auch Schmidt sieht die Bedeutung von Medienangeboten (z.B. Texten) nicht als ontologische Entitäten an, sondern als etwas, das aus soziokulturell orientierten kognitiven Operationen mit Medienangeboten in konkreten Kontexten resultiert.[78] „Zeichen und Zeichenverkettungen [...] *instruieren* Kognition wie Kommunikation, aber sie *dirigieren* nicht."[79] Sein Sprachverständnis expliziert er wie folgt:

> „Sprache wird in dem hier skizzierten konstruktivistischen Diskurs nicht in erster Linie als ein Zeichensystem gesehen, sondern als sozial vermitteltes und kontrolliertes Instrument der Verhaltenskoordinierung: Sprache reguliert das Verhalten von Individuen, indem sie gesellschaftlich relevante Unterscheidungen benennt, intersubjektiv vermittelt und damit sozial zu prozessieren erlaubt."[80]

Dieses Sprachverständnis weist zwei Probleme auf: Nicht „Sprache reguliert das Verhalten von Individuen" (Gefahr der Hypostasierung und Mechanisierung von Sprache), sondern Sprecher versuchen mittels vertexteter Sprache auf der Grundlage von Sprachgebrauchserfahrungen (Wissen über Verwendungsweisen von Wörtern, Syntagmen usw.) ihr Gegenüber zu beeinflussen. Keller hat dies eindrucksvoll und plausibel als Phänomen der dritten Art beschrieben (wie in Kapitel 3 dargelegt wurde). Und zum zweiten steht die von Schmidt formulierte Sprachauffassung in Widerspruch zu Luhmanns Sprachthese[81], der sich Schmidt problematischerweise anschließt: „Die Sprache distanziert Bewusstsein und Kommunikation gerade dadurch, dass sie deren strukturelle

---

[75] Schmidt 1996: 6.

[76] Das damit angesprochene schwierige Verhältnis von Sprache und Denken erfreut sich einer langen Denktradition. Luhmanns autopoietische Konstruktion der beiden autonomen und strukturdeterminierten Systeme *Bewusstsein* und *Kommunikation* ist m.E. jedoch zu einseitig. Bei allen Modellen bleibt jedoch stets die trennscharfe Unterscheidung vieler Einzelfaktoren wie die Erklärung ihres Zusammenwirkens problematisch.

[77] Felder 1999: 81.

[78] Schmidt 1996: 17.

[79] Schmidt 1994: 148.

[80] Schmidt 1996: 16.

[81] Sprache ermöglicht nach Luhmanns Auffassung einerseits dem kommunikativen System hohe Unterscheidungsfähigkeit bei gezielter Anschlussfähigkeit und gewährleistet damit einen hohen Komplexitätsaufbau. Sprache „fasziniert" andererseits das Bewusstsein, indem sie Wahrnehmungsgegenstände besonders auffälliger Art zur Verfügung stellt, denen sich das Bewusstsein nicht entziehen kann, weil es auf kontrollierbare Weise Imagination anregt.

Kopplung automatisiert."[82] Die einerseits proklamierte Trennung von Bewusstsein und Kommunikation[83] sowie die andererseits behauptete strukturelle „automatisierte" Kopplung durch Medienangebote (z.B. Texte) erinnert doch an eine mechanistische oder ansatzweise gar deterministische Bestimmung beider Komponenten (also kommunikativer und kognitiver Prozesse), auch wenn diese explizit mit dem Argument abgelehnt wird, „daß die überschneidungsfreie Separierung der jeweils geschlossenen Systeme eine Voraussetzung ist für strukturelle Komplementarität, also für das gegenseitige Auslösen (aber eben nicht: Determinieren) der jeweils aktualisierten Strukturwahl."[84] Dieser Gedankengang – das unspezifische Auslösen einerseits und die automatisierte Kopplung andererseits – entrückt das Wechselspiel von Kognition und Kommunikation (mit Schmidts Worten die Kopplung beider Systeme) in „black-box"-Sphären des kognitiven Bereichs von Individuen. Das mag theoretisch in seiner Allgemeinheit adäquat sein, es umgeht allerdings das eigentliche Problem konkreter Kommunikation, weil es m.E. grundlegende Fragen erst gar nicht in Augenschein nimmt, wie zum Beispiel: Wie werden diese nur introspektiv nachvollziehbaren Kognitions- und Kommunikationsprozesse von Individuen durch (intersubjektives sprachliches Wissen manifestierende) Texte als ein Medienangebot beeinflusst? Wie sieht die Wechselwirkung zwischen Text und Leser konkret in spezifischen Kommunikationssituationen aus?

Schmidt – der den weiten Kognitionsbegriff auf Bewusstsein einengt[85] – geht gleichermaßen davon aus, dass Kultur sowohl Kognition als auch Kommunikation (die eben strukturell gekoppelt sind) über kollektives Wissen „ko-orientiert", das allerdings „im Individuum als empirischen Ort der Sinnproduktion immer neu produziert" (sic!) werden muß, wobei „individuelle Varianten der Programmanwendung zur kulturellen Dynamik" beitragen.[86] Sinn wird bei ihm offensichtlich aus – mittels Sprache bereitgestellten – partiell gleichartigen Elementen (bzw. Subsystemen) unterschiedlich zusammengesetzt bzw. produziert, wobei der Eindruck entsteht, dass von festgelegten Ablaufmustern („Programmanwendung") ausgegangen wird und diese prozessual verarbeiteten Elemente als statisch gedacht werden.

Hinsichtlich des **Kultur**begriffs – den er mittels der Kategorien Unterscheidung/ Beobachtung/ Benennung diskutiert und als „System kollektiven Wissens" oder „Wirklichkeitsmodell"[87] bezeichnet – teile ich Schmidts Auf-

---

[82] Luhmann 1990: 5.

[83] Luhmann (1990) konzeptualisiert Kommunikation als Synthese von drei Selektionen: Information, Mitteilung und Verstehen.

[84] Schmidt 1996: 9.

[85] Schmidt 1996: 24.

[86] Schmidt 1994a: 600.

[87] „Wirklichkeit ist für Menschen stets und ‚unhintergehbar' nur als Sinnzusammenhang, d.h. als zwar gesellschaftlich interpretierte aber immer nur subjektiv erlebbare Erfahrungswirklichkeit

fassung: „Kultur und ihr wichtigstes Instrument, Sprache(n)," sind für die Mitglieder einer Gesellschaft „unhintergehbar", weil „sie nur in Kultur und Sprachen beobachtbar und beschreibbar sind."[88] Wahrnehmungen erscheinen notwendig als „Wahrnehmungen-als" und sind essentiell abhängig vom kognitiven System, von Sprache und Kommunikation, von Sozialstruktur und Kultur.[89]

Wissen sollte nach Schmidt im Paradigma der neueren Gedächtnisforschung „als Fähigkeit" aufgefasst werden, „in einer entsprechenden Situation adäquate kognitive Operationen durchführen zu können, die in einer bestimmten Situation ein Problem lösen."[90] Daher kommt er zu dem Schluss: „Ein so konzipierter Wissensbegriff macht die Entscheidung obsolet, Wissen entweder der Kognition oder der Kommunikation zurechnen zu müssen."[91] Diese Position wird im Folgenden geteilt, wenn die Unterscheidung von Sprach- und Sachwissen für den Rechtsbereich als nicht praktikabel dargelegt wird.[92] Bezieht man diese Grundlagen auf die Rechtsarbeit, wie sie im zweiten Kapitel beschrieben wurde, so kann für den Rechtssprachgebrauch festgestellt werden: Wissenserwerb ist im Rechtsbereich in besonderem Maße verflochten mit dem individuellen Erwerb von kollektivem Sprachgebrauchswissen (sowohl auf der Ausdrucksseite als auch auf der Inhaltsseite). Erst die Sprachhandlungserfahrung mit diesem intersubjektiv erlebten Sprach-/ Sachwissen lässt Unterschiede und Gemeinsamkeiten des individuellen Sprachgebrauchs mit dem Sprachgebrauch der Umwelt gewahr werden und im Anschluss sukzessive auf der Metaebene bewusst werden. Können diese interindividuellen Unterschiede und Gemeinsamkeiten in der Folge expliziert werden, dann stellt ihre begriffliche Fixierung einen Beitrag zum Abgleich divergierender Sprachverwendungsweisen dar, die sich nicht selten in juristischen Fachtermini niederschlagen. Sie sind hochgradig verdichtete, intersubjektiv gewordene Sprachgebrauchserfahrungen von Individuen, die sie durch den Vollzug von Sprecherhandlungen als Teil einer sozialen Kommunikation gewonnen haben.

Mit Bezugnahme auf Feilke (1994), der sprachliche Zeichen als Zeichen für die sprachliche Koordination von Handlungen konzipiert, resümiert Schmidt, was insbesondere für den Rechtsbereich gilt: „Kollektives Wissen, das individuelles Handeln orientiert und reguliert, resultiert aus kommunikativem Han-

oder Umwelt ‚vorhanden'. Diese Umwelt wird über Wahrnehmung, Sensomotorik, Kognition, Gedächtnis und Emotion, über kommunikatives und nicht-kommunikatives Handeln informationell (‚sinnhaft') von Menschen erzeugt und erhalten. Sie läßt sich beschreiben als eine geordnete Gesamtheit von Wissen." [Schmidt 1996: 13]

[88] Schmidt 1994a: 602.

[89] Schmidt 1994a: 602.

[90] Schmidt 1994a: 600.

[91] Schmidt 1994a: 610.

[92] Vgl. dazu Kapitel 4.6 und 4.7.

deln der Individuen und orientiert wiederum deren kommunikatives Handeln."[93]

Als Fazit lässt sich festhalten: Neben den erwähnten Übernahmen von bestimmten Aspekten des kognitiven Konstruktivismus gilt es einen Unterschied gegenüber dieser Konzeption zu betonen. Nach Schmidts Ansicht „konstruiert" jeder Einzelne (bausteinartig) Wirklichkeit(en) mithilfe eines – zwar individuellen und daher nicht zwingend identischen – Zugriffs durch Worte auf Lebenswelt(en). Er schwächt – wie bereits erwähnt – zwar explizit eine rein mechanistische Sichtweise ab, wenn er formuliert: „Zeichen und Zeichenverkettungen [können] kognitive wie kommunikative Prozesse zwar orientieren, aber nicht determinieren."[94] Dennoch scheint dem konstruktivistischen Diskurs mit den „strukturell gekoppelten" Dimensionen Bewusstsein und Kommunikation sowie den beiden weiteren Kultur und Medien eine tendenziell mechanistische Sprachauffassung zugrunde zu liegen, denn schließlich bezeichnet er diese „strukturelle Kopplung" unter Berufung auf Luhmann als „automatisiert".[95] Diese Verknüpfung von „automatisierter struktureller Kopplung" und dem „Auslösen" (aber „nicht Determinieren") zwischen zwei „überschneidungsfreien, jeweils geschlossenen Systemen" (die „strukturell komplementär" sind) einerseits und den Hinweis auf seine Undurchdringlichkeit auf Grund der „Black-box-Vorstellung" (der kognitive Bereich beider Kommunikationspartner entspreche einer „black box") und der damit einhergehenden Behauptung von Luhmann, Kommunikation sei unwahrscheinlich[96], ergibt ein eigentümliches Konglomerat aus willkürlichem, nicht nachvollziehbarem (radikalen) Subjektivismus, der einen fragen lässt, ob die alltägliche und fachliche Kommunikation tatsächlich stattfindet oder nur eine Schimäre ist. Dies ist ein Gedankengang, der in Kapitel 4.6 im Zusammenhang mit der Vermittlungsproblematik (Aspekte des Textverstehens) aufgegriffen und präzisiert werden soll.

4.5 Sprachliches Wissen von Handelnden als Mittel der Orientierung

Mittels dem in unserer Sprache vorgegebenen Kategoriensystem bzw. auf der Basis der Sprecherhandlungen gliedern wir Sachverhalte (z.B. Gegenstände, Ereignisse in der Welt) und ordnen sie als Elemente in unser Wissenssystem ein. Relativ abgeschlossene und teilweise explizierbare Bestandteile dieses Wissenssystems werden in traditioneller Redeweise als *Begriffe* bezeichnet, in

[93] Schmidt 1994: 114.
[94] Schmidt 1996: 16.
[95] Luhmann 1990: 5.
[96] Luhmann 1990: 29 ff.

kognitionsorientierten Ansätzen spricht man häufig von *Konzepten*[97], deren Status ungeklärt ist. Welches Verhältnis zwischen den „Dingen in der Welt“, also den außersprachlichen Gegenständen und den sprachlichen Mitteln, mit denen wir auf sie verweisen, besteht, ist erkenntnistheoretisch höchst komplex und umstritten. Fest steht nur, dass wir auf solche Wissenselemente durch Referieren und Prädizieren explizit oder implizit Bezug nehmen.

Feilke hat das Konzept einer „Common sense-Kompetenz“ entwickelt, dem zufolge nicht außersprachliches Wissen oder Handlungswissen die kontextabstrahierte Bedeutung einer Äußerung vervollständigt, sondern der gemeinte kommunikative Sinn ist bereits in der idiomatischen Prägung mitenthalten, d.h. in der durch den Sprachgebrauch festgeschriebenen Selektion und Kombination der Ausdrücke eines Ausdrucksarrangements.

> „Der Prozeß der >idiomatischen Prägung< vollzieht sich als eine Konventionalisierung der Assoziationen von *im Sprechen und Hören (Meinen und Verstehen) erbrachten Konzeptualisierungsleistungen* mit sprachlichen Ausdrücken bzw. Ausdrucksweisen. Er resultiert inhaltsseitig in der Fixierung einer idiomatischen Interpretation und ausdrucksseitig in einer konventionalisierten und im idiomatischen Sprachwissen mehr oder weniger stark fixierten Distribution. Pragmatisch werden dadurch Ressourcen des Vorverständigtseins für die Kommunikation geschaffen und gesichert.“[98]

Die idiomatische Ordnung sprachlichen Wissens spiegelt sich in einer bestimmten Ausformung unseres Wissensrahmens wider und ist zugleich Orientierungsrahmen der Verständigung.[99]

Feilke wirft in kritischer Würdigung den soziologischen und kognitionspsychologischen Modellen von Kommunikation eine Marginalisierung sprachlichen Wissens vor, obwohl in ihnen zwar viel von Sprache die Rede ist, kaum jedoch ernsthaft über Sprache und sprachliche Kompetenz im Sinne eines durch eine bestimmte Kommunikationsgemeinschaft hervorgebrachten Sprachwissens reflektiert wird.

> „Sprachkenntnis als eine eigenständige emergente Strukturebene der Kommunikation wird als theoretisches Problem nicht in Rechnung gestellt. Sprache und sprachliches Wissen erscheinen als Epiphänomene von Kommunikation und Kognition.“[100]

Feilke interessiert vor allem die Frage, dank welcher Qualitäten Sprache (inhaltsseitig sprachliches Wissen wie ausdrucksseitig Äußerungseigenschaften umfassend) als ein System der Verhaltensorientierung dienen kann.

> „Sprache als Mittel von Orientierungsprozessen ist – als sprachliches Wissen von Handelnden – zugleich der Brennpunkt einer Reafferenz von Handlungseffekten in

---

[97] Siehe zu dieser Abgrenzung Kapitel 3.

[98] Feilke 1994: 238.

[99] Feilke 1994: 373 ff.

[100] Feilke 1994: 16.

> der Kommunikation, die auch die Mittel des Sprechers selbst betrifft. Daraus resultiert eine >ökologisch-pragmatische *Prägung*< des sprachlichen Wissens."[101]

Sprecher nutzen demnach sprachlich benannte Unterscheidungen, um Erfahrungen und Vorstellungen (beispielsweise über den Gewaltbegriff) zu artikulieren; und umgekehrt werden solche Nutzungserfahrungen zum Bestandteil sprachlichen Verwendungswissens, und der Gebrauch von Sprache orientiert sich in jedem Einzelfall an solchen Erfahrungen. Normwissen (fachlicher und sprachlicher Art) über Konventionen und Common sense ist kommunikativ eingeübtes und erfahrenes soziales Wissen, das in Kommunikation immer wieder sowohl erprobt als auch bestätigt oder modifiziert wird. Der Gebrauch der Sprache orientiert sich an solchen Spracherfahrungen und den Wirkungen auf andere, Spracherfahrung wird „ein intersubjektives Wissen der Sprecher/innen und ein zur wechselseitigen Orientierung einsetzbares Steuerungsmittel im Meinen und Verstehen."[102] Referenz wird bestimmt als an prototypischen Verwendungen orientiertes semiotisches Common sense-Wissen.[103]

4.6 Textorientierte Verstehensmodelle

Die vorliegende Untersuchung ist so aufgebaut, dass zwei Varietäten gegenüber gestellt werden, wobei die journalistischen Texte aus den juristischen Fachtexten hervorgehen, oder präziser formuliert, deren Produktion durch die Rezeption der Fachtexte im Rahmen einer Vermittlungstätigkeit initiiert werden. Auf der einen Seite untersuchen wir die juristische Textarbeit mit Hilfe linguistischer Analyseinstrumente, auf der anderen Seite betrachten wir das Ergebnis dieser Textarbeit in journalistischen Texten, die zum Zwecke der Vermittlung institutioneller Fakten verfasst wurden, mit denselben linguistischen Untersuchungsmethoden. Dieser Umstand muss für die Textsorten *Kommentar* und *Leserbrief* eingeschränkt werden, die mit der dominierenden Textfunktion der individuellen Einstellungsäußerung (hauptsächlich zur Oberklasse der *Expressiva* zählend) so gut wie keine Vermittlungsabsicht beanspruchen. Für die restlichen journalistischen Textsorten (dem überwiegenden Anteil im journalistischen Textkorpus) ist der Vermittlungsaspekt von zentraler Bedeutung.

Diese Vorgehensweise verfolgt das Erkenntnisziel, charakteristische Unterschiede zwischen beiden sprachlichen Sprachgebrauchsformen herauszuarbeiten und Einblicke in die Art und Weise des Transfers zu gewinnen. Vereinfacht formuliert könnte man sagen: den richterlichen Entscheidungstexten (die

---

[101] Feilke 1994: 18.
[102] Feilke 1994: 23.
[103] Vgl. auch Schmidt 1996: 22.

wiederum im Textgeflecht[104] der juristischen Binnenkommunikation fest verankert sind und den rechtswissenschaftlichen Diskurs beeinflussen und von ihm beeinflusst werden) mit ihrer von tatsächlicher oder vermeintlicher kommunikativer Eindeutigkeit geprägten Fachsemantik werden kontrastiv vermittelnde Textsorten an die Seite gestellt, die als gemeinsprachlich charakterisiert sich ausdrucksseitig durch eine maximale Reichweite und inhaltsseitig durch eine ganzheitlich-komplexe, vage Alltagssemantik auszeichnen. Da diese Texte teilweise von juristisch vorgebildeten Redakteuren oder Korrespondenten verfasst werden und wir es bei Rechtssprache mit einer fachsprachlichen Sprachgebrauchsform zu tun haben, hängt es auch vom Vorwissen der Rezipienten ab, in welchem Differenzierungsgrad fachsemantische Aspekte erfasst werden, weil ausdrucksseitig beispielsweise auf der Ebene der Lexik für Laien nicht alle Fachausdrücke als solche erkennbar sind (so z.B. Lexeme des deutschen Wortsatzes wie *Gewalt, verwerflich*) und darüber hinaus – sozusagen das Problem verschärfend – dasselbe Lexem mit alltagssemantischer Bedeutung in alltagsweltlichen Kontexten ohne erkennbare Verständnisschwierigkeiten gebraucht wird.

In diesem Zusammenhang ist also zu fragen, ob und wie die einzelnen Fachbegriffe, intertextuellen Verweisbezüge usw. bei der Übernahme in die journalistischen Texte verändert werden. Untersuchungen außerhalb des Rechtsbereichs haben ergeben, dass Fachbegriffe mit einer veränderten Bedeutung im Alltag gebraucht werden und zwar mit unterschiedlichen Bedeutungen bei verschiedenen Laiengruppen.[105] Wichter spricht im Rahmen einer Untersuchung zur fachexternen Kommunikation, in der er die Ausbreitung des Computerwortschatzes in die Gemeinsprache untersucht, von „kompetenzbezogener Vertikalität" und weist darauf hin, dass identische Ausdrücke alltagssprachlich mit veränderter Bedeutung gebraucht werden.[106]

Mit diesen Gesichtspunkten soll verdeutlicht werden: Verständlichkeit ist nur zum Teil eine Eigenschaft eines Textes, sondern in erster Linie eine interaktive Kategorie, die das Verhältnis von Textproduzent, Text und Textrezipient in spezifischen Situationen zu berücksichtigen hat.[107] Deshalb ist in der linguistisch ausgerichteten Forschung zur Verständlichkeit[108] der Terminus

---

[104] Wie bereits erwähnt, zählen zu diesem Textgeflecht Gesetzestexte, Kommentartexte, Entscheidungstexte, Fachliteratur usw.

[105] Vgl. Becker 2001: 111.

[106] Wichter 1991.

[107] Vgl. zur Genese dieser Auffassung Biere 1989: 49 ff. und die Überblicksdarstellungen in Biere 1998: 402 ff. und Schendera 2000 – insbesondere die kognitiv orientierten Modelle (z.B. Groeben 1982, Ballstaedt/ Mandl/ Schnotz & Tergan 1981) mit ihrem über Textmerkmale hinausgehenden Verständlichkeitskonstrukt einer „Leser-Text-Interaktion".

[108] Vgl. dazu grundlegend Biere 1989, der für die linguistisch orientierte Verständlichkeitsforschung feststellt, dass sie nicht nur um eine fundierte linguistische Beschreibung von Textei-

Textverständlichkeit[109] abgelöst worden von *Textverstehen*, um einerseits die Bedeutung der aktiven Rezipienten beim Verstehensprozess – verstanden als Erweiterung der Inferenzbasis[110] – in der Bezeichnung gebührend zu betonen und andererseits die philologisch-hermeneutische Tradition des Verstehens von Texten (als Schlüsselbegriff der Hermeneutik in der Entwicklungslinie von Dilthey, Schleichermacher, Gadamer) und des Auslegens von Texten (Auslegungshermeneutik der Aufklärung mit der illusionären Annahme, für den kundigen Leser sei prinzipiell ein vollkommenes Textverständnis erreichbar) nicht aus den Augen zu verlieren. Biere wirft der kognitiven Linguistik recht pauschal und daher überzeichnet vor, solche hermeneutische Traditionen zu ignorieren.[111] Dieser Vorwurf trifft meines Erachtens nicht auf alle kognitionsorientierten Verstehensmodelle (wie z.B. das von Scherner mit den dort modellierten Verstehensbedingungen) zu. Jedoch räumt auch Biere ein, dass nicht zuletzt die Entwicklung kognitionsorientierter Verstehensmodelle, die Verstehen als kognitiven Prozess begreifen, zur überfälligen Theoretisierung der zunächst eher praktisch ausgerichteten Verständlichkeitsforschung beigetragen hat.[112]

Folgende Definition von *Verstehen* wird der Untersuchung zugrunde gelegt.

> „Beim Verstehen von Texten rekonstruieren wir den Sinn eines Textes aufgrund unseres Sprachwissens, unserer Kenntnis der Gebrauchsweisen oder Bedeutungen der verwendeten Wörter und Sätze, ihrer syntagmatischen und paradigmatischen Bezüge sowie aufgrund von Textmusterwissen. Andererseits verweist das Verstehen insbes. der referentiellen Ausdrücke auf Gegenstände und Sachverhalte in der ‚Welt', über die mit Hilfe der sprachlichen Formen des Textes etwas ausgesagt wird. "[113]

Es kann an dieser Stelle kein Überblick über die vielzähligen Verstehensmodelle gegeben werden,[114] sondern es wird unter Hervorhebung eines „sinnori-

---

genschaften bemüht ist, sondern auch die sprach- und verstehenstheoretische Dimension der Verständlichkeitsproblematik historisch-systematisch zu entfalten sucht.

[109] Heringer 1984 gibt einen Überblick zur Verständlichkeitsforschung bis zum Beginn der 1980er Jahre und entwickelt Perspektiven für eine linguistische Verstehensforschung.

[110] Zum Textverstehen gehört das Bilden von Inferenzen. Das Nachzeichnen der Inferenzbasis ist ein fundamentaler Bestandteil der theoretischen Beschreibung von Sprachverstehen.

[111] Biere 1991:1. Stattdessen schlägt er vor: „Die Verständlichkeitsforschung gewinnt sowohl durch die hermeneutische wie durch die kognitivistische Reflexion auf das **Textverstehen** eine theoretische Basis, von der aus praktische Fragen der **Textverständlichkeit** angemessen formuliert und fundierte Vorschläge zum kommunikativen Umgang mit Verständlichkeitsproblemen produktiv wie rezeptiv entwickelt werden können." [Biere 1991: 2]

[112] Scherner 1989, 1994. Vgl. auch die Darstellung bei Biere 1998: 403.

[113] Biere 1998: 403.

[114] Vgl. bei einem solchen Interesse Biere 1989 und 1998. Siehe auch den Überblick über kognitionsorientierte Verstehensmodelle in Scherners (2000) Handbuchartikel *Kognitionswissenschaftliche Methoden in der Textanalyse*.

entierten Ansatzes“ im Rahmen der „kognitionsorientierten Texttheorie“[115] darauf hingewiesen, dass innerhalb kognitionsorientierter Verstehensmodelle das Textverstehen als Vorgang bzw. Verlaufsform aufgefasst („Verstehen als kommunikativer Prozeß“[116]) und als „komplexe Prozessstruktur“ modelliert wird. Scherner geht von einem Quadrupel von Verstehensbedingungen aus: zum ersten erwähnt er die Sprachkenntnis als Basis jedes Textverstehens, zum zweiten die Situation, zum dritten den sprachlichen Kontext und zum vierten den Horizont (inkl. Weltkenntnis, konzeptuelles Wissen).[117] Das „Textexemplar“ als lineare sprachliche Vertextung ist für Scherner nicht Repräsentation, sondern lediglich „Spur“ des Gedachten.[118] Verstehen wird als subjektabhängiger, intentionaler und aktiver Prozess der Sinnkonstruktion aufgefasst.

Mit dieser Sinnorientierung (bei Hörmann „Sinnkonstanz“: wir machen die uns begegnende Welt sinnvoll, indem wir Zusammenhänge herstellen[119]) korrespondiert der kognitionsorientierte Ansatz von Scherner mit dem handlungsorientierten von Polenz (und es handelt sich wiederum nicht um einen Gegensatz zwischen Kognitions- und Handlungsorientierung), der Referieren und Prädizieren als sprachliche Teilhandlungen auf „hintergründige Satzinhalte“[120] erweitert. Die Grundannahme besteht darin, dass Wissen nur durch Sprecherhandlungen exemplifiziert werden kann, sich nur in Sprecherhandlungen manifestiert. Zur Verdeutlichung des „Bezugsrahmens“ und zur Explizierung „hintergründiger Bezugsobjekte“ (Rahmenbedingungen) unterscheidet er sechs Stufen des Wissensbestandes und fragt, wie diese in konkreten sprachlichen Äußerungen realisiert werden: 1. Allgemeines Bezugswissen 2. Kontextueller Bezugsrahmen einer Äußerung 3. Expliziter Bezug 4. Sprachimpliziter Bezug 5. Kontextimpliziter Bezug 6. Interpretativer Bezug.[121] Die erwähnten Aspekte beider Ansätze verdeutlichen m.E. unter heuristischen Gesichtspunkten, wie plausiblerweise Wissensrahmen strukturiert sein können.[122]

Diese beiden Verstehensansätze fallen nicht so radikal subjektiv aus wie das Verstehensmodell des kognitiven Konstruktivismus[123] mit der Übernahme von Luhmanns These, der zufolge Kommunikation unwahrscheinlich sei, weil die kognitiven Bereiche der Kommunikationspartner – also die „automatisier-

---

[115] Vgl. die gleichlautende Kategorienbezeichnung in Scherner 2000: 189, 192.

[116] Schmidt 1994: 150.

[117] Scherner 1984: 187.

[118] Scherner 1994. Dort wird ein zusammenfassender und im Vergleich zu Scherner 1984 differenzierterer Versuch unternommen, die Voraussetzungssysteme des Textverstehens systematisch in dem Schema „vernetztes textevozierbares Wissen“ zu modellieren. [Scherner 1994: 336]

[119] Hörmann 1980: 25 ff.

[120] v. Polenz ²1988: 298 ff. Vgl. dazu vertiefend die „Konzepte des Impliziten: Präsuppositionen und Implikaturen“ von Linke/ Nussbaumer 2000.

[121] v. Polenz ²1988: 130 ff.

[122] Vgl. zu alltagsweltlichen und juristischen Wissensrahmen Kapitel 4.2.

[123] Schmidt 1994: 150 ff.

te" strukturelle Kopplung von Kognitions- und Kommunikationsprozessen – als „black boxes" zu verstehen seien. So wie im zweiten Kapitel *Sprachwissenschaftliches Interesse am Recht* der Positivismus mit seinen objektivistischen Implikationen als inadäquater Ansatz zurückgewiesen wurde, so ist gleichsam der (radikale) Subjektivismus des kognitiven Konstruktivismus mit der Übernahme von Luhmanns These als zu einseitig zu relativieren.

Gegen solch eine Annahme spricht (neben dem schon erwähnten Vorwurf der „Flucht in den Kopf"[124]), dass die Fachkommunikation in der Jurisprudenz zu effizient und letztlich ohne größere Reibungsverluste funktioniert, als dass wir sie vollends als nicht wahrscheinlich annehmen können. Ich möchte – weniger extrem als Luhmann – vielmehr mit Wolski (1980) die Annahme der Wohlbestimmtheit von Wortbedeutung als illusorisch zurückweisen und zugunsten einer prinzipiellen Unbestimmtheit von Sprachbedeutungen aufgeben, wie er sie in seinem Werk mit dem programmatischen Titel *Schlechtbestimmtheit und Vagheit* vertritt. Diesem Umstand mit der Proklamation von Kommunikation als „unwahrscheinlich" gerecht werden zu wollen, schießt meines Erachtens über das Ziel hinaus. Kommunikation gilt als „gelungen", wenn die Kommunikationspartner hinsichtlich des Kommunizierten von einer solchen gegenseitigen Unterstellung oder Annahme ausgehen.

Heringer geht in diesem Sinne davon aus, dass beim Verstehen nicht eine kognitive Überlappung des Wissens der Kommunikationsteilnehmer hin zu einer gemeinsamen Wissensbasis vorliegt. Vielmehr spricht er von einer „charakteristischen Turmstruktur" wechselseitiger Annahmen und Unterstellungen, wobei jeder Kommunikationsteilnehmer nur über seinen eigenen Wissensbereich verfügt und über den seines Gegenübers nur Vermutungen anstellen kann.[125] Die Vermutungen werden jedoch in sprachlichen Anschlusshandlungen bestätigt, modifiziert oder widerlegt, sie lassen sich als eine graduelle Verfestigung im weiteren Sprachgebrauch (Kommunikationsprozess) denken. Bei solch einem Ansatz werden die Vermutungen über das Verstehen nicht als völlig unüberprüfbar in die „black box" (radikaler Subjektivisimus) verlagert. Busse, der sich dem Paradigma der praktischen Semantik verbunden fühlt und sich auf Heringer beruft, unterscheidet **Verstehen** als intuitiv, automatisch sich vollziehendes „Primärphänomen" (Ludwig Wittgenstein)[126] vom **Interpretieren** als aktive, sprachliche Handlung[127] durch das Kriterium der Intention: Unbewusstes Sich-Verhalten fehlt das Merkmal der Absicht im Unterschied zur bewussten Handlung, entsprechend ist Verstehen der ersten und Interpretieren der zweiten Kategorie zuzuordnen. In diesem Zusammenhang schlägt Busse (1992a) die Rezeptionstrias *Texte verstehen – Texte interpretieren –*

[124] Feilke 1994: 19.
[125] Heringer 1990: 52 f.
[126] Busse 1992a: 187 ff.
[127] Biere 1989: 25.

Arbeit mit Texten vor und begründet diesen Klassifikationsvorschlag ausführlich. In der vorliegenden Untersuchung haben wir es in Busses Terminologie in Bezug auf die Rezeption von journalistischen Textsorten mit der Kategorie *Texte interpretieren* zu tun. Busse führt in Bezug auf die Arbeit juristischer Funktionsträger eine dritte Kategorie ein – nämlich die der „Arbeit mit Texten" (im Rahmen der Rezeptionstrias *Verstehen- Interpretieren – Arbeit mit Texten*). Er begründet dies damit, dass auf Grund der intensiven Weiterverarbeitung von Eingangsdaten im Rahmen komplexer juristischer Sprachhandlungen die Dimensionen von Verstehen und Interpretieren überstiegen würden. Diese Kategorie erscheint in Anbetracht des in Kapitel 2.7 vorgestellten Konzepts der juristischen Textarbeit aus theoretischer Sicht plausibel. Ob die praktische Anwendung des Konzepts ebenfalls den einen eigenen Status der Kategorie *Arbeit mit Texten* zu rechtfertigen vermag, das soll die folgende Untersuchung am Beispiel einer Sitzblockadenjudikatur ergeben.

Fazit: Wie im dritten Kapitel dargelegt und soeben in differenzierender Abgrenzung zum kognitiven Konstruktivismus erwähnt, schließe ich mich der Ansicht an, dass Sprache ein Phänomen der dritten Art (Rudi Keller), nämlich intersubjektiv[128], ist. Infolgedessen ist ein Text zugleich eine intersubjektive und individuelle Größe im sozialen Zwischenbereich zwischen Menschen. Textverstehen ist der subjektive Vollzug eines Individuums von intersubjektiv entstandenen Sprachgebrauchsregeln (ausdrucks- und inhaltsseitiger Art).

4.7 Vermittlungsproblematik im Fokus von Sprecherhandlungen

In der Forschungsliteratur wird – wie eben gezeigt – häufig eine Dichotomie von Weltwissen und Sprachwissen bzw. eine hypothetische Trennung von Sach- und Sprachwissen unterstellt.[129] Eine solche definitive Grenze zwischen beiden Wissensformen ist für den Rechtsbereich äußerst schwierig zu ziehen (und wahrscheinlich nicht nur für diesen). Vielmehr gehen Sprach- und Weltwissen ineinander über, so dass sprachliche Verstehensprobleme bezüglich Rechtssprache „sich so lange nicht durch einfache Formulierungstechniken beheben lassen, wie in den zu formulierenden Texten Sachverhalte ausge-

[128] Vgl. zum Verhältnis von Regeln und Intersubjektivität Feilke 1994: 194 ff.

[129] Vgl. dazu die Ausführungen bei Nussbaumer 1993, der zwischen *Sprach-*, *Welt-* und *Handlungswissen* unterscheidet, was hier nicht grundsätzlich abgelehnt wird, weil es aus heuristischen oder didaktischen Umständen sehr wohl gerechtfertigt sein kann. Vielmehr ist die Unterscheidung für die Zielsetzung dieser Arbeit weniger erkenntnisstiftend als vielmehr irreführend, wie viele Ansätze zur Verbesserung der Verständlichkeit von Gesetzestexten zeigen, die suggerieren, derselbe Inhalt sei mittels vieler verschiedener Ausdrucks-/ Formulierungsvarianten vermittelbar, von denen nur *die* verständlichste ausgewählt werden müsste.

drückt werden, zu deren Durchdringung ein spezielles Wissen notwendig ist."[130]

Für die Rezeption von Fachtexten allgemein und für das Verstehen intrainstitutioneller rechtlicher Texte-in-Funktion im Besonderen gilt, dass kein Text ohne eine spezifische Wissensbasis zu bewältigen ist, weil vom Rezipienten der textlich vermittelte Sachverhalt aktiv erst hergestellt werden muss. Wort-, satz- und textsemantische Betrachtungsweisen, wie sie oben vorgestellt wurden und im Folgenden auf die Textkorpora angewendet werden sollen, müssen berücksichtigen, dass Textproduktion und -rezeption auf einer in dieser Fachwelt verbreiteten Wissensplattform basieren. Ob man dabei mit Viehweger Wissen auf der Grundlage der Modularitätsannahme in eigenständige Module aufteilt[131] oder mit Busse eher eine holistische Sichtweise zugrunde legt und mit einem Konzept von *Wissen als Fähigkeit* eine reiche Heuristik an Beschreibungen mündlicher und schriftlicher Kommunikationssituationen sowie Ebenen verstehensrelevanten Wissens entfaltet,[132] ist für eine überwiegend empirisch ausgerichtete Untersuchung wie die vorliegende von sekundärer Bedeutung. So wird hier – ungeachtet des Theorienstreites – mitten in der (juristischen) Textarbeit mit der Analyse begonnen. Ein wünschenswertes Ergebnis besteht selbstverständlich auch darin, auf der Grundlage dieses empirischen Beitrages gegebenenfalls die theoretische Auseinandersetzung inspirieren zu können.

Ich übernehme daher den in Kapitel 4.2 vorgestellten und in der Textlinguistik, Psycholinguistik und Verstehensforschung etablierten Terminus des *Wissensrahmens*:

> „Darin drückt sich dann auch die besondere Institutionalität der Rechtssprache aus: gemeint ist damit dann u.a. auch die Einbindung eines Gesetzestextes oder -begriffs und seiner Auslegung bzw. Anwendung in einen solchen komplexen Wissensrahmen, d.h. in einem Rahmen vernetzten institutionalisierten Fach- und Bedeutungswissens. Es wird deutlich, welche Dimensionen das Problem ‚Textverständlichkeit' angesichts solcher hochspezieller fachlicher Bedeutungszusammenhänge bekommt."[133]

---

[130] Busse 1994: 36.

[131] Viehweger 1987: 4 unterscheidet die folgenden Module: sprachliches Wissen, pragmatisches Wissen, Kenntnissystem für die Strukturierung des Informationsgehaltes einer Äußerung nach Fokus und Hintergrund, Illokutionswissen, prozessuales Wissen, Textsortenwissen, affektives System. [Vgl. auch Viehweger 1989]

[132] Busse 1992a: 141. „Zum Zwecke der inneren Differenzierung des verstehensrelevanten Wissens müssen zunächst drei Koordinaten unterschieden werden. (1) *Ebenen* des Wissens hinsichtlich des Verstehensprozesses (*formale* bzw. *funktionale* Differenzierung) (2) Typen von Wissen, die innerhalb der Ebenen unterschieden werden können (*materiale* bzw. *inhaltliche* Differenzierung) (3) Modi des Wissens, die den epistemischen Status einzelner Wissenselemente bestimmen (*modale* Differenzierung).

[133] Busse 1994: 39 f.

Zur groben Charakterisierung von Vermittlungstexten wird häufig von einer Opposition zwischen Sachorientierung und Adressatenorientierung (insbesondere im Rahmen fachexterner Kommunikation, mitunter aber auch bei interfachlicher Kommunikation) ausgegangen und bezüglich der Vermittlungstexte eine Verschiebung hin zur Adressatenorientierung festgestellt, die sie von Fachtexten unterscheide.[134] Diese Annahme vernachlässigt die basale Erkenntnis, dass jeder Text adressiert ist. Wir haben es also mit dem Problem der unzureichenden Kenntnis über den Horizont der Adressaten zu tun[135] und weniger mit einer potentiellen Verschiebung von der Sache hin zum Adressaten,[136] wenn auch eingestanden wird, dass es nicht beliebig viele Formulierungsvarianten (womöglich fachsprachlicher und gemeinsprachlicher Art) für die gleichen fachlichen Inhalte gibt.[137] Auf Grund der weiter oben erwähnten Gesichtspunkte sind bei der Betrachtung von – für den Verstehensprozess relevanten – Textsortenaspekten die folgenden hervorzuheben: Darstellungsgegenstand, Textproduzent, Textadressat, Textrezipient, sprachliche Mittel (Lexik, Syntax usw.), Textmusterwissen, fachliches bzw. fachsprachliches (Vor)Wissen.

Die grundlegende Schwäche von Ansätzen zur Verbesserung der Verständlichkeit von Gesetzestexten als ein Beitrag zur Vermittlungsproblematik liegt darin, dass sie die Normtexte aus sich heraus erklären wollen und die zentrale Beziehung zwischen Gesetzestext und festgesetztem Sachverhalt im Rahmen eines Normkonkretisierungsverfahrens als die zentrale Denkleistung juristischer Textarbeit gar nicht in Augenschein nehmen.[138] Verständlichkeitsbemühungen, die vom Gesetzestext ausgehen und nicht seine Anwendung und Auslegung im Textgeflecht der oben vorgestellten *Rechtsarbeit als Textarbeit* (also die juristische Praxis der Normkonkretisierung) betrachten, gehen von einem inadäquaten Untersuchungsgegenstand aus, weil sie das komplexe Problem unangemessen verkürzen. Aus diesem Grunde fördern Befragungen zur Verständlichkeit von Gesetzestexten[139] nur zu Tage, was allgemein bekannt sein dürfte: Der juristische Laie weiß weniger hinsichtlich der Gesetzesauslegungs- und Gesetzesanwendungsmöglichen als der Rechtsexperte. Solche Ansätze erfassen mitnichten die juristische Textarbeit mit ihrem komplexen intertextuellen Verweissystem, geschweige denn geben sie Aufschluss über Transfermöglichkeiten von juristischem Fachwissen. Sie gehen am Wesen des recht-

---

[134] Biere 1989: 125, 135; Biere 1998: 403, Becker 2001: 24.

[135] Schemer 1984: 187.

[136] So auch Biere 1989: 150 und Becker 2001: 24.

[137] Biere 1998: 404 f.

[138] Vgl. dazu ausführlich Kapitel 2 *Sprachwissenschaftliches Interesse am Recht.*

[139] Vgl. zum Beispiel Luttermann (2000) *Gesetzesinterpretation durch Juristen und Laien. Ein rechtslinguistischer Beitrag zum Nötigungstatbestand.* Siehe dazu die kritische Rezension von Nussbaumer 2000a.

sprachlichen Handlungs- und Gestaltungsspielraums vorbei. Hoffmann stellt zu Recht fest: „Es hat sich gezeigt, daß der Verständlichkeit von Gesetzestexten enge Grenzen gezogen sind.“[140]

Und wenn diese Verständlichkeitsansätze doch Sachverhaltseigenschaften berücksichtigen, dann legen sie standardisierte oder prototypische Sachverhalte als Abstraktum für viele konkrete Sachverhalte zugrunde und lassen dabei diverse Einzelfaktoren (z.B. Motive und Lebenslage des Beschuldigten, Rahmenbedingungen des Tathergangs) außer Acht, die notwendig sind, um die Rechtsnorm überhaupt erst bilden zu können, da diese eben – wie im zweiten Kapitel ausgeführt – nicht anwendungsbereit 1:1 in den Texten selbst „verpackt“ ist, sondern erst in einem komplexen, vom Normtext initiierten Normkonkretisierungsprozess gebildet werden muss.[141] Um die Schwächen dieses Verständlichkeitskonzepts mit Biere zu formulieren, der von der hermeneutischen Tradition her der Verständlichkeitsforschung zwei Einsichten dringend anrät:

> „(1) Aussagen über die Verständlichkeit eines Textes sind nicht möglich ohne Bezug auf verstehende, d.h. auslegende oder interpretierende Aktivitäten des individuellen Rezipienten, und (2) das Verständlich(er)-Machen von Texten muß als Erklärungs- bzw. Lehr-Lern-Situation vorgestellt werden, in der auf das beim Rezipieren schon vorhandene Wissen Bezug genommen werden muß.“[142]

Ich distanziere mich in der vorliegenden Untersuchung von Ansätzen der Gesetzesverständlichkeit, die in erster Linie am Fachwortgebrauch oder an Formulierungsfragen bzw. -techniken interessiert sind und mitunter „gebetsmühlenartig“ die angebliche oder tatsächliche Unverständlichkeit von Gesetzestexten aus verfassungsrechtlichen oder staatspolitischen Gründen monieren. Ludger Hoffmann (1992) hat dazu alles Notwendige gesagt und resümiert seine Ausführungen mit dem prägnanten Satz: „Gesetze als Gemeingut aller – das bleibt ein schöner Traum“[143]. In diesem Kontext haben viele Rechtslinguisten darauf hingewiesen, dass die Gesetzesbestimmungen sich praktisch ausschließlich an die das Recht anwendenden Juristen richten,[144] und dort ist die Rechtssicherheit durch die ständige Rechtsprechungspraxis relativ effizient gewährleistet.

---

[140] Hoffmann 1992: 151.

[141] Vgl. die theoretischen Darlegung im 2. Kapitel und die Exemplifizierung dieser Feststellungen hinsichtlich einer Sitzblockadenjudikatur im Folgenden.

[142] Biere 1991: 4.

[143] Hoffmann 1992: 152. Vgl. dazu auch Nussbaumer 2000a: 491 f.

[144] So z.B. Busse 2000a: 660: „Primäre Adressaten von Gesetzestexten sind Juristen, nämlich v.a. die Richter, die aus diesen Texten bestimmte Handlungsanweisungen (Strafbarkeit und Strafmaß im Strafrecht [...]) beziehen, wie sie einen anliegenden Rechtsfall zu entscheiden haben.“

Diese Form des prä-textuellen Verständlich-Machens[145] ist demnach nicht Gegenstand dieser Arbeit, sondern hier interessiert die post-textuelle Möglichkeiten, bereits existierende Texte verständlich zu machen. Dafür müssen allerdings so weit wie möglich (im Rechtswesen und in der Justiz) übliche Charakteristika der Textproduktion von juristischen Funktionsträgern an ausgewählten Fällen exemplifiziert werden. Damit steht nicht nur der Text als Produkt im Mittelpunkt des Verständlichkeitsproblems, sondern sein Entstehungsprozess im Rahmen von juristisch institutionellen Handlungsanforderungen.

> „Linguistisch gesehen besteht ein solches interpretatives oder post-textuelles Verständlich-Machen darin, bei den Adressaten die zum Verstehen notwendige Wissensbasis zu schaffen, bzw. eine schon vorhandene Wissensbasis so zu erweitern, daß bei ihnen ein Verstehen (oder ein richtiges Verstehen) des Textes möglich wird. (Linguisten und Verstehensforscher nennen diesen Vorgang die ‚Erweiterung der Inferenzbasis')."[146]

Die „schon vorhandene Wissensbasis" des Rezipienten muss also um die spezifischen Bedingungen der Rechtsarbeit als Textarbeit an Einzelbeispielen erweitert werden. Der Rechtsexperte exemplifiziert sein Fachwissen in Sprecherhandlungen, wenn er es abruft und in Texten manifestiert. **Charakteristika dieser Sprachhandlungen** sollten Grundlage und **Ausgangspunkt jeder Vermittlungstätigkeit** juristischen Fachwissens sein.

Worin besteht nun das Spezifische in der Erweiterung der Wissensbasis beim Verständlich-Machen richterlicher Entscheidungstexte? Es besteht in einer sprachstrategischen – man könnte auch sagen – semiotischen Perspektivierung des Verstehensproblems. Die Art und Weise des sprachlichen Zugriffs auf lebensweltliche Sachverhalte zur Konstituierung juristischer Sachverhalte muss offengelegt werden (Kapitel 6), indem man die in dieser Untersuchung entwickelten Sprachhandlungsmuster (Kapitel 9) – nämlich *Sachverhalt-Festsetzen, rechtliche Sachverhaltsklassifzierung, Entscheiden* (inkl. *Argumentieren*) – im Rahmen der juristischen Textarbeit als grundlegende nicht nur herausarbeitet, sondern auch als Verstehenshilfe in der Vermittlungstätigkeit transparent macht.[147]

Die vorliegende Untersuchung geht davon aus, dass die bisherige Verständlichkeitsforschung hinsichtlich rechtssprachlicher Verstehensschwierigkeiten

---

[145] Außerdem differenziert Biere 1989, 1998 den Begriff des *Verständlich-Machens* dahingehend, dass er einerseits auf die Formulierungsstrategien des primären Autors des Fachtextes verweist und andererseits auf die selbstgesteuerten Verstehens- und Textverarbeitungsstrategien des Lesers.

[146] Busse 1994: 43.

[147] Heringer 1984: 63 fordert in diesem Sinne, dass Verständlichkeitsforschung nur in einem kommunikativen Rahmen, der durch Theorien kommunikativen Handelns (Searle 1969, Wunderlich 1976) geliefert wird, betrieben werden sollte. „Der kommunikative Ansatz erinnert auch daran, daß Probleme der Verständlichkeit nicht schlicht auf der Ebene des propositionalen Gehalts anzusiedeln sind, sondern die jeweiligen Akte betreffen." [Heringer 1984: 63]

das Problem von der falschen Seite angeht: Verstehen rechtssprachlicher Texte kann wesentlich begünstigt werden, wenn wir die grundlegenden juristischen Sprachhandlungstypen bei der juristischen Textarbeit offen legen. Die Ergebnisse dieser Sprachhandlungen schlagen sich hoch verdichtet und komprimiert in Rechtstermini nieder, deren Bedeutungen (verstanden als das Erkennen und Anwenden von Sprachgebrauchsregeln) nur auf der Basis einer fundierten Sprachgebrauchserfahrung im juristischen Diskurs erworben werden können. Ein Ansatz über die Erklärung von (Fach)Wörtern oder über vermeintlich adäquatere Formulierungen zäumt das Pferd vom Schwanze auf. Denn schließlich hat ein juristischer Experte sein Fach- und Sprachwissen nicht über das Lernen von Begriffsdefinitionen erworben, sondern über die stete Anwendung und Auslegung von Sprachdaten (Gesetzestexte) auf Sachdaten (den „Fall") mittels juristischer Textarbeit. Insofern macht es keinen Sinn, vom Laien durch die Fokussierung der Rechtstermini eine solch extrem abstrakte – wenn überhaupt nachvollziehbare – Denkleistung zu fordern. Stattdessen sollten die charakteristischen Verfahren der Weiterverarbeitung juristischer Texte als auffälligstes Merkmal des juristischen Lernprozesses verdeutlicht werden. Durch das Nachvollziehen der Rechtsarbeit – von der juristischen „Zubereitung" des Lebenssachverhalts bis zu ihrer Verarbeitung in juristischen Texten – lernt man gleichsam an einzelnen Fällen juristische Arbeits- und Denkweise exemplarisch kennen.

Der hier entwickelte Verstehensansatz, fachspezifische Sprachhandlungen (möglichst in typologisierter Form) als Ausgangspunkt der Vermittlungstätigkeit heranzuziehen, wird in dieser Untersuchung nur für den Rechtsbereich proklamiert. Es kann aber durchaus sein, dass er – weil er als ein grundlegend semiotischer Ansatz zu verstehen ist – auch in anderen Wissensdomänen zu mehr Verstehenstransparenz beitragen könnte. Köller resümiert in diesem Sinne in seinem Werk *Philosophie der Grammatik* die spezifischen Leistungen und Ziele beim Erwerb grammatischen (i.w.S.) Wissens: Sprachbewusstheit (im Sinne des Herausarbeitens der Funktionalität von sprachlichen Mitteln, also von Strukturen und Formen) bei Experten und Laien macht Sprache und deren Gebrauch in einer Form zum Gegenstand der Betrachtung, dass die Perspektivierung der Realität auf Grund der Grundthese der allgemeinen Zeichentheorie deutlich wird. Die semiotische Sichtweise lässt evident werden, dass es keine nackten Tatsachen gibt, sondern nur semiotisch vermittelte Interpretationsperspektiven (auf der Grundlage bestimmter grammatischer Formen),[148] und sie leistet somit einen Beitrag zum bewussten Sprachhandeln und damit auch zu einer realistischen (d.h. an den tatsächlichen Leistungspotentialen des Mediums orientierten) Sprachkritik. Im weiteren Verlauf der Arbeit wird deutlich werden, dass im Rechtsbereich vor allem den vielzähligen deklarativen

[148] Köller 1988.

Sprecherhandlungen im Rahmen der Sprachhandlungsklassen besondere Bedeutung zukommt.

Teil II: Rechtsarbeit als Textarbeit

Die programmatische Überschrift *Rechtsarbeit als Textarbeit*[1] weist bereits auf die beabsichtigte Vorgehensweise hin, nämlich eine bestimmte Judikatur im Duktus des im zweiten Kapitel Sprachwissenschaftliches Interesse am Recht dargelegten Verständnisses von der Rechtsstruktur als einem Kontinuum juristischer Texte kritisch nachzuzeichnen und linguistisch relevante Fragen und Probleme für den dritten Teil *Linguistische Analysen* (Kapitel 8-10) zu formulieren.

Die Untersuchung befasst sich in diesem zweiten Teil (Kapitel 5-7) mit der spezifisch juristischen Sachverhaltskonstitution und ihrer rechtlichen Verarbeitung innerhalb einer spezifischen Sitzblockadenjudikatur vom Amtsgericht bis zum Bundesverfassungsgericht. Dies geschieht auf der Basis der – im Paradigma der *Strukturierenden Rechtslehre* entwickelten – fünf Textstufen (siehe Abschnitt 2.7).

Gegenstand der Gerichtsverhandlungen ist die Rechtsfrage, ob Sitzblockaden als „Nötigung" nach § 240 StGB strafbar sind oder nicht. Grundlage der Untersuchung – das Textkorpus – bilden die Entscheidungstexte der einzelnen Strafgerichte (Amtsgericht, Landgericht, Oberlandesgericht, Bundesgerichtshof) und des Bundesverfassungsgerichts, außerdem der von allen Gerichten für den behandelten Rechtsfall als relevant erachtete Nötigungsparagraph 240 im StGB als Normtext und für die verfassungsrechtliche Entscheidung das Bestimmtheitsgebot in Art. 103 Abs. 2 GG, darüber hinaus die in diesem Zusammenhang hergestellten Textbezüge in Gesetzeskommentaren sowie die fachwissenschaftliche Diskussion über diese Judikatur in der rechtswissenschaftlichen Fachliteratur (juristische Binnenkommunikation). Dieses Textgeflecht ist für die Rechtsarbeit von grundlegender Bedeutung und bildet daher den Kern des Untersuchungsansatzes. Hassemer begründet dies folgendermaßen:

> „Eine auf den ersten Blick trivial anmutende, aber in ihrer Wirkung weitreichende Konsequenz war die Möglichkeit, die juristischen Stoffmassen – die von Rechtwissenschaft und Rechtspraxis erarbeiteten Entscheidungsprinzipien, Unterscheidungskriterien, Systematisierungen, Fall- und Normdifferenzierungen etc. – überschaubar zu ordnen und darzustellen und sie auf diese Weise der weiteren Differenzierungsarbeit von Wissenschaft und Praxis zuzuführen. Die Ordnung von Rechtsproblemen

[1] Die Überschrift wurde in Anlehnung an den Titel der Monographie „Rechtstext und Textarbeit" von Müller/ Christensen/ Sokolowski 1997 gewählt.

in Tatbeständen, die Zusammenfassung der Tatbestände zu ‚Abschnitten', zu ‚allgemeinen' und ‚besonderen' Teilen, letztlich zu Gesetzbüchern, war Vorbedingung einer Kommentar-Literatur und Entscheidungs-Dokumentation, die den Zugriff auf juristisches Wissen ungleich schneller und differenzierter ermöglichte, als dies frühere Versuche der Dokumentation erlaubt hätten."[2]

5 Gegenstand der Verhandlungen

Ausgangspunkt der richterlichen Tätigkeit sind folgende Ereignisse, die in der *Süddeutsche Zeitung* mit den folgenden Worten beschrieben werden:

> „Es ging um eine Demonstration am 9. Mai 1983 vor einem Depot der Bundeswehr in Großengstingen (Baden-Württemberg), in dem atomare Kurzstreckenraketen des Typs *Lance* gelagert waren. Im Lauf des Tages verhinderten 15 bis 40 Personen mehrmals durch Sitzblockaden die Durchfahrt von Verpflegungsfahrzeugen. Die Sitzenden wurden jeweils von der Polizei weggetragen."[3]

Die Darstellung der Ereignisse gründen auf den Einlassungen der Angeklagten vor den tatrichterlichen Instanzen (besonders ausführlich vor dem Landgericht Tübingen) und wurden von ihnen weder bezweifelt noch geleugnet. Ganz im Gegenteil haben sie die „wesentlichen äußeren Abläufe [...] ausführlich und detailliert vor Gericht geschildert, Art und Umfang ihrer eigenen Tatbeteiligung nicht in Abrede gestellt und sich im übrigen umfassend zur Motivation geäußert, die sie zu dem ihnen vorgeworfenen Verhalten veranlasst hat."[4]

5.1 Die Gerichtsentscheidungen im Überblick

Aus Übersichtsgründen werden die für die Analyse relevanten Eckdaten hinsichtlich der untersuchten Gerichtsentscheidungen synoptisch vorangestellt.

- Das Amtsgericht Münsingen verurteilte die Angeklagten wegen gemeinschaftlicher Nötigung zu einer Geldstrafe von 15 Tagessätzen. Gegen das Urteil legten die Angeklagten mit dem Ziel ihres Freispruchs und die Staatsanwaltschaft mit dem Ziel einer Strafverschärfung Berufung ein.

---

[2] Hassemer ^{6}1994: 253.
[3] *Süddeutsche Zeitung* 16.03.1995.
[4] Urteil vom Landgericht Tübingen vom 16.02.1987, S. 11.

- Die Berufung der Staatsanwaltschaft gegen das Urteil des Amtsgerichts wurde verworfen. Das Landgericht Tübingen hob das Urteil auf und sprach die Angeklagten frei. Hiergegen wendete sich die Staatsanwaltschaft mit ihrer Revision.
- Das Oberlandesgericht Stuttgart legte die Sache dem Bundesgerichtshof mit folgender Rechtsfrage zur Entscheidung vor: „Sind die Fernziele von Straßenblockierern bei der Prüfung der Rechtswidrigkeit der Nötigung oder nur bei der Strafzumessung zu berücksichtigen?"[5]
- Der Beschluss des Bundesgerichtshofs lautet: „Die Fernziele von Straßenblockierern sind nicht bei der Prüfung der Rechtswidrigkeit der Nötigung, sondern ausschließlich bei der Strafzumessung zu berücksichtigen."
- Auf die Revision der Staatsanwaltschaft hat das Oberlandesgericht Stuttgart das Urteil des Landgerichts vom 16.02.1987 aufgehoben und die Sache an eine andere Strafkammer des Landgerichts zurückverwiesen.
- Auf die Berufung der Angeklagten hin änderte das Landgericht Tübingen das Urteil des Amtsgerichts Münsingen vom 9.11.1984 im Rechtsfolgenausspruch dahingehend ab, dass die Zahl der Tagessätze von zunächst 15 auf nunmehr jeweils fünf festgesetzt wurde. Im Übrigen wurden die Berufungen der Angeklagten und der Staatsanwaltschaft als unbegründet verworfen.
- Das Oberlandesgericht Stuttgart verwarf die Revisionen der Angeklagten gegen das Urteil des Landgerichts Tübingen vom 19.10.1988 als unbegründet, weil die revisionsrechtliche Überprüfung des Urteils keinen Rechtsfehler zum Nachteil der Angeklagten ergeben habe.
- Das Bundesverfassungsgericht gab der Verfassungsbeschwerde statt: „Die erweiterte Auslegung des Gewaltbegriffs in § 240 Abs. 1 StGB im Zusammenhang mit Sitzdemonstrationen verstößt gegen Art 103 Abs. 2 GG". Die Sache wurde an das Oberlandesgericht Stuttgart zurückverwiesen. In der Konsequenz hat das Oberlandesgericht Stuttgart die Angeklagten freigesprochen. Der Beschluss des Bundesgerichtshofs vom 5.05.1988 wurde durch die Bundesverfassungsgerichtsentscheidung gegenstandslos.

---

[5] Dieser Terminus wird im Laufe der Arbeit noch genauer betrachtet. Vorläufig gilt folgende Begriffsdifferenzierung: Mit „Fernzielen" sind in unserem Fall – aus juristischer Sicht – Ziele wie „die Bevölkerung auf atomare Gefahren aufmerksam zu machen" etc. gemeint, während mit „Nahzielen" die Absicht bezeichnet wird, die konkret heranfahrenden Fahrzeuge an der Weiterfahrt zu hindern.

5.2 Die juristischen Streitfragen im konkreten Rechtsfall

Der von allen Strafgerichten als relevant erachtete Normtext, nämlich der Nötigungsparagraph (§ 240 StGB), lautet wie folgt:

> „§ 240. Nötigung.
>
> (1)Wer einen anderen rechtswidrig mit Gewalt oder durch Drohung mit einem empfindlichen Übel zu einer Handlung, Duldung oder Unterlassung nötigt, wird mit Freiheitsstrafe bis zu drei Jahren oder mit Geldstrafe, in besonders schweren Fällen mit Freiheitsstrafe von sechs Monaten bis zu fünf Jahren bestraft.
> (2) Rechtswidrig ist die Tat, wenn die Anwendung der Gewalt oder die Androhung des Übels zu dem angestrebten Zweck als verwerflich anzusehen ist.
> (3) Der Versuch ist strafbar."

Im Mittelpunkt der juristischen Kontroverse um die Anwendung des Nötigungsparagraphen im untersuchten Rechtsfall stehen zwei Fragen, die von den einzelnen Gerichten unterschiedlich beantwortet wurden:

- Handelt es sich bei der Sitzblockade um Gewalt im Sinne von § 240 Abs. 1 StGB?
- Wie ist im Rahmen der Verwerflichkeitsklausel der angestrebte Zweck (die politischen Demonstrationsziele bzw. -motive[6] und/ oder das Aufhalten der Fahrzeuge) im Verhältnis zum Mittel der Blockade zu bewerten (§ 240 Abs. 2 StGB)?

Das Verhältnis zwischen Absatz 1 und 2 des Nötigungsparagraphen lässt sich folgendermaßen zusammenfassen: Eine Gewaltanwendung (Drohung ist in unserem Fall nur am Rande relevant) ist verwerflich, wenn entweder das Mittel als solches oder der Zweck als solcher oder – bei Nichtverwerflichkeit von Mittel und Zweck – das Zweck-Mittel-Verhältnis verwerflich ist.

Mithilfe des folgenden Diagramms kann der Normtext in einer ersten – teilweise vereinfachenden und auf die Sitzblockadenjudikatur zugeschnittenen – Darstellung verdeutlicht werden:

[6] Reichert-Hammer 1991: 69 ff. erläutert die – teilweise in Rechtsprechung und Literatur vorgenommene – Begriffsdifferenzierungen zwischen „Motiv" und „Absicht", bezeichnet den Streit darüber als „müßig" und kommt zu dem Schluss: „Die Definition der Merkmale Absicht und Motiv bringt freilich die hier interessierende Frage nach dem Begriff Fernziel nicht wesentlich voran." [Reichert-Hammer 1991: 70] Deswegen werden im Folgenden die beiden Ausdrücke synonymisch verwandt, so wie es in dem untersuchten rechtssprachlichen Korpus ebenfalls üblich ist.

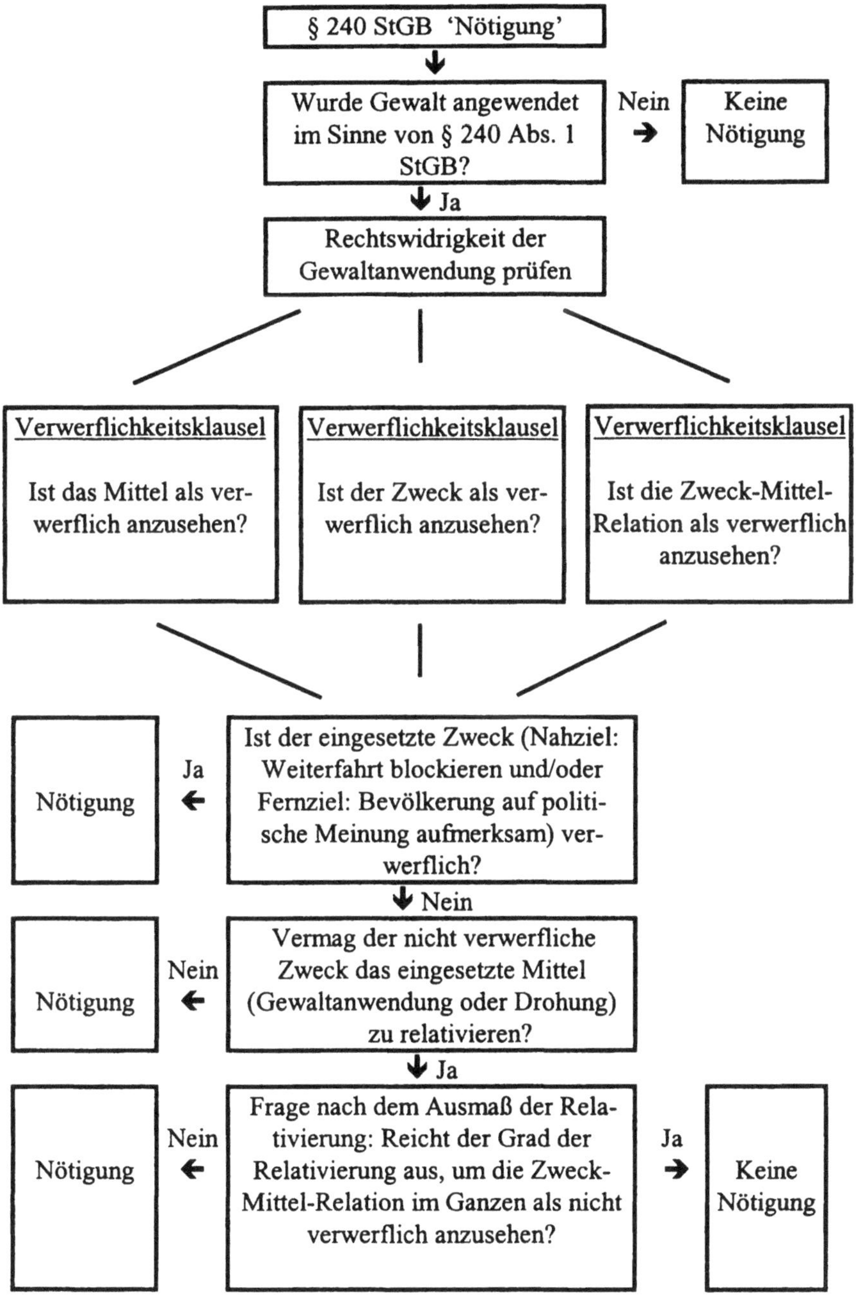
§ 240 StGB 'Nötigung'
Wurde Gewalt angewendet im Sinne von § 240 Abs. 1 StGB?
Nein
Keine Nötigung
Ja
Rechtswidrigkeit der Gewaltanwendung prüfen
Verwerflichkeitsklausel
Ist das Mittel als verwerflich anzusehen?
Verwerflichkeitsklausel
Ist der Zweck als verwerflich anzusehen?
Verwerflichkeitsklausel
Ist die Zweck-Mittel-Relation als verwerflich anzusehen?
Ist der eingesetzte Zweck (Nahziel: Weiterfahrt blockieren und/oder Fernziel: Bevölkerung auf politische Meinung aufmerksam) verwerflich?
Ja
Nötigung
Nein
Vermag der nicht verwerfliche Zweck das eingesetzte Mittel (Gewaltanwendung oder Drohung) zu relativieren?
Nein
Nötigung
Ja
Frage nach dem Ausmaß der Relativierung: Reicht der Grad der Relativierung aus, um die Zweck-Mittel-Relation im Ganzen als nicht verwerflich anzusehen?
Nein
Nötigung
Ja
Keine Nötigung

5.3 Skizzierung der juristischen Kontroverse

Diese beiden Problemkreise im Rahmen des Nötigungsparagraphen – nämlich die Auslegung des Gewaltbegriffs (§ 240 Abs. 1) und die Verwerflichkeitsklausel (§ 240 Abs. 2) – beherrschen die juristische Auseinandersetzung unter den Strafgerichten und dem Bundesverfassungsgericht, der im Folgenden noch vor der genaueren Untersuchung in seinen juristischen Grobstrukturen skizziert wird, damit der juristische Laie den Ausführungen besser folgen kann.

I) Zunächst stellt sich im Zusammenhang mit dem **Gewaltbegriff** die Frage, ob es sich bei der Sitzblockade um Gewalt im Sinne von § 240 Abs. 1 StGB (Nötigung) handle. Ein Teil der Juristen, der sich auf einen Beschluss des Bundesgerichtshofs vom 05.05.1988[7] und die Rechtsprechung des BVerfG in den 1980er Jahren stützen kann,[8] spricht von „psychischer", „vergeistigter" oder „entmaterialisierter" Gewalt (= 'unwiderstehlicher psychischer Zwang beim Opfer, also beim Insassen des Fahrzeuges'). Sie begründen das damit, dass beim Gewaltverständnis nach § 240 Abs. 1 StGB nicht der „unmittelbare Einsatz körperlicher Kraft" vorauszusetzen sei, sondern dass schon geringer körperlicher Kraftaufwand (= das bloße Dasitzen) genüge, um beim Opfer (hier der Fahrzeugführer) einen psychischen Prozess in Lauf zu setzen. Dieser Vorgang fällt nach Ansicht des Bundesgerichtshofs unter den Gewaltbegriff. Für die Strafbarkeit sei also das Ausmaß der psychischen Einwirkung auf das Opfer ausschlaggebend und nicht der körperliche Kraftaufwand des Täters.

Das BVerfG sieht dies anders, verneint dieselbe Frage in seiner Entscheidung vom 10.01.1995 und ändert damit seine eigene Rechtsprechung aus dem Jahre 1986 und 1987 – dadurch ist der BGH-Beschluss gegenstandslos geworden – mit der Begründung[9], der Gewaltbegriff werde dabei zu weit ausgelegt und widerspreche damit dem im Grundgesetz (Artikel 103 Absatz 2) festgelegten Bestimmtheitsgrundsatz (Grundprinzip des Strafrechts), dem zufolge ein Straftatbestand das als strafbar angesehene Verhalten im Gesetzestext hinreichend genau umreißen muss. Zum anderen müssten Strafbarkeit und Strafrahmen für ein Verhalten festgestanden haben, ehe es verwirklicht werde. Das Bundesverfassungsgericht weist daraufhin, dass der Staatsbürger verlässlich wissen soll, was der Gesetzgeber als strafwürdiges Verhalten ansehe. Nur dann könne sich der Einzelne danach richten. Wenn die Strafgerichte allerdings den Gewaltbegriff so weit – wie oben beschrieben – fassten, dann sei für den einzelnen Bürger das strafwürdige Verhalten aus der Gesetzesformulierung nicht

---

[7] BGHSt 35, 270.

[8] Das BVerfG hat im sog. *1. Sitzblockadenurteil* vom 11.11.1986 [BVerfGE 73, 206] diese Rechtsauffassung bestätigt ebenso wie in einem Beschluss vom 14.07.1987 [BVerfGE 76, 211].

[9] BVerfGE 92, 1.

mehr erkennbar. Mit diesem Bestimmtheitsgrundsatz soll also staatliche Willkür durch weit und unscharf gefasste Tatbestände vermieden werden.

II) In der Auseinandersetzung um den **Verwerflichkeitsbegriff** wird ebenfalls äußerst kontrovers darüber diskutiert, ob der angestrebte Zweck im Verhältnis zum eingesetzten Mittel der Blockade verwerflich (§ 240 Abs. 2 StGB) sei – damit ist „ein erhöhter Grad sozialwidrigen Handelns" gemeint.[10] Es geht demnach um die Angemessenheit oder Unangemessenheit des angewendeten Mittels der Sitzblockade zum Erreichen des Zwecks im konkreten Fall (die Zweck-Mittel-Relation). In diesem Zusammenhang wird im juristischen Diskurs der Zweckbegriff dahingehend differenziert, dass das Phänomen in *Nahziel* und *Fernziel* unterschieden wird. Dabei dreht sich die juristische Auseinandersetzung um die Streitfrage, ob nur das Nahziel des Blockierens mit seinen Auswirkungen auf das Opfer (nämlich den Fahrzeugführer, der an der Weiterfahrt gehindert werde) oder auch Fernziele (hier z.B. die Bevölkerung eindringlich und überzeugend auf die Gefahren der atomaren Rüstung hinzuweisen) vorrangig zu berücksichtigen seien.[11] Diese Frage scheint dem Oberlandesgericht so bedeutsam zu sein, dass es sie sogar dem Bundesgerichtshof zur Entscheidung vorgelegt hat. Dazu gibt es unter den Gerichten und in der juristischen Fachliteratur gegensätzliche juristische Positionen, wie weiter unten noch ausgeführt wird.

[10] Dreher/ Tröndle 1997, § 240 Rdn. 23 und Tröndle/ Fischer 2001, § 240 Rdn. 41.

[11] Zu Entscheidungen des Bundesgerichtshofs mit unterschiedlichem Tenor bezüglich der Berücksichtigung von Fernzielen – BGH-Beschluss (2. Senat) vom 24. April 1986 und der im rechtsprachlichen Textkorpus der vorliegenden Untersuchung aufgenommene Beschluss vom 5. Mai 1988 (1. Senat) – und den BVerfG-Entscheidungen in den 1980er Jahren siehe Reichert-Hammer 1991: 28 ff.

6 Die konkrete Rechtsarbeit exemplifiziert an einer Sitzblockadenjudikatur

Im zweiten Kapitel habe ich mein sprachwissenschaftliches Interesse am Recht dargelegt und die sprachlichen Grundannahmen der *Strukturierenden Rechtslehre* vorgestellt. Das in diesem rechtstheoretischen Paradigma entwickelte Modell zur Beschreibung konkreter Rechtsarbeit – das *Konzept der Textstruktur* – betrachtet die rechtsstaatliche Struktur als ein Kontinuum juristischer Texte und sieht in ihnen die Rechtfertigung richterlichen Handelns. Der von der *Strukturierenden Rechtslehre* entwickelte Gedanke der Textstruktur gliedert die konkrete Rechtsarbeit in die folgenden Schritte, die der Untersuchung der Sitzblockadenentscheidungen als Raster zugrunde liegen werden und sich in einer Übersicht wie folgt darstellen und zusammenfassen lassen:[1]

1. Ausgangspunkt ist der festgesetzte **Sachverhalt**, der in aller Regel aus verschiedenen Sachverhaltserzählungen bzw. -darstellungen der Tatbeteiligten, Zeugen usw. formuliert wird.[2] Bei Berufungs- und Revisionsentscheidungen ist auf Unterschiede in der Sachverhaltsdarstellung zu achten. Tatrichterliche Instanzen wie das Amtsgericht und das Landgericht versuchen den Tathergang (Sachverhalt) in der Hauptverhandlung aufzuklären und geben das Ergebnis der Sachverhaltsfestsetzung – nicht Sachverhaltsfeststellung[3] – in den Entscheidungen wieder, bei Revisionsentscheidungen werden vielfach Formulierungen der tatrichterlichen Instanzen übernommen. Bei den Bundesgerichtshofs- und Bundesvefassungsgerichtsentscheidungen – das sei hier schon vorweggenom-

[1] Die Herleitung dieses Modells ist im ersten Teil *Theoretische Grundlagen* in Kapitel 2 geleistet worden.

[2] Dabei gilt es zu differenzieren zwischen gemeinsprachlichen Elementen in einer alltagsweltlichen Darstellung durch Nicht-Juristen im Unterschied zu fachsprachlichen Formulierungen nach der sog. Zubereitung des Rechtsfalls durch den juristischen Experten. Beide Sichtweisen sollen in Kapitel 11 und 12 kontrastiert werden: im richterlichen Entscheidungstext findet sich nur der zubereitete Sachverhalt, erst die Gegenüberstellung mit Formulierungen in Printmedien vermag Unterschiede zwischen Gemeinsprache bzw. alltagsweltlichem Zugriff und Fachsprache und dem dazugehörenden Expertenwissensrahmen zu Tage zu fördern.

[3] Schon hier sei bemerkt, dass „Sachverhaltsfeststellung" oder die Formulierung „die Hauptverhandlung hat folgenden Sachverhalt ergeben" meines Erachtens durch „Sachverhaltsfestsetzung" ersetzt werden sollte. Die mit dieser Äußerung implizierte These beabsichtige ich im Laufe der Arbeit am Beispiel der Sitzblockadenjudikatur zu belegen.

men – finden sich neu komponierte Zusammenfassungen oder Synopsen, wir haben es also mit reformulierenden Sprachhandlungen zu tun.[4]

2. Auswahl einer – zum Fall passenden – **Normtexthypothese** aus der Gesamtmenge aller Normtexte. Von allen Strafgerichten wird im konkreten Rechtsfall nur § 240 „Nötigung" als einschlägig erachtetet, weitere mögliche Normtexte werden mit Begründungen verworfen.
3. Als Zwischenergebnis entsteht das **Normprogramm** (als *Sprach*bestandteil einer Rechtsnorm) aufgrund der Interpretation der Sprachdaten.
4. Auswahl des **Normbereichs** (als *Sach*bestandteil) aus dem Sach- bzw. Fallbereich, das heißt aus den im Fall aktuellen Realdaten. Der Normbereich wird also konstituiert als die Teilmenge der für die Entscheidung als normativ mitwirkenden Tatsachen.
5. Normprogramm und Normbereich bilden zusammen die vom Rechtsarbeiter auf diesem Wege erzeugte, generell formulierte **Rechtsnorm**. Diese kommt zum einen in den Entscheidungen zum Ausdruck und wird darüber hinaus in Leitsätzen (gerade bei BGH- und BVerfG-Entscheidungen) paraphrasiert.
6. Der Rechtsarbeiter individualisiert die Rechtsnorm zur **Entscheidungsnorm**, welche im Tenor (Urteilsformel) versprachlicht wird.

Aus diesen sechs Schritten der konkreten Rechtsarbeit ergibt sich die weitere Gliederung der Untersuchung (6.1 bis 6.6), bevor in 6.7 die Begründungen in den Gerichtsentscheidungen zu Sitzblockaden einer Einzelbetrachtung unterzogen werden.

---

[4] Unter **Reformulieren** versteht man die variierende Wiederaufnahme von bereits zuvor in einem Diskurs Formuliertem [Steyer 1997]. Reformulierende Handlungen interessieren hier hinsichtlich der Resultate, nicht der (Re)Formulierungshandlung selbst. Diese Resultate haben die Funktion, zeitlich und räumlich verschobene Verknüpfungen zwischen Texten, also intertextuelle Bezüge zu generieren. In unserem Zusammenhang ist ein Vergleich mit dem Bezugstext von besonderem Interesse (hier ein oder mehrere richterliche Entscheidungstexte).
Folgende Untersuchungsfragen sind in diesem Zusammenhang von Interesse: Wie verweisen Texte aufeinander? Welche Funktionen erfüllen solche zwischen Texten explizierten Relationen? Welche Formulierungen (Wörter, Syntagmen, Textteile, Texte) sind als Bezugsgrößen anscheinend prädestiniert?
Formen und Funktionen von Reformulierungen gelten dem Informationstransfer, der (Um)Interpretation und Bewertung vorgängiger Texte.
Steyer formuliert fünf Handlungsziele für Reformulierungen:
1. Vermittlung, dass eine bestimmte Äußerung produziert wurde
2. Übermittlung des Inhalts
3. Angebot einer Interpretation der Äußerung
4. Angebot an Empfänger hinsichtlich der Äußerung und/oder ihrem Inhalt
5. Signalisieren von Konsens und Dissens (insbesondere gegenüber dem ursprünglichen Produzenten).

6.1 Ausgangspunkt ist der festgesetzte Sachverhalt

Von der Formulierung des Amtsgerichts Münsingen ausgehend, wird im Folgenden die Art und Weise, wie die einzelnen Gerichte den zu verhandelnden Sachverhalt darstellen, die Sachverhaltskonstitution, kontrastiv untersucht. Im Anhang dieser Arbeit stehen alle Gerichtsentscheidungen im Originalwortlaut zur Verfügung. Die Untersuchung folgt in ihrer Zitierweise der im Original vorgenommenen Paginierung.

Urteil des Amtsgerichts Münsingen vom 09.11.1984

> „Am 9. Mai 1983 fand vor dem Sondermunitionslager der Bundeswehr in Großengstingen eine angekündigte Blockadeaktion statt. Die Angeklagten B., M., B. und M. nahmen an dieser Aktion teil, indem sie sich gegen 17.30 Uhr auf der einzigen Zufahrt zu diesem Sondermunitionslager mit einer weiteren Person quer auf die Straße setzten, um Bundeswehrfahrzeugen die Zufahrt zu versperren. Als gegen 17.30 Uhr ein Fahrzeug der Bundeswehr, dessen Fahrzeugführer Hauptfeldwebel B. war, bei einer Versorgungsfahrt in das Lager einfahren wollte, sah sich der Hauptfeldwebel B. angesichts der auf der Fahrbahn sitzenden Angeklagten gezwungen, den Befehl zum Anhalten zu geben. Das Fahrzeug hielt in einer Entfernung von rd. 5 m vor den Angeklagten. Die Angeklagten und die weitere Person wurden von Polizeibeamten mehrfach aufgefordert, die Straße zu räumen.
> Außerdem wurden die Angeklagten vernehmbar auf die Strafbarkeit ihres Handelns hingewiesen. Da die Angeklagten trotz Aufforderungen auf der Fahrbahn sitzen blieben, mussten die Angeklagten von der Polizei weggetragen werden, um dem Fahrzeug die Zufahrt zu ermöglichen. Durch die Blockade wurde das Fahrzeug der Bundeswehr um mindestens 10 Minuten aufgehalten."[5]

Betrachtet man die Formulierung des Amtsrichters, so ist zunächst die Perspektivierung oder anders gesagt der ausgewählte Sachverhaltsausschnitt auffällig, der bei den Sprecherhandlungen im Rahmen des festzusetzenden Sachverhalts gewählt wurde. Bei diesem wird nämlich die Perspektive der Fahrzeuginsassen gegenüber der Sichtweise der Demonstranten dominant gesetzt. Der Amtsrichter referiert und prädiziert mit der Formulierung „sah sich der Hauptfeldwebel [...] gezwungen, den Befehl zum Anhalten zu geben") auf die unterstellte Wahrnehmung bei den Opfern. Die Demonstrationsziele der Angeklagten – die Motive für die Sitzblockade aus Sicht der Teilnehmer – bleiben unerwähnt.

Solche Versprachlichungsmodi bedürfen des Vergleichs mit Formulierungen weiterer Tatsachen- und Revisionsinstanzen und des Bundesverfassungsgerichts, um Spezifika des juristischen Zugriffs transparent machen zu können. Das Bundesverfassungsgericht beispielsweise formuliert denselben Teilausschnitt des Geschehens wie folgt: „Hauptfeldwebel B. gab wenige

---

[5] Urteil des Amtsgerichts Münsingen vom 9.11.1984, S.2 f.

Meter vor den Sitzenden den Befehl zum Anhalten."[6] Es ist hier also anzunehmen, dass der juristische Wissensrahmen des Amtsrichters den Sachverhalt aus den Sachverhaltserzählungen insofern „zubereitet",[7] als die Eigenschaft des Zwangs bei der Konstitution des Sachverhalts ersichtlich vorhanden sein muss, damit das Merkmal „Zwang" als wesentliche Komponente des Tatbestandes der Nötigung gegeben ist, um im Rahmen der Zuordnung zum relevanten Normtext (§ 240 als Normtexthypothese) eben diesen Aspekt als Teilbedeutung des Gewaltbegriffs in Erscheinung treten lassen zu können. Gegebenenfalls soll mit dieser Formulierung die im Anschluss dargelegte Begründung des Amtsrichters vorbereitet werden (vgl. auch die Formulierung des Oberlandesgerichts weiter unten).

Es ist darüber hinaus für den juristischen Laien nicht ersichtlich und doch auch bemerkenswert, dass das Amtsgericht das Motiv, einen Befehl zu geben – nämlich Zwang -, ausdrücklich benennt, und die Motive der Angeklagten, die Straße zu Demonstrationszwecken zu blockieren (also die Demonstrationsziele) an dieser Stelle der Sachverhaltsfestsetzung vollständig unerwähnt lässt und erst bei der Urteilsbegründung und der Strafzumessung anführt. Wer allerdings das Normprogramm zum Nötigungsparagraphen (wie es z.B. in Kommentaren zum Strafgesetzbuch dargelegt wird) bereits kennt (siehe den folgenden Abschnitt 6.3), der weiß den zentralen Stellenwert der erwähnten und nichterwähnten Sachverhaltseigenschaften im juristischen Wissensrahmen einzuschätzen, wenn es im Anschluss um die rechtliche Sachverhaltsklassifizierung der sog. Nahziele und Fernziele geht. Somit wird deutlich – und zeigt sich in der anschließenden Betrachtung der einzelnen Gerichtsentscheidungen -, wie im Rahmen der Sachverhaltskonstitution bestimmte Perspektivierungen im Sortiment divergierender Perspektivierungsmöglichkeiten dominant gesetzt werden und damit den von mir favorisierten Terminus der *Sachverhaltsfestsetzung* rechtfertigen. Es wird zum Beispiel im Text des Amtsgerichts deutlich, dass der Amtsrichter bei der Perspektivierung der Ereignisse das Geschehen aus Sicht der Fahrzeuginsassen favorisiert.

[6] BVerfGE 92, 2.

[7] Wie im ersten Kapitel erwähnt, spricht Jeand' Heur [1998: 1292] aus eben diesem Grunde von der „Zubereitungsfunktion" und meint damit, dass juristische Fachtexte den „Fall" überhaupt erst zum rechtlich relevanten „Sachverhalt" umgestalten.

Urteil der 2. Kleinen Strafkammer des Landgerichts Tübingen vom 16.02.1987

Es geht an dieser Stelle ausschließlich um die auffälligen Unterschiede in der Darstellung des Sachverhalts im Vergleich zur soeben vorgestellten Formulierung des Amtsgerichts Münsingen.

In der Judikatur ist offensichtlich schon umstritten, mit welchen Lexemen man auf die Aktion, auf das Ereignis an sich referiert, weil je nach Art des Bezugnehmens Unterschiedliches prädiziert wird. Das Landgericht formuliert: „Eine Möglichkeit, solches zu demonstrieren, sahen und sehen sie noch heute in von ihnen so bezeichneten ‚gewaltfreien Aktionen', zu welchen namentlich das Versperren der Zugänge und Zufahrten zu militärischen Einrichtungen durch Zusammenstehen oder gemeinsames Sitzen auf der Fahrbahn gehört."[8] Wir haben es hierbei nicht nur mit einem Sprachnormierungs„kampf" oder „semantischen Kampf" zwischen unterschiedlichen Institutionen mit ihren spezifischen Bezeichnungstechniken zu tun: Die Angeklagten bezeichnen ihre Aktion – wie im Soziolekt ihrer Bewegung üblich – als „gewaltfreie Aktion". Demgegenüber konkurrieren – zum Teil auch scheinbar synonymisch verwendet – in der juristischen Binnenkommunikation die Lexeme „Sitzblockade" und „Sitzdemonstration" (beide auch in der BVerfGE verwendet), wie weiter unten noch ausführlich gezeigt wird.[9] Das Landgericht benützt zusätzlich die Lexeme „Blockadeaktion" oder „Blockade" und setzt diese zum Teil in Anführungsstriche – entweder um das Wort als Zitat zu markieren oder um eine Distanz zum Wortgebrauch deutlich zu machen.

Das Landgericht setzt an den Anfang seiner Sachverhaltsfestsetzung eine ausführliche Darlegung der Motive der Angeklagten, ein Aspekt, der in der amtsgerichtlichen Formulierung des Sachverhalts völlig unberücksichtigt bleibt.[10] Der als relevant erachtete Lebensweltausschnitt, auf den referiert wird, ist im Urteil des Landgerichts Tübingen wesentlich breiter angelegt als im Urteilstext des Amtsgerichts Münsingen. Das Landgericht beginnt mit der Darstellung von drei Blockadeaktionen am selben Tag (10.45 Uhr, 12.15 Uhr, 12.29 Uhr), bei denen die Angeklagten – so wird ausdrücklich erwähnt – die Straße nicht blockierten, sondern nur – so wird expliziert – am Straßenrand gestanden haben sollen. Allerdings – so wird erwähnt – hinderten die anderen Demonstranten „absprachegemäß und mit Wissen und Billigung der vier Angeklagten" ein Bundeswehrfahrzeug an der Weiterfahrt.[11] In der Sachverhaltsdarstellung divergieren die Zeitangaben über die Dauer der Blockade. So formuliert das Landgericht „Nach weniger als fünf Minuten war die Fahrbahn

---

[8] Urteil des Landgerichts Tübingen vom 16.02.1987, S. 4.
[9] Siehe im dritten Teil das achte Kapitel.
[10] Urteil des Landgerichts Tübingen vom 16.02.1987, S. 4 ff.
[11] Urteil des Landgerichts Tübingen vom 16.02.1987, S. 9.

frei"[12], während das Amtsgericht feststellt: „Durch die Blockade wurde das Fahrzeug der Bundeswehr um mindestens 10 Minuten aufgehalten."[13]

Ein Beispiel für eine mitgeäußerte Wertung beim Formulieren des Sachverhalts stellt der folgende Ausschnitt dar: „Da die Blockierer trotz dreimaliger Aufforderung durch den Einsatzleiter PHK Z. die Straße nicht freimachten, schritt die Polizei unter Einsatz von insgesamt nur sechs Beamten zur Räumung in derselben Art und Weise wie am Nachmittag. Nach weniger als fünf Minuten war die Fahrbahn frei und die Zufahrt ins Depot unbehindert möglich."[14] In dieser Sachverhaltsbeschreibung drückt das Adverb *nur* aus, dass der Einsatz auf ein bestimmtes Maß beschränkt war. Diese Adverbiale schätzt das Ausmaß des beschriebenen Aufwandes als eher gering ein und bringt damit eine Sprechereinstellung zum Ausdruck. Sie kommt in den – nun im Folgenden näher zu betrachtenden – Reformulierungen der Revisionsentscheidung des Oberlandesgerichts Stuttgart nicht mehr vor und wurde offensichtlich ersatzlos gestrichen.

Beschluss des 4. Strafsenats des Oberlandesgerichts Stuttgart vom 17.12.1987

Als Revisionsinstanz hat sich das Oberlandesgericht auf die „Feststellungen" bzw. Festsetzungen der vorherigen tatrichterlichen Instanz – hier das Landgericht Tübingen – zu stützen. Aus diesem Grunde wird die Darstellung des Sachverhalts folgendermaßen eingeleitet: „Das Landgericht hat folgende Feststellungen getroffen:"[15] Dennoch werden in den Re-Formulierungen des Oberlandesgerichts hinsichtlich des Sachverhalts bei der vermeintlich neutralen Sprecherhandlung des Wiedergebens (als ein Exempel der repräsentativen/assertiven Sprechhandlungsklasse) das in diesem Zusammenhang wertende Adverb *nur* gestrichen (evaluative Sprecherhandlung): „Da die Blockierer trotz dreimaliger Aufforderung durch den polizeilichen Einsatzleiter die Straße nicht freimachten, trugen sechs Polizeibeamte in weniger als fünf Minuten die Blockierer von der Straße."[16]

Das Oberlandesgericht spricht im Rahmen der Sachverhaltsdarstellung nicht von „Zwang" gegenüber den an der Weiterfahrt gehinderten Fahrern und Beifahrern. Dies ist ein Unterschied zu den in der vorangegangenen Instanz getroffenen Feststellungen des Amtsgerichts („sah sich ... gezwungen") und des Landgerichts Tübingen, wo der Fahrzeugführer „gezwungenermaßen"

[12] Urteil des Landgerichts Tübingen vom 16.02.1987, S. 11.
[13] Urteil des Amtsgerichts Münsingen vom 9.11.1984, S. 2.
[14] Urteil des Landgerichts Tübingen vom 16.02.1987, S. 10 f.
[15] Beschluss des Oberlandesgerichts Stuttgart vom 17.12.1987, S. 3.
[16] Beschluss des Oberlandesgerichts Stuttgart vom 17.12.1987, S. 5.

anhielt.[17] Die OLG-Rrichter orientieren sich offensichtlich in den Passagen der Sachverhaltsdarstellung, in denen über das Umkehren der Fahrzeuge aufgrund des versperrten Weges berichtet wird, weniger an dem – durch den juristischen Wissensrahmen vorgebebenen – Merkmal des Zwangs und kommen daher zu einer anderen Formulierung.

Der 1. Strafsenat des Bundesgerichtshofs vom 05.05.1988

Der Bundesgerichtshof, der sich als Revisionsinstanz bei der Formulierung des Sachverhalts auf die Ausführungen der Tatsacheninstanzen stützen muss, hebt aus dem Komplex der Sachverhalte bestimmte Umstände hervor und begeht die Ungenauigkeit, dass er beim Referieren auf die Vorgänge der Blockadeaktion die Angeklagten mit elf weiteren Demonstranten in eine Gruppierung zusammenfasst, der zur Last gelegt wird, „bei insgesamt vier Gelegenheiten durch Polizeibeamte von der Fahrbahn"[18] getragen worden zu sein. Diese Formulierung, die das tatsächliche Ausmaß der Beteiligung der Angeklagten außer Acht lässt, impliziert eine umfangreichere Tatbeteiligung, als es zum Beispiel das Landgericht Tübingen explizit feststellt: „Gegen 12.29 Uhr wollte der Fahrer K. das Lager wieder verlassen, sah sich jedoch daran gehindert, weil erneut fünf Personen, unter denen sich wiederum keiner der Angeklagten befand, auf der Straße sitzend verweilten."[19] Nur bei einer Blockadeaktion beteiligten sich die Angeklagten aktiv – wie das Landgericht ausdrücklich feststellt -, bei allen anderen Blockaden standen sie „absprachegemäß und mit Wissen und Billigung" am Straßenrand.[20] Das Landgericht formulierte sogar noch deutlicher: „Grad und Ausmaß ihrer Tatbeteiligung und die Intensität ihres Verhaltens überhaupt verlieren insgesamt jedoch deshalb beträchtlich an Gewicht, weil sie aktiv nur an einer einzigen, kurzen Sitzblockade teilnahmen."[21]

Urteil des 4. Strafsenats des Oberlandesgerichts Stuttgart vom 23.06.1988

Der Senat leitet den Abschnitt zur Sachverhaltsdarlegung mit folgenden Worten ein: „Nach den Feststellungen der Strafkammer [des Landgerichts Tübingen/Anm. E.F.] beteiligten sich die Angeklagten [...]."[22] Im Folgenden wird der

[17] Urteil des Landgerichts Tübingen vom 16.02.1987, S. 5.
[18] BGHSt 35, 271.
[19] Urteil des Landgerichts Tübingen vom 16.02.1987, S. 10.
[20] Urteil des Landgerichts Tübingen vom 16.02.1987, S. 9.
[21] Urteil des Landgerichts Tübingen vom 16.02.1987, S. 20.
[22] Urteil des Oberlandesgerichts Stuttgart vom 23.06.1988, S. 3.

Sachverhalt mit den gleichen Worten wie im Beschluss vom 17.12.1987 wiedergegeben.

Urteil der 1. Kleinen Strafkammer des Landgerichts Tübingen vom 19.10.1988

Die 1. Kleine Strafkammer des Landgerichts Tübingen muss den Sachverhalt in der Verhandlung aufgrund der Sachverhaltserzählungen der Zeugen und Angeklagten erneut festsetzen (das Ereignis liegt zwischenzeitlich mehr als fünf Jahre zurück). Diese Kammer des Landgerichts Tübingen spricht in ihrem Urteil nun nicht mehr davon, dass der Fahrzeugführer „gezwungenermaßen" anhalten musste, wie dies die Richter der 2. Kleinen Strafkammer in ihrer Entscheidung vom 16.02.1987 getan haben. Sie übernimmt damit auch nicht die Formulierung des Amtsgerichts Münsingen, dass bei den an der Weiterfahrt gehinderten Fahrzeuginsassen ein Zwang ausgelöst wurde, sondern führt aus, dass „der Hauptfeldwebel B. keine Möglichkeit sah, ohne Gewalt in das Munitionslager zu gelangen"[23] oder „nicht weiterfahren konnte, ohne die Sitzenden zu verletzen."[24] Diese Formulierungen im Rahmen der Festsetzung des Sachverhalts sollen vermutlich deutlich machen, dass die Blockierenden ein physisches Hindernis für die Fahrzeugführer darstellten. Es handelt sich dabei um einen – für Laien unwesentlichen – Aspekt, der in der strafrechtlichen Bewertung des Sachverhalts jedoch relevant ist, wie weiter unten gezeigt wird.

Das Landgericht vertritt im Gegensatz zur Verteidigung die Meinung, dass „die Sitzblockierung durch die Angeklagten [...] von den übrigen Sitzblockierungen nicht losgelöst beurteilt werden" könne.[25] Die Festsetzung des Sachverhalts an sich ist demnach ebenfalls umstritten, nicht nur die rechtliche Bewertung der Blockade selbst. Diese Divergenzen zwischen den beiden Kammern des Landgerichts kommen in der Formulierung des Sachverhalts der 1. Kleinen Strafkammer zum Ausdruck, wenn sie im Unterschied zur 2. Kleinen Strafkammer[26] feststellt:

> „Anfang Mai 1983 faßten mehrere Personen den gemeinsamen Entschluß, am 9. Mai 1983 den ganzen Tag über die einzige Zufahrt zum Sondermunitionslager der Bundeswehr bei Großengstingen durch wechselnde Gruppen von jeweils etwa 5 Personen zu blockieren und dadurch den gesamten Fahrzeugverkehr vom und zum Lager zu unterbinden. Dadurch wollten sie den Dienstbetrieb der dortigen Bundeswehreinheit empfindlich stören. Sie rechneten mit dem Einsatz der Polizei. Ziel ihrer Blockade sollte sein, gegen die Stationierung der Lance-Raketen zu protestieren,

[23] Urteil des Landgerichts Tübingen vom 19.10.1988, S. 7.
[24] Urteil des Landgerichts Tübingen vom 19.10.1988, S. 7.
[25] Urteil des Landgerichts Tübingen vom 19.10.1988, S. 12.
[26] Urteil des Landgerichts Tübingen vom 19.10.1988, S. 7.

weil sie befürchteten, daß dadurch die Gefahr eines Krieges mit Atomwaffen erhöht werde, der das Leben von vielen Millionen Menschen vernichten könnte."[27]

Bei der Festsetzung des Sachverhalts werden die Motive der Angeklagten expliziert und in zwei Klassen eingeteilt, wie wir im dritten Teil *Linguistische Analysen* noch genauer untersuchen werden. Zum einen sind dies die Motive der Blockadeteilnehmer, Bundeswehrfahrzeuge aufzuhalten – in der juristischen Fachkommunikation als *Nahziel* bezeichnet –, und zum anderen die Motivation der Demonstranten, auf Rüstungsgefahren aufmerksam zu machen. Dieser zweite Aspekt wird in der juristischen Binnenkommunikation als „Fernziel" tituliert, im Urteilstext des Landgerichts wird er verkürzt als *Ziel* („Ziel ihrer Blockade sollte sein [...]") wiedergegeben.

Das Gericht hält entgegen der Meinung der Verteidigung nicht nur den Vorfall für relevant, bei dem sich die Angeklagten auf die Fahrbahn setzten, sondern bezieht als Gegenstand des Verfahrens auch die Aktionen mit ein, bei denen sich die Angeklagten am Straßenrand aufhielten, während andere Demonstranten die Straße blockierten.

„Der Aburteilung unterliegt vielmehr die Tat, wie sie sich aufgrund des Ergebnisses der Hauptverhandlung nach der natürlichen Lebensauffassung als einheitlicher geschichtlicher Vorgang, einschließlich aller damit zusammenhängender Vorkommnisse, darstellt, mithin vorliegend die Blockadeaktion, die für den ganzen Tag geplant war und in einzelnen Sitzblockierungen durch wechselnde Gruppen von 5 bis 8 Demonstranten und unterstützendes Dabeistehen der übrigen Demonstranten am Straßenrand durchgeführt wurde; die Sitzblockierung durch die Angeklagten hat von den übrigen Sitzblockierungen nicht losgelöst beurteilt werden können."[28]

Dieses Zitat ist nicht dem Abschnitt des Urteils entnommen, in dem der Sachverhalt dargestellt wird, sondern dem Kapitel, welches die Urteilsgründe beinhaltet. Es macht deutlich, wie zwischen den Gerichten bereits die Festsetzung des Sachverhalts als ein Ausschnitt der Lebenswelt mit einem bestimmten Start- und Endpunkt bereits umstritten ist. Im Sinne der *Strukturierenden Rechtslehre* müsste man formulieren, dass der Rechtsarbeiter den Normbereich als Sachbestandteil aus dem Sach- und Fallbereich auswählt, das heißt aus den im Fall aktuellen Realdaten. Der hier kontrovers diskutierte Normbereich setzt sich also zusammen aus den Sachverhaltseigenschaften, die für die Entscheidung als normativ mitwirkende Tatsachen gewertet werden.[29]

---

[27] Urteil des Landgerichts Tübingen vom 19.10.1988, S. 4 f.
[28] Urteil des Landgerichts Tübingen vom 19.10.1988, S. 11 f.
[29] Müller/ Christensen/ Sokolowski 1997: 123.

Beschluss des Ersten Senats des Bundesverfassungsgerichts vom 10.01.1995

Die Besonderheit der Sachverhaltsdarstellung des Bundesverfassungsgerichts besteht darin, dass bei seinen Ausführungen der Ereignisse nicht explizit auf den ausgelösten Zwang bei den Fahrzeuginsassen als sog. Nahziel der Demonstranten referiert wird – was in den tatrichterlichen Instanzen des Amtsgerichts Münsingen und der 2. Kleinen Strafkammer des Landgerichts Tübingen als ausschlaggebend eingestuft wird -, sondern nur auf den „Beweggrund"[30] der Demonstranten für die Teilnahme an der Aktion Bezug genommen wird (also die von den anderen Gerichten als *Fernziele* bezeichneten Motive).

Darüber hinaus differenziert das Bundesverfassungsgericht im Unterschied zum Bundesgerichtshof sehr genau bezüglich des Umstandes, wann die Angeklagten aktiv auf der Straße sitzend Fahrzeuge blockierten und wann sie sich während der Sitzblockade anderer Demonstranten am Straßenrand aufhielten.

Es bleibt also abschließend festzuhalten, dass sowohl zwischen Verteidigung und Staatsanwaltschaft als auch zwischen den Gerichten bereits die Frage umstritten ist, welcher Wirklichkeitsausschnitt als juristisch relevanter Sachverhalt berücksichtigt werden muss. Entgegen der Meinung der Verteidigung ist nach Ansicht des 1. Strafsenats des Bundesgerichtshofs und der 1. Kleinen Strafkammer des Landgerichts Tübingen (in Übereinstimmung mit der Staatsanwaltschaft) nicht nur die einmalige Blockade der Angeklagten Gegenstand des Verfahrens, sondern die Blockadeaktionen des ganzen Tages, während der die Angeklagten als Mittäter am Straßenrand stehend die Blockade anderer Täter unterstützten.

6.2 Auswahl einer – zum Fall passenden – Normtexthypothese

Aus der Gesamtmenge aller Normtexte sucht der Rechtsarbeiter gemäß dem Modell der praktischen Rechtskonkretisierung im Paradigma der *Strukturierenden Rechtslehre* eine Normtexthypothese aus, welche die Grundlage für die weitere Rechtsarbeit bis hin zur Konkretisierung in Form der Rechts- und Entscheidungsnorm bildet. Im vorliegenden Rechtsfall wird § 240 StGB von allen Strafgerichten als relevant klassifiziert, andere Gesetzesvorschriften wie zum Beispiel Landfriedensbruch nach § 125 StGB usw. werden nicht in Betracht gezogen. Somit bleibt nach dem – in den Entscheidungstexten nicht explizierten – Verwerfen weiterer Normtexte der – für den Rechtsfall als relevant erachtete – Nötigungsparagraph übrig, der Gesetzestext von § 240 StGB

[30] BVerfGE 92, 2.

stellt demnach gemäß dem Modell der *Strukturierenden Rechtslehre* die Normtexthypothese dar. „Es hat sich mehrfach gezeigt, daß eine Rechtsnorm mehr ist als der Normtext"[31] – sie setzt sich aus Normprogramm (Abschnitt 6.3) und Normbereich (Abschnitt 6.4) zusammen.

6.3 Das Normprogramm als *Sprach*bestandteil der Rechtsnorm

Als Zwischenergebnis entsteht im Modell der praktischen Rechtskonkretisierung das Normprogramm (als *Sprach*bestandteil einer Rechtsnorm) aufgrund der Interpretation der Sprachdaten aus dem Normtext und der juristischen Fachliteratur. In diesem Zusammenhang sind vor allem die Erläuterungen in den juristischen Kommentaren zu § 240 StGB zu berücksichtigen[32]. Aus der Bearbeitung des Normtextes, aus der Verarbeitung sämtlicher Sprachdaten gewinnt der Rechtsarbeiter zunächst das Normprogramm, den herkömmlich so verstandenen „Rechtsbefehl". Zur Rechtsnorm gehört neben dem Normprogramm ebenso der Normbereich, der im folgenden Abschnitt 6.4 dargelegt wird.

Der in diesem Rechtsfall als relevant erachtete Gesetzestext bzw. Normtext im Strafgesetzbuch (StGB) lautet wie folgt – er sei hiermit in Erinnerung gerufen:

> „§ 240. Nötigung. (1)Wer einen anderen rechtswidrig mit Gewalt oder durch Drohung mit einem empfindlichen Übel zu einer Handlung, Duldung oder Unterlassung nötigt, wird mit Freiheitsstrafe bis zu drei Jahren oder mit Geldstrafe, in besonders schweren Fällen mit Freiheitsstrafe von sechs Monaten bis zu fünf Jahren bestraft.
>
> (2) Rechtswidrig ist die Tat, wenn die Anwendung der Gewalt oder die Androhung des Übels zu dem angestrebten Zweck als verwerflich anzusehen ist.
> (3) Der Versuch ist strafbar."

---

[31] Müller ^{7}1997: 172.

[32] Dieser Untersuchung werden drei strafrechtliche Kommentare zugrunde gelegt: a) Dreher, Eduard/ Tröndle, Herbert (1997): Strafgesetzbuch und Nebengesetze. 48., neubearbeitete Auflage des von Otto Schwarz begründeten und in der 23. bis. 37. Auflage von Eduard Dreher bearbeiteten Werkes. München (= Beck'sche Kurzkommentare Band 10) und die aktuelle Auflage Tröndle, Herbert/ Fischer, Thomas (2001): Strafgesetzbuch und Nebengesetze. 50., neubearbeitete Auflage des von Otto Schwarz begründeten, in der 23. bis. 37. Auflage von Eduard Dreher und in der 38. bis 49. Auflage von Herbert Tröndle bearbeiteten Werkes. München (Beck'sche Kurzkommentare Band 10) b) Schönke, Adolf/ Schröder, Horst/ Lencker, Theodor/ Eser, Albin/ Cramer, Peter/ Tree, Walter (2001): Strafgesetzbuch. Kommentar. 26. Auflage. München; c) Strafgesetzbuch – Leipziger Kommentar. Großkommentar. Hrsg. von Hans-Heinrich Jeschek, Wolfgang Ruß, Günther Willms. 10. Auflage. Band 5. Berlin 1989. Außerdem wird für verfassungsrechtliche Fragen konsultiert: Jarass, Hans/ Pieroth, Bodo (2000): Grundgesetz für die Bundesrepublik Deutschland. Kommentar. 5. Auflage. München.

Die folgenden Paraphrasierungen sollen die Zusammenhänge von § 240 StGB „Nötigung" und die Verweisstrukturen zwischen Absatz 1 und 2 transparenter machen:

1. Wer einen anderen mittels
   α) Gewalt oder
   β) Drohung mit einem empfindlichen Übel
   nötigt zu
   a) einer Handlung,
   b) einer Duldung oder
   c) einer Unterlassung,
   wird bestraft.
2. Die Rechtswidrigkeit der Tat hängt entweder von dem zu bewertenden Mittel als solchem oder dem Zweck als solchem ab. Bei Nichtverwerflichkeit von Mittel und Zweck wird das Zweck-Mittel-Verhältnis betrachtet, wie also der Zweck in Bezug auf die folgenden Mittel, nämlich
   α) die Anwendung der Gewalt oder
   β) die Androhung eines Übels,
   rechtlich zu beurteilen ist.
   Wenn dieses Verhältnis als verwerflich anzusehen ist, so ist die Tat rechtswidrig.
   Aus der Rechtswidrigkeit der Tat folgt laut Abs. 1 die Strafbarkeit.

Der juristische Tatbestand der Nötigung nach § 240 StGB ist demnach – zugeschnitten auf die hier untersuchten Sitzblockaden – unter folgenden Bedingungen erfüllt: Wenn *Gewalt* angewendet (§ 240 Abs. 1) und wenn das Zweck-Mittel-Verhältnis als *verwerflich* (§ 240 Abs. 2) klassifiziert wird, dann ist die Tat als *rechtswidrig* einzustufen.[33] Daraus lassen sich die zentralen Termini des Nötigungsparagraphen ermitteln: *Gewalt, Verwerflichkeit*[34] und *Rechtswidrigkeit,* die im dritten Teil in Kapitel 8 genauer untersucht werden.[35]

[33] Diese vereinfachte Darstellung dient einer ersten Annäherung und einem leichteren Verständnis der juristischen Zusammenhänge und wird im Laufe der Arbeit noch präzisiert. „Die Zweck-Mittel-Relation [...] bedeutet, daß die Rechtswidrigkeit der Nötigung sich nicht einseitig nach dem angewandten Mittel oder dem angestrebten Zweck bestimmt, sondern aus dem Verhältnis zueinander [...]. Es kommt dabei jeweils auf die Lage des Einzelfalles an." [Dreher/ Tröndle 1997, § 240 Rdn. 24 und Tröndle/ Fischer 2001, § 240 Rdn. 42] Bezüglich der Interdependenz von Absatz 1 und 2 des § 240 StGB vergleiche Schäfer 1989 in *Strafgesetzbuch – Leipziger Kommentar* § 240 Rdn. 66 und Eser im Kommentar von Schönke et. al. 2001, § 240 Rdn. 16, 28.

[34] Im Rahmen der Verwerflichkeitsfrage, der Verwerflichkeitsklausel, haben Juristen außerdem die umstrittene Frage zu klären, was im Rahmen der Sitzblockaden als Zweck zu klassifizieren ist.

Bei Sitzblockaden sind daher im Rahmen des § 240 StGB[36] folgende **Fragen** zu klären:[37]

> Leitfrage Abs. 1: **Wurde Gewalt im Sinne des § 240 angewendet?**
> a) Liegt überhaupt eine Gewaltanwendung vor (physisch oder psychisch)?
> b) Wenn ja, war diese rechtswidrig? (Zu beantworten mit Hilfe von Abs. 2)
>
> Leitfrage Abs. 2: **War die Gewaltanwendung rechtswidrig?**
> a) Ist das eingesetzte Mittel verwerflich?
> b) Ist der Zweck (unterteilt in sog. Nah- und Fernziel) verwerflich?
> c) Bei Nicht-Verwerflichkeit: Vermag der Zweck das Ausmaß der Gewaltanwendung derart zu relativieren, dass keine Verwerflichkeit der Zweck-Mittel-Relation im Ganzen und damit keine Rechtswidrigkeit vorliegt?

Der Bundesgerichtshof beurteilt die Relation zwischen den Textteilen anders als das Bundesverfassungsgericht. Die Argumentation hinsichtlich des Verhältnisses von Textteilen in § 240 StGB – also zur Interdependenz von Absatz 1 und 2 des Nötigungsparagraphen – wird im dritten Teil in Abschnitt 10.1.6 eingehender untersucht. Dort wird auch kritisch die Argumentation des Bundesgerichtshofs und dessen Behauptung analysiert, der Zweckbegriff sei durch den Aufbau des Tatbestandes (also die Relation zwischen den Textteilen) zu vereindeutigen.

Wie wir in diesem und im nächsten Kapitel sehen, versuchen sie dem Problem mit der Unterscheidung von sog. Nah- und Fernziel näher zu kommen.

35 Die im ersten Kapitel dargelegte und verworfene Reduktion der Rechtssprache auf eine Terminologie-Sprache bleibt davon unberührt. Diese Termini werden in dieser Untersuchung im Rahmen eines handlungstheoretischen Ansatzes analysiert, wie im ersten Kapitel theoretisch hergeleitet und im dritten Kapitel am konkreten Rechtsfall untersucht wird.

36 Für eine ausführliche Einsicht in die Zusammenhänge des Nötigungsparagraphen (auch aus historischer Sicht) siehe Fabricius 1991 sowie zur Problematik von Sitzblockaden als strafbare Nötigung in den 1980er Jahren bis zum sog. 1. Sitzblockadenurteil siehe Ermer 1987. Dort werden die zentralen Probleme des Nötigungstatbestandes aus juristischer Sicht aufgearbeitet: die Gewaltdefinition, die Systematik der Verwerflichkeitsklausel, die Problematik des relevanten Zwecks und des richtigen Maßstabs bei der Zweck-Mittel-Relation etc. Des Weiteren vergleiche zur Nötigung Timpe 1989, allerdings nur hinsichtlich der Begriffsproblematik *Gewalt* und *Drohung* in Abs. 1 des Nötigungsparagraphen.

37 Einige wenige Stimmen in der juristischen Fachliteratur [Herzberg 1996: 557 und 1998: 211; Hoyer 1997: 451; Jeand'Heur 1995: 466], aber auch die BVerfG-Richter [BVerfGE 92, 17] diskutieren, ob bei den hier behandelten Sitzblockaden nicht auch das Tatbestandsmerkmal der Drohung erfüllt sein könnte. Diese Position wird vorwiegend zur Abgrenzung des Gewaltbegriffs von der Drohungsalternative in Abs. 1 von § 240 thematisiert.

Sucht man nach möglichen Rechtfertigungsgründen für das Verhalten der Angeklagten, so können neben dem Grundrecht der Meinungs- und Versammlungsfreiheit (Art. 5 und 8 GG) das Recht auf Widerstand gemäß Art. 20 Abs. 4 GG und die Berufung auf Notwehr (§ 32 StGB) oder Notstand (§ 34 StGB) in Betracht gezogen werden. Alle diese Rechtfertigungsgründe werden mit Begründungen in den meisten Gerichtsentscheidungen explizit verworfen.

Der Rechtfertigungsgrund[38] wie das allgemeine Grundrecht der Meinungs- und Versammlungsfreiheit (Art. 5 und 8 GG) wird beispielsweise vom Oberlandesgericht Stuttgart unter Hinweis auf das sog. 1. Sitzblockadenurteil des Bundesverfassungsgerichts aus dem Jahre 1986 mit folgender Begründung verworfen:

> „Dementsprechend hat nun auch das Bundesverfassungsgericht in seinem Urteil vom 11. November 1986 (NJW 1987, 43, 47) ausgeführt: ‚... Behinderungen und Zwangswirkungen werden ... nur so weit durch Art. 8 GG gerechtfertigt, wie sie als sozial-adäquate Nebenfolge mit rechtmäßigen Demonstrationen verbunden sind und sich auch durch zumutbare Auflagen nicht vermeiden lassen. An dieser Voraussetzung fehlt es, wenn die Behinderung Dritter nicht nur als Nebenfolge in Kauf genommen, sondern beabsichtigt wird, um die Aufmerksamkeit für das Demonstrationsanliegen zu erhöhen. Insoweit hat der Bundesgerichtshof schon im Laepple-Urteil dargelegt, daß die Verfassung zwar breiten Spielraum für öffentliche Einflußnahme eröffnet, daß aber niemand befugt sei, die öffentliche Aufmerksamkeit durch gezielte und absichtliche Behinderung zu steigern (BGHSt 23, 46, 56 f. = NJW 1969, 1770).
> Etwas anderes ergibt sich auch nicht aus dem Grundrecht der Versammlungsfreiheit (Art. 8 GG). Davon sind zwar sozialübliche und notwendig mit der Demonstration verbundene Belästigungen Dritter gedeckt, nicht aber gezielte Angriffe auf die Rechte unbeteiligter Dritter."[39]

Auch das Recht auf Widerstand gemäß Art. 20 Abs. 4 GG scheidet als Rechtfertigungsgrund aus, was das Amtsgericht Münsingen folgendermaßen begründet.

> „Auch das im Grundgesetz verankerte Widerstandsrecht gem. Artikel 20 Abs. 4 Grundgesetz rechtfertigt nicht die Handlungsweise der Angeklagten. Die Geltendmachung dieses Widerstandsrechtes scheitert bereits an dessen Subsidiarität. Ein Recht zum Widerstand besteht nur, wenn andere Abhilfe nicht möglich ist. Das war hier offensichtlich nicht der Fall. Die Bevölkerung kann auch in anderer Weise ausreichend, eindringlich und umfangreich über die Gefahren des atomaren Wettrüstens informiert werden. Zudem gestattet dieses Widerstandsrecht nur Eingriffe in die Sphäre des Verfassungsbrechers selbst."[40]

Nach Ansicht der Gerichte sind die von den Angeklagten vollzogenen Handlungen auch nicht durch Notwehr (§ 32 StGB) oder Notstand (§ 34 StGB)

---

[38] Zur systematischen Zusammenstellung von möglichen Rechtfertigungsgründen siehe Küpper/ Bode 1993: 190.

[39] Beschluss des Oberlandesgerichts Stuttgart vom 17.12.1987, S. 12.

[40] Urteil des Amtsgerichts Münsingen vom 9.11.1984, S. 4.

gerechtfertigt,[41] da es „offensichtlich an der Gegenwärtigkeit des Angriffes bzw. der Gefahr" fehlt.[42] Die 1. Kleine Strafkammer des Landgerichts Tübingen begründet dies wie folgt:

> „Die Tat ist weder durch Notwehr nach § 32 StGB noch durch Notstand nach § 34 StGB gerechtfertigt gewesen. Eine Notwehrlage hat schon deshalb nicht vorgelegen, weil die Aufstellung der Lance-Raketen nicht rechtswidrig gewesen ist; denn sie ist unter Beachtung der internationalen Verpflichtungen der Bundesrepublik Deutschland und nach dem politischen Willen der Mehrheit der Kräfte, deren das deutsche Volk die politische Gewalt übertragen hat, erfolgt. Auch liegt kein Verstoß gegen Artikel 26 Abs. 1 GG vor, denn auszuschließen ist, daß die Lance-Raketen außer im Verteidigungsfalle eingesetzt werden. An einer Notstandslage fehlte es bereits deshalb, weil die Aufstellung der Lance-Raketen keine gegenwärtige Gefahr für Leib, Leben, Freiheit, Eigentum oder ein anderes Rechtsgut herbeigeführt hat, wie die jahrzehntelange Erfahrung mit allen bisher in der Bundesrepublik Deutschland gelagerten, ebenfalls gefährlichen Waffen gezeigt hat."[43]

Exemplarische Darstellung einer Gesetzeskommentierung zu § 240

Im Folgenden stelle ich – für den hier untersuchten Rechtsfall – zentrale Passagen aus dem besonders in Amts- und Landgerichten gebräuchlichen Kommentar von Dreher/ Tröndle (48. Auflage 1997) zusammen. Die weiteren, in dieser Untersuchung herangezogenen Gesetzeskommentare[44] führe ich im Weiteren nur vereinzelt in Bezug auf besonders strittige Punkte an.

(Anmerkung: Kommentartexte zu einzelnen Paragraphen werden üblicherweise nach Randnummern (Rdn.) zitiert. Die Kennzeichnung „vor" bedeutet, dass es sich um eine Rdn. der einleitenden Erläuterungen zu den jeweiligen Ausführungen vor jedem § handelt.)

Für unseren Rechtsfall besonders relevant erscheint neben der allgemeinen Definition des zu schützenden Rechtsguts der Verweis auf die bisherige verfassungsrechtliche Bewertung des Nötigungsparagraphen bei Sitzblockaden. Sie wird wie folgt wiedergegeben:

> „2) Die Vorschrift [...] Geschütztes Rechtsgut ist die Freiheit der Willensentschließung und Willensbetätigung. [...]
> a) Das 1. Sitzblockadenurteil (BVerfGE 73, 206) hat einstimmig a) festgestellt, daß das Tatbestandsmerkmal der Gewalt (unten 5) den Anforderungen des Art. 103 II

[41] Vgl. dazu das Urteil des Amtsgerichts Münsingen vom 9.11.1984, S. 4 sowie den Beschluss des Oberlandesgerichts Stuttgart vom 17.12.1987, S. 11 ff. und das Urteil des Landgerichts Tübingen vom 19.10.1988 S. 16 ff.

[42] Urteil des Amtsgerichts Münsingen vom 9.11.1984, S. 4.

[43] Urteil des Landgerichts Tübingen vom 19.10.1988, S. 17 f.

[44] In dieser Untersuchung werden neben dem Kommentar von Dreher/ Tröndle 1997 (48. Auflage) und Tröndle/ Fischer 2001 (50. Auflage) – wie bereits erwähnt – die Kommentare von Schönke et al. 2001 und *Strafgesetzbuch – Leipziger Kommentar* (10. Auflage 1989) zu Rate gezogen.

GG genüge und die Verfassung nicht gebiete, die Teilnahme an Sitzblockaden [...] sanktionslos zu lassen, jedoch b) in diesen Fällen eine verfassungskonforme Auslegung in dem Sinne für geboten erachtet, daß die nötigende Gewalt bei Sitzblockaden allein noch nicht die Rechtswidrigkeit indiziere. Im übrigen hat das BVerfG wegen Stimmengleichheit [...] Grundrechtsverstöße nicht festgestellt, aber auch zur Klärung der Rechtsprobleme nichts beigetragen."[45]

Es bleibt also zu konstatieren, dass die Verfassungsmäßigkeit der tatbestandlichen Umschreibung des § 240 auf Grund der Entscheidungen des BVerfG aus den 1980er Jahren nicht in Frage gestellt ist.[46] Das BVerfG hat allerdings im Rahmen der Sitzblockadefälle durch die 4:4 Senatsentscheidung die Auslegung des Gewaltbegriffs im Zusammenhang mit Sitzdemonstrationen zwar nicht als Verstoß gegen Art. 103 II GG gewertet, weshalb die Verfassungsbeschwerde von damals zurückgewiesen wurde. Es handelte sich dabei allerdings um eine knappe Entscheidung. Kurzum: Der Nötigungsparagraph an sich genügt der verfassungsmäßigen Überprüfung, die Auslegung des Gewaltbegriffs bleibt umstritten.

In unserem Zusammenhang ist von besonderem Interesse, wie die beiden Streitfragen, das heißt die Auslegung des Gewaltbegriffs (§ 240 Abs. 1) und die Verwerflichkeitsklausel (§ 240 Abs. 2), dargestellt werden. Zum Gewaltbegriff führt der Gesetzeskommentar aus:

„A. Gewalt ist der physisch vermittelte Zwang zur Überwindung eines geleisteten oder erwarteten Widerstandes. [...]
a) Ursprünglich hat das RG [= Reichsgericht/ Anm. E.F.] Gewalt als die Anwendung physischer Kraft zur Überwindung geleisteten oder erwarteten Widerstandes definiert (RG 46, 404; 64, 115; 69, 330). [...] Die Verlagerung des Schwerpunktes des Gewaltbegriffs vom (äußeren) Täterverhalten auf die (körperliche) Zwangswirkung beim Tatopfer [...] entspricht sachgemäßer Gesetzesauslegung [...] – sie erklärt aber auch die vorhandenen Unterschiede in der Auslegung des Gewaltbegriffs. [...]
b) Kasuistik [...]
ee) Von einem „entmaterialisierten" Gewaltbegriff geht die Rspr. allerdings in solchen Fällen aus, in denen die Zwangswirkung zwar psychisch vermittelt wird, wegen der psychosomatischen Auswirkungen aber auch körperlich empfunden werden kann. [...]
ff) Sitzblockaden [...] iS von „Menschenmauern" und lebenden Barrieren, die Kraftfahrer zum Halten zwingen, sie am Weiter- und Fortfahren hindern, den öffentlichen Verkehr partiell lahmlegen oder den Zugang oder Ausgang [...] von Kasernen oder öffentlichen Gebäuden versperren, fallen seit alters her [...] unter den Gewaltbegriff, weil sie eine körperliche Zwangswirkung auf den Genötigten ausüben [...]
c) Zu den Erscheinungsformen der Gewalt gehört nicht nur die beeinflussende willensbeugende Gewalt (vis compulsiva), die den Willen des Genötigten in eine gewünschte Richtung treibt, z.B. durch Schläge oder Schreckschüsse [...], sondern

[45] Dreher/ Tröndle 1997, § 240 Rdn. 2.
[46] Dreher/ Tröndle [1997, § 240 Rdn. 2a.] weisen darauf hin, dass diese Haltung jedoch im Schrifttum nicht unumstritten ist.

insbesondere auch die überwältigende Gewalt (vis absoluta), die den Willen des Tatopfers völlig ausschaltet."[47]

Die Unterscheidung des Gewaltbegriffs in *vis compulsiva* und *vis absoluta* spielt in der juristischen Binnenkommunikation eine wesentliche Rolle, wie weiter unten noch gezeigt wird. Zum Verwerflichkeitsbegriff führt der Gesetzeskommentar von Dreher/ Tröndle in den Randnummern 20 ff. aus.

> „5) Rechtswidrig ist die Tat, wenn allgemeine Rechtfertigungsgründe [...] fehlen und die Voraussetzungen des II [= Zweck ist verwerflich/Anm. E.F.] vorliegen (unten 22). II ist eine spezielle Rechtswidrigkeitsregel [...]. Sie schafft keinen eigenständigen Rechtswidrigkeitsbegriff, sondern ist nach den allgemeinen Grundsätzen, für die objektive Kriterien maßgebend sind, auszulegen [...]
> b) Nach II hängt die Rechtswidrigkeit jeder Nötigung davon ab, daß die Anwendung der Gewalt oder die Androhung des Übels zu dem angestrebten Zweck verwerflich ist. Nach dieser „Verwerflichkeitsklausel" [...] sind Nötigungsmittel (4) und Nötigungszweck (24) in ihrer Verknüpfung (sog. Zweck-Mittel-Relation) in einer Gesamtwürdigung in Beziehung zu setzen. [...]
> c) Verwerflich bedeutet nach einer in der Rspr. üblich gewordenen Formel einen „erhöhten Grad sittlicher Mißbilligung" [...]. Bei diesem gesteigerten Unwerturteil darf jedoch nicht auf moralische oder Gesinnungsmaßstäbe abgestellt werden, vielmehr ist ein erhöhter Grad sozialwidrigen Handelns gemeint [...]. Das Wort „verwerflich" hat insoweit das sachgemäße Verständnis der Vorschrift erschwert und heftige Angriffe dann ausgelöst, wenn der (sozialwidrige) Rechtsvorstoß ein moralisches Unwerturteil nicht verdient. [...]
> d) Die Zweck-Mittel-Relation [...] bedeutet, daß die Rechtswidrigkeit der Nötigung sich nicht einseitig nach dem angewandten Mittel oder dem angestrebten Zweck bestimmt, sondern aus dem Verhältnis zueinander [...]. Es kommt dabei jeweils auf die Lage des Einzelfalles an."[48]

6.4 Der Normbereich als *Sach*bestandteil der Rechtsnorm

Der Normbereich (als *Sach*bestandteil der Rechtsnorm) wird im Rechtskonkretisierungsmodell der *Strukturierenden Rechtslehre* ausgewählt aus dem Sach- bzw. Fallbereich, das heißt aus den im Fall als relevant etikettierten Realdaten. Der Normbereich konstituiert sich also aus einer Auswahl an – für die Entscheidung normativ mitwirkenden – Tatsachen. Der Normbereich erfasst den Ausschnitt sozialer Wirklichkeit in seiner Grundstruktur, den das Normprogramm aus dem allgemeinen Regelungsbereich der Rechtsnorm auswählend zu bestimmen erlaubt.[49] Die Grundstruktur der vom Normprogramm zu ordnenden Lebensverhältnisse prägt die normative Wirkung der Rechtsnorm, sie ist ein zentraler Bestandteil der Konkretisierung im Rahmen der Rechtsarbeit.[50] Wel-

[47] Dreher/ Tröndle 1997, § 240 Rdn. 5 ff und ähnlich Tröndle/ Fischer 2001 § 240 Rdn. 8 ff.
[48] Dreher/ Tröndle 1997, § 240 Rdn. 20 ff.
[49] Müller [7]1997: 173.
[50] Müller [7]1997: 174.

che Bedeutung in der Rechtsprechung dem mitunter eher verdeckt oder implizit ermittelten Wirklichkeitsausschnitt innerhalb der Rechtskonkretisierung zukommt, hat die weiter oben unter Abschnitt 6.1 dargelegte Sachverhaltsfestsetzung der einzelnen Gerichte gezeigt.

6.5 Die aus Normprogramm und Normbereich gebildete Rechtsnorm

Das Normprogramm als Sprachbestandteil und der Normbereich als Sachbestandteil bilden zusammen die vom Rechtsarbeiter auf diesem Wege erzeugte, generell formulierte Rechtsnorm. Die Rechtsnorm im Paradigma der *Strukturierenden Rechtslehre* schlägt sich im Leitsatz der Gerichtsentscheidungen nieder und stellt eine Art Vorstufe der auf den einzelnen Rechtsfall individualisierten Entscheidungsnorm dar. „Die entsprechenden Rechtsnormen und ihre Texte finden sich in den Leitsätzen [...] der Entscheidung sowie in den dazugehörigen Gründen." [51] Wie im zweiten Kapitel theoretisch erläutert, versteht Müller unter Rechtsnorm keine der Wirklichkeit autoritativ übergestülpte Form, sondern eine ordnende und anordnende Folgerung aus der Sachstruktur des geregelten Sozialbereichs selbst.

Die von den jeweiligen Gerichten im einzelnen konstituierte Rechtsnorm – also der Leitsatz der einzelnen Gerichtsentscheidungen hinsichtlich der strittigen Fragen im Nötigungsparagraphen – wird im Folgenden zusammengefasst.

- Zu § 240 Abs. 1 StGB, das heißt im untersuchten Rechtsfall im Wesentlichen zum Terminus der *Gewalt*: Vom Amtsgericht Münsingen bis zum Bundesgerichtshof in Karlsruhe wird der „entmaterialisierte" Gewaltbegriff mit Verweis auf die sog. 1. Sitzblockadenentscheidung des BVerfG aus dem Jahre 1986 befürwortet[52], das Bundesverfassungsgericht verneint dagegen im Jahre 1995 in der sog. 2. Sitzblockaden-Entscheidung[53] aus verfassungsrechtlichen Gründen eine solche fachrechtliche – hier strafrechtliche – Auslegung mit dem Leitsatz und ändert damit seine eigene Rechtsprechung aus den 1980er Jahren: „Die erweiterte Auslegung des Gewaltbegriffs in § 240 Abs. 1 StGB im Zusammenhang mit Sitzdemonstrationen verstößt gegen Art 103 Abs. 2 GG". Dass den BVerfG-Entscheidungen innerhalb der Textsorte *Ge-*

---

[51] Müller ^{2}1994: 265.

[52] BVerfGE 73, 206 ff. Im Gefolge dieser BVerfGE hatte sich bezüglich des Gewaltbegriffs überwiegend die Meinung gebildet, dass unter weitgehendem Verzicht auf die Entfaltung körperlicher Kraft auf die zwingende Wirkung beim Opfer abzuheben sei [Paeffgen 1999: 433]. Ausführlich hierzu Krey/ Neidhardt 1986 in der vom Bundeskriminalamt herausgegebenen Studie *Was ist Gewalt?*

[53] BVerfGE 92, 1 ff.

richtsurteile und Bescheide eine Sonderstellung zukommt, da sie nach verfassungsrechtlichen und nicht fachrechtlichen Gesichtspunkten ihre Entscheidungen fällen und formulieren, ist in der Rechtstheorie und Rechtspraxis von zentraler Bedeutung, wird allerdings in der Bevölkerung nicht oder kaum als Unterscheidungskriterium wahrgenommen.

- Zu § 240 Abs. 2 StGB, das heißt hier zum Terminus der *Verwerflichkeit*: Ausschließlich die 2. Kleine Strafkammer des Landgerichts Tübingen hat als einzige fachgerichtliche Instanz in der Sitzung vom 16. Februar 1987 die Tat als nicht verwerflich eingestuft, alle anderen Fachgerichte sahen das Tatbestandsmerkmal der Verwerflichkeit erfüllt und damit die Rechtswidrigkeit als gegeben an. Die 2. Kleine Strafkammer des Landgerichts Tübingen sprach die Angeklagten mit der Begründung frei, sie hätten zwar Gewalt angewendet, aber nicht verwerflich gehandelt. Das BVerfG äußert sich in seiner Entscheidung vom 10.01.1995 **nicht** zur Verwerflichkeitsklausel, sondern nur zur „extensiven Auslegung des Gewaltbegriffs" (§ 240 Abs. 1 StGB). Damit sind die Ausführungen des BVerfG zum Verwerflichkeitsbegriff im Rahmen des sog. 1. Sitzblockadenurteils aus dem Jahre 1986 weiterhin maßgebend.

6.6 Die Entscheidungsnorm

Der Rechtsarbeiter individualisiert die Rechtsnorm zur Entscheidungsnorm. Normprogramm und Normbereich ergeben – wie soeben dargelegt – zusammen die *normative* Rechtsnorm (als Zwischenergebnis), deren Zuspitzen auf den individuellen Fall hin zur *normativen* Entscheidungsnorm (als Endergebnis) führt – also zu dem Tenor (Entscheidungsformel) des jeweiligen Urteils und Beschlusses. In der untersuchten Sitzblockadenjudikatur sind die im Folgenden zusammengestellten Entscheidungsformeln ausgesprochen worden. Sie wurden aus Übersichtsgründen und zum besseren Verständnis der juristischen Zusammenhänge und des Instanzenzugs bereits in Kapitel 4.1 dargelegt. Im Folgenden wird ausschließlich die Entscheidungsformel der jeweiligen Gerichtsentscheidung als Entscheidungsnorm resümiert:

- Das Amtsgericht Münsingen verurteilte die Angeklagten wegen gemeinschaftlicher Nötigung zu einer Geldstrafe von 15 Tagessätzen.
- Die 2. Kleine Strafkammer des Landgerichts Tübingen hob das Urteil des Amtsgerichts auf und sprach die Angeklagten frei.
- Das Oberlandesgericht Stuttgart legte die Sache dem Bundesgerichtshof mit folgender Rechtsfrage zur Entscheidung vor: „Sind die Fernziele

von Straßenblockierern bei der Prüfung der Rechtswidrigkeit der Nötigung oder nur bei der Strafzumessung zu berücksichtigen?"[54]
- Der Beschluss des Bundesgerichtshofs lautet: „Die Fernziele von Straßenblockierern sind nicht bei der Prüfung der Rechtswidrigkeit der Nötigung, sondern ausschließlich bei der Strafzumessung zu berücksichtigen."
- Das Oberlandesgericht Stuttgart hat das Urteil, also den Freispruch des Landgerichts vom 16.02.1987, aufgehoben und die Sache an eine andere Strafkammer des Landgerichts zurückverwiesen.
- Die 1. Kleine Strafkammer des Landgerichts Tübingen änderte das Urteil des Amtsgerichts Münsingen vom 9.11.1984 im Rechtsfolgenausspruch dahingehend ab, dass die Zahl der Tagessätze von ehemals 15 auf jeweils fünf festgesetzt wurde.
- Das Oberlandesgericht Stuttgart verwarf die Revisionen der Angeklagten gegen das Urteil des Landgerichts Tübingen vom 19.10.1988 als unbegründet.
- Das Bundesverfassungsgericht erachtete die Verfassungsbeschwerde als begründet. Der Beschluss des Oberlandesgerichts vom 9.05.1989, das Urteil des Landgerichts Tübingen vom 19.10.1088 und das Urteil vom Oberlandesgericht vom 23.06.1988 wurden aufgehoben.

6.7 Die Begründungen der Gerichtsentscheidungen in der Einzelbetrachtung

Im Folgenden werden die Begründungen der richterlichen Entscheidungen vorgestellt und vor allem bezüglich ihrer Unterschiede beleuchtet. Darüber hinaus sollen weitere, für die linguistische Untersuchung relevante Aspekte ausfindig gemacht werden, die es anschließend im dritten Teil *Linguistische Analysen* unter verschiedenen Gesichtspunkten systematisch zu untersuchen gilt.

Begründung der Verurteilung im Urteilstext des Amtsgerichts Münsingen

Nach Ansicht des Richters am Amtsgericht Münsingen hätten die Angeklagten Gewalt im Sinne von § 240 Abs. 1 StGB angewendet. „Sie haben durch ihr

[54] Dieser Terminus wird – wie bereits erwähnt – im Laufe der Arbeit noch genauer betrachtet. Vorläufig gilt folgende Begriffsdifferenzierung: Mit „Fernzielen" sind in unserem Fall – aus juristischer Sicht – Ziele wie „die Bevölkerung auf atomare Gefahren aufmerksam machen" etc. gemeint, während mit „Nahzielen" die Absicht bezeichnet wird, die konkret heranfahrenden Fahrzeuge an der Weiterfahrt zu hindern.

Sitzen unwiderstehlichen psychischen Zwang auf die Insassen des herannahenden Fahrzeugs ausgeübt, so daß sich der Fahrzeugführer gezwungen fühlte, den Befehl zum Anhalten zu geben."[55] Betrachtet man die rechtliche Beurteilung des festgesetzten Sachverhalts, so bringt diese eine kausale Beziehung zwischen dem Sitzen auf der Fahrbahn (Nötigungshandlung) und dem dadurch ausgelösten Zwang bei den Fahrzeuginsassen (Nötigungserfolg) zum Ausdruck. Es wird demnach ein Kausalzusammenhang zwischen Nötigungshandlung und Handlungserfolg unterstellt.[56] Bei Kausalschlüssen ist nach Ottmers zu unterscheiden zwischen *Ursache und Wirkung* (einfaches wechselseitiges Beziehungsverhältnis), *Grund und Folge von Handlungen* (bei Schlüssen aus menschlichen Handlungsweisen ist außerdem zu unterscheiden zwischen Intention und Handlung auf der einen Seite und Handlungen und ihren Folgen auf der anderen Seite) und *Mittel und Zweck* (kann als Sonderfall in die Kategorie *Grund und Folge* eingegliedert werden).[57] In dem hier vorliegenden Fall expliziert der Amtsrichter nicht, ob die Sitzdemonstranten es intentional auf das Auslösen des Zwangs angelegt haben oder ob dieser Umstand lediglich als Folge einer Handlung zu betrachten ist. Offensichtlich sieht das Amtsgericht eine solche Unterscheidung als rechtlich nicht relevant an.

Das Amtsgericht führt weiter aus, dass das Verhalten der Angeklagten auch rechtswidrig sei. „Die Anwendung der Gewalt ist zu dem von ihnen angestrebten Zweck verwerflich. Der von den Angeklagten verfolgte Zweck, die Bevölkerung eindringlich und überzeugend auf die Gefahr der atomaren Rüstung hinzuweisen, ist achtenswert."[58] Interessanterweise verzichtet der Amtsrichter bei der wertenden Verknüpfung der beiden Faktoren – auf der einen Seite die Zweck-Mittel-Relation und auf der anderen Seite die Beurteilung des Zwecks für sich genommen – völlig auf Adverbiale, so auch auf eine konzessive Adverbiale (im Unterschied zur nächsten Instanz, dem Landgericht Tübingen[59]), obwohl eine solche Einschränkung im Kontext nahe liegt. Ob dies Zufall ist oder ob durch die Verwendung einer solchen Einschränkung der Zweck der Blockade nicht aufgewertet werden soll, kann hier nicht beantwortet werden. Es gilt hier nur die Unterschiede in den Formulierungen zwischen Amts- und Landgericht festzuhalten. Berücksichtigung fand die Bewertung des Zwecks

---

[55] Urteil des Amtsgerichts Münsingen vom 09.11.1984, S. 3.

[56] Vgl. ausführlich zu dieser Kausalität im Kontext des Nötigungsparagraphen Küpper/ Bode 1993: 189.

[57] Ottmers 1996: 93 ff.

[58] Urteil des Amtsgerichts Münsingen vom 09.11.1984, S. 3 f.

[59] Im Urteil des Landgerichts Tübingen vom 16.02.1987, S. 17 heißt es: „Bei diesem Abwägen hat die Kammer auch die mit der Blockade verfolgten Fernziele der Demonstranten zwar nicht wertend (als „gut", „edel" oder „hehr") berücksichtigt, wohl aber insoweit in den Blick genommen, als die Demonstranten mit ihren Aktionen eindeutig uneigennützige, ausschließlich altruistische Anliegen verfolgten"

(die Demonstrationsziele) dahingegen bei der Strafzumessung, worauf der Amtsrichter[60] ausdrücklich hinweist.[61]

Begründung des Freispruchs durch die 2. Kleine Strafkammer des Landgerichts Tübingen

Nach Ansicht des Landgerichts hätten die Angeklagten Gewalt im Sinne von § 240 StGB angewendet.[62] Es legt die – seit geraumer Zeit in der Rechtsprechung – vorgenommene Begriffsbestimmung durch die Explizierung der folgenden Bedeutungsaspekte zugrunde: „Entfaltung körperlicher Kraft, um eine andere Person zu einem von ihm nicht gewollten Verhalten durch Beseitigung eines tatsächlich geleisteten oder bestimmt zu erwartenden Wiederstands zu zwingen."[63] Dieser sogenannte erweiterte „vergeistigte" oder „entmaterialisierte" Gewaltbegriff wird dadurch zu präzisieren versucht, dass auch „geringer körperlicher Kraftaufwand wie Niedersitzen oder Verharren" (Nötigungshandlung) ausreiche, einen „psychisch determinierten Prozess" beim Opfer (Nötigungserfolg) auszulösen.[64] Entscheidend ist dabei wiederum, dass demnach ein Kausalzusammenhang zwischen Nötigungshandlung und Nötigungserfolg gesehen wird.

Für die genauere Betrachtung des Gewaltbegriffs im dritten Teil bleibt festzuhalten, dass ein solcher Gewaltbegriff die Blickrichtung auf die beim Opfer eingetretene „ausreichende unwiderstehliche psychische Zwangswirkung" konzentriert[65], die nach Ansicht des Gerichts eine psychische Hemmung, einen körperlichen Zwang auszulösen vermag.

Das Gericht formuliert die Notwendigkeit, dem von ihm selbst in Anlehnung an die BVerfGE 73, 206 vom 11.11.1986 (= 1. Sitzblockadenurteil) und an die in der juristischen Fachliteratur üblichen Bezeichnung des „extensiv entwickelten Gewaltbegriffs" (Abs. 1 des § 240 StGB) ein „Korrektiv" in Form der Verwerflichkeitsklausel (Abs. 2 des § 240 StGB) an die Seite zu stellen, dem zufolge ein Verhalten als verwerflich qualifiziert wird, „wenn das Vorgehen unter Berücksichtigung aller Umstände eindeutig so anstößig ist, daß es als gröberer, in erhöhtem Maße sittlich mißbilligenswerter Angriff auf

[60] Urteil des Amtsgerichts Münsingen vom 09.11.1984, S. 5.

[61] Auf die verworfenen Normtexthypothesen – z.B. Gesetzesvorschriften wie das allgemeine Grundrecht der Meinungs- und Versammlungsfreiheit (Art. 5 und 8 GG) ebenso wie das Recht auf Widerstand Art. 20 Abs. 4 GG oder Notwehr (§ 32 StGB) bzw. Notstand (§ 34 StGB) – wurde weiter oben schon hingewiesen.

[62] Urteil des Landgerichts Tübingen vom 16.02.1987, S. 14.

[63] Urteil des Landgerichts Tübingen vom 16.02.1987, S. 14.

[64] Urteil des Landgerichts Tübingen vom 16.02.1987, S. 14.

[65] Urteil des Landgerichts Tübingen vom 16.02.1987, S. 15.

die Entschlußfreiheit anderer der Zurechtweisung mit den Mitteln des Strafrechts bedarf".[66] Die Verwerflichkeitsklausel in Absatz 2 dient also dazu, den Rechtsterminus der *Gewalt* aus Absatz 1 nicht als einziges Tatbestandsmerkmal in Betracht zu ziehen, sondern dem Nötigungstatbestand durch weitere Merkmale klarere Konturen zu geben.

Die Verwerflichkeitsprüfung habe sich auf sämtliche Umstände des Einzelfalles zu erstrecken, wie in der BVerfGE 73, 206 vom 11.11.1986 einstimmig festgestellt wurde. Demzufolge seien die Angeklagten bei allen Aktionen (auch beim Stehen am Straßenrand) Mittäter gewesen: „Grad und Ausmaß ihrer Tatbeteiligung und die Intensität ihres Verhaltens überhaupt verlieren insgesamt jedoch deshalb beträchtlich an Gewicht, weil sie aktiv nur an einer einzigen, kurzen Sitzblockade teilnahmen."[67] Aus diesen Gründen gelte es nach Ansicht des Landgerichts die Angeklagten freizusprechen.

Das Gericht hält es offensichtlich für nicht unerheblich, ob die Angeklagten sich selbst aktiv an Blockaden beteiligen oder die Blockade anderer solidarisch durch Stehen am Straßenrand unterstützen. Diese Auffassung wird von den folgenden Instanzen aufgegriffen, aber gegensätzlich bewertet.

Außerdem indiziere – so führt das Landgericht weiter aus – nach Auffassung der BVerfGE 73, 206 vom 11.11.1986 die Gewaltanwendung (§ 240 Abs. 1) alleine nicht die Rechtswidrigkeit, sondern die Rechtswidrigkeit muss zusätzlich über die Verwerflichkeitsprüfung gestützt werden (§ 240 Abs. 2). Und genau diese Verwerflichkeit wurde in diesem Urteil des Landgerichts ausdrücklich verneint, weshalb die Angeklagten freigesprochen wurden.

Ein weiterer Aspekt bedarf der Erwähnung, weil dieser in der Judikatur ebenfalls umstritten ist. Auf Grund des Bundesverfassungsgerichtsurteils vom 11.11.1986 sei nach Ansicht des Landgerichts die Berücksichtigung der Fernziele „nicht nur veranlaßt, sondern geboten".[68] Diese Rechtsauffassung wird in den folgenden Instanzen wieder aufgegriffen und unterschiedlich beantwortet.[69]

Entscheidungsbegründung des 4. Strafsenats des Oberlandesgerichts Stuttgart

Das Oberlandesgericht Stuttgart legt die Fernzielproblematik dem Bundesgerichtshof als Rechtsfrage zur Entscheidung vor. Der 4. Strafsenat des Oberlan-

---

[66] Urteil des Landgerichts Tübingen vom 16.02.1987, S. 16.

[67] Urteil des Landgerichts Tübingen vom 16.02.1987, S. 20.

[68] Urteil des Landgerichts Tübingen vom 16.02.1987, S. 17.

[69] Vgl. ausführlicher zu dieser Problematik Reichert-Hammer (1991): Politische Fernziele und Unrecht. Ein Beitrag zur Lehre von Strafrechtswidrigkeit unter besonderer Berücksichtigung der Verwerflichkeitsklausel des § 240 Abs. 2 StGB.

desgerichts will das Urteil des Landgerichts Tübingen aufheben, weil dieses bei der Prüfung der Verwerflichkeit mittelbare Ziele der Angeklagten berücksichtigt habe.[70] Es geht dabei um die Frage, welcher Stellenwert den sogenannten Fernzielen (hier: auf Rüstungsgefahren hinweisen) zukommt im Vergleich zu den Nahzielen (hier: Fahrzeuge an der Weiterfahrt hindern). Das Oberlandesgericht Stuttgart legt die Sache dem Bundesgerichtshof mit der Rechtsfrage zur Entscheidung vor, ob die Fernziele von Straßenblockierern bei der Prüfung der Rechtswidrigkeit der Nötigung oder nur bei der Strafzumessung zu berücksichtigen seien.

Trotz der vom Landgericht festgestellten Mittäterschaft (gemeint ist das solidarische Am-Straßenrand-Stehen) lasse das Urteil nach Einschätzung des Oberlandesgerichts eine Würdigung des arbeitsteiligen Vorgehens der vier Angeklagten mit den weiteren elf Demonstranten im Hinblick auf das ganztägige Blockadeziel vermissen.[71] Zwischen den Instanzen ist damit – wie bereits erwähnt – die Sachverhaltsfestsetzung umstritten: Ist nur das aktive Blockieren durch Sitzen auf der Straße relevant oder auch die solidarische Unterstützung der anderen Sitzdemonstranten durch Stehen am Wegesrand?

Das Oberlandesgericht fokussiert in stärkerem Maße als das Landgericht die Opferperspektive, also die Perspektive der Fahrzeuginsassen. „Bei der Auslegung des unbestimmten Rechtsbegriffs der Verwerflichkeit sollte die vom Täter hergestellte Beziehung zwischen Nötigungshandlung und dem erstrebten Zweck handlungs- und opfernah betrachtet werden.”[72] Das Motiv des Täters dürfe nicht mit dem Zweck der Gewaltanwendung gleichgesetzt werden.

> „Mit dem Merkmal ‚verwerflich' als unbestimmter Rechtsbegriff wird weniger ein moralisch besonders verdammenswertes Verhalten bezeichnet, als vielmehr ein sozialwidriges Handeln, dessen Eigenart darin besteht, daß es mit beachtlicher Intensität die dem Opfer gegenüber dem Täter rechtlich garantierte Freiheit verletzt.”[73]

Es handle sich um eine Instrumentalisierung dergestalt, dass der Täter bei diesem Verständnis andere „Bürger ganz bewußt zum bloßen Werkzeug, zum Objekt seines Handelns” mache und deren Willensfreiheit negiere, was ein strafwürdiges Unrecht sei. Dabei sei es nicht Aufgabe der Gerichte, die Gedankeninhalte zu bewerten.[74]

Der Senat führt abschließend Entscheidungen anderer Oberlandesgerichte mit gleicher und gegenteiliger Ansicht an.[75]

---

[70] Beschluss des Oberlandesgerichts Stuttgart vom 17.12.1987, S.8.
[71] Beschluss des Oberlandesgerichts Stuttgart vom 17.12.1987, S. 8.
[72] Beschluss des Oberlandesgerichts Stuttgart vom 17.12.1987, S. 9.
[73] Beschluss des Oberlandesgerichts Stuttgart vom 17.12.1987, S. 10.
[74] Beschluss des Oberlandesgerichts Stuttgart vom 17.12.1987, S. 10.
[75] Beschluss des Oberlandesgerichts Stuttgart vom 17.12.1987, S. 13 ff.

Begründung des 1. Strafsenats des Bundesgerichtshofs

„In der Sache selbst tritt der Senat der Rechtsauffassung des vorlegenden Oberlandesgerichtes bei"[76] und bestätigt, dass Fernziele von Straßenblockierern nicht bei der Prüfung der Rechtswidrigkeit der Nötigung, sondern ausschließlich bei der Strafzumessung zu berücksichtigen seien. Mit der Sprecherhandlung des *Sich-selber-Zuständigkeit-Bescheinigen* (deklarative Sprachhandlung) legitimiert der Bundesgerichtshof das Verfassen eines verbindlichen institutionellen Textes: „Der Senat ist also rechtlich in der Lage, eine einheitliche tatrichterliche Beurteilung der Vorlegungsfrage herbeizuführen, indem er sie in der einen oder anderen Richtung mit der sich aus § 121 Abs. 2 GVG [= Gerichtsverfassungsgesetz/Anm. E.F.] ergebenden Bindungswirkung beantwortet."[77] Darüber hinaus verpflichtet sich der Senat selbst (Kommissiva) und klassifiziert seine Entscheidung (Deklarativa) als ein Einhalten dieser Verpflichtung. Er stellt ausdrücklich fest, dass er sich an die BVerfG-Entscheidung vom 11.11.1986 (1. Sitzblockadenurteil = BVerfGE 73, 206) binde und dass die Gewaltanwendung (§ 240 Abs. 1) **nicht** die Rechtswidrigkeit (§ 240 Abs. 2) indiziere.[78]

Die Frage, ob Fernziele bei Straßenblockaden bereits im Rahmen der Verwerflichkeitsprüfung nach § 240 Abs. 2 StGB oder erst bei der Strafzumessung Berücksichtigung finden dürfen, ist unter den Mitgliedern des 1. Senats des BVerfG in der Entscheidung vom 11.11.1986 umstritten geblieben, wie der Bundesgerichtshof feststellt.[79]

Der Bundesgerichtshof als höchstes Fachgericht entscheidet nun: „Die Auffassung, die Fernziele der Blockierer seien bei der Verwerflichkeitsprüfung zu berücksichtigen, ist weder dogmatisch noch rechtspolitisch zu billigen."[80]

Die Ausführungen und Argumentation des BGH gliedert sich in fünf Teile (in die Abschnitte a-e gegliedert):

a) Als Begründung führt der Senat zunächst an, schon die Struktur des Nötigungstatbestandes verbiete die Berücksichtigung von Fernzielen bei der Prüfung der Rechtswidrigkeit.

> „Allgemeiner strafrechtlicher Grundsatz ist, daß die Verwirklichung des gesetzten Tatbestandes die Rechtswidrigkeit indiziert; sie entfällt nur dann, wenn die tatbestandsmäßige Handlung durch eine Gegennorm (etwa: Notwehr §32 StGB; Wahrnehmung berechtigter Interessen, § 193 StGB) erlaubt ist."[81]

---

[76] BGHSt 35, 273.
[77] BGHSt 35, 273.
[78] BGHSt 35, 273.
[79] BGHSt 35, 274.
[80] BGHSt 35, 275.
[81] BGHSt 35, 275.

Die Besonderheit des § 240 StGB bestehe nun darin, dass die im Tatbestand ausgeführte Handlung nicht die Rechtswidrigkeit indiziere. Diese Ausnahme vom allgemeinen „Verbrechensaufbau" sei geboten, weil ansonsten auch alltägliche sozial adäquate Verhaltensweisen (z.B. Maßnahmen im Erziehungswesen) erfasst würden, was nicht gewünscht werde. Der Bundesgerichtshof kommt zu folgender Schlussfolgerung: „Verbindung von Nötigungsmittel und angestrebter Verhaltensweise [ist] nur unter der einschränkenden Voraussetzung der Verwerflichkeit strafbar, wobei der Begriff ‚verwerflich' zugleich einen Wertungsmaßstab festlegt."[82]

In der Folge stellt der Bundesgerichtshof textlinguistische Bezüge zwischen den beiden Textteilen des Nötigungsparagraphen 240 StGB her. Die Problematik des Verhältnisses von Abs. 1 und Abs. 2 des Nötigungsparagraphen liegt darin, dass bei Erfüllung der Voraussetzungen von Abs. 1 nicht automatisch die Rechtswidrigkeit im Ganzen indiziert wird, sondern dass die Rechtswidrigkeit einer besonderen Prüfung und Feststellung bedarf. Im Unterschied dazu argumentiert der Bundesgerichtshof in seinem Beschluss vom 5. Mai 1988 mit Hilfe (seiner Meinung nach) eindeutig feststehender Relationen zwischen Textteilen:

> „Aus dieser Funktion der Verwerflichkeitsklausel des § 240 StGB Abs. 2 ergibt sich, daß der darin genannte ‚angestrebte Zweck' nichts anderes sein kann als das in Absatz 1 genannte – das Ziel der Zwangsausübung bildende – Handeln, Dulden oder Unterlassen. Würde der ‚angestrebte Zweck' in Absatz 2 auch Ziele umfassen, die in Absatz 1 nicht genannt sind (bis hin zu ‚Fernzielen'), so würde das dem Aufbau des Tatbestandes zuwiderlaufen und seinen Rahmen sprengen. Absatz 2 würde dann seinen Sinn verfehlen, die in Absatz 1 aufgeführten Merkmale zueinander in Beziehung zu setzen."[83]

Die Argumentation des Bundesgerichtshofs setzt damit bestimmte Perspektiven dominant und lässt andere unberücksichtigt. Der Zweck der in Abs. 1 formulierten Gewaltanwendung ist nach Ansicht der Demonstranten nicht nur die Verkehrsblockade, sondern das Aufmerksam-Machen auf die von ihnen gesehenen Rüstungsgefahren. Wir haben es hier also mit einem referenzsemantischen „Kampf" zwischen Angeklagten und Gericht hinsichtlich der juristisch relevanten Sachverhaltseigenschaften zu tun: Fallen nur die Nahziele oder auch Fernziele in den Referenzbereich des Zweckbegriffs in § 240 Abs. 2? Der „angestrebte Zweck" in Absatz 2 wird vom BGH mit dem Ziel der Zwangsausübung aus Abs. 1 gleichgesetzt. In der Folge finden die politischen Motive der Sitzdemonstranten (sog. Fernziele) keine Berücksichtigung. Es stellt sich nun die Frage nach der Legitimität der deklarativen Sprecherhandlung des *Klassifizierens*, dass der Bundesgerichtshof nur eine Teilmenge als Zweck der Gewaltanwendung berücksichtigt (vom BGH als *Nahziele* bezeich-

---

[82] BGHSt 35, 276.
[83] BGHSt 35, 276.

net), eine andere Teilmenge (als *Fernziele* deklariert) dagegen ausschließt und nur in der Strafzumessung heranziehen will. Der in § 240 Abs. 2 StGB zugrunde gelegte Zweckbegriff wird von den Tatverdächtigen in ihrem Selbstverständnis (Motive) anders definiert als von den meisten Gerichten. Der Verwerflichkeitsbegriff wird in Kapitel 8.2 unter wortsemantischen Aspekten genauer analysiert.

Sachverhalte der Lebenswelt – nämlich die Vielschichtigkeit menschlicher Handlungsmotive und -ziele – werden hier mithilfe einer juristischen Begriffsdichotomie *Nahziel – Fernziel* gefasst, die aus dem Normtext selber nicht zu erschließen ist, sondern allenfalls aus der Kommentarliteratur oder der juristischen Binnenkommunikation. Hier zeigt sich wiederum, dass die Bedeutungsfestsetzung eines Normtextes nicht aus sich selbst heraus geschieht, sondern dass der Rechtsarbeiter intertextuelle Beziehungsgefüge mit einbezieht und die Rechtsnorm erst erzeugt, die für nicht-juristische Normadressaten im Verborgenen bleiben.[84] Dennoch behauptet der Senat des Bundesgerichtshofs (repräsentative/ assertive Sprachhandlung) im Rahmen der Normtextauslegung, die Berücksichtigung bestimmter Ziele der Angeklagten würden den Gesetzesrahmen „sprengen", andere wiederum nicht.

b) „Maßstab für die Bewertung der Zweck-Mittel-Relation" und die Verwendung des Wortes „verwerflich"[85] geben keine Auskunft darüber, welche Umstände hierbei in Beziehung zu setzen sind. „Die Beantwortung der vorgelegten Rechtsfrage erfordert deshalb keine grundsätzliche Stellungnahme zur Auslegung des Merkmals ‚verwerflich'."[86] Die bisherige Rechtsprechung des Bundesgerichtshof weise bei der Verwendung des Tatbestandsmerkmals *verwerflich*

> „auf einen ‚erhöhten Grad sittlicher Missbilligung', die Grenze der Strafwürdigkeit sei erst erreicht, ‚wenn das Vorgehen des Täters unter Berücksichtigung aller Umstände eindeutig so anstößig ist, daß es als gröberer Angriff auf die Entschlußfreiheit anderer der Zurechtweisung mit den Mitteln des Strafrechts bedarf' (BGHSt 17, 328, 332)."[87]

Ob dieser Versuch die gewünschte Präzisierung bringt, kann an dieser Stelle offen bleiben und wird in Kapitel 8.2 wieder aufgegriffen. Der Bundesgerichtshof knüpft explizit an frühere Entscheidungen an, in denen „das Rechtsempfinden des Volkes zum Maßstab für die Verwerflichkeitsprüfung erklärt

---

[84] Damit sind wir mitten in der Norm-Adressatenproblematik und dem Aspekt der Intertextualität (siehe Kapitel 10.1.2). Außerdem ist dies ein Beleg dafür, dass die von den Gesetzestexten ausgehenden Verständlichkeitsansätze die Komplexität der Zusammenhänge unzulässig verkürzen (wie im vierten Kapitel ausgeführt wurde).

[85] BGHSt 35, 276.

[86] BGHSt 35, 276.

[87] BGHSt 55, 276.

wird."[88] Die Kompetenz, *das* Rechtsempfinden *des* Volkes erfassen und formulieren zu können, obliegt offensichtlich dem Gericht. Der Bundesgerichtshof bleibt damit bei seinem Grundsatz aus dem Jahre 1953, dass Fernziele bei der Verwerflichkeitsprüfung unberücksichtigt bleiben müssen.[89]

c) Im Rahmen der Verwerflichkeitsprüfung dürfen nach Ansicht des BGH die Fernziele von Blockadeteilnehmern auch nicht aus rechtssystematischen Gesichtspunkten berücksichtigt werden. Der Strafsenat legt deshalb dar, warum seiner Ansicht nach die Rechtswidrigkeit nicht einseitig aus der Sicht des Täters beurteilt werden dürfe.

> „Die vom Bundesverfassungsgericht im Zusammenhang mit der Prüfung der Verfassungsmäßigkeit des § 240 StGB in der bisherigen Auslegung angestellte Überlegung, das Korrektiv der Verwerflichkeitsregel beschränke die Strafbarkeit und wirke sich insoweit zugunsten des Täters aus (BVerfGE 73, 206, 238 f.), läßt sich aus diesem Grunde nicht dazu benutzen, materiell-rechtlich auch die durch eine Subjektivierung des Verwerflichkeitsurteils eintretende Verwischung der Konturen dieses Merkmals von vornherein als rechtsstaatlich hinnehmbar anzusehen."[90]

Es solle auch kein eigener Rechtswidrigkeitsbegriff geschaffen werden: Die Verwerflichkeitsklausel in Abs. 2 knüpfe „vielmehr mit den Worten ‚rechtswidrig ist die Tat' ausdrücklich an den allgemeinen Sprachgebrauch an."[91] Hierbei handelt es sich um den problematischen und in den hier untersuchten Entscheidungsbegründungen oft bemühten Argumentationstopos *nach allgemeinem Sprachgebrauch*, den ich im zehnten Kapitel im Rahmen fachdomänenspezifischer und allgemeiner Sprachgebrauchstopoi näher untersuchen werde.

Um Rechtfertigungsgründe anführen zu können, welche die Rechtswidrigkeit auszuschließen vermögen, seien – so führt der 1. Strafsenat des BGH weiter aus – objektive Kriterien nötig. Denn nur dann werde die Funktion der Rechtswidrigkeitsprüfung (nämlich dem Täter Grenzen der Strafbarkeit zu setzen und dem Beeinträchtigten Grenzen etwaiger Abwehrmaßnahmen, die strafrechtlich relevant sein könnten) dem Bestimmtheitsgebot von Art. 103 Abs. 2 GG gerecht, wenn Rechtfertigungsgründe auf nach außen erkennbare objektive Umstände beschränkt bleiben. Die vom BGH verlangten objektiven Kriterien als Voraussetzung für die Rechtswidrigkeitsprüfung erstrecken sich nur auf den „angestrebten Zweck", „zu dem genötigt" werden soll[92]. Damit ist der Relevanzbereich so eingeengt, dass subjektive Gründe wie Demonstrationsziele und -motive außen vor bleiben.

---

[88] BGHSt 35, 277.
[89] BGHSt 5, 245, 246.
[90] BGHSt 35, 278.
[91] BGHSt 35, 279.
[92] BGHSt 35, 280.

d) Der Bundesgerichtshof führt in diesem Abschnitt des Beschlusses aus, dass sich „brauchbare objektivierbare Bewertungsmaßstäbe für solche Fernziele nicht aufstellen lassen."[93] Damit werden die in Abschnitt c) aufgeführten Voraussetzungen als nicht gegeben festgesetzt. Die rechtssprachliche Klassifikation des Zwecks mit Hilfe der Begriffsunterscheidung in *Nah-* und *Fernziele* favorisiert in der Konsequenz die Sichtweise der blockierten Fahrzeuginsassen und lässt die Demonstrationsziele bei der Prüfung der Rechtswidrigkeit unberücksichtigt, sie sollen ausschließlich bei der Strafzumessung in Rechnung gestellt werden.[94]

e) Abschließend erwähnt der Bundesgerichtshof rechtspolitische Gesichtspunkte: „Die Anerkennung von Zielen, für deren Verwirklichung auch unter Anwendung von Zwang im Sinne des § 240 StGB Abs. 1 geworben werden dürfte, läßt die Gefahr der Radikalisierung der politischen Auseinandersetzung entstehen."[95] Diese Aspekte sind für die Fragestellung der vorliegenden Untersuchung nicht von Interesse.

Urteilsbegründung des 4. Strafsenats des Oberlandesgerichts Stuttgart

Das Oberlandesgericht hebt das Urteil des Landgerichts vom 16.02.1987 auf und begründet seine Entscheidung unter Bezugnahme auf den oben dargelegten Beschluss des Bundesgerichtshofs folgendermaßen:

> „Die Fernziele von Straßenblockierern sind nicht bei der Prüfung der Rechtswidrigkeit der Nötigung, sondern ausschließlich bei der Strafzumessung zu berücksichtigen [...] Es ist nicht auszuschließen, daß das Landgericht unter Berücksichtigung dieser Auffassung bei der Verwerflichkeitsprüfung nach § 240 Abs. 2 StGB zu einem anderen Ergebnis gekommen wäre."[96]

Urteilsbegründung der 1. Kleinen Strafkammer des Landgerichts Tübingen

Auf Berufung der Angeklagten setzt das Landgericht Tübingen die im Urteil des Amtsgerichts Münsingen verhängte Strafe von 15 Tagessätzen auf fünf

---

[93] BGHSt 35, 280.

[94] Hier haben wir ein Beispiel dafür, wie der Normadressat vermutlich die Unterscheidung des Zwecks in *Nah-* und *Fernziele* als die zentralen Kategorien bei der Bewertung des Sachverhalts ansehen dürfte und weniger die Sprecherhandlungen der Klassifikation, die der Einteilung in die Rechtsbegriffe vorausgeht und schon von daher als die viel elementareren anzusehen sind. In Kapitel 8.2 wird dieser Gedanke ausgeführt.

[95] BGHSt 35, 282.

[96] Urteil des Oberlandesgerichts Stuttgart vom 23.06.1988, S. 8 f.

herab. Entgegen der Meinung der Verteidigung ist nach Ansicht der Strafkammer nicht nur die einmalige Blockade durch die Angeklagten Gegenstand des Verfahrens, sondern die Blockadeaktionen des ganzen Tages, während der die Angeklagten als Mittäter am Straßenrand stehend solidarisch die Blockade anderer Täter unterstützten.[97]
Der in diesem Urteil zugrunde gelegte Gewaltbegriff – dem zufolge schon geringer körperlicher Kraftaufwand der Blockierer einen psychisch determinierten Prozess in Lauf setzen kann, wobei entscheidend sei, „welches Gewicht der von ihnen ausgeübten psychischen Einwirkung zukam"[98] – verstoße nach Meinung der Strafkammer nicht gegen das Bestimmtheitsgebot des Art. 103 Abs. 2 GG: „Unbestimmte Rechtsbegriffe sollen und dürfen von den Gerichten ausgelegt werden; nur so ist es möglich, daß eine Fülle von möglichen und sich auch verändernden Verhaltensweisen von einer Norm erfaßt werden können."[99] Damit ist (unbewusst) expliziert, dass nach Ansicht des Gerichts – obwohl viele Argumentationstopoi den *Gesetzeswortlaut* etc. zugrunde legen – die Norm nicht im Normtext steht, sondern dass der Rechtsarbeiter die Rechtsnorm erzeugt und anschließend zur Entscheidungsnorm individualisiert.[100]

Nach Auffassung des Landgerichts habe die Blockade bei den Opfern eine seelische Tötungs- und Verletzungshemmung ausgelöst. „Eine solche Zwangswirkung wirkt sich ebenso aus wie körperlicher Zwang und ist deshalb diesem gleichzustellen."[101] Die Strafkammer kommt zu dem Schluss, dass die Blockadeaktion rechtswidrig gewesen sei, weil die Anwendung von Gewalt zum angestrebten Zweck als verwerflich anzusehen sei.

> „Dazu hat es einer Gesamtwürdigung des Wertverhältnisses und des sachlichen Zusammenhangs von Zweck und Mittel bedurft, wobei außer dem Gewicht der betroffenen Rechte und Interessen vor allem auch der Umfang, die Stärke und die Dauer der Zwangseinwirkung mit zu berücksichtigen gewesen sind."[102]

Damit wird den Begriffen *Gewicht, Umfang, Stärke* und *Dauer* eine Korrektivfunktion innerhalb der Verwerflichkeitsklausel zugeschrieben, die sie aufgrund ihrer eigenen Unschärfe kaum zu leisten in der Lage sind, wie im dritten Teil noch näher auszuführen sein wird.

---

[97] Urteil des Landgerichts Tübingen vom 19.10.1988, S. 11 f.
[98] Urteil des Landgerichts Tübingen vom 19.10.1988, S. 12.
[99] Urteil des Landgerichts Tübingen vom 19.10.1988, S. 13.
[100] Siehe dazu ausführlich im ersten Teil das zweite Kapitel.
[101] Urteil des Landgerichts Tübingen vom 19.10.1988, S. 13.
[102] Urteil des Landgerichts Tübingen vom 19.10.1988, S. 13.

Entscheidungsbegründung des 4. Strafsenats des Oberlandesgerichts Stuttgart

Das Oberlandesgericht Stuttgart verwirft die Revisionen der Angeklagten gegen das Urteil des Landgerichts Tübingen. Die Überprüfung des Urteils habe auf der Grundlage der vorgetragenen Revisionsgründe keine Rechtsfehler zum Nachteil der Angeklagten ergeben. Daraufhin legten die Verurteilten gegen das Urteil Verfassungsbeschwerde beim Bundesverfassungsgericht (BVerfG) in Karlsruhe ein.

Begründung des Ersten Senats des Bundesverfassungsgerichts

Die Verfassungsbeschwerden sind nach Ansicht des Ersten Senats begründet. Zur verfassungsrechtlichen Prüfung steht in dieser sog. 2. Sitzblockadenentscheidung lediglich die Ausweitung des Gewaltbegriffs nach § 240 StGB Abs. 1 an, nicht aber die Fragen zur Beurteilung der Verwerflichkeitsklausel in § 240 StGB Abs. 2.

Die Begründung des Bundesverfassungsgerichts unterteilt sich in drei Abschnitte:

I. Die Bedeutung von Art. 103 Abs. 2 GG *Eine Tat kann nur bestraft werden, wenn die Strafbarkeit gesetzlich bestimmt war, bevor die Tat begangen wurde* habe das BVerfG mehrfach dargelegt.[103] Demnach sei nicht nur das Rückwirkungsverbot für Strafvorschriften zu berücksichtigen, sondern Art. 103 GG „verpflichtet den Gesetzgeber vielmehr auch, die Voraussetzungen der Strafbarkeit so konkret zu umschreiben, daß Anwendungsbereich und Tragweite der Straftatbestände sich aus dem Wortlaut ergeben oder jedenfalls durch Auslegung ermitteln lassen."[104] Diese Maßgabe diene dem Zweck, dass sich die Normadressaten über Verbote von Verhaltensweisen im Klaren sein sollen und dass die legislative Gewalt und nicht die vollziehende oder rechtsprechende Gewalt nachträglich über strafwürdiges Verhalten entscheide.

Es lasse sich dabei wegen der Vielgestaltigkeit des Lebens nicht vermeiden, dass Begriffe, die in besonderem Maße der Deutung durch den Richter bedürfen, verwendet würden. Auch wegen der Allgemeinheit und Abstraktheit von Strafnormen seien Zweifel unvermeidlich, ob ein Verhalten unter den gesetzlichen Tatbestand falle oder nicht. „Für die Rechtsprechung folgt aus dem Erfordernis gesetzlicher Bestimmtheit ein Verbot analoger oder gewohnheitsrechtlicher Strafbegründung. [...] Der mögliche Wortsinn des Gesetzes mar-

[103] Zuletzt BVerfGE 71, 108 [114 ff.] und BVerfGE 73, 206 [234ff.].
[104] BVerfGE 92, 12.

kiert die äußerste Grenze zulässiger richterlicher Interpretation."[105] Da das Bestimmtheitsgebot in Art. 103 Abs. 2 GG die Vorhersehbarkeit der Strafandrohung für den Normadressaten sicherstellen wolle, sei der mögliche Wortsinn aus dessen Sicht zu bestimmen. Zur Problematik der Adressierung von Gesetzestexten und sprachlicher Argumentationstopoi nehme ich im zehnten Kapitel Stellung. Nach Ansicht des BVerfG sei eine über den erkennbaren Wortsinn der Vorschrift hinausgehende Deutung des Gesetzestextes nicht gestattet, auch wenn Einzelfälle aus dem Anwendungsbereich eines Strafgesetzes herausfielen, obwohl sie strafwürdig erschienen. „Es ist dann Sache des Gesetzgebers zu entscheiden, ob er die Strafbarkeitslücke bestehen lassen oder durch eine neue Regelung schließen will."[106]

II. Das BVerfG erklärt § 240 StGB hinsichtlich der – hier allein einschlägigen – Gewaltalternative für vereinbar mit Art. 103 Abs. 2 GG.

a) Nach der Strafrechtsangleichungsverordnung von 1943 sei die 'Drohung mit einem empfindlichen Übel' strafbar gewesen. Zur Begrenzung des so erweiterten Tatbestands sei gleichzeitig ein neuer Absatz 2 eingefügt worden, dem zufolge die Tat rechtswidrig sei,

> „wenn die Anwendung der Gewalt oder die Zufügung des angedrohten Übels zu dem angestrebten Zweck dem gesunden Volksempfinden widerspricht. Dadurch sollte klargestellt werden, daß es weder auf die Rechtmäßigkeit oder Rechtswidrigkeit des Nötigungsmittel oder des Nötigungszwecks für sich allein ankam, sondern auf die Unangemessenheit der Verbindung von Mittel und Zweck im konkreten Fall."[107]

Das Strafrechtsänderungsgesetz vom 4. August 1953 habe an der Ausweitung der Drohungsalternative festgehalten und stellte den Maßstab für die Beurteilung der Zweck-Mittel-Relation von „gesundem Volksempfinden" auf „Verwerflichkeit" um.

b) Die Richter verweisen auf das sog. 1. Sitzblockadenurteil[108] vom 11.11.1986, in welcher die Auslegung von § 240 StGB Abs. 1 und Abs. 2 für vereinbar mit Art. 103 Abs. 2 GG erklärt wurde (wenn auch bei Stimmengleichheit von 4:4). „Ob daran auch bezüglich des Absatzes 2 in vollem Umfang festzuhalten ist, bedarf hier keiner Entscheidung."[109]

III. Dagegen verstoße nach heutiger Ansicht des Ersten Senats die **Auslegung** des Gewaltbegriffs in § 240 Abs. 1 StGB durch die Strafgerichte gegen Art. 103 Abs. 2 GG.

a) Das Verständnis des Gewaltbegriffs in der höchstrichterlichen Rechtsprechung habe sich dahingehend entwickelt, dass zum einen die Entfaltung

---

[105] BVerfGE 92, 12.
[106] BVerfGE 92, 13.
[107] BVerfGE 92, 14.
[108] BVerfGE 73, 206.
[109] BVerfGE 92, 14.

körperlicher Kraft auf Seiten des Täters an Bedeutung verliere und stattdessen zum anderen die bei dem Opfer eintretende Zwangswirkung einen immer höheren Stellenwert erhalte. Der veränderten Sichtweise liege also eine Fokussierung der Opferperspektive (im Gegensatz zur Tätersichtweise) zugrunde. Nach heutigem Stand der Rechtsprechung – der sich am Laepple-Urteil[110] aus dem Jahre 1969 orientiere – sei nicht der „unmittelbare Einsatz körperlicher Kräfte" vorauszusetzen, sondern es genüge, „daß der Täter ‚nur mit geringem körperlichen Kraftaufwand einen *psychisch* determinierten Prozeß' beim Opfer" auslöse. Für die Strafbarkeit komme es „dabei entscheidend auf das ‚*Gewicht* der ... psychischen Einwirkung' an."[111] In diesem Zusammenhang werde von „Vergeistigung" oder „Entmaterialisierung" des Gewaltbegriffs gesprochen.

b) Bei der erneuten Prüfung ist das BVerfG mit 5:3 Stimmen zum Ergebnis gekommen, dass der den Gerichtsentscheidungen zugrunde liegende Gewaltbegriff mit Art. 103 Abs. 2 GG unvereinbar ist. Gewalt werde – so der Erste Senat des BVerfG – im allgemeinen Sprachgebrauch mit unterschiedlicher Bedeutung versehen. Nach dem Willen des Gesetzgebers sollte nicht jede Zwangswirkung auf den Willen Dritter unter Strafe gestellt werden, da sonst auch „erforderliche" und „unvermeidliche" Verhaltensweisen des Soziallebens wie z.B. im Erziehungswesen, in der Arbeitswelt oder im Verkehrswesen darunter fielen, was natürlich nicht erwünscht sei.

Weiter oben haben wir gesehen, dass es sich nach Ansicht des Bundesgerichtshofs beim Nötigungsparagraphen um zwei Stellglieder (in Abs. 1 und 2) handelt, die sich idealiter gegenseitig beeinflussen und konkretisieren: Der ausgedehnte Gewaltbegriff in § 240 StGB Abs. 1 auf der einen Seite soll durch das Korrektiv der Verwerflichkeitsklausel in Abs. 2 auf der anderen Seite relativiert werden, um als sozial adäquat betrachtete Verhaltensweisen nicht in den Tatbestand einzubeziehen. Darüber hinaus hat der BGH aus der Funktion der Verwerflichkeitsklausel des § 240 StGB Abs. 2 abgeleitet, dass der darin genannte ‚angestrebte Zweck' nichts anderes sein kann als das in Absatz 1 genannte Ziel der Zwangsausübung.[112] Dem widerspricht nun das BVerfG:

> „Da die Ausübung von Zwang auf den Willen Dritter bereits im Begriff der Nötigung enthalten ist und die Benennung bestimmter Nötigungsmittel in § 240 StGB die Funktion hat, innerhalb der Gesamtheit denkbarer Nötigungen die strafwürdigen einzugrenzen, kann die Gewalt nicht mit dem Zwang zusammenfallen, sondern muß über diesen hinausgehen. Deswegen verband sich mit dem Mittel der Gewalt im Unterschied zur Drohung von Anfang an die Vorstellung einer körperlichen Kraftentfaltung auf seiten des Täters."[113]

---

[110] BGHSt 23, 46 [54].
[111] BVerfGE 92, 15.
[112] BGHSt 35, 276.
[113] BVerfGE 92, 17.

„Gewalt" und „Zwang" seien also im Nötigungsparagraphen zu unterscheiden ebenso wie „Gewalt" (Merkmal der körperlichen Kraftentfaltung) und „Drohung" mit einem empfindlichen Übel. Die Unterschiede zwischen letzteren dürften auch nicht verwischt werden. „Zwangseinwirkungen, die nicht auf den Einsatz körperlicher Kraft, sondern auf geistig-seelischem Einfluss beruhen, erfüllen unter Umständen die Tatbestandsalternative der Drohung, nicht jedoch die der Gewaltanwendung."[114]

Der Bundesgerichtshof habe der Ausweitung des Gewaltbegriffs zu begegnen versucht, indem er auf das „Gewicht" der psychischen Einwirkung abstellte. „Damit wird die Eingrenzungsfunktion einem Begriff [gemeint ist *Gewicht*/Anm. E.F.] aufgebürdet, der noch weit unschärfer ist als der der Gewalt. An einer befriedigenden Klärung, wann eine psychische Einwirkung gewichtig ist, fehlt es daher auch."[115] Der Verweis auf die Verwerflichkeitsklausel als Korrektiv einer extensiven Auslegung des Gewaltbegriffs könne daher die rechtsstaatlichen Bedenken nicht ausräumen, weil er die beträchtlichen Spielräume bei der Strafverfolgung von Nötigungen nicht zu beseitigen vermöge, wie die „unterschiedliche Behandlung von Blockadeaktionen aus Protest gegen die atomare Nachrüstung einerseits und solchen aus Protest gegen Werksstillegungen, Gebührenerhöhungen, Subventionskürzungen oder Verkehrsplanungen andererseits belegt."[116] Außerdem sei die Ungewissheit des erweiterten Gewaltbegriffs nicht durch eine im Lauf der Zeit gefestigte Rechtsprechung entfallen, „zumal der Bundesgerichtshof in anderen Bereichen wie dem der Vergewaltigung von einem erheblich engeren Gewaltbegriff ausgeht (vgl. BGH, NJW 1981, S. 2204)."[117] Auch die Strafbarkeit von Blockadeaktionen als Nötigung sei höchst ungewiss geblieben, wie die fortbestehenden Divergenzen in Judikatur und Literatur belegten.

Der Beschluss des Bundesgerichtshof wird dadurch gegenstandslos, das freisprechende Urteil des Landgerichts wiederhergestellt.[118]

Die BVerfG-Richter Seidl und Söllner und die Richterin Haas vertreten eine abweichende Meinung.

Sie sehen in den Ausgangsverfahren der Strafgerichte keinen Verstoß gegen Art. 103 Abs. 2 GG und führen dazu folgende Aspekte an.

1. Entgegen der Senatsmehrheit vertreten die drei Richter die Auffassung, dass für die Normadressaten die Strafbarkeit aufgrund der gefestigten Recht-

---

[114] BVerfGE 92, 17.
[115] BVerfGE 92, 17.
[116] BVerfGE 92, 18.
[117] BVerfGE 92, 18.
[118] BVerfGE 92, 19.

sprechung durchaus erkennbar gewesen sei und damit kein Verstoß gegen den Bestimmtheitsgrundsatz nach Art. 103 Abs. 2 GG vorliege.

a) Es sei „nach allgemeinem Sprachverständnis nicht entscheidend, ob eine unmittelbare Einwirkung auf den Körper des Opfers, etwa in Form einer Berührung," vorliege.[119] Die Unterscheidung des Gesetzgebers zwischen „Gewalt" und „Gewalttätigkeit" (vgl. § 113 Abs. 2 Nr. 2, §§ 124, 125 Abs. 1 StGB) im Normzusammenhang mache deutlich, dass ein aggressives Verhalten nicht erforderlich sei.

> „Schließlich kommt es für das Vorliegen von Gewalt nicht darauf an, ob dem Opfer eine Chance bleibt, sich gegen den Zwang erfolgreich zu wehren. Es ist kein Kriterium des Begriffs der Gewalt im Sinne des § 240 StGB, daß diese unwiderstehlich sein muß."[120]

b) Die psychische Zwangseinwirkung auf die Fahrzeuginsassen komme durch ein physisches Hindernis zustande – und dies sei entscheidend beim Gewaltbegriff. „Das Blockieren des Weges [...] ist danach eine Form der körperlichen, nicht lediglich psychischen Einwirkung auf die Willensentschließung und -betätigung der Fahrzeuginsassen."[121] Der mögliche Wortsinn des Gewaltbegriffs werde nicht überschritten, wenn entscheidend auf den – durch das Zwangsmittel ausgelöste – psychischen Prozess abgestellt werde. Damit erfülle eine solche Blockade den Begriff der *Gewalt* im Sinne des Nötigungsparagraphen § 240 StGB Abs. 1.

> „Nach überkommenem Verständnis ist der Gewaltbegriff ganz allgemein nicht auf Einwirkungen beschränkt, die die Willensbetätigung unmöglich machen (vis absoluta), sondern umfaßt auch körperliche Einwirkungen, die einen psychischen Prozeß in Lauf setzen (vis compulsiva)."[122]

c) Mit diesem Verständnis des Gewaltbegriffs werde auch nicht die Grenze zwischen Gewalt und Drohung mit einem empfindlichen Übel (Abs. 1 des Nötigungsparagraphen) verwischt.

> „Die Fälle, in denen der Willensbetätigung ein körperliches Hindernis entgegengestellt wird, erlauben nicht nur eine abgrenzbare Zuordnung zum Gewaltbegriff, sondern unterscheiden sich auch klar von den Fällen der Drohung, in denen die Willensentschließung oder -betätigung nicht gegenwärtig körperlich behindert wird, sondern ausschließlich psychisch durch Inaussichtstellen eines Übels."[123]

Eine derartige Auslegung des Gewaltbegriffs führe nach Ansicht der drei Richter auch nicht – wie die Senatsmehrheit darlegt – zur Bestrafung von sozialadäquatem Verhalten, weil dieses nach § 240 StGB Abs. 1 von der Absicht des

---

[119] BVerfGE 92, 21.
[120] BVerfGE 92, 21.
[121] BVerfGE 92, 22.
[122] BVerfGE 92, 22.
[123] BVerfGE 92, 22 f.

Täters abhänge und der Tatbestand in der Verwerflichkeitsklausel des § 240 StGB Abs. 2 ein einschränkendes Korrektiv finde. Somit genüge die Rechtsprechung nach Ansicht der Senatsminderheit dem verfassungsrechtlichen Bestimmtheitserfordernis.

2. Nach der gefestigten Rechtsprechung sei für die Beschwerdeführer zum Tatzeitpunkt die Wertung ihres Verhaltens als Nötigung mittels Gewalt vorhersehbar gewesen. Nach dieser Rechtsprechung ebenso wie der Kommentarliteratur, die „unbeschadet gewisser Bedenken zustimmend" die strafrechtliche Auslegung des Gewaltbegriffs kommentiere, stehe „außer Zweifel, daß für die Beschwerdeführer im Tatzeitpunkt vorhersehbar war, daß ihr Verhalten als Nötigung mittels Gewalt im Sinne von § 240 Abs. 1 StGB angesehen werden würde"[124]. Die Erwartungshaltung der drei BVerfG-Richter gegenüber dem Normadressaten, der neben der Rechtsprechung nicht nur die Kommentarliteratur zu kennen habe, sondern gleichzeitig dort angeführte Bedenken zu gewichten in der Lage sein sollte, bedarf im zehnten Kapitel noch der Erörterung.

Auch das Argument, es entspreche gefestigter Rechtsprechung – so die Richter Seidl und Söllner und die Richterin Haas in der abweichenden Meinung[125] -, dass der Tatbestand so und nicht anders gesehen werde, bedarf insofern der Relativierung, als weder die Normtexte noch das Normtextverständnis nur eingeschränkt als statische Größe zu betrachten sind, weil ansonsten veränderte Lebensumstände und gesellschaftlicher Denk- und Meinungswandel nicht zu erfassen wären.

[124] BVerfGE 92, 24 f.

[125] Die Mehrheit des Ersten Senats des Bundesverfassungsgerichts weist in derselben Entscheidung auf Seite 18 dagegen auf Divergenzen in Judikatur und Literatur hin.

7 Juristische Binnenkommunikation: Die Kontroverse in der Fachliteratur

Im Folgenden wird die juristische Binnenkommunikation zur untersuchten Sitzblockadenjudikatur dergestalt resümiert, dass die für die Untersuchungsfragestellung relevanten Aspekte aus den einzelnen Aufsätzen, Kongressvorträgen, Kommentaren, Anmerkungen, Entscheidungsbesprechungen vorgestellt und hinsichtlich des Erkenntnisinteresses bilanziert werden.

Bevor die Auseinandersetzung in der juristischen Fachliteratur dargestellt wird, stelle ich einen für Jurastudenten zur Übersicht konzipierten Aufsatz der wichtigsten Aspekte der untersuchten Verfassungsbeschwerde sowie strafrechtlicher Gesichtspunkte voran.[1] Anschließend stelle ich die Argumente in der juristischen Fachliteratur vor, die sich auf rechts- oder gemeinsprachliche Phänomene bzw. auf juristische oder alltagsweltliche Sprachgebrauchsweisen rekurrieren.

Die Fachtexte der juristischen Binnenkommunikation werden entweder chronologisch nach dem Erscheinungsdatum der jeweiligen Publikation oder thematisch nach der inhaltlichen Schwerpunktsetzung vorgestellt, um die verschiedenen Verweise und Bezugnahmen auf bereits veröffentliche Argumentationen darstellen zu können.[2]

Hesselhaus[3] gliedert seinen didaktisch konzipierten Aufsatz für Jurastudenten in „Problemaufriss" und „Lösung des Bundesverfassungsgerichts". Das seines Erachtens Wichtigste fasst er in zwei Punkten zusammen:

> „1. Die bisherige weite Auslegung des Gewaltbegriffs in § 240 StGB ist verfassungswidrig.
> 2. Die bloße körperliche Anwesenheit wie bei rein passiven Sitzblockaden reicht für die Annahme einer Gewaltanwendung nicht aus."[4]

---

[1] Die Darstellung orientiert sich am Leser ohne spezifische juristische Vorkenntnisse.

[2] Aus Übersichtsgründen sei hier vorweggenommen: Ablehnende Kritik an der neuen Rechtsprechung des BVerfG und am Bruch mit bisheriger verfassungsrechtlicher Bewertung des BVerfG üben u.a. Altvater 1995, Gusy 1995, Krey 1995, 1995a, Krey/Jäger 1998, Scholz 1995, Schroeder 1995 und nur teilweise ablehnende Kritik Amelung 1995. Zustimmung zur neuen BVerfGE und zur Reaktivierung des Kriteriums der Kraftentfaltung bei der Auslegung des Gewaltbegriffs signalisieren u.a. Arnold 1997, Jeand'Heur 1995, Lesch 1995, 1995a, Schmidt 1995.

[3] Hesselhaus 1995: 748.

[4] Hesselhaus 1995: 748.

Zunächst legt er den Werdegang und die Vorgeschichte der Entscheidung dar. Die Verfassungsbeschwerde, die sich gegen belastende Urteile der Strafgerichte richte, habe das Bundesverfassungsgericht zur Entscheidung angenommen, obwohl es schon in zwei Entscheidungen zu § 240 StGB Stellung genommen habe. Es sei bereits 1986 vom Bundesverfassungsgericht entschieden worden, dass der Straftatbestand der Nötigung nach § 240 Abs. 1 StGB im Sinne von Art 103 II des Grundgesetzes („Bestimmtheitsgrundsatz") bestimmt genug sei.

§ 240 StGB wolle die Freiheit der Willensentschließung und -betätigung schützen. Der Gesetzgeber habe die Strafbarkeit gesellschaftlicher Zwänge auf bestimmte von einander abgrenzbare Mittel – Gewalt und Drohung mit einem empfindlichen Übel – beschränkt. Die Verwerflichkeitsklausel des § 240 Abs. 2 StGB verlange zusätzlich, dass die Verbindung von Mittel und Zweck im konkreten Fall unangemessen sei. Die dabei notwendige Wertung der Zweck-Mittel-Relation durch den Richter habe das Bundesverfassungsgericht hingenommen, da dieses Tatbestandsmerkmal die Strafbarkeit einschränke.

In diesem Zusammenhang müsse die sog. 1. Sitzblockaden-Entscheidung in Erinnerung gerufen werden. In dieser habe das Bundesverfassungsgericht 1986 zwar einstimmig die Bestimmtheit des Nötigungstatbestandes in § 240 StGB bestätigt, so blieb jedoch die *Auslegung der Norm* bei Stimmengleichheit (4:4) umstritten. Der Streitpunkt habe darin bestanden, ob die immer geringeren Anforderungen an einen Kraftaufwand bei der Gewaltanwendung mit der Auslegung des Gewaltbegriffs im Nötigungsparagraphen einhergehe. Nach dem damaligen Urteil sollten auch solche Einwirkungen auf die Willensfreiheit strafbar sein, die bei sehr geringem körperlichem Kraftaufwand auf sublime Art zu einer Zwangswirkung führen. Eine Korrektur dieser weiten Tatbestandsauslegung sollte über die Verwerflichkeitsklausel in Abs. 2 des Nötigungsparagraphen erfolgen.

Die BVerfG-Richter hatten – so Hesselhaus in seinem Aufsatz – im Rahmen der sog. zweiten Sitzblockaden-Entscheidung im Jahre 1995 darüber zu befinden, ob das strafrechtliche Urteil auf einer nicht ausreichend bestimmten Norm oder auf einer verfassungswidrigen weiten Auslegung einer Norm beruhe. Die Verfassungsrichter hätten in ihrer Entscheidung vom 10.01.1995 wiederum die Norm für ausreichend bestimmt erklärt, dahingegen beurteile diese zweite Entscheidung – in ausdrücklicher Abweichung von früheren Entscheidungen – die *Auslegung der Norm* als verfassungswidrig, weil die Auslegung des Gewaltbegriffs gegen das Bestimmtheitsgebot nach Art. 103 Abs. 2 des Grundgesetzes verstoße. Dazu erklärt Hesselhaus in Anlehnung an die Begründung der Verfassungsrichter:

> „Art 103 II GG stellt an Strafnormen höhere Anforderungen als der allgemeine Bestimmtheitsgrundsatz. Der einzelne muß von vornherein wissen können, was strafrechtlich verboten ist, damit er sein Verhalten danach einrichten kann. Der Gesetzgeber darf zwar auch unbestimmte, wertausfüllungsbedürftige Rechtsbegriffe ver-

> wenden, doch ist die Grenze der Auslegung der Wortsinn, der aus der *Sicht des Bürgers* zu bestimmen ist. Ausgeschlossen ist jede Rechtsanwendung über den Inhalt der Strafnorm hinaus, insbesondere wenn sie auf Analogie oder Gewohnheitsrecht gestützt ist."[5]

Resümiere man die unter den Verfassungsrichtern umstrittenen Fragen, so hätten sich die Argumente auf beiden Seiten nicht wesentlich geändert, nur die Machtverhältnisse im Senat. Das Urteil von 1986 basiere auf Stimmengleichheit 4:4, jedoch wurde dieses 1995 mit 5:3 Stimmen für überholt erklärt. Die drei Richter der Senatsminderheit hätten an der früheren Entscheidung von 1986 festgehalten, die Auffassung der damals die Entscheidung nicht tragenden Richter werde nunmehr von der Senatsmehrheit vertreten. Beide Entscheidungen seien in der Literatur heftig umstritten. Es werde ungeachtet der Streitpunkte einhellig darauf hingewiesen, dass beide Seiten von unterschiedlichen Gewaltbegriffen ausgingen.

7.1 Sprachgebrauchsaspekte als Argumente

Scholz als Kritiker der BVerfG-Entscheidung kann die von den Verfassungsrichtern unterstellte „tatbestandsausweitende Interpretation"[6] der Auslegung des Gewaltbegriffs durch die Strafgerichte nicht nachvollziehen und erläutert die richterliche Wortsinnfestsetzung wie folgt:

> „Innerhalb des durch den möglichen umgangssprachlichen Wortsinn abgesteckten Rahmens nimmt nämlich der Richter die Auslegung unter Berücksichtigung der nächstliegenden Wortbedeutung, der Vorstellung des historischen Gesetzgebers und des gesetzessystematischen Zusammenhangs nach dem Zweck des Gesetzes vor (teleologische Auslegung)."[7]

Mit diesen Worten paraphrasiert Scholz die bekannten, in der Rechtswissenschaft entwickelten Methoden der Gesetzesauslegung.[8] Zur Klärung umstrittener Gerichtsentscheide vermag dieses Methodenresümee nichts beizutragen. Es handelt sich dabei um kein bescheidenes Programm, das den Strafrichtern zu absolvieren aufgegeben wird. Nach Abschluss solcher Rechtsarbeit bleibt jedoch den Richtern nichts anderes übrig, als durch die Explizierung von Teilbedeutungen rechtssprachlicher Termini im Wege plausibler Überzeugungsarbeit für das eigene Wortverständnis zu werben. Ausflüchte in einen vermeintlichen Sprachobjektivismus, um zu *der* Auslegung zu kommen, bleiben Scheingefechte. Genau diesen scheint Scholz zu erliegen, wenn er glaubt, einen Pro-

---

[5] Hesselhaus 1995: 748.
[6] BVerfGE 92, 16.
[7] Scholz 1995: 418.
[8] Vgl. dazu ausführlicher in Kapitel 2.1 *Methoden (Kanones) der rechtswissenschaftlichen Gesetzesauslegung*.

blemlösungsbeitrag beisteuern zu können, indem er „innerhalb des durch den möglichen umgangssprachlichen Wortsinn abgesteckten Rahmens" (wie soll denn der zu ermitteln sein?) die „nächstliegende Wortbedeutung" (wie findet man aus Bedeutungsalternativen die – für wen auch immer – „nächstliegende"?) als Auslegungsbasis empfiehlt.

Scholz' illusionär anmutende Sprachvorstellung offenbart sich unter anderem in seinen abschließenden Folgerungen, die er mit „ ‚Politische' Entscheidung?" überschreibt.

> „Überraschend, um nicht zu sagen: irritierend ist an der Entscheidung des BVerfG aus verfassungsrechtlicher Sicht bereits, mit welcher leichten Hand sich das Gericht über die Frage nach dem ‚möglichen Wortsinn' des Gewaltbegriffs hinweggesetzt hat, um sich zugleich hinter dem ‚Normzusammenhang' zu verschanzen."[9]

Diese Formulierung impliziert, es gäbe eine ermittelbare kontextabstrahierende Wortbedeutung, die der Auslegung zunächst zugrunde gelegt werden könnte, bevor der Normzusammenhang zu prüfen sei. Linguistischer Konsens ist allerdings, dass der Sprecher mit Worten in einem spezifischen Kontext Bedeutung herzustellen versucht; denn – um wieder einmal Wittgensteins berühmt gewordenen Satz in Erinnerung zu rufen: die Bedeutung eines Ausdrucks ist sein Gebrauch (besser: die Regel des Gebrauchs) in der Sprache.[10] Und um die Darlegung der Gebrauchsregeln im juristischen Diskurs haben sich die Bundesverfassungsrichter wahrlich bemüht, auch wenn man ihr Ergebnis nicht teilen muss.

Wesentlich konkreter wird Scholz mit seinem Wortgebrauchs- oder Definitionsvorschlag von *Gewalt* und *Zwang*, der genau die Deckungsgleichheit der beiden Termini beinhaltet, die das BVerfG in seiner Auslegungsargumentation als inadäquat klassifiziert hat. Wir haben es hierbei mit einer die juristische Diskussion befruchtenden Meinungsverschiedenheit im Rahmen des Sprachnormierungs„kampfes" zu tun. Das Bundesverfassungsgericht hält der synonymen Verwendung von *Gewalt* und *Zwang* entgegen:

> „Da die Ausübung von Zwang auf den Willen Dritter bereits im Begriff der Nötigung enthalten ist und die Benennung bestimmter Nötigungsmittel in § 240 Abs. 2 StGB die Funktion hat, innerhalb der Gesamtheit denkbarer Nötigungen die strafwürdigen einzugrenzen, kann die Gewalt nicht mit dem Zwang zusammenfallen, sondern muß über diesen hinausgehen."[11]

Scholz erhofft sich Klärung durch die bayerische Gesetzesvorlage im Bundesrat vom 3.05.1995, die den Gewaltbegriff[12] allgemein durch eine entsprechende Ergänzung des § 11 I StGB (dort werden unter *Zweiter Titel: Sprachgebrauch*

---

[9] Scholz 1995: 422.

[10] Vgl. dazu die Ausführungen im dritten Kapitel.

[11] BVerfGE 92, 17.

[12] Vgl. die Arbeit von Röthlein 1986 zu Einheitlichkeit und Unterschiedlichkeit des Gewaltbegriffes im Strafrecht allgemein.

im Sinne des Gesetzes einige Rechtsbegriffe erläutert) zu präzisieren beabsichtigt: „Gewalt: die körperlich oder psychisch vermittelte, mit einem gegenwärtigen empfindlichen Übel verbundene Zwangswirkung."[13]

Roellecke behauptet in seinem Aufsatz, dass „die Entscheidung [...] zur Erkennungsmelodie für links und rechts geworden" sei.[14] Den Beschluss des Bundesverfassungsgerichts sieht er links angesiedelt, und er führt dafür als Indiz den Wortgebrauch im Leitsatz der Entscheidung an, in welchem das BVerfG „Sitzblockade und Sitzdemonstration synonym" verwendet. Roellecke führt dagegen an: „Demonstrieren darf man aber, blockieren nur mit Rechtsgründen. Oder demonstriert die Polizei, wenn sie eine Straße blockiert? Oder hat die synonyme Verwendung nur den Sinn, Gesäß-Proteste von vornherein zu rechtfertigen?"[15]

Schroeder stellt die für unseren Zusammenhang relevante These und Forderung auf, dass das BVerfG den „möglichen Wortsinn des Gesetzes" als „äußerste Grenze zulässiger richterlicher Interpretation" mithilfe von Wörterbüchern der deutschen Sprache hätte bestimmen können bzw. sollen.[16] Er erliegt damit der Illusion, dass Wörterbücher als Beleg für einen einheitlichen Sprachgebrauch zu verstehen seien und damit verlässlichen Aufschluss über den (kontextlosen bzw. -ignorierenden) Verbreitungsgrad eines Wortverständnisses geben könnten anstatt die in der Linguistik unumstrittene Tatsache in Rechnung zu stellen, dass Wörterbücher – schon vom Anspruch der Redaktionen her – deskriptiv und von vielfältigen Verwendungsweisen kontextabstrahierend vorgehen und daher allenfalls – auf der Basis gefundener Sprachgebrauchsbelege – dem Sprachgebrauch einzelner Gruppierungen oder spezifischer (Fach)Varietäten beschreibend „hinterhereilen". Über das Wortgebrauchswissen und die kommunikativen Erfahrungen breiter Schichten – geschweige denn *des* Normadressaten – mit einem bestimmten Wort ist damit noch nichts gesagt.

Jeand'Heur merkt zu diesem vorgeschlagenen „juristischen Unterfangen" der umgangs- oder alltagssprachlichen „Wortsinnermittlung" mit Recht an, dass der „Griff zum Duden bestenfalls die kontextbezogenen Referenzweisen lexikalisch belegen" kann und kommt zu dem Schluss: „In der Alltagssprache ist die Suche nach der Wortlautgrenze mithin reichlich albern, zumal wenn damit die Absicht verfolgt werden sollte, eine Art Sprachpolizei zur Sanktionierung abweichenden Sprachverhaltens zu etablieren."[17] Das BVerfG hat daher den uneinheitlichen alltäglichen Gebrauch des Ausdrucks „Gewalt" ausschließlich als erstes vorläufiges Indiz gewertet, „sozusagen als sprachli-

---

[13] Scholz 1995: 424.

[14] Roellecke 1995: 1526.

[15] Roellecke 1995: 1526.

[16] Schroeder 1995: 875.

[17] Jeand'Heur 1995: 466.

ches Eingangsdatum für die Bestimmung des kontextgeprägten strafrechtlichen Gewalt-Begriffs in § 240 Abs. 1 StGB"[18], so dass die Auslegung des Gewaltbegriffs für den Normadressaten nach Ansicht der BVerfG-Richter nicht bestimmt genug vorhersehbar gewesen sein könnte. Die Bestimmung des Gewaltbegriffs nimmt das BVerfG nach eigener Aussage „im Zusammenhang des Normgefüges"[19] vor, wobei „zum einen auf die Intentionen des Strafgesetzgebers, zum anderen auf die Abgrenzung zu anderen Strafrechtsnormen bzw. zur ‚Drohungs'-Alternative im Normtext des Nötigungsparagraphen abgestellt wird."[20]

Außerdem nimmt Jeand'Heur zum Argument des BVerfG-Minderheitenvotums Stellung, dem zufolge für die Beschwerdeführer auf Grund der „gefestigten Rechtsprechung" die Strafbarkeit ihres Handelns vorhersehbar gewesen sei. Er bezeichnet die Bezugnahme – ungeachtet dessen, ob die Behauptung zutrifft oder nicht – auf das Vorliegen einer solchen, formale Rechtssicherheit versprechenden Judikatur (ebenso wie auf Lehrbuch-, Kommentar- oder monographische Literatur) als zweitrangig gegenüber genetischen und grammatisch-systematischen Auslegungsaspekten, die sich unmittelbar dem Normtext als Rechtsquelle zuwenden. Der Verweis auf Präjudizien, aus denen die Referenzgeschichte von juristischen Begriffen entnommen werde, nehme auf nicht direkt normtextbezogene Interpretationselemente Bezug, die „im Kollisionsfall mit den direkt normtextbezogenen Konkretisierungsgesichtspunkten, ergo der grammatischen, historischen, genetischen, systematischen und – mit Einschränkungen – teleologischen Auslegung, zurücktreten"[21] müssten.

In der juristischen Binnenkommunikation wird die nur wenige Monate später verkündete *Stehblockaden-Entscheidung* des Bundesgerichtshofs vom 20.07.1995 zur „Strafbarkeit von Straßenblockaden"[22] als erstes „Blockade-Urteil" nach der BVerfGE vom 10.01.1995 kontrovers aufgenommen, weil der Senat des BGH – den Gewaltbegriff auf Blockaden anwendend und trotzdem die Berücksichtigung der Bundesverfassungsgerichts-Entscheidung beanspruchend – argumentiert, dass zwar auf die Insassen der ersten Autoreihe nur psychischer Zwang ausgeübt worden sei (und damit laut BVerfGE noch keine Gewalt vorläge), dass aber ab der zweiten Autoreihe ein physisches – also unüberwindbares und unwiderstehliches – Hindernis in Form vor und hinter ihnen auf der Fahrbahn angehaltener Fahrzeuge vorgelegen habe und sich somit die Auslegung des Gewaltbegriffs in Übereinstimmung mit der in der

[18] Jeand'Heur 1995: 466.
[19] BVerfGE 92, 16.
[20] Jeand'Heur 1995: 466.
[21] Jeand'Heur 1995: 466 f. Vgl. ausführlich zur Rangordnung der Konkretisierungselemente Müller [7]1997: 289 ff.
[22] BGHSt 41, 182.

BVerfGE geforderten Teilbedeutung 'eines physisch (und nicht nur psychisch) wirkenden Zwanges' befände.[23] In einem Beschluss vom 27.07.1995 hat der 1. Senat diese Rechtsprechung noch einmal bekräftigt.[24]

Diese BGH-Entscheidung hatte zur Folge, dass in der juristischen Binnenkommunikation in aller Regel die BVerfG-Entscheidung vom 10.01.1995 mit den BGH-Entscheidungen vom Juli 1995 gemeinsam diskutiert wurde. Sinn resümiert die weitere Rechtsprechung nach der sog. zweiten Sitzblockaden-Entscheidungen dahingehend, dass die Gerichte zwar explizit die ablehnende Entscheidung des BVerfG zum „vergeistigten Gewaltbegriff" berücksichtigen, aber dennoch zu unterschiedlichen Ergebnissen kommen.[25] In einem Urteil des Oberlandesgerichts Köln wurde das Ausräumen einer Wohnung bei Abwesenheit des Mieters als Gewalt angesehen ebenso wie das Bayerische Oberste Landesgericht bei der Bildung einer Menschenkette die vom BVerfG geforderte qualifizierte Kraftentfaltung in dem Umstand begründet sah, dass die Beteiligten sich eingehakt hätten und deshalb nicht nur lediglich anwesend gewesen seien. Im Gegensatz dazu lehnten die Oberlandesgerichte Hamm und Koblenz wie das Landgericht Trier ein gewaltsames Verhalten bei Autobahnblockierern unter ausdrücklicher Ablehnung der BGH-Entscheidungen vom Juli 1995 und unter Bezugnahme auf die sog. Zweite Sitzblockaden-Entscheidung des BVerfG ab.[26]

Lesch betrachtet die vom Bundesverfassungsgericht selbst konzedierte Feststellung, dass der „Begriff der [...] Gewalt im allgemeinen Sprachgebrauch mit unterschiedlicher Bedeutung verwendet wird"[27], als Beleg dafür, dass damit die „Prüfung der Grenzen, die das Bestimmtheitsgebot dem Rechtsanwender steckt, nach des *Gerichts* eigener Logik abgeschlossen ist"[28]. Lesch will mit seiner verkürzten Argumentation ausdrücken, auf Grund der vielfältigen Wortverwendungsweisen im „allgemeinen" Sprachgebrauch hätten sich die Strafgerichte mit ihrer Auslegung auch nur eine bestimmte Wortbedeutung zu eigen gemacht. Nun kann man beileibe nicht den Gerichten einen allgemeinen Sprachgebrauch attestieren. Zudem kann man richterliches Wortverständnis – bildet es darüber hinaus sogar die argumentative Grundlage und Stütze für das Verhängen von Sanktionen im Rahmen institutionell ausgeübter Macht – nicht unterschiedslos neben den anderer Sprecher stellen, schließlich muss der Rechtsarbeiter bei seiner Auslegungstätigkeit in Anbetracht der Konsequenzen seiner Entscheidung schon etwas mehr an Rechtfertigung bieten. Außerdem geht es im Sinne des Bestimmtheitsgebotes um das Wortverständnis aus Sicht

---

23 Einen direkten Vergleich der beiden Entscheidungen nehmen Krey/ Jäger 1998 vor.

24 Neue Juristische Wochenschrift (NJW) 1995, S. 2862.

25 Die Übersicht dieser OLG-Entscheidungen ist Sinn 2000: 182 ff. entnommen.

26 Vgl. Sinn 2000: 183.

27 BVerfG 92, 16.

28 Lesch 1995: 890.

des Normadressaten und nicht aus Sicht eines Strafgerichtes. Lesch führt hier ein sehr problematisches Argument an. Fände man nur wenige Belege für einen bestimmten Wortgebrauch (in welcher Gruppierung auch immer), so würde dieser schon als Indiz für eine richterliche Auslegungsmöglichkeit bestehen können, wäre er sozusagen schon justiziabel.

Darüber hinaus kritisiert Lesch die „pauschale und ungeprüfte Behauptung der *Senatsmehrheit*, es habe ursprünglich einen ‚materiellen' Gewaltbegriff gegeben, der durch die Rechtsprechung im Lauf der Zeit zunehmend >entmaterialisiert< bzw. >vergeistigt< worden sei"[29]. Lesch will nachweisen, dass der sog. weite oder moderne Gewaltbegriff des Bundesgerichtshofs keineswegs aus dem „Rahmen einer historisch kontinuierlichen Entwicklung des Nötigungstatbestandes" herausfalle. Sein Fazit lautet: „Ein Gewaltbegriff, der >Zwangseinwirkungen, die nicht auf dem Einsatz körperlicher Kraft, sondern auf geistig-seelischem Einfluß beruhen<, ausschließt, hat historisch im Rahmen eines Nötigungsdelikts niemals existiert."[30] Aus diesem Grunde begrüßt Lesch die *Stehblockaden-Entscheidung* des Bundesgerichtshofs vom 20.07.1995[31]. Es sei seiner Ansicht nach abzusehen gewesen, „daß der *BGH* bei nächster Gelegenheit nach Wegen zur Schadensbegrenzung suchen und die Entscheidung des *BVerfG* dabei möglichst weitgehend konterkarieren würde"[32].

Amelung bringt in seiner kritischen Würdigung der BVerfG-Entscheidung seine Verwunderung darüber zum Ausdruck, dass der Senat das Analogieverbot aus dem Bestimmtheitsgebot ableitet. Dahingegen sei es in der Strafrechtslehre üblich, die vier Unterprinzipien des Art. 103 II GG einfach nebeneinander zu stellen und darauf hinzuweisen, dass das „Bestimmtheitsgebot und Rückwirkungsverbot an den Gesetzgeber, das Analogieverbot und das Verbot strafbegründenden Gewohnheitsrechts an den Richter gerichtet ist"[33]. Den Hinweis der Senatsminderheit, eine gefestigte Rechtsprechung habe den Mangel an Bestimmtheit kompensiert, lehnt Amelung ab, weil ein solcher Hinweis den Bestimmtheitsgrundsatz als Anweisung an den Gesetzgeber aushöhle. Amelung erwartet vielmehr ausführliche Untersuchungen zum umgangssprachlichen Gebrauch des Wortes „Gewalt" und erhofft sich dadurch die Frage nach der Bestimmtheit des Gewaltbegriffs aus Sicht der Normadressaten klären zu können. Im Folgenden führt Amelung als Beleg für die – in bestimmten Bevölkerungskreisen bekannte – Ausweitung des Gewaltbegriffs den Umstand an, dass der Terminus der „strukturellen Gewalt" gerade in der

---

[29] Lesch 1995: 890.

[30] Lesch 1995a: 923.

[31] BGHSt 41, 182.

[32] Lesch 1996: 923.

[33] Amelung 1995: 2587. Vgl. dazu leicht abweichend Pieroths Kommentar in Jarass/ Pieroth ^{5}2000, Art. 103, Rdn. 43 ff.

Friedensbewegung bekannt sein dürfte. Ob damit so viel gewonnen ist, muss jedoch in Frage gestellt werden, weil der Grad der vermeintlichen oder tatsächlichen Unkenntnis eines solchen Terminus (z.B. bei blockierenden LKW-Fahrern oder Landwirten) wohl schlecht als Voraussetzung für Nichtverfolgung von Blockaden nach § 240 StGB herangezogen werden kann, ohne die Anwendung des Gleichheitsgrundsatz auf die Teilnehmer der Friedensbewegung zu verletzen.[34]
Amelung kommt zu dem Fazit, dass es genauso viele Argumente für die Anwendung des Gewaltbegriffs auf Sitzblockaden gibt wie es Argumente dagegen gibt.

„Im Schraubstock eines politisierten Wortgebrauchs durch Richter wie auch Adressaten ist der Begriff so häufig hin und her gebogen worden, dass die Frage, ob seine Verwendung durch die Strafgerichte noch dem Wortsinn entspricht, ohne Voreingenommenheit nicht mehr eindeutig zu beantworten ist."

Diese Ausführungen vernachlässigen den Umstand, dass wir immer mit einem spezifischen Vorverständnis den Phänomenen begegnen und solche Streitfragen nie „eindeutig" zu beantworten sind. Oder wie Gadamer formuliert: „Wer zu verstehen sucht, ist der Beirrung durch Vor-Meinungen ausgesetzt, die sich nicht an den Sachen selbst bewähren. [...] Es gibt hier keine andere >Objektivität< als die Bewährung, die eine Vormeinung durch ihre Ausarbeitung findet."[35] Es bleibt demnach nur das Unterfangen, die von einem selbst favorisierten Teilbedeutungen eines Begriffs im Diskurs plausibel zu vertreten und im juristischen Sprachspiel durchzusetzen. Das mag trivial klingen, aber mitunter ist man (als Linguist und Nicht-Jurist) von dem Ausmaß der illusionären Erwartungen, die an das Medium Sprache gestellt werden, überrascht, die sich mitunter in richterlichen Begründungen und juristischen Fachtexten finden.

Bezüglich der Verwerflichkeitsklausel in Absatz 2 des § 240 StGB empfiehlt Amelung dem BVerfG, die „Regel als ganze für verfassungswidrig zu erklären, wie dies seit den fünfziger Jahren gefordert" wird.[36] Die Verwerflichkeitsklausel war jedoch nicht Gegenstand der BVerfG-Entscheidung, sondern ausschließlich die Auslegung des Gewaltbegriffs.

Krey setzt sich mit dem spezifischen Auftrag des Bundesverfassungsgerichts in Abgrenzung zu den Fachgerichten und obersten Bundesgerichten

---

[34] Davon zu unterscheiden ist die sog. Parallelwertung in der Laiensphäre: Kann der Laie erkennen, dass ein bestimmtes Verhalten „nicht in Ordnung" ist, so kommt es nicht mehr darauf an, ob er den betreffenden Tatbestand kennt oder nicht. Er kann sich dann nicht auf einen Verbotsirrtum berufen, also einen Irrtum über das Erlaubtsein eines bestimmten Verhaltens. Vgl. dazu ausführlicher im dritten Teil *Linguistische Analysen* Kapitel 10.5.2 *Die Adressatenproblematik*.
[35] Gadamer 1960/^{6}1990: 272.
[36] Amelung 1995: 2589.

(BGH, BVerwG, BAG, BSG, BFH) auseinander. Dieser Aufsatz mit dem Titel *Das Bundesverfassungsgericht in Karlsruhe – ein Gericht läuft aus dem Ruder*[37] wurde in der Literatur zwar viel beachtet, ist aber für die sprachwissenschaftliche Fragestellung der hier vorliegenden Untersuchung nicht relevant. Gleiches gilt für den Aufsatz *Irrungen und Wirrungen der verfassungsgerichtlichen Rechtsprechung zu Sitzblockaden* von Tröndle[38], der diese Diskussion kritisch bilanziert.

In seiner Entscheidungsbesprechung beleuchtet Krey die Inhalte des Sitzblockaden-Beschlusses und setzt sich ausführlich mit dem Gewaltbegriff auseinander. Sein Fazit lautet:

> „Das BVerfG hat zwar zu Recht den ‚vergeistigten Gewaltbegriff' des BGH mit seinem Abstellen auf *psychisch* wirkenden Zwang als verfassungswidrig erklärt mit der Folge, daß die Behandlung von Sitzblockaden als nötigende Gewalt (§ 240 StGB) nicht mehr maßgeblich auf die *seelische* Zwangswirkung beim Genötigten gestützt werden darf. Das BVerfG hat aber keineswegs, weder ausdrücklich noch konkludent, entschieden, das GG verbiete schlechthin, Sitzblockaden als Gewalt i.S. des § 240 StGB zu behandeln. Vielmehr läßt sein Beschluß Raum für das in der höchstrichterlichen Rechtsprechung vom BGH und OLGen weitverbreitete und im Schrifttum dominierende Verständnis nötigender Gewalt als *körperlich* wirkender Zwang (*physischer* Gewaltbegriff)."[39]

Krey betrachtet demnach körperliche Hindernisse als eine „physische Zwangswirkung". Somit kann er in Übereinstimmung mit dem BVerfG den vergeistigten Gewaltbegriff ablehnen und der BVerfG-Begründung, dieser verstoße gegen das „Analogieverbot des Art. 103 II GG", zustimmen, ohne dass dadurch eine strafrechtliche Bewertung von Sitzblockaden als Nötigung im Sinne von § 240 StGB ausgeschlossen wäre. Krey expliziert den Gewaltbegriff, der seiner Meinung nach der herrschenden Lehre entspreche und dem Verständnis des BGH und der OLGe zugrunde liege: „Gewalt erfordere auf der Täterseite die Ausübung von Körperkraft, wofür aber bereits ein ganzer geringer Kraftaufwand reiche. Auf der Opferseite sei eine körperliche Zwangswirkung (physisch vermittelter Zwang) nötig."[40] Somit findet die Verwerfung des „vergeistigten Gewaltbegriffs" Kreys Zustimmung, die Begründung der Bundesverfassungsgerichtsentscheidung hält er aber im Ganzen für „ungereimt".[41]

Braum bezeichnet in dem Aufsatz *Grundgesetzinterpretation und Strafrecht* die Streitfrage, ob die Fachgerichte Sitzblockaden als Gewalt ansehen dürfen, in der verfassungsrechtlichen Diskussion im Kontext des Analogieverbots als hermeneutisches Problem.[42] Zum Bestimmtheitsgrundsatz nach Art.

---

[37] Krey 1995.
[38] Tröndle 2000: 527 ff. Vgl. zu dieser Problematik auch Kargl 2001: 905 ff.
[39] Krey 1995a: 265.
[40] Krey 1995 a: 269.
[41] Krey 1995a: 273.
[42] Braum 1995: 382.

103 Abs. 2 GG merkt er an, dass dessen Kriterien – nämlich ein Normverstoß müsse für den Normadressaten vorhersehbar sein – zurückhaltend formuliert seien, weil jede Rechtspraxis vorhersehbar sei, die sich noch in rational nachvollziehbaren Prozeduren bewege.

> „Ebenso enttäuschend ist die Struktur des Analogieverbots, wie sie durch das Verfassungsgericht gezeichnet wird. Die im Wortsinn liegenden Grenzen der Auslegung sind beweglich. Das Kriterium des Wortsinns ist schwach entwickelt. Was Worte bedeuten können, bleibt einem semantischen Verständnis überlassen, das sich oft genug auf die Heranziehung des Dudens beschränkt. Zwischen unzulässiger Analogie und zulässiger Auslegung zu unterscheiden, ist – was methodische Aufklärung juristischer Argumentation zeigt – nicht einlösbar. Im Relativismus der Funktionstüchtigkeit steckt der Gedanke, daß sich Freiheit durch eine Effektivitätsgarantie demokratischer Entscheidungsprozesse vermitteln kann."[43]

Dem Gesetzgeber sei die Entscheidung über die Strafwürdigkeit eines Verhaltens zu überlassen (und er hat in dieser Angelegenheit einen weitgehenden Freiraum), für den Normadressaten müsse die richterliche Entscheidung vorhersehbar sein, die mittels Auslegung nicht über das – vom Gesetzgeber als strafwürdig erachteten – Verhalten hinausgehen dürfe. Hierin sieht Braum die relativistischen Elemente einer demokratisch funktionalen Grundrechtstheorie. Diese Grenzziehung sei der Kern des Problems.[44]

Braum sieht im Mittelpunkt der juristischen Auseinandersetzung nicht den Auslegungs„kampf" um den Gewaltbegriff, sondern die „Beziehung von Begriff – >Gewalt< – und Gegenstand – >Sitzblockade<."[45] Die Lösung des Problems sähen die Verfassungsrichter in der Vergleichsgröße der Normsystematik des § 240 StGB, „genauer: in dem Zusammenhang, den die Normmerkmale >Gewalt< und >Drohung< mit dem geschützten Rechtsgut der Willensfreiheit haben sollen."[46] Damit entpuppe sich für die Fachgerichte die Fragestellung, ob Sitzblockaden als Gewalt angesehen werden dürften, als hermeneutisches Problem. Nach Braum handle es sich letztlich um einen politischen Konflikt, für den das Strafrecht nicht zuständig sei. Das Bundesverfassungsgericht habe nichts anderes getan, als den politischen Gegenstand dorthin zurückzugeben, wo er hingehöre, nämlich an die Legislative.[47]

Nach Braums Resümee besteht § 240 StGB aus drei Komponenten:

> „der Handlung, die durch das Gewaltmittel einer erheblichen körperlichen Kraftentfaltung geprägt ist; dem Erfolg, der sich als Zwang, d.h. als Eingriff in die äußeren Bedingungen der Willensfreiheit darstellt und letztlich – als Kategorie der objektiven Zurechnung – der unmittelbaren Verknüpfung von Handlung und Erfolg. So kann der Rahmen, den das Verfassungsgericht vorgegeben hat, dogmatisch ausge-

---

[43] Braum 1995: 378.
[44] Braum 1995:382.
[45] Braum 1995:382.
[46] Braum 1995:382.
[47] Braum 1995: 386.

malt werden. Diese dogmatische Arbeit am Gewaltbegriff hat die Fachjudikatur zu leisten."[48]

Hruschka kritisiert in zwei Aufsätzen[49] die – im Anschluss an die Bundesverfassungsgerichtsentscheidung vom 10.01.1995 vertretene – Annahme des Bundesgerichtshofs, die Blockade einer Autobahn zu Demonstrationszwecken durch eine Barriere von Menschen sei eine Nötigung. Er versucht im Zusammenhang mit diesen Autobahn-Blockaden zu belegen, dass im System des Strafrechts nur die *vis compulsiva* (Gewalt, die den Willen des Genötigten beugt und in eine bestimmte Richtung treibt), nicht aber die *vis absoluta* (Gewalt, die den Willen des Gezwungenen völlig ausschaltet) den Gewaltbegriff im Nötigungstatbestand – verstanden als unmittelbare Ausübung eines physischen Zwanges – erfüllen würde.

„Wenn das Gesetz in § 240 StGB von einer ‚Handlung, Duldung oder Unterlassung' spricht, zu der das Opfer der Gewaltanwendung genötigt wird, dann kann es nicht sein, daß diese ‚Handlung, Duldung oder Unterlassung' mit dem Erleiden der Gewaltanwendung zusammenfällt. Vielmehr muß das Tatbestandsmerkmal eine Reaktion des Opfers der Nötigung bezeichnen, die über das Erleiden der Gewaltanwendung hinausgeht. Andernfalls wäre das Merkmal überflüssig und könnte genauso gut gestrichen werden. Daraus folgt, daß der Nötigungstatbestand in den Fällen einer ‚vis absoluta' nicht erfüllt ist."[50]

In der Folge versucht Hruschka in Übernahme der verfassungsrichterlichen Argumentation aufzuzeigen, dass neben den schon erwähnten Argumenten die vis absoluta schon deshalb nicht das Nötigungstatbestandsmerkmal der Gewalt erfüllen könne, weil die Bestrafung einer „nicht weiter qualifizierten Gewaltanwendung oder die Bestrafung einer nicht weiter qualifizierten Gewaltanwendung in Verbindung mit einer durch sie bewirkten, aber sonst nicht weiter qualifizierten Schadenszufügung [...] dem Bestimmtheitsgrundsatz nicht" genüge[51]. Interessant für das Untersuchungsinteresse dieser Arbeit ist sein Fazit hinsichtlich der Verstehbarkeit der Normtextinterpretation:

„Die Strafgerichte sollten die Entscheidung des *BVerfG* zum Anlaß nehmen, die Stellung und die Funktion der Nötigung im StGB neu zu überdenken, und den Tatbestand der Nötigung dabei so interpretieren, daß, wenn schon nicht der juristische Laie, so doch jedenfalls der ausgebildete Jurist (der u.a. weiß, was die Minimalvoraussetzungen einer Handlung sind) die richterliche Auslegung im Hinblick auf den Text des § 240 StGB auch zu verstehen vermag. Sollten dabei wirklich ‚Strafbarkeitslücken' entstehen (was noch gar nicht untersucht worden ist), dann ist es Aufgabe des Gesetzgebers, diese Lücken zu schließen."[52]

---

[48] Braum 1995: 390.
[49] Hruschka 1995, 1996.
[50] Hruschka 1996: 162.
[51] Hruschka 1996: 163.
[52] Hruschka 1996: 164.

Schroeder (1996) setzt sich in dem Aufsatz *Die Grundstruktur der Nötigung und die Möglichkeiten zur Beseitigung ihrer durch das BVerfG geschaffenen Lücken* kritisch ablehnend mit der Bundesverfassungsgerichtsentscheidung auseinander und weist ausdrücklich darauf hin, dass die Richter als einzigen Ausweg die Schließung der Strafbarkeitslücken durch den Gesetzgeber aufgezeigt haben. Eine von Schroeder problematisierte Möglichkeit besteht darin, Sitzblockaden ausdrücklich in die Begehungsmittel der Nötigung einzubeziehen. In der Folge gäbe es einen umfangreichen Katalog strafwürdiger Begehungsmittel, so dass der Wunsch nach einer Generalklausel verständlich erscheine. Jedoch bezeichnet Schroeder den Versuch, die Nötigungsmittel konkreter zu beschreiben, als unsachgemäß und erörtert abschließend, ob bei den Nötigungsfolgen eine Einschränkung möglich sei, wenn sich schon die Beschränkung der Nötigungsmittel als untauglich erwiesen habe.

> „In Anknüpfung an die Alternative der Drohung mit einem empfindlichen Übel könnte man die Einschränkung darin suchen, daß die abgenötigte Verhaltensweise für das Opfer ein empfindliches Übel darstellt. Ein zukünftiger Nötigungstatbestand könnte daher lauten:
> § 240. Wer einen anderen rechtswidrig durch die Einwirkung auf den Körper oder die Umwelt oder durch Drohung mit einem empfindlichen Übel zu einer Handlung, Duldung oder Unterlassung nötigt, die für diesen ein empfindliches Übel darstellt, wird mit ... bestraft."[53]

Herzberg und Hoyer[54] diskutieren kontrovers, ob – wie Herzberg meint – bei Sitzblockaden die Demonstranten wenn schon nicht mit Gewalt, so doch „durch Drohung mit einem empfindlichen Übel"[55] die Autofahrer zum Anhalten nötigen, wobei das von den Demonstranten angedrohte Übel in den psychischen Belastungen für die Fahrzeuginsassen bestehe, die bei ihnen durch das Überrollen der blockierenden Menschen entstünde. Hoyer vertritt in dem Aufsatz *Der Sitzblockadenbeschluß des BVerfG und seine Konsequenzen für den Begriff der Drohung* die gegenteilige Position.[56] Nach Hoyers Ansicht hätten bisher die beiden Nötigungsmittel *Gewalt* und *Drohung* in einem Verhältnis der „Wertungsharmonie" gestanden, die durch die Bundesverfassungsgerichtsentscheidung von 1995 neu zu bewerten sei.

> „Wenn schon die bloße Ankündigung eines empfindlichen Übels (als Drohung) tatbestandsmäßig war, so mußte dies erst recht für die darüber hinausgehende Zufü-

[53] Schroeder 1996: 2629.

[54] Herzberg 1996: 557 und 1998: 211; Hoyer 1997: 451.

[55] Vgl. die systematische Darstellung der Zusammenhänge und Probleme hinsichtlich der „Drohung mit einem empfindlichen Übel" bei Küpper/ Bode 1993: 188. Die beiden Autoren behaupten, nur eine „Mindermeinung in der Literatur" wolle „Sitzblockaden unter den Begriff der Drohung mit einem empfindlichen Übel subsumieren". [Küpper/ Bode 1993: 189]

[56] Hoyer 1997 erläutert die Zusammenhänge des Begriffs der *Drohung*, der traditionell als „Inaussichtstellung eines künftigen Übels, auf dessen Eintritt der Täter Einfluß zu haben vorgibt", definiert wird. [Hoyer 1997: 451]

gung jenes empfindlichen Übels (als Gewalt) gelten. Aufgrund des verfassungsrechtlichen Sitzblockadenbeschlusses läßt sich dieser Erst-recht-Schluß von der Drohung auf die Gewalt künftig nicht mehr ziehen."[57]

Der weitest mögliche Gewaltbegriff nach der BVerfGE 92,1 vom Januar 1995 setze „alternativ entweder die Entfaltung von Körperkraft oder eine physische Zwangswirkung voraus". Anstelle des Schlusses von der Drohungs- auf die Gewaltalternative gelte nun im umgekehrten Schluss von der Gewalt- zur Drohungsalternative: „Wenn nämlich nicht jede Zufügung eines empfindlichen Übels (als Gewalt) tatbestandsmäßig ist, so darf dies erst recht nicht jede bloße Ankündigung eines empfindlichen Übels (als Drohung) sein." Der logische Schluss Hoyers lautet: „Die Ankündigung eines bestimmten Übels kann nicht strafbar sein, wenn ihre Verwirklichung straflos ist."[58]

Damit wurden zwei gegensätzliche Reaktionsmöglichkeiten auf die vom BVerfG verlangte Einengung des Gewaltbegriffs erwähnt, die im juristischen Sprachspiel unter strategischem Blickwinkel als neue, Rechtssprache modifizierende Bedeutungs- und Referenzfixierungsversuche bezeichnet werden können:[59] Mittels sprachlicher Handlungen kann der Rechtsarbeiter nun reagieren, indem er entweder (im Sinne von Herzberg 1996 und 1998) möglichst viel (nunmehr) als gewaltlos anzusehende Nötigungen über die Drohungsalternative erfasst, oder indem er umgekehrt dem engen Gewaltbegriff ein entsprechend verengter Drohungsbegriff an die Seite stellt, um Wertungswidersprüche zwischen den beiden Nötigungsmitteln zu vermeiden (im Sinne Hoyers 1996).

Diese Begriffs(neu)bestimmungen sind für die vorliegende Untersuchung insofern interessant, als die BVerfGE in Bezug auf die Auslegung des Gewaltbegriffs nach Ansicht mancher Juristen konkrete Auswirkungen auf das zweite, in Abs. 1 des Nötigungsparagraphen genannte Nötigungsmittel, also den Begriff der *Drohung*, nach sich zieht.

Zu erwähnen ist im Zusammenhang der Begriffsabgrenzung von *Gewalt* und *Drohung* im Sinne von Abs. 1 des Nötigungsparagraphen, dass diese Versuche mitunter an Jost Triers Wortfeldforschung erinnern.

> „Nicht einen schon vorhandenen, klar begrenzten einzelnen Denkinhalt wird ein Wort zeichenhaft zugeordnet, sondern erst infolge des Vorhandenseins eines Wortes im Feld hebt sich ein Einzelinhalt aus dem vor ihm vorhandenen Inhaltskomplex klar heraus. Wir werfen ein Wortnetz über das nur dunkel und komplexhaft geahnte, um es gliedernd zu fangen und in abgegrenzten Begriffen zu haben." [60]

Diesem Ansatz zufolge wird erst über den Begriff ein Phänomen sprachlich und kognitiv bewusst und damit verfügbar. Das ist der Gedanke der sprachlichen Relativität und der Idee einer sprachlichen Zwischenwelt, wie sie Jost

[57] Hoyer 1997: 451.
[58] Hoyer 1997: 452.
[59] Siehe dazu ausführlicher das achte Kapitel.
[60] Trier 1931: 1 ff.

Trier formuliert hat. Im dritten Kapitel haben wir die Einseitigkeit dieses Ansatzes betont. Triers Annahmen zur Geschlossenheit der Wortfelder und zu ihrer psychischen Realität bei der Sprachverarbeitung sind sehr umstritten. Was die Analyse betrifft, hat er seine Methoden nur wenig explizit gemacht. Fritz formuliert ein m.E. zutreffendes Fazit, was die Wortfeldtheorie an Nützlichem auch nach heutigem Stand der Forschung parat hält.

> „Was man aber auch heute akzeptieren kann, ist die Fruchtbarkeit des methodischen Prinzips, die semantischen Zusammenhänge bedeutungsverwandter Ausdrücke zu betrachten und nach den zeitspezifischen Ausdrucksmöglichkeiten in bestimmten thematischen Bereichen und den damit verbundenen Sichtweisen zu fragen."[61]

In der untersuchten Sitzblockaden-Judikatur spielt die Drohungsalternative – wie wir oben gesehen haben – in den Begründungen der Gerichte keine Rolle. Allerdings wird die Diskussion in der Fachliteratur im Anschluss an die vom BVerfG beanstandete Gewaltauslegung um so kontroverser geführt. Weitergehende Einzelheiten des Disputs über die Begriffsbestimmung der Drohungsalternative sind für die vorliegende Untersuchung nicht ergiebig. Es sei allerdings noch darauf verwiesen, dass Jens-Michael Priester (im Unterscheid zu Herzberg 1996) mit Hinweis auf die Parenthese „hier allein einschlägig" in dem Satz des BVerfG-Beschlusses – „§ 240 StGB ist hinsichtlich der – hier allein einschlägigen – Gewaltalternative mit Art. 103 Abs. 2 GG vereinbar."[62] – es für „zugleich entschieden" hält, dass „Sitzblockaden auch unter keinem anderen denkbaren Gesichtspunkt als Nötigung strafbar sind, also auch nicht als Drohungen."[63] Nach Priesters Ansicht erfüllten Sitzblockaden aus zwei Gründen nicht die Drohungsvariante des Nötigungstatbestandes:

> „Die Demonstranten stellen erstens gar nicht das Überfahrenwerden in Aussicht, weil sie fest davon ausgehen und davon ausgehen können, daß das nicht geschieht; aber selbst wenn sie mit dem Überfahrenwerden rechneten, würden sie doch, zweitens, nicht damit drohen, da sie es nicht verwirklichen können; sie haben nur die Verhinderungs-, nicht die Verwirklichungskapazität."[64]

Priester hält grundsätzlich den vom Bundesgerichtshof eingeschlagenen Weg für nicht gangbar[65], dem zufolge Straßenblockaden im Anschluss an die Bundesverfassungsgerichtsentscheidung weiterhin unter den Gewaltbegriff des Nötigungsparagraphen fallen, weil ab der zweiten Autoreihe ein physisches – also unüberwindbares und unwiderstehliches – Hindernis in Form von im Stau stehender Fahrzeuge vorliege, auch wenn auf die Insassen der ersten Autoreihe nur psychischer Zwang ausgeübt werde. Der Autor diskutiert die Bindungswirkung der verfassungsrechtlichen Entscheidung. In unserem Zusammenhang

---

[61] Fritz 1998: 95.
[62] BVerfGE 92, 13.
[63] Priester 1997: 364; vgl. zur Begründung 368 ff.
[64] Priester 1997: 370.
[65] Priester 1997: 362.

sind dabei nur einzelne Aspekte der Entscheidungsinterpretation relevant. So weist Priester auf die übliche Unterscheidung hin, nach der das Bestimmtheitsgebot dem Gesetzgeber und das Analogieverbot der Rechtsprechung zugeordnet wird. Neben der Beachtung des Gewaltenteilungsprinzips hat das Bestimmtheitsgebot die zweite – und hier interessante – Funktion der Sicherung der Vorhersehbarkeit strafwürdigen Verhaltens. Deshalb könne nach Priesters Auffassung die fehlende Bestimmtheit des ursprünglichen Gesetzestextes auch nicht durch eine gefestigte Rechtsprechung, die die unbestimmten Merkmale konkretisiert und dadurch Vorhersehbarkeit schafft, nach und nach geheilt werden.

> „Eine Ausnahme von diesem Grundsatz hatte das Verfassungsgericht seinerzeit für die Fälle anerkannt, in denen ein ursprünglich unbestimmter Begriff, der jahrzehntelang zum überlieferten Bestand unserer Strafrechtsordnung zählt, durch eine restriktive, konkretisierende Rechtsprechung hinreichend präzisiert worden ist. Von derartigen Ausnahmen ist in dem Sitzblockaden-Beschluß keine Rede mehr. Dazu bestand allerdings auch kein Anlaß, da das Gericht nur über den Gewaltbegriff zu urteilen hatte, der ja, in Übereinstimmung mit dem überkommenen wissenschaftlichen Sprachgebrauch und der Umgangssprache, zunächst hinreichend bestimmt war und von der Rechtsprechung nicht etwa konkretisiert, sondern fortlaufend ausgedehnt worden ist."[66]

Die Konkretisierungsaufgabe der Rechtsprechung bezüglich der vom Gesetzgeber formulierten Normbefehle besteht nun darin, diejenigen Konkretisierungen vorzunehmen, die der Gesetzgeber aufgrund der Vielgestaltigkeit der Lebenssachverhalte nicht zu präzisieren in der Lage ist. Da Ausdehnung oder Aufweichung von Tatbestandsmerkmalen ganz offensichtlich das genaue Gegenteil einer Konkretisierung darstelle, kommt Priester zur Schlussfolgerung, dass im Geltungsbereich des Analogieverbots, im materiellen Strafrecht, daher keine Interpretation zulässig sei, die zu einem Bestimmtheitsverlust gegenüber dem Gesetzestext führe.[67] Das heißt konkret: der Tatbestand – hier der Nötigung – darf nicht ausgedehnt werden, weder durch Überschreiten des Wortsinns einer Norm (Tatbestandsausdehnung) noch durch Ersetzung präziser durch verschwommenere oder allgemeinere Begriffe (Tatbestandsaufweichung).

Damit sind wir bei der schwierigen Frage nach dem gemeinsprachlichen – in juristischen Texten wird stets von „umgangssprachlichen" – Gewaltverständnis. Kommt man – wie das Bundesverfassungsgericht und Priester – zu dem Schluss, dass für den gemeinsprachlichen Gewaltbegriff die Teilbedeutung 'psychische Zwangseinwirkung' nicht ausreicht, sondern auch 'physischer Kraftaufwand' gegeben sein muss, so ist in Übereinstimmung mit der Bundesverfassungsgerichtsentscheidung ein Verstoß der tatrichterlichen Ge-

---

[66] Priester 1997: 373.
[67] Priester 1997: 376.

richtsentscheidungen gegen einen anerkannten Auslegungsgrundsatz zu konstatieren, dem zufolge kein Tatbestandsmerkmal als überflüssig betrachtet werden darf. Aber genau dies haben die Strafgerichte im Ausgangsverfahren getan, da sie eine Interpretation wählten, in der das Tatbestandsmerkmal der unmittelbaren Ausübung eines physischen Zwangs auf das Opfer (der physischen Wirkung bzw. Kraftentfaltung oder des unmittelbar körperlich wirkenden Zwangs im Sinne einer physisch unüberwindbaren Barriere) für die Erfüllung der Nötigungsgewalt als nicht notwendig erachtet wurde.[68]

Priester weist auf eine empirische Untersuchung zum Gewaltverständnis in der Umgangssprache hin. Es handelt sich dabei selbstredend um ein zweifelhaftes Argument, weil Bedeutungsermittlung via Umfragen u.a. wegen mangelnder Berücksichtigung kontextueller Einflussfaktoren auf die verstanden geglaubte Bedeutung als ausgesprochen problematisch gelten.[69] Priester führt „verallgemeinernd" als Ergebnis dieser Umfrage an, „daß passive Hinderungsaktionen nur von einem Fünftel bis Viertel der Bevölkerung als Gewalt begriffen wird."[70]

Arnold (1997) fasst in seinem Aufsatz *Die „neue" Auslegung des Gewaltbegriffs in § 240 StGB – eine Nötigung der Strafrechtsdogmatik?* die Kontroverse in Form eines Überblicks zusammen und begrüßt die zweite Sitzblockaden-Entscheidung des Bundesverfassungsgerichts mit der engen Auslegung des Gewaltbegriffs, weil sie in der Auslegungsmethode einer subjektiv-historischen Auslegung nahe stehe und damit sich im Geiste eines „klassischen liberal-rechtstaatlichen Strafrechtsdenkens" bewege. Der weite oder sog. vergeistigte und vom Bundesgerichtshof favorisierte Gewaltbegriff beruhe dahingegen auf einer objektiv-teleologischen Auslegung, die „dem ‚alteuropäischen' Prinzipiendenken verpflichtet" sei.[71]

In diesem Zusammenhang betrachtet Arnold den Gewaltbegriff auf der Grundlage verschiedener Auslegungsmethoden und kommt zu dem Schluss, dass im Rahmen einer (1) subjektiv-historischen Interpretation bei der vermeintlichen Bestimmung des „Gesetzgeberwillens" an der klassischen Definition von Gewalt als Entfaltung körperlicher Kraft und Einwirkung festgehalten werde, während für die (2) objektiv-teleologische Auslegung Sinn und Zweck des Gesetzes im Vordergrund stehe, was bedeute: In Bezug auf die in Frage stehende und zu erörternde Gewaltanwendung bei Sitzblockaden müsse das Ziel des Handelns der Täter und die Auswirkungen ihres Verhaltens auf die beeinflussten Personen beurteilt werden, wobei der Aspekt der erforderlichen körperlichen Kraftentfaltung beim Angreifer bei dieser Auslegungsart vernachlässigt werden könne. Eine (3) Synthese von subjektiv-historischer und objek-

[68] Priester 1997: 377.
[69] Vgl. kritisch zum Forschungsstand empirischer Sprachuntersuchungen Hundt 1992: 3 ff.
[70] Priester 1997: 382.
[71] Arnold 1997: 293.

tiv-teleologischer Auslegung stelle die Auffassung dar, die davon ausgeht, daß der Gesetzgeber mit der Vorschrift einen Regelungsrahmen geschaffen habe, der durch den Richter zu konkretisieren und auszufüllen sei.[72]

Arnold arbeitet im Anschluss die unterschiedlichen Auffassungen zwischen dem Bundesverfassungsgericht und dem Bundesgerichtshof hinsichtlich des Gewaltbegriffes heraus. Die zu erörternde und von beiden Seiten unterschiedlich beantwortete Frage laute: Genügt bereits körperlich wirkender Zwang dem Gewaltbegriff (wie der BGH bei seinem *Stehblockaden-Urteil*[73] zugrunde legt), oder ist eine nicht ganz unerhebliche Kraftentfaltung auf Seiten des Täters zu fordern (wie Arnold und weitere Autoren das BVerfG zu verstehen glauben, was aber z.B. Krey 1998 bestreitet)?[74] Der Bundesgerichtshof kommt – wie bereits erwähnt – in der rechtlichen Klassifizierung des festgesetzten Sachverhalts im Rahmen des *Stehblockaden-Urteils* zu dem Schluss, dass die blockierenden Menschen auf der Autobahn zwar eine rein psychische – aber keine physische – Blockade darstellen (und damit nach der BVerfGE 92,1 nicht von Gewalt gesprochen werden kann), dass jedoch ab der zweiten Autoreihe alle dort festgehaltenen Autofahrer vor einem physischen Hindernis stehen. Damit behauptet der Bundesgerichtshof den Forderungen der BVerfGE gerecht zu werden, er umgeht es aber gleichzeitig „gewitzt"[75], „gekünstelt"[76] oder „durch einen juristischen Kunstgriff"[77] bei der Auslegung des Gewaltbegriffs.

Demnach scheint im juristischen Sprachspiel eine Klärung des Gewaltverständnisses immer noch offen zu sein.

7.2 Diffusionswirkungen auf ähnlich gelagerte Sachverhalte

Zu erörtern sind an dieser Stelle Konsequenzen für die Beurteilung ähnlich gelagerter Blockaden oder Aktionen, in denen mit dem Gewaltbegriff aus § 240 StGB der Sachverhalt juristisch zu fassen versucht wird. Man könnte in diesem Zusammenhang bildlich von Diffusionswirkungen sprechen. Die Entscheidung des Bundesverfassungsgerichts vom 10.01.1995 zwingt im Ergebnis gemäß § 31 Abs. BVerfG auch zur Überprüfung der Rechtsprechung zu § 240 StGB bei sonstigen Gewaltanwendungen z.B. im Straßenverkehr[78] oder von Betriebsblockaden[79]. „Der Gewaltbegriff kann nach den vom Bundesverfas-

---

[72] Arnold 1997: S. 291.
[73] BGHSt 41, 182.
[74] Arnold 1997: 292.
[75] Arnold 1997: 292
[76] Suhren 1996: 311.
[77] Rheinländer 1997: 389.
[78] Berz 1995; Chemnitz 1996; Suhren 1996.
[79] Löwisch/ Krauß 1995; Ostendorf 1995.

sungsgericht vorgegebenen Kriterien deshalb nur als einheitlich und nicht nur für politisch motivierte Verhaltensweisen verstanden werden."[80]

Nach Ansicht von Altvater ist die BVerfG-Entscheidung für die Fachgerichte bindend. Die Bindungswirkung erstreckt sich nur auf die Aussagen zum Verfassungsrecht, nicht aber auch auf Äußerung zur Auslegung des materiellen Strafrechts.

> „Obgleich die Entscheidung zu erkennen gibt, daß das Merkmal der körperlichen Kraftentfaltung für den Senat im Vordergrund stand, sind die Fachgerichte nicht gehalten, dies zum Ausgangspunkt für die nunmehr gebotene einschränkende Auslegung zu nehmen. Insbesondere ist die Rückkehr zu einem Gewaltbegriff im Sinne einer ‚vis corporis copori afflicta', der auf eine Vielzahl von Straftatbeständen in nicht absehbarer Weise ausstrahlen müßte, weder geboten noch sinnvoll. Dem Anliegen des *BVerfG* wird vielmehr eine Auslegung gerecht, die die ‚psychisch determinierte', weil auf die Tötungshemmung zielende, Zwangswirkung als nicht körperlich bewertet und deshalb vom Gewaltbegriff ausnimmt."[81]

Betrachtet man die Auswirkungen auf andere gesellschaftliche Konfliktpotentiale, die durch die Einengung bei der Auslegung des Gewaltbegriffs im Kontext des Nötigungsparagraphen auf Grund der BVerfG-Entscheidung entstanden sind, so werden abschließend auf der Grundlage der – in Fachzeitschriften geführten – rechtswissenschaftlichen Diskussion Konsequenzen für den Straßenverkehr und für wirtschaftliche Auseinandersetzungen resümiert.

Es wird im Straßenverkehr exemplarisch sowohl das „Ausbremsen", das Schneiden eines zum Überholen ansetzenden Kfz als auch ein behinderndes, bedrängendes und gefährdendes dichtes Auffahren angeführt.[82] Diese seien auch weiterhin nach Chemnitz[83] als Nötigung durch Anwenden von Gewalt (‘durch damit minimal verbundene Anwendung körperlicher Gewalt durch das Niedertreten des Gaspedals') strafbar. „Lediglich das Verhindern des Überholens durch anhaltendes Linksfahren dürfte wegen seiner Nähe zur Sitzblockade nicht mehr als Nötigung durch Anwendung von Gewalt strafbar sein."[84] Im Gegensatz dazu vertritt Berz[85] die Ansicht, dass das Verhindern des Überholens auch weiterhin als Nötigung bestraft werden kann.

Suhren[86] begrüßt bei der Erörterung der BVerfG-Entscheidung für den Straßenverkehr eine reduzierende Auslegung des Gewaltbegriffs auf physische Einflussnahme. Nach seiner Auffassung sollte bei der – der Praxis vorbehaltenen – Neuformulierung des Gewaltbegriffs die „Annahme gewaltsamer Tathandlung nur dann gerechtfertigt sein, wenn die körperliche Einwirkung un-

[80] Suhren 1996: 310.
[81] Altvater 1995: 282.
[82] Chemnitz 1996, Suhren 1996.
[83] Chemnitz 1996: 140.
[84] Chemnitz 1996: 140.
[85] Berz 1995: 299.
[86] Suhren1996: 313.

mittelbar und gezielt die aktuelle Willensentschließung des Opfers trifft."[87] Wenn nur ein vorhandenes Hindernis oder eine sonstige Benachteiligung hinzunehmen sei, fehle es an der aktuellen Einwirkung und der aktuellen zeitgleichen Einschränkung in der Willensbetätigung.

Löwisch/ Krauß[88] und Löwisch[89] nehmen eine rechtliche Bewertung von Betriebsblockaden nach der Sitzblockadenentscheidung des Bundesverfassungsgerichts vor. Die Autoren weisen darauf hin, dass der Beschluss sich streng auf die strafrechtliche Bewertung von Sitzblockaden beschränke, wobei deren Rechtswidrigkeit nach anderen Vorschriften wie z.B. des Straßenverkehrsrechts und des Versammlungsrechts davon unberührt bleibe. Dies hätten die Verfassungsrichter ausdrücklich festgestellt. Es ändere sich auch nichts an der zivilrechtlichen Bewertung solcher Blockaden:

> „Der Beschluß des BVerfG erweitert nicht etwa das Arsenal der zulässigen Arbeitskampfmaßnahmen um die Betriebsblockade. Vielmehr bleibt es dabei, daß die besondere, aus Art. 9 Abs. 3 GG abzuleitende Rechtfertigungswirkung Streik und Aussperrung vorbehalten ist. Alle anderen Arbeitskampfmaßnahmen und damit auch die Betriebsblockade müssen sich an den allgemeinen zivilrechtlichen Geboten und Verboten messen lassen."[90]

---

[87] Suhren1996: 313.
[88] Löwisch/ Krauß 1995: 1330 f.
[89] Löwisch 1995.
[90] Löwisch/ Krauß 1995: 1330.

Teil III: Linguistische Analysen

Nachdem im vorherigen Abschnitt die juristischen Zusammenhänge ausführlich dargelegt wurden, werden im Folgenden die linguistischen Analysen vorgenommen. Ausgehend von einer wortsemantischen Analyse aus textsemantischer Sicht sollen mit Hilfe einer pragmatisch ausgerichteten Untersuchung die Sprecherhandlungen (Illokutionen) und Sprechereinstellungen näher untersucht werden. Es schließt sich eine Analyse der Argumentationsstrukturen an. All diese Untersuchungsverfahren werden auf die einzelnen Gerichtsentscheidungen der Judikatur angewendet.

8 Sprachnormierungs„kämpfe“ auf Wortebene

Im ersten Teil *Theoretische Grundlagen* in Kapitel 3.2 *Wortsemantische Betrachtungsweise* wurden die in dieser Untersuchung vorgenommenen Bedeutungs- und Referenzfixierungsversuche theoretisch hergeleitet und vorgestellt. Bevor sie nun im Einzelnen beim Gewalt-, Verwerflichkeits- und Rechtswidrigkeitsbegriff transparent gemacht werden, soll zunächst – sozusagen als Prolog – ein Bezeichnungs„kampf“ der acht BVerfG-Richter im Ersten Senat erwähnt werden, der sich in der Bezeichnung des zu verhandelnden Phänomens widerspiegelt. In dem Beschluss vom 10. Januar 1995[1] wird in der Begründung sowohl von *Sitzdemonstration* als auch von *Sitzblockade* gesprochen. In der Entscheidungssammlung wird im Titel des Beschlusses das Wort *Sitzdemonstration* benutzt, ansonsten wird aber auch z.B. im Index der Ausdruck *Sitzblockade II* verwendet. In der abweichenden Meinung dreier Richter wird stets von *Sitzblockade* gesprochen – der Ausdruck *Sitzdemonstration* wird nicht gebraucht. Hier zeigt sich – als Teil des „semantischen Kampfes“ -, dass beim Referieren auf das Ereignis bzw. den Sachverhalt kein Terminus gefunden werden konnte, der unabhängig von der juristischen Beurteilung des Gesamtzusammenhangs von beiden Standpunkten als konsensfähig eingeschätzt wurde.

---

[1] BVerfGE 92, 1.

8.1 Bedeutungs- und Referenzfixierungsversuche: Der Gewaltbegriff

Im Folgenden werden die umstrittenen Teilbedeutungen des Gewaltbegriffs herausgearbeitet, die sich aus den Verwendungsweisen dieses Rechtsbegriffs (im Rahmen der Rechtsarbeit als Textarbeit) in den Texten der Gerichtsentscheidungen ergeben. Dabei ist zu berücksichtigen, dass jeder richterliche Entscheidungstext mit der spezifischen Verwendung des Gewaltterminus einen Bedeutungs- und Referenzfixierungsversuch vornimmt, indem er bestimmte umstrittene Teilbedeutungen im juristischen Sprachspiel dominant zu setzen versucht. Wie im ersten Teil *Theoretische Grundlagen* erläutert, werden die Teilbedeutungen durch einfache Anführungsstriche kenntlich gemacht.[2]

Der – im zweiten Teil *Rechtsarbeit als Textarbeit* in Kapitel 7 *Juristische Binnenkommunikation: Die Kontroverse in der Fachliteratur* dargelegte – Streit über den adäquaten Gewaltbegriff im Zusammenhang mit dem Nötigungsparagraphen kulminiert – analog zu den Auslegungsdifferenzen in den einzelnen Gerichtsentscheidungen – in der Frage: Genügt bereits 'körperlich wirkender Zwang beim Opfer' dem strafrechtlichen Gewaltbegriff, oder ist eine 'nicht ganz unerhebliche Kraftentfaltung auf Seiten des Täters' erforderlich? Diese Frage wird in den Begründungen der Gerichtsentscheidungen sowohl aspektenreich als auch unterschiedlich beantwortet.

* * *

Das **Amtsgericht Münsingen** verwendet in seiner Urteilsbegründung aus dem Jahre 1984 den nach damals herrschender juristischer Meinung gängigen Gewaltbegriff, wenn es feststellt:

> „Die Angeklagten haben Gewalt im Sinne von § 240 StGB ausgeübt. Sie haben durch ihr Sitzen unwiderstehlichen psychischen Zwang auf die Insassen des herannahenden Fahrzeugs ausgeübt, so daß sich der Fahrzeugführer gezwungen fühlte, den Befehl zum Anhalten zu geben.“ [3]

Damit stellt das Gericht auf die Teilbedeutung des 'ausgeübten unwiderstehlichen psychischen Zwangs beim Opfer' ab.

* * *

Das **Landgericht Tübingen** bestätigt das Urteil des Amtsgerichts Münsingen und stellt hinsichtlich der Bedeutungs- und Referenzfixierungsversuche auf Seiten der Blockadeteilnehmer fest, dass die Angeklagten zwar ihre Demonst-

---

[2] Siehe zur Bedeutungsproblematik Kapitel 3 im ersten Teil.

[3] Urteil vom Amtsgericht Münsingen vom 9.11.1984, S. 3.

ration als „gewaltfreie Aktionen“ bezeichnen, da sie gemäß Demonstrationsaufruf in Form von „zivilem Ungehorsam“ oder „gewaltfreiem Widerstand“„gewaltfrei zu blockieren“ beabsichtigten. Das Gericht hingegen lege einen juristischen Gewaltbegriff im Sinne von § 240 Abs. 1 StGB zugrunde.

> „Danach liegt bereits dann Gewalt vor, wenn mit nur geringem körperlichen Kraftaufwand wie dem Niedersetzen und Verharren auf der Fahrbahn ein lediglich psychisch determinierter Prozeß in Lauf gesetzt wird. [...] Diese Rechtsauffassung darüber, was als ‚Gewalt‘ im Sinne von § 240 StGB zu verstehen ist, teilt die Kammer, denn zu Recht verlagert dieser Gewaltbegriff seinen Schwerpunkt auf die beim Opfer eingetretene Zwangswirkung. Nur ein solches Gewalt-Verständnis trägt den subtilen und unterschwelligen Formen von Zwangseinwirkungen zwischen Menschen Rechnung und berücksichtigt in gebotenem und ausreichendem Maße, daß sich die Auslösung psychischer Hemmungen des Opfers bei diesem ebenso auswirken kann wie körperlicher Zwang.“[4]

Unter Anwendung dieses Gewaltbegriffs haben nach Ansicht des Landgerichts sämtliche Angeklagte durch ihr Teilnehmen an Sitzblockaden Gewalt ausgeübt. Ihr Verhalten wird vom Landgericht nicht als rein passives „Sitzen“ gewertet; vielmehr stelle sich ihr „Hinsetzen“ als ein aktives Vorgehen (‘mit nur geringem körperlichen Kraftaufwand’) dar, welches im Ergebnis dazu führe, dass der heranfahrende Fahrzeugführer – indem ‘ein lediglich psychisch determinierter Prozess in Lauf gesetzt wird’ – „notgedrungen“[5] anhalten müsse, da ihm sein Gewissen verbiete, andere zu verletzen oder sogar in Todesgefahr zu bringen. Gerade auf eine solche Entschließung des Fahrzeugführers (‘die beim Opfer eingetretene Zwangswirkung’) hätten es die Demonstranten in ihrem Kalkül nach Meinung des Gerichts abgesehen: „Hierin liegt die für §240 StGB, wie ausgeführt, ausreichende unwiderstehliche psychische Zwangswirkung auf der Opferseite.“[6]

Der vom Landgericht favorisierte Gewaltbegriff wird mit der zentralen – für diesen Fall als relevant erachteten – Teilbedeutung ‘Auslösen eines psychisch determinierten Prozesses beim Opfer mit nur geringem körperlichen Kraftaufwand des Täters’ (wie z.B. dem Niedersetzen und Verharren auf der Fahrbahn) versehen.

* * *

---

[4] Urteil vom Landgericht Tübingen vom 16.02.1987, S. 14 f.

[5] Urteil vom Landgericht Tübingen vom 16.02.1987, S. 15.

[6] Urteil des Landgerichts Tübingen vom 16.02.1987, S. 15.

Der Bundesgerichtshof in Karlsruhe

Der Bundesgerichtshof bestätigt in vollem Umfang die Auslegung des Gewaltbegriffs der vorherigen Instanzen.[7]

* * *

Der Beschluss des Bundesverfassungsgerichts vom 10.01.1995[8]

Das BVerfG hatte in seinem früheren Urteil vom 11.11.1986[9] den Nötigungsparagraphen 240 StGB für vereinbar mit Art. 103 Abs. 2 des Grundgesetzes erklärt (4:4 Abstimmung), und zwar sowohl bezüglich des Gewaltbegriffs in Absatz 1 als auch der Verwerflichkeitsklausel in Absatz 2 dieser Vorschrift. Wie bereits erwähnt, ist in diesem Art. 103 Abs. 2 der Bestimmtheitsgrundsatz als ein wesentliches Prinzip des Strafrechts festgelegt, dem zufolge der Staatsbürger aus Gründen der Rechtssicherheit einen verlässlichen Anspruch darauf hat, welches Verhalten der Gesetzgeber als strafwürdig ansieht: der Straftatbestand muss also hinreichend genau umrissen sein.[10] In der hier untersuchten Entscheidung wird im Unterschied zur damaligen Entscheidung die Auslegung des Gewaltbegriffs (StGB § 240 Abs. 1) für **un**vereinbar mit eben diesem Bestimmtheitsgebot in Art. 103 Abs. 2 erklärt (5:3 Abstimmung), die Verwerflichkeitsklausel aus Abs. 2 bedurfte keiner Entscheidung.[11]
Um diese unterschiedlichen Beurteilungen und Einschätzungen nachvollziehen zu können, werden die dominant gesetzten relevanten Teilbedeutungen kontrastiert. Konkret bedeutet dies hier: die in der Beschlussbegründung von der Senatsmehrheit angeführten Teilbedeutungen des Gewaltbegriffs werden denen gegenübergestellt, die in den Ausführungen der abweichenden Meinung (von drei Richtern getragen und das sog. erste Sitzblockadenurteil des BVerfG vom 11.11.1986 bestätigend) formuliert werden und mit den Einschätzungen der vorherigen Instanzen übereinstimmen.
Das BVerfG präzisiert den hier relevanten Teilaspekt des Gewaltbegriffs hinsichtlich der Willensbeeinträchtigung des Genötigten.

> „a) Die Nötigungsvorschrift des § 240 StGB stellt nach herrschender Meinung Angriffe auf die Freiheit der Willensentschließung und der Willensbetätigung unter Strafe. Die Freiheit der Willensentschließung und noch mehr die der Willensbetätigung unterliegt allerdings vielfältigen gesellschaftlichen Zwängen, die keineswegs

---

[7] BGHSt 35, 270.
[8] BVerfGE 92, 1.
[9] BVerfGE 73, 206 – Sitzdemonstrationen vor militärischen Einrichtungen in Mutlangen.
[10] Vgl. ausführlicher dazu den Grundgesetzkommentar von Jarass/ Pieroth [5]2000, Art. 103 Rdn. 48 ff.
[11] BVerfGE 92, 14

alle als Unrecht gelten oder gar strafwürdig erscheinen. Der Gesetzgeber hat daher die Strafbarkeit auf die Verwendung bestimmter Mittel beschränkt.“[12]

Der Gesetzgeber will dabei Willensbeeinträchtigungen wie sie zum Beispiel im Rahmen des Erziehungsauftrages ausgeübt werden selbstverständlich nicht unter Strafe stellen. Deshalb soll der Absatz 2 die strafwürdigen Tatbestände dahingehend eingrenzen, dass nur solche Taten als rechtswidrig gelten, bei denen die Anwendung der Gewalt oder die Zufügung des angedrohten Übels zu dem angestrebten Zweck verwerflich ist (oder wie es bis 1953 vor dem dritten Strafrechtsänderungsgesetz hieß: dem „gesunden Volksempfinden“ widerspricht!). Dadurch sollte klargestellt werden, dass es weder auf die Rechtmäßigkeit oder Rechtswidrigkeit des Nötigungsmittels oder des Nötigungszwecks für sich allein ankam, sondern auf die Unangemessenheit der Verbindung von Mittel und Zweck im konkreten Fall.[13]

Das BVerfG konstatiert beim Gewaltbegriff eine Entwicklung,[14] die einerseits durch ‘die abnehmende Bedeutung der körperlichen Kraftentfaltung auf Seiten des Täters’ und andererseits durch ‘die wachsende Bedeutung der beim Opfer eintretenden Zwangswirkung’ gekennzeichnet ist.[15] Die Rechtsprechung habe zwar daran festgehalten, dass Gewalt im Sinne des § 240 StGB nur ‘beim Einsatz körperlicher Kraft’ vorliege, jedoch sei das Maß der aufgewandten und für den Gewaltbegriff als nötig erachteten Kraft stetig verringert worden bis hin zur ‘gänzlichen Aufgabe einer körperlichen Zwangswirkung beim Nötigungsopfer’. Das Bestreben dieser Rechtsprechung habe darin bestanden, die Willensfreiheit der Opfer erfolgreich gegenüber solchen strafwürdigen Einwirkungen zu schützen, die zwar sublimer, aber ähnlich wirksam wie körperlicher Kraftaufwand sind.

Nun bewertet das BVerfG den heutigen Stand der Rechtsprechung, also die „Vergeistigung“ oder „Entmaterialisierung“ des Gewaltbegriffs, in seinem Beschluss von 1995 anders als in seinem Urteil von 1986. Unter „Vergeistigung“ oder „Entmaterialisierung“ ist eine Interpretation des Gewaltbegriffs gemeint, die ‘beim Täter nur einen geringen körperlichen Kraftaufwand’ als ausreichend ansieht, um ‘beim Opfer einen psychisch determinierten Prozess’

---

[12] BVerfGE 92, 13.

[13] Schäfer 1989 in *Strafgesetzbuch – Leipziger Kommentar*, § 240 Rdn. 1.

[14] Die vom BVerfG diagnostizierte Entwicklung des Gewaltbegriff ist in der Literatur umstritten. Siehe dazu die Ausführungen von Lesch 1995: 890, der die entgegengesetzte Position vertritt. Lesch zeichnet den Gewaltbegriff aus historischer Perspektive nach und kommt zu dem Schluss: „Ein Gewaltbegriff, der >Zwangseinwirkungen, die nicht auf dem Einsatz körperlicher Kraft, sondern auf geistig-seelischem Einfluß beruhen<, ausschließt, hat historisch im Rahmen eines Nötigungsdelikts niemals existiert.“ [Lesch 1995: 893]

[15] BVerfGE 92, 15.

in Lauf zu setzen.[16] Der Erste Senat beschreibt die Konsequenzen einer solchen Auslegungspraxis wie folgt:

> „Das Tatbestandsmerkmal der Gewalt wird dadurch in einer Weise entgrenzt, daß es die ihm vom Gesetzgeber zugedachte Funktion, unter den notwendigen, unvermeidlichen oder alltäglichen Zwangseinwirkungen auf die Willensfreiheit Dritter die strafwürdigen zu bestimmen, weitgehend verliert. Es bezieht zwangsläufig zahlreiche als sozialadäquat betrachtete Verhaltensweisen in den Tatbestand ein, deren Strafbarkeit erst durch das Korrektiv der Verwerflichkeitsklausel in § 240 Abs. 2 StGB ausgeschlossen wird. Der Bundesgerichtshof hat sich deshalb veranlaßt gesehen, der Ausweitung des Gewaltbegriffs dadurch zu begegnen, daß er auf das ‚Gewicht' der psychischen Einwirkung abgestellt hat."[17]

Damit wird aber die Eingrenzungsfunktion im Rahmen der Verwerflichkeitsklausel dem Begriff *Gewicht* zugemutet, der allerdings – wie das BVerfG feststellt und in Kapitel 8.2 weiter unten bestätigt wird – noch weit unschärfer ist als der der *Gewalt*. An einer befriedigenden Klärung, wann eine 'psychische Einwirkung gewichtig' ist, fehlt es. Deswegen ist nach Ansicht des BVerfG der Verweis auf das Korrektiv der Verwerflichkeit „nicht geeignet, die rechtsstaatlichen Bedenken zu zerstreuen, denen die Ausweitung des Gewaltbegriffs durch die Rechtsprechung begegnet".[18]

Fazit: Die Teilbedeutung 'gewichtige psychische Einwirkung auf das Opfer' auf Grund von 'geringfügigem körperlichen Kraftaufwand auf Seiten des Täters' im Zusammenhang mit der Auslegung des Gewaltbegriffs ist dem BVerfG zu unbestimmt, als dass es dem Bestimmtheitsgebot nach Art. 103 Abs. 2 genüge leisten könnte. Darüber hinaus beanstandet das BVerfG die Synonymisierung von „Gewalt" und „Zwang" in den fachgerichtlichen Entscheidungen ebenso wie die Verlagerung in der Dominant-Setzung der ursprünglichen Teilbedeutung 'an der Physis ausgerichtet' auf die Teilbedeutung 'am Gewicht der psychischen Belastung orientiert'. Deswegen sei die Begriffs-Auslegung nicht vorhersehbar gewesen. In der Folge hob es die Entscheidungen der vorherigen Instanzen auf und verwies die Sache an das Oberlandesgericht zurück.

Die **abweichende Meinung** der drei Bundesverfassungsrichter nimmt eine andere Bedeutungs- und Referenzfixierung vor:

> „Wenn die Nötigung auf eine Unterlassung gerichtet ist, kann die physische Einwirkung nach dem möglichen Wortsinn des Gewaltbegriffs auch in der Errichtung eines körperlichen Hindernisses bestehen, das der beabsichtigten Handlung – hier der Fortsetzung der Fahrt – entgegensteht. Auf das Ausmaß der aufgewendeten Kraft kommt es dabei nicht an. Ebenso ist es nach allgemeinem Sprachverständnis nicht entscheidend, ob eine unmittelbare Einwirkung auf den Körper des Opfers, etwa in Form einer Berührung, vorliegt. Daß ein aggressives Verhalten nicht erfor-

[16] BVerfGE 92, 15.
[17] BVerfGE 92, 17.
[18] BVerfGE 92, 17.

> derlich ist, ergibt sich im übrigen auch aus dem Normzusammenhang, weil der Gesetzgeber im Strafgesetzbuch zwischen Gewalt und Gewalttätigkeit ausdrücklich unterscheidet (vgl. § 113 Abs. 2 Nr. 2, §§ 124, 125 Abs. 1 StGB)."[19]

Zur präzisierenden Abgrenzung greifen die drei Richter auf das sinn- und sachverwandte Wort der *Gewalttätigkeit* zurück. *Gewalttätigkeit* komme neben § 113 Abs. 2 Nr. 2 (Widerstand gegen Vollstreckungsbeamte) und § 124 (schwerer Hausfriedensbruch) auch in § 125 Abs. 1 StGB (Landfriedensbruch) vor und unterscheide sich von *Gewalt* durch die Teilbedeutung 'aggressive Gewaltanwendung als Bestandteil eines strafrechtlich relevanten Tatbestandes (z.B. Raub, Vergewaltigung usw.)' oder durch den Bedeutungsaspekt 'gegen andere Personen gerichtete körperliche Kraftentfaltung' bzw. 'aggressives, gegen die körperliche Unversehrtheit von Menschen oder fremden Sachen gerichtetes aktives Tun unter Einsatz bzw. In-Bewegung-Setzen physischer Kraft'.[20] Darüber hinaus bringt das Minderheitenvotum mit dem Hinweis auf das „allgemeine Sprachverständnis" ein Argument ins Spiel, welches aus linguistischer Sicht wegen der Schlechtbestimmtheit des Mediums Sprache und damit der Wortbedeutungen als äußerst fragwürdig einzuschätzen ist.[21]

Die drei Bundesverfassungsrichter sehen im Unterschied zum Amtsgericht und Landgericht im Blockieren des Weges eine „Form der körperlichen, nicht der lediglich psychischen Einwirkung auf die Willensentschließung und -betätigung der Fahrzeuginsassen"[22] – ebenso wie dies der Bundesgerichtshof in seiner Rechtsprechung tut. Sie fahren in der Darlegung ihrer abweichenden Meinung mit folgender Begründung fort:

> „Die – auch – psychische Einwirkung folgt erst daraus, daß der genötigte Fahrzeuginsasse in Fällen, in denen er das körperliche Hindernis durch Überfahren der Blockierer überwinden könnte, davon absieht, weil er diese sonst verletzen oder gar töten würde. Dieser psychisch determinierte Prozeß ist zwar entscheidend für den Erfolg der Blockade. Er ändert aber nichts daran, daß durch die Blockade selbst ein körperliches Hindernis bereitet wird. Der mögliche Wortsinn des Gewaltbegriffs wird unter diesen Umständen auch nicht dadurch überschritten, daß bei der Beurteilung der Auswirkung des Zwangsmittels entscheidend auf den durch das Zwangsmittel ausgelösten psychischen Prozeß abgestellt wird. Nach überkommenem Verständnis ist der Gewaltbegriff ganz allgemein nicht auf Einwirkungen beschränkt,

---

[19] BVerfGE 92, 21.

[20] Diese Teilbedeutungen schreibt auch ein Gesetzesentwurf des Saarlandes aus dem Jahre 1990 dem Gewalttätigkeitsbegriff zu. Der Gesetzesentwurf (der wohl kaum die Zustimmung der drei Richter finden dürfte) schlägt vor, beim Tatbestand der Nötigung (§ 240 StGB) den Begriff der *Gewalt* durch den Begriff der *Gewalttätigkeit* zu ersetzen. Mit diesem Änderungsvorschlag solle dem Bestimmtheitsgebot des Grundgesetzes genüge geleistet werden, zum anderen beansprucht er, dass der Nötigungsparagraph einen für jedermann nachvollziehbaren und erkennbaren Regelungsinhalt erhält. [*Handelsblatt* 25.09.1990; *Frankfurter Rundschau* 20.09.1990]

[21] Vgl. dazu die Ausführungen im ersten Teil *Theoretische Grundlagen* und im Speziellen Wolski 1980 und Pinkal 1985.

[22] BVerfGE 92, 22.

die die Willensbetätigung unmöglich machen (vis absoluta), sondern umfaßt auch körperliche Einwirkungen, die einen psychischen Prozeß in Lauf setzen (vis compulsiva; vgl. dazu RGSt 64, 113 (116)).“[23]

Die Behauptung im Minderheitenvotum, „nach überkommenem Verständnis“ beschränke sich der Gewaltbegriff nicht auf die „vis absoluta“, sondern erfasse auch die „vis compulsiva“, ist in der Literatur nicht unumstritten.[24]

Fazit: In der abweichenden Meinung wird der – von den vorherigen Instanzen zugrunde gelegte – Gewaltbegriff bestätigt, dem zufolge die Teilbedeutungen ‘Auslösen eines psychisch determinierten Prozesses beim Opfer’ und ‘unerhebliche Kraftaufwendung beim Täter’ weiterhin als bestimmend angesehen werden, wobei als neuer Bedeutungsaspekt hinzukommt, dass das Blockieren eines Weges durch „Hinsetzen“ ‘nicht nur eine Form der lediglich psychischen Einwirkung auf die Willensentschließung und -betätigung des Opfers’ darstellt, sondern auch eine ‘körperliche Form der Einwirkung’.

Bilanzierung der Sprachnormierungskämpfe: Der Gewaltbegriff

Damit sind die relevanten und juristisch umstrittenen Teilbedeutungen des „semantischen Kampfes“ deutlich geworden.[25] In diesem Zusammenhang ist zu bedenken, dass der Terminus *Gewalt* in 27 Normtexten des deutschen Strafgesetzbuchs vorkommt und uneinheitlich ausgelegt wird.[26] Dieser Umstand kommt vor allem bei der Rezeption der Judikatur in Printmedien zum Tragen, da dort die Auslegung des Gewaltbegriffs in § 240 StGB kontrastiert wird mit der richterlichen Wortverwendung im Bereich von Sexualdelikten (z.B. beim Tatbestand der Vergewaltigung).

Als umstrittene Teilbedeutungen des Gewaltbegriffs im Kontext des Nötigungsparagraphen lassen sich festhalten:

1. das ‘Ausmaß des körperlichen Kraftaufwandes’;
2. der ‘Referenzbereich hinsichtlich der Frage, ob nur die vis absoluta oder auch die vis compulsiva den Gewaltbegriff im Sinne des Nötigungsdeliktes erfasst’;
3. die ‘Abgrenzungsanforderungen bezüglich des Drohungsbegriffs aus Abs. 1 des Nötigungsparagraphen’.

---

[23] BVerfGE 92, 22.

[24] Hruschka 1995, 1996 versucht z.B. nachzuweisen, dass die „vis absoluta entgegen der herrschenden Meinung kein taugliches Nötigungsmittel ist, daß vielmehr der in den Nötigungstatbestand eingestellte Ausdruck ‚Gewalt‘ nur einen relativ schmalen Anwendungsbereich hat“ [Hruschka 1995: 737].

[25] Küpper/ Bode halten den strafrechtlichen Gewaltbegriff im Zusammenhang mit der Nötigung für einen der umstrittensten Rechtsbegriffe des gesamten Strafrechts. [Küpper/ Bode 1993: 187]

[26] Vgl. Genaueres dazu bei Busse 1991: 259 ff.

Zum Abschluss der Analyse des juristischen Gewaltbegriffs im Sinne des Nötigungsdeliktes soll mit Hilfe eines historischen Exkurses das unvermeidliche Problem beleuchtet werden, dass „auch im Strafrecht der Gesetzgeber vor der Notwendigkeit [steht], der Vielgestaltigkeit des Lebens Rechnung zu tragen".[27] Auf Grund dessen ist die Verwendung von Begriffen in Gesetzestexten unvermeidbar, die in besonderem Maß der Deutung durch den Richter bedürfen. Es ist „wegen der Allgemeinheit und Abstraktheit von Strafnormen unvermeidlich, daß in Einzelfällen zweifelhaft sein kann, ob ein Verhalten noch unter den gesetzlichen Tatbestand fällt oder nicht".[28] Aus diesem Grunde verstößt nach Ansicht der BVerfG-Richter der (mehr oder weniger unscharfe) Gewaltbegriff selbst nicht gegen das Bestimmtheitsgebot aus Art. 103 Abs. 2 GG, sondern nur seine Auslegung. Darüber hinaus merken die drei BVerfG-Richter in ihrer abweichenden Meinung an, dass für die Beschwerdeführer auf Grund der „gefestigten Rechtsprechung" die Strafbarkeit ihres Handelns vorhersehbar[29] gewesen sei. Da stellt sich natürlich die interessante Frage, wie die Auslegung des Gewaltbegriffs sich in der Vergangenheit angesichts der sich stetig wandelnden soziokulturellen und politischen Bedingungen verändert hat. Oder linguistisch formuliert: wie haben die richterlichen Bedeutungs- und Referenzfixierungsversuche bezüglich des Gewaltbegriffs (im Sinne des Nötigungsdeliktes) auf die Veränderungen des Referenzobjektes sprachlich reagiert?

Um die Auseinandersetzung über diese Frage transparenter zu machen, soll abschließend mit Hilfe eines historischen Exkurses in aller Kürze die Entwicklung des strafrechtlichen Gewaltbegriffs nachgezeichnet und bilanziert werden, wobei zu bedenken ist, dass die Einteilung des juristischen Gewaltbegriffs in diverse Phasen aufgrund unterschiedlicher Bedeutungsverlagerungen zwar hilfreiche Gliederungskategorien bereitstellt, jedoch ist diese Kategorisierung weder in Bezug auf abgrenzbare Zeitabschnitte noch auf inhaltliche Bestimmbarkeit eindeutig.[30]

Historischer Exkurs: Entwicklungsphasen des strafrechtlichen Gewaltbegriffs

1. Phase: Der Begriff der *Gewalt* wird in der unmittelbaren Rechtsprechung des Reichsgerichts als 'Anwendung körperlicher Kraft zur Überwindung eines geleisteten oder erwarteten Widerstandes' verstanden. Es wird auf das 'An-

---

[27] BVerfGE 92, 12.
[28] BVerfGE 92, 12.
[29] BVerfGE 92, 24.
[30] Vgl. exemplarisch Arnold 1997, Lesch 1995: 890 ff., Christensen/ Sokolowski 2001: 209 ff. und aus linguistischer Sichtweise Busse 1991.

griffsverhalten des Täters' abgestellt. Gewalt sei 'der körperlich vermittelte (physische) Zwang', wobei das Ausmaß des körperlichen Zwangs nach dem Angriffsverhalten des Täters und nicht nach der Auswirkung auf das Opfer zu bestimmen sei. In der Folge hat das Reichsgericht das gewaltlose Einflößen von betäubenden Mitteln z.B. bei Schlafenden nicht als nötigende Gewalt gewertet.[31]

2. Phase: Unter *Gewalt* wird die 'körperliche Zwangswirkung beim Opfer zur Überwindung eines geleisteten oder erwarteten Widerstandes' gefasst. Bei diesem Gewaltverständnis wurde die dominante Stellung der Teilbedeutung 'physische Kraftanwendung des Täters' ersetzt durch die Teilbedeutung 'Auswirkungen des Zwangsmittels beim Opfer'.

3. Phase: Die Teilbedeutung der 'physischen Zwangswirkung' als fester Bestandteil des Gewaltbegriffs wird aufgegeben – es wird nun von 'psychischem Zwang' (Prozess der 'Vergeistigung' oder 'Entmaterialisierung') als eine Form der Gewaltausübung gesprochen. Von bestimmtem Fahrverhalten auf Autobahnen (sog. Drängel-Urteile) ausgehend wurde das Kriterium der Anwendung von körperlicher Kraft durch die Täter als obligatorische Teilbedeutung des Gewaltbegriffs immer weniger relevant und stattdessen wurde argumentiert, dass eine „Zwangseinwirkung auf den Genötigten (hier: durch ständiges dichtes Auffahren auf der Autobahn, sog. Drängeln) auch ‚über das Nervensystem, auf dessen Funktionieren die Willensausübung mit beruhe', erfolgen" könne; da „das Nervensystem aber Teil des Körpers sei, sei eine Unterscheidung körperlicher und seelischer Eindrücke (im Sinne einer Zwangswirkung) nicht mehr möglich (BGHSt 19, 263ff)."[32] Ähnlich urteilte der Bundesgerichtshof in dem bekannten „Laepple-Urteil", dass auch derjenige mit Gewalt nötige, der aus Protest gegen Fahrpreiserhöhungen sich auf die Gleiskörper der Straßenbahn setze und damit die Weiterfahrt von Straßenbahnen unmöglich mache.
Diese ersten drei Phasen der Entwicklung des Gewaltbegriffs lassen sich aber nicht so widerspruchsfrei abgrenzen: Denn schon das Reichsgericht gibt das Merkmal „Gewalt als Entfaltung körperlicher Kraft" preis, indem es statt auf die Entfaltung körperlicher Kraft durch den Täter entscheidend auf die Teilbedeutung 'körperliche Wirkung des Zwangs beim Opfer' abstellten (z.B. Abgabe von Schreckschüssen oder das Anhalten eines Trauerzuges durch Bildung einer Menschenmauer).[33]

4. Phase: Mit der Entscheidung des BVerfG vom 10.01.1995 rückte die Rechtsprechung vom 'vergeistigten Gewaltbegriff' (BVerfGE 92, 1-25) ab. Mit der in dieser Studie untersuchten Entscheidung betont das BVerfG die erforderli-

[31] Arnold 1997:290.

[32] Busse 1991: 267.

[33] Vgl. zur Zweifelhaftigkeit der Teilbedeutung 'körperbezogene körperliche Kraftentfaltung' beim Gewaltbegriff Arnold 1997: 290 f. und Paeffgen 1999: 443 mit zahlreichen Belegen aus der Rechtsprechung des Reichsgerichts, ebenso wie Christensen/ Sokolowski 2001: 210.

che Teilbedeutung einer ‘körperlichen Zwangswirkung’ bei der Referenzfixierung des Gewaltbegriffs.

Jedoch ist diese „heiße“ Phase des „semantischen Kampfes“ von widersprüchlichen Gerichtsentscheidungen gekennzeichnet, denn der Bundesgerichtshof hielt in seiner danach verkündeten *Stehblockaden-Entscheidung* (Autobahn-Blockade)[34] am vergeistigten Gewaltbegriff fest, indem er auf der Grundlage der BVerfGE 92,1 dem Gewaltbegriff folgende Teilbedeutungen als bestimmend zuschrieb:

1. Ausreichend sei auch ein ‘geringer körperlicher Kraftaufwand’, ein ‘Mindestmaß an körperlicher Kraft des Täters’.
2. Entscheidend sei die ‘Kraftausübung unter Bezugnahme auf die Auswirkung beim Opfer’.
3. Es reiche nicht aus, wenn ‘nur psychischer, sondern es muss auch physischer Zwang’ gegeben sein.

Der Bundesgerichtshof kommt in der Konstituierung des juristischen Sachverhalts zu dem Schluss, dass die blockierenden Menschen auf der Autobahn zwar eine rein psychische – aber keine physische – Blockade darstellen (und damit nach der BVerfGE 92,1 nicht von Gewalt gesprochen werden kann), dass jedoch ab der zweiten Autoreihe alle dort festgehaltenen Autofahrer vor einem physischen Hindernis stünden. Damit sieht der Bundesgerichtshof alle drei Teilbedeutungen erfüllt, er scheint dem BVerfG gerecht zu werden und umgeht es gleichzeitig – wie bereits erwähnt – „gewitzt“[35], „gekünstelt“[36] oder „durch einen juristischen Kunstgriff“[37] bei der Auslegung des Gewaltbegriffs. Der Bundesgerichtshof favorisiert also eine Referenzfixierung des Gewaltbegriffs, die einzig und allein unter Bezugnahme auf die Auswirkungen beim Opfer bestimmt ist (vorausgesetzt wird ein Mindestmaß an körperlicher Kraftentfaltung, um der BVerfG-Entscheidung gerecht zu werden, die in der Blockade lediglich ein psychisches, nicht aber ein physisches Hindernis sieht).

Nach dieser Bilanz und dem historischen Exkurs werden nun die Bedeutungs- und Referenzfixierungsversuche in Absatz 2 des Nötigungsparagraphen (§ 240 StGB) nachgezeichnet. Im Mittelpunkt steht zunächst der Rechtsbegriff der *Verwerflichkeit.*

---

[34] BGHSt 41, 182-187.
[35] Arnold 1997: 292.
[36] Suhren 1996: 311.
[37] Rheinländer 1997: 389.

8.2 Bedeutungs- und Referenzfixierungsversuche: Der Verwerflichkeitsbegriff

Bei der Verwerflichkeitsprüfung besteht neben der Begriffsunschärfe des Tatbestandsmerkmals *verwerflich* ein weiteres Problem darin, dass der Zweck der Gewaltanwendung näher bestimmt werden muss. So sind unbestritten auf alle Fälle die Nahziele, nämlich der unmittelbare Zweck der nötigenden Handlung, in Augenschein zu nehmen. Weitaus kontroverser wird jedoch diskutiert, ob auch Fernziele, also mittelbare Zwecke (hier die beabsichtigte Warnung der Bevölkerung vor Rüstungsgefahren) in Rechnung zu stellen sind. Das BVerfG hat am 11.11.1986 in dem sogenannten 1. Sitzblockadenurteil einstimmig die Prüfung „aller Umstände“[38] angemahnt, wobei (von den vier überstimmten Richtern) in diesem Urteil der Zweckbegriff differenzierter gefasst wird, indem sie zwischen den „unmittelbaren Nötigungsfolgen“ (d.h. die verursachten Behinderungen), dem „unmittelbaren Nötigungsziel“ (d.h. Erzwingung erhöhter Aufmerksamkeit für Meinungsäußerungen) und dem „Fernziel“, also dem Protest gegen die als gefährlich beurteilte atomare Aufrüstung unterscheiden.[39] Alle acht Richter haben mit Bindungswirkung entschieden, dass das unmittelbare Nötigungsziel zu berücksichtigen ist, nur vier Richter wollen sowohl dem unmittelbaren Nötigungsziel als auch dem Fernziel ausschlaggebende Bedeutung zukommen lassen, während die sich durchsetzenden Richter keine Festlegung bezüglich der Gewichtung des Abwägungsmerkmals zu treffen bereit waren.[40] Die Fachgerichte müssen demnach bei der Anwendung der Verwerflichkeitsklausel entscheiden, welche Umstände und in welcher Gewichtung berücksichtigt werden sollen; genauer: die Fachgerichte müssen im Einzelfall die zu berücksichtigenden Umstände erst bestimmen. Damit wird erneut deutlich, wie Gerichte juristische Sachverhalte zunächst einmal konstituieren.[41]

Amtsgericht Münsingen

Der Amtsrichter beurteilt das Verhalten der Angeklagten in Bezug auf die Verwerflichkeitsklausel (Zweck-Mittel-Relation) wie folgt:

---

[38] BVerfGE 73, 247.
[39] BVerfGE 73, 257 f.
[40] Vgl. dazu ausführlicher bei Reichert-Hammer 1991: 31.
[41] Müller/ Christensen/ Sokolowski 1997: 123.

„Das Verhalten der Angeklagten ist auch rechtswidrig. Die Anwendung der Gewalt ist zu dem von ihnen angestrebten Zweck verwerflich. Der von den Angeklagten verfolgte Zweck, die Bevölkerung eindringlich und überzeugend auf die Gefahr der atomaren Rüstung hinzuweisen, ist achtenswert. Zur Verfolgung dieses achtenswerten Zieles sind jedoch nicht alle Mittel erlaubt. Die von den Angeklagten mit durchgeführte Aktion genießt nicht den durch das allgemeine Grundrecht der Meinungs- und Versammlungsfreiheit gewährten Schutz, bei deren Ausübung es mitunter zu zwangsläufiger Beeinträchtigung der Rechte Dritter kommt. Die Angeklagten jedoch hatten es hier von vornherein bewußt und gewollt darauf angelegt, andere mit psychischem Zwang in ihrer Bewegungsfreiheit zu behindern, sie zu blockieren.“[42]

In dieser Begründung wird die Teilbedeutung 'bewusste und willentliche Ausübung von psychischem Zwang zur Behinderung der Bewegungsfreiheit anderer' in der aktuellen fallbezogenen Bedeutungsfestsetzung des Zweckbegriffs – also als das Ziel der Aktion – dominant gesetzt. Der Zweck – vor atomaren Rüstungsgefahren zu warnen – wird nur insofern berücksichtigt, als er für sich genommen als „achtenswert“ bezeichnet wird. Die eigentlich schwierige Frage – nämlich das In-Beziehung-Setzen von Handlungsmittel und Handlungszweck wie es die Verwerflichkeitsklausel vorschreibt – wird hier vom Amtsrichter nicht thematisiert: Vermag der als nicht verwerflich eingestufte Zweck das Ausmaß der verwerflichen Gewaltanwendung derart zu relativieren, dass die Zweck-Mittel-Relation im Ganzen als nicht verwerflich zu klassifizieren ist?

Zur Beantwortung dieser zentralen Fragen hätte das Gericht die beiden Komponenten Handlungsmittel und Handlungszweck unter Berücksichtigung zu benennender Kriterien in irgendeiner Form in Beziehung setzen müssen.

Fazit: Die Tat wird als rechtswidrig bezeichnet, weil das eingesetzte Mittel der Blockade, das im Sinne von Abs. 1 des Nötigungsparagraphen als Anwendung von Gewalt klassifiziert wurde, zu dem Zweck – Dritte in ihrer Bewegungsfreiheit einzuschränken – als unangemessen und damit verwerflich beurteilt wird (Zweck-Mittel-Relation). Der von den Sitzblockadeteilnehmern beanspruchte Zweck – die Bevölkerung auf die Gefahr der atomaren Rüstung hinzuweisen – bleibt bei der Verwerflichkeitsprüfung unberücksichtigt und soll ausschließlich in der Strafzumessung Berücksichtigung finden.

[42] Urteil vom Amtsgericht Münsingen vom 9.11.1984, S. 3f.

Die 2. Kleine Strafkammer des Landgerichts Tübingen

Das Landgericht Tübingen sieht – wie oben dargelegt – beim Verhalten von drei Angeklagten die Tatbestandsmerkmale der Gewalt im Sinne von Absatz 1 erfüllt, es hat aber ihr Verhalten auf der Grundlage von Absatz 2 als **nicht** verwerflich eingeschätzt. Damit sei es auch nicht rechtswidrig und aufgrund dessen liege **keine nötigende** Gewalt vor. Deshalb entschied sich das Gericht für einen Freispruch.

Das Gericht nimmt dabei folgenden Bedeutungs- und Referenzfixierungsversuch vor:

> „Mit dem Merkmal der Verwerflichkeit ist ein sozialwidriges Verhalten umschrieben, dessen Eigenart darin besteht, daß es mit beachtlicher Intensität die dem Opfer gegenüber dem Täter rechtlich garantierte Freiheit verletzt. Erfaßt werden soll die sozialethische Mißbilligung der für den erstrebten Zweck angewendeten Mittel. Danach bedeutet ‚Verwerflich' zunächst etwa dasselbe wie ‚nach objektiven Maßstäben sittlich mißbilligenswert'. Hierbei gelten freilich nicht Kriterien der Moral, vielmehr sind die Erfordernisse sozialgemäßen Verhaltens als Orientierungsrichtlinien angesprochen. [...]
> [D]ie Grenze zur Qualifikation eines Verhaltens als ‚verwerflich' und damit zur strafbaren Nötigung [wird] erst erreicht, wenn das Vorgehen des Täters unter Berücksichtigung aller Umstände eindeutig so anstößig ist, daß es als gröberer, in erhöhtem Maße sittlich mißbilligenswerter Angriff auf die Entschlußfreiheit anderer der Zurechtweisung mit Mitteln des Strafrechts bedarf. Jeder Verständige muß danach ein derartiges Verhalten sittlich mißbilligen und als sozial unerträglich, nämlich als Unrecht empfinden."[43]

Bei diesem Bedeutungs- und Referenzfixierungsversuch des Verwerflichkeitsbegriffes werden die beiden Komponenten Handlungsmittel und Handlungszweck implizit in Beziehung gesetzt: die Teilbedeutungen 'sozialwidriges Verhalten durch eine mit beachtlicher Intensität durchgeführte Freiheitsverletzung' und 'gröberer, sittlich missbilligenswerter Angriff auf die Entschlussfreiheit' implizieren durch die Benennung der Kriterien des „sozialgemäßen Verhaltens" und „sittlich mißbilligenswert" die Anwendung von Wertmaßstäben, die aber nicht näher expliziert werden und im Rahmen dieser Urteilsbegründung als präzise und verständlich genug angesehen werden. Denn sie sind ganz offensichtlich bei der Bedeutungs- und Referenzfixierung von zentralem Stellenwert.

Bezüglich der umstrittenen Frage, ob Fernziele zu berücksichtigen sind, führt das Landgericht aus:

> „Bei diesem Abwägen hat die Kammer auch die mit der Blockade verfolgten Fernziele der Demonstranten zwar nicht wertend (als „gut", „edel" oder „hehr") berücksichtigt, wohl aber insoweit in den Blick genommen, als die Demonstranten mit ihren Aktionen eindeutig uneigennützige, ausschließlich altruistische Anliegen verfolgten, die sich ohne Einschränkung und unter Hintanstellung eigener Vorteile o-

[43] Urteil vom Landgericht Tübingen vom 16.02.1987, S. 15 f.

der materieller Ziele allein am Wohl und Wehe der Gesamtbevölkerung ausrichteten, getrieben von der Sorge um die Folgen weiterer atomarer Aufrüstung. [...] [Es] ist eine Berücksichtigung des von den Angeklagten verfolgten Fernziels jedenfalls in dem beschriebenen Umfange nicht nur veranlaßt, sondern auch geboten.“[44]

Fazit: Das Landgericht sieht das Verhalten der Angeklagten als nicht verwerflich an und bezieht unter Berufung auf das sog. erste Sitzblockadenurteil des BVerfG vom 11.11.1986 alle Umstände (und damit auch die Fernziele) bei der rechtlichen Bewertung mit ein. Eben dieses sog. 1. Sitzblockadenurteil sieht als Faktoren für die Privilegierung gegenüber kriminell motivierten Nötigungen fünf Aspekte an, auf die sich das Landgericht nun indirekt stützt:

- Gemeinwohlorientierung im Gegensatz zu eigennützigem Handeln;
- Handeln als Beitrag zum Meinungskampf in einer die Öffentlichkeit wesentlich berührenden Frage;
- Symbolcharakter der Handlungen im Gegensatz zu effektiver Zwangswirkung auf Entscheidungsträger;
- „maßvolle“ Beeinträchtigung von Rechtsgütern Dritter;
- (etwaiges) polizeiliches Eingreifen wird widerstandslos hingenommen.[45]

Auf dieser Grundlage liegt nach Ansicht des Gerichts keine Rechtswidrigkeit und damit auch keine Nötigung vor.

Der 4. Strafsenat des Oberlandesgerichts

Das Oberlandesgericht Stuttgart will auf die Revision der Staatsanwaltschaft das Urteil des Landgerichts Tübingen aufheben. Einen zur Urteilsaufhebung führenden Mangel sieht der Senat darin, dass das Landgericht bei der Prüfung der Verwerflichkeit „mittelbare Ziele der Angeklagten berücksichtigt hat und nicht auszuschließen ist, daß es deshalb zur Verneinung der Verwerflichkeit kam.“[46] Der Senat des Oberlandesgerichts vertritt hingegen die Ansicht, dass es bei der Zweck-Mittel-Relation im Rahmen des § 240 Abs. 2 StGB nur auf den unmittelbaren Zweck des nötigenden Verhaltens ankomme und deshalb die Fernziele bei der Verwerflichkeitsprüfung nicht zu berücksichtigen seien. Deswegen legt das Oberlandesgericht die Sache dem Bundesgerichtshof zur Entscheidung folgender Rechtsfrage vor:
„Sind die Fernziele von Straßenblockierern bei der Prüfung der Rechtswidrigkeit der Nötigung oder nur bei der Strafzumessung zu berücksichtigen?“
Nach Ansicht des Oberlandesgerichts bezeichnet das Tatbestandsmerkmal „verwerflich“ ‘weniger ein moralisch besonders verdammenswertes Verhalten

---

[44] Urteil vom Landgericht Tübingen vom 16.02.1987, S. 17.
[45] Vergleiche den Originalwortlaut in BVerfGE 73, 258.
[46] Beschluss des Oberlandesgerichts Stuttgart vom 17.12.1987, S. 8.

als vielmehr ein sozialwidriges Handeln'[47], dessen Eigenart darin besteht, daß 'es mit beachtlicher Intensität die dem Opfer gegenüber dem Täter rechtlich garantierte Freiheit zu verletzen' versucht. „Die in der Negierung der Willensfreiheit der anderen Bürger zum Ausdruck kommende Intoleranz sollte strafwürdiges Unrecht und nicht lediglich Verwaltungsunrecht sein."[48]

Der Senat geht ferner davon aus, dass die Fernziele keiner Berücksichtigung bedürfen (unter anderem schon deshalb, weil die Bewertung von Gedankeninhalten nicht Aufgabe der Gerichte sei) und lässt sich dabei von folgenden Gesichtspunkten leiten, die gleichzeitig eine spezifische Perspektivierung beinhalten. Er stellt nämlich fest, dass

> „[b]ei der Auslegung des unbestimmten Rechtsbegriffs der Verwerflichkeit die vom Täter hergestellte Beziehung zwischen Nötigungshandlung und dem erstrebten Zweck handlungs- und opfernah betrachtet werden [sollte]. Nur so ist ein Urteil möglich, ob die Gewaltanwendung über ein billigenswertes Maß hinausgeht oder sozial noch erträglich ist. Das Motiv (der Beweggrund) des Täters darf dabei mit dem Zweck der Gewaltanwendung nicht gleichgesetzt werden.
> Der Zweck kann zwar in mehreren sich aneinanderreihenden Stufen verfolgt werden, das im Bereich des reinen Beweggrundes liegende Endziel vermag aber den vorausgegangenen Stufen nicht die Verwerflichkeit zu nehmen."49

Die spezifische Perspektivierung in der Argumentation des Gerichts besteht darin, dass es bei der Auslegung des Verwerflichkeitsbegriffes die Teilbedeutung 'handlungs- und opfernahe Betrachtung der Beziehung von Nötigungshandlung und Nötigungszweck' in Vordergrund stellt. Eine solche „Opfer"zentrierung bei der Beurteilung der Zweck-Mittel-Relation schließt die aus „Täter"perspektive zentralen Motive der Blockadehandlung – nämlich die Warnung vor Rüstungsgefahren – aus, weil diese für die blockierten Kraftfahrzeugfahrer (also die Opfer) nicht relevant sind. Diese Argumentation umgeht das schwierige Unterfangen der Kriterienbenennung beim In-Beziehung-Setzen von Mittel und weit gefasstem Zweck (sog. Fernziele) in Bezug auf den komplexen Sachverhalt mit der Begründung, dass es – schon auch wegen der Bestimmbarkeit staatlichen Strafens – nicht von der jeweiligen Einstellung der Tatrichter abhängen könne, wie ein Fernziel zu bewerten sei. Im Hinblick auf die Unterschiedlichkeit der Fernziele und die Schwierigkeit der verlässlichen

---

[47] Ermer weist auf sechs, von Roxin entwickelte Prinzipien der Sozialwidrigkeit hin: „Das Rechtswidrigkeitsprinzip (Nötigung zu einem verbotenen Verhalten ist immer verwerflich), das Güterabwägungsprinzip (Verhinderung eines als solchen sozialwidrigen Willens), das Geringfügigkeitsprinzip (Zwangseinflüsse ohne Dauer und nennenswerte Folgen), das Prinzip des Vorrangs staatlicher Zwangsmittel (gilt für alle Fälle der Gewaltanwendung, die nicht durch positive Rechtfertigungsgründe und das Güterabwägungs- oder Geringfügigkeitsprinzip ausgeschaltet sind), das Prinzip des mangelnden Zusammenhangs und das Autonomieprinzip, die beide nur bei Drohung gelten." [Ermer 1987: 113].

[48] Beschluss des Oberlandesgerichts Stuttgart vom 17.12.1987, S. 10.

[49] Beschluss des Oberlandesgerichts Stuttgart vom 17.12.1987, S. 9.

Feststellung bestehe die Gefahr einer Tatbestandsunbestimmtheit des § 240, da außer der Abhängigkeit von persönlichen Einstellungen und politischen Standpunkten der jeweiligen Richter die Beurteilung darüber hinaus auch stark von geschichtlichen Ereignissen abhängen würde.[50]

Mit dieser Argumentation wird eine mögliche Perspektive von Mittel und eng gefasstem Zweck (als Nahziel bezeichnet) als die einzig angemessene bewertet. Inwieweit eine solche Fokussierung noch dem vom BVerfG in dem sog. 1. Sitzblockadenurteil geforderten Grundsatz, die Verwerflichkeitsprüfung habe sich auf alle Umstände zu erstrecken[51], gerecht wird, bleibt in der Begründung offen.

Fazit: Das Oberlandesgericht ersucht beim Bundesgerichtshof um Klärung der Frage, ob Fernziele bei der Verwerflichkeitsklausel ebenfalls zu berücksichtigen seien. Dabei legt es seinen eigenen Standpunkt klar dar, der durch die Fokussierung der „Opfer“seite in einer ausschließlichen Berücksichtigung der Nahziele besteht.

Der Bundesgerichtshof in Karlsruhe

Der Bundesgerichtshof beantwortet die ihm vorgelegte Frage wie folgt: „Die Fernziele von Straßenblockierern sind nicht bei der Prüfung der Rechtswidrigkeit der Nötigung, sondern ausschließlich bei der Strafzumessung zu berücksichtigen.“[52]

Der Bundesgerichtshof betont den zentralen Stellenwert des Tatbestandsmerkmals der Verwerflichkeit im Gesamtzusammenhang des Nötigungsdeliktes:

> „Dieser Begriff ist [...] Maßstab für die Bewertung der Mittel-Zweck-Relation, gibt aber für sich keine Antwort auf die Frage, welche Umstände hierbei in Beziehung zu setzen sind. Die Beantwortung der vorgelegten Rechtsfrage erfordert deshalb keine grundsätzliche Stellungnahme zur Auslegung des Merkmals ‚verwerflich‘.“[53]

Der Senat hält eine allgemeine und grundsätzliche Bedeutungs- und Referenzfixierung nicht für notwendig. Er spezifiziert lediglich den Verwerflichkeitsbegriff hinsichtlich des vorliegenden Falles, das heißt: vom Tatbestand der Nötigung und deren Merkmale als abstrakter Begriff des Wissensrahmens ausgehend wird der Sachverhalt der Lebenswelt und seine Eigenschaften kategorisiert, um in der Folge die aktuelle Bedeutung und dessen Teilbedeutungen im Rahmen der Auslegungstätigkeit festlegen und die Gerichtsentscheidung

---

[50] Beschluss des Oberlandesgerichts Stuttgart vom 17.12.1987, S. 10.
[51] BVerfGE 73, 247.
[52] BGHSt 35, 270.
[53] BGHSt 35, 276.

auf der Basis rationaler Kriterien objektivieren zu können. Zu diesem Zwecke nimmt der Bundesgerichtshof folgende Abgrenzung zwischen „Moral" und „sozialer Unverträglichkeit" vor.

> „Das Urteil knüpft im Gegenteil ausdrücklich an frühere Entscheidungen des Bundesgerichtshofes (BGHSt 1, 84, 86 f.; 5, 254, 256) an, in denen – in Abgrenzung von der in der ursprünglichen Fassung des § 240 Abs. 2 StGB enthaltenen Bezugnahme auf das gesunde Volksempfinden – das Rechtsempfinden des Volkes zum Maßstab für die Verwerflichkeitsprüfung erklärt wird. Abgesehen davon, daß es den Bundesgerichtshof nicht gehindert hat, in späteren Entscheidungen weniger einseitig auf Kriterien der Sittengesetze abzuheben und statt dessen auch die soziale Unverträglichkeit zu berücksichtigen (BGHSt 18, 389, 391 ff.) oder ganz auf vergleichbare abstrakte Definitionen zu verzichten (BGHSt 23, 46, 54 ff.; 34, 71, 76 ff.), stellt es den vom 3. Strafsenat im Jahre 1953 ausgesprochenen und bislang in der Rechtsprechung des Bundesgerichtshofes nicht aufgegebenen Grundsatz, daß Fernziele bei der Verwerflichkeitsprüfung unberücksichtigt bleiben müssen (BGHSt 5, 245, 246), nicht in Frage. Die zitierte Passage besagt [...] nicht mehr als die Entscheidung des 2. Strafsenats vom 24. April 1986 (BGHSt 34, 71): Bei der Prüfung der Verwerflichkeit sind alle Umstände zu berücksichtigen, nicht jede Anwendung von Gewalt ist als verwerflich im Sinne des § 240 Abs. 2 StGB anzusehen, die Schwelle zur Strafbarkeit wird erst überschritten, wenn das Mißverhältnis zwischen Mittel und Zweck ein gewisses Mindestmaß überschritten hat."[54]

Der Bundesgerichtshof hält an dem Grundsatz fest, dass 'Fernziele bei der Verwerflichkeitsprüfung unberücksichtigt bleiben müssten' sowie dass 'alle Umstände zu berücksichtigen seien' und dass 'ein nicht zu geringfügiges Missverhältnis zwischen Mittel und Zweck gegeben sein müsse'. Der Senat versucht Kriterien für das In-Beziehung-Setzen von Nötigungsmittel und -zweck für den vorliegenden Fall genauer zu explizieren, indem er das Merkmal der Verwerflichkeit genauer zu fassen sucht: Erforderlich sei demnach ein „erhöhter Grad sittlicher Mißbilligung". Die Grenze der Strafwürdigkeit sei allerdings erst erreicht, wenn das Vorgehen des Täters so anstößig sei, dass es „als gröberer Angriff auf die Entschlußfreiheit anderer der Zurechtweisung mit den Mitteln des Strafrechts bedarf"[55].

Im Übrigen hält es der Strafsenat für fraglich, ob sich die Unterscheidung zwischen „eigennützigem" und „gemeinwohlorientiertem" Handeln – wie es im sog. 1. Sitzblockadenurteil des Bundesverfassungsgerichts unterbreitet wurde[56] – im Bereich der Beurteilung von Sitzblockaden auf einen allgemei-

---

[54] BGHSt 35, 277.

[55] BGHSt 35, 276f. So betonen auch die Kommentare unterschiedliche Aspekte: Dreher/Tröndle 1997 stellt auf eine am Sittengesetz zu messende Missbilligung ab [§ 240 Rdn. 23; so auch die 50. Auflage von Tröndle/ Fischer 2001, § 240 Rdn. 41], Schäfer im *Strafgesetzbuch – Leipziger Kommentar* fokussiert die Sozialverträglichkeit [§ 240 Rdn. 70] und Eser im Kommentar von Schönke et. al. 2001 nimmt Bezug auf sozialethische Kriterien [§ 240 Rdn. 17].

[56] BVerfGE 73, 258.

nen gesellschaftlichen Konsens stützen lasse – ganz davon abgesehen, dass dieser nicht einfach auf einen Nenner zu bringen sei.

> „Die Solidaritätsbekundungen für gewaltsame Aktionen zur Durchsetzung ‚uneigennütziger' Ziele – etwa der Erhaltung von Arbeitsplätzen oder der Verbesserung von Arbeits- und Wirtschaftsbedingungen – legen nahe, daß in weiten Kreisen der Bevölkerung – je nach dem politischen Standort – eher Verständnis für die gewaltsame Durchsetzung existentieller und damit einfühlbarer eigener Interessen als für ‚altruistischen' Gewalteinsatz radikaler politischer Gruppen besteht. Wollte man auf die Fernziele abstellen, so wäre in der Tat nicht einzusehen, warum ein Blockierer, der für seinen Arbeitsplatz und damit um seine Existenzgrundlage kämpft, strafrechtlich schlechter behandelt werden sollte als der Anhänger einer Minderheit, die ein von der gesamten Bevölkerung erstrebtes Ziel auf einem eigenwilligen, von der überwiegenden Mehrheit für ungeeignet erachteten Weg erreichen will.“[57]

Somit hält der Bundesgerichtshof die Vorschläge von vier Bundesverfassungsrichtern aus dem Jahre 1986 für ungeeignet, die schwierige Kriterienbestimmung bei der Zweck-Mittel-Relation in den Griff zu bekommen.

Mit diesem BGH-Beschluss sollte eine in der Rechtsprechung umstrittene Frage geklärt werden. Denn mehrere Oberlandesgerichte – ebenso wie die 2. Kleine Strafkammer des Landgerichts Tübingen in seinem Urteil vom 16.02.1987 – haben bei der Prüfung, ob Sitzblockaden verwerflich und damit rechtswidrig seien, die Fernziele der Täter berücksichtigt. Andere Oberlandesgerichte wie das in dieser Untersuchung analysierte stellten dahingegen nur auf die unmittelbaren Nötigungsziele – also die Behinderung des Verkehrs – ab. Verschärft wurde dieser Meinungsstreit durch das sog. 1. Sitzblockadenurteil des Bundesverfassungsgerichts[58] vom 11.11.1986, in dem die Hälfte des Senats die Auffassung vertraten, die Verwerflichkeit von Sitzblockaden lasse sich ohne die Einbeziehungen der Fernziele der Täter nicht beurteilen. Sitzblockaden dürften deshalb in der Regel nicht als verwerflich und damit auch nicht als Nötigung qualifiziert werden, sofern nicht erschwerende Umstände hinzukämen. Die anderen vier Richter des Senats waren jedoch der Überzeugung, ein Strafrichter sei der Verfassung wegen nicht gehalten, bei der Verwerflichkeitsprüfung die Fernziele der Blockierer zu berücksichtigen.

---

[57] BGHSt 35, 281 f.

[58] BVerfGE 73, 206.

Bilanzierung der Sprachnormierungskämpfe: Der Verwerflichkeitsbegriff

Der Begriff der *Verwerflichkeit* mutet noch vager an als der der *Gewalt*. Die Verwerflichkeitsklausel setzt sich zusammen aus dem Mittel (die von allen Instanzen bis auf das BVerfG als Gewalt eingeschätzte Blockade) und dem Zweck. Hauptstreitpunkt hinsichtlich des Zwecks der Blockade-Aktionen ist die Frage, ob nur Nahziele (hier das Verhindern der Weiterfahrt) oder auch Fernziele (auf atomare Rüstungsgefahren hinweisen) zum Zweck zu rechnen seien. Nach Ansicht des Oberlandesgerichts, das den Zweck in aneinandergereihten Stufen denkt, vermag das nicht zu beanstandende Endziel nicht die Verwerflichkeit der vorausgegangenen Stufen zu nehmen. So nachvollziehbar eine solche Modellierung des Zwecks in Form einer linearen Stufenabfolge erscheinen mag, desto zweifelhafter ist die m.E. schwer begründbare Entscheidung, nur einen Teilbereich der Stufenabfolge als relevant zu klassifizieren und den Schnitt genau an der oben dargestellten Stelle und nicht an einer anderen anzusetzen. Ganz davon abgesehen haben wir es mit einem definitorischen Widerspruch zu tun: Deklarieren die Richter auch die Fernziele als Bestandteil des Zwecks (hier als letzte Stufen einer linear gedachten Zweckunterteilung), dann müssen sie laut Gesetzeswortlaut auch berücksichtigt werden, weil in § 240 StGB nur vom Zweck im Ganzen gesprochen wird. Eine Nicht-Berücksichtigung der Fernziele verlangt eine definitorische Ausgrenzung der Fernziele (was das Oberlandesgericht aber explizit eben nicht tut), da ansonsten gegen den sog. Gesetzeswortlaut – also den Normtext – verstoßen wird.

Der Bundesgerichtshof will in Übereinstimmung mit dem Oberlandesgericht die sog. Fernziele nur bei der Strafzumessung berücksichtigen, nicht aber bei der Beurteilung der Verwerflichkeit an sich. Die Verwerflichkeit selber will der Bundesgerichtshof dadurch überprüfen, dass er „das Rechtsempfinden des Volkes zum Maßstab" erklärt. Wer dieses Rechtsempfinden zu formulieren befugt ist, bleibt offen bzw. wird in der Rechtspraxis nur von den entscheidenden Richtern vorgenommen.

Darüber hinaus konkurrieren zwei verschiedene Sichtweisen: die eine Position stellt im Rahmen der Verwerflichkeitsklausel die Täterperspektive in den Vordergrund, die andere fokussiert die Opferperspektive. Auch dieser Disput ist nur bedingt mit rationalen Kriterien bestreitbar, eine salomonische Entscheidung in Form einer gleichberechtigten Berücksichtigung beider Sichtweisen scheint nicht praktikabel. Die stärkere Gewichtung einer der beiden Sichtweisen (unabhängig davon, ob eine solche Fokussierung zugegeben oder rhetorisch verschleiert wird) ist eine des persönlichen richterlichen Wertungsmaßstabs und lässt sich nur schwerlich objektivieren.

8.3 Bedeutungs- und Referenzfixierungsversuche: Der Rechtswidrigkeitsbegriff

Der Rechtswidrigkeitsbegriff des § 240 StGB wird bestimmt zum einen durch das in Abs. 1 ausgeführte Tatbestandsmerkmal der Gewaltanwendung oder Drohung mit einem empfindlichen Übel und zum anderen durch die in Abs. 2 formulierte Verwerflichkeitsklausel, wenn sonstige allgemeine Rechtfertigungsgründe fehlen. *Rechtswidrig* ist – neben den erwähnten Nötigungsmitteln *Gewalt* und *Drohung* – das Lexem, das in Absatz 1 und 2 des Nötigungsparagraphen rekurrent wieder aufgenommen wird und die Kohärenz zwischen beiden Absätzen bestimmt. Der 1. Strafsenat des Bundesgerichtshofs führt zur Struktur und zum Aufbau des Nötigungstatbestandes genauer aus:

> „Allgemeiner strafrechtlicher Grundsatz ist, daß die Verwirklichung des gesetzlichen Tatbestands die Rechtswidrigkeit indiziert; sie entfällt nur dann, wenn die tatbestandsmäßige Handlung durch eine Gegennorm (etwa: Notwehr, § 32 StGB; Wahrnehmung berechtigter Interessen, § 193 StGB) erlaubt ist. Die Besonderheit des § 240 StGB besteht darin, dass die im Tatbestand aufgeführte Handlung – die Ausübung von Zwang im Sinne von Absatz 1 – die Rechtswidrigkeit nicht indiziert. Diese Ausnahme vom allgemeinen Verbrechensaufbau ist geboten, weil angesichts der Weite der Tatbestandsbeschreibung in Absatz 1 andernfalls zahlreiche im täglichen Umgang der Bürger miteinander als sozial-adäquat empfundene Verhaltensweisen erfaßt würden, ohne daß eine die Rechtswidrigkeit ausschließende Gegennorm dem entgegenstünde. Deshalb bestimmt § 240 Abs. 2 StGB, daß erst die Verquickung des Nötigungsmittels mit der angestrebten Verhaltensweise des Genötigten den Schluß auf tatbestandsmäßig-rechtswidriges Verhalten begründen kann (BGHSt 2, 194, 196). Aufgabe des § 240 Abs. 2 StGB ist es somit zu bewirken, daß die Verbindung von Nötigungsmittel und angestrebter Verhaltensweise nur unter der einschränkenden Voraussetzung der Verwerflichkeit strafbar ist, wobei der Begriff ‚verwerflich' zugleich einen Wertungsmaßstab festlegt.“[59]

Diese Auffassung bezüglich der strafrechtlichen Besonderheit des § 240 StGB ist unumstritten und stützt sich auf Ausführungen des sog. 1. Sitzblockadenurteils des Bundesverfassungsgerichts vom 11.11.1986.[60] Der Strafsenat des Bundesgerichtshofs legt im Weiteren dar, dass die Gesetzesvorschrift „mit den Worten ‚rechtswidrig ist die Tat' ausdrücklich an den allgemeinen Sprachgebrauch“ anknüpfe.[61] Wie die Richter in ihrer Argumentation die Behauptung, dieser Umstand werde in § 240 StGB „ausdrücklich“ zur Kenntnis ge-

---

[59] BGHSt 35, 275.

[60] Im BGH-Urteil heißt es, der Senat des Bundesgerichtshofs „ist dabei lediglich an die übereinstimmende Auffassung aller für das genannte Urteil des Bundesverfassungsgerichts verantwortlichen acht Richter gebunden, daß die in dem sog. Laepple-Urteil (BGHSt 23, 46, 54 f.) vertretene Ansicht, Gewaltanwendung sei ‚praktisch indiziell' für die Verwerflichkeit der Nötigung, aus verfassungsrechtlichen Gründen abzulehnen sei (BVerfGE 73, 206, 256)“. [BGSt 35, 273 f.]

[61] BGHSt 35, 279.

bracht, zu rechtfertigen vermögen, ist nicht ersichtlich. Die Strafsenatsmitglieder können allenfalls von einer mitgemeinten – also impliziten – Bedeutung ausgehen. Aber auch diese leistet im Präzisierungsbestreben keine nützlichen Dienste, weil der allgemeine Sprachgebrauch in keiner Weise in der gewünschten Eindeutigkeit definierbar ist und mitnichten rechtssprachlichen Gepflogenheiten folgt.

Bilanzierung der Sprachnormierungs„kämpfe“:
Der Rechtswidrigkeitsbegriff

Der Rechtswidrigkeitsbegriff soll auf der Grundlage des Gewalt- und Verwerflichkeitsbegriffs präzisiert werden. Denn der juristische Aufbau des Nötigungsparagraphen 240 StGB lautet hinsichtlich der verhandelten Sitzblockade paraphrasiert: Wenn die Tathandlung als *Gewaltanwendung* klassifiziert wird und wenn das *Mittel-Zweck-Verhältnis* im Ganzen als *verwerflich* eingeschätzt wird, ist die Tat *rechtswidrig*, und damit ist der Tatbestand der *Nötigung* erfüllt. Somit soll offensichtlich die Präzisierung eines Rechtsbegriffs auf der Basis nicht minder unbestimmter Rechtsbegriffe im Duktus logischer Schlussfolgerungen vorgenommen werden.

8.4 Resümee der „semantischen Kämpfe“

Die hier dargelegten Bedeutungs- und Referenzfixierungsversuche im Rahmen der vorgestellten Sitzblockadenjudikatur beanspruchen, einen juristischen „semantischen Kampf“ transparenter zu machen. Die überwiegend unterstellte Präzision von Rechtsbegriffen bedarf in Bezug auf die Rechtstermini des Nötigungsparagraphen im Allgemeinen und bezüglich der Sitzblockadenjudikatur im Speziellen der Relativierung. Es ist deutlich geworden, wie spezifisch die Zugriffsweise der Juristen auf Sachverhalte der Lebenswelt ist – oder anders gesagt: Welcher nicht juristisch vorgebildete Bürger hätte damit gerechnet, dass auf der Straße sitzende Demonstranten (unabhängig von der Beurteilung der damit verfolgten politischen Ziele) unter bestimmten Umständen Gewalt anwenden? Oder wer ist nicht darüber überrascht, dass der Nötigungsparagraph so aufgebaut ist, dass einem Angeklagten zwar die Anwendung von Gewalt vorgeworfen werden kann, dies aber für den Fall nicht zwingend als rechtswidrig angesehen werden muss, wenn nämlich das Ziel der Gewaltanwendung oder das Verhältnis von eingesetztem Mittel zum angestrebten Zweck als nicht verwerflich eingestuft wird? Und wer ist nicht ein Stück weit desillusioniert (wegen der Machtfülle der Judikative) oder in seinen Vorurteilen bestätigt, wenn evident wird, dass Juristen die *Rechtswidrigkeit* des Nötigungsdeliktes auf der Grundlage zweier vager bzw. unbestimmter Rechtsbegriffe wie *Gewalt* und *Verwerflichkeit* zu präzisieren versuchen?

Natürlich ist unbestritten, dass beispielsweise im Deutschen dem Gewaltbegriff in bestimmten fachsprachlichen Zusammenhängen (Geo-/Physik, Recht usw.) durchaus vielschichtige und damit auch nicht negativ eingeschätzte Bedeutungsnuancen zugeschrieben werden können. So wird beispielsweise der Gewaltbegriff im verfassungsrechtlichen Kontext in nicht pejorativer Bedeutung verwendet, wie beispielsweise ein Blick in das Grundgesetz zeigt, wo von der zu positiven Zwecken ausgeübten Gewalt ausgegangen wird (z.B. Art. 20, 92 GG).[62] Jedoch dürfte im alltagsweltlichen Sprachgebrauch und Sprachverständnis ein negativ besetzter Gewaltbegriff überwiegen, insbesondere dann, wenn er im Zusammenhang mit potentiellen Nötigungsdelikten diskutiert wird.

Im vierten Teil dieser Arbeit *Rezeption des Rechtfalls in Printmedien* werde ich die hier herausgearbeiteten Bedeutungs- und Referenzfixierungsversuche, die mit Hilfe des Dominant-Setzens von Teilbedeutungen in den jeweiligen Gerichtsentscheidungen fokussiert wurden, aus Vergleichsgründen in gemeinsprachlichen Textsorten nachzeichnen. Eine solche Kontrastierung des hier vorgestellten „semantischen Kampfes" mit den außerjuristischen Sprachnormierungsversuchen in der öffentlichen Diskussion ist insofern äußerst relevant, als die gesellschaftliche Auseinandersetzung mit der Rechtsprechung – insbesondere des Bundesverfassungsgerichts – eine durch Medien vermittelte Diskussion ist.

Das Nachzeichnen der Bedeutungs- und Referenzfixierungsversuche im Rahmen einer Sitzblockadenjudikatur will darüber hinaus einen Beitrag zur Rechtserzeugungsreflexion leisten. Die konkrete Rechtsarbeit orientiert sich an zwei unterschiedlichen Handlungsmustern[63]: Zum einen an spezifischen Regeln einer rationalen juristischen Entscheidungstätigkeit/-technik und zum anderen an den – von der Theorie der Referenzfixierung entwickelten – Regeln (Handlungsmuster, Methoden), nach denen Sprecher durch Benennungsfestsetzungen (wissenschaftlicher) Termini auf Sachverhalte oder Gegenstände Bezug nehmen. Denn Rechtsgüter sollen im Rechtsstaat durch Rechtsbegriffe geschützt werden: „Juristen denken in Begriffen, sie denken etwa Tatbestände als Begriffe (resultativ) und nicht als Vorgänge (prozessual)."[64] Durch den Nachvollzug der sprachlich vermittelten Referenztätigkeit des Rechtsarbeiters (sprachliche Präzedenzfälle, Rekonstruktion der bisherigen Benennungs-

---

[62] Müller/ Christensen/ Sokolowski 1997: 16 verweisen auf positiv besetzte Varianten der Verwendung des Gewaltbegriffs in Grimm/Grimm (1911): Deutsches Wörterbuch. Band 4, 1. Abteilung, 3. Teil. 1911 Stichwort *Gewalt*, Spalte 4922-4926; mit der Bandbreite des Gewaltbegriffs spielt auch Walter Benjamin (1980): Zur Kritik der Gewalt. In: Benjamin, Walter: Gesammelte Schriften. Band II 1.

[63] Jeand'Heur 1989: 164f.

[64] Nussbaumer 2000: 65.

festsetzungen durch Gerichte, Kommentare – also durch die sprachlichen Eingangsdaten – etc.) gewinnt der praktisch tätige Jurist nicht „die Bedeutung" des Ausdrucks, sondern nur mögliche Handlungsmuster, gemäß derer er die bisherigen Benennungsfestlegungen fortsetzen, modifizieren oder durch neue ersetzen kann. Darin – im Dominant-Setzen bestimmter Teilbedeutungen bei Rechtsbegriffen und bei Durchsetzungsversuchen von Benennungsfestlegungen und Handlungsmustern – besteht der „semantische Kampf" der Juristerei.

9 Semantisch-pragmatische Textanalyse: Sprecherhandlungen und Sprechereinstellungen

Im ersten Teil Theoretische Grundlagen in Kapitel 3.3 Satz- und textsemantische Betrachtungsweise wurden auf der Grundlage eines semantisch-pragmatischen Ansatzes die Kategorien der Sprachhandlungsklassen, Sprachhandlungstypen und Sprecherhandlungen im Kontext des aktuellen Forschungsstandes hergeleitet und vorgestellt. Für die konkrete, im Anschluss vorgenommene Untersuchung der juristischen Entscheidungen sind nun folgende Sprecherhandlungen in der Terminologie von Polenz und illokutionäre Kräfte in Rolfs Terminologie von Interesse:[1] Die folgende Zusammenstellung erläutert die Sprachhandlungsklassen in Bezug auf die hier vorliegende rechtssprachliche Untersuchung.

- Repräsentativa oder Assertiva wie z.B. etwas feststellen (eine Feststellung machen), etwas begründen, etwas zusammenfassen, etwas behaupten (eine Behauptung aufstellen), eine Vermutung äußern/ eine Hypothese aufstellen, an etwas erinnern (in Erinnerung rufen), etwas voraussagen/ etwas vorhersagen usw.
- „Die assertive Stammkraft hat den assertiven Zweck, d.h. als Handlungsergebnis, daß der Sprecher S gesagt hat, wie es sich in einer bestimmten Angelegenheit verhält. Zu den vorbereitenden Bedingungen der assertiven Stammkraft gehört, daß S Gründe bzw. Evidenzen hat dafür, daß die von ihm ausgedrückte Proposition P tatsächlich einen bestehenden Sachverhalt repräsentiert. Außerdem bringt S zum Ausdruck, daß er glaubt, daß P (Aufrichtigkeitsbedingung).“[2]
- Deklarativa: mit ihnen werden Fakten geschaffen, Fakten einer bestimmten Art wie z.B. etwas definieren, so-und-so nennen, benennen, klassifizieren, festsetzen, datieren, anerkennen als, ein Veto einlegen, jmd. zu etwas bevollmächtigen, etwas für gültig/ ungültig erklären, etwas bestätigen, ein Urteil aufheben, gegen ein Urteil Berufung oder Revision einlegen, einer Berufung stattgeben oder sie verwerfen, jmd. für schuldig/ unschuldig erklären, jmd. verurteilen, jmd. von einer Anklage freisprechen, sich selber Zuständigkeit bescheinigen usw. Das definie-

---

[1] Vgl. dazu ausführlicher das Kapitel 3 *Pragmatische Semantikauffassung* im ersten Teil *Theoretische Grundlagen*.

[2] Rolf 1997: 140.

rende Merkmal der Klasse der Deklarativa besteht darin, dass der „erfolgreiche Vollzug eines ihrer Elemente eine Korrespondenz von propositionalem Gehalt und Realität zustande bringt; der erfolgreiche Vollzug garantiert, daß der propositionale Gehalt der Welt entspricht."[3] Rolf fügt hinzu, dass auf Grund der doppelten Anpassungsrichtung der Deklarativa deren Vollzug auch umgekehrt garantiert, „daß die Welt dem propositionalen Gehalt der jeweiligen Äußerung entspricht."[4]

- Die institutionellen Tatsachen, die durch deklarative Sprachhandlungen geschaffen werden, zeichnen sich dadurch aus, dass unterschiedlichen ontologischen Kategorien von Erscheinungen wie Leuten, Ereignissen, Gegenständen ein bestimmter Status auferlegt wird. Zum Vollzug solcher deklarativen Sprachhandlungen muss derjenige, der sie vollzieht, über die Autorität und die entsprechende Position innerhalb der systematischen Beziehungen von Einrichtung und Institutionen verfügen.[5] Bezüglich der Eigenschaften von deklarativen Sprachhandlungen führt Rolf aus:

  > „Die deklarative illokutionäre Stammkraft hat in den Dimensionen des Stärkegrads (der Aufrichtigkeitsbedingung) und der Bedingung des propositionalen Gehalts keine Ausprägung. Die vorbereitende Bedingung besteht einfach darin, daß der Sprecher die Autorität hat, den im propositionalen Gehalt seines (deklarativen) Sprechakts repräsentierten Zustand hervorzubringen."[6]

  Der Richter bringt bei seinen Entscheidungen implizit zum Ausdruck, dass er glaubt, dass der von ihm festgesetzte Sachverhalt eine justitiable Tatsache darstellt.
- Expressiva wie z.B. etwas gutheißen, kritisieren, ablehnen etc.
- Direktiva wie z.B. jmd. auffordern, jmd. etwas zu tun gebieten, jmd. etwas verbieten, eine Sache zur erneuten Verhandlung zurückverweisen, jmd. ersuchen, einem Gericht eine Rechtsfrage zur Entscheidung vorlegen, fragen, jmd. eine Frage stellen, prüfen etc.
- Kommissiva wie z.B. eine Aufgabe übernehmen, sich einverstanden erklären, einwilligen etc.

Schon Searle hat darauf hingewiesen – wie in Kapitel 3.3 bereits ausgeführt wurde -, dass in ein und derselben Äußerung auch mehrere Sprechakte zugleich vollzogen werden können.[7] Dieses Problem zeigt sich beispielsweise bei der schwierigen Abgrenzung von repräsentativen/ assertiven Sprachhandlungen auf der einen Seite und deklarativen andererseits. Dieses Phänomen der

---

[3] Searle 1975/1982: 36.
[4] Rolf 1997: 197.
[5] Vgl. dazu ausführlicher Searle 1997: 123 ff.
[6] Rolf 1997: 198.
[7] Searle 1975/1982: 50.

Polyfunktionalität[8] in Bezug auf assertive und deklarative Sprecherhandlungen kommt im Recht besonders häufig vor.

Gerade diese beiden Sprachhandlungsklassen – Deklarativa und Repräsentativa/ Assertiva – sind beim vorliegenden Analyseinteresse von besonderer Bedeutung, weil damit die folgende Eingrenzung der Untersuchung einhergeht. Mittels dieser Sprachhandlungen wird über die Inhalte – die Propositionen – gestritten, während Direktiva (z.B. eine Gerichtsentscheidung bestätigen oder aufheben oder z.B. die Aufforderung des Oberlandesgerichts an den Bundesgerichtshof, eine bestimmte Rechtsfrage zur Entscheidung vorlegen), Expressiva (z.B. eine Begriffsauslegung gutheißen oder ablehnen) und Kommissiva (z.B. dass der Bundesgerichtshof der Aufforderung des Oberlandesgerichts nachkommt und sich selber Zuständigkeit bescheinigt, die gestellte Rechtsfrage zu klären) als Sprachhandlungen zum formellen Recht (Verfahrens-, Organisations- und Prozessrecht) gehören und in dieser Judikatur nicht oder kaum umstritten sind, sondern nur hinsichtlich der damit verbundenen Inhalte (Propositionen) als Bestandteil des materiellen Rechts. Deswegen werden im Folgenden der Aussage- und Handlungsgehalt mit dem Schwerpunkt auf den repräsentativen/ assertiven und deklarativen Sprecherhandlung untersucht.

Zu beachten ist darüber hinaus der Umstand, dass das Strafgesetzbuch interessanterweise überhaupt keine direktiven Sprachhandlungen aufweist, sondern Aufforderungen „im indikativischen Satzbaumuster von ‚Assertiven' (Feststellungen, Aussagen)" formuliert sind, die am ehesten als Drohung bezeichnet werden könnten (der Gesetzgeber als Textautor spricht z.B. in § 2 StGB von „Strafdrohung").[9]

9.1 Drei grundlegende juristische Sprachhandlungstypen: Sachverhalt-Festsetzen, rechtliche Sachverhaltsklassifizierung, Entscheiden (inkl. Argumentieren)

Im zweiten Kapitel *Sprachwissenschaftliches Interesse am Recht* haben wir in Anlehnung an die Vorstellungen der „Strukturierenden Rechtslehre" die Rechtstaatstruktur als Kontinuum juristischer Texte aufgefasst. Im zweiten Teil *Rechtsarbeit als Textarbeit* ist die richterliche Arbeit im Kontext juristischer Spracharbeit nachgezeichnet worden. Befragen wir nun im Sinne der Sprachhandlungstheorie die zu untersuchenden Texte (Entscheidungstexte der

---

[8] Unter Polyfunktionalität versteht man, dass derselben Äußerung – bezogen auf ein Handlungsspiel – verschiedene Funktionen und Wirkungsintentionen zugrunde liegen können. [Holly 1990: 54]. Vgl. dazu Beispiele aus fachkommunikativen Zusammenhängen bei Felder 1999: 83 ff.

[9] Busse 1992: 110.

Gerichte und die Literatur im Rahmen der juristischen Binnenkommunikation) auf Sprecherhandlungen der Textproduzenten, so lassen sich drei Sprachhandlungstypen (= Handlungsmuster) – also sinnverwandte Sprecherhandlungen zusammengefasst in jeweils einer übergeordneten Kategorie[10] – herausdestillieren. Diese korrespondieren mit den im zweiten Teil *Rechtsarbeit als Textarbeit* in Kapitel 6 *Die konkrete Rechtsarbeit exemplifiziert an einer Sitzblockadenjudikatur* erwähnten Textstufen. Es handelt sich um die folgenden drei Sprachhandlungstypen:

- **Sachverhalt-Festsetzen** mit Bezug auf den verhandelten Sachverhalt;
- **Rechtliche Sachverhaltsklassifizierung** mit Bezug auf den ausgewählten Normtext auf der Grundlage diverser Normtexthypothesen und der Bildung des Normprogramms und Normbereichs;[11]
- **Entscheiden** mit Bezug auf die Rechts- und Entscheidungsnorm, wobei mit der Sprecherhandlung des *Entscheidens* eine des *Argumentierens* einhergeht.[12]

Diese drei grundlegenden Sprachhandlungstypen werden im juristischen Textkorpus untersucht. Derartige Sprachhandlungstypen manifestieren sich im Vollzug einzelner konkreter Sprecherhandlungen. Sprecherhandlungen werden mittels Sprachhandlungsverben realisiert und sind an diesen als Indikatoren zu erkennen, oder sie werden nur mittels indirekter illokutionärer Indikatoren wie z.B. Satzform, Verwendung von Modalverben usw. impliziert.

Eine solche Typologisierung setzt sich die begriffliche Systematisierung zum Ziel, um damit intuitives Können (auf Grund internalisierter Regeln) im Rahmen teilweise unbewusst ablaufender Textproduktionsschemata und Textrezeptionsverfahren über die Explizierung von Teilprozessen bewusst zu machen. Gelingt es, ein solches kontextgebundenes Vorwissen gerade auch für juristisch Unkundige transparent zu machen, so sind damit die „Übersetzungs"versuche von Rechtstermini (als vermeintlich zentrales Verstehensproblem rechtsprachlicher Äußerungen) zugunsten von Sprachhandlungen als grundlegenden Beschreibungsaspekten von (fach)kommunikativen Interaktionen relativiert. Überspitzt könnte man zugunsten sprachhandlungstheoretischer Beschreibungsversuchen formulieren: Wörter haben keine Bedeutung, sondern mit ihnen wird Bedeutung gemacht, und zwar beim Sprachhandeln in konkreten Kontexten (natürlich unter Berücksichtigung der Erfahrungen mit Sprache – samt ihrer Bausteine vom Wort bis zum Text – und ihrem Gebrauch in

---

[10] Zur terminologischen Abgrenzung von *Sprachhandlungsklassen, Sprachhandlungstypen* und *Sprecherhandlungen* siehe Kapitel 3.3.

[11] Vgl. zu diesen Termini aus dem rechtstheoretischen Modell der *Strukturierenden Rechtslehre* zunächst die theoretische Herleitung in den Kapiteln 2.5 und 2.7 sowie die praktische Anwendung auf die hier untersuchte Sitzblockadenjudikatur in Kapitel 6.

[12] Die Sprecherhandlung des Begründens wird in Kapitel 10 *Untersuchung der Sprachgebrauchstopoi* genauer untersucht.

Kommunikationszusammenhängen). Damit wird die mit dieser Untersuchung aufgestellte These deutlich, dass nicht die Termini selber im Zentrum des rechtssprachlichen Forschungsinteresses stehen sollten, sondern die mit der Verwendung von Wörtern vollzogenen Sprecherhandlungen im juristischen Textgeflecht.

In den folgenden Untersuchungsabschnitten stehen Art und Weise des Referierens, Prädizierens, Quantifizierens und des Herstellens von Relationen im Mittelpunkt der Textanalyse. In Bezug auf die Analyse der Sprachhandlungen gilt es – wie im vorherigen Abschnitt begründet – in erster Linie innerhalb der Sprachhandlungsklasse der Repräsentativa/ Assertiva und Deklarativa die drei grundlegenden juristischen Sprachhandlungstypen *Sachverhalt-Festsetzen*, *rechtliche Sachverhaltsklassifizierung* und *Entscheiden* (inklusive *Argumentieren*) herauszuarbeiten. In der vorliegenden Untersuchung werden nur umstrittene Sprecherhandlungen (zwischen Staatsanwaltschaft und Verteidigung oder zwischen den unterschiedlichen Instanzen) im Rahmen der drei Sprachhandlungstypen betrachtet, und es wird kein Anspruch auf Vollständigkeit bezüglich aller vorkommender Sprecherhandlungen erhoben.[13]

9.2 Umstrittene Sprecherhandlungen und ihr Bewirkungspotential

In diesem Abschnitt werden zunächst die beiden Sprachhandlungstypen des *Sachverhalt-Festsetzens* und der *rechtlichen Sachverhaltsklassifizierung* gemeinsam untersucht, bevor im folgenden Kapitel 10 die Sprecherhandlung des *Entscheidens* (inklusive *Argumentieren*) einer separaten Analyse unterzogen werden.

Beleuchtet man zunächst den Sprachhandlungstyp des *Sachverhalt-Festsetzens* im Urteilstext des **Amtsgerichts Münsingen**, so kann die dort verwendete Formulierung des Amtsrichters „sah sich der Hauptfeldwebel [...] gezwungen, den Befehl zum Anhalten zu geben“ einerseits als ein gemeinsprachliches festes Syntagma gelten („sich gezwungen sehen“), stellt aber andererseits – berücksichtigt man juristische Wissensrahmen – auch auf den in Absatz 1 des Nötigungsparagraphen verlangten Zwang als Tatbestandsmerkmal ab. Unter linguistischen Gesichtspunkten der Polyfunktionalität kann diesbezüglich festgestellt werden: Mit der Formulierung „sah sich gezwungen“ wird gemeinsprachlich leicht verständlich eine repräsentative/ assertive Spre-

[13] Es handelt sich bezüglich der Vollständigkeit um einen ohnehin unsinnigen Vorwurf gegenüber Sprachhandlungstheorien, weil es schließlich im Rahmen spezifischer Untersuchungsinteressen natürlich um – im Sinne einer wissenschaftlichen Fragestellung – erkenntnisbringende Sprecherhandlungen gehen kann und nicht um das vollständige additive Anführen aller vorkommenden Sprachhandlungen ohne spezifisches Erkenntnisinteresse.

cherhandlung vollzogen und fachsprachlich gleichsam aus dem Blickwinkel des juristischen Wissensrahmens eine deklarative Sprecherhandlung zur Klassifizierung des Sachverhalts vorgenommen.

Interessanterweise wird diese Formulierung in Abschnitt IV des Urteilstextes (= Begründung der Entscheidung) fast wörtlich wiederholt („Sie haben durch ihr Sitzen [...] Zwang auf die Insassen [...] ausgeübt, so daß sich der Fahrzeugführer gezwungen fühlte, den Befehl zum Anhalten zu geben"[14]), was die Vermutung nahe legt, dass der Amtsrichter nur unzureichend zwischen den Sprecherhandlungen des Sachverhalt-Festsetzens (die sich bekanntermaßen aus den Sachverhaltserzählungen der Zeugen und Angeklagten zusammensetzt und im Urteilstext unter Abschnitt II oder III der Gründe ausgeführt wird) und denen der rechtlichen Sachverhaltsklassifizierung differenziert (was üblicherweise unter Abschnitt IV der Gründe des Urteilstextes dargelegt wird) und offensichtlich bestimmte Formulierungsbausteine quasi als Phraseologismus[15] verwendet.

Des Weiteren ist die Perspektivierung erwähnenswert, die bei den diversen Sprecherhandlungen des Sprachhandlungstyps des Sachverhalt-Festsetzens – wie bereits im zweiten Kapitel erwähnt – gewählt wird. Bei diesen – auf den ersten Blick – repräsentativen/ assertiven Sprecherhandlungen wird nämlich die Perspektive der Fahrzeuginsassen gegenüber der Sichtweise der Demonstranten dominant gesetzt und damit gleichsam die deklarative Sprecherhandlung des Klassifizierens vollzogen, indem der Amtsrichter – durch seine Art des Referierens und Prädizierens auf den Sachverhalt – nur Sachverhaltseigenschaften aus der Perspektive der Nötigungsopfer (also der PKW-Insassen) als rechtlich relevant einstuft (also die in der Gerichtsverhandlung erfragte Wahrnehmung der Sitzblockade durch die Insassen) und andere Sachverhaltseigenschaften aus dem Blickwinkel der Demonstranten durch Nichterwähnung ausklammert.

Der Richter des Amtsgerichts Münsingen klassifiziert – mittels der Sprecherhandlungen im Rahmen des Sprachhandlungstyps der *rechtlichen Sachverhaltsklassifizierung* – das Verhalten der Angeklagten als Gewalt im Sinne von § 240 Abs. 1 StGB. Darüber hinaus erklärt er hinsichtlich des Abs. 2 das Ver-

[14] Urteil des Amtsgerichts Münsingen vom 09.11.1984, S. 3.

[15] Ein Phraseologismus zeichnet sich nach Elspaß in Anlehnung an die Definition von Burger/ Buhofer/ Siam 1982 durch folgende Charakteristika aus: „- Mehrgliedrigkeit/ Polylexikalität, d.h. die Verbindung besteht aus mindestens zwei Wörtern, höchstens jedoch aus einem ganzen Satz; – i.d.R. Vorhandensein mindestens eines Autosemantikons/ Kernwortes, das ein Substantiv, Adjektiv, Adverb, Numerale oder ein Verb sein kann; – Lexikalisierung, d.h. die Verbindung wird wie ein Wort in der Sprachgemeinschaft gespeichert und verwendet; – Stabilität/ Festigkeit, die Variation und Modifikation nicht ausschließt; – Idiomatizität, die aber ein fakultatives Merkmal darstellt." [Elspaß 1998: 44]

halten der Angeklagten als rechtswidrig, weil die Anwendung der Gewalt zu dem von ihnen angestrebten Zweck verwerflich sei.

Innerhalb der Sprecherhandlungen dieses Sprachhandlungstyps werden Relationen zwischen den beiden Sachverhalten des „Auf-der-Straße-Sitzens" und dem Entstehen eines Zwanges beim Fahrzeugführer hergestellt: zum einen durch die Präposition „durch" in dem Syntagma „durch ihr Sitzen", zum anderen durch die Verwendung der Konjunktion „so daß", die den zeitlich nachgeordneten Sachverhalt als Folge (im Sinne einer konsekutiven Beziehung,) des ersten Sachverhalts referiert und prädiziert (manche Formulierungen scheinen eine finale Beziehung zu unterstellen). Es wird demnach eine kausale Beziehung zwischen dem Sitzen auf der Fahrbahn (Nötigungshandlung) und dem dadurch ausgelösten Zwang bei den Fahrzeuginsassen (Nötigungserfolg) zum Ausdruck gebracht, also ein Kausalzusammenhang zwischen Nötigungshandlung und Handlungserfolg unterstellt.

In einer weiteren Formulierung wird das intentionale Moment der Demonstranten noch stärker im Sinne einer finalen Beziehung betont: „Die Angeklagten jedoch hatten es hier von vornherein bewußt und gewollt darauf angelegt, andere mit psychischem Zwang in ihrer Bewegungsfreiheit zu behindern, sie zu blockieren."[16] Diese rechtliche Sichtweise dürfte sich nicht mit der der Sitzblockadenteilnehmer decken, da diese sicherlich weniger die Konsequenzen ihrer Aktion auf die Fahrzeuginsassen im Auge hatten als vielmehr die Wirkung in der sog. Öffentlichkeit.

* * *

Betrachtet man die Formulierungen der 2. Kleinen Strafkammer des **Landgerichts Tübingen** im Rahmen des Sprachhandlungstyps des *Sachverhalt-Festsetzens*, so wird offenbar, dass in der Judikatur offensichtlich schon mit divergierenden – um nicht zu sagen – umstrittenen Lexemen („Sitzblockade", „Sitzdemonstration", „Blockadeaktion" oder „Blockade") auf die Aktion, auf das Ereignis an sich referiert wird, wobei je nach Art des Bezugnehmens Unterschiedliches prädiziert wird.[17]

---

[16] Urteil vom Amtsgericht Münsingen vom 9.11.1984, S. 4.

[17] Wir haben es hierbei – wie in Abschnitt 5.1 und 8 erwähnt – einerseits mit einem Sprachnormierungskampf oder semantischen Kampf zwischen den Instanzen mit ihren spezifischen Bezeichnungstechniken zu tun sowie andererseits mit einem Bezeichnungskampf zwischen den Angeklagten bzw. der Verteidigung und manchen Gerichten und der Staatsanwaltschaft. Die Demonstranten oder Blockadeteilnehmer bezeichnen ihre Aktion als „gewaltfreie Aktion", demgegenüber konkurrieren – zum Teil auch scheinbar synonymisch verwendet – in der juristischen Binnenkommunikation die Lexeme „Sitzblockade", „Sitzdemonstration", „Blockadeaktion" oder „Blockade", die zum Teil in Anführungsstriche gesetzt werden – entweder um das Wort als Zitat zu markieren oder um eine Distanz zum Wortgebrauch deutlich zu machen.

Zu Beginn der Sachverhaltsfestsetzung stellt die Strafkammer im Rahmen repräsentativ/ assertiver Sprecherhandlungen auf eine ausführliche Darlegung der Demonstrationsmotive der Angeklagten ab. Es handelt sich dabei um einen Aspekt, der in der Amtsgerichtsformulierung im Rahmen der Sachverhaltsformulierung völlig unberücksichtigt bleibt. Mit diesen repräsentativen/ assertiven Sprecherhandlungen werden gleichzeitig polyfunktional deklarative Sprecherhandlungen vollzogen, weil durch das Referieren auf sie gleichsam bestimmte Sachverhaltseigenschaften als relevant und andere als irrelevant klassifiziert werden.

Des Weiteren formuliert das Landgericht Tübingen in seinem Urteil im Rahmen des Sachverhalt-Festsetzens eine Relation zwischen der Einschätzung der Demonstranten bezüglich des existenzbedrohenden Potenzials, das durch Hochrüstung der Großmächte entstehe, auf der einen Seite und dem Beweggrund, dagegen zu demonstrieren, auf der anderen Seite. „Demzufolge fühlen sie sich verpflichtet, hiergegen symbolisch Zeichen zu setzen."[18] Die referierte und prädizierte Relation verweist auf eine quasi automatisierte Kopplung, die hier mit Pflichtgefühl (eventuell mit moralisch-ethischen Implikationen) umschrieben wird. Darin besteht ein grundsätzlicher Unterschied zu den Sprachhandlungen des Sachverhalt-Festsetzens beim Amtsgericht, in denen ohne Benennung der Demonstrationsmotive bzw. -ziele ausgeführt wird, dass eine „angekündigte Blockadeaktion" vor dem Sondermunitionslager der Bundeswehr stattfand, an der die Angeklagten teilnahmen. Damit wird der zentrale Stellenwert des Sprachhandlungstyps des *Sachverhalt-Festsetzens* in der juristischen Textarbeit deutlich.

Ein weiterer Beleg zeigt sich in dem als relevant klassifizierten Lebensweltausschnitt (deklarative Sprecherhandlungen). Im Urteil des Landgerichts Tübingen ist der referierte Lebensweltausschnitt wesentlich breiter angelegt (d.h. alle Blockadeaktionen des Tages werden berücksichtigt, auch die, während derer die Angeklagten am Straßenrand standen) als im Urteilstext des Amtsgerichts Münsingen (das nur eine Blockade der Entscheidung zugrunde legt, nämlich die, an der die Angeklagten aktiv auf der Straße sitzend teilgenommen haben). Darin manifestiert sich ein wesentlicher Unterschied zwischen beiden Gerichten in ihren diesbezüglichen deklarativen Sprecherhandlungen.[19]

Im Rahmen dieser Sprecherhandlungen beim Formulieren des Sachverhalts offenbart sich eine eventuell unbewusst geäußerte Sprechereinstellung im Zusammenhang mit der Anzahl der Polizisten, die zur Räumung der Straße notwendig waren (darauf wurde bereits in Abschnitt 5.1 hingewiesen).[20] In der

---

[18] Urteil vom Landgericht Tübingen vom 16.02.1987, S. 4.

[19] Vgl. die diesbezüglichen Passagen in Kapitel 6.1.

[20] Der Auszug aus dem Urteil lautet: „Da die Blockierer trotz dreimaliger Aufforderung durch den Einsatzleiter PHK Z. die Straße nicht freimachten, schritt die Polizei unter Einsatz von insge-

Sachverhaltsbeschreibung drückt das Adverb *nur* in der Formulierung „schritt die Polizei unter Einsatz von insgesamt nur sechs Beamten" aus, dass der Einsatz auf ein bestimmtes Maß beschränkt war. Die Verwendung dieses Adverbials zeigt, dass die Textproduzenten das Ausmaß des beschriebenen Aufwandes als eher gering einschätzten. Es handelt sich dabei um eine beim Sprecherhandeln (mit)geäußerte Sprechereinstellung. Diese Sprechereinstellung übernehmen die Obergerichte nicht, da dieses Adverb dort offensichtlich während der Reformulierungshandlungen innerhalb des Revisionsverfahrens ersatzlos gestrichen wurde.
Die diversen Sprecherhandlungen des Sprachhandlungstyps des *Sachverhalt-Festsetzens* werden vom Landgericht dadurch autorisiert, dass die Glaubwürdigkeit der Zeugen in nahezu pathetischer Art gepriesen wird. Beispielhaft sei dazu angeführt:

> „Des weiteren hat die Kammer ihre Feststellungen an die erkennbar stets von Wahrheitsliebe getragenen, sachlich, korrekt und nüchtern vorgebrachten, von keinerlei Feindseligkeit getragenen Bekundungen der uneingeschränkt glaubwürdigen Bundeswehrangehörigen Oberstleutnant M., Hauptmann B. und Hauptfeldwebel B. geknüpft. Schließlich haben die Zeugen M. und K. umfassend, objektiv, stets sachlich bleibend und erkennbar um wahrheitsgemäßes Schildern trotz der zwischenzeitlich erheblichen Zeitspanne zu den Ereignissen vom 22. März und 9. Mai 1983 bemüht, dargetan, welchen Behinderungen sie sich im einzelnen als Fahrer zu den fraglichen Zeiten ausgesetzt sahen. An der Richtigkeit ihrer Aussagen zu zweifeln besteht kein Anlaß."[21]

Bei den Sprecherhandlungen innerhalb des Sprachhandlungstyps der *rechtlichen Sachverhaltsklassifizierung* bedient sich die Strafkammer der folgenden beiden deklarativen Sprecherhandlungen des Klassifizierens: (1) die Angeklagten haben Gewalt im Sinne von § 240 StGB angewendet. (2) Von den Angeklagten hat nur einer verwerflich gehandelt, die vier anderen Beschuldigten nicht.

Untersucht man Sprecherhandlungen innerhalb dieses Sprachhandlungstyps, so offenbaren sich die Unterschiede in den deklarativen Sprecherhandlungen des Klassifizierens, indem die Kammer die mit der Blockade verfolgten Fernziele der Demonstranten im Unterschied zum Amtsgericht berücksichtigt. Sie beruft sich dabei auf die BVerfGE 73, 206 vom 11.11.1986, in der bei der Prüfung der Verwerflichkeit die Berücksichtigung sämtlicher Umstände des Einzelfalles angemahnt wird. Das Landgericht bewertet (evaluative Sprecherhandlung) den Sachverhalt, dass die Angeklagten nur an einer kurzen Sitzblockade aktiv teilnahmen (ansonsten am Straßenrand verweilten), in der

samt nur sechs Beamten zur Räumung in derselben Art und Weise wie am Nachmittag. Nach weniger als fünf Minuten war die Fahrbahn frei und die Zufahrt ins Depot unbehindert möglich." [Urteil des Landgerichts vom 16.02.1987, S. 10 f.]

[21] Urteil vom Landgericht Tübingen vom 16.02.1987, S. 12.

Form, dass Grad und Ausmaß der Tatbeteiligung und damit die Intensität ihres Verhaltens überhaupt an Gewicht verlören.[22]

Bei der folgenden Prädikation (Referieren und Prädizieren) im Rahmen einer deklarativen Sprecherhandlung der Klassifikation ist die Bezeichnungstechnik des „Verständigen“ auffällig. „Jeder Verständige muß danach ein derartiges Verhalten sittlich mißbilligen und als sozial unerträglich, nämlich als Unrecht empfinden.“[23] Bei dieser Sprecherhandlung handelt es sich um einen Widerspruch: Ihre Proposition (Inhalt) wird als derart trivial – weil allgemein verständlich – etikettiert, dass ihr Satzinhalt als unumstritten präsupponiert wird. Dennoch verspürt das Gericht den Drang, etwas vermeintlich Selbstverständliches explizieren zu müssen, was die präsupponierte Trivialität wiederum in Frage stellt. Es handelt sich um eine Form des Autoritätstopos, die nicht auf eine herausragende Persönlichkeit verweist, sondern auf die (angebliche) ungeteilte einhellige Meinung *der* Allgemeinheit.

* * *

Der 4. Strafsenat des **Oberlandesgerichts Stuttgart** hat sich in seinem Beschluss innerhalb des Sprachhandlungstyps des *Sachverhalt-Festsetzens* am Urteilstext des Landgerichts zu orientieren, weil bei der Revision keine erneute Tatsachenfeststellung erfolgt. Als Revisionsinstanz hat sich das Oberlandesgericht auf die Feststellungen der vorherigen Instanz – hier das Landgericht Tübingen – zu stützen. Dennoch wird in der Re-Formulierung des Falls eine wertende Veränderung bei der vermeintlich neutralen Sprecherhandlung des zusammenfassenden Wiedergebens (als ein Exempel der repräsentativen/ assertiven Sprachhandlungsklasse) vorgenommen, wie das weiter oben erwähnte Beispiel für eine „Korrektur“ oder Eliminierung einer eventuell unbewussten Sprechereinstellung innerhalb der landgerichtlichen Sachverhaltsformulierung belegt: Die Weglassung des Adverbs *nur* durch das Oberlandesgericht beim Erwähnen der – zur Beseitigung der Straßenblockade notwendigen – „sechs Polizeibeamten“[24] relativiert die Eröffnungsklausel im Beschluss des Oberlandesgerichts: „Das Landgericht hat folgende Feststellungen getroffen:“[25] Ihr

---

[22] Diesen Umstand klassifizieren die Obergerichte wiederum anders. Sie betrachten sämtliche durchgeführten Behinderungsaktionen als Bestandteil der Nötigungshandlung der Angeklagten – sie müssten sich als Mittäter einstufen lassen. Aus dieser Klassifikation (deklarative Sprecherhandlung) folgt eine andere Wertung (evaluative Sprecherhandlung).

[23] Urteil vom Landgericht Tübingen vom 16.02.1987, S. 16.

[24] Beschluss des Oberlandesgerichts Stuttgart vom 17.12.1987, S. 5.

[25] Das Landgericht spricht vom „Einsatz von insgesamt nur sechs Beamten“ [Urteil des Landgerichts vom 16.02.1987, S. 10 f.], während das Oberlandesgericht die Formulierung „trugen sechs Polizeibeamte“ wählt [Beschluss des Oberlandesgerichts Stuttgart vom 17.12.1987, S. 3.]

müsste korrekterweise der Zusatz beigefügt werden: *und das Oberlandesgericht hat wertende Formulierungen des Landgerichts getilgt!*

Darüber hinaus ist – wie bereits erwähnt – zwischen den Instanzen umstritten, ob im Rahmen des Sprachhandlungstyps des Sachverhalt-Festsetzens ausschließlich die Blockadeaktion um 17.30 Uhr, bei der die Angeklagten auf der Straße saßen (bei den anderen Blockadeaktionen standen sie unterstützend am Straßenrand), zu berücksichtigen ist oder ob das arbeitsteilige Vorgehen mit den elf anderen Demonstranten beim mehrmaligen Blockieren in den Vordergrund gerückt werden soll. Diese Meinungsverschiedenheiten zwischen Amtsgericht und Landgericht bei der Sprecherhandlung des Sachverhalt-Festsetzens werden von den OLG-Richtern nicht expliziert.

Das Oberlandesgericht spricht – als weiterer Unterschied – beim Vollzug der Reformulierungshandlungen im Zusammenhang mit der Sachverhaltswiedergabe nicht von „Zwang" bei den an der Weiterfahrt gehinderten Fahrern und Beifahrern. Dies ist ein Unterschied zur vorherigen Instanz des Amtsgerichts („sah sich ... gezwungen") und des Landgerichts Tübingen, wo der Fahrzeugführer „gezwungenermaßen" anhalten musste.[26] Da sich im Unterschied zur Amtsgerichts- und Landgerichtsentscheidung in der Sachverhaltsdarlegung keine sprachlichen Indizien auf Tatbestandsmerkmale im juristischen Wissensrahmen finden lassen, können diese Passagen, in denen über das Umkehren der Fahrzeuge aufgrund des versperrten Weges berichtet wird, als weniger fachsprachlich „zubereitet" bezeichnet werden.

Auf Grund dieser Veränderungen wird deutlich, dass die – vom Oberlandesgericht zur Sachverhaltsdarlegung gewählte Eröffnungsklausel (feststehende fachsprachliche Wendung als Phraseologismus) „Das Landgericht hat folgende Feststellungen getroffen" dem jeweiligen Abschnitt im Entscheidungstext als etikettierende Überschrift nicht gerecht wird, weil die durch die Revisionsinstanz vorgenommenen Textveränderungen (ohne erneute Tatsachenfeststellung) doch von erheblichem Ausmaß sind.

Aus linguistischer Perspektive gibt es m.E. zwei Möglichkeiten, diese Widersprüchlichkeit zu vermeiden. Behalten die Revisionsinstanzen diese Eröffnungsklausel bei, dann sollten sie zunächst die Sachverhaltsdarlegung der Tatsacheninstanzen wörtlich – als Zitat kenntlich gemacht – wiederholen und anschließend ihre Anmerkungen und Veränderungen explizit zum Ausdruck bringen. Eine andere Möglichkeit besteht darin, die Überschrift des Abschnittes im Sinne des folgenden Vorschlags abzuändern: *Der Senat hat auf der Grundlage der Urteilstexte des Amtsgerichts und Landgerichts folgende Sachverhaltsfestsetzung vorgenommen.* Damit würden diese Textabschnitte eine authentischere Autorisierung erfahren, das heißt: die Herstellung (viele Juristen würden vielleicht von Ermittlung sprechen) der zentralen Grundlagen für

[26] Urteil des Landgerichts vom 16.02.1987, S. 5.

den Spachhandlungstyp der rechtlichen Sachverhaltsklassifizierung würden transparenter gemacht und implizites Juristenwissen würde für Laien expliziert.

Im Rahmen des Sprachhandlungstyps der *rechtlichen Sachverhaltsklassifizierung* sind hinsichtlich des Untersuchungsinteresses zwei Sprecherhandlungen relevant: zum einen die – zwischen Landgericht und Oberlandesgericht – unumstrittene Klassifikation des Verhaltens als Gewalt im Sinne des Nötigungsdeliktes und zum anderen die umstrittene Frage, ob auch die Fernziele beim Sprachhandlungstyp der *rechtlichen Sachverhaltsklassifizierung* zu berücksichtigen sind bzw. in den Referenzbereich aufgenommen werden sollen. Der Senat vollzieht in dieser Angelegenheit eine deklarative Sprecherhandlung des Klassifizierens, wenn er formuliert, dass „es bei der Zweck-Mittel-Relation im Rahmen des § 240 Abs. 2 StGB nur auf den unmittelbaren Zweck des nötigenden Verhaltens ankommt und deshalb die Fernziele bei der Verwerflichkeitsprüfung nicht zu berücksichtigen sind."[27]

Im Weiteren definiert der Senat bei den diesbezüglichen Sprecherhandlungen das Merkmal „verwerflich"[28] und klassifiziert die Perspektive des Opfers sowie die Fokussierung der Nahziele als relevant bei der Verwerflichkeitsprüfung. Der Zweck wird als in mehreren sich aneinanderreihenden Stufen modelliert (deklarative Sprecherhandlung), wobei ein an und für sich nicht verwerfliches Endziel (Warnen vor Rüstungsgefahren) den vorausgegangenen – als verwerflich eingeschätzten – Stufen (Blockieren der Fahrzeuge) die Verwerflichkeit im Ganzen nicht zu nehmen vermag.

Das Oberlandesgericht legt die Sache (inklusive der Darlegung der eigenen Rechtsauffassung) dem Bundesgerichtshof zur Entscheidung der folgenden Rechtsfrage vor (interrogative Sprecherhandlung): „Sind die Fernziele von Straßenblockierern bei der Prüfung der Rechtswidrigkeit der Nötigung oder nur bei der Strafzumessung zu berücksichtigen?"[29]

* * *

Gilt das Augenmerk dem Sprachhandlungstyp des *Sachverhalt-Festsetzens* im Entscheidungstext des **Bundesgerichtshofs**, so finden wir bei den Sprecherhandlungen eine neue Variante im Vergleich zu den vorherigen Entscheidungstexten. Es werden nämlich die Aktivitäten der einzelnen Angeklagten während der Blockadeaktion nicht differenziert dargestellt, sondern ausschließlich im Zusammenhang der Aktivitäten aller 15 Sitzblockadenteilneh-

[27] Beschluss des Oberlandesgerichts Stuttgart vom 17.12.1987, S. 9.
[28] Siehe zum Verwerflichkeitsbegriff die in Kapitel 8.2 herausgearbeiteten Bedeutungsaspekte.
[29] Beschluss des Oberlandesgerichts Stuttgart vom 17.12.1987, S. 2.

mer, die an diesem Tag in wechselnden Gruppen die Straße blockierten.[30] Mit dieser unpräzisen Art des Referierens (im Unterschied zu den vorherigen Instanzen) im Rahmen des zusammenfassenden Wiedergebens (auch der Bundesgerichtshof stützt sich bei der Sachverhaltsfestsetzung auf die Texte der Tatsacheninstanzen) trifft der Senat implizit eine Entscheidung über die von ihm als adäquat erachtete Prädikation des tatsächlichen Ausmaßes der Tatbeteiligung. Wir haben es hier mit einer Implikation zu tun, welche die Tatbeteiligung noch gewichtiger erscheinen lässt als dies das Oberlandesgericht getan hat, welches seinerseits schon die Tatbeteiligung stärker beurteilt hat als die tatrichterliche Instanz des Landgerichts. Im linguistischen Kontext scheint mir problematisch, dass der Bundesgerichtshof mit dieser Formulierung einen wichtigen Aspekt implizit entscheidet, worüber die Tatsacheninstanz des Landgerichts und die Revisionsinstanz des Oberlandesgerichtes explizit eine Meinungsverschiedenheit ausgetragen haben. Da wäre meines Erachtens eine explizite Stellungnahme entweder zu einer der beiden Positionen angebracht oder eine ausdrückliche Modifikation bei der Neufestsetzung des Sachverhalts.

Im Rahmen des Sprachhandlungstyps der *rechtlichen Sachverhaltsklassifizierung* klassifiziert der Senat die Nah- und Fernziele in dem Sinne, dass bei der rechtlichen Beurteilung der Rechtswidrigkeit der Nötigung ausschließlich die Nahziele heranzuziehen sind. Die Einschätzung des Verhaltens als Gewalt im Sinne des § 240 StGB gilt auch beim Bundesgerichtshof als unumstritten.

* * *

Nach dem Beschluss des Bundesgerichtshofs hat das **Oberlandesgericht** das Urteil des Landgerichts aufgehoben und die Sache zur erneuten Entscheidung an eine andere Strafkammer des Landgerichts zurückverwiesen (direktive Sprecherhandlung).

* * *

Bei der Untersuchung des Sprachhandlungstyps des *Sachverhalt-Festsetzens* im Entscheidungstext der 1. Kleinen Strafkammer des **Landgerichts Tübingen** ist das Bemühen um ein sehr kleinschrittiges und detailliertes Zusammentragen der Tatsachen auf der Grundlage der erneuten Sachverhaltserzählungen durch die Zeugen und die Angeklagten zu erkennen. Insbesondere wird versucht, präzise zu bestimmen, wo genau sich die vier Angeklagten bei welcher

---

30 Vgl. dazu ausführlich die Darstellung in Kapitel 6.1, in der deutlich wird, dass die Angeklagten einmal aktiv auf der Straße sitzend und die anderen Male am Straßenrand stehend den Ereignissen beiwohnten.

Blockadeaktion befanden. Das Gericht resümiert die Sprecherhandlung des Sachverhalt-Festsetzens mit den Worten: „Die Angeklagten haben den Sachverhalt im wesentlichen – wie festgestellt – geschildert.“[31] Jedoch gibt es eine grundlegende Meinungsverschiedenheit zwischen Gericht und Verteidigung bezüglich dieser Sprecherhandlung des Sachverhalt-Festsetzens: Die Verteidigung hält nur den Vorfall, bei dem die Angeklagten sich auf die Fahrbahn setzten, für einen rechtlich relevanten Gegenstand des Verfahrens. Das Gericht dahingegen klassifiziert alle an diesem Tag vorgenommenen Blockadeaktionen als Tat, „wie sie sich aufgrund der Ereignisse der Hauptverhandlung nach der natürlichen Lebensauffassung als einheitlicher geschichtlicher Vorgang, einschließlich aller damit zusammenhängender Vorkommnisse, darstellt“. [32]

Problematisch erscheint der Topos „nach der natürlichen Lebensauffassung“ im Rahmen der Sprecherhandlung des Sachverhalt-Festsetzens. Ob Juristen über die Kompetenz zur Bestimmung der „natürlichen Lebensauffassung“ verfügen, darf – wie bei jeder anderen Berufsgruppe – bezweifelt werden. Das Gericht sollte sich eines anderen, d.h. plausibleren Arguments bedienen. Es wäre zum Beispiel denkbar und m.E. überzeugender, den Zusammenhang der verschiedenen Blockaden aus dem Verständnis der Blockadeteilnehmer herzuleiten, was ohne Schwierigkeiten möglich ist und zu derselben Einschätzung führt. Schließlich zitiert z.B. das Landgericht bei der Sachverhaltsfestsetzung den Aufruf zur Blockadeteilnahme. Dort heißt es schon in der Überschrift „Wer blockiert mit?“, was das intendierte arbeitsteilige Vorgehen der Teilnehmer indiziert.

Bei dem Sprachhandlungstyp der *rechtlichen Sachverhaltsklassifizierung* klassifiziert die 2. Kleine Strafkammer des Landgerichts die Angeklagten in einer deklarativen Sprecherhandlung als „Mittäter, weil sie in bewußtem und gewolltem Zusammenwirken mit den übrigen versammelten Demonstranten gemeinschaftlich arbeitsteilig die Blockadeaktion durchführten.“[33] Außerdem definiert das Gericht die psychischen Vorgänge, die bei dem Fahrzeuginsassen während der Blockade durch das als Gewalt klassifizierte Verhalten verursacht wurden, folgendermaßen: „bei ihm löste das Blockieren der Straße eine seelische Tötungs- und Verletzungshemmung aus [...] Eine solche Zwangswirkung wirkt sich ebenso aus wie körperlicher Zwang und ist deshalb diesem gleichzusetzen.“[34] Das Auslösen einer „seelischen Tötungs- und Verletzungshemmung“ bei einem Mitmenschen dürfte meiner Einschätzung nach alltagsweltlich eher als etwas Positives eingeschätzt werden und wird hier im Zusammenhang der juristischen Sprecherhandlung als etwas Verwerfliches eingestuft.

---

[31] Urteil vom Landgericht Tübingen vom 19.10. 1988, S. 10.
[32] Urteil vom Landgericht Tübingen vom 19.10.1988, S. 11 f.
[33] Urteil vom Landgericht Tübingen vom 19.10.1988, S. 12.
[34] Urteil vom Landgericht Tübingen vom 19.10.1988, S. 13.

Darüber hinaus definiert die Kammer das Tatbestandsmerkmal „verwerflich" (deklarative Sprecherhandlung) wie folgt:

> „Maßgeblich für die Beurteilung der Gewaltanwendung als verwerflich ist, ob sie zum erstrebten Zweck nach allgemeinem Urteil sittlich zu mißbilligen ist, über ein billigenswertes Maß hinausgeht und damit sozial unerträglich ist. Dazu hat es einer Gesamtwürdigung des Wertverhältnisses und des sachlichen Zusammenhangs von Zweck und Mittel bedurft, wobei außer dem Gewicht der betroffenen Rechte und Interessen vor allem auch der Umfang, die Stärke und die Dauer der Zwangseinwirkung mit zu berücksichtigen gewesen sind."[35]

Auf der Grundlage dieses Verwerflichkeitsverständnisses wird eine Klassifikation des Täterverhaltens in diesem Sinne vorgenommen.

* * *

Die Untersuchung des Sprachhandlungstyps des *Sachverhalt-Festsetzens* und der *rechtlichen Sachverhaltsklassifizierung* im Entscheidungstext des **Bundesverfassungsgerichts** ergibt, dass die diesbezüglichen Sprecherhandlungen im Vergleich zu den Strafrechtsinstanzen eine deutlichere Fokussierung der Angeklagtenperspektive auf die Ereignisse zum Ausdruck bringen. In den richterlichen Sprecherhandlungen des *Sachverhalt-Festsetzens* werden in den fachgerichtlichen Entscheidungstexten die Motive der Angeklagten in einer Art und Weise expliziert, dass in erster Linie die Blockade der militärischen Fahrzeuge beabsichtigt war. In der Folge wird dieser Umstand in Sprecherhandlungen der *rechtlichen Sachverhaltsklassifizierung* dahingehend eingeordnet, dass eine finale Beziehung zwischen dem Sachverhalt des Blockierens einerseits und den dadurch ausgelösten seelischen Vorgängen (Zwang) bei den blockierten Fahrzeuginsassen als Tatbestandsmerkmal andererseits herzustellen ist.[36] Auffälligerweise stellt das BVerfG einen solchen Zusammenhang nicht her, stattdessen fokussiert es in stärkerem Maße die politischen Ziele der Blockadeaktionen. Der Erste Senat erwähnt zwar sowohl die Blockaden als auch die Auswirkungen auf die Fahrzeuginsassen, indem er die diesbezüglichen Einschätzungen und Formulierungen der Fachgerichte zitiert. Ansonsten wird die zu klärende Rechtsfrage, ob die Auslegung des Gewaltbegriffs im Nötigungsparagraphen gegen das verfassungsrechtlich garantierte Bestimmtheitsgebot verstoße, fast ausschließlich aus der Täterperspektive behandelt, was vielleicht auch durch den Verhandlungsgegenstand so vorgegeben ist und von den Fachgerichten anders behandelt wird. Daher werden wohl konsequenterweise Formulierungen vorheriger Gerichte wie „sah sich gezwungen, den Befehl zum

---

[35] Urteil vom Landgericht Tübingen vom 19.10.1988, S. 15.

[36] Vgl. beispielhaft im Urteil des Landgerichts Tübingen vom 19.10.1988, S. 13.

Anhalten zu geben" (bezogen auf den befehlshabenden Vorgesetzten des Fahrzeuglenkers) ersetzt durch „gab den Befehl zum Anhalten."[37]

Mit Sprecherhandlungen des Sprachhandlungstyps der *rechtlichen Sachverhaltsklassifizierung* erklärt der Erste Senat des Bundesverfassungsgerichts ausschließlich die Auslegung des Gewaltbegriffs als unvereinbar mit dem Bestimmtheitsgrundsatz nach Art. 103 Abs. 2 GG.[38] Zur Verwerflichkeitsklausel in Abs. 2 des Nötigungsparagraphen nimmt er explizit nicht Stellung.

Das Bundesverfassungsgericht vollzieht in seinem Beschluss eine direktive Sprecherhandlung, die von zentraler Bedeutung ist: „Es ist dann Sache des Gesetzgebers zu entscheiden, ob er die Strafbarkeitslücke bestehen lassen oder durch eine neue Regelung schließen will."[39] Diese direktive Sprecherhandlung ist umstritten, weil in der Literatur mitunter die Auffassung vertreten wird, die nähere Auslegung des unbestimmten Rechtsbegriffs falle in erster Linie in die Kompetenz der Fachgerichte. Weiter führen die Kritiker dieser direktiven Sprecherhandlung aus, dass die Fachgerichte dieser Aufgabe in der Vergangenheit adäquat gerecht geworden seien, sich nun aber auf Grund dieser BVerfGE vom 10. Januar 1995 ihrer – im Laufe der Rechtsprechung vorgenommenen – Präzisierung des unbestimmten Rechtsbegriffs beraubt sähen.[40]

Fazit: Es wird in den fachrichterlichen Entscheidungstexten eine finale Beziehung zwischen Blockade und den psychischen Konsequenzen (Zwang) bei den Fahrzeuginsassen als gegeben unterstellt, während das BVerfG eine konsekutive Beziehung zwischen der Blockade einerseits und dem Demonstrationsziel des Warnens vor Rüstungsgefahren andererseits in den Mittelpunkt der Sprecherhandlungen rückt: „Mit der Aktion sollte gegen die Stationierung der Raketen protestiert werden."[41]

Im Folgenden wird nun der dritte grundlegende juristische Sprachhandlungstyp – nämlich der des *Entscheidens* (inkl. *Argumentieren*) – genauer bezüglich einer spezifischen Fragestellung untersucht, nachdem die „Vorarbeiten" – namentlich das Herausarbeiten der umstrittenen Sprecherhandlungen im Rahmen des Sprachhandlungstyps des *Sachverhalt-Festsetzens* und der *rechtlichen Sachverhaltsklassifizierung* – abgeschlossen sind. Im ersten Teil *Theoretische Grundlagen* habe ich in Abschnitt 3.4 *Der argumentationstheoretische Ansatz* die verschiedenen juristischen Topoi vorgestellt und den spezifischen

---

[37] BVerfGE 92,2.

[38] BVerfGE 92,14.

[39] BVerfGE 92,13.

[40] „Sollten dabei wirklich ‚Strafbarkeitslücken' entstehen (was noch gar nicht untersucht worden ist), dann ist es Aufgabe des Gesetzgebers, diese Lücken zu schließen" [Hruschka 1996: 164.] Im Gegensatz dazu lehnt Schroeder (1996) in dem Aufsatz *Die Grundstruktur der Nötigung und die Möglichkeiten zur Beseitigung ihrer durch das BVerfG geschaffenen Lücken* den durch die Bundesverfassungsrichter als einzigen Ausweg zur Schließung der Strafbarkeitslücken aufgezeigten Weg – nämlich den durch den Gesetzgeber – ausdrücklich ab.

[41] BVerfGE 92,2.

Argumentationstypus „Sprachgebrauchsargument" hergeleitet. Als linguistische Untersuchung interessiert sich der vorliegende Ansatz ausschließlich für die Sprachgebrauchsargumente der Gerichtsentscheidungen, die in dem hier untersuchten Fall von besonderer Relevanz und Tragweite für die richterlichen Begründungen sind. Die sonstigen juristischen Argumentetypen werden – wenn für das Gesamtverständnis vonnöten – erwähnt, können aber im Rahmen des linguistischen Erkenntnisinteresses nicht eigener Gegenstand der Analyse sein.

10 Untersuchung der Sprachgebrauchstopoi

Nachdem im ersten Teil *Theoretische Grundlagen* in Kapitel 3.4 *Der argumentationstheoretische Ansatz* hergeleitet und die Fokussierung des fachdomänenspezifischen und allgemeinen Sprachgebrauchstopos[1] begründet wurde, werden im Folgenden die dort eingeführten „Sprachgebrauchsargumente" zunächst in der Bundesverfassungsgerichtsentscheidung analysiert, um diese mit den Sprachgebrauchsargumenten der fachgerichtlichen Begründungen kontrastieren zu können. Ausgangspunkt der Analyse ist also der verfassungsrechtliche Begründungstext, weil dieser einerseits Sprachgebrauchsargumente in den Mittelpunkt der Argumentation stellt und andererseits alle – von den Fachgerichten angeführten – Sprachgebrauchsargumente aufgreift und erörtert.

10.1 Im „Wortlaut" liegende Argumente

Die Entscheidungsbegründung der Bundesverfassungsrichter liest sich in großen Teilen wie eine meta-sprachliche und rechtstheoretische Reflexion. Im Folgenden zitiere ich – die Textsequenzabfolge der BVerfGE beibehaltend – sukzessive Auszüge aus der Entscheidungsbegründung und interpretiere die angeführten Sprachgebrauchsargumente im Anschluss unter linguistischen Gesichtspunkten. Die Begründung gliedert sich in drei Teile:

- Zunächst fasst das BVerfG die grundsätzliche Bedeutung des Bestimmtheitsgebotes von Art. 103 Abs. 2 GG zusammen[2], so wie das Gericht es in mehreren Verfahren dargelegt hat (zuletzt BVerfGE 71, 108 [114 ff.] und BVerfGE 73, 206 [234 ff.]).
- Anschließend erklärt es „§ 240 StGB hinsichtlich der – hier allein einschlägigen – Gewaltalternative mit Art. 103 Abs. 2 GG vereinbar".[3] In diesem kurzen Abschnitt werden keine Sprachgebrauchsargumente verwendet, daher habe ich keine Zitate entnommen.
- Im dritten Teil der Begründung stellt das Gericht fest, dass „die Auslegung des Gewaltbegriffs in § 240 Abs. 1 StGB durch die Strafgerichte gegen Art. 103 Abs. 2 GG" verstößt.[4]

---

[1] Vgl. zum Verhältnis zwischen Fall, Regel und Topos Seibert 2000: 144 ff.

[2] BVerfGE 92, 11 ff.

[3] BVerfGE 92, 13 f.

[4] BVerfGE 92, 14 ff.

10.1.1 Die implizierte Sprachauffassung

Im ersten Teil der BVerfGE wird die **grundsätzliche Bedeutung des Bestimmtheitsgebotes nach Art. 103 Abs. 2 GG** dargelegt. Die Ausführungen, die wesentlich der Rechtsregel *nullum crimen, nulla poena sine lege* entsprechen[5], implizieren eine reduzierte Sprachauffassung, wie im Folgenden belegt wird:

> „Danach enthält diese Regelung [gemeint ist der Bestimmtheitsgrundsatz nach Art. 103 Abs. 2 GG/Anm. E.F.] nicht nur ein Rückwirkungsverbot für Strafvorschriften. Sie verpflichtet den Gesetzgeber vielmehr auch, die Voraussetzungen der Strafbarkeit so konkret zu umschreiben, daß Anwendungsbereich und Tragweite der Straftatbestände sich aus dem Wortlaut ergeben oder jedenfalls durch Auslegung ermitteln lassen. Diese Verpflichtung dient einem doppelten Zweck. Sie soll einerseits sicherstellen, daß die Normadressaten vorhersehen können, welches Verhalten verboten und mit Strafe bedroht ist. Sie soll andererseits gewährleisten, daß die Entscheidung über strafwürdiges Verhalten im voraus vom Gesetzgeber und nicht erst nachträglich von der vollziehenden oder der rechtsprechenden Gewalt gefällt wird. Insoweit enthält Art. 103 Abs. 2 GG einen strengen Gesetzesvorbehalt, der die Strafgerichte auf die Rechtsanwendung beschränkt."[6]

In dieser Passage wird ein fachdomänenspezifischer („aus dem Wortlaut ergeben [sich] durch Auslegung [...]") und ein allgemeiner Sprachgebrauchstopos („Normadressaten können [verbotenes Verhalten aufgrund des Wortlautes] voraussehen") verwendet. Damit unterstellen die Richter idealiter ein präzise bestimmbares Verhältnis zwischen Gesetzestext und Rezeption desselben durch den Normadressaten. Das BVerfG trägt dadurch zum Fortbestand der – in der Jurisprudenz verbreiteten aber unter sprachwissenschaftlichen Erkenntnissen nicht haltbaren – Fiktion bei, „Voraussetzungen der Strafbarkeit" ließen sich „so konkret umschreiben", dass „Anwendungsbereich und Tragweite der Straftatbestände" sich entweder „aus dem Wortlaut ergeben oder jedenfalls durch Auslegung ermitteln lassen". Bei solch einer Formulierung stellt sich zunächst einmal die Frage nach der Sprachauffassung. Ganz offenbar haben wir es hier mit einer rein instrumentalistischen – wenn nicht sogar – mechanistischen Sprachauffassung zu tun, welche die Bundesverfassungsrichter offensichtlich so wie die meisten Menschen verinnerlicht haben. Hierbei wird Sprache als ein Werkzeug betrachtet, mit dem der „Sprach-Mechaniker" effizient umgehen sollte. Mit diesem statischen Sprachverständnis wird der Eindruck erweckt, als wäre das Zuordnungsverhältnis von Ausdruck und dem dazugehörigen Wortinhalt unter Berücksichtigung eines gewissen Spielraums eindeutig ebenso wie das Verhältnis zwischen den Wörtern und der Sache, auf welche mit Hilfe der Ausdrücke verwiesen wird. Damit werden linguistische Erkennt-

---

[5] Vgl. dazu die Ausführungen bei Schroth 1992: 93 ff zur „Präzision im Strafrecht".
[6] BVerfGE 92, 11 f.

nisse der hermeneutischen und pragmatischen Problematik von Verstehen, Verständigung und Textwirkung ignoriert.

Die Implikationen der „Wortcontainer-Metapher" – also die verkürzte und falsche Vorstellung, der zufolge der Textproduzent Bedeutung in einen Ausdruck „einpacke", den der Textrezipient anschließend im Verhältnis 1:1 „auspacke" – suggerieren dem Normadressaten bezüglich Sprache eine vermeintliche Neutralität bis hin zu Objektivität im Sinne eines klar realisierten Willens der Legislative, indem sie aus Perspektive des Gesetzgebers als Textproduzent eine rezipientenabstrahierte einheitliche Verstehens- und Wirkungsautomatik des Gesetzestextes unterstellen. Damit wird dem unscharfen Medium Sprache etwas zugeschrieben, was es nicht zu leisten in der Lage ist. Zugleich soll der Begründungskraft eines Gesetzestextverweises (Sprachgebrauchsargument) eine rechtstaatliche Legitimation zugeschrieben werden, der das Medium nicht gerecht zu werden vermag. Stattdessen gilt es bei der rezeptiven Verarbeitung von (juristischen) Texten das Vagheitspotential von Sprache und die Unvorhersehbarkeit von (Gesetzes- oder Richter-) Textwirkungen zu betonen.[7] In Erweiterung der traditionellen Hermeneutik bringen Kategorien der linguistischen Pragmatik wie *Adressatenproblematik, Polyfunktionalität, Situationsdeutung, Bedeutungsexplikation* und *Intertextualität* vor dem Hintergrund unterschiedlicher Diskurserfahrungen und -prägungen erheblich mehr Klarheit über einen nur schwer nachvollziehbaren Vorgang.

Insofern sind sprachliche Kriterien mit Hilfe von pragmatischen Beschreibungskriterien folgendermaßen zu konkretisieren: „Pragmatisch-semantische Textanalyse wäre zu abstrakt und alltagsfern ohne sozialpragmatische Begriffe wie Kontakt, Selbsteinschätzung, Partnereinschätzung, Image, Vermeidungsritual, Routineformel, Sanktionen, Solidarisierung, Gruppensymptom, Status, Rolle, Stereotyp, Leerformel, Vagheit usw."[8] Die Konsequenzen dieser pragmatischen Erkenntnisse für ein hermeneutisches (verstehenstheoretisch reflektiertes) Konzept von Sprache bestehen darin, dass es insbesondere unterschiedliche Situationsdefinitionen, divergierende Funktionsselektionen, verschiedene intertextuell-diskursive Vorgeschichten sind, die Deutungs- und Bedeutungsdifferenzen zwischen Textproduzent und Rezipient begründen. Diese linguistischen Erkenntnisse verbieten es schlechthin von *den Normadressaten* und *dem Wortlaut* zu sprechen, wie dies die Bundesverfassungsrichter in dem hier untersuchten Beschluss tun.[9] Formulierungen der BVerfG-Entscheidung wie z.B. „aus dem Wortlaut ergibt sich" sind Indiz für eine naive, abbildtheoretische

[7] Vgl. Wolski (1980) mit dem Titel „Schlechtbestimmtheit und Vagheit – Tendenzen und Perspektiven" sowie Pinkal (1985) „Logik und Lexikon. Die Semantik des Unbestimmten".

[8] Polenz 21988: 73.

[9] Vgl. dazu Busses Beitrag in dem von Müller/ Wimmer herausgegebenen Sammelband „Neue Studien zur Rechtslinguistik". Er hat 120 Urteilstexte der obersten Bundesgerichte daraufhin untersucht, wie „in den Urteilen über Sprache geredet" wird.

Bedeutungsvorstellung.[10] Es sei jedoch schon hier angemerkt, dass im dritten Teil der BVerfGE eine andere Sprachauffassung impliziert wird.

Der 1. Strafsenat des Bundesgerichtshofs beispielsweise impliziert die gleiche Sprachauffassung, wenn er darlegt, dass die Verwerflichkeitsklausel in Abs. 2 des Nötigungsparagraphen nicht einen eigenständigen – die Einheitlichkeit des allgemeinen Verbrechensaufbaus sprengenden – Rechtswidrigkeitsbegriff schaffe, und dann formuliert: „Sie knüpft vielmehr mit den Worten ‚rechtswidrig ist die Tat' ausdrücklich an den allgemeinen Sprachgebrauch an."[11] Dass die Bestimmbarkeit des allgemeinen Sprachgebrauchs ein noch viel schwierigeres Unterfangen darstellt (bzw. vager ausfällt) als die ohnehin komplizierte und vielschichtige fachsprachliche Bestimmung von Rechtsbegriffen bleibt, hier vom Strafsenat unerwähnt. Mit dem Syntagma „knüpft ausdrücklich an den allgemeinen Sprachgebrauch an" erweckt er den Eindruck, er würde einen Lösungsweg aufzeigen, den es in Wirklichkeit überhaupt nicht gibt.

Eine solchermaßen vertretene Fiktion der klaren Zuordnung von Ausdruck und Inhalt als Sprachgebrauchstopos herrscht auch in anderen Begründungen der untersuchten Fachgerichtsentscheidungen vor – ungeachtet des Umstandes, dass die Fachgerichte – trotz der vermeintlichen „Ausdrücklichkeit" – zu unterschiedlichen „eindeutigen Zuordnungen" von Normtext und Textinhalt kommen und teilweise explizit einräumen, dass es sich um unbestimmte Rechtsbegriffe handelt. Dieser Widerspruch in sich – also die explizite Formulierungen bezüglich des Sprachgebrauchsverständnisses im Unterschied zu den durch die juristische Textarbeit angewandten aber nur implizierten Sprachauffassungen – scheint niemanden zu stören und veranlasst mitnichten die Gerichte, diesen Topos aufzugeben und durch einen anderen zu ersetzen, der beispielsweise den Textinhalt in Bezug auf den festgesetzten Sachverhalt prinzipiell als mehrdeutig freigibt und sich einreiht in den „semantischen Kampf" der plausibelsten Auslegungen. Da in den richterlichen Begründungen eine solche Sprachauffassung nur implizit übernommen wird, explizit aber überwiegend die gegenteilige Sprachauffassung als faktisch gegeben unterstellt wird, stellt sich die Frage, warum solch ein Zwiespalt zwischen explizierter und implizit angewendeter Sprachauffassung propagiert wird. Vielleicht sähen sich – so kann hier nur vermutet werden – manche Rechtsarbeiter ihres Handwerkszeugs (also der Sicherheit bei der juristischen Textarbeit) beraubt. Damit einher ginge gegebenenfalls ihrer Einschätzung nach die unerwünschte Aufga-

---

[10] Vgl. dazu den im ersten Teil *Theoretische Grundlagen* vorgestellte rechtstheoretische Ansatz der *Strukturierenden Rechtslehre*, der im Gegensatz dazu einen Ansatz der praktischen Semantik vertritt, der auf Ludwig Wittgensteins gebrauchstheoretische Bedeutungskonzeption zurückgeht.

[11] BGHSt 35, 279.

be bzw. der Verzicht des in der Bevölkerung insgeheim vermuteten objektivistischen Duktus im Rechtsdiskurs.

Diese einseitige und in der Bevölkerung weit verbreitete instrumentelle Sprachauffassung scheint mir unter Rechtsstaatsgesichtspunkten aus zwei Gründen problematisch zu sein:

1. Die meisten Staatsbürger hängen in der Bewertung des Sprachgebrauchs einem Objektivismus nach und berücksichtigen daher nicht den Rezipienten in seiner Subjektivität mit je unterschiedlichen Vor-Einstellungen, wie es Grundlage einer funktionalen und medialen Sprachperspektive ist. In der Folge vernachlässigen sie den Aspekt, dass es kein klar bestimmbares Ursache-Wirkungs-Verhältnis (Kausalbeziehung) zwischen sprachlichem Mittel und Rezipientenwirkung geben kann. Eine derart einseitige instrumentelle wenn nicht sogar mechanistische Auffassung kann zur rechtsstaatlichen Verunsicherung beitragen, indem die im Rechtsstaat Berechtigten per institutioneller Setzung ein – teilweise von den Normadressaten als willkürlich erlebtes – Sprach-Begründungsgerüst derart für sich instrumentalisieren, dass sich die „Unterlegenen" der Sprache gegenüber als ausgeliefert erfahren. Der Staatsbürger erlebt eine eigentümliche Dichotomie – um nicht zu sagen Schizophrenie: Sprache, genauer Sprachgebrauch, wird als Instrument einer bestimmten richterlichen Entscheidungsbegründung in objektivistischem Duktus verwendet, während gleichzeitig andere Richter dasselbe Medium mit gleicher Haltung benützen, um zum genau gegenteiligen Resultat zu gelangen, und fatalerweise wiederum mit sprachobjektivistischem Impetus. Die meisten Staatsbürger neigen ohnehin dazu, Sprache monolithisch zu hypostasieren und erkennen nicht die oben dargelegten medialen Unschärfen als substantiellen Bestandteil von Sprache. Dadurch wird suggeriert, der rhetorisch Kompetente sowie juristisch und politisch Mächtige verfüge mit strategisch cleveren Sprachmitteln willkürlich über Herrschafts- und Manipulationswissen, dem sich der Einzelne nur schwer erwehren kann. Eine Art Ohnmacht vermag dies vielleicht bei manchen Menschen auszulösen. Würden die Richter die mediale Unschärfe thematisieren, so führte dies nicht wie mitunter befürchtet zur Auflösung der rechtsstaatlichen Verankerung gerichtlicher Entscheidungsmacht und -akzeptanz, sondern genau im Gegenteil zu mehr rechtsstaatlicher Identifikation, weil die Vagheit zugegeben und somit für den Einzelnen im Rahmen seiner strategischen Handlungsabsichten kalkulierbarer und damit nicht – wie beim Ignorieren der Vagheit – als willkürlich empfunden würde.
2. Der Unterschied zwischen den mit Sprache vermittelten Inhalten einerseits und bewusstseinsindizierender, handlungsstrategischer Vermittlungsform andererseits wird mit dieser Sprachauffassung nicht erfasst.

Es bleibt bei dieser Sprachauffassung unberücksichtigt, dass selbst bei scheinbar objektivierenden Sprecherhandlungen wie *benennen* oder *feststellen von (juristischen) Sachverhalten* eine perspektivisch bedingte Selektion und Deutung vorgenommen wird, welche die Rezipienten nicht teilen müssen. Folge einer solchen Auffassung sind z.B. Erwartungen an Richter, Parlamentarier oder gegenüber Repräsentanten staatlicher Institutionen, sie müssten eine „korrekte" Sprache verwenden in völliger Verkennung der diesen Sprachspielen zugrunde liegenden Regeln. Zugespitzt formuliert könnte man feststellen: Wenn Staatsbürger solch eine illusionäre Sprachauffassung verinnerlicht haben, dann sind wir weit weg vom mündigen – den rechtspolitischen Diskursregeln gewachsenen – Staatsbürgern. Vielmehr wird dadurch Rechtsstaats- oder allgemein Politikverdrossenheit gefördert, weil die Bürgererwartungen gegenüber institutioneller Sprache fernab von dem angesiedelt sind, was das unscharfe Medium Sprache zu leisten in der Lage ist.

10.1.2 Die Adressatenproblematik

Neben dem verkürzten Sprachbegriff besteht aus linguistischer Sicht ein weiteres Problem in der Verwendung des Konstruktes „Normadressat". Da in der Bundesverfassungsgerichtsentscheidung mehrfach von *dem* (sic!) *Normadressaten* die Rede ist, soll im Folgenden der – in der linguistischen Forschung herausgearbeitete – Adressatenbegriff ausgeführt und für den Rechtskontext näher bestimmt werden. Den sprachwissenschaftlichen Ansätzen liegt einheitlich ein enger, am alltagssprachlichen Gebrauch orientierter Adressatenbegriff zugrunde. „Als Adressat einer Äußerung gilt derjenige, der aus der Sprecher-/Schreiber-Perspektive als absichtlich gemeint beschrieben werden kann."[12] Kühn spricht deshalb vom „gemeinten, intendierten oder anvisierten Adressaten"[13]. Ein solcher Adressatenbegriff ist in unserem Zusammenhang wenig hilfreich, weil der Gesetzgeber ebenso wie das Bundesverfassungsgericht den Normadressaten nicht näher beschreiben und stattdessen in der juristischen Ausbildung eine prototypische Vorstellung vom Normadressaten als dem Laien (= juristisch Unkundigen) modelliert wird.

Ein derart eng gefasster Adressatenbegriff sollte daher aus Gründen der nützlicheren Handhabbarkeit sinnvollerweise erweitert werden auf den „aktiven Rezipienten". Bei beiden Positionen handelt es sich um Extremstandpunkte: Mit dem reduktionistischen Adressatenbegriff sind aus der Sprecher-/Schreiber-Perspektive die unabsichtlichen und ungewollten Adressierun-

[12] Kühn 1995: 47.
[13] Kühn 1995: 47.

gen nicht zu erfassen und zu beschreiben. Beim expansiven Adressatenbegriff kann nicht klar unterschieden werden zwischen denjenigen Adressaten und Adressierungen, für die ein Sprecher oder Schreiber verantwortlich gemacht werden kann bzw. für die er nicht verantwortlich ist.

Aus linguistischer Sicht der Adressatenbestimmung scheint mir im juristischen Kontext ein sinnvoll erweiterter bzw. reduzierter Adressatenbegriff der folgenden Art sinnvoll: Normadressat ist derjenige Betroffene gesetzlicher Regelungen, der in spezifischen Lebenskontexten von in Gesetzestexten formulierten Sachverhalten in seiner Handlungs- und Verhaltensweise in irgendeiner Form betroffen ist. Damit wird die Verantwortlichkeit an den agierenden Staatsbürger weitergegeben (oder als Aufgabe des Staatsbürgers beschrieben), ein solcher Adressatenbegriff betont nicht die Sprecher-/Schreiber-Absicht, sondern ist auf die von Gesetzestexten Betroffenen ausgerichtet. Eine Einengung dieses immer noch großen und daher inhomogenen Adressatenkreises kann dadurch vorgenommen werden, dass nicht alle Rechtsbestimmungen für alle Staatsbürger als potentielle Normadressaten relevant sind (wer keine Partei oder Vereinigung unterstützt, der kann nicht gegen StGB § 85 „Vereinigungsverbot" verstoßen) und dass umgekehrt spezifische Normen nur für bestimmte Staatsbürger in Abhängigkeit von Situationskontexten (zu Hause auf dem Sofa ist für mich § 315c StGB „Gefährdung des Straßenverkehrs" bedeutungslos) relevant sind. Damit ist nicht die subjektive, nur bedingt antizipierbare Gesetzgeberabsicht das konstitutive Kriterium bei der Adressatenbestimmung, sondern die plausibel beschreibbare Betroffenheit der Normadressaten. Ob ein Staatsbürger beim Agieren in gesellschaftlichen Kontexten als Betroffener einer Norm anzusehen ist, muss er – so zeigt es die Praxis – eventuell mit Hilfe von juristischen Experten eruieren. In diesem Sinne hat schon Biere die Rednermaxime *Sorge dafür, dass Dein Gegenüber versteht, was du sagst* umgewandelt in „Sorge dafür, daß du verstehst, was Dein Partner sagt"[14]. Rechtstheoretisch lässt sich präzisieren: *Sorge als Normadressat dafür, dass du die für dich relevanten Gesetze und ihr Auslegungspotential so weit wie möglich (evtl. mit fremder Hilfe) verstehst.*

Bei solch einem Adressatenverständnis haben wir es mit einem inhomogenen Adressatenkreis zu tun, auf den man sich theoretisch unterschiedlich einstellen kann[15] Man orientiert sich

a) am anspruchsvollsten Teil der Adressaten und knüpft an dessen Erwartungen, Wissen und sprachliche Fähigkeiten an.
b) an den Voraussetzungen des größten Teils der Adressaten
c) an den Adressaten mit den – relativ gesehen – geringsten intellektuellen Fähigkeiten.

---

[14] Biere 1989: 201.
[15] Hoffmann 1984: 75 ff.

Unter Berücksichtigung des sog. Verständlichkeitsdilemmas („Wer allen etwas sagen will, kann nur wenig Spezifisches sagen. Wer Spezifisches sagt, schließt viele aus“) kommt in juristischen Kontexten wohl nur die Variante der spezifischen Ausdrucksweise in Betracht, in deren Folge soziale Benachteiligungen nur durch effektiv organisierte und finanziell bewältigbare Expertenunterstützung (z.B. Rechtsberatungsstellen, Rechtsanwälte) abgefedert werden können.

Legt man dem Adressatenbegriff ein kommunikativ-sprachliches Verständigungsmodell zugrunde, das die Sinn-Intentionen der Gesetzgebungsautoren nicht als reale Entitäten begreift, die objektiv feststellbar sind, sondern ihre Funktion in den Sinn-Unterstellungen seitens der Sprach-Rezipienten sieht, so ist die Fiktion des Normadressaten im Sinne des konkreten Anderen als konkreter Rezipient aufzugeben zugunsten einer anderen sinnverbürgenden Instanz, nämlich der „sozialpsychologischen Instanz des *‚Generalisierten Anderen'* (G.H. Mead)“, die erst Intersubjektivität und damit kommunikative Verständigung ermöglicht.[16] Die Verstehensforschung hat gezeigt, wie schwierig es ist, einen abstrahierten, relativ homogenen Rezipienten – hier als Normadressaten – zu modellieren[17]. Ein juristischer Adressatenbegriff in dieser Allgemeinheit wirft allerdings die Frage auf, ob der Normbetroffene überhaupt dem Bestimmtheitsgebot zufolge zur Erfassung von Tatbeständen für fähig erachtet werden kann oder ob diese Fiktion nicht zugunsten einer *Normtextbetroffenheitsahnung* seitens des Staatsbürgers aufgegeben werden sollte – wie dies das BVerfG (allerdings mit anderen Worten) nur in „Grenzfällen“[18] erwägt.

In diesem Gedankengang ist das juristische Konstrukt der „Parallelwertung in der Laiensphäre“ von Interesse, der zufolge der Täter normative Tatbestandsmerkmale (z.B. Urkunde, Fremdheit der Sache) auch ihrem rechtlich-sozialen Bedeutungsgehalt nach richtig einzustufen in der Lage sein muss. Es wird dabei nicht von einer juristisch korrekten Subsumtion ausgegangen, sondern es reicht zur Bejahung des Vorsatzes, dass der Täter den Bedeutungsgehalt nach Laienart richtig erfasst hat.[19] Fehlt diese laienhafte Kenntnis, liegt ein Tatbestandsirrtum vor. Hält der Täter trotz laienhafter Bedeutungskenntnis des Tatbestandsmerkmals sein Verhalten für nicht verboten, scheidet dagegen ein Tatbestandsirrtum aus.

Eine zufriedenstellende Definition eines „Normadressaten“ ist derzeit nicht zu modellieren, sie sollte aber realistischerweise von einem heterogenen Adressatenkreis und im Regelfall von einer Normtextbetroffenheitsahnung (nicht

---

[16] Busse 1993: 259.

[17] Biere 1989: 245 ff.

[18] BVerfG 92, 12. Davon unberührt ist die im vierten Kapitel getroffene Feststellung, dass vor allem Richter, Rechtsanwälte etc. als die primären Adressaten von Gesetzestexten zu sehen sind.

[19] BGHSt 8, 321 [323].

10.1.3 Der Aspekt der Polyfunktionalität

In der Entscheidungsbegründung führen die BVerfG-Richter die Unterscheidung von *Gesetzesrecht* und *Richterrecht* an: „Das schließt allerdings nicht eine Verwendung von Begriffen aus, die in besonderem Maß der Deutung durch den Richter bedürfen.“[20] Bevor dieser Satz in seinem Kontext näher analysiert wird, ist hervorzuheben, dass nach herrschender Meinung die „Unterscheidung von Gesetzesrecht und Richterrecht“ Gemeingut ist, „wonach es eine Klasse von Entscheidungen gibt, die vollständig aus dem Gesetz ‚abgeleitet‘, ‚nachvollzogen‘ oder ‚entnommen‘ werden, und eine weitere Klasse von Entscheidungen, die jenseits liegen und als Richterrecht anzusehen sind.“[21] Diese Unterscheidung wirft einige Probleme auf, wie am Beispiel des folgenden Entscheidungsausschnittes gezeigt werden soll.

> „Insoweit enthält Art. 103 Abs. 2 GG [gemeint ist der Bestimmtheitsgrundsatz mit dem Rückwirkungsverbot für Strafvorschriften/Anm. E.F.] einen strengen Gesetzesvorbehalt, der die Strafgerichte auf die Rechtsanwendung beschränkt.
> Das schließt allerdings nicht eine Verwendung von Begriffen aus, die in besonderem Maß der Deutung durch den Richter bedürfen. Auch im Strafrecht steht der Gesetzgeber vor der Notwendigkeit, der Vielgestaltigkeit des Lebens Rechnung zu tragen. Ferner ist es wegen der Allgemeinheit und Abstraktheit von Strafnormen unvermeidlich, daß in Einzelfällen zweifelhaft sein kann, ob ein Verhalten noch unter den gesetzlichen Tatbestand fällt oder nicht. Jedenfalls im Regelfall muß der Normadressat aber anhand der gesetzlichen Vorschrift voraussehen können, ob ein Verhalten strafbar ist. In Grenzfällen ist auf diese Weise wenigstens das Risiko einer Bestrafung erkennbar.“[22]

In diesem Abschnitt treffen wir zwei Sprachgebrauchsargumente an, die sich zum einen dem fachdomänenspezifischen und zum anderen dem allgemeinen Sprachgebrauchstopos zurechnen lassen: dem ersten Schema gehört der Hinweis auf die „Verwendung von Begriffen [...], die in besonderem Maß der Deutung durch den Richter bedürfen“ an. Zum anderen Typus ist „der Normadressat“ zu zählen, der „im Regelfall [...] anhand der gesetzlichen Vorschrift voraussehen [kann], ob ein Verhalten strafbar ist“. In unmittelbarem Zusammenhang mit diesen Topoi steht sich die Problematik der *Rechtsanwendungslehre* und der *Rechtserzeugungslehre*. Gemäß der Rechtsanwendungslehre im Rahmen eines positivistischen Normverständnisses subsumiert der Jurist einen – als Entität gefassten – Wirklichkeitsausschnitt, den sog. Sachverhalt, unter den Tatbestand einer als vorgegeben verstandenen, abstrakten Rechtsnorm. Die apriorische vorgefertigte „Rechtsnorm erscheint dabei als bloßer Text und

---

[20] BVerfGE 92, 12.

[21] Christensen 1987: 77. Vgl. auch im ersten Teil Kapitel 2.2 *Freiheit und Gebundenheit des Richters*.

[22] BVerfGE 92, 12

– als Entität gefassten – Wirklichkeitsausschnitt, den sog. Sachverhalt, unter den Tatbestand einer als vorgegeben verstandenen, abstrakten Rechtsnorm. Die apriorische vorgefertigte „Rechtsnorm erscheint dabei als bloßer Text und die Arbeit des Juristen lediglich als begriffliche Einordnung“[23]. Für diesen gedanklichen Unterordnungs- bzw. Vergleichsvorgang ist die Auslegung von Tatbestand und Sachverhalt sowie des öfteren auch die Ausdehnung (Analogie) oder Einschränkung (Reduktion) des Tatbestandes und damit des Anwendungsbereiches eines Rechtssatzes erforderlich.

Die Rechtserzeugungslehre im Rahmen der von Friedrich Müller begründeten Strukturierenden Rechtslehre[24] geht dagegen davon aus, dass die Rechtsnorm erst – nach der Formulierung einer Normtexthypothese aufgrund des vorgelegten Sachverhalts – als Zwischenergebnis aus Normprogramm (*Sprach*bestandteil einer Rechtsnorm aufgrund der Interpretation der Sprachdaten) und Normbereich (*Sach*bestandteil einer Rechtsnorm aus den aktuellen Realdaten des Fall- bzw. Sachbereichs) entsteht[25]. Daher ist die richterliche Tätigkeit per se als schöpferisch und normerzeugend anzusehen. Die Rechtsnorm ist eben nicht schon in dem bloßen Normtext vorgegeben, sondern sie wird als etwas anderes bei jeder Rechtsanwendung inhaltlich angereichert und fortgebildet.

Diese rechtstheoretische Position korrespondiert mit dem bereits erwähnten Phänomen der Polyfunktionalität[26]. Die linguistische Pragmatik schreibt unterschiedliche Funktionen nicht nur verschiedenen Textsorten oder Textsequenzen zu (wie in der Rhetoriktradition), sondern operiert mit dem Terminus der Polyfunktionalität; dies bedeutet: derselben Äußerung können – bezogen auf ein kommunikatives Handlungsspiel – verschiedene Funktionen und Wirkungsintentionen zugrunde liegen. Neben dem Aussagegehalt einer Äußerung werden – wie in Abschnitt 3.3 bereits erwähnt – die beiden Handlungskomponenten der Sprecherhandlungen (Illokutionen), die der Emittent durch das kommunikative Äußern von Sätzen gegenüber Adressaten vollzieht, und die damit eng verbundene Handlungskomponente der Perlokution, also der Versuch des Textproduzenten, mit einer Sprecherhandlung beim Hörer etwas zu bewirken, angenommen. Dabei ist zu unterscheiden zwischen Bewirkungsversuch, Bewirkungsziel (das zu Bewirkende) und tatsächlichen Folgen.[27]

Das Beschreibungskriterium der Polyfunktionalität kann dazu beitragen, die unbefriedigende Unterscheidung von Gesetzesrecht und Richterrecht obsolet werden zu lassen, wie an der folgenden Schwierigkeit der BVerfGE gezeigt werden soll. Die Bundesverfassungsrichter unterscheiden nämlich zwischen

[23] Christensen 1987: 79.
[24] Müller ²1994. Siehe auch Kapitel 2.5.
[25] Müller/ Christensen/ Sokolowski 1997: 123.
[26] Holly 1990: 54 und Felder 1999: 83 f.
[27] Polenz ²1988: 209. Siehe dazu Kapitel 3.3.

Gesetzesrecht – Entscheidungen, die aus dem Gesetz(estext) entnommen werden – und dem Richterrecht als einem Typ von Entscheidungen, der jenseits liegt und als Richterrecht angesehen wird. Für den ersten Entscheidungstyp gelten die Grundsätze der Rechtsanwendung, für den zweiten die Befugnis der Rechtsfortbildung durch das Gericht. Die Hüter der Verfassung thematisieren zwar, dass es in „Einzelfällen zweifelhaft sein kann, ob ein Verhalten noch unter den gesetzlichen Tatbestand fällt oder nicht".[28] Dieser Zweifel wird aber bagatellisiert, indem behauptet wird, dass „jedenfalls im Regelfall der Normadressat aber anhand der gesetzlichen Vorschrift voraussehen können [muß], ob ein Verhalten strafbar ist".[29] Offensichtlich verunsichert über das tatsächliche Ausmaß des Regelfalles im Gerichtsalltag wird noch für alle Skeptiker ergänzt: „In Grenzfällen ist auf diese Weise wenigstens das Risiko einer Bestrafung erkennbar".[30] Ob sich ein Rechtsunterworfener unter Gesichtspunkten der Rechtssicherheit wirklich mit einer Gesetzgebung, die das „Risiko einer Bestrafung erkennbar" macht, zufrieden geben kann, sei dahin gestellt ebenso wie die Frage, welche Bedeutung für den Normunterworfenen der Hinweis haben kann, dass es sich bei seiner Verurteilung gegebenenfalls um eine „Grenzfall"-Auslegung handelt. Auf alle Fälle kann es in Grenzfällen vorkommen, dass für den Normadressaten „das Risiko einer Bestrafung" nur intuitiv „erkennbar" ist. Es bleibt also zu bilanzieren: der Normadressat sollte ohne juristische Ausbildung erahnen können, was Rechtsexperten zu formulieren nicht in der Lage sind.

Dieses rechtstheoretische Problem kann mit Hilfe des Beschreibungskriteriums der Polyfunktionalität insofern ein Stück weit entschärft werden, als eine Äußerung in einem Gesetzesparagraphen bei unterschiedlichen Adressaten divergierende Funktionen erfüllen und damit Wirkungen auslösen kann. Voraussetzung dafür ist allerdings, die Fiktion *des* (homogen gedachten) Normadressaten aufzugeben – wie oben dargelegt – zugunsten der Annahme heterogener Adressaten, die als aktive Rezipienten dem gegebenen Gesetzestext eine individuelle Sinnvermutung zuschreibt. Solch ein Gedankengang dürfte wohl bei vielen Juristen auf Ablehnung stoßen, weil sie darin die Rechtssicherheit (insbesondere die Erkennbarkeit des Rechts und die Sicherheit der Durchsetzbarkeit des Rechts) als wesentliches Merkmal des Rechtsstaatsprinzips in Frage gestellt sehen. Dennoch scheint eine die realen Gegebenheiten berücksichtigende und auf empirischen Erfahrungen basierende Annahme sinnvoller als die Kultivierung eines realitätsfernen Idealtypus von Normadressaten, die der Annahme des Bestimmtheitsgebotes aus Art. 103 Abs. 2 GG nach Auffassung des BVerfG zugrunde liegt.

---

[28] BVerfGE 92, 12.
[29] BVerfGE 92, 12.
[30] BVerfGE 92, 12.

Der Vorteil des hier vorgeschlagenen Gedankengebäudes besteht darin, dass ein und derselbe (Gesetzes)Text bei verschiedenen Adressaten unterschiedliche Funktionen erfüllen und damit Wirkungen erzielen kann. So ist es durchaus denkbar, dass ein juristischer Laie (bei öffentlichen Kundgebungen) durch das Tragen von Buttons (Ansteckplaketten) mit politischen Losungen unbewusst zum Beispiel gegen § 90a „Verunglimpfung des Staates und seiner Symbole" oder gegen § 187a „Üble Nachrede und Verleumdung gegen Personen des politischen Lebens" verstößt und sich dabei der juristisch relevanten Sprecherhandlung des *Verunglimpfens* oder *Verleumdens* schuldig macht, wohingegen der Plakettenträger sich selbstsicher auf Art. 5 GG „Meinungsfreiheit" beruft. Je nach Öffentlichkeitsgrad der Aktion und gesellschaftlicher Stellung des Betroffenen kann jedoch gegebenenfalls von ihm erwartet werden, dass er sich zur eigenen Absicherung bei einem Rechtsbeistand über die rechtliche Bewertung seines Tuns informiert, also die Sprachhandlung des *Sich-Umfassend-kundig-Machens* durchführt.

Darüber hinaus bietet m.E. die Unterstellung und Berücksichtigung eines heterogenen Adressatenkreises auch in Bezug auf Rechtstheorie und Rechtssicherheit Vorzüge. So kann man sich den Wissensstand des Normadressaten graduell abstufbar und relevanz- und situationsgebunden denken. Basale Grundkenntnisse des täglichen Lebens (z.B. Schutz von Rechtsgütern wie Leben, Eigentum, Vermögen) erfährt der Staatsbürger in der schulischen Bildung, berufs- und fachdomänenspezifische Rechtskenntnisse in seinem jeweiligen Ausbildungsgang. Zudem erlernt er Grundkompetenzen wie Informationsbeschaffung etc. ebenfalls in diversen Bildungseinrichtungen. Die übrigen rechtlichen Wissenslücken dürften in der Folge so gering ausfallen, dass Gerichte bei Wissenslücken (Tatbestandsirrtum) gemäß dem Grundsatz *in dubio pro reo* und somit dem Bestimmtheitsgebot gerecht werdend entscheiden könnten. Dem Gesetzgeber bleibt es ungenommen, entstehenden Gesetzesdesideraten nachzukommen.

10.1.4 Situationsdeutung contra „Wortlautgrenze"

Die oben skizzierte verkürzte Sprachauffassung vernachlässigt die Situationsabhängigkeit sprachlicher Äußerungen und korrespondiert mit einem hypostasierten Sprachverständnis, dem zufolge nach positivistischem Rechtsverständnis von Entitäten, die nur erkannt werden müssen, ausgegangen wird. Eine ausreichende Berücksichtigung der Situation inklusive ihrer Deutungspotentiale widerspricht dem juristischen Konstrukt der „Wortlautgrenze" als fachdomänenspezifischem Sprachgebrauchstopos, wie anhand des folgenden Auszuges dargelegt werden soll:

> „Für die Rechtsprechung folgt aus dem Erfordernis gesetzlicher Bestimmtheit ein Verbot analoger oder gewohnheitsrechtlicher Strafbegründung. Dabei ist ‚Analogie' nicht im engeren technischen Sinn zu verstehen; ausgeschlossen ist vielmehr jede Rechtsanwendung, die über den Inhalt einer gesetzlichen Sanktionsnorm hinausgeht. Da Gegenstand der Auslegung gesetzlicher Bestimmungen immer nur der Gesetzestext sein kann, erweist dieser sich als maßgebendes Kriterium: Der mögliche Wortsinn des Gesetzes markiert die äußerste Grenze zulässiger richterlicher Interpretation. Da Art. 103 Abs. 2 GG die Vorhersehbarkeit der Strafandrohung für den Normadressaten garantieren will, ist die Grenze aus dessen Sicht zu bestimmen."[31]

Das Sprachgebrauchsargument der „Wortlautgrenze" wird in Zusammenhang gebracht mit dem zuvor schon erwähnten und von den Richtern mehrfach angeführten allgemeinen Sprachgebrauchstopos der „Vorhersehbarkeit der Strafandrohung für den Normadressaten. Die Abgrenzung zwischen „verfassungskonformer Auslegung" und „Analogie" ist mit Sicherheit ein schwieriges Unterfangen – sowohl die Rechtstheorie als auch die richterliche Praxis betreffend. In der herrschenden Methodenlehre wird nach Schiffauer unter „verfassungskonformer Auslegung" ein Unterfall der Gesetzesauslegung verstanden. „Sind dem Wortsinne und dem Kontext mehrere Auslegungsvarianten möglich, so sei derjenigen den Vorzug zu geben, bei der die Norm, an Verfassungsprinzipien gemessen, Bestand haben kann."[32]. Eine solchermaßen verstandene Gesetzesauslegung ist dann nur Rechtsentfaltung, also Ermittlung des Sinnes einer vorhandenen Norm.

Von „analoger Anwendung" eines Rechtssatzes wird herkömmlicherweise dann gesprochen, wenn ein Rechtssatz, der für einen bestimmten Tatbestand aufgestellt ist, auf einen anderen abweichenden Tatbestand angewandt wird, der mit dem ersten in wesentlichen Beziehungen übereinstimmt[33]. Die herrschende Meinung in der Methodenlehre trifft eine grundsätzliche Unterscheidung zwischen Auslegung und Analogie (Rechtsfortbildung), wobei das Abgrenzungskriterium in der „Grenze des möglichen Wortsinnes" gesehen wird.[34]

Die sog. Wortlautgrenze oder Wortsinngrenze geht von einem – nicht von *dem* – eindeutigen, objektiv feststellbaren Sinn aus und beinhaltet das linguistisch nicht haltbare Konzept der „wörtlichen" oder „wahren Bedeutung". Sie erliegt der Fiktion einer eindeutigen und präzisen Rechtssprache und hofft bei eingeräumten Unbestimmtheiten auf eine klare Klassifizierung nach Vagheit, Mehrdeutigkeiten usw.[35]

Peter Schiffauer[36] hat überzeugend kritisiert, wie das Konzept der Wortsinn- bzw. Wortlautgrenze zu einer Reduktion der Semantik auf Wortsemantik

---

[31] BVerfGE 92, 12

[32] Schiffauer 1979: 28 in Anlehnung an Karl Larenz' Methodenlehre der Rechtswissenschaft.

[33] Schiffauer 1979: 32 mit Bezug auf Klug [4]1982: 97.

[34] Larenz [6]1991: 354 und 366.

[35] Christensen: 1989: 77 ff.; Busse 1993: 254.

[36] Schiffauer 1979: 57, 61 f, 69 f.

führt. Busse hat in diesem Sinne bei der Untersuchung des Konzeptes der „Wortlautgrenze" und dessen fragwürdiger Unterscheidung zwischen „Bedeutungskern" und „Bedeutungshof" nachgewiesen, für wie illusionär Sprachwissenschaftler die Vorstellung des Richters als „Mund des Gesetzes" im Sinne eines „Subsumtionsautomaten" halten.[37] Aus diesem Grunde kann Schiffauers Fazit nur zugestimmt werden: „Wenn bei der Interpretation einer Norm die Bedeutung eines Wortes zweifelhaft geworden ist, darf das semantische Argument nicht mehr verwendet werden."[38]. Schiffauers Auseinandersetzung mit dem Abgrenzungsproblem kulminiert in der folgenden These. „Die Begriffe ‚verfassungskonforme Auslegung' und ‚Analogie' haben im Zusammenhang gerichtlicher Entscheidungsbegründungen keinen spezifischen Begründungsgehalt."[39] Dieser Ansicht ist aus linguistischer Sicht nur zuzustimmen, das BVerfG scheint sie jedoch nicht zu teilen.

> „Der Gesetzgeber hat also zu entscheiden, ob und in welchem Umfang er ein bestimmtes Rechtsgut, dessen Schutz ihm wesentlich (und notwendig) erscheint, gerade mit den Mitteln des Strafrechts verteidigen will. Den Gerichten ist es verwehrt, seine Entscheidung zu korrigieren. Würde erst eine über den erkennbaren Wortsinn der Vorschrift hinausgehende Deutung zur Strafbarkeit eines Verhaltens führen, so müssen sie zum Freispruch gelangen. Dies gilt auch dann, wenn infolge des Bestimmtheitsgebots besonders gelagerte Einzelfälle aus dem Anwendungsbereich eines Strafgesetzes herausfallen, obwohl sie ähnlich strafwürdig erscheinen mögen wie das pönalisierte Verhalten. Es ist dann Sache des Gesetzgebers zu entscheiden, ob er die Strafbarkeitslücke bestehen lassen oder durch eine neue Regelung schließen will." [40]

Es wird behauptet, dass eine Trennung zwischen Auslegung und Analogie möglich sei. Diese deklarierte Trennlinie untermauert das Begründungsgerüst, dem zufolge das für juristische Textarbeit grundlegende Phänomen der Analogiebildung als klar strukturierbar behauptet wird. Weiter oben in der Begründung sprechen die BVerfG-Richter von Analogie im engeren und weiteren Sinne. „Dabei ist ‚Analogie' nicht im engeren technischen Sinn zu verstehen; ausgeschlossen ist vielmehr jede Rechtsanwendung, die über den Inhalt einer gesetzlichen Sanktionsnorm hinausgeht."[41] Wurde zuvor die Illusion vom bestimmbaren Wortsinn kultiviert, so wird nun synonymisch vom „Inhalt" eines Textes gesprochen, dessen Grenzen scheinbar genauso klar zu bestimmen sind wie die des Wortlauts. *Analogie*bildung wird in Abgrenzung zu *Auslegung* auf einer konträren – mit diesen beiden Polen versehenen – Skala als graduell diagnostizierbar unterstellt. Das Analogieverbot im Strafrecht unterstützt die behauptete Trennbarkeit von „Auslegung" und „Analogie" mit der

---

[37] Busse 1993: 46 ff.
[38] Schiffauer 1979:. 103.
[39] Schiffauer 1979: 254.
[40] BVerfGE 92, 13.
[41] BVerfGE 92, 12.

Begründung, dass aufgrund der Vielfältigkeit der Lebenssachverhalte und der Abstraktheit des Normtextes ohne „Analogie [...] im engeren technischen Sinne“[42] die richterliche Arbeit überhaupt nicht zu leisten wäre. Dem entgegen steht das propagierte Eindeutigkeitspostulat, das als Topos permanent wiederholt und diskursspezifisch durchzusetzen versucht wird: „Den Gerichten ist es verwehrt, seine [gemeint ist der Gesetzgeber/Anm. E.F.] Entscheidung zu korrigieren.“ Damit behaupten die BVerfG-Richter, dass Worte, Sätze, Texte genauso eindeutig zu bestimmen sind wie die sog. Gesetzes- oder Strafbarkeitslücken.

Unter sprachwissenschaftlichen Gesichtspunkten scheint die Position von Christensen weitaus überzeugender. Die Wortlautgrenze ist seiner Ansicht nach keine absolute, sondern eine relative Größe, die je nach Situation „vom Rechtsarbeiter fordert, dem jeweils normtextnäheren Argument Vorrang zu geben oder, umgekehrt formuliert, einem normtextferneren Element nur präzisierende, nicht aber derogierende Wirkung zuzugestehen.“[43] Damit ist die Unterscheidung von Auslegung und Analogie auf der unhaltbaren Fiktion der Wortlautgrenze obsolet.

10.1.5 Versuche der Bedeutungsexplikation

Nachdem im ersten Teil der BVerfGE die grundsätzliche Bedeutung des Bestimmtheitsgebotes nach Art. 103 Abs. 2 GG dargelegt und im zweiten Teil die hier einschlägige Gewaltalternative des § 240 StGB als vereinbar mit Art. 103 Abs. 2 GG erklärt wurde, wird im dritten Teil der BVerfGE begründet, inwiefern die **Auslegung des Gewaltbegriffs in § 240 Abs. 1 StGB durch die Strafgerichte gegen Art. 103 Abs. 2 GG verstößt.** Im Folgenden stelle ich wiederum einige für die hier formulierte Fragestellung relevante Zitate zusammen und analysiere sie.

> „Den angegriffenen Entscheidungen liegt das Verständnis des Gewaltbegriffs zugrunde, das sich in der höchstrichterlichen Rechtsprechung im Lauf der Zeit entwickelt hat. Diese Entwicklung ist durch die abnehmende Bedeutung der Entfaltung körperlicher Kraft auf seiten des Täters und die wachsende Bedeutung der bei dem Opfer eintretenden Zwangswirkung gekennzeichnet [...] Zwar hat die Rechtsprechung bis heute daran festgehalten, daß Gewalt im Sinn des Nötigungstatbestands nur beim Einsatz körperlicher Kraft vorliegt. Doch ist das Maß der aufgewandten Kraft, die für nötig gehalten wird, damit von Gewalt gesprochen werden kann, stetig verringert und das Erfordernis einer körperlichen Zwangswirkung beim Nötigungsopfer gänzlich aufgegeben worden.“[44]

---

[42] BVerfGE 92, 12.
[43] Christensen 1987: 91.
[44] BVerfGE 92, 14 f.

Die beiden Sprachgebrauchsargumente innerhalb der fachdomänenspezifischen Sprachgebrauchstopoi – „das Verständnis des Gewaltbegriffs [hat] sich in der höchstrichterlichen Rechtsprechung im Lauf der Zeit entwickelt“[45] und das Syntagma „die Rechtsprechung [hat] bis heute daran festgehalten“[46] – stehen in krassem Widerspruch zu den oben erwähnten Aussagen aus dem ersten Teil der Entscheidungsbegründung: „Der Gesetzgeber hat also zu entscheiden, ob und in welchem Umfang er ein bestimmtes Rechtsgut, dessen Schutz ihm wesentlich (und notwendig) erscheint, gerade mit den Mitteln des Strafrechts verteidigen will. Den Gerichten ist es verwehrt, seine Entscheidung zu korrigieren.“[47] Somit werden im dritten Teil der Begründung Tätigkeiten der gängigen richterlichen Berufspraxis in der Sprecherhandlung des Argumentierens eingeräumt, die kurz zuvor unter theoretischen Gesichtspunkten in assertiven/ repräsentativen Sprecherhandlungen des Beschreibens dessen, was Richter bei Fallentscheidungen dürfen und was nicht, als rechtswidrig verworfen wurden.

Die Richter nehmen in diesem Zusammenhang einen Bedeutungsexplikationsversuch zum Gewaltbegriff vor, indem sie Teilbedeutungen als Bedeutungsaspekte einer ganzheitlichen Bedeutungsauffassung separat herauszuarbeiten versuchen. Ihre Bedeutungsexplikation hinsichtlich des Gewaltbegriffs korrespondiert mit dem Paradigma der praktischen Semantik, die auf Ludwig Wittgensteins gebrauchstheoretische Bedeutungskonzeption zurückgeht. In diesem Zusammenhang argumentieren die BVerfG-Richter auf der Grundlage eines kontextbezogenen semantisch-pragmatischen Ansatzes, der mit Hilfe von Sprachgebrauchs- bzw. Verwendungsregeln Bedeutung zu explizieren versucht.

Diese Argumentation der Richter beinhaltet jedoch noch ein Problem, das sich in folgender Passage widerspiegelt: Die Aussage „Den angegriffenen Entscheidungen liegt das Verständnis des Gewaltbegriffs zugrunde, das sich in der höchstrichterlichen Rechtsprechung im Lauf der Zeit entwickelt hat“[48] widerspricht dem Gedanken, dass der „Normadressat im Regelfall [...] aber anhand der gesetzlichen Vorschrift voraussehen können [muß], ob ein Verhalten strafbar ist.“[49] *Im Regelfall* soll demnach der Normadressat als Textrezipient ausschließlich auf der Grundlage des Gesetzestextes die Absichten des Textproduzenten erschließen können. In Nicht-Regelfällen kann jedoch der Normadressat nicht ausschließlich anhand der gesetzlichen Vorschrift sein Wissen beziehen, er muss regelmäßig juristische Entscheidungen und Literatur

---

[45] BVerfGE 92, 15.
[46] BVerfGE 92, 15.
[47] BVerfGE 92, 13.
[48] BVerfGE 92, 14 f.
[49] BVerfGE 92, 12.

studieren, um über den aktuellen Fachsprachen- und Fachwortgebrauch informiert zu sein.

10.1.6 Der Aspekt der Intertextualität

Das vielfältige Geflecht an Verweisen auf diverse Textsorten und Textsequenzen im juristischen Diskurs verdeutlicht, dass der Textbegriff erweitert werden muss, denn Texte stehen nicht für sich alleine, sondern sind stets in einem intertextuellen Verweiszusammenhang eingebettet, für den der vieldeutige Ausdruck *Diskurs* verwandt wird. Ohne die spezifisch philosophischen, literarischen oder sprach- und literaturwissenschaftlichen Verwendungsweisen nachzeichnen zu können, wird hier unter *Diskurs* ein Textkorpus verstanden, dessen Texte sich inhaltlich im weitesten Sinne mit einem bestimmten Thema beschäftigen, untereinander semantische Beziehungen aufweisen und/ oder in einem gemeinsamen Aussage-, Kommunikations-, Funktions- oder Zweckzusammenhang stehen.[50]

In Bezug auf den juristischen Diskurs hält es auch Busse für fraglich, ob den Gesetzestexten überhaupt eine Textstruktur im Sinne des linguistischen Textbegriffs (als abgeschlossenes „Werk“) unterstellt werden kann. Die Ebene eines einzelnen Gesetzestextes (aufgrund seiner äußeren formalen Geschlossenheit könnte er als zusammenhängender Text betrachtet werden) verlassend kann die Frage nach einer möglichen Textstruktur auf der den einzelnen Gesetzestext übergreifenden Ebene des „systematischen Zusammenhangs“ neu gestellt werden. „Die praktische juristische Tätigkeit könnte linguistisch als das Herstellen eines (neuen?) ‚Entscheidungstextes’ aus den Versatzstücken (gesetzlicher oder dogmatischer) Einzeltexte (Paragraphen, sprachlich formulierte Rechtsprinzipien u.a.) gesehen werden.“[51]

In dem hier untersuchten Textkorpus haben wir ein weiteres Beispiel für einen Einzeltext, der als intertextuelles Sprachgebrauchsargument bezeichnet werden kann. In diesem Fall werden Teile des Einzeltextes nicht zustimmend übernommen, sondern es wird abgrenzend auf ihn verwiesen. Es handelt sich im Urteil der 2. Kleinen Strafkammer des Landgerichts Tübingen um den expliziten intertextuellen Hinweis, dass die Rechtsauffassung eines anderen Gerichts nicht geteilt wird.

> „Angemerkt soll in diesem Zusammenhang allerdings werden, daß die Kammer nach allem die im Urteil des AG Schwäbisch Gmünd vom 15. Januar 1987 – 5 Cs 526/86 – anklingende Rechtsauffassung, nach der letztlich alle ähnlich oder gleich

---

[50] Siehe die Definition von *Diskurs* nach Busse/ Teubert 1994: 14, die in Kapitel 3.7 dargelegt wird, und weitere, nicht-juristische Diskursbeispiele in Felder 1999: 82 ff.

[51] Busse 1993: 257.

wie hier verlaufenden Blockadeaktionen nicht von § 240 StGB erfaßt werden, nicht teilt."[52]

10.2 In der Relation zwischen Textteilen liegende Begründungen

Das Bundesverfassungsgericht hat bezüglich der Interdependenz von Absatz 1 und 2 des Nötigungsparagraphen 240 StGB entschieden, dass die in Abs. 1 erwähnte Gewaltanwendung nicht indiziell für die in Abs. 2 aufgeführte Verwerflichkeit und damit für die Rechtswidrigkeit betrachtet werden dürfe, dass also nicht jede als Gewalt klassifizierte Verhaltensweise gewissermaßen zwangsweise Beleg für die Verwerflichkeit der Handlung und damit für die Rechtswidrigkeit sei. Vielmehr ist – laut einer früheren Entscheidung des Bundesverfassungsgerichts vom 11.11.1986[53] – die Rechtswidrigkeit der Nötigung bei Sitzblockaden unter Abwägung aller im Einzelfall für die Zweck-Mittel-Relation und ihre Bewertung wesentlichen Umstände zu prüfen.

Der Nötigungsparagraph weicht damit – wie auch der Bundesgerichtshof ausführt[54] – vom allgemeinen strafrechtlichen Grundsatz ab, dem zufolge die Verwirklichung des gesetzlichen Tatbestands die Rechtswidrigkeit indiziert.[55] Die Besonderheit des § 240 StGB bestehe darin, dass die im Tatbestand aufgeführte Handlung – die Ausübung von Zwang im Sinne von Absatz 1 – die Rechtswidrigkeit nicht indiziere. Diese Ausnahme vom allgemeinen Verbrechensaufbau hat ihren Sinn darin, dass angesichts der Weite der Tatbestandsbeschreibung in Absatz 1 zahlreiche Verhaltensweisen, die im Sozialleben, im Erziehungswesen, in der Arbeitswelt oder im Verkehrsbereich erforderlich oder unvermeidlich sind, der Strafandrohung unterfielen, obwohl sie im täglichen Umgang der Bürger miteinander als sozial-adäquat empfundene Verhaltensweisen betrachtet würden. Um das zu vermeiden, habe der Gesetzgeber nach Ansicht des BVerfG § 240 Abs. 2 StGB derart bestimmt, dass erst die Verquickung des Nötigungsmittels mit der angestrebten Verhaltensweise des Genötigten den Schluss auf tatbestandsmäßig rechtswidriges Verhalten begründen könne.[56] Aufgabe des § 240 Abs. 2 StGB ist es somit zu bewirken, dass die Verbindung von Nötigungsmittel und angestrebter Verhaltensweise

---

[52] Urteil des Landgerichts vom 16.02.1987, S. 21.

[53] BVerfGE 73, 206, 260.

[54] BGHSt 35, 275.

[55] Die Verwirklichung des Tatbestands entfalle nach strafrechtlichem Grundsatz nur dann, wenn die tatbestandsmäßige Handlung durch eine Gegennorm (etwa: Notwehr, § 32 StGB; Wahrnehmung berechtigter Interessen, § 193 StGB) erlaubt sei. [BVerfGE 92, 13].

[56] BVerfGE 92, 16.

nur unter der einschränkenden Voraussetzung der Verwerflichkeit strafbar sei, wobei der Begriff ‚verwerflich' zugleich einen Wertungsmaßstab festlege.
Im Folgenden sei der entscheidende Abschnitt der Begründung angeführt:

> „Das Tatbestandsmerkmal der Gewalt wird dadurch in einer Weise entgrenzt, daß es die ihm vom Gesetzgeber zugedachte Funktion, unter den notwendigen, unvermeidlichen oder alltäglichen Zwangseinwirkungen auf die Willensfreiheit Dritter die strafwürdigen zu bestimmen, weitgehend verliert. Es bezieht zwangsläufig zahlreiche als sozialadäquat betrachtete Verhaltensweisen in den Tatbestand ein, deren Strafbarkeit erst durch das Korrektiv der Verwerflichkeitsklausel in § 240 Abs. 2 StGB ausgeschlossen wird. Der Bundesgerichtshof hat sich deshalb veranlaßt gesehen, der Ausweitung des Gewaltbegriffs dadurch zu begegnen, daß er auf das ‚Gewicht' der psychischen Einwirkung abgestellt hat. Damit wird die Eingrenzungsfunktion aber einem Begriff aufgebürdet, der noch weit unschärfer ist als der der Gewalt. An einer befriedigenden Klärung, wann eine psychische Einwirkung gewichtig ist, fehlt es daher auch. Der Verweis auf das Korrektiv der Verwerflichkeit ist deswegen nicht geeignet, die rechtsstaatlichen Bedenken zu zerstreuen, denen die Ausweitung des Gewaltbegriffs durch die Rechtsprechung begegnet."[57]

Das hier erwähnte Sprachgebrauchsargument der interlexematischen Begriffspräzisierung (in einem unterstellten lexikalischen Feld) ist unter linguistischen Gesichtspunkten insofern interessant, als jeweils verschiedenen Textteilen in einem als abgeschlossen dargestellten Gesetzesparagraphen unterschiedliche Funktionen hinsichtlich der Erfüllungsbedingungen (von Sprecherhandlungen) unterstellt werden. Absatz 1 und 2 des Nötigungsparagraphen können als zwei Stellglieder einer Tatbestandseinheit betrachtet werden, die sich zum Zwecke der Präzisierung gegenseitig beeinflussen. Damit soll die Relation zwischen beiden Textteilen – genauer zwischen *Gewaltbegriff* und *Verwerflichkeitsklausel* – das Vorliegen des Tatbestandes bestimmen. Jedoch kann die Unschärfe des einen Begriffes (Gewalt) kaum dazu dienen, die Vagheit des anderen zu objektivieren, obgleich der Eindruck eines balancierenden, ausgewogenen Systems mit dem Anschein der Wissenschaftlichkeit entstehen soll, in welchem die Erfüllung eines Tatbestands von mehreren interdependenten Aspekten oder Merkmalen abhängt.[58] Aus diesem Grunde hat der Bundesgerichtshof versucht, mit dem Heranziehen eines weiteren Begriffs, nämlich dem des *Gewichts* der psychischen Einwirkung, den Gewaltbegriff zu vereinheitlichen. Jedoch kann auch dieser Begriff aufgrund seiner eigenen Vagheit nicht die gewünschte Eingrenzungs- und Präzisierungsfunktion übernehmen.

Interessanterweise argumentieren diejenigen Richter, welche die abweichende Meinung vertreten mit dem gleichen intertextuellen Verweis-Argument. Sie kommen nur zum gegenteiligen Schluss, dass nämlich den

---

[57] BVerfGE 92, 17.

[58] Es ist beim Aufbau der Strafnorm für den § 240 davon auszugehen, dass Abs. 1 erfüllt sein muss, bevor Abs. 2 geprüft wird [BVerfGE 92, 13 und 19]; außerdem bezieht sich der in Abs. 2 angesprochene Zweck auf die in Abs. 1 ausgeführte „Handlung, Duldung oder Unterlassung".

beiden Komponenten in ihrer Relation sehr wohl Präzisierungscharakter innewohne, welche unerwünschte Auslegungsmöglichkeiten (wie hier das Erfassen von sozialadäquatem Verhalten unter den Tatbestand) ausschließe. Der entsprechende Abschnitt aus der *abweichenden Meinung* sei hier zitiert:

> „Diese Auslegung des Gewaltbegriffs führt schließlich nicht dazu, daß sozialadäquates Verhalten bestraft wird. Dies wird vielmehr hinreichend dadurch ausgeschlossen, daß die Bestrafung nach dem Tatbestand des § 240 Abs. 1 StGB von der Absicht des Täters abhängt und der Tatbestand im übrigen in der Verwerflichkeitsklausel des § 240 Abs. 2 StGB ein Korrektiv findet, das verhindert, auch solche Verhaltensweisen zu pönalisieren, für die die angedrohte Sanktion nach Art und Maß unverhältnismäßig wäre (vgl. BVerfGE 73, 206 (253*, 254 f.)).“[59]

10.3 In der Gewichtung juristischer Textsorten liegende Begründungen

Zu den wichtigsten Sprachgebrauchsargumenten in juristischen Begründungen gehört die Bezugnahme auf Paragraphen, Gerichtsentscheide oder die rechtswissenschaftliche Literatur (Autoritätstopos).

> „Diese Ausweitung des Gewaltbegriffs durch die Rechtsprechung ist sowohl in der strafrechtlichen als auch in der verfassungsrechtlichen Literatur umstritten (vgl. die umfassenden Nachweise in BVerfGE 73, 206 (232* f.)). Das Mutlangen-Urteil des Bundesverfassungsgerichts hat die erhoffte Klärung wegen der Stimmengleichheit im Senat nicht herbeigeführt. Die Ausführungen zum Gewaltbegriff haben vielmehr ihrerseits Kritik gefunden (vgl. etwa Bertuleit/Herkströter, KJ 1987, S. 331; Calliess, NStZ 1987, S. 209; Kühl, StV 1987, S. 122; Meurer/Bergmann, JR 1988, S. 49; Otto, NStZ 1987, S. 212; Prittwitz, JA 1987, S. 17; Schmitt Glaeser, BayVBl. 1988, S. 454; Starck, JZ 1987, S. 145; Tröndle, Rebmann-FS, 1989, S. 481; Zuck, MDR 1987, S. 636), die je nach Standpunkt die tragende oder die nichttragende Auffassung betrifft.“[60]

In diesem Falle dient die Bezugnahme auf Judikatur und Literatur dazu, den Regelungs- und Klärungsbedarf durch das Bundesverfassungsgericht zu unterstreichen[61], weil sich sowohl in Rechtsprechung als auch in der rechtswissenschaftlichen Literatur bisher keine einhellige Meinung herausgebildet hat.

> „Der Begriff der Gewalt, der im allgemeinen Sprachgebrauch mit unterschiedlicher Bedeutung verwendet wird, muß hier im Zusammenhang des Normgefüges verstanden werden. [...] Eine Ausweitung der Mittel im Wege der Interpretation, etwa auf List oder Suggestion, scheidet nach einhelliger Auffassung in Judikatur und Li-

---

[59] BVerfGE 92, 23.

[60] BVerfGE 92, 15.

[61] An dieser Stelle sei erwähnt, dass Schroeder 1995: 875 die Ansicht vertritt, das BVerfG hätte diese Verfassungsbeschwerde gar nicht annehmen dürfen, weil sie bereits rechtskräftig vom BVerfG entschieden war.

teratur aus. Das gilt selbst dann, wenn diese Mittel eine ähnliche Wirkung auf das Nötigungsopfer haben wie die beiden im Gesetz pönalisierten."[62]

In dieser Passage soll der Verweis auf Judikatur und Literatur das Vorhandensein einer herrschenden Meinung[63] belegen und kann damit als Bestätigung des eigenen Argumentationsschemas herangezogen werden.

> „Die Ungewißheit, die dem erweiterten Gewaltbegriff anhaftet, ist auch nicht durch ein im Lauf der Zeit gefestigtes Verständnis seiner Bedeutung entfallen, zumal der Bundesgerichtshof in anderen Bereichen wie dem der Vergewaltigung von einem erheblich engeren Gewaltbegriff ausgeht (vgl. BGH, NJW 1981, S. 2204). Wie die eben erwähnten Beispiele zeigen, ist aber selbst die Strafbarkeit von Blockadeaktionen als Nötigung höchst ungewiß geblieben. Auch die fortbestehenden Divergenzen in Judikatur und Literatur hinsichtlich der strafrechtlichen Würdigung von Sitzdemonstrationen der vorliegenden Art (vgl. Schäfer, LK, a.a.O., Rdnr. 21 bis 27; Otto, NStZ 1992, S. 568) zeigen, daß sich eine gefestigte Rechtsauffassung bisher nicht hat bilden können."[64]

Wir haben es mit einem interessanten Kontext-Argument zu tun, welches mit den Worten paraphrasiert werden könnte, dass dem Gewaltbegriff in anderen Rechts- oder Gesetzesparagraphenkontexten abweichende Teilbedeutungen zugeschrieben wurden. Das Gericht geht offensichtlich davon aus, dass Rechtstermini idealiter überwiegend konstante Teilbedeutungen im Rechtsdiskurs hervorbringen sollten – unabhängig vom engeren Kontext. Dies ist aus der Perspektive des Normadressaten sicherlich zu begrüßen, da ihm – wie oben ausgeführt – in anderen Begründungszusammenhängen weitaus mehr an juristischen Detailkenntnissen abverlangt wurde.

In der *abweichenden Meinung* verweisen die unterzeichnenden Richter ebenfalls auf die Kommentarliteratur und nehmen gleichsam eine Bewertung der dort vertretenen Ansicht vor:

> „Nach dieser Rechtsprechung, die auch in der Kommentarliteratur unbeschadet gewisser Bedenken zustimmend referiert worden ist (vgl. BVerfGE 73, 206 (242*) m.w.N.), stand außer Zweifel, daß für die Beschwerdeführer im Tatzeitpunkt vorhersehbar war, daß ihr Verhalten als Nötigung mittels Gewalt im Sinne von § 240 Abs. 1 StGB angesehen werden würde. Daß sich in der Literatur kritische Stimmen

---

[62] BVerfGE 92, 16.

[63] Drosdeck 1989 hat die Funktionen der juristischen Argumentationsfigur „Die herrschende Meinung" (als „hM" abgekürzt) systematisch untersucht und kritisch bilanziert. Neben der Problematik autoritativer Belege im juristischen Diskurs diskutiert er Bildungsmechanismen sowie die Autoritätsfunktion von hM und Legitimation durch hM. „Wer Autorität kritisch reflektiert, wird selten mit hM argumentieren [...] Alternativen einbeziehen; wer an argumentative Autoritäten glaubt – und dies offensichtlich nicht zu Unrecht, angesichts der Realitäten – wird auch bei der Erhöhung der Informationsmöglichkeiten [z.B. durch Datenbanken/ Anm. E.F.] die autoritativ-autoritären Elemente aus der Information selegieren." [Drosdeck 1989: 140]

[64] BVerGE 92, 18.

> fanden, die eine engere Eingrenzung des Gewaltbegriffs befürworteten, ändert daran nichts."[65]

Die Senatsmehrheit führt kritische Gegenstimmen als Indiz dafür an, dass keine einheitliche herrschende Meinung vorherrscht. Die Gegenstimmen werden zwar erwähnt, aber als nicht relevant gewichtet.

10.4 Resümee der Sprachgebrauchstopoi

Zur Charakterisierung von Sprachgebrauchsargumenten wurden fachdomänenspezifische von allgemeinen Sprachgebrauchstopoi unterschieden. Der Stellenwert der Sprachgebrauchsargumente in der hier untersuchten BVerfGE ist von zentraler Bedeutung, weil der Entscheidungsgegenstand – nämlich die erweiterte Auslegung des Gewaltbegriffs § 240 StGB – ein genuin rechtssprachliches Problem darstellt und aufgrund dessen der Beschluss in erster Linie mit sprachlichen Argumentationsschemata begründet wurde.

Die Untersuchung mit Hilfe semantisch-pragmatischer Kriterien hat ergeben, dass – obwohl Sprachgebrauchsargumente in der Begründung der BVerfG-Richter eine zentrale Rolle spielen – die implizierte Sprachauffassung als uneinheitlich und widersprüchlich bezeichnet werden muss. In der Bundesverfassungsgerichtsentscheidung ist eine Dichotomie festzustellen: In den rechtstheoretischen Ausführungen (im ersten Teil der Begründung) implizieren die Richter eine instrumentalistische Sprachauffassung inklusive einer hypostasierten essentialistischen Bedeutungstheorie, wohingegen sie bei der Beschreibung der Rechtsempirie (im dritten Teil der Begründung) offensichtlich eine Bedeutungsauffassung im Paradigma der praktischen Semantik zugrunde legen. Im Sinne der Rechtssicherheit und der angestrebten Transparenz des juristischen Diskurses sollte jedoch der Staatsbürger nicht in der ohnehin vorherrschenden illusionären Sprachauffassung der eindeutigen Zuordnung von Ausdruck, Wortinhalt (Bedeutung) und Referenzobjekt bestärkt werden, sondern vielmehr die teilweise vorkommende rechtssprachliche Unbestimmtheit als ein nur bedingt kalkulierbares Moment in der juristischen Auseinandersetzung verstehen und berücksichtigen lernen, um nicht dem Gefühl bedingter Willkür in der Anwendung und Auslegung von Rechtstermini Vorschub zu leisten.

Neben der problematischen, weil uneinheitlichen Sprachauffassung wurden auf der Grundlage der pragmatischen Kriterien wie *(Gesetzestext)Adressierung, Polyfunktionalität, Situationsdeutung, Bedeutungsexplikation* sowie dem *Phänomen der Intertextualität* weitere rechtstheoretische Schwierigkeiten aus linguistischer Perspektive herausgearbeitet.

[65] BVerfGE 92, 24.

In Bezug auf die Adressatenproblematik muss die prototypische Vorstellung der meisten Richter von *dem* (sic!) Normadressaten als unhaltbare Fiktion zurückgewiesen werden. Stattdessen wird hier das Konstrukt einer heterogenen Adressatenvorstellung vorgeschlagen, wobei der einzelne Normadressat als „aktiver Rezipient" im Rahmen einer Normtextbetroffenheitsahnung selber dafür Sorge zu tragen hat, dem folgenden Grundsatz gerecht zu werden: *Sorge als Normadressat dafür, dass du die für Dich relevanten Gesetze und ihr Auslegungspotential so weit wie möglich (evtl. mit fremder Hilfe) verstehst.* Eine zufriedenstellende theoretische Herleitung der Normadressatenproblematik bleibt derzeit Desiderat, was allerdings keinen Grund dafür darstellt, an der vorherrschenden Fiktion *des* Normadressaten festzuhalten.

Mit Hilfe des Aspektes der Polyfunktionalität können die beschriebenen rechtstheoretischen Schwierigkeiten im Zusammenhang mit der Adressatenproblematik ein Stück weit entschärft werden. Unter *Polyfunktionalität* wird in der linguistischen Pragmatik verstanden, dass derselben Äußerung – bezogen auf ein kommunikatives Handlungsspiel – verschiedene Funktionen und Wirkungsintentionen zugrunde liegen können. Bezogen auf Gesetzestexte bedeutet dies, dass derselbe Gesetzesparagraph bei unterschiedlichen Adressaten divergierende Funktionen erfüllen und damit Wirkungen auslösen kann. So kann man sich den Wissensstand von Normadressaten und damit die Funktionen und Wirkungen des Gesetzestextes graduell abstufbar und relevanz- und situationsgebunden denken. Basale Grundkenntnisse des täglichen Lebens (z.B. Schutz von Rechtsgütern wie Leben, Eigentum, Vermögen) erfährt der Staatsbürger durch die schulische Bildung, berufs- und fachdomänenspezifische Rechtskenntnisse in seinem jeweiligen Ausbildungsgang. Mit Hilfe der Annahme der Normtextbetroffenheitsahnung und mit Hilfe von – als aktive Rezipienten gedachten – Normadressaten trägt das Zusammenspiel von Adressatenheterogenität und Polyfunktionalität zu mehr rechtstheoretischer Stringenz bei.

In der Zurückweisung der äußerst problematischen Abgrenzung zwischen „verfassungskonformer Auslegung" und „Analogie" auf der Grundlage der „Wortlautgrenze", welche zentrale pragmatische Erkenntnisse der Situationsdeutung vernachlässigt, habe ich mich im Wesentlichen der plausiblen Argumentation von Schiffauer und dessen Fazit angeschlossen: „Die Begriffe ‚verfassungskonforme Auslegung' und ‚Analogie' haben im Zusammenhang gerichtlicher Entscheidungsbegründungen keinen spezifischen Begründungsgehalt."[66] Diese Einschätzung vermag die BVerfG-Richter offensichtlich nicht zu überzeugen. Anstelle der obsoleten gewordenen Unterscheidung könnte Christensens Resümee gesetzt werden, dem zufolge der Rechtsarbeiter je nach Situation „dem jeweils normtextnäheren Argument Vorrang" geben „oder,

[66] Schiffauer 1979: 254.

umgekehrt formuliert, einem normtextferneren Element nur präzisierende, nicht aber derogierende Wirkung"[67] zugestehen sollte.

Bei der Beschreibung der Rechtsempirie verwenden die BVerfG-Richter als wichtigsten fachdomänenspezifischen Sprachgebrauchstopos das Konzept einer juristischen Bedeutungsexplikation im Paradigma der praktischen Semantik. Dem ist aus linguistischer Sicht nur zuzustimmen, dieses Vorgehen beinhaltet aber die Schwierigkeit, dass – theoretisch betrachtet – der Normadressat sich idealiter durch das Studium aktueller Gerichtsentscheidungen und juristischer Literatur laufend über die vorherrschenden Verwendungsregeln der juristischen Fachsprache informieren müsste.

Der Aspekt der Intertextualität ist unter dem Gesichtspunkt interessant, welche Textsequenzen und Textsorten als relevant gewichtet oder für die Konstitution der *herrschenden Meinung* herangezogen werden. Darüber hinaus wurde dargelegt, wie das Sprachgebrauchsargument der Begriffspräzisierung durch interlexematische Abgrenzung (in einem unterstellten lexikalischen Feld) benutzt wird und dabei jeweils verschiedenen Textteilen in einem als abgeschlossen dargestellten Gesetzesparagraphen unterschiedliche Funktionen hinsichtlich der Erfüllungsbedingungen (von Sprecherhandlungen bzw. Illokutionen) unterstellt werden. Rechtsbegriffe innerhalb des Nötigungsparagraphen wurden als zwei Stellglieder einer Tatbestandseinheit betrachtet, die sich zum Zwecke der Präzisierung gegenseitig beeinflussen. Damit sollte die Relation zwischen Textteilen – genauer zwischen *Gewaltbegriff* und *Verwerflichkeitsklausel* – das Vorliegen des Tatbestandes bestimmen. Jedoch konnte die Unschärfe des einen Begriffes (Gewalt) kaum dazu dienen, die Vagheit des anderen zu objektivieren. Auch das Heranziehen eines weiteren Begriffs, nämlich dem des *Gewichts* der psychischen Einwirkung, vermochte aufgrund der eigenen Unbestimmtheit nicht zur Vereinheitlichung des Gewaltbegriffs beizutragen.

Unter linguistischen Gesichtspunkten sind die metasprachlichen Darlegungen der juristischen Begründungen nicht befriedigend und für eine allgemeine Akzeptanz gegenüber rechtsstaatlichen Verfahren mit Sicherheit verbesserungsbedürftig.

---

[67] Christensen 1987: 91.

Teil IV: Rezeption der Judikatur in Printmedien

Nachdem im zweiten Teil die *Rechtsarbeit als Textarbeit* ausführlich dargelegt und im dritten Teil mit Hilfe *Linguistischer Analysen* näher untersucht wurde, wird im Folgenden die Rezeption des Rechtsfalls in Printmedien analysiert.[1] Analog zum Vorgehen in den vorherigen Kapiteln bei der sprachwissenschaftlichen Analyse des fachsprachlichen Textkorpus sollen in diesem Kapitel Zeitungsartikel aus vorwiegend überregionalen Printmedien (journalistisches Textkorpus) mit den gleichen Verfahren bearbeitet werden: Ausgehend von den Untersuchungsansätzen des dritten Kapitels *Linguistische Analysen* werden neben wortsemantischen Betrachtungen vor allem Sprecherhandlungen (Illokutionen) und Sprachgebrauchstopoi als Argumentationsmuster herausgearbeitet.

Zwischenrede: Veröffentlichte Meinung und Öffentlichkeit

Der Titel der Untersuchung *Juristische Textarbeit im Spiegel der Öffentlichkeit* benützt das Wort „Öffentlichkeit", dessen Verwendung einiger Anmerkungen bedarf, um Missverständnisse zu vermeiden. Die in Printmedien veröffentlichten Aspekte und Meinungen zur untersuchten Sitzblockadenjudikatur entsprechen natürlich nicht *der* „öffentlichen Meinung". Es handelt sich dabei um einen Terminus, der zu den wohl am schwierigsten zu bestimmenden Begriffen im politischen Bereich zählt. Allgemein und völlig unzulänglich wird er meist verstanden als die Gesamtheit der zu bestimmten politischen Problemen von einzelnen Personen, staatlichen Institutionen, Parteien, Interessengruppen, Verbänden oder Bürgerinitiativen vertretenen Ansichten oder die von Massenmedien formulierten und veröffentlichten Meinungen. Die öffentliche Meinung gilt in der politikwissenschaftlichen Theorie als eine wesentliche Voraussetzung für die politische Willensbildung.

Ein solcher Eingrenzungsversuch vernachlässigt sowohl die zentrale Funktion von Massenmedien bei der Gestaltung der öffentlichen Meinung als auch

[1] Zur Einordnung dieser Texte als Textsorten und hinsichtlich des Textkorpus vgl. in Teil I das vierte Kapitel.

die Wechselbeziehung zwischen den von den Massenmedien geäußerten Meinungen und denen einzelner Gruppen und Gruppierungen. Unbestritten ist in der sozialwissenschaftlichen Diskussion, dass öffentliche Meinung mehr ist als das tatsächliche oder hypothetische Ergebnis von Meinungsumfragen (demoskopisch gewonnene Aussagen) und dass sie nicht mit einer Addition von Einzelmeinungen gleichzusetzen ist.[2]

> „Der Begriff der öffentlichen Meinung steht in seiner ganzen Interpretationsbreite zwischen Zeitgeist und Volkswillen, zwischen Gemeinschaftszwang und Elitenwillen. [...] Da er heute große Verschleißerscheinungen zeigt, sei anempfohlen, ihn aus der vorderen Schußlinie der wissenschaftlichen Diskussion zu ziehen."[3]

Auf Grund der erwähnten Probleme bei den Eingrenzungsversuchen in Bezug auf den Begriff „öffentliche Meinung" hat sich zur Abgrenzung die kritische Redeweise von der „veröffentlichten Meinung" verbreitet, um die nicht genügend artikulierten Meinungen der Öffentlichkeit (oft als „schweigende Mehrheit" bezeichnet) fälschlicherweise nicht einfach unter dem Etikett „öffentliche Meinung" zu subsumieren. Damit soll der grundsätzliche Unterschied zwischen den in Massenmedien veröffentlichten Meinungen (also die Ansichten derjenigen, die als „opinion leader" Zugang zu den Medien haben) und der nahezu unbestimmbaren öffentlichen Meinung deutlich gemacht werden. Unbeantwortet bleibt dabei das Problem, ob es bei den jeweiligen publizierten Ansichten um eine Minderheiten- oder Mehrheitenmeinung handelt.

Wenn wir im Folgenden die Rezeption von Gerichtsentscheidungen in Printmedien untersuchen, so analysieren wir die „veröffentlichte Meinung". Es handelt sich aus der Gesamtheit der Meinungen um diejenigen, die die Chance haben, „öffentlich" zu werden. Damit sind wir bei einem weiteren zentralen und zu präzisierenden Begriff angekommen, nämlich dem der „Öffentlichkeit"[4], der „als Gesamtheit gesehener Bereich von Menschen, in dem etwas allgemein bekannt [geworden] und allen zugänglich ist".[5]

Öffentlichkeit gilt als ein demokratisches Prinzip, nach dem staatliche bzw. die Allgemeinheit von Bürgern betreffende Fragen und Probleme so behandelt werden sollen, dass den Betroffenen zumindest eine passive Teilnahme an Beratungen und Entscheidungen gewährt wird.[6] Dieses Prinzip ist von besonderer Bedeutung im Gerichtswesen (öffentliche Rechtsprechung).
In *Meyers Enzyklopädisches Lexikon* wird „Öffentlichkeit" als eine Bezeichnung der Sozialwissenschaften für gesellschaftliche Kommunikations-, Infor-

---

[2] Vgl. dazu in dem von Dieter Nohlen und Rainer-Olaf Schultze (1985) herausgegebenen Wörterbuch *Politikwissenschaft* die Artikel „Öffentliche Meinung" und „Öffentlichkeit".
[3] Kleinsteuber 1985a: 623.
[4] Öffentlichkeit gilt in den Sozialwissenschaften als eigener Bereich, der von der privaten wie staatlichen Sphäre geschieden wird.
[5] Duden. Deutsches Universalwörterbuch. Hrsg. von der Dudenredaktion. Mannheim u.a. [4]2001.
[6] Die Zusammenfassung orientiert sich an Kleinsteuber 1985b: 627 f.

mations- und Beteiligungsverhältnisse definiert, die die Entstehung und die fortwährende Dynamik einer öffentlichen Meinung möglich machen.[7] Etwas vorsichtiger und weniger idealtypisch formuliert die *Brockhaus Enzyklopädie*:

> „Im Alltagsverständnis werden als Öffentlichkeit alle gesellschaftlichen Bereiche angesehen, die [...] prinzipiell allen an einer Gesellschaft beteiligten Personen offen stehen sollen, i.e.S. die Zugänglichkeit bzw. Durchschaubarkeit politischer und rechtlicher Entscheidungsräume für Kritik und Kontrolle auch derjenigen Bürger, die nicht direkt mit den jeweils anstehenden Entscheidungen verbunden sind."[8]

Im Sinne dieses allgemeinen Verständnisses ist die Sequenz „im Spiegel der Öffentlichkeit" im Titel dieser Untersuchung zu verstehen. Auf Grund seiner Unzulänglichkeit wird diese Begriffsbestimmung in der Sozialwissenschaft weiter differenziert, wobei Habermas' Modell der „diskursiven Öffentlichkeit"[9] am meisten Beachtung gefunden hat. Eine weitergehende Diskussion dieses Ansatzes kann hier nicht geleistet werden und ist auch für die Präzisierung des Öffentlichkeitsbegriffs für den Zweck dieser Arbeit auch nicht vonnöten. Abgrenzen möchte ich mich allerdings von der irrigen Annahme einer monolithischen Vorstellung von *öffentlicher Meinung*, die in den Sozialwissenschaften schon lange aufgegeben wurde, zugunsten mehrerer antagonistischer Öffentlichkeiten.[10]

---

[7] Vgl. den Eintrag „Öffentlichkeit" in *Meyers Enzyklopädisches Lexikon* in 25 Bänden. Mannheim/ Wien/ Zürich u.a. 1976.

[8] Brockhaus – Die Enzyklopädie in 24 Bänden. Bd. 16. Mannheim/ Leipzig [20]1998, S. 156.

[9] Vgl. dazu Habermas (1962/[14]1983) *Strukturwandel der Öffentlichkeit* und *Theorie des kommunikativen Handelns* ([4]1987). Öffentlichkeit dient dort ihrem Selbstverständnis nach als Forum eines „herrschaftsfreien" und vernunftgeleiteten Austausches von Meinungen und Argumenten, welche die Herstellung von Konsens und Entscheidbarkeit an einer Vorstellung von Vernunftgemäßheit und Selbstbestimmung orientieren.

[10] Habermas hat ein Konzept einer bürgerlichen Öffentlichkeit erarbeitet, die eine Organisation politisch-literarischer Kommunikation der klassisch-bürgerlichen Gesellschaft bezeichnet. Diese Öffentlichkeit wird unter anderem in der Presse hergestellt und drückt den politischen Willen eines gebildeten, räsonierenden Publikums gegen die Herrschaft des Monarchen aus [Habermas 1962/[14]1983]. Da heute die bürgerliche Öffentlichkeit als die herrschende gilt, wird in der Diskussion der Aufbau einer Gegenöffentlichkeit gefordert [z.B. Negt/ Kluge [6]1978].

11 Rezeption und Reaktionen in Printmedien

Im Rahmen des journalistischen Textkorpus[1] werden neben Zeitungsartikeln[2] (Nachricht, Bericht, Reportage, Feature, Interview, Kommentar, Leitartikel, Kolumne, Glosse, Kritik) als „zentrale journalistische bzw. redaktionelle Form der Zeitung“[3] auch Leserbriefe untersucht, die sich auf strafrechtliche und verfassungsrechtliche Gerichtsentscheidungen der Sitzblockadenjudikatur beziehen. Das elfte Kapitel gliedert sich entsprechend der linguistischen Untersuchungsmethode in drei Teile, wobei die strafrechtlichen Gerichtsentscheidungen getrennt von dem verfassungsrechtlichen[4] Beschluss analysiert werden:

- 11.1: Wortsemantische Untersuchungen in Printmedien
- 11.2: Sprecherhandlungen in Printmedien
- 11.3: Sprachgebrauchstopoi in Printmedien

Der folgende Untersuchungsabschnitt versucht anhand des journalistischen Textkorpus herauszuarbeiten, ob sich Unterschiede zwischen juristischer und alltagsweltlicher Sachverhaltskonstitution feststellen lassen. Selbstverständlich fassen die Zeitungsredakteure bzw. Korrespondenten in ihren Artikeln die rechtlich relevanten Kernaussagen zusammen, die jedoch nur dann erwähnt und aufgegriffen werden, wenn sie gegenüber der juristischen Sachverhaltskonstitution (wie sie im zweiten und dritten Teil dargelegt wurde) neue Gesichtspunkte zu Tage fördern.

11.1 Wortsemantische Untersuchungen in Printmedien

Im Folgenden werden nicht nur Zeitungsartikel untersucht, die über die Gerichtsentscheidungen im Zusammenhang mit den Sitzblockaden vor dem Sondermunitionslager der Bundeswehr in Großengstingen berichten, sondern es wird generell die Berichterstattung über Gerichtsurteile und -beschlüsse zu Sitzblockaden vor Militäreinrichtungen herangezogen, die nach dem gleichen

---

1 An dieser Stelle möchte ich mich herzlich für die Hilfe der Bibliotheksmitarbeiter im Bundesverfassungsgericht bedanken, die mich bei meinen Archivarbeiten unterstützt haben.

2 Zur Textsortenproblematik vergleiche die Ausführungen in Teil I, Kapitel 4.

3 Straßner ^{2}1999: 16.

4 BVerfGE 92,1.

Muster wie die in dieser Untersuchung dargestellte Blockadeaktion abgelaufen sind.

11.1.1 Rezeption der strafrechtlichen Gerichtsentscheidungen

„Wir haben gewaltfrei ‚Gewalt' angewendet und ‚ehrenwert' verwerflich gehandelt."[5] So bilanziert ein Teilnehmer diverser Sitzblockaden seine Einschätzung der Blockadeaktionen in mehreren Leserbriefen. Bei seinem Versuch der Sprachgebrauchsnormierung hinsichtlich der Termini *Gewalt, Verwerflichkeit, Rechtswidrigkeit* rückt er den seiner Meinung nach verbreiteten und gängigen Gewaltbegriff in den Mittelpunkt, dem zufolge zur Gewalt aktives physisches Dazutun gehöre und passives Dasitzen nicht die Bezeichnung der Gewalt verdiene. Darüber hinaus etikettiert er seine Teilnahme an „gewaltfreien friedlichen Sitzdemonstrationen" als „ehrenwert", weil dieser Einsatz seiner Einschätzung nach „dem Frieden" diene und damit nicht mit dem Etikett der Verwerflichkeit im Sinne des § 240 Abs. 2 StGB belegt werden könne. In seiner Argumentation kommt er zu dem Schluss: da weder Gewalt angewendet worden sei noch ein verwerfliches Verhalten vorgelegen habe, so könne auf Grund dessen nicht von einer rechtswidrigen Tat gesprochen werden.

Wir haben es hier mit einem weiteren Bedeutungs- und Referenzfixierungsversuch[6] hinsichtlich des Gewalt-, Verwerflichkeits- und Rechtswidrigkeitsbegriffs zu tun. Es gilt im Rahmen des journalistischen Textkorpus jedoch zusätzlich zu berücksichtigen und zu unterscheiden, ob über Sprachnormierungskämpfe in der Rechtsprechung bzw. in der juristischen Binnenkommunikation berichtet wird oder über unterstellte Sprachgebrauchsgepflogenheiten im Alltag bzw. in der Gemeinsprache.

Der folgende Ausschnitt aus einem anderen Leserbrief wird exemplarisch angeführt für einen alltagsweltlichen oder gemeinsprachlichen Sprachnormierungsversuch, der sich nur inhaltlich, nicht aber hinsichtlich des Verfahrens von den im juristischen Diskurs bereits analysierten Sprachnormierungsversuchen unterscheidet. „Falsch ist jedoch die Bewertung einer Sitzblockade als Gewalt im Sinne des § 240 Strafgesetzbuch. Gewalt ist aggressives, mit Kraftentfaltung verbundenes Verhalten – zumindest nach dem allgemeinen Sprachgebrauch."[7] Nicht-juristische Bedeutungs- und Referenzfixierungsversuche unterliegen selbstverständlich den gleichen Schwierigkeiten wie die juristischen – auch ein juristischer Laie hat natürlich keine differenziertere Kompe-

---

[5] Klaus Vack – bekannt als Organisator der Aktion „Sitzenbleiben für den Frieden" – in Leserbriefen der *Frankfurter Rundschau* vom 23.10.1990 und vom 09.03.1992.

[6] Vgl. dazu ausführlicher in Teil I Kapitel 3.2 und im dritten Teil das achte Kapitel.

[7] Leserbrief von Andreas Funke in der *Frankfurter Rundschau* vom 10.05.1988.

tenz hinsichtlich der (an und für sich problematischen) Frage, welche Bedeutungsaspekte eher dem allgemeinen Sprachgebrauch entsprechen.

In einem weiteren Leserbrief wird in Bezug auf den Terminus der „strukturellen Gewalt" behauptet, über die Kompetenz hinsichtlich der Frage zu verfügen, welcher Begriff von Gewalt in welcher Varietät vorherrsche und von welcher Varietät aus in welche weiteren Varietäten einzelne Teilbedeutungen die Begriffsbildung beeinflusst hätten.

Mit Bezug auf den von Johan Galtung eingeführten Terminus der „strukturellen Gewalt" behauptet in einem Leserbrief ein Befürworter der Verurteilung von Sitzblockadenteilnehmern nach § 240 StGB, dass ein Rückgriff auf den traditionellen „vorgaltungschen" Gewaltbegriff zu einfach wäre. Der Leserbriefschreiber führt als Begründung an:

> „[...] ihn gibt es nicht mehr. Besonders deutlich zeigt sich die allgemeine Ausdehnung des Gewaltbegriffs im strafrechtlichen Nötigungstatbestand, in einem Rahmen also, in dem es auf eine präzise und enge Begriffsbestimmung eigentlich entscheidend ankommt. Die Erweiterung dieses Gewaltmerkmals um die psychische Komponente (‚Blockade-Fälle') hat zu einer Unschärfe geführt, die von der Verfassungswidrigkeit nicht mehr weit entfernt ist, wie das Urteil des Bundesverfassungsgerichts [gemeint ist die BVerfG-Entscheidung vom 11.11.1986/Anm. E.F.] zum Nötigungstatbestand zeigt. Wenn selbst das Strafrecht, im Vergleich zur Alltagssprache um eine eingeschränkte Terminologie bemüht, die Entgrenzung des Gewaltbegriffs aufnahm, wie sollte man bei der Beschreibung komplexer sozialer Strukturen mit dem eindimensionalen Bild der physischen Gewalt noch auskommen können?"[8]

Der Verfasser des Leserbriefs behauptet, dass der ausgedehnte Gewaltbegriff aus der Alltagssprache in das Strafrecht eingegangen sei. Meiner Ansicht nach müsste ein Vertreter einer solchen Behauptung erst einmal belegen, ob der erweiterte Gewaltbegriff wirklich in gemeinsprachlichen Erscheinungsformen in repräsentativ zu bezeichnender Häufigkeit nachzuweisen ist. Darüber hinaus handelt es sich – wenn überhaupt gegenseitige Einflüsse vorliegen – m.E. um eine interfachliche Übernahme des Gewaltbegriffs aus der soziologischen und politikwissenschaftlichen Wissenschaftsdisziplin in die Jurisprudenz, die gegebenenfalls ihre Spuren in der Gemeinsprache hinterlassen hat.

Wie in dieser Arbeit schon erwähnt wurde, haben wir es bei Wortauslegungsversuchen (das gilt nicht nur für den juristischen Diskurs, sondern auch für die vorgefundenen Beispiele im journalistischen Textkorpus) aus sprachwissenschaftlicher Sicht mit einem grundsätzlichen Defizit zu tun. Dieses Defizit besteht darin, dass die vorgenommene Wortauslegung pragmatische Gesichtspunkte vernachlässigt und nicht von einer pragmatischen Wortsemantik ausgeht, die allerdings Voraussetzung ist, wenn man den juristischen Dis-

---

[8] Leserbrief von Rainer Seider in der *Frankfurter Allgemeine Zeitung* 31.12.1986.

kurs mit seinen vielseitigen Facetten möglichst breit erfassen möchte. Dies soll an einem Beispiel verdeutlicht werden.
Die Unterteilung des Zwecks in *Nah-* und *Fernziel* wurde im Rahmen der juristischen Sprecherhandlungen des Klassifizierens (Deklarativa) bereits problematisiert. Im folgenden Ausschnitt aus einem Artikel von Hans Schueler in der Wochenzeitung *Die Zeit* wird die zwischenzeitlich politisch realisierte Forderung der Sitzdemonstranten als Beleg dafür angeführt, dass die Rechtsprechung des Bundesgerichthofs zweifelhaft sei:

> „Das eigentliche Kuriosum ihrer Entscheidung scheint den obersten Strafrichtern gar nicht bewusst zu sein: Was sie als ‚Fernziel' der Blockierer definierten und als möglichen Rechtfertigungsgrund für die Tat für unbeachtlich erklärten – die Beseitigung der Mittelstreckenwaffen auf deutschem Boden -, ist per Abkommen bereits erreicht und wird de facto zumindest teilweise verwirklicht sein, noch bevor die letzten Täter ihr rechtskräftiges Strafurteil in Händen halten."[9]

Der Autor betrachtet die Bezeichnung „Fernziel" von der politischen Wirklichkeit als eingeholt bzw. widerlegt. Der im juristischen Diskurs in Bezug auf den Nötigungsparagraphen kursierende Ausdruck „Fernziel" sagt (natürlich) nichts über die Wahrscheinlichkeit der Realisierung der damit gemeinten Ziele aus (derartige Aussagen versagen sich die Richter wegen ihrer rechtlichen Irrelevanz), sondern versucht den in § 240 StGB angeführten, recht unbestimmten und daher näher zu bestimmenden Zweckbegriff in Abgrenzung zu sog. Nahzielen differenzierter zu (er)fassen.[10]

Das ist ein Beispiel dafür, dass juristischen „relativen Laien" mit einer Analyse auf Wortebene beim Verstehen nicht geholfen ist. Vielmehr sind die drei als grundlegend behaupteten juristischen Sprecherhandlungen beim Vermitteln der juristischen Sichtweise bzw. Herangehensweise weitaus aufschlussreicher. Mit Hilfe der Sprecherhandlungen würde das eigentlich Umstrittene deutlicher zum Vorschein kommen, nämlich die Klassifikation des lebensweltlichen Sachverhalts mittels juristischer Sprachhandlungen. Darüber hinaus ist zu beachten, dass der Terminus *Fernziel* nicht im Gesetzestext vorkommt. Vielmehr ist der Ausdruck *Fernziel* in der juristischen Binnenkommunikation zur juristischen Aufarbeitung von juristisch Tätigen erst gebildet worden – und zwar um den randunscharfen Zweckbegriff in § 240 StGB fachlich effektiver mittels weiterer bedeutungsverdichteter Rechtsbegriffe handhaben zu können, zu deren Verständnis Sprachgebrauchserfahrung im juristischen Diskurs vonnöten ist. Solche Termini bilden also nicht a priori den vom Gesetzgeber im Gesetzestext legitimierten Kriterienkatalog zur juristischen Sachverhaltsklassifizierung, sondern sie sind das terminologische Ergebnis juristischen Sprachhandelns (Rechtsarbeit als Textarbeit) beim Bilden eines

---

[9] *Die Zeit* 20.05.1988.

[10] Vgl. dazu die ausführlichen Darstellungen zur Zweckdifferenzierung in Nah- und Fernziel im zweiten Teil dieser Untersuchung.

Orientierungsrahmens (von Friedrich Müller als „Normprogramm“ und „Normbereich“ bezeichnet[11]) als Vorstufe der Rechtsnormkonstitution – ein Umstand, der mit dem Alltagsverständnis juristischer Tätigkeit gewöhnlich nicht erfasst wird. Aus diesem Grunde können die meisten Ansätze zum Verstehen von Gesetzestexten als zu eng gefasst bezeichnet werden, weil sie zentrale Bedeutungs- und Referenzfixierungsversuche im Textgeflecht der juristischen Binnenkommunikation nicht zu erfassen vermögen.

In alltagsweltlichen und zum Teil in juristischen Argumentationen wird die unterschiedliche juristische Textarbeit in Bezug auf unbestimmte Rechtsbegriffe insofern kritisch gesehen, als umstrittene Sprecherhandlungen (wie z.B. die rechtliche Klassifizierung von Sachverhalten) in der Alltagswelt gegen eine breite Akzeptanz richterlicher Entscheidungen wirken können.

In diesem Zusammenhang ist die – in einem Kommentar der *Badischen Zeitung* vom 14. Mai 1988 formulierte – Ansicht zu nennen, dass der juristische Disput über die Auslegung der zwei Rechtstermini *Gewalt* und *Verwerflichkeit* die Akzeptanz von Verurteilungen nach § 240 StGB nicht zu erhöhen vermag: Schon der Gewaltbegriff in Abs. 1 sei in Bezug auf Sitzblockaden juristisch umstritten (der BVerfG-Entscheidung vom 11.11.1986 liegt ein 4:4-Patt zugrunde), nun werde auf dieser unsicheren Grundlage einer gerade noch als verfassungsrechtlich akzeptierten Gewaltauslegungspraxis eine Verwerflichkeitsprüfung vorgenommen, die wiederum spezifische Sachverhaltseigenschaften wie die politisch motivierte Zielsetzung der Blockadeaktionen (die für die Protagonisten der Aktionen von zentraler Bedeutung sind) als rechtlich zweitrangig einstufe.

> „War ihnen schon kaum als nachvollziehbar erschienen, daß Sitzblockaden ‚Gewalt‘ sein sollten, so galt das erst recht für die Qualifizierung ‚verwerflich‘. Diese beiden Begriffe hatten auch vier von acht Richtern des Bundesverfassungsgerichts im November 1986 nicht gelten lassen wollen. Wer ‚verwerflich‘ sage, müsse auch die Motive der Demonstranten berücksichtigen, meinten sie. Das *müsse* nicht sein, meinten die anderen vier, deren Votum den Ausschlag gab. Das *dürfe* nicht sein, sagt der BGH in Ausschöpfung seiner Entscheidungsmacht.“[12]

Besondere Aufmerksamkeit erfuhren die Ausführungen und Wortspiele prominenter Sitzblockadenteilnehmer wie zum Beispiel die ausführlichen Darlegungen des Tübinger Rhetorikprofessors und Sitzblockadenteilnehmers Walter Jens vor dem Amtsgericht Schwäbisch Gmünd. Es handelt sich zwar bei der Textsorte *Schlusswort* („letztes“ Wort des Angeklagten vor Urteilsverkündung) um einen zunächst überwiegend innerinstitutionell funktionablen Text (Textsorte), der aber von Walter Jens bewusst öffentlichkeitswirksam für die Rezeption außerhalb des eigentlich primären Funktionsbereichs Justiz verfasst worden sein dürfte. Deshalb wird er hier zum gemeinsprachlichen Textkorpus

---

[11] Siehe dazu die ausführlichen Erklärungen in Teil II *Rechtsarbeit als Textarbeit.*

[12] *Süddeutsche Zeitung* 14. Mai 1988.

gezählt, zumal er in vielfältigen nicht juristischen Publikationen abgedruckt wurde.

Der Gesamttext seines Schlusswortes vor dem Schwäbisch Gmünder Amtsrichter Werner Offenloch hat ebenso wie des Amtsrichters Urteilsbegründung Eingang in Rhetoriklehrbücher[13] gefunden, nachdem das Schlusswort von Jens zuvor auszugsweise immer wieder in verschiedenen Zeitungen[14] zitiert und als Gesamttext in der F.A.Z.[15] zur Darstellung der Position der damaligen Friedensbewegung abgedruckt worden ist. Die Frage der Verwerflichkeit im Zusammenhang mit Sitzblockaden oder Sitzdemonstrationen beantwortet Jens mit der Zusammenstellung von – seiner Meinung nach – sinn- und sachverwandten Wörtern wie zum Beispiel „amoralisch", „ruchlos" und „sittenlos"[16]. „Ehrenwerte Verwerflichkeit", die beispielsweise das Landgericht Ellwangen den Sitzdemonstranten oder Sitzblockadeteilnehmern bescheinigt, gebe es nach Jens Ansicht nicht, allenfalls in „einer Sondersprache der Richter", die „99 von 100 Menschen nicht mehr" verstünden.

Jens bedient sich im Prinzip der gleichen Bedeutungs- und Referenzfixierungsversuche wie die Richter in der untersuchten Judikatur,[17] indem er den Begriff „Verwerflichkeit" im Rahmen eines Sprachnormierungs„kampfes" in seinem Sinne bedeutungs- und referenzfixieren will.[18] In seiner Argumentation bedient er sich eines Wörterbuches – interessanterweise des Grimmschen, um den heutigen Sprachgebrauch des Wortes *verwerflich* zu „belegen". Jens weist daraufhin, dass vor der Strafrechtsreform im Jahre 1953 im Nötigungsparagraphen anstelle des aktuellen Ausdrucks „verwerflich" von dem „gesunden Volksempfinden" gesprochen worden ist. Die Formulierung „gesundes Volksempfinden" entstammt einer Strafrechtsänderung während der nationalsozialistischen Diktatur. Dieser Umstand ist für Jens Beleg genug, dass auch das Nachfolge-Lexem „verwerflich" noch Spuren dieser Ideologie in sich trage.

Die Begründung lässt sich auf das Argumentationsmuster zuspitzen, dass die Ablösung bzw. Ersetzung eines Wortes durch ein anderes auch dann perjorativ „nachwirkt" und dementsprechend zur Desavouierung benutzt werden kann, wenn ausdrücklich mit der Lexemsubstitution eine Absage an die mit dem vorherigen Syntagma einhergehende Weltanschauung zum Ausdruck gebracht werden soll.

---

[13] Berthold, Siegwart (1993): Reden lernen. Übungen für die Sekundarstufe I und II, Frankfurt, S. 106-110. Zuvor abgedruckt in didaktischem Kontext in der Zeitschrift *Diskussion Deutsch*, 16. Jg. Heft 82/1985, S. 225-230.

[14] Vgl. zum Beispiel *Badische Zeitung* 29.02.1992.

[15] *Frankfurter Allgemeine Zeitung* 29.01.1985.

[16] Zitiert nach Berthold 1993: 109.

[17] Siehe dazu in Teil III, Abschnitt 8.

[18] Diese Ausschnitte der Rede Walter Jens' sind zitiert nach Berthold 1993: 109.

Walter Jens verfügt zwar vor dem Amtsgericht Schwäbisch Gmünd nicht über die institutionelle Macht einer Sprachnormierungskompetenz, die einem Richter im Rahmen der rechtsstaatlichen Rechtsprechung zuteil wird. Vielmehr muss er bei seinen Bedeutungs- und Referenzfixierungsversuchen stattdessen als sog. Prominenter auf sein nicht unbeachtlichtes Prestige in der öffentlichen Diskussion vertrauen. Somit kämpfen verschiedene Protagonisten in verschiedenen Diskursen gegeneinander: die einen – hier die rechtsprechenden Richter – bedienen sich rechtssprachlicher Diskursgepflogenheiten und beanspruchen in ihrer Argumentation mitunter auch die Bedeutung alltagsweltlich gebrauchter Ausdrücke bestimmen zu können – sozusagen in einer Generalkompetenz oder sprachlichen Omnipotenz. Andere Personen wie Walter Jens versuchen im nicht fachsprachlichen Diskurs auf der Grundlage postulierter moralischer Integrität Bedeutungs- und Referenzfixierungsversuche sowohl in der Gemeinsprache als auch der Rechtssprache vorzunehmen, wenn er behauptet: „*Verwerflich* ist kein terminus technicus der Jurisprudenz, kein Begriff der Fachsprache, sondern auch für den Richter ein Adjektiv, das er im Sinne des Gemeinverständnisses verwendet.“[19] Diese Behauptung lässt sich durch einen Blick in verschiedene Kommentare zum Strafgesetzbuch ebenso wie durch das Verfolgen der Diskussion über die Verwerflichkeitsklausel in der juristischen Fachliteratur relativieren.

Im Kontext wortsemantischer Betrachtungen sei daran erinnert, dass sich die Mehrheit und Minderheit der Bundesverfassungsrichter in ihrer Entscheidung vom 10. Januar 1995 zur Bezeichnung der verhandelten Verhaltensweisen offensichtlich nicht auf einen Terminus einigen können und infolgedessen die unterlegene Senatsminderheit stets von „Sitzblockade“ spricht, während die Senatsmehrheit auch das Wort „Sitzdemonstration“ verwendet. Der F.A.Z.-Kommentator Friedrich Karl Fromme kritisiert bereits 1986 den Gebrauch von *Sitzdemonstration* und kommt zu der Schlussfolgerung: „Aber ‚Sitzdemonstrationen’, wie es an einer Stelle des Urteils verräterisch heißt, die betreffenden Aktionen in eine Art Verfassungsrang hebend, sind nicht mehr unbedingt strafbar.“[20]

Im Folgenden werden abschließend zwei veröffentlichte Politikerreaktionen vorgestellt. In einem Auszug aus der F.A.Z findet sich ein Argumentationsmuster, das zur Illustrierung und Kontrastierung ein gemeinsprachlich bekanntes und pejorativeres Synonym benützt, das genau betrachtet eine tautologische Formulierung darstellt, weil der nicht fachsprachlich markierte Ausdruck der *Erpressung* alltagsweltlich mehr oder weniger synonym zu dem im juristischen Diskurs vorherrschenden Terminus der „Nötigung“ verwendet wird. Natürlich erzielt der nichtfachsprachliche Ausdruck *Erpressung* eine

---

[19] Zitiert nach Berthold 1993: 109.
[20] *Frankfurter Allgemeine Zeitung* 12.11.1986.

ganz andere Wirkung als der fachsprachliche der Nötigung. Gleiches gilt für die Attribuierung von „Sitzblockaden" mit dem Adjektiv „symbolisch".

Für den CDU-Rechtspolitiker Langner ist Nötigung kein „Kavaliersdelikt": „Wer durch Straßenblockaden und sonstige gezielte Gewaltanwendung zu überzeugen versucht, ist mitnichten ein Demokrat, sondern jemand, der sich auf die niedere Ebene politischen Erpressertums begibt."[21]

Die SPD-Rechtspolitikerin Herta Däubler-Gmelin kritisiert den BGH-Beschluss vom 5. Mai 1988 und führt an, ihrer Ansicht nach stellten „symbolische Sitzblockaden" keine Gewalt dar und dürften deshalb nicht als Nötigung bestraft werden.[22] Ob Däubler-Gmelin als Juristin oder als Politikerin diese Ansicht äußert, kann hier nicht beurteilt werden. Meines Erachtens bringt der Hinweis auf die Symbolhaftigkeit der Blockadeaktionen keinen entscheidenden neuen Aspekt in die Diskussion ein und trägt nicht zur Klärung der Frage bei, warum die Blockadeaktionen wegen dieses Gesichtspunktes nicht unter den Gewaltbegriff des Nötigungsparagraphen fallen sollten. Diese Formulierung soll vermutlich den Strafbarkeitscharakter von Sitzblockaden rhetorisch schmälern helfen. Diesbezüglich lässt sich fragen: Gibt es überhaupt Beispiele für bewusst und absichtsvoll von Menschen verursachte Blockaden ohne Symbolcharakter?

11.1.2 Rezeption der verfassungsrechtlichen Gerichtsentscheidung

In diesem Abschnitt werden ausschließlich wortsemantische Aspekte erwähnt, die im Vergleich zu den in Kapitel 11.1.1 aufgeführten Gesichtspunkten neu sind.

Die *Frankfurter Allgemeine Zeitung* (F.A.Z.) titelt ihren Artikel mit der Schlagzeile „Bundesverfassungsgericht: Sitzblockaden sind nicht als Nötigung strafbar" und ergänzt den Untertitel „Beschluß zu vier Verfassungsbeschwerden / Karlsruhe revidiert seine Ansicht von 1986". Der F.A.Z.-Redakteur Friedrich Karl Fromme berichtet von der Entscheidung in einem nahe an der Rechtssprache angelegten Sprach-, Denk- und Formulierungsduktus. In seinem Artikel führt er aus, es sei eine Veränderung der Bedeutung im Laufe der Zeit „vom Merkmal der auf den Genötigten ausgeübten körperlichen Gewalt" hin zu einem „psychisch determinierten Prozess" beim „Objekt der Nötigung" (gemeint ist das Opfer) eingetreten.[23] Die F.A.Z. erklärt recht detailliert die inhaltliche Verschiebung: „Das Maß der ‚körperlichen Kraft, die für nötig gehalten wird, damit von Gewalt gesprochen werden kann', habe sich

---

[21] *Frankfurter Allgemeine Zeitung* 22.06.1988.

[22] *Badische Neueste Nachrichten* 14.05.1988; *Frankfurter Rundschau* 14.05.1988.

[23] *Frankfurter Allgemeine Zeitung* 16.03.1995.

stetig verringert, und ‚das Erfordernis einer körperlichen Zwangswirkung beim Nötigungsopfer' sei ‚gänzlich aufgegeben worden'."[24] Ein solcher Inhaltswandel beim Gewaltbegriff im Rahmen der Nötigungsvorschrift verstoße gegen den Bestimmtheitsgrundsatz in Art. 103 GG, weil eine solche Auslegung des Gewaltbegriff „nicht hinreichend bestimmt" sei. Damit erklärt die F.A.Z. die Zusammenhänge im Vergleich zu anderen Printmedien ausgesprochen juristisch und benutzt dafür auch zahlreiche Syntagmen und Textausschnitte aus der Pressemitteilung des BVerfG.

Die Senatsminderheit des Beschlusses sehe – so führt der F.A.Z.-Artikel weiter aus – den Gewaltbegriff im Nötigungsparagraphen schon deshalb für hinreichend bestimmt, weil allgemein bekannt sei, dass Sitzblockaden nach einer gefestigten Rechtsprechung als strafbare Nötigung angesehen worden seien.[25]

Insgesamt lässt sich die Berichterstattung in der F.A.Z. am 16.03.1995 dahingehend bilanzieren, dass die Zusammenhänge sehr juristisch – ohne erkennbare Sympathie oder Antipathie gegnüber der BVerfG-Entscheidung – wiedergegeben und paraphrasiert werden bzw. durch zahlreiche Zitate aus der Pressemitteilung der BVerfG unterstützt werden. Auf eine nähere Sachverhaltsbeschreibung verzichtet der Verfasser des Artikels, das Phänomen der politisch motivierten Sitzblockaden oder *Sitzdemonstrationen*[26] – wie sie das BVerfG nennt, nicht aber die F.A.Z. – wird als bekannt vorausgesetzt, ebenso wie beträchtliches juristisches Vorwissen auf Seiten der Leser bei der relativ neutralen Wiedergabe der gegensätzlichen Positionen offensichtlich unterstellt wird. Die F.A.Z. übernimmt nicht den vom BVerfG überwiegend (sieben Mal) verwendeten Terminus *Sitzdemonstration* (den Kritiker der BVerfG-Entscheidung als Euphemismus gebrandmarkt haben), sondern bleibt bei *Sitzblockade* (den die Senatsmehrheit im Beschluss bevorzugt und fünf Mal benützt). Es wird in dem F.A.Z.-Bericht lediglich ein einziges Mal von *Sitzdemonstranten* gesprochen.

Die *Frankfurter Rundschau* (FR) titelt mit der Schlagzeile „Sitzblockaden gelten nicht mehr als Gewalt" und dem Untertitel „Karlsruhe korrigiert eigene Rechtsprechung". Zunächst wird über die – vom BVerfG festgestellte – Verletzung des verfassungsrechtlichen Bestimmtheitsgebots im Zusammenhang mit der strafrichterlichen Gewaltauslegung bei Sitzblockaden berichtet. Interessanterweise übernimmt die Redakteurin Ursula Knapp nicht den vom BVerfG überwiegend verwendeten Terminus *Sitzdemonstration*, sondern bleibt bei *Sitzblockade*. Im weiter unten erläuterten zweiten FR-Artikel vom selben Tag wird das Wort *Sitzdemonstration* ein einziges Mal verwendet.

---

[24] *Frankfurter Allgemeine Zeitung* 16.03.1995.

[25] *Frankfurter Allgemeine Zeitung* 16.03.1995.

[26] Vgl. dazu die Ausführungen zu Sprachnormierungskämpfen zwischen den Instanzen im 7. Kapitel in Teil III dieser Untersuchung.

In dem Bericht fällt ein „Übersetzungsversuch" der Verfasserin auf: „Allerdings sind auch nach der Entscheidung friedlich verlaufende Sitzblockaden nicht unbedingt erlaubt, sie können nach verkehrs- und versammlungsrechtlichen Vorschriften belangt werden."[27] Das – in diesem Satz den Ausdruck *Sitzblockade* präzisierende – Attribut „friedlich verlaufende" soll wohl als gemeinssprachliches Synonym für das (vor der BVerfG-Entscheidung) rechtsprachliche Syntagma „mit entmaterialisierter oder psychischer Gewalt" im Sinne des § 240 StBG stehen und ist jetzt nach dem Beschluss des BVerfG wieder zum Antonym von *Gewalt* geworden, solange der Gesetzgeber keine präzisierende Gewaltdefinition zum Schließen der – wie das BVerfG formuliert – „Strafbarkeitslücke"[28] verabschiedet. Ein Sprecher der Friedensbewegung deutet die BverfG-Entscheidung als Zustimmung für die Auffassung, „dass ziviler Ungehorsam nicht Gewalt ist."[29]

In diesem Zusammenhang wird deutlich, wie im rechtssprachlichen Diskurs institutionell Begriffsdefinitionen als Norm festgesetzt werden und sich nicht wie in sonstigen Wissenschafts- oder Fachdisziplinen konventionell in Fachdiskussionen herausbilden bzw. sich durchsetzen. Dessen ungeachtet werden diese institutionell gesetzten Begriffsnormierungen in der rechtswissenschaftlichen Fachliteratur kritisch beleuchtet und müssen sich dort ebenfalls ein Stück weit behaupten, und zwar schon aus dem Grunde, weil die Richter in ihren Begründungen mitunter auf die in der Fachliteratur vorgetragenen Argumentationen eingehen.

Die Zeitung *DIE WELT* vom 16.03.1995 überschreibt ihren Bericht mit der Schlagzeile „Karlsruhe: Sitzblockaden sind keine Gewalt" und ergänzt in der Unterzeile: „Bundesverfassungsgericht korrigiert eigene Rechtsprechung und die Spruchpraxis der Strafkammern". Der erste Satz des Berichtes bedarf der näheren Betrachtung: „Friedliche Sitzblockaden sind auch vor militärischen Einrichtungen keine Gewalt und dürfen nicht mehr als Nötigung bestraft werden."[30] Auf den verhandelten Gegenstand wird mit dem Syntagma „friedliche Sitzblockade" referiert. Diese auch in der *Frankfurter Rundschau* gebrauchte Formulierung bedarf insofern der Erwähnung, als gemeinsprachlich *friedlich* und *gewaltsam* in aller Regel als Antonyme eingeschätzt werden und von daher eine richterliche Bestätigung, dass eine „friedliche" Aktion nicht als „Gewalt" zu klassifizieren ist, aus alltagsweltlicher Perspektive tautologisch anmutet. Im weiteren Bericht wird ausschließlich der Ausdruck „Sitzblockade" (und nicht „Sitzdemonstration") benützt.

Die Verwendung des Adverbs „auch" in der folgenden Formulierung „Friedliche Sitzblockaden sind auch vor militärischen Einrichtungen keine

[27] *Frankfurter Rundschau* 16.03.1995.
[28] BVerfGE 92, 13.
[29] *Frankfurter Rundschau* 16.03.1995.
[30] *Die Welt* 16.03.1995.

Gewalt“ deutet schon im Eröffnungssatz auf eine uneinheitliche Rechtspraxis hinsichtlich der strafrechtlichen Verfolgung von Blockaden hin. Es handelt sich dabei wohl um eine Implikation, die wohl nur dem sehr gut vorinformierten Leser auffallen dürfte. Im Mittelteil des Artikels wird dieser Aspekt nochmals aufgegriffen und allgemein verständlich erläutert: „So seien Sitzblockaden aus Protest gegen die atomare Nachrüstung abgeurteilt worden, Grenzblockaden von Fernfahrern oder Bauern aber nicht verfolgt worden.“[31] Das Adverb „aber“ weist unmissverständlich auf die konzessive Beziehung beider Sachverhalte hin.

Rudolf Wassermann erläutert in einem Zeitungskommentar aus *Die Welt* vom 16.03.1995 zunächst die Schutzfunktion des strafrechtlichen Nötigungstatbestands, die jedem Bürger zugute komme. Die Teilnehmer der Sitzblockaden bezeichnet er als Zugehörige einer „militanten Minderheit“.[32] Die Demonstranten bezeichnen ihre Aktionen als „gewaltfrei“, die bisherige Rechtsprechung hat mehrheitlich „Gewalt“ als rechtssprachlicher Terminus im Sinne von § 240 StGB für adäquat erachtet. Wassermann bezeichnet nun gemeinsprachlich Sitzblockadenteilnehmer als „militante Demonstranten“[33] – also Personen, die mit kriegerischen Mittel für die eigene Überzeugung kämpfen.

Es gibt verschiedene Äußerungen von Politikern, Journalisten, Protagonisten und Befürwortern des Protestes gegen atomare Rüstung sowie von Gegnern dieser Bewegung oder Protestformen, die darauf schließen lassen, dass die jeweiligen Sprecher für sich eine sprachliche Omnikompetenz beanspruchen, wenn es darum geht, den Inhalt eines Ausdruckes „richtig“ zu erfassen oder *den* allgemeinen Sprachgebrauch zu kennen. Gleiches gilt auch hinsichtlich der implizierten oder zum Teil explizit geäußerten Behauptung, genauer bestimmen zu können, was *der* Bürger an Inhalten mit bestimmten Ausdrücken verbindet. Mit dieser selbst zugeschriebenen Fähigkeit unterscheiden sich dieser Personenkreis nicht von den Rechtsarbeitern sowohl in der Institution Justiz als auch in der juristischen Fachliteratur, wie im zweiten und dritten Teil dieser Untersuchung bereits herausgearbeitet wurde. Wir haben es dabei im Rahmen von Sprachnormierungskämpfen um Bedeutungs- und Referenzfixierungsversuche sowohl im gemeinsprachlichen als auch im rechtssprachlichen Diskurs zu tun.

Als ein solches Beispiel kann die Äußerung von Volker Nick, einem Protagonisten des Mutlanger Protestes gegen die atomare Nachrüstung, verstanden werden, der als Reaktion auf die verfassungsrechtliche Entscheidung vom 10.

[31] *Die Welt* 16.03.1995.
[32] *Die Welt* 16.03.1995.
[33] *Die Welt* 16.03.1995.

Januar 1995 formuliert, dass jetzt wieder klar sei, was „wirklich Gewalt" und was „Gewaltlosigkeit" sei.[34]

Ähnlichen Charakter hat die Äußerung der stellvertretenden baden-württembergischen Landtagsfraktionsvorsitzenden Birgitt Bender (Die Grünen), die die Ansicht vertritt, das Bundesverfassungsgericht habe „den Gewaltbegriff auch sprachlich so zurechtgerückt, daß er von den Bürgern wieder verstanden werden könne."[35]

Eine bisher noch nicht erwähnte Reaktion auf die verfassungsrechtliche Entscheidung besteht darin, die Verhaltensweise der Sitzblockadenteilnehmer mit einem anderen Ausdruck bzw. Syntagma zu belegen, damit sozusagen der Ablehnung des Gewaltbegriffs ein neuer Bezeichnungsvorschlag gegenüber gestellt werden kann. Respektive dieser Sprachnormierungsversuche haben wir es mit einer Begriffsdifferenzierung zu tun, die auf Grund ihres detaillierten Charakters vermutlich nur schwer vermittelbar sein dürfte.

Burkhard Hirsch (FDP) vertritt in einem Leserbrief der F.A.Z. vom 29.03.1995 die folgende Auffassung:

> „Der Straftatbestand der Nötigung schützt die Willensfreiheit des einzelnen. Der Straftatbestand der Nötigung schützt diese Willensfreiheit nicht vor jeder Beeinflussung, sondern vor der Gewalt, die zu der Erreichung des erstrebten Zieles verwerflich ist. Es kommt also darauf an, die ‚sozial adäquate' Beeinflussung von der verwerflichen Gewalt zu trennen."[36]

Burkhard Hirsch begrüßt diesen Beschluss des BVerfG zur Eingrenzung des vergeistigten Gewaltbegriffs. Den BGH-Beschluss vom 5. Mai 1988, dem zufolge die Fernziele (politischen Demonstrationsmotive) allenfalls bei der Berücksichtigung des Strafmaßes, nicht aber bei der Verwerflichkeitsprüfung heranzuziehen sind, hat er – wie im vorherigen Abschnitt erwähnt – ebenfalls begrüßt. Dieser Umstand könnte einem juristischen Laien als Widerspruch erscheinen, weil die Entscheidung des Bundesverfassungsgerichts („Die Verfassungsbeschwerden sind begründet" [BVerfGE 92, 11]) faktisch in der Folge zum Freispruch führt, während der BGH-Beschluss die rechtliche Rechtfertigung für die Verurteilung nach dem Nötigungsparagraphen liefert. Beide Entscheidungen beziehen sich aber auf verschiedene Tatbestandsmerkmale innerhalb des § 240 StGB: einmal auf die Auslegung des Gewaltbegriffs (Abs. 1), das andere Mal geht es um den Verwerflichkeitsbegriff (Abs. 2). Wenn also Hirsch wegen der gängigen Rechtsprechungspraxis die Verurteilung von Sitzblockadenteilnehmern auf Grund der Verwerflichkeit ihres Tuns im Sinnes Abs. 2 von § 240 StGB befürwortet (und gleichzeitig zum Ausdruck bringt, diese Entscheidungsbegründung müsse hinsichtlich ihrer juristischen Komple-

[34] *Süddeutsche Zeitung* 16.03.1995.
[35] *Staatsanzeiger für Baden-Württemberg* 18.03.1995.
[36] *Frankfurter Allgemeine Zeitung* 29.03.1995.

xität gut erläutert werden, damit sie überhaupt verständlich sei), so ist eine solche Auffassung zum damaligen Zeitpunkt der verfassungsrechtlichen Rechtsprechung konsequent, da zu jenem Zeitpunkt die Anwendung des Gewaltbegriffs auf Sitzblockaden vom Bundesverfassungsgericht (auf der Grundlage der bereits erwähnen 4:4 Entscheidung vom 11.11.1986) noch nicht beanstandet wurde und auch nicht Gegenstand des BGH-Beschlusses war.

Damit ist noch nichts darüber ausgesagt, wie der Bezeichnungsvorschlag von Hirsch, Sitzblockaden als „sozial adäquate Beeinflussungsformen" zu bezeichnen, zu bewerten ist. Sprachwissenschaftlich kann dazu angemerkt werden, dass Strategien des Sprachgebrauchs wie z.B. die des „Begriffe besetzen"[37] in der (partei)politischen Auseinandersetzung eine wichtige Rolle spielen können. Zu unterscheiden ist bei diesen Strategien zwischen einem onomasiologischen Vorgehen, bei dem für einen bestimmten Inhalt ein neuer Ausdruck durchzusetzen versucht wird, und einer semasiologischen Strategie, mit deren Hilfe auf der Inhaltsseite bestimmte Teilbedeutungen eines gebräuchlichen Ausdruckes besonders dominant gesetzt und die Gewichtung anderer Teilbedeutungen vermindert werden sollen.[38]

Die Deutung der BVerfG-Entscheidung als Aufforderung an den Gesetzgeber, den Gewaltbegriff zu präzisieren, ist in der Öffentlichkeit umstritten. Manche Politiker warnen vor der Illusion einer möglichen Begriffspräzision, welche die Vielgestaltigkeit der Verhaltensformen und Lebenssachverhalte nicht bewältigbarer werden lässt.

Die Bundesjustizministerin Sabine Leutheuser-Schnarrenberger (FDP) kann aus der Bundesverfassungsgerichtsentscheidung „keinen zwingenden Handlungsbedarf für den Gesetzgeber ableiten".[39] Bei dem Versuch – so berichtet die *Süddeutsche Zeitung* weiter -, den Gewaltbegriff neu zu definieren, bestehe nach Ansicht der Ministerin die Gefahr, dass dieser dann zu weit werde und wir die Grenzen vielleicht nicht deutlich machen könnten. Nach Auffassung der Bundesjustizministerin ist nach dem Beschluss des Bundesverfassungsgerichts kein „vollkommen rechtsfreier Raum" entstanden, vielmehr könne die Polizei „nach dem Opportunitätsprinzip" die Möglichkeit zum Einschreiten ergreifen. Im Einzelfall könne „mit den Regelungen des Versammlungsrechts und den Ordnungswidrigkeitstatbeständen" gegen Sitzblockierer vorgegangen werden.

---

[37] So der Titel des gleichnamigen Sammelbandes, der von Liedtke/ Wengeler/ Böke herausgegeben ist. Vgl. dazu auch den von Stötzel/ Wengeler 1995 herausgegebenen Band „Kontroverse Begriffe" und den Aufsatz von Klein 1998 mit dem Titel „Politische Kommunikation als Sprachstrategie". In diesem Zusammenhang ist der grundlegend systematisierende Beitrag von Fritz Hermanns (1994) „Schlüssel-, Schlag- und Fahnenwörter" besonders zu beachten.

[38] Vgl. zu diesen Verfahren ausführlicher Felder 1995: 66 ff.

[39] *Süddeutsche Zeitung* 20.03.1995.

Fazit: Juristische und nicht-juristische Bedeutungs- und Referenzfixierungsversuche unterliegen ähnlichen Schwierigkeiten, wenn es um die nähere Bestimmung nicht-fachlicher Sprachgebrauchsgepflogenheiten geht. Die jeweiligen Bedeutungs- und Referenzfixierungsversuche können im Rahmen der Rechtsprechung qua richterliche Autorität gesetzt werden, im alltagsweltlichen Diskurs müssen sie sich auf Grund ihrer Plausibilität im Sprachgebrauch durchsetzen. Aber auch die in der Rechtsprechung vorgenommenen Bedeutungsfixierungen „im Namen des Volkes" müssen in der juristischen Binnendiskussion bestehen und können in der weiteren Rechtsprechung jederzeit wieder geändert werden.

Die alltagsweltlichen Sichtweisen in Bezug auf die zentralen Termini *Gewalt, Verwerflichkeit* und *Rechtswidrigkeit* sowie auf Ausdrücke der juristischen Binnenkommunikation wie z.B. *Fernziel* sind von Seiten der Angeklagten bereits in den Gerichtsverhandlungen in den juristischen Diskurs eingebracht und dort juristisch „zubereitet" worden und darüber hinaus in den richterlichen Entscheidungsbegründungen weiter be- und verarbeitet worden. Auf Grund dieses Umstandes sind teilweise alltagsweltliche und gemeinsprachliche Aspekte in Teil II und Teil III dieser Untersuchung bereits erwähnt worden.

11.2 Sprecherhandlungen in Printmedien

11.2.1 Rezeption der strafrechtlichen Gerichtsentscheidungen

Besondere Aufmerksamkeit wird in den Printmedien der uneinheitlichen Rechtsprechung bei Sitzblockaden geschenkt. Die divergierenden Sprecherhandlungen in Bezug auf die rechtliche Sachverhaltsklassifizierung von Sitzblockaden wird nicht nur unter alltagsweltlichen Gerechtigkeitsgesichtspunkten, sondern auch unter juristischen Erwägungen respektive der Rechtssicherheit als problematisch angesehen. Formuliert man diesen Umstand im Paradigma des in Teil II dargelegten rechtstheoretischen Ansatzes, so handelt es sich um juristische Textarbeit mit unterschiedlichen Normkonkretisierungsergebnissen. Ein solcher Umstand ist nach einer häufig geäußerten Auffassung vom Standpunkt des Gleichheitssatzes und der Rechtsstaatlichkeit nicht unproblematisch.

Mit Überschriften wie „Unhaltbare Zustände"[40] und „Nachrüstung gegen Sitzblockaden"[41] beziehen sich manche Tageszeitungen auf die uneinheitliche Rechtsprechung bei Sitzblockaden, die es nach wie vor gebe. Die Wirklichkeit

---

[40] *Badische Neueste Nachrichten* 25.04.1988.
[41] *Süddeutsche Zeitung* 19.03.1988.

vor Gerichten sehe so aus, dass sich nicht nur in den unteren Instanzen die Auffassungen teilten und zu einem „heillosen Rechtsprechungswirrwarr" führten. Selbst an „einzelnen Oberlandesgerichten entscheiden die Senate nicht überall einheitlich, und für die Betroffenen hing und hängt es nach wie vor letztlich vom Anfangsbuchstaben ihres Namens ab, ob sie mit der Zahlung eines Bußgelds davonkommen."[42] Dies löse in der Bevölkerung erhebliche Irritationen aus:

> „Die unterschiedlichen Urteile hätten, meint die baden-württembergische SPD, zu einer Rechtsunsicherheit geführt, und überhaupt entspreche die Rechtslage nicht mehr ‚den nunmehr veränderten politischen und militärischen Verhältnissen.' Das sei aber eine merkwürdige Rechtsauffassung, wunderte sich der Vorsitzende der CDU-Fraktion im Stuttgarter Landtag, Teufel. Über Rechtmäßigkeit oder Rechtswidrigkeit einer Handlung entscheiden im Rechtsstaat unabhängige Gerichte und nicht politische Verhältnisse. Teufel sagte, wer zwischen Straftaten und zulässigen Regelverletzungen aus politischen Motiven unterscheide, untergrabe das Rechtsbewußtsein der Bürger und maße sich eine Oberhoheit der Politik über die Justiz an. Im übrigen sei die Rechtslage nach dem Spruch des Bundesgerichtshofs vom Mai 1988 ‚völlig eindeutig'." [43]

Das hier angesprochene Problem, inwiefern veränderte politische Rahmenbedingungen die rechtliche Sachverhaltsklassifizierung beeinflussen, wird vielfältig thematisiert. Mit Sicherheit ist aus den erwähnten Gründen eine solche uneinheitliche Rechtsprechung nicht unproblematisch. Andererseits kann jedes politische Lager seine Auffassung juristisch bestätigt und widerlegt sehen. In diesem Sinne argumentiert *Der Spiegel*: Da in dem Sitzblockaden-Fall eine gesamtgesellschaftliche Streitfrage als Politikum von der Justiz beantwortet werde (die eigentlich im politischen Diskurs geklärt werden müsste), so sei es in jedem Fall besser, dass durch eine uneinheitliche Rechtsprechung, die beiden Lagern Recht gebe, keine eindeutige Antwort von Seiten der Jurisprudenz auf eine politische Streitfrage zu geben versucht werde. *Der Spiegel* formuliert salopp: „Denn künftig haben die Bürger der Republik, und damit auch die Juristen, die Wahl zwischen zwei verschiedenen Gewaltbegriffen."[44]

In der juristischen Fachwelt werden dahingegen die soeben angesprochenen divergierenden Sprecherhandlungen in Bezug auf die rechtliche Sachverhaltsklassifizierung von Sitzblockaden im Unterschied zu den vorherigen Ausführungen zum Teil als unproblematisch beurteilt.

Die F.A.Z. berichtet in ihrer Ausgabe vom 21. Januar 1987, dass einer von sechs Amtsrichtern am Amtsgericht Schwäbisch-Gmünd seine Rechtsprechung gegenüber Sitzblockadenteilnehmern im Herbst 1986 im Anschluss an das 1.

---

[42] *Stuttgarter Zeitung* 18.02.1988.

[43] *Frankfurter Allgemeine Zeitung* 5.04.1989.

[44] *Der Spiegel* 17.11.1986.

Sitzblockadenurteil des Bundesverfassungsgerichts geändert habe und nun in Abkehr seiner bisherigen Praxis die Angeklagten in aller Regel freispreche.

> „Der Richterbund des Landes Baden-Württemberg hat dazu gesagt, es sei kein Unglück, wenn ein Richter an einem Gericht so urteile, andere anders. Das ist nicht grundsätzlich zu bestreiten; aber als erfreulich gilt das nicht. Es ist kein die Unabhängigkeit der Richter bestätigender Vorzug, wenn es an einem und demselben Gericht von der Geschäftsverteilung [...] abhängt, ob jemand für einen alkoholisiert verursachten Autounfall Freiheitsstrafe bekommt oder Geldstrafe. Es ist letztlich eine Frage nach der Präzision des Gesetzgebers und nach der Eindeutigkeit seiner Auslegung durch die Obergerichte. Sie haben hier, vom Bundesgerichtshof bis zum Bundesverfassungsgericht, versagt. Dabei haben diese Obergerichte, sorgsam abgeschirmt von Sicherheitskräften, prunkend in ihren roten Roben, am wenigsten Grund, ihre Rechtsauffassungen an öffentlichen Stimmungen zu orientieren." [45]

Meines Erachtens erliegt in dieser Argumentation der F.A.Z.-Redakteur Friedrich Karl Fromme dem „Dämon der Analogie" (André Gide), denn die implizierte Entsprechung der hier umstrittenen rechtlichen Sachverhaltsklassifizierung in Bezug auf Sitzblockaden mit dem unterschiedlichen Strafmaß bei Autounfällen, die von alkoholisierten Autofahrern verursacht wurden, geht vollständig an der eigentlichen Rechtsarbeit vorbei und vermag in keiner Weise die Eigenheiten der juristischen Textarbeit zu erfassen. Mit Hilfe der im achten Kapitel aufgestellten drei grundlegenden Sprachhandlungstypen (Sachverhalt-Festsetzen, rechtliche Sachverhaltsklassifizierung, Entscheiden inkl. Argumentieren) kann die Schwachstelle dieser Analogie verdeutlicht werden: die rechtliche Sachverhaltsklassifizierung ist bei dem zur Kontrastierung angeführten Sachverhalt des alkoholisierten Autofahrers nicht umstritten, sondern nur die Sprecherhandlung des Entscheidens hinsichtlich des auszusprechenden Strafmaßes. Bei Sitzblockadenentscheidungen ist dahingegen der vorgelagerte und grundlegende Sprachhandlungstyp der rechtlichen Sachverhaltsklassifizierung Anlass der Meinungsverschiedenheit. Es handelt sich also um Meinungsverschiedenheiten zwischen zwei nicht vergleichbaren und zu unterscheidenden Sprachhandlungstypen im Rahmen der juristischen Textarbeit.

Somit haben wir ein weiteres plausibles Beispiel dafür angeführt, wie sehr im Rahmen der Vermittlungsproblematik rechtssprachlicher Besonderheiten die Ebene der Sprecherhandlungen die Komplexität der juristischen Textarbeit transparent zu machen vermag.

Die von Friedrich Karl Fromme formulierte Position ist darüber hinaus widersprüchlich. Entweder man akzeptiert die richterliche Unabhängigkeit, die in der Konsequenz zu divergierenden Sachverhaltsklassifikationen und damit zu uneinheitlichen Urteilen führen kann, oder man stellt sie als rechtsstaatliches Prinzip grundsätzlich in Frage: es scheint m.E. aber nicht plausibel, eine solche grundsätzliche Frage auf der Ebene von Einzelbeispielen erörtern zu wollen

[45] *Frankfurter Allgemeine Zeitung* 21.01.1987.

und darauf zu hoffen, dass der ausgeübte Druck auf diejenigen, die vom rechtsstaatlichen Grundsatz der richterlichen Unabhängigkeit Gebrauch machen und von einer gängigen Urteilspraxis abweichen, in der Konsequenz zu einer einheitlichen Rechtsprechung führt. In der *Stuttgarter Zeitung* wird der entsprechende Amtsrichter in dieser Angelegenheit mit den Worten zitiert, dass er in seiner veränderten Rechtsauffassung „eine notwendige Fortbildung der Rechtsprechung“[46] sehe.

In dem F.A.Z.-Bericht von Friedrich Karl Fromme offenbart sich zusätzlich eine illusionäre Sprachauffassung in Bezug auf das Genauigkeitspotential des Mediums Sprache – hier bezeichnet als „Frage nach der Präzision des Gesetzgebers und nach der Eindeutigkeit seiner Auslegung durch die Obergerichte“. Wenn wir über die Präzision des Gesetzgebers nachdenken, so müssen wir fragen, mit welchem Instrument oder besser gesagt mit welchem Medium er die Präzision verwirklichen kann. Und dann sind wir mitten in der Textarbeit und den damit verbundenen sprachlichen Problemen. Dies wird in der Berichterstattung der F.A.Z. nicht nur ausgeklammert, sondern ganz im Gegenteil wird impliziert, wenn man nur wollte, so hätte man die Mittel, die geforderte Präzision zu realisieren.

Der zweite erwähnte Aspekt – nämlich der „der Eindeutigkeit seiner Auslegung durch die Obergerichte“ – dahingegen relativiert genau genommen die zuvor unterstellte Möglichkeit der präzisen Handlungsanleitung durch die Legislative an die Judikative.

Das bereits angesprochene argumentative Verfahren, den hier verhandelten Sachverhalt mit anderen Lebenssachverhalten zu kontrastieren, ist ausgesprochen problematisch, wie die folgenden Beispiele zu belegen versuchen. Deswegen wird hier etwas zugespitzt vom „Dämon der Analogie“ (André Gide) gesprochen.

Karlheinz Lange formuliert in einem Artikel der *Bayerischen Staatszeitung* pointiert, wie seiner Ansicht nach die Befürworter von Sitzblockaden den Nötigungsparagraphen auslegen. Es handelt sich dabei um eine Argumentation, die auf ähnliche Art und Weise in diversen Artikeln und Leserbriefen zum Ausdruck gebracht wird:[47]

> „Dort – und daran entzündet sich die Debatte vor allem – heißt es etwas sibyllinisch, daß die Tat rechtswidrig sei, wenn die Anwendung der Gewalt [...] zu dem angestrebten Zweck verwerflich sei. Daraus ist von Rechtsvertretern der Sitzblockierer flugs der Schluß gezogen worden, da der Kampf gegen die Raketenrüstung nicht als verwerflich angesehen werden könne, treffe der Nötigungsparagraph gar nicht zu. Das aber hieße, auf eine simple Formel gebracht: Der gute Zweck heiligt die mehr oder weniger bösen Mittel und stuft sie zu Ordnungswidrigkeiten herab.“[48]

[46] *Stuttgarter Zeitung* 17.01.1987.
[47] So beispielsweise auch Wilhelm Christbaum im *Münchner Merkur* am 14.05.1988.
[48] *Bayerische Staatszeitung* 20.05.1988.

In diesem Zusammenhang ist nicht auszuschließen, dass die gängige idiomatische Wendung *der Zweck heiligt die Mittel* (die sinngemäß Machiavelli zugeschrieben wird) den Autor zu dem folgenden plakativen Vergleich als Mittel der Veranschaulichung veranlasst hat, über dessen alltagsweltliche Plausibilität sich zwar streiten lässt, aber der sich entscheidend von diversen Eigenschaften des festgesetzten Sitzblockaden-Sachverhalts unterscheidet.

> „Der Hausherr, der die Miete mit vorgehaltenem Revolver eintreibt, macht sich nach § 240 StGB strafbar, auch wenn seine Forderung noch so berechtigt und die Mieter noch so zahlungsunwillig sind. Die Verwerflichkeit bezieht sich also eindeutig auf das Wie der Handlung, nicht auf ihre ideelle oder materielle Rechtfertigung. Jede andere Auslegung bedeutet einen Einbruch in das Gewaltmonopol des Staates."[49]

Die Unvergleichbarkeit der Sachverhalte zeigt sich hier unter anderem an folgenden Unterschieden. Das Mittel als solches (Vorhalten einer Schusswaffe versus passives Dasitzen) stellt keine vergleichbare Bedrohung dar, und der Vergleich der beiden Zwecke als solche (Auseinandersetzungen über Ansprüche zwischen Individuen versus Aufmerksam-Machen auf politische Rahmenbedingungen, die von bestimmten Bevölkerungsteilen abgelehnt werden) weisen zu wenig gemeinsame Merkmale auf, über die sie in Beziehung gesetzt werden könnten.

Im Folgenden werden weitere Leserbriefe mit bisher unerwähnten argumentativen Verfahren des Vergleichs vorgestellt. „Was würden jene tun, die für die Straffreiheit, also die Duldung von Sitzblockaden, eintreten, wenn es plötzlich vor ihrer Haustüre geschähe?"[50] In diesem Zusammenhang sei daran erinnert, dass es bei der juristischen Diskussion um die Bestrafung von Sitzblockaden nach dem Nötigungsparagraphen vorwiegend um das Zweck-Mittel-Verhältnis geht, dass also bei Blockadeaktionen geklärt werden muss, warum gerade die jeweiligen Personen und keine anderen an der Weiterfahrt gehindert werden. Darin zeigt sich die Problematik von solchen kontextlosen Vergleichen, die nur Einzelaspekte herausgreifen, um mittels ihrer einen bestimmten Standpunkt plausibel zu machen.

In einem Leserbrief der *Süddeutschen Zeitung* wird ein gängiger Vergleich zwischen Sitzblockaden der Friedensbewegung vor Kaserneneinfahrten und Straßenblockaden von Landwirten, Fernfahrern oder Stahlarbeiter gezogen. Die BGH-Richter sehen keinen grundlegenden Unterschied zwischen den Fernzielen beider Protestaktionen. Die Anhänger der Friedensbewegung dagegen halten an ihrer Argumentation fest, dass Blockaden vor militärischen Einrichtungen zur Störung des dortigen Betriebes sich nicht vergleichen ließen mit

---

[49] *Bayerische Staatszeitung* 20.05.1988.

[50] Leserbrief von B. Reuter in der *Fankfurter Rundschau* 10.05.1988.

wirtschaftlich motivierten Straßenblockaden, wo Berufsgruppen zur Durchsetzung ihrer Ziele unbeteiligte Straßenteilnehmer an der Weiterfahrt hinderten.

> „Dabei muß betont werden, daß diese Straßenblockaden weitaus schwerwiegender waren, da sie Unbeteiligten in großem Umfang in ihrer Willensentschließungs- und Willensbetätigungsfreiheit – dem Schutzzweck des Nötigungsparagraphen – einschränkten und dies um rein persönlicher, materieller Vorteile willen. Bei den Pershing-Blockaden wurden in aller Regel ausschließlich Fahrzeuge der *Pershing*-Einheiten für meist nur wenige Minuten an der Weiterfahrt gehindert und dies aus Sorge um den drohenden atomaren Holocaust."[51]

Der Umstand, dass sich blockierende Bauern, Fernfahrer und Stahlarbeiter eben keiner Strafverfolgung ausgesetzt sahen, widerspricht dem Gleichheitsgebot. Und damit wirkt es auch nicht überzeugend, wenn sich ein Befürworter von Verurteilungen – wie dies der stellvertretende Pressereferent des Bayerischen Staatsministeriums in der *Süddeutsche Zeitung* vom 28./29. Mai 1988 tat[52] – auf das Gleichheitsgebot beruft, das gerade in Bayern hinsichtlich der – vom damaligen Ministerpräsidenten Franz Josef Strauß unterstützten – Fernfahrerproteste nicht praktiziert wurde.

Die Reaktionen von Politikern auf einzelne Gerichtsentscheide machen einen großen Teil der Berichterstattung in Printmedien über die Sitzblockadenjudikatur aus. Dabei ist grundsätzlich zu unterscheiden, ob die Parteipolitiker Angehörige der Koalitionsparteien sind und dementsprechend im Bundestag über eine parlamentarische Mehrheit verfügen, um Gesetzesinitiativen fordern und eventuell umsetzen zu können. Einen solchen Einfluss auf die Textstruktur des Rechtsstaates würden die meisten Oppositionspolitiker ebenfalls gerne nutzen, es ist ihnen auf Grund der fehlenden Mehrheit aber verwehrt.

In diesem Kontext ist die Forderung von Politikern einzuordnen, eine „Klarstellung" der uneinheitlichen Rechtsprechung gemäß der eigenen Auffassung sei von den an und für sich unabhängigen Gerichten vonnöten. Wenn diese nicht erfolge, so wird angekündigt, dann werde man die eigene Rechtsauffassung über den Gesetzgebungsweg durchzusetzen versuchen. Dies wird hier rein deskriptiv vorgetragen, ist ohne Zweifel im Sinne des Rechtsstaatsprinzips und wird wohl von den meisten Politikern als legitim eingeschätzt.

Baden-Württembergs Justizminister Heinz Eyrich (CDU) lehnt es in einem Gespräch mit der Tageszeitung *Die Welt* ab, dass die Frage, ob und wie Sitzblockadenteilnehmer von den Gerichten abzuurteilen sind oder nicht, „auf Dauer strittig" bleibe. „Hier sei zunächst eine höchstrichterliche Klarstellung gefordert. Für den Fall, daß es dazu in absehbarer Zeit nicht komme, müsse der

---

[51] Leserbrief von Helmut Groß in der *Süddeutsche Zeitung* 11.06.1988.
[52] Leserbrief von Manfred Dilger in der *Süddeutsche Zeitung* 11.06.1988.

Gesetzgeber ‚die Klarstellung schaffen, die im Augenblick verlorengegangen ist'."[53]

Mit weiteren Formulierungen wie „Hoffnungen auf den Bundesgerichtshof" wird der Öffentlichkeit und den dort tätigen Richtern schon im Vorfeld der Entscheidungsfindung deutlich gemacht, welche rechtliche Sachverhaltsklassifizierung die Regierungsparteien wünschen. Für den Fall einer anders gelagerten Entscheidung werden gleichsam die beabsichtigten Maßnahmen in den Printmedien veröffentlicht:

> „Eyrich äußert die Hoffnung, daß der Bundesgerichtshof in absehbarer Zeit zu einem Grundsatzurteil kommt, das eine Art ‚Ziellinie' für die Beurteilung des Strafgehalts von Sitzblockaden vorgibt. ‚Geschieht das nicht, ist es Sache des Gesetzgebers, eine Entscheidung zu treffen, die jene Klarheit bringt, die wir auch im Blick auf das Rechtsbewußtsein der Bürger brauchen.' Für den Fall, daß ‚andere dann nicht handeln', will Eyrich dem Landeskabinett eine eigene Bundesratsinitiative vorschlagen."[54]

Eine weitere Auffälligkeit in den journalistischen Texten sind die im Vergleich zum juristischen Diskurs divergierenden Sprecherhandlungen bei der Vermittlung der Urteilsbegründung: die rechtliche Sachverhaltsklassifizierung als deklarative Sprecherhandlung widerspricht vermeintlich oder tatsächlich einer evaluativen Sprecherhandlung der nicht-juristischen bzw. alltagsweltlichen Einschätzung.

Hans-Helmut Kohl von der *Frankfurter Rundschau* sieht in der Position des rheinland-pfälzischen Justizministers Caesar (FDP) ein Dilemma, weil dieser „gewissen Aktionen" gegen die atomare Rüstung oder auch ökologisch motivierten Protestzielen sowohl „Hochachtung" als auch „Respekt" entgegen bringe (evaluative Sprecherhandlung aus alltagsweltlicher Sicht), aber dennoch eine Bestrafung im Sinne der Nötigung befürworte (rechtliche Sachverhaltsklassifizierung der Sitzblockade als deklarative Sprecherhandlung), die bekanntlich nach dem Gesetzestext „verwerflich" sein müsse.[55]

In der *Stuttgarter Zeitung* vom 17. Mai 1988 wird in diesem Sinne der FDP-Politiker Burkhard Hirsch mit den Worten zitiert, dass der Richterspruch des BGH „erklärungsbedürftig" sei: Denn die Blockade sei „verwerflich" (rechtliche Sachverhaltsklassifizierung als deklarative Sprecherhandlung), „auch wenn ihr eigentlicher Sinn ein höchst moralisches und politisch zu billigendes Ziel sein sollte. Die Entscheidung sei jedoch richtig, so meint Hirsch, wenn man die Gerichte davor bewahren wolle, ein politisches Urteil fällen zu müssen."[56]

---

[53] *Die Welt* 26.02.1987.

[54] *Die Welt* 26.02.1987.

[55] *Frankfurter Rundschau* 08.07.1988.

[56] *Stuttgarter Zeitung* 17.05.1988.

Die Auseinandersetzung um die angemessene rechtliche Sachverhaltsklassifizierung geschieht im juristischen Diskurs in Bezug auf die untersuchten Sitzblockaden ausgesprochen kontrovers. Wir haben im zweiten Teil gesehen, wie der Rechtsarbeiter die Norm in der juristischen Textarbeit unter anderem aus den sprachlichen und sachlichen Eingangsdaten aus Normprogramm und Normbereich erst konstituiert. In diesem Zusammenhang ist deutlich geworden, welchen Spielraum der Rechtsarbeiter im Rahmen dieser Sprachhandlungen hat – und zwar auf Grund der Eigenschaften des Mediums Sprache, das eben nicht den oft herbeigeredeten „Objektivitätsträumen" diverser Juristen und zum Teil breiter Bevölkerungsschichten entspricht. Eine semiotische Sichtweise macht dahingegen plausibel, dass es keine nackten Tatsachen gibt, sondern nur semiotisch vermittelte Interpretationsperspektiven (auf der Grundlage bestimmter sprachlicher Formen).

In diesem Sinne kann der folgende Zeitungsausschnitt als die Explizierung der alltäglichen Rechtsarbeit bezeichnet werden, wobei der Verfasser das Erwähnte offensichtlich für ein außerordentliches, zu kritisierendes Phänomen hält und wohl damit die Relevanz seiner Mitteilung begründen mag. Im juristischen Alltag handelt es sich um eine Trivialität, dass nämlich der Vielgestaltigkeit der Lebenssachverhalte eine rechtsstaatliche Textstruktur gegenüber steht, die vom einzelnen Richter als Textarbeiter einen Zuschnitt auf den festgesetzten Sachverhalt abverlangt.

> „Dies hat der Bundesgerichtshof mit jenen geschmeidigen Floskeln garniert, die die Abkehr vom Legalitätsprinzip zum Opportunitätsprinzip – wenn nicht zum Opportunismusprinzip – im deutschen Recht anzeigen: ‚elastische Lösungen ... ermöglichen', ‚den herrschenden sozialethischen Vorstellungen Rechnung tragen' usw. Da ist es kein Wunder, wenn immer mehr Amtsrichter elastisch reagieren und es in ihrer weniger feinsinnigen Sprache direkter begründen: die Demonstranten erfreuten sich ja doch auch der ‚Sympathie eines Großteils der Medien'."[57]

In der implizierten Behauptung, Texte könnten mit sprachlichen Mitteln ohne diese „elastischen Lösungen" auf die Vielgestaltigkeit der Lebenssachverhalte verweisen, offenbart sich eine naive Sprachauffassung, die in den vorherigen Kapiteln – wenn sie im juristischen Diskurs geäußert wurde – schon grundständig analysiert und kritisiert wurde. Selbstredend gelten die dort getroffenen Feststellungen ebenso für die hier angeführten Beispiele im journalistischen Textkorpus.

In der Medienberichterstattung finden sich genügend Beispiele für Forderungen nach Gesetzesinitiativen, die eine Abwandlung eines existierenden Gesetzestextes propagieren, der als Normtext nach Ansicht der Initiatoren nicht adäquat die Voraussetzung für ein Normprogramm schaffe, das zu der gewünschten rechtlichen Sachverhaltsklassifizierung führe.

---

[57] *Die Welt* 04.03.1987.

Da auf Grund der uneinheitlichen Rechtsprechung das Rechtsbewusstsein der Bürger langfristig Schaden nehmen könne, vertritt die christlich-liberale Bundesregierung die Ansicht, dass der Gesetzgeber eine Klarstellung vornehmen solle, welche die Gegner der Gesetzesinitiative als „Verschärfung" bezeichnen (so zum Beispiel der Saarländische Justizminister Walter (SPD) laut *Frankfurter Allgemeine* vom 13. April 1988).

> „Um diesen Zweck zu erreichen, wollen die Autoren eben das Wort ‚Zweck' aus dem Paragraphen-Text streichen. Ob eine Blockade strafbar ist, soll künftig ohne Ansehen des Teilzweckes (die sog. Fernziele), also der Motive und Ziele von Blockierern, beurteilt werden."[58]

Die von Rechtsexperten der CDU/CSU/FDP-Koalition vorgeschlagene Formulierung für Abs. 2 des Nötigungsparagraphen lautet in diesem Sinne: „Rechtswidrig ist die Tat, wenn die Anwendung der Gewalt oder die Androhung des Übels zu der Handlung, Duldung oder Unterlassung, *die erzwungen werden soll* [Hervorhebung E.F.], verwerflich ist."[59] Durch den im Zitat vom mir hervorgehobenen Relativsatz beabsichtigen die Verfasser der Gesetzesneuformulierung, die politischen Motive der Blockierer (sog. Fernziele) im Rahmen der deklarativen Sprecherhandlung der rechtlichen Sachverhaltsklassifizierung auf der Grundlage und unter expliziter Bezugnahme auf den Gesetzestext ausschließen zu können. Anhand dieser Sprecherhandlung wird deutlich, wie relevant eine Unterscheidung nach sprecherseitig (hier die Legislative) gewünschtem Ergebnisaspekt und adressatenseitig tatsächlich eintretendem Folgeaspekt (also hinsichtlich der Weiterverarbeitung in der Judikative) ist.[60] Da es nicht zur Verabschiedung dieser Gesetzesformulierung im Bundestag gekommen ist, kann hier über die möglichen Folgen nur spekuliert werden. Es ist aber zu vermuten, dass angeklagte Sitzblockadenteilnehmer vor Gericht ins Feld geführt hätten, sie wollten nicht zu einer Handlung, Duldung oder Unterlassung zwingen, sondern ihrer Meinung nach auf politische Missstände aufmerksam machen. Im Rahmen der Sprecherhandlung der rechtlichen Sachverhaltsklassifizierung hätte also dieser Gesichtspunkt (wie zuvor die sog. Fernziele) erneut explizit von den Richtern ausgeklammert werden müssen, was wiederum auf unterschiedliche Sprecherhandlungen innerhalb eines alltagsweltlichen und juristischen Wissensrahmens schließen ließe.

Die Befürworter dieser Gesetzesinitiative wie zum Beispiel das Bundesjustizministerium führen als Argument an, dass die Richter sich nicht zu Zensoren politischer Meinungen aufschwingen sollten. Dem erwidert der Kommentator in der *Süddeutsche Zeitung*:

---

[58] *Süddeutsche Zeitung* 19.03.1988.

[59] *Frankfurter Allgemeine Zeitung* 27.02.1992.

[60] *Frankfurter Allgemeine Zeitung* 24.03.1995. Vgl. auch die Ausführungen im ersten Kapitel in Abschnitt 3.3.

„In Wahrheit kann sich die Strafjustiz auf keine Weise der Wertung entziehen, wie etwa die Straßenblockaden durch Lastwagenfahrer, Bauern oder Stahlarbeiter in Rheinhausen zeigen. Nach dem Wortlaut des Entwurfs wären künftig auch solche Aktionen ‚verwerflich' und strafbar. Es kann aber nicht Aufgabe gerade des Strafrechts sein, solchen politischen Protest zu bekämpfen – noch dazu mit moralisierenden Vokabeln wie ‚verwerflich'."[61]

In einem weiteren Kommentar der *Süddeutsche Zeitung* vom 22. Juni 1988 wird diesbezüglich resümiert, dass „jedes Gericht, jede Instanz [...] eine andere Antwort" auf die Frage gebe, was Gewalt sei und wann eine Person verwerflich handle und sich infolge dessen strafbar mache.

„Kufstein [gemeint sind LKW-Blockaden/ Anm. E.F.], Rheinhausen [gemeint sind Straßenblockaden im Rahmen von Stahlarbeiterprotesten/ Anm. E.F.], Mutlangen – die Beurteilung der Strafbarkeit von Demonstranten auf der Straße ist zur Frage der politischen Couleur geworden. Recht und Unrecht haben hier jeden verhaltenssteuernden Stellenwert verloren."[62]

Wie soeben dargelegt, wird von bestimmten politischen Gruppierungen (z.B. der christlich-liberalen Bundesregierung) nicht nur die Verabschiedung eines neuen Gesetzestextes und dessen Formulierung debattiert, sondern darüber hinaus auch über das passende Gesetzbuch (Textumgebung im Textgeflecht), in welchem der entsprechende Normtext aufgeführt werden soll.

Bundesjustizminister Engelhard (FDP) fordert einen neuen Gesetzestext, mit Hilfe dessen „ein besonderer Straftatbestand namens ‚Sitzblockaden' geschaffen wird. Allerdings soll die neue Bestimmung nicht im Strafgesetzbuch stehen, sondern im Versammlungsgesetz. Es gibt dort schon jetzt neben Ordnungswidrigkeiten auch Straftatbestände."[63] Manche in der Bundesregierung dächten jedoch auch darüber nach, den Gesetzestext im Versammlungsgesetz dahingehend zu verändern, dass „Sitzblockaden als Ordnungswidrigkeit schärfer erfaßt, aber in ihrem Unrechtsgehalt zurückgestuft" würden.[64]

Als dritte Variante gebe es in der Bundesregierung auch Erwägungen, „dem Bedürfnis einer gesetzlichen Fixierung einer besonderen Verhaltensform in einem zusätzlichen Paragraphen" (hier also einem § 240a) zu genügen, was „schon öfters vorgekommen" sei.[65] Die Formulierung könne beispielsweise dahingehend lauten, dass „Gewalt auch ausübe, wer durch passives Verhalten einen anderen zu einem bestimmten Verhalten nötige."[66]

Es sei jedoch zu bedenken, dass eine Strafvorschrift im Versammlungsgesetz es eventuell auch an der gewünschten Eindeutigkeit missen ließe, da jede

[61] *Süddeutsche Zeitung* 19.03.1988.
[62] *Süddeutsche Zeitung* 22.06.1988.
[63] *Frankfurter Allgemeine Zeitung* 04.07.1987.
[64] *Frankfurter Allgemeine Zeitung* 08.05.1987.
[65] *Frankfurter Allgemeine Zeitung* 04.07.1987.
[66] *Frankfurter Allgemeine Zeitung* 04.07.1987.

Blockade – auch von einzelnen ausgeführt – zunächst einer Versammlung zugeordnet werden müsse, um den Straftatbestand erfüllen zu können.[67]

In diesem Zusammenhang ist eine weitere Variante zu erwähnen. Von anderen als den zuvor erwähnten politischen Gruppierungen (z.B. SPD) wird ebenfalls ein neuer Gesetzestext gefordert („Amnestiegesetz für Blockierer"), um „neuen" Sachverhalten im Sinne der eigenen Einschätzung gerecht werden zu können und um sie justitiabel zu machen. Ausgangspunkt dieser Argumentation ist eine veränderte weltpolitische Machtkonstellation.

Der Saarländische Justizminister Walter (SPD) fordert ein „Amnestiegesetz für Blockierer", weil die Ziele der Nachrüstungsgegner wegen der militärischen Abrüstung in „Europa regierungsamtliche Politik geworden" sei.[68] Deswegen wendet er sich auch gegen die erwähnte Gesetzesinitiative der christlich-liberalen Regierung: „Solche Pläne würden geradezu absurd, wenn gleichzeitig die Waffensysteme, gegen die sich die Blockadeaktionen gerichtet hätten, abgebaut würden."[69]

Eine Generalamnestie fordert der nordrhein-westfälische Justizminister Krimsiek (SPD) für demonstrierende Stahlarbeiter. Eine solche Amnestie würde auch Landwirte einschließen, die mit ihren Traktoren „aus Protest gegen die Agrarpolitik mehrfach gewaltsam Grenzübergänge zwischen Nordrhein-Westfalen, Belgien und den Niederlanden sperrten".[70] Das Adverb *gewaltsam* indiziert in diesem Kontext einen juristischen Fachsprachengebrauch nach damals herrschender Rechtsprechung.

Im Folgenden wird ein journalistischer Vermittlungsversuch vorgestellt, der sich zum Ziel setzt, eine geänderte Rechtsprechung in Bezug auf Sitzblockaden zu verdeutlichen. Wir haben es dabei mit einer veränderten Sprecherhandlung der rechtlichen Sachverhaltsklassifizierung zu tun. Als Konsequenz aus der modifizierten rechtlichen Sachverhaltsklassifizierung ergibt sich eine gewandelte Auslegungspraxis, die zur Modifikation von Rechtsbegriffen führt. Innerhalb des juristischen Wissensrahmens werden demnach stereotypen Vorstellungen von Rechtstermini neue Teilbedeutungen zugeschrieben, das juristische Musterwissen modifiziert den Verwerflichkeitsbegriff mittels Zuschreibung von bisher unberücksichtigten Teilbedeutungen. Dieser komplexe Vorgang wird alltagsweltlich sehr verkürzt wiedergegeben.

Als Beispiel sei die Berichterstattung über eine Entscheidung des Landgerichts Ellwangen in zweiter Instanz angeführt: „Zum erstenmal gab es jetzt am Ellwangener Landgericht in einer Berufungsverhandlung Freispruch in einem Mutlanger Blockade-Fall."[71] Das Landgericht sieht keine Verwerflichkeit

---

[67] *Frankfurter Allgemeine Zeitung* 04.07.1987.
[68] *Frankfurter Allgemeine* Zeitung 13.04.1988.
[69] *Frankfurter Allgemeine* Zeitung 13.04.1988.
[70] *Frankfurter Allgemeine Zeitung* 18.06.1988.
[71] *Stuttgarter Zeitung* 18.03.1988.

vorliegen, die im Sinne der Rechtsprechung des Oberlandesgerichts Stuttgart als „eindeutig anstößig" zu bezeichnen sei und eine „erhöhte sittliche Mißbilligung" voraussetze. In erster Instanz ist die Angeklagte

> „von dem Schwäbisch Gmünder Amtsgerichtsrat Wolfgang Krummhardt verurteilt worden, der inzwischen seine Rechtsmeinung geändert hat und ähnlich wie jetzt die Berufungskammer am Ellwanger Landgericht in Blockaden lediglich Ordnungswidrigkeiten sieht."[72]

Mit diesen Formulierungen wird für den Zeitungsleser als relativer Laie nur bedingt deutlich, welche vielschichtigen Vorgänge sich hinter der Änderung einer Rechtsmeinung verbergen.

Etwas deutlicher wird dies in der Berichterstattung der *Frankfurter Rundschau* vom 29. Februar 1992 über die geänderte Rechtsprechung des Oberlandesgerichts Stuttgart, die sich in den darauffolgenden Jahren zugetragen hat:

> „Wörtlich distanziert sich der OLG-Senat dann von seinen eigenen Entscheidungen aus dem Jahre 1990, mit denen er Sitzblockaden von mehr als 20 Minuten als verwerflich eingestuft hatte. Der Senat formulierte nun, er vermöge ‚daran in dieser apodiktischen Form nicht festzuhalten. Sein damaliges Bemühen, die Nötigungsrechtsprechung wesentlich zu vereinfachen, sieht der Senat in Anschauung später an ihn herangetragener Lebenssachverhalte schon seit längerem als gescheitert an.' (Az: 3 Ss 432/90)"[73]

Die Richter des 3. Strafsenats des Oberlandesgerichts machen zugleich – entgegen der bereits erwähnten Auffassungen mancher Politiker und Zeitungskommentatoren – deutlich, dass sie in den unterschiedlichen Ergebnissen bei Verfahren gegen Friedensaktivisten nicht schon an und für sich ein „Prozeßhindernis" sehen, weil die unterschiedliche Rechtsprechung auf der in der Verfassung verankerten Unabhängigkeit des Richters beruhe.[74]

In diesem Zusammenhang wird vom Oberlandesgericht Stuttgart eine interessante Frage aufgeworfen: Welche Auswirkungen haben nach Verkündung einer Gerichtsentscheidung neu entstandene und an die Gerichte herangetragene Lebenssachverhalte auf ihre rechtliche Bewertung? Genauer gefragt: Welche Auswirkungen hat dies auf den Sprachhandlungstyp des Sachverhalt-Feststetzens und welche auf den Sprachhandlungstyp der rechtlichen Sachverhaltsklassifizierung? Zu diesen Fragen werden unterschiedliche Positionen geäußert. Denn neue, erst in der Gegenwart eingetretene Aspekte (Sachverhaltseigenschaften) lassen nach einer Rechtsauffassung die zurückliegenden rechtlichen Sachverhaltsklassifizierungen (im Rahmen der juristischen Textarbeit) aus alltagsweltlicher Perspektive in einem neuen Licht und als fragwürdig erscheinen. Hinsichtlich der juristischen Klassifikation ändert sich für die

---

[72] *Stuttgarter Zeitung* 18.03.1988.
[73] *Frankfurter Rundschau* 29.02.1992.
[74] *Frankfurter Rundschau* 29.02.1992.

zurückliegenden Entscheidungen unter Umständen nichts Grundlegendes, allenfalls für die in Zukunft zu verhandelnden Verfahren.

In einem Kommentar der *Süddeutschen Zeitung* vom 14. Mai 1988 wird die Rechtsprechung als durch die politische (Vertrags)Wirklichkeit als überholt betrachtet:

> „Am Tag der Veröffentlichung der Karlsruher Entscheidung kam aus Genf die Nachricht von der Einigung über den Abzug landgestützter Atom-Mittelstreckenraketen. Wer sich just für dieses Ziel auf die Straße setzte, hat laut BGH ‚verwerflich' gehandelt. Auf das (Fern)Ziel, auf das Motiv einer Blockade komme es nicht an.[75]

Grundlage der Verurteilung war neben der Klassifizierung der Blockadeaktion als Gewalt im Sinne des Nötigungsparagraphen Abs. 1 ihre Verwerflichkeit gemäß Abs. 2. Grundlage der Verwerflichkeitsprüfung ist die Zweck-Mittel-Relation. Ein Zweck der Sitzdemonstrationen bestand zwar aus Sicht der Blockadeteilnehmer in der Herbeiführung und Unterstützung von Abrüstungsinitiativen (sog. Fernziele), gemäß dem rechtsverbindlichen Beschluss des BGH vom 5. Mai 1988 bestand er jedoch ausschließlich in der Hinderung Dritter an der Fortbewegung (sog. Nahziele). Ob nun die politische Verwirklichung eines Teiles des Zweckes zu einer grundsätzlichen neuen Bewertung der Zweck-Mittel-Relation an sich führt, muss meines Erachtens für den juristischen und gemeinsprachlichen Diskurs getrennt beantwortet werden. Im gemeinsprachlichen Diskurs gibt es genügend Stimmen, die eine neue Bewertung der Zweck-Mittel-Relation auf dieser veränderten politischen Grundlage fordern. Im juristischen Diskurs dürfte es wohl kaum zu einer grundsätzlich neuen Einschätzung führen, weil die Nicht-Verwerflichkeit des Teilzweckes (die sog. Fernziele) bei der richterlichen Bewertung nicht bezweifelt wurde. Denn sie sind bei der rechtlichen Sachverhaltsklassifizierung überhaupt nicht berücksichtigt worden, sondern nur bei der Strafzumessung.[76] Das heißt: hinsichtlich einer abschließenden Gesamtklassifizierung der Zweck-Mittel-Relation (rechtliche Sachverhaltsklassifizierung) hat sich in Bezug auf das für die Richter entscheidende Nahziel nichts verändert, sondern nur in Bezug auf das für die Strafzumessung relevante Fernziel. Aber auch diesbezüglich werden die Richter ihre Ansicht wohl kaum ändern müssen, weil diese stets und zweifellos bei der Festsetzung des Strafmaßes als nicht verwerflich eingestuft wurden und in der Folge eher zu einer Verringerung des ausgesprochen Strafmaßes geführt haben.

Neben der erwähnten Einführung des Begriffspaares *Nah-* und *Fernziel* zur besseren Verarbeitung und Handhabung des festgesetzten Sachverhalts werden weitere – nicht im Normtext erwähnte – Kategorien in den juristischen Diskurs

---

[75] *Süddeutsche Zeitung* 14.05.1988.

[76] Vgl. dazu den BGH-Beschluss vom 5.05.1988, der in Teil II und III bereits analysiert wurde.

eingebracht, um in deklarativen Sprecherhandlungen Sachverhaltseigenschaften klassifizieren zu können. In der untersuchten Sitzblockadenjudikatur sind es die Kategorien *gemeinwohlorientierte* und *eigennützige Fernzielen*. Diese können alltagsweltlich und juristisch als plausibel oder unplausibel eingeschätzt werden.

In einem Artikel der *Stuttgarter Zeitung* vom 14. Mai 1988 wird darauf hingewiesen, dass einige Landgerichte und einzelne Senate an den Oberlandesgerichten Straßenblockaden für den Fall als nicht verwerflich und damit nicht als Nötigung einstufen würden, wenn die Blockierer nicht eigennützige, sondern „gemeinwohlorientierte Fernziele" verfolgten. Damit haben wir ein Beispiel dafür, wie eine alltagsweltliche Argumentation – vorgebracht von den Angeklagten der Friedensbewegung als Abgrenzungsversuch zu anderen Blockaden z.B. von Stahlarbeitern oder Fernfahrern – in die spezifisch juristische Argumentation Eingang findet. Der Bundesgerichtshof verwirft in seinem Beschluss diese Klassifizierung, die vorherige Instanzen übernommen haben: Bei einer Differenzierung nach „eigennützigen" und „gemeinwohlorientierten" Zielen hänge die Bewertung letztlich von der nicht kalkulierbaren politischen Entscheidung des zuständigen Richters ab, ob eine Blockade als verwerflich eingestuft werde. Zur Erläuterung wird in einem Zeitungsbericht wörtlich aus dem BGH-Beschluss vom 5. Mai 1988 zitiert:

> „ ‚Wollte man auf die Fernziele abstellen, so wäre nicht einzusehen, warum ein Blockierer, der für seinen Arbeitsplatz und damit für seine Existenzgrundlage kämpft, strafrechtlich schlechter behandelt werden sollte als der Anhänger einer Minderheit, die ein von der gesamten Bevölkerung erstrebtes Ziel auf einem eigenwilligen, von der überwiegenden Mehrheit für ungeeignet erachteten Wege erreichen will', heißt es in dem Beschluß."[77]

Davon abgesehen, dass das vom Bundesgerichtshof angeführte Beispiel teilweise der strafrechtlichen Praxis widerspricht (zumindest was die strafrechtliche Nichtverfolgung der Blockaden durch Lastwagenfahrer, Landwirte oder durch die für ihre Arbeitsbelange kämpfenden Stahlarbeiter aus Rheinhausen anbelangt), stellt sich die Frage nach der gesellschaftspolitischen, aber auch juristischen Relevanz der hier aufgeworfenen Frage, ob die Blockierer sich zu einer Minderheit oder Mehrheit zählen können.

Im Folgenden werden Ausschnitte aus der Berichterstattung angeführt, die das von Blockadebefürwortern ins Spiel gebrachte Argument der bewussten Regelverletzung thematisieren. Sprecherhandlungen, die sich darauf beziehen, werden nach politischen Diskursregeln grundlegend anders klassifiziert als nach rechtlichen.

Teilnehmer von Sitzblockaden haben angeführt, dass politische Kundgebungen von Andersdenkenden, die nicht den Main-Stream teilen, im genui-

---

[77] *Stuttgarter Zeitung* 14.05.1988.

nen Interesse von Demokratien liegen müsse. Sie argumentieren, dass zu weit verbreitete, einhellige und unwidersprochene Positionen die Gefahr der selektiven Wahrnehmung oder Verblendung in sich bürgen. Stellvertretend sei hier die Ansicht von Klaus Vack, einem Protagonisten der Bewegung, angeführt, die in einem Artikel in *Die Zeit* vom 13. Mai 1988 wie folgt wiedergegeben wird: „Vor den existentiellen Problemen – Umwelt, Frieden – versagten leicht demokratische Prozeduren, dagegen seien begrenzte Regelverletzungen notwendig und erlaubt."[78] In eben diesem Artikel wird die Argumentation der Angeklagten dahingehend resümiert, dass die Sitzblockadenteilnehmer mit ihrer Aktion „aufrütteln" wollten, um den Meinungsbildungsprozess „von unten" in Gang zu bringen. „In einer Demokratie müsse der politische Willensbildungsprozess eben ‚vom Volke zu den Staatsorganen' verlaufen, er dürfe nicht nur die umgekehrte Richtung nehmen."[79] Dafür reiche nach Ansicht der Sitzblockadenteilnehmer die Stimmabgabe bei Wahlen keineswegs aus.

In einem Kommentar der *Staatszeitung von Rheinland Pfalz* vom 24. Mai 1988 wird auf mögliche Folgen bei einer Verneinung der Rechtswidrigkeit von Sitzblockaden verwiesen: Dies

> „käme einer Aufforderung an jedermann gleich, seine politischen Überzeugungen auch durch Behinderung des öffentlichen Verkehrs Nachdruck zu verschaffen. Die bisherige Unsicherheit barg die Gefahr in sich, daß eine falsche Begrifflichkeit im öffentlichen Bewußtsein festgeschrieben wird. Es geht nicht an, daß Straftatbestände gegen verfassungsmäßig zustande gekommene Gesetze mit vermeintlich höherer Moral als ‚gewaltfreier Widerstand', ‚begrenzte Regelverletzung' oder ‚symbolische Gewalt' verniedlicht oder gar gerechtfertigt werden sollte."[80]

Mit dem Gesichtspunkt der intendierten „begrenzten Regelverletzung" ist ein grundsätzlicher Widerspruch in der Argumentation angesprochen: Einerseits wird die Regelverletzung beabsichtigt, findet sie aber ihre rechtsstaatliche Antwort in einem strafrechtlichen Verfahren, dann wird eine solche scharf kritisiert, wie der folgenden Stellungnahme eines Blockadeteilnehmers laut *Stuttgarter Zeitung* vom 12. November 1986 zu entnehmen ist: „Ich bin sehr enttäuscht, daß alle acht Richter der Meinung sind, unser Handeln sei sanktionswürdig".

Eine Einstufung von Sitzblockaden als Rechtswidrigkeit im Sinne einer Ordnungswidrigkeit (Verstoß gegen das Versammlungsgesetz oder Verkehrsvorschriften, der in aller Regel mit einem Bußgeld belegt wird) wird dahingegen von den Teilnehmern der Blockadeaktionen eher akzeptiert. Dies hängt damit zusammen, dass ihr Unrechtsgehalt geringfügiger eingeschätzt wird, da die betroffenen Personen als nicht vorbestraft gelten, „was vor allem für

---

[78] *Die Zeit* 13.05.1988.
[79] *Die Zeit* 13.05.1988.
[80] *Staatszeitung von Rheinland Pfalz* 24.05.1988.

Beamte und angehende Staatsdiener von beruflichem Interesse" sein dürfte.[81] Jedoch bleibt dabei ein grundsätzliches Problem bestehen, wie die *Frankfurter Allgemeine Zeitung* zu bedenken gibt:

> „Maßstab für rechtsmäßiges Handeln, so Offenloch [Amtsrichter aus Schwäbisch Gmünd/Anm. E.F.], könne nicht das Gewissen des einzelnen sein. Wer zum Rechtsbruch als Mittel der politischen Auseinandersetzung greife, handle verwerflich. Es dürfe kein Ausbrechen aus den Spielregeln des demokratischen Rechtsstaates geben. Der Soziologe Dahrendorf hat Offenloch zugestimmt: ‚Wer gegenüber den Gesetzen eine vermeintlich höhere Instanz anruft, die das geltende Recht außer Kraft setzt, öffnet damit zwar unfreiwillig, aber doch wirksam, Tür und Tor für die Gesetzlosigkeit'. Über das ethisch-sittliche Ziel eines Täters zu befinden, sagt Offenloch, sei nicht Sache der Juristen, sondern der Theologen."[82]

Martin Klingst (*Deutsches Allgemeines Sonntagsblatt*) mahnt in diesem Zusammenhang eine trennschärfere Unterscheidung zwischen rechtlichem und politischem Diskurs an:

> „Vielleicht täten wir alle gut daran, endlich zu erkennen, daß das Recht keine gesellschaftspolitischen Konflikte lösen kann. Recht und Rechtsanwender führen nun einmal keine vom politischen Streit unberührtes Dasein. Und die vorzeitige Beendigung eines gesellschaftlichen Denk- und Umdenkprozesses durch Rück- beziehungsweise Vorgriff auf das Recht hat sich noch nie ausgezahlt."[83]

In diesem Kontext diskutiert ein Kommentator der *Süddeutschen Zeitung* im Mai 1988 eine mögliche Amnestie, die er als „gesellschaftliche Abrüstung" im Anschluss an die militärische bezeichnet. Dadurch würden Blockaden gegen die NATO-Nachrüstung im Nachhinein schließlich nicht für rechtmäßig erklärt. „Rechtswidrig waren sie allemal, nämlich ordnungswidrig. Aber ihnen würde das Unwert-Urteil von Verwerflichkeit, Gewalt, Strafbarkeit genommen."[84] Wie bereits angeführt, wird bei dieser Argumentation vernachlässigt, dass die sog. Fernziele bei der rechtlichen Sachverhaltsklassifizierung überhaupt nicht berücksichtigt wurden, sondern nur bei der Strafzumessung.

Das im Nötigungsparagraphen vorkommende Syntagma „wenn die Anwendung der Gewalt [...] zu dem angestrebten Zweck als verwerflich anzusehen ist" wird unterschiedlich ausgelegt (assertive Sprecherhandlung). Manche Juristen fordern eine getrennte Prüfung von Mitteln und Zweck und mahnen an zu prüfen, ob das Mittel der Sitzblockade für sich genommen wirklich schon verwerflich sei. Andere halten diesen Ansatz für unangemessen und stellen ausschließlich die Frage nach der Zweck-Mittel-Relation als Ganzes, wobei die Verwerflichkeit des eingesetzten Mittels für sie außer Frage steht.

---

[81] *Stuttgarter Zeitung* 18.02.1988.
[82] *Frankfurter Allgemeine Zeitung* 9.03.1994.
[83] *Deutsches Allgemeines Sonntagsblatt* 17.05.1987.
[84] *Süddeutsche Zeitung* 14.05.1988.

Ursula Knapp weist in ihrem Artikel in der *Frankfurter Rundschau* vom 14. Mai 1988 auf einen weiteren wichtigen Aspekt hin. Die Bundesrichter des 1. Strafsenats wollen in dem BGH-Beschluss vom 5. Mai 1988 nicht gesondert die Frage geprüft wissen, ob das eingesetzte Mittel als solches verwerflich sei. Genau dies verlangten aber die BGH-Richterkollegen aus dem 2. Strafsenat in einem Beschluss aus dem Jahre 1986.

> „Sie sahen sich damals durch das Wort ‚verwerflich' veranlaßt zu prüfen, ob die Blockade einen ‚gröberen Angriff auf die Entschlußfreiheit anderer' darstellt. Für diesen Ansatz erhielten sie jetzt von den Kollegen des 1. Senats eine ‚Quittung'. Im Beschluß vom Freitag heißt es hierzu: ‚Es kann offen bleiben, ob dieser Versuch als geglückt anzusehen ist.'"[85]

In solchen Formulierungen wird deutlich, worin juristische Textarbeit besteht: nämlich in neuen Klassifizierungs- und Typisierungsversuchen (deklarative Sprecherhandlungen) von Sachverhaltseigenschaften zur effektiveren institutionellen Handhabung von lebensweltlichen Sachverhalten. Die Forderung nach einer getrennten Prüfung der eingesetzten Mittel hinsichtlich ihrer Verwerflichkeit wird insofern der alltagsweltlichen Argumentation der Sitzblockadeteilnehmer gerecht, als diese von den Sitzdemonstranten als nicht verwerflich betrachtet wurden. Deswegen kann hier wohl aus der Sicht der Blockierer die Behauptung formuliert werden, dass eine rechtliche Prüfung von alltagsweltlich (hier gesellschaftspolitisch) als relevant erachteten Sachverhaltseigenschaften mit Sicherheit für die Akzeptanz von richterlichen Entscheidungen förderlicher sein dürfte als ihre kategorische Nicht-Beachtung oder Nicht-Prüfung. Dies würde vermutlich selbst für den Fall zutreffen, dass die rechtliche Prüfung aus Sicht der Angeklagten nicht das gewünschte Ergebnis brächte.

Die Sprecherhandlungen innerhalb der Sprachhandlungstypen *Sachverhalt-Festsetzen* und *rechtliche Sachverhaltsklassifizierung* unterscheiden sich grundlegend, wenn man sie aus der alltagsweltlichen Sicht der Sitzblockadenbefürworter einerseits oder aus der juristischen Perspektive im Rahmen der „Zubereitungsfunktion" andererseits betrachtet. Die Anhänger der Bewegung verstehen die rechtliche Sachverhaltsklassifizierung als Entpolitisierung ihrer Aktionen.

Die *Badische Zeitung* vom 14.05.1988 tituliert „Für die Karlsruher Richter ändern die Demonstrationsziele nichts an der Rechtswidrigkeit" und führt im Vorspann aus:

> „Jetzt ist es endgültig entschieden: Blockierer militärischer Einrichtungen dürfen in Zukunft nicht mehr auf das Verständnis ihrer Richter zählen. Der Bundesgerichtshof hat mit seiner für alle strafgerichtlichen Instanzen verbindlichen Entscheidung festgelegt, dass die politischen Ziele von Sitzblockierern (‚Fernziele') – seien sie

[85] *Frankfurter Rundschau* 14.05.1988.

noch so ehrenhaft – keinen Einfluß auf die ‚Rechtswidrigkeit' der Blockadeaktion haben dürfte. Nur bei einer ‚Strafzumessung', also bei der Festsetzung des Strafmaßes, müssen sie berücksichtigt werden."[86]

Mit diesen Formulierungen resümiert der Artikel recht eindrücklich, wie die BGH-Entscheidung bei Befürwortern von Sitzblockaden aufgenommen wurde: nämlich als Entpolitisierung ihrer eigentlich politisch motivierten Aktionen. Befragt nach ihren Motiven für die Aktionen, stellen die Angeklagten und Gleichgesinnte fest, dass ihre Beweggründe als rechtlich nur bedingt relevant eingestuft werden (nämlich nur bei der Strafzumessung), obwohl sie in ihrer eigenen alltagsweltlichen Sichtweise als dominant einzuschätzen sind.
Hiermit haben wir ein vielschichtiges Problem erwähnt: Alltagsweltliche und juristische Sachverhaltskonstitution und vor allem Klassifikation unterscheiden sich so grundlegend, dass es sich hierbei – zugespitzt formuliert – um ein weitreichendes Kommunikations- und Verständigungsproblem zwischen Rechtsunterworfenen und rechtsstaatlicher juristischer Binnenkommunikation handelt – und zwar in Bezug auf den Rechtsfrieden, der wesentliche Voraussetzung für ein Vertrauensverhältnis gegenüber rechtsstaatlichen Verfahren darstellt.

In diesem Zusammenhang sei nochmals ausdrücklich klar gestellt: es geht mir nicht um eine zustimmende oder ablehnende Beurteilung der Sitzblockadenjudikatur aus juristischer, philosophischer oder sozialwissenschaftlicher Sicht, sondern ausschließlich um das Aufspüren spezifischer sprachlicher Handlungsformen, welche die Ursache für Vermittlungsprobleme des Rechtsdiskurses sein könnten. Versucht man in seinen Vermittlungsbemühungen die drei eingeführten juristischen Sprachhandlungstypen (Kapitel 9) zugrunde zu legen, so kann nachvollziehbar herausgearbeitet werden, wie Juristen den alltagsweltlichen Sachverhalt in einen juristischen transformieren. Das Transparent-Machen dieser Sprecherhandlungen erklärt weitaus plausibler die juristische Sachverhaltskonstitution als die mehr oder weniger kontextlosen Übersetzungsversuche von Rechtstermini.

Der folgende Zeitungsausschnitt erwähnt ein gängiges Klischee gegenüber juristischen Handelnden:

> „Wie wenig Probleme Juristen damit haben, ihre abstrakten Denkschemata auf die unterschiedlichsten Konflikte zu pressen, zeigte sich auch im Juli dieses Jahres [gemeint ist das Jahr 1986/Anm. E.F.], als das Bundesverfassungsgericht über sieben Verfassungsbeschwerden in Sachen ‚Sitzblockade' [...] mündlich verhandelte."[87]

Als erläuterndes Exempel wird in dem Zeitungsbericht die sog. Sargträgerentscheidung des Reichsgericht aus dem Jahre 1911 erwähnt, die der als Mitverfasser eines Strafrechtskommentars bekannte Rechtsexperte Herbert Tröndle

---

[86] *Badische Zeitung* 14.05.1988.
[87] *Deutsches Allgemeines Sonntagsblatt* 09.11.1986.

le als kontrastierendes Beispiel in seiner Argumentation einbringt und mit dem er plausibel machen will, dass jede Blockadeform unabhängig von der Zielsetzung den Straftatbestand der Nötigung erfülle. Damals versperrte eine Menschenmauer einem Leichenzug den Eingang zu einem Friedhof, weil die beteiligten Menschen es – trotz kirchlicher Erlaubnis – nicht dulden wollten, dass ein adliger Selbstmörder in geweihter Erde bestattet würde. Die Befürworter von Sitzblockaden weisen diesen Vergleich zurück, denn ihre alltagsweltliche Sicht zielt auf die Unvergleichbarkeit der Protestziele beider Blockaden.

11.2.2 Rezeption der verfassungsrechtlichen Gerichtsentscheidung

In diesem Abschnitt werden ausschließlich Sprecherhandlungen aufgeführt, die bei der Rezeption der strafrechtlichen Gerichtsentscheidungen in Abschnitt 11.2.1 noch nicht erwähnt wurden.

Im Folgenden wird an Beispielen gezeigt, wie einzelne Parlamentarier publik machen – wie wir in Abschnitt 11.2.1 schon gesehen haben -, dass sie als Vertreter der Legislative durchaus bereit sind, rechtliche Sachverhaltsklassifizierungen durch Gerichte, die nicht ihrer Rechtsauffassung entsprechen, zu „korrigieren", indem sie über den parlamentarischen Gesetzgebungsweg neue sprachliche Eingangsdaten in Form von Veränderungen bestehender Gesetzestexte oder mittels neu geschaffener Rechtstexte schaffen.

Die Union beabsichtigt eine Korrektur der sog. zweiten Sitzblockadenentscheidung des BVerfG, indem sie durch einfaches Gesetz in Form neuer Strafgesetze dafür sorgen möchte, dass Sitzblockaden mit dem Straftatbestand der Nötigung geahndet werden können.[88] Nach Ansicht des baden-württembergischen Justizministers Thomas Schäuble (CDU) müsse der Gesetzgeber die vom BVerfG durch die zweite Sitzblockadenentscheidung geschaffene „Strafbarkeitslücke" durch eine Veränderung der Textstruktur (neuer Gesetzestext oder Veränderung des bestehenden) schließen.[89] Wir haben es mit demselben Phänomen zu tun, das in Kapitel 11.2.1 im Zusammenhang mit Reaktionen in der Öffentlichkeit im Vorfeld und nach dem Beschluss des Bundesgerichtshofs bereits erwähnt wurde. Politiker der Regierungskoalition aus CDU, CSU und FDP, die die Bestrafung von Sitzblockaden gemäß dem Nötigungsparagraphen fordern, haben im Vorfeld des BGH-Beschlusses vom 5. Mai 1988 eine eventuelle Gesetzesinitiative von der Entscheidung des höchsten strafrechtlichen Gerichts abhängig gemacht. Als diese Entscheidung in ihrem Sinne ausfiel, haben Sie von der Gesetzesinitiative Abstand genommen. Da im Gegensatz dazu die BVerfG-Entscheidung vom 10. Januar 1995 nicht

[88] *Süddeutsche Zeitung* 17.03.1995; *Frankfurter Allgemeine Zeitung* 17.03.1995.
[89] *Frankfurter Rundschau* 18.03.1995.

ihrer Rechtsauffassung entspricht, denken sie wiederum über eine gesetzgeberische Initiative nach, um tatsächliche oder vermeintliche Lücken (auch deren Existenz ist umstritten) zu schließen. Die damalige Opposition aus SPD und Die Grünen machen deutlich, dass sie dieses gesetzgeberische Mittel in ihrem Sinne gerne nützen würden, dass ihnen aber die parlamentarische Mehrheit für solch einen Schritt fehle.

Die *Süddeutsche Zeitung* (SZ) formuliert folgende Schlagzeile: „Sitzblockaden werden nicht mehr als Nötigung bestraft – Karlsruher Richter geben Rüstungsgegnern recht". Der Bericht stellt im Vergleich zu der Berichterstattung von F.A.Z. und FR den verhandelten Gegenstand ausführlicher dar, nämlich den Ablauf der Blockade vor einer Kaserne in Großengstingen. Die Korrespondenten von F.A.Z. und FR verzichten dahingegen auf eine präzisere Erwähnung des Sachverhalts und vertrauen offensichtlich auf eine prototypische Vorstellung der Leser bezüglich dessen, was man sich unter einer Sitzblockade vorzustellen hat. Führt man sich vor Augen, dass die Festsetzung des Sachverhalts – gerade auch in Details – zwischen den einzelnen Instanzen schon umstritten gewesen und dementsprechend unterschiedlich ausgefallen ist, erstaunt solch eine Vernachlässigung des Verhandlungsgegenstandes doch.

Zunächst berichtet der SZ-Redakteur Helmut Kerscher über die Inhaltsveränderungen hinsichtlich des Gewaltbegriffs nach der BVerfG-Entscheidung. Zur Bezeichnung des verhandelten Gegenstandes werden gleichermaßen die Ausdrücke *Sitzdemonstration* und *Sitzblockade* verwendet. Eine Besonderheit in der Berichterstattung der *Süddeutsche Zeitung* im Vergleich zu den vorherigen Blättern lässt sich an folgendem Textausschnitt zeigen: „Gleichzeitig erklärte das Bundesverfassungsgericht einen Beschluß des Bundesgerichtshofs vom Mai 1988 für ‚gegenstandslos', dem zufolge die ‚Fernziele' von Demonstranten nur im Rahmen der Strafzumessung zu berücksichtigen seien."[90] Auf diese Frage, ob Fernziele – hier Protest gegen die atomare Rüstung – vor Gericht zu berücksichtigen seien, komme es nun gar nicht mehr an, weil bei Sitzdemonstrationen schon das Tatbestandsmerkmal der Gewalt (§ 240 Abs. 1 StGB) fehle und somit die Verwerflichkeitsfrage aus § 240 Abs. 2 gar nicht mehr zu erörtern sei. Damit bettet der SZ-Korrespondent die Entscheidung in die bisherige Rechtsprechung ein und thematisiert das für juristische Laien anspruchsvolle interdependente Verhältnis zwischen Abs. 1 und 2 des Nötigungsparagraphen.

Ein gängiges alltagsweltliches Argumentationsmuster besteht darin, dass die rechtliche Sachverhaltskonstitution in der BVerfG-Entscheidung mit einem anderen Sachverhalt der gesellschaftlichen Verhaltenspalette in Bezug auf Protestformen verglichen wird (im Konkreten der Widerstand gegen sog. A-

[90] *Süddeutsche Zeitung* 16.03.1995.

tommülltransporte oder Castor-Transporte[91]). Im zweiten Teil dieser Untersuchung haben wir bereits gezeigt, wie schwierig und zum Teil umstritten sich die Sprecherhandlungen innerhalb des Sprachhandlungstyps der Sachverhaltsfestsetzung gestalten, so dass es sich erübrigt, darauf hinzuweisen, dass ein alltagsweltlich vergleichbar erscheinender Sachverhalt nicht einfach in das Schema einer rechtlichen Sachverhaltsklassifizierung gepresst werden kann, die einen anderen Lebensweltausschnitt als Sachverhalt zu verhandeln hatte. Darüber hinaus ist in der Nachzeichnung der juristischen Textarbeit deutlich geworden, dass ein zweiter aus Vergleichsgründen angeführter Sachverhalt nicht einfach auf der Grundlage der rechtlichen Sachverhaltsklassifizierung (als nachgelagerten Sprachhandlungstyp) des Originalsachverhalts klassifiziert werden kann. Konkret heißt dies für den folgenden Zeitungsausschnitt: „Castor-Transport-Blockaden" können nicht mit Sprechhandlungen der rechtlichen Sachverhaltsklassifizierung bearbeitet werden, die für die juristische Bearbeitung eines anderen Falles, Lebenssachverhaltes vollzogen wurden.

Rheinischer Merkur vom 17. März 1995 und der *Bayernkurier* vom 6. Mai 1995 vergleichen in zwei Artikeln den Sachverhalt, welcher der Bundesverfassungsgerichtsentscheidung zugrunde liegt, mit Eisenbahngleise blockierenden Demonstranten (zum Teil unter Zuhilfenahme von Blockadegegenständen), die den Transport „atomaren Mülls" (sog. Castor-Transporte) verhindern wollen. Jedoch ist die Sachverhaltskonstitution zu komplex, als dass sie so schematisiert betrachtet werden könnte. Weitaus zutreffender formuliert Hans Mundorf im *Handelsblatt* vom 28. April 1995 die Möglichkeiten eines Vergleichs:

> „Demonstranten und Politiker haben das Bundesverfassungsgericht mißverstanden. Die Mehrheit der Richter des entscheidenden Senates hat keineswegs festgestellt, daß die Gewalttaten von Gorleben, die ein erschrockenes Publikum bundesweit im Fernsehen miterleben mußte, nicht strafwürdig seien."[92]

In einem Artikel der *Frankfurter Rundschau* vom 16.03.1995 werden Eigenschaften des Sachverhalts erwähnt, welche die Entscheidung des BVerfG offensichtlich stützen sollen. „Obwohl sich die Demonstranten widerstandslos wegtragen ließen, wurden die Blockaden nicht als Ordnungswidrigkeit, sondern als gewaltsame Nötigung bestraft."[93] Durch den vorangestellten Konzes-

---

[91] Vgl. dazu den jüngsten Beschluss des Ersten Senats des Bundesverfassungsgerichts vom 24. Oktober 2001 (veröffentlicht im Dezember 2001).

[92] *Handelsblatt* 28.04.1995. Vgl. generell zur Rezeption von umstrittenen Bundesverfassungsgerichtsentscheidungen die Monographie von Rolf Lamprecht (1996) *Zur Demontage des Bundesverfassungsgerichts – Beweissicherung und Bestandsaufnahme*. Dort werden die Attacken von Politikern wegen diverser Bundesverfassungsgerichtsentscheidungen im Jahre 1994/95 bilanziert: Die „Soldaten sind Mörder"- Entscheidung vom 25.08.1994, der „Sitzblockaden II"-Beschluss vom 10.01.1995, der „Kruzifix-Beschluss" vom 16.05.1995 und die zweite „Soldaten sind Mörder"- Entscheidung vom 10.10.1995.

[93] *Frankfurter Rundschau* 16.03.1995.

sivsatz werden zwei Sachverhalte in eine Einräumungs- oder gar Gegensatzbeziehung gebracht. In den richterlichen Begründungen der Tatgerichte spielte dahingegen der Aspekt des widerstandslosen Wegtragens beim Sprachhandlungstyp der rechtlichen Sachverhaltsklassifizierung keine größere Rolle, weil diese Verhaltensweise dennoch mit dem Gewaltbegriff etikettiert wurde, wenn auch mit einem „entmaterialisierten", „vergeistigten" oder „psychischen" Gewaltbegriff im Rahmen des Nötigungsparagraphens. Die *Frankfurter Rundschau* knüpft mit ihrer Formulierung implizit oder bewusst am Verständnis von Gewalt an, das notwendigerweise auch von der Teilbedeutung 'Aufwendung physischer Kraft' ausgeht.

Es wird bei diesem Beispiel deutlich, wie aus deklarativen Sprecherhandlungen in den juristischen Entscheidungsbegründungen in der Wiedergabe von Printmedien expressive (oder repräsentative/ assertative) Sprecherhandlungen werden können.

Die *Frankfurter Rundschau* titelt in einem zweiten Artikel, der ebenfalls am 16. März erschienen und ebenfalls von Ursula Knapp verfasst worden ist, mit der Schlagzeile „Gewalt muß neu definiert werden" und fügt den Untertitel „BVG-Richter setzen andere Maßstäbe bei Sitzblockaden" hinzu. Im Vorspann der Meldung wird folgende direktive Sprecherhandlung der BVerfG-Richter wiedergegeben: „Jetzt müssen die Strafrichter die Gewalt neu definieren"[94] Diese Behauptung ist nur zum Teil korrekt, denn außer den Strafrichtern könnte auch der Gesetzgeber den Gewaltbegriff im Rahmen eines Gesetzgebungsverfahrens festzulegen versuchen.

Im Anschluss berichtet die FR über den Beschluss mit dem Hinweis, dass das Bundesverfassungsgericht die uneinheitlichen Gewaltbegriffe, die strafgerichtlichen Verfahren zugrunde liege, für unvereinbar mit Artikel 103 Abs. 2 GG halte. Diesen allgemeinen Hinweis in dem Beschluss des BVerfG wird die folgende allgemeine Bemerkung beigefügt: „Die Ungewißheit, die dem erweiterten Gewaltbegriff anhaftet, ist auch nicht durch ein im Lauf der Zeit gefestigtes Verständnis seiner Bedeutung entfallen, zumal der Bundesgerichtshof in anderen Bereichen wie dem der Vergewaltigung von einem erheblich engeren Gewaltbegriff ausgeht (vgl. BGH, NJW 1981, S. 2204)."[95] Die *Frankfurter Rundschau* versucht diese Ausführungen mit einem Verweis auf eine Gerichtsentscheidung des BGH zu konkretisieren, derzufolge der BGH z.B. bei einer Vergewaltigung einen sehr viel strengeren Gewaltbegriff zugrunde lege:

> „So wurde etwa Gewaltanwendung verneint, als ein Lehrherr mit seiner Auszubildenden in den Wald fuhr und dort so parkte, daß die Beifahrertür von einem Baum versperrt wurde und nicht geöffnet werden konnte. Die anschließende Vergewalti-

[94] *Frankfurter Rundschau* 16.03.1995.
[95] BVerfGE 92, 18.

gung war nach Auffassung der BGH-Richter keine, weil die Frau aus der Hintertür des Lieferwagens hätte fliehen oder dies wenigstens hätte versuchen können."[96]

Selbstverständlich hat die Erwähnung dieses Beispiels auf die Leser eine ganz andere Wirkung als der allgemeine Hinweis des BVerfG, der Gewaltbegriff werde in strafgerichtlichen Verfahren im Zusammenhang mit Vergewaltigungsdelikten unterschiedlich ausgelegt.

Die Berichterstattung in der *Frankfurter Rundschau* resümierend, ist festzuhalten, dass im Unterschied zu dem Bericht in der *Frankfurter Allgemeinen Zeitung* nicht so sehr der juristische Gedankengang im rechtssprachlichen Duktus wiedergegeben wird. Die selbständig angefügten Vergleichssachverhalte sind – bei aller bereits erwähnten Problematik – von dem Bemühen geprägt, den juristischen Diskurs mit Hilfe einer eher alltagsweltlichen Sichtweise im nicht fachspezifischen Stil zu verdeutlichen.

11.3 Sprachgebrauchstopoi in Printmedien

11.3.1 Rezeption der strafrechtlichen Gerichtsentscheidungen

Ein Beispiel für die explizite Nutzung von sprachlichen Eigenschaften als Argument stellt der folgende Zeitungsausschnitt vor. Politiker spekulieren laut dieser Berichterstattung darüber, ob eine durch divergierende Normtextauslegung entstandene Mehrdeutigkeit (uneinheitliche Rechtsprechung) nicht als „gewollte Unklarheit" zu interpretieren sei. Dahinter könne doch der Hinweis der rechtsprechenden Gewalt an die Repräsentanten der legislativen Gewalt verborgen sein, neue Gesetzestexte in die rechtsstaatliche Textstruktur einzufügen. In dieser Argumentation werden strategisch die verschiedenen Rechtsauffassungen der acht Bundesverfassungsrichter monolithisch als Intention eines Agens gedeutet, um sie als beabsichtigte indirekte Handlungsaufforderung gemäß der eigenen Rechtsauffassung deklarieren zu können.

Die *Frankfurter Allgemeine Zeitung* titelt am 22. April 1987 mit der Schlagzeile: „In der Koalition beginnt der Streit um eine Sondervorschrift gegen Gewalt". Die CDU/CSU/ FDP-Koalition will aus der uneinheitlichen Rechtsprechung in Bezug auf die Auslegung des Nötigungsparagraphen „gesetzgeberische Konsequenzen" ziehen. Interessanterweise wird darüber spekuliert, ob die nach dem 1. Sitzblockadenurteil des Bundesverfassungsgerichts vom 11.11.1986 entstandene „Unklarheit" auf Grund der 4:4-Entscheidung nicht vielleicht von der Judikative als Handlungsaufforderung an die Legislative gedacht gewesen sein könnte: „Daß durch dieses Karlsruher Urteil Klarheit

[96] *Frankfurter Rundschau* 16.03.1995.

hergestellt worden wäre, behauptet nahezu niemand; manche sehen in seiner – vielleicht gewollten – Unklarheit einen Appell an den Gesetzgeber."[97]
Die Handlungsmöglichkeiten und Aufgabenteilung der drei Staatsgewalten ruft der folgende Kommentar in Erinnerung. Die Legislative hat demnach eine unbestrittene Priorität hinsichtlich der gesetzlichen Regelung verschiedener Verhaltensformen. Gemäß der bereits herausgearbeiteten und weit verbreiteten naiven Sprachauffassung setzt die dritte Gewalt nur um, was die Legislative als Wille in die Gesetzestexte „hineingelegt" hat.

Verändert sich das Verhalten der Bürger bzw. begeht dieser „neue Wege" und reagiert die rechtsprechende Gewalt auf diese bisher unbekannten Lebenssachverhalte nicht im Sinne der vom Volke gewählten Repräsentanten, so bleibt es der gesetzgebenden Gewalt unbenommen, neue Gesetzte in das rechtsstaatliche Textkontinuum hineinzuschreiben, um eine juristische Bearbeitung und gesamtgesellschaftliche Verhaltensregelung oder -reglementierung gemäß der eigenen Auffassung zu erreichen und zu gewährleisten.

Regelmäßig wird in den Printmedien ein Topos gepflegt, der in Teil I und II dieser Untersuchung bereits entkräftet wurde. Es handelt sich um die Illusion der konkreten Handlungsanleitung von Seiten der Legislative („Mund des Gesetzes") an den Empfänger Judikative. Dass eine solche Annahme grundlegende Eigenschaften des Mediums Sprache ignoriert, wurde insbesondere im zweiten und sechsten Kapitel gezeigt.

Diesem Topos folgend, formuliert Friedrich Karl Fromme in einem Kommentar der F.A.Z. vom 3. April 1987 unter Bezugnahme auf die Sitzblockadenentscheidungen des BGH und des BVerfG aus dem Jahre 1986 in deutlicher Form:

> „Der Bundesgerichtshof und das Bundesverfassungsgericht haben hier die Rechtsprechung verundeutlicht. Das hindert den Gesetzgeber freilich nicht, seinen Willen durchzusetzen gegenüber der Unsicherheit, die sich bei der dritten Gewalt ausbreitet. Die Gerichte sind an die Gesetze gebunden; sie sollten klar sein und eindeutig – und wenn das Verhalten neue Wege nimmt, muß der Gesetzgeber seinen Vorrang wiederherstellen."[98]

In der Auseinandersetzung um die juristische Aufarbeitung der Sitzblockadeaktionen wird die Streichung eines Textes in der rechtsstaatlichen Textstruktur gefordert – hier konkret das Herausnehmen des Nötigungsparagraphen aus dem Strafgesetzbuch. Damit stellt sich die Frage, ob der Rechtsstaat durch die verbleibende Textstruktur noch der Vielgestaltigkeit des Lebens gerecht werden kann.

In einem Leserbrief von Klaus Vack – dem schon erwähnten Protagonisten der Blockadeaktionen vor Militäreinrichtungen – in der *Frankfurter Rund-*

---

[97] *Frankfurter Allgemeine Zeitung* 22.04.1987.
[98] *Frankfurter Allgemeine Zeitung* 03.04.1987.

schau vom 23. Oktober 1990 wendet sich dieser gegen die von manchen Politikern vorgeschlagene Amnestie und verlangt stattdessen die „uneingeschränkte Rehabilitierung der Betroffenen“, die seiner Ansicht nach nur durch die ersatzlose Streichung des Nötigungsparagraphen aus dem Strafgesetzbuch hergestellt werden könne.

> „Gegen die Forderung, den § 240 aus dem Strafgesetzbuch zu streichen, wird oft eingewendet, daß der Nötigungsparagraph nicht nur gegen Sitzdemonstranten angewendet wird, sondern z.B. auch gegen Nötiger im Straßenverkehr oder bei sexueller Nötigung. Um so schlimmer, kann ich darauf nur einwenden. Wie kann man prinzipiell und moralisch eine sexuelle Nötigungshandlung auf gleiche Stufe stellen mit einer gewaltfreien friedlichen Sitzblockade, durch welche öffentlichkeitswirksam auf die Gefährdung des Friedens oder gar des Überlebens der Menschen aufmerksam gemacht wird?“[99]

In Teil II dieser Untersuchung wurde herausgearbeitet, wie auf Grund der sog. Vielgestaltigkeit der Lebenssachverhalte die in den Gesetzesbüchern formulierten Normtexte nur Anweisungen für die Normkonkretisierung zur Verfügung stellen können. Insofern ist der Ärger des Leserbriefschreibers nachvollziehbar, er vernachlässigt allerdings den erwähnten Aspekt, dass nicht für die Vielzahl verschiedener Verhaltensweisen jeweils einzelne Gesetzestexte formuliert werden können.

Ähnliches gilt für die folgende Argumentation, die darauf abzielt, dass die Textumgebung im Strafgesetzbuch (Kontext) als Beleg für die inadäquate rechtliche Sachverhaltsklassifizierung von Sitzblockaden herangezogen werden kann.

In einem weiteren Leserbrief führt Klaus Vack diese Art der Argumentation weiter:

> „Was außerdem in der öffentlichen Diskussion viel zu wenig beachtet wird, ist die Tatsache, daß der § 240 im Strafgesetzbuch in dem Abschnitt ‚Straftaten gegen die persönliche Freiheit‘ geführt wird. Das liest sich dann so: § 234 Menschenraub, § 234a Verschleppung, § 235 Kindesentziehung, § 239 Freiheitsberaubung und § 240 Nötigung.“[100]

Diese Empörung über die „Paragraphen-Nachbarschaft“ des § 240 StGB vernachlässigt einen Gesichtspunkt, der in Teil II und Teil III herausgearbeitet wurde. Die üblicherweise Fachsprachen zugeschriebene Charakteristik der semantischen Systematik und Eindeutigkeit gilt für die Gesetzessprache nicht in der von vielen Bürgern vermuteten Form: ein Gesetzesbegriff kann völlig verschiedene Bedeutungen entfalten, je nachdem, in welchem rechtssystematischen oder -politischen Kontext er erscheint; „entscheidend ist dabei nicht der rein linguistisch definierbare Kontext (etwa Kriterien wie Textumgebung, Textkohärenz usw.), sondern allein die durch institutionelle Vorgaben festge-

---

[99] Leserbrief von Klaus Vack in der *Frankfurter Rundschau* 23.10.1990.
[100] Leserbrief von Klaus Vack in der *Frankfurter Rundschau* 09.03.1992.

legte Zwecksetzung eines konkreten Normtextes (z.B. Gesetzesparagraphen).“[101]

Der SZ-Kommentator Helmut Kerscher favorisiert ebenfalls eine Streichung des Nötigungsparagraphen, betont aber gleichzeitig, dass damit nicht eine sanktionslose Freiheit für Sitzblockadenteilnehmer einherginge. „Selbst mit einer Streichung des dubiosen Nötigungs-Paragraphen wären allenfalls kleine, schnell reparable Strafbarkeitslücken entstanden.“[102]

Abschließend soll an einem Beispiel verdeutlicht werden, wie die Entscheidung des Bundesgerichtshofes (Judikative) – genauer eine bestimmte Auslegung des Nötigungsparagraphen durch den BGH –für eine bestimmte politische und parlamentarisch vertretene Gruppierung die Verabschiedung eines neuen Gesetzestextes (Legislative) überflüssig macht. Dies zeigt die institutionelle Verwobenheit der Texte, wodurch der Terminus *Textstruktur* durchaus zu rechtfertigen ist.

In diversen Zeitungen wird der BGH-Beschluss unter dem Gesichtspunkt betrachtet, dass der Nötigungsparagraph bei den Blockadeaktionen auf den Rheinbrücken von tausenden Stahlarbeitern nicht angewendet werden konnte, genauso wie bei Fernfahrern, die mit ihren LKWs Zollgrenzen blockierten, (aus welchen Gründen auch immer) keine Anwendung fand.[103] Der damalige Bundesjustizminister Engelhard (FDP) bezeichnet dies als einen unhaltbaren Zustand und betont: „Die unterschiedliche Praxis der Gerichte stößt in der Bevölkerung auf Unverständnis. Und es ist zu befürchten, daß das Rechtsbewußtsein auf Dauer Schaden nimmt, wenn nicht der Gesetzgeber hier für eine Klarstellung sorgt.“[104] Von dieser Initiative nahm die konservativ-liberale Bundesregierung nach dem hier untersuchten BGH-Beschluss vom 5. Mai 1988 Abstand.

11.3.2 Rezeption der verfassungsrechtlichen Gerichtsentscheidung

Abschließend werden diejenigen Sprachgebrauchstopoi aufgeführt, die in Abschnitt 11.3.1 bei der Rezeption der strafrechtlichen Gerichtsentscheidungen noch nicht erwähnt wurden.

In der Berichterstattung über die BVerfG-Entscheidung resümiert Helmut Kerscher von der *Süddeutsche Zeitung* in Bezug auf die Verwendung von Sprachgebrauchstopoi: „Die Fünfer-Mehrheit des Senats ist damit näher am ‚allgemeinen Sprachverständnis‘ als die Dreier-Minderheit, die sich ebenfalls

[101] Busse 1994: 38.
[102] *Süddeutsche Zeitung* 12.11.1986.
[103] *Die Rheinpfalz* 14.05.1988.
[104] *Badische Neueste Nachrichten* 25.04.1988.

darauf beruft."[105] In Kapitel 11.1.2 haben wir bereits erwähnt, dass auch Journalisten für sich beanspruchen, in einer sprachlichen Omnipotenz *das allgemeine Sprachverständnis* bestimmen zu können. Der Unterschied zwischen den dort erwähnten wortsemantischen Betrachtungen im Sinne von „x ist y und nicht z" und den nun zu untersuchenden Sprachgebrauchstopoi besteht darin, dass hier ein sprachliches Argument explizit gemacht (Sprachgebrauchstopos) und zur Stützung einer strittigen Äußerung herangezogen wird, während bei den Definitionsversuchen nicht wirklich metasprachlich argumentiert wird, sondern objektsprachlich Wörter oder Syntagmen als synonymisch bezeichnet werden.

In einem Artikel der *Frankfurter Allgemeine Zeitung* wird der Schwäbisch-Gmünder Amtsrichter Werner Offenloch mit dem Hinweis zitiert, dass das Insistieren auf Gewaltlosigkeit von Seiten der Sitzblockadeteilnehmer das Ziel verfolgt habe, „über die Reglementierung der Sprache die herkömmliche Definition von Gewalt in der Rechtsprechung zu unterlaufen."[106] Mit dieser Äußerung benennt Offenloch in der Tat die gängige sprachliche Strategie in der politischen Auseinandersetzung, wobei nicht deutlich ist, ob er diese Aussage rein deskriptiv vornimmt oder ob ihr eine implizierte Verurteilung zugrunde liegt. Dazu hätte man genauer klären müssen, ob Offenloch mit „Reglementierung" so etwas Ähnliches wie sich herausbildende Regelhaftigkeit meint, oder ob er mit dem Ausdruck den Vorwurf verbindet, dass die Befürworter dieser Bezeichnung quasi in einem political-correctness-Duktus jede andere Bezeichnungsform per se missachten bzw. pejorisieren und die jeweiligen Wortverwender in irgendeiner Form brandmarken.

Die folgende Ausführungen der *Frankfurter Rundschau* bedürfen noch der genaueren Betrachtung. Die „Ausweitung des Gewaltbegriffs" allein auf die „körperliche Anwesenheit an einer Stelle" mache aus verfassungsrichterlicher Sicht den „Gewaltbegriff zu unbestimmt", da nicht mehr mit ausreichender Sicherheit vorhersehbar sei, welches körperliche Verhalten verboten und welches nicht verboten sei. „Die Strafwürdigkeit werde letztlich vom Richter, nicht mehr vom Gesetz bestimmt."[107] Im Original der verfassungsrechtlichen Begründung heißt es demgegenüber:

> „In demjenigen Bereich, in dem die Gewalt lediglich in körperlicher Anwesenheit besteht und die Zwangswirkung auf den Genötigten nur psychischer Natur ist, wird die Strafbarkeit nicht mehr vor der Tat generell und abstrakt vom Gesetzgeber, sondern nach der Tat im konkreten Fall vom Richter aufgrund seiner Überzeugung von der Strafwürdigkeit eines Tuns bestimmt. Das eröffnet beträchtliche Spielräume bei der Strafverfolgung von Nötigungen."[108]

---

[105] *Süddeutsche Zeitung* 16.03.1995.
[106] *Frankfurter Allgemeine Zeitung* 24.03.1995.
[107] *Frankfurter Rundschau* 16.03.1995.
[108] BVerfGE 92, 18.

Die kurze Zusammenfassung in der *Frankfurter Rundschau* wird meines Erachtens der richterlichen Argumentation nur respektive dieses Ausschnittes aus der BVerfG-Entscheidung gerecht. Die Berichterstattung erfasst damit aber nicht die sich anschließende Auffassung der BVerfG-Richter, in der sie ausdrücklich einräumen, dass die Auslegung durch den Richter aufgrund der Vielfältigkeit der Lebensverhältnisse notwendig und an für sich auch nicht zu beanstanden ist, weil eben diese lebensweltliche Vielfalt es unmöglich macht, alle erdenkbaren Umstände sprachlich im Gesetz konkret zu benennen bzw. zu erfassen:

> „Das schließt allerdings nicht eine Verwendung von Begriffen aus, die in besonderem Maß der Deutung durch den Richter bedürfen. Auch im Strafrecht steht der Gesetzgeber vor der Notwendigkeit, der Vielgestaltigkeit des Lebens Rechnung zu tragen."[109]

Die Bundesverfassungsrichter präzisieren, dass aus verfassungsrechtlicher Sicht nur in diesem konkreten Fall die Auslegungspraxis der Fachgerichte zu weit gegangen sei. Die in der FR implizierte Behauptung bzw. Implikation, dass die Strafwürdigkeit von Verhaltensweisen ausschließlich vom Gesetzestext und in vernachlässigbarem Ausmaß vom Richter bestimmt würde, widerspricht der – in Teil 2 ausführlich erläuterten – richterlichen Arbeit am (Gesetzes)Text. Aber auch der Zeitungskommentator der *Süddeutsche Zeitung* fasst es m.E. prägnant zusammen: „In Wahrheit kann sich die Strafjustiz auf keine Weise der Wertung entziehen."[110]

---

[109] BVerfGE 92, 12

[110] *Süddeutsche Zeitung* 19.03.1988.

12 Zusammenfassung der Unterschiede und Gemeinsamkeiten

12.1 Sprachnormierungskämpfe auf Wortebene

Die wortsemantische Untersuchung in den Zeitungstexten ergibt im Kontrast zum juristischen Textkorpus folgende Bilanz:

1) Im **juristischen Diskurs** wird mittels Bedeutungsumschreibungen zu erfassen versucht, wie *der* (sic!) alltagsweltliche oder gemeinsprachliche Wortgebrauch angeblich aussieht.

Beispiel: Der Bundesgerichtshof behauptet bei seinen Präzisierungsversuchen in Bezug auf den Verwerflichkeitsbegriff, dass die Verwerflichkeitsklausel in Abs. 2 des § 240 StGB „mit den Worten ‚rechtswidrig ist die Tat' ausdrücklich an den allgemeinen Sprachgebrauch" [BGHSt 35, 279] anknüpfe.

* * *

2) Im **gemeinsprachlichen Diskurs** wird mittels Bedeutungsumschreibungen eine These hinsichtlich des allgemeinen Wortgebrauchs und Wortverständnisses aufgestellt.

a) Dieser unterstellte Sprachgebrauch wird als Grund dafür angeführt, dass im juristischen Diskurs eine bestimmte Sprachverwendung als *angemessen* zu betrachten sei.

Beispiel: Gemeinsprachlich gehörten laut Befürworter einer Verurteilung der Sitzblockadenteilnehmer auch 'psychische Momente' zum Gewaltbegriff, wie jeder Bürger am eigenen Leib den Zwang spüren könne, wenn er durch Blockaden beispielsweise nicht rechtzeitig am Urlaubsort eintreffe. Daher entspräche der vergeistigte Gewaltbegriff im juristischen Diskurs sehr wohl dem gemeinsprachlichen Verständnis.

b) Dieser unterstellte Sprachgebrauch wird als Grund dafür angeführt, dass im juristischen Diskurs eine bestimmte Sprachverwendung als *unangemessen* zu bewerten sei.

Beispiel: Gemeinsprachlich gehöre laut Befürworter von Sitzblockadenaktionen zum Gewaltbegriff die Teilbedeutung 'aktives physisches Dazutun', also eine 'physische Kraftentfaltung', und rein 'passives Dasitzen' werde der Bezeichnung „Gewalt" nicht gerecht.[1]

* * *

3) Ein in der Rechtsprechung als „gefestigt"[2] bezeichneter Wortgebrauch (der sich von der Gemeinsprache unterscheide) wird argumentativ im **juristischen Diskurs** auf zwei verschiedene Arten zu nutzen versucht:

a) Der in der Rechtsprechung als „gefestigt" bezeichnete Wortgebrauch soll in der Bevölkerung schon allgemein bekannt sein.

Beispiel: Dies behauptet beispielsweise die Senatsminderheit der Bundesverfassungsgerichtsentscheidung vom 10.01.1995 hinsichtlich der Auslegung des Gewaltbegriffs: „Auf das Ausmaß der aufgewendeten Kraft kommt es dabei nicht an. Ebenso ist es nach allgemeinem Sprachverständnis nicht entscheidend, ob eine unmittelbare Einwirkung auf den Körper des Opfers, etwa in Form einer Berührung, vorliegt." [BVerfG 92, 21]

b) Der in der Rechtsprechung als „gefestigt" bezeichnete Wortgebrauch soll in der Bevölkerung nicht bekannt genug sein. Juristisch bedeute dies: Die Wortauslegung sei für den Normadressaten im Vorfeld nicht bestimmt genug gewesen, wie dies die Senatsmehrheit der Bundesverfassungsgerichtsentscheidung hinsichtlich des vergeistigten Gewaltbegriffs behauptet.

* * *

4) Ein im juristischen Diskurs als verbreitet bezeichneter Wortgebrauch sei deshalb abzulehnen, weil er angeblich vom nichtjuristischen Sprachgebrauch abweiche und den meisten Staatsbürgern unbekannt sei. Eine deskriptive Feststellung ist Grundlage für ein präskriptives Wortverwendungsverständnis im juristischen Diskurs.

Beispiel: Der Angeklagte und als Rhetorikprofessor bekannte Walter Jens behauptet in Bezug auf den Verwerflichkeitsbegriff, dass dieser gemeinsprachlich anders gebraucht werde und von daher im juristischen Diskurs keine anders gelagerte Verwendung finden dürfe. Es handle sich nämlich um eine „Sondersprache der Richter", die „99 von 100 Menschen nicht mehr" verstünden.[3]

* * *

---

[1] Klaus Vack – bekannt als Organisator der Aktion „Sitzenbleiben für den Frieden" – in Leserbriefen der *Frankfurter Rundschau* vom 23.10.1990 und vom 09.03.1992.

[2] Siehe zum Beispiel BVerfGE 92, 18.

[3] Zitiert nach Berthold 1993: 109.

5) Ein im juristischen Diskurs als verbreitet bezeichneter Wortgebrauch unterscheide sich im Großen und Ganzen von dem in der Gemeinsprache unterstellten Wortgebrauch. Aus dieser deskriptiven Feststellung bezüglich zweier divergierender Wortverwendungsgepflogenheiten wird keine Wertung abgeleitet hinsichtlich der angemessenen Wortauslegung im juristischen Diskurs. Diese Variante ist mehrfach in den fachgerichtlichen Entscheidungsbegründungen zu finden.

12.2 Divergierende Sprecherhandlungen in Alltags- und Fachwelt

Die divergierenden Sprecherhandlungen zwischen Alltags- und Fachwelt auf der Grundlage der analysierten Textkorpora (juristische Texte im Vergleich zu journalistischen Texten) haben die folgenden zentralen Gesichtspunkte hervortreten lassen.

1) Sprecherhandlungen innerhalb der beiden grundlegenden juristischen Sprachhandlungstypen *Sachverhalt-Festsetzen* und *rechtliche Sachverhaltsklassifizierung* werden aus alltagsweltlicher Sichtweise weder klar erkannt noch unterschieden. Die Beschäftigung mit der untersuchten Sitzblockadenjudikatur hat dagegen deutlich gemacht, dass aber gerade diese Sprachhandlungen für sich betrachtet bereits von juristischen Funktionsträgern unterschiedlich vollzogen werden. Darüber hinaus unterscheiden sich natürlich auch die von den Angeklagten vorgenommenen Sprecherhandlungen von denen der Rechtsarbeiter, die den Lebenssachverhalt juristisch „zubereiten".

In diesem Zusammenhang muss an die oben erwähnten Probleme beim Konstruieren und Beurteilen von „Vergleichsfällen" (kontrastierende Sachverhalte) erinnert werden, die gerade im gemeinsprachlichen Diskurs üblich sind. Damit soll nicht bestritten werden, dass Staatsbürger ein Recht auf die vergleichende Bewertung von kriminalisierten Lebenssachverhalten haben. Der alltagsweltliche Wissensrahmen ist aber dessen ungeachtet nur bedingt kompatibel mit dem juristischen. Damit äußere ich eine rein deskriptive Aussage, die Justiz und Rechtswesen nicht von der Verantwortung plausibler Rechtsprechung aus Sicht der Normbetroffenen entbinden soll.

* * *

2) Aus alltagsweltlicher Sicht als vermeintlich neutral wahrgenommene *repräsentative/ assertive Sprecherhandlungen* (z.B. Sachverhaltseigenschaften darstellen) und *deklarative Sprecherhandlungen* (Blockadeaktion aus dem Blickwinkel eines Normtextes benennen), die von juristischen Funktionsträgern vollzogen werden, beinhalten immanent auf Grund ihrer normtextorientierten Bezeichnungstechnik eine Vor-Deutung bzw. Wertung, die für Nicht-Juristen erst in der dadurch ausgelösten Rechtsfolge sichtbar wird. Sprecherhandlungen innerhalb der beiden – im juristischen Diskurs – vollzogenen Sprachhandlungstypen *Sachverhalt-Festsetzen* und *rechtliche Sachverhaltsklassifizierung* werden im gemeinsprachlichen Textkorpus als eine erfasst und als eine evaluative Sprachhandlung (Expressiva) gedeutet (Divergenz zwischen sprecher- und hörerseitiger Interpretation von Sprachhandlungen), ohne die beiden vorgelagerten Sprachhandlungstypen in ihrer Funktion zu erkennen. Bezeichnend ist in diesem Zusammenhang die Formulierung aus dem bereits zitierten Zeitungsartikel, in dem über die veränderte Rechtsauffassung eines Amtsrichters berichtet wird.[4] Für den Zeitungsleser als relativen Laien sind die damit verbunden geänderten deklarativen Sprecherhandlungen in der juristischen Textarbeit nicht erkennbar. Er erfasst stattdessen diesen komplexen Prozess als einen rein evaluativen, dass nämlich ein Rechtsarbeiter seine Meinung geändert hat (was in der Konsequenz natürlich richtig ist, aber die vorgelagerten Klassifikations- und Benennungsprobleme ausklammert).

Daraus folgt, dass Sprecherhandlungen im Rahmen des Sprachhandlungstyps *Sachverhalt-Festsetzen* und Sprecherhandlungen innerhalb der Kategorie *rechtliche Sachverhaltsklassifizierung* die eigentlich bedeutsamen sind für den dritten Sprachhandlungstyp des *Entscheidens*. Der letzte wiederum wird alltagsweltlich als besonders bedeutsam erlebt (Expressiva), weil er die Voraussetzung für eine bestimmte Rechtsfolge darstellt. Im Unterschied dazu lösen bestimmte Bezeichnungen im Alltag nicht so zwingend eine spezifische Handlungsfolge aus. Im Konzept der juristischen Textarbeit werden innerhalb des dritten Sprachhandlungstyps nur Entscheidungen durchgeführt, die zuvor im Rahmen der vorgenommenen Benennungen und Klassifikationen eröffnet wurden. Damit wird deutlich: der Benennungsakt als Klassifikationsakt (Deklarativa) ist der eigentlich brisante Akt beim In-Bezug-Setzen von Tatbeständen zu Lebenssachverhalten – verstanden als ein Herstellen von Referenzbeziehungen über Normtextbedeutungen.

* * *

3) Mit der Frage, welche Auswirkungen nachträglich an die Gerichte herangetragene Lebenssachverhalte (hier die Umsetzung von Abrüstungsvereinbarungen) auf die rechtliche Bewertung der Sitzblockaden haben, ist ein erhellendes Beispiel für Unterschiede zwischen alltagsweltlicher und juristischer Sichtweise angesprochen. Die verschiedenen Sichtweisen können mit Hilfe der

---

[4] Siehe oben in Kapitel 11.2.1 den Auszug aus der *Stuttgarter Zeitung* 18.03.1988 auf Seite 272.

herausgearbeiteten divergierenden Sprecherhandlungen (als ein Beitrag zur Vermittlungsproblematik) verdeutlicht werden.

Denn die politische Verwirklichung eines Teiles des Zweckes (im juristischen Diskurs als *Fernziel* deklariert) führt meines Erachtens nur aus alltagsweltlicher Sicht (mehr oder weniger zwingend) zu einer grundsätzlichen neuen Bewertung der Zweck-Mittel-Relation an sich. Im juristischen Diskurs dürfte dieser Aspekt wohl kaum eine grundsätzlich neue Einschätzung nach sich ziehen, weil die Nicht-Verwerflichkeit des Teilzweckes (die sog. Fernziele) bei der richterlichen Bewertung ohnehin nicht bezweifelt wurde. Außerdem sind diese Fernziele (also die Motive der Sitzblockadenteilnehmer) bei der rechtlichen Sachverhaltsklassifizierung überhaupt nicht berücksichtigt worden, sondern nur bei der Strafzumessung.[5] In Bezug auf das Zweck-Mittel-Verhältnis erscheint das – für die richterliche Begründung – entscheidende Nahziel nicht in neuem Licht, sondern nur das für die Strafzumessung relevante Fernziel. Aber auch diesbezüglich werden die Richter ihre Ansicht wohl kaum ändern müssen, weil die Fernziele von allen Gerichten als nicht verwerflich eingestuft wurden und infolge dessen zu einer Minderung des Strafmaßes geführt haben.

12.3 Alltagsweltliche und juristische Sprachgebrauchstopoi

Sprachgebrauchstopoi werden in Bedeutungs- und Referenzfixierungsversuchen der Rechts- und Gemeinsprache gleichermaßen verwendet (siehe zur Wortebene 12.1, zu Sprecherhandlungen 12.2 und zur abschließenden Bewertung das Resümee in Kapitel 13). Das zugrunde liegende Muster ist zwar ähnlich, wenn auch nicht identisch. Allerdings ist die Frage nach dem „allgemeinen Sprachverständnis" – so zum Beispiel eine Formulierung in der *Süddeutschen Zeitung*, was die sprachlichen Präzisierungsversuche der Gerichte anbelangt[6] – weitaus schwieriger zu beantworten als Fragen der Sprachgebrauchsgepflogenheiten in juristischen Sprachspielen. Der Grund dafür liegt in der besseren Überschaubarkeit des juristischen Sprachgebrauchs, weil er sich im Wesentlichen an zwei transparenten Orten zuträgt: zum einen in der Rechtsprechung (Bedeutungs- und Referenzfixierungsversuche durch gesetzte Normen „im Namen des Volkes") und zum anderen innerhalb der juristischen Binnenkommunikation wie z.B. in rechtswissenschaftlichen Publikationen (Bedeutungs- und Referenzfixierungsversuche durch konventionelle Normierung im Fachdiskurs). Zusätzlich sind die juristischen Funktionsträger in ihrer Argumentation gezwungen, Normtext-Teilbedeutungen metasprachlich deutlich zu explizieren und als *die* adäquaten herauszustreichen.

---

[5] Vgl. dazu den BGH-Beschluss vom 5.05.1988.

[6] Süddeutsche Zeitung 16.03.1995.

Alltagsweltlich wird mitunter die notwendige Offenheit der Normtexte, um die Komplexität der Lebenssachverhalte erfassen zu können, als Schwäche der Gesetzesformulierung gedeutet. In Teil II und III ist jedoch deutlich geworden, dass Normtexte nur Anweisungspotentiale für die Normkonkretisierung enthalten können.

In der öffentlichen Diskussion wird gerade von Parlamentariern als Vertreter des Gesetzgebungsorgans immer wieder auf die Möglichkeit verwiesen, dass Gesetzestexte verändert bzw. gestrichen oder neue Gesetzesvorschriften verabschiedet werden können, um Lebenssachverhalte in einer gewünschten Form justitiabel zu machen. Welche Auswirkung dieses Sprachgebrauchsargument auf die Vertreter der dritten Staatsgewalt hat, ist natürlich nicht konkret zu beantworten. Dennoch sollten auch Politiker das eingeschränkte Konkretisierungs- und Anweisungspotential, das ihnen mit dem Medium Sprache zur Verfügung steht, berücksichtigen und realistisch einschätzen. In diesem Zusammenhang haben wir oben eine vorgeschlagene Formulierungsveränderung für § 240 StGB als wenig effektiv im Sinne des Erfinders bewertet.

13 Resümee

Während im Kontext der Vermittlungsproblematik rechtssprachlicher Besonderheiten gängige Erklärungsmuster bei Rechtstermini und Gesetzesformulierungen ansetzen, so wurde in der vorliegenden Arbeit ausführlich gezeigt: Nicht die Begriffslehre bietet den entscheidenden Ansatzpunkt, sondern die Frage, wie Normtext und soziale Sachverhalte („Wirklichkeit") in der Rechtsnorm (die mehr ist als der Gesetzestext) strukturell verbunden sind. Diese Frage muss auf der Ebene des Textes und seiner Verflechtungen diskutiert werden, indem grundlegende Sprachhandlungen im Rahmen der richterlichen Entscheidungsfindung in den Mittelpunkt der Aufmerksamkeit gerückt werden.

Dass eine juristische Aufgabe in der „Wortsinnermittlung" bestehe – so eine weit verbreitete Ansicht – ist eine Fiktion. Schon die Formulierung mit Hilfe des Lexems *ermitteln* impliziert ein Sprachverständnis, das problematisch ist. „Ermittlung" legt nahe, die Aufgabe des Rechtsanwenders bestehe im Auffinden einer ante casum vorhandenen Bedeutung des Normtextes im Sinne einer statischen oder fixen Größe. Die vorliegende Untersuchung versucht hingegen mit dem Nachzeichnen der Bedeutungs- und Referenzfixierungsversuche im Paradigma der *Strukturierenden Rechtslehre* einen anders gearteten Beitrag zur Rechtserzeugungsreflexion zu leisten. Dabei ist deutlich geworden, dass die konkrete Rechtsarbeit sich an zwei unterschiedlichen Handlungsmustern orientiert.[1] Zum einen an spezifischen Regeln einer rationalen juristischen Entscheidungstätigkeit/-technik und zum anderen an den – von der Theorie der Referenzfixierung entwickelten – Regeln (Handlungsmuster, Methoden), nach denen Sprecher durch Benennungsfestsetzungen auf Sachverhalte oder Gegenstände Bezug nehmen. Durch den Nachvollzug der sprachlich vermittelten Referenztätigkeit des Rechtsarbeiters (sprachliche Präzedenzfälle, Rekonstruktion der bisherigen Benennungsfestsetzungen durch Gerichte, Kommentare und ihre Diskussion in der rechtswissenschaftlichen Literatur – also durch die sprachlichen Eingangsdaten) gewinnt der praktisch tätige Jurist nicht „die Bedeutung" des Ausdrucks, sondern nur mögliche Handlungsmuster, gemäß derer er die bisherigen Benennungsfestlegungen fortsetzen, modifizieren oder durch neue ersetzen kann. Darin – im Dominant-Setzen bestimmter Teilbedeutungen bei Rechtsbegriffen in Form von textbasierten Durchsetzungsversuchen

[1] Jeand'Heur 1989: 164f.

durch Benennungsfestlegungen und Handlungsmuster – besteht der „semantische Kampf"[2] der Juristerei.

Ungeachtet dieses Umstandes wird in den meisten richterlichen Entscheidungsbegründungen des untersuchten juristischen Textkorpus eine Formulierungspraxis mit den erwähnten objektivistischen Implikationen bevorzugt, die zu grundlegenden Missverständnissen zwischen Gesetzesmachern und Gesetzesanwendern auf der einen Seite und den Rechtsbetroffenen auf der anderen Seite beitragen kann. Diese Problematik der einseitigen instrumentellen Sprachauffassung wurde in Kapitel 10.1.1 ausführlich dargelegt und wird hier in zwei Punkten hinsichtlich ihrer gesellschaftspolitischen Relevanz zusammengefasst:

Das in der Bevölkerung vorherrschende Verständnis von Sprache und ihrem Gebrauch erliegt insgeheim und unbewusst einem Objektivismus. Dabei wird der Rezipient in seiner Subjektivität mit je unterschiedlichen Vor-Einstellungen vernachlässigt. Im Mittelpunkt einer funktionalen und medialen Sprachperspektive (wie in Kapitel 3 dargelegt wurde) steht dahingegen die Interaktion zwischen Autor, Leser und Text (Kapitel 4). Das Problem einer einseitigen instrumentellen Sprachauffassung liegt in dem unterstellten, klar bestimmbaren Ursache-Wirkungs-Verhältnis (Kausalbeziehung) zwischen den sprachlichen Mitteln in einem Gesetzestext und ihrer Anwendung. Damit wird Sprache eine Legitimationsbürde aufgelegt, der das Medium nicht gerecht werden kann: Sprachliche Bedeutung von Normtexten kann nicht als objektive Instanz bei der Rechtfertigung richterlichen Entscheidens herhalten. Da diese Legitimationsfigur aber eine häufige Formulierungspraxis in der untersuchten Sitzblockadenjudikatur darstellt, so erfährt der Staatsbürger eine eigentümliche Dichotomie – um nicht zu sagen Schizophrenie: Sprache, genauer Sprachgebrauch, wird als Instrument einer bestimmten richterlichen Entscheidungsbegründung in objektivistischem Duktus verwendet, während gleichzeitig andere Richter dasselbe Medium mit gleicher Haltung benützen, um zum genau gegenteiligen Resultat zu gelangen, und fatalerweise wiederum in sprachobjektivistischem Impetus. Dadurch wird suggeriert, der rhetorisch Kompetente sowie juristisch und politisch Mächtige verfüge mit strategisch cleveren Sprachmitteln willkürlich über Herrschafts- und Manipulationswissen, dessen sich der Einzelne nur schwer erwehren kann. Dies kann unter Umständen eine Art Ohnmacht bei den Rechtsbetroffenen auslösen. Würden die Richter die mediale Unschärfe thematisieren, so führte dies nicht – wie mitunter befürchtet – zur Auflösung der rechtsstaatlichen Verankerung gerichtlicher Entscheidungsmacht und -akzeptanz, sondern würde genau im Gegenteil zu mehr rechtsstaatlicher Identifikation beitragen, weil die Vagheit zugegeben und

[2] Vgl. zu diesem Terminus ausführlicher Kapitel 3.2.1 *Bedeutungs- und Referenzfixierungsversuche*.

somit für den Einzelnen im Rahmen seiner strategischen Handlungsabsichten kalkulierbarer und damit nicht – wie beim Ignorieren der Vagheit – als teilweise willkürlich empfunden würde.

Der Unterschied zwischen den mit Sprache vermittelten Inhalten einerseits und bewusstseinsindizierender, handlungsstrategischer Vermittlungsform andererseits wird mit einer hypostasierten Sprachauffassung unter Vernachlässigung der dargelegten medialen Unschärfen als substantiellem Bestandteil von Sprache nicht erfasst. Den Rechtsbetroffenen ist dabei zumeist nicht bewusst, dass selbst bei scheinbar objektivierenden Sprecherhandlungen wie *benennen* oder *feststellen von (juristischen) Sachverhalten* eine perspektivisch und semiotisch bedingte Selektion und Deutung vorgenommen wird, welche die Rezipienten nicht teilen müssen. Folge einer solchen Auffassung sind z.B. Erwartungen an Richter, Parlamentarier als Gesetzgeber oder gegenüber Repräsentanten staatlicher Institutionen, sie müssten eine „korrekte" Sprache verwenden in völliger Verkennung der diesen Sprachspielen zugrunde liegenden Regeln, die mit einem unscharfen Medium arbeiten. Als Beleg sei der folgende Zeitungsausschnitt nochmals zitiert:

> „Dies hat der Bundesgerichtshof mit jenen geschmeidigen Floskeln garniert, die die Abkehr vom Legalitätsprinzip zum Opportunitätsprinzip – wenn nicht zum Opportunismusprinzip – im deutschen Recht anzeigen: ‚elastische Lösungen ... ermöglichen', ‚den herrschenden sozialethischen Vorstellungen Rechnung tragen' usw. Da ist es kein Wunder, wenn immer mehr Amtsrichter elastisch reagieren und es in ihrer weniger feinsinnigen Sprache direkter begründen: die Demonstranten erfreuten sich ja doch auch der ‚Sympathie eines Großteils der Medien'."[3]

Zugespitzt formuliert könnte man feststellen: Wenn Staatsbürger solch eine illusionäre Sprachauffassung verinnerlicht haben, dann korrespondiert eine solche Einstellung nicht mit der Denkhaltung eines tatsächlich mündigen – den rechtspolitischen Diskursregeln gewachsenen – Staatsbürgers und kann vielmehr Ausgangspunkt für Rechtsstaatsverdrossenheit sein.

Im dritten Teil *Linguistische Analysen* habe ich rechtssprachliche Bedeutungs- und Referenzfixierungsversuche auf der Basis der grundlegenden Sprachhandlungstypen *Sachverhalt-Festsetzen, rechtliche Sachverhaltsklassifizierung, Entscheiden* (inklusive *Argumentieren*) herausgearbeitet. Mit Hilfe des Dominant-Setzens von Teilbedeutungen versuchen die juristischen Funktionsträger ihren Sprachgebrauch (also ihr Verständnis von Normtexten und Rechtsbegriffen in Bezug auf juristische Sachverhalte) durchzusetzen. Aus Vergleichsgründen wurde die Rezeption dieser juristischen Textarbeit in journalistischen Textsorten nachgezeichnet. Eine solche Kontrastierung des hier vorgestellten „semantischen Kampfes" mit den außerjuristischen Sprachnormierungsversuchen in der öffentlichen Diskussion ist insofern äußerst relevant,

---

[3] *Die Welt* 4.03.1987.

als die gesellschaftliche Auseinandersetzung mit der Rechtsprechung – insbesondere des Bundesverfassungsgerichts – größtenteils eine durch Medien vermittelte Diskussion ist.

Bedeutungs- und Referenzfixierungsversuche laufen im nicht-juristischen Sprachgebrauch (z.B. in der öffentlichen Diskussion) nach einem ähnlichen, wenn auch nicht gleichen Muster ab. Die Frage nach dem „allgemeinen Sprachverständnis" – so wie sie beispielsweise die *Süddeutsche Zeitung* (16.03.1995) oder auch die Richter in ihren Entscheidungstexten stellen – ist allerdings weitaus schwieriger zu beantworten als die Frage nach Sprachgebrauchsgepflogenheiten in juristischen Sprachspielen. Der juristische Sprachgebrauch ist im Unterschied zum gemeinsprachlichen überschaubarer, weil er sich einerseits aus rechtsstaatlichen Legitimationsgründen um die metasprachliche Explizierung von Teilbedeutungen im Rahmen der Normkonkretisierung bemühen muss und andererseits im Wesentlichen an zwei transparenten Orten zuträgt: zum einen in der Rechtsprechung (Bedeutungs- und Referenzfixierungsversuche durch gesetzte Normen „im Namen des Volkes") und zum anderen innerhalb der juristischen Binnenkommunikation sowie der rechtswissenschaftlichen Publikationen (Bedeutungs- und Referenzfixierungsversuche durch konventionelle Normierung im Fachdiskurs).

Die Beschäftigung mit Rechtssprache und ihren Gebrauchsweisen macht deutlich, dass „der Inhalt" einer Norm nicht passiv aus den Buchstaben des Gesetzes herausgelesen werden kann. Vielmehr besteht die Aufgabe des Text(be)arbeiters in der aktiven Konstituierung eines ihm plausibel erscheinenden Textinterpretationskonstruktes, indem er zuvor andere Textbedeutungen übernehmend oder verwerfend berücksichtigt. Die Aufgabe des Rechtsanwenders verlagert sich demnach auf die Herstellung des Normprogramms einer in concreto relevanten Vorschrift, also eines Normtextes: der Rechtsanwender „zieht mit anderen Worten die – eine zulässige von einer unzulässigen Auslegung scheidende – Grenzmarke des möglichen Wortsinnes selbst."[4]

In juristischen Argumentationen besteht Einigkeit in der proklamierten Bemühung, der Wortsinn sei aus der Sicht des Bürgers (des Normadressaten) zu bestimmen. Realiter wird er innerhalb eines juristischen Diskurses im Rahmen eines juristischen Sprachspiels unter Verwendung spezifischer rechtsmethodischer Regeln konstituiert, während die Sprachkompetenz des Normadressaten sozusagen als Legitimationsfigur fungiert. Jeand'Heur spricht von einem „Kontrollmechanismus"[5].

In Bezug auf die Adressatenproblematik wird vorgeschlagen, anstelle der unhaltbaren Fiktion von *dem* (sic!) Normadressaten (als prototypische Vorstel-

---

[4] Jeand'Heur 1995: 466.
[5] Jeand'Heur 1995: 466.

lung der meisten juristischen Funktionsträger) das Konstrukt einer heterogenen Adressatenvorstellung zu favorisieren, in welchem der einzelne Normadressat als „aktiver Rezipient" im Rahmen einer Normtextbetroffenheitsahnung selber dafür Sorge zu tragen hat, dem folgenden Grundsatz gerecht zu werden: *Sorge als Normadressat dafür, dass du die für dich relevanten Gesetze und ihr Auslegungspotential so weit wie möglich (evtl. mit fremder Hilfe) verstehst.* Eine zufriedenstellende theoretische Herleitung der Normadressatenproblematik bleibt derzeit Desiderat, was allerdings kein Grund dafür sein kann, an der vorherrschenden Fiktion *des* Normadressaten mit allen damit verbundenen Unterstellungen und Annahmen festzuhalten.[6] Dessen ungeachtet sind Gesetzestexte primär an juristische Funktionsträger gerichtet.

Neben den erwähnten Schwierigkeiten in Bezug auf die implizite Sprachauffassung sowie die Gesetzestextadressierung wurden unter Heranziehung der pragmatischen Kriterien der *Polyfunktionalität* sowie dem *Phänomen der Intertextualität* weitere rechtstheoretische Schwierigkeiten aus linguistischer Perspektive herausgearbeitet.

Mit Hilfe des Aspektes der Polyfunktionalität können die beschriebenen rechtstheoretischen Schwierigkeiten im Zusammenhang mit der Adressatenproblematik ein Stück weit entschärft werden. Unter *Polyfunktionalität* wird in der linguistischen Pragmatik verstanden, dass derselben Äußerung – bezogen auf ein kommunikatives Handlungsspiel – verschiedene Funktionen und Wirkungsintentionen zugrunde liegen können. Bezogen auf Normtexte bedeutet dies, dass derselbe Gesetzesparagraph bei unterschiedlichen Adressaten divergierende Funktionen erfüllen und damit uneinheitliche Rezipientenwirkungen auslösen kann. So kann man den Wissensstand von Normadressaten und damit die Funktionen und Wirkungen des Gesetzestextes graduell abstufbar und relevanz- und situationsgebunden modellieren. Für den Alltag notwendige Grundkenntnisse (z.B. Schutz von Rechtsgütern wie Leben, Eigentum, Vermögen) erfährt der Staatsbürger in der familiären und institutionellen Sozialisation (insbesondere der schulischen Bildung). Berufs- und fachdomänenspezifische Rechtskenntnisse erlangt er in der Regel in dem jeweiligen Ausbildungsgang. Mit Hilfe der Annahme der Normtextbetroffenheitsahnung und der Unterstellung eines Normadressaten, der als aktiver Rezipient gedacht wird, trägt das Zusammenspiel von Adressatenheterogenität und Polyfunktionalität zu mehr rechtstheoretischer Stringenz bei. Bei Versagen dieses Erklärungsmodells bleibt das bereits erwähnte Konstrukt der „Parallelwertung in der Laiensphäre" für die Vermeidung von ungerechtfertigten Härten in Einzelfällen.

Das vielfältige Geflecht an Verweisen auf diverse Textsorten und Textsequenzen im juristischen Diskurs (Intertextualität) verdeutlicht, dass der her-

---

[6] Vgl. dazu Kapitel 10.1.2 und die Ausführungen zum juristischen Konstrukt der „Parallelwertung in der Laiensphäre".

kömmliche Textbegriff (vor allem in Bezug auf die Abgeschlossenheit) erweitert werden sollte zugunsten eines Verständnisses, dem zufolge Texte nicht für sich alleine stehen, sondern stets in einem intertextuellen Verweiszusammenhang eingebettet sind. Diese Texte weisen untereinander semantische Beziehungen auf und stehen in einem gemeinsamen Aussage-, Kommunikations-, Funktions- oder Zweckzusammenhang.

Unter diesem Gesichtspunkt ist interessant, welche Textsequenzen und Textsorten in den richterlichen Entscheidungen als relevant gewichtet werden für die Konstitution der als *herrschenden Meinung* etikettierten Rechtsauffassung (Kapitel 10.2). Darüber hinaus wurde dargelegt, wie der Sprachgebrauchstopos der Begriffspräzisierung auf der unterstellten Relation zwischen Textteilen (Absatz 1 und 2 in § 240 StGB) in einem als abgeschlossen dargestellten Gesetzesparagraphen verwendet wird. Aus juristischer Perspektive werden in dem hier untersuchten Fall die zentralen Rechtsbegriffe aus Absatz 1 und 2 des Nötigungsparagraphen als zwei Stellglieder einer Tatbestandseinheit betrachtet, die sich zum Zwecke der Präzisierung gegenseitig beeinflussen. Damit sollte das Verhältnis zwischen Textteilen – verdichtet im *Gewaltbegriff* und in der *Verwerflichkeitsklausel* – die Erfüllungsbedingungen des Tatbestandes bestimmen helfen.

Zusammenfassende Thesen

Die Zusammenfassung der erarbeiteten Untersuchungsergebnisse soll zum Abschluss mittels Thesen zugespitzt werden:

<u>1. These</u>: **Gesetzesanwender** bzw. **Rechtsarbeiter stellen Relationen zwischen** (Sachverhalts)**Eigenschaften** (aus den Fallerzählungen) **und** (Tatbestands)**Merkmalen her und „objektivieren"** (= explizieren) **sie in Teilbedeutungen von Normtexten** (zum Teil auch in Rechtstermini dieser Gesetzestexte) im Rahmen der gesetzestextbasierten Normkonkretisierung, bei der aus dem Normtext eine Rechtsnorm als dem – die richterliche Entscheidung tragenden – Leitsatz entwickelt wird. Auf der Grundlage der so erzeugten Rechtsnorm wird diese zur Entscheidungsnorm individualisiert, die im Tenor (Urteilsformel) von den Richtern zum Ausdruck gebracht wird.[7] Teilbedeutungen von Normtexten korrespondieren demnach mit Merkmalen von juristischen Tatbeständen, und diese wiederum korrespondieren mit Eigenschaften aus Lebenssachverhalten. Diese terminologische Unterscheidung soll heuristisch Erkenntniszusammenhänge klarstellen helfen, es sollen damit **nicht** getrennte Entitäten (Sprache – Expertenwelt – Alltagswelt) impliziert werden.

---

[7] Vgl. dazu Kapitel 6.

In gemeinsprachlichen Varietäten (alltagsweltliche Sachverhaltskonstitution) werden Sachverhalte ohne den juristischen Wissensrahmen von Tatbestandsmerkmalen als vorgelagerter Wahrnehmungsfolie erfasst – es wird also eine direkte Referenzbeziehung zwischen Sachverhaltseigenschaft und Begriffsteilbedeutung des Ausdrucks auf der Grundlage alltäglicher Sprachgebrauchserfahrungen ohne die Zwischeninstanz von Tatbestandsmerkmalen hergestellt.[8] Dabei ist zu bedenken, dass der souveräne Umgang mit juristischen Tatbestandsmerkmalen der fundierten juristischen Diskurserfahrung bedarf und erst in zweiter Linie auf der Handhabung von Rechtsbegriffen basiert. Tatbestandsmerkmale finden auf den ersten Blick ihren Niederschlag in Rechtstermini, deren Handhabung Professionalität verlangt. Eine genauere Betrachtung der juristischen Textarbeit fördert jedoch zu Tage, dass die Produktion und Rezeption von Sprecherhandlungen im juristischen Sprachspiel die zentralen Kategorien juristischen Handelns darstellen. Sind diese hinsichtlich eines bestimmten Normtextes und prototypischer Sachverhalte im juristischen Diskurs mehr oder weniger standardisiert, so lassen sie sich hoch verdichtet und abstrahiert in Fachtermini zusammenfassen (wie sie z.B. als Tatbestandsmerkmale in Gesetzestexten ausgedrückt werden bzw. vorkommen) und gewährleisten damit eine effektive und ressourcenschonende Fachkommunikation unter Juristen. Juristen und Nicht-Juristen überschätzen bei der Beschreibung juristischer Tätigkeiten herkömmlich die Rolle der Fachtermini unter Vernachlässigung der eigentlichen Textarbeit und neigen zur Hypostasierung von Sprache auf der Grundlage eines rein instrumentellen Sprachverständnisses. Juristische Textarbeit dahingegen lässt sich im Wesentlichen charakterisieren durch den Vollzug der drei grundlegenden Sprachhandlungstypen *Sachverhalt-Festsetzen*, *rechtliche Sachverhaltsklassifizierung* und *Entscheiden (inkl. Argumentieren)*.

* * *

2. These: Mit der Annahme eines alltagsweltlichen und juristischen Wissensrahmens kann die Rechtsarbeit plausibel und nachvollziehbar modelliert werden. Legt man ein vereinfachendes Resümee grundlegender Erkenntnisse der (Wahrnehmungs)Psychologie zugrunde, so besteht eine fundamentale menschliche Orientierungsfähigkeit darin, realweltliche Vorkommnisse, die nicht in gängige Wahrnehmungs- und Wirklichkeitsschemata passen, so zu verändern, dass sie in das bereits gewohnte Wissen integrierbar sind (Sinnvoll-Machen der Welt bzw. Sinn-Konstanz bei Hörmann).

[8] Vgl. dazu ausführlich in Kapitel 11.

Das Paradigma der ANPASSUNG

Akkomodation	Assimilation
Anpassung durch Angleichung an die Anforderungen der Umwelt.	Umweltgegebenheiten erhalten durch Handeln oder Denken eine Bedeutung, die mit der bisherigen Erfahrung in Einklang steht.

So kann als Beispiel für Akkomodation die (Forderung nach) Verabschiedung eines neuen Gesetzestextes gelten, um bestimmte Lebenssachverhalte justitiabel machen zu können. Auf der anderen Seite kann die erwähnte „Zubereitungsfunktion"[9] als Exempel der Assimilation gesehen werden. Außerrechtliche Wirklichkeit wird zunächst einmal auf die rechtliche Welt zugeschnitten, bevor ein Rechtstext auf sie überhaupt „anwendbar" ist. So bewirkt die fachliche Sicht der Jurisprudenz auf die alltagweltliche Lebenswirklichkeit eigentlich eine institutionelle Konstitution von „Wirklichkeit"[10]. Juristische Tätigkeit kann daher als textgestützte Integration eines Sachverhalts in Schemata der juristischen Sachverhaltsverarbeitung aufgefasst werden. Rechtsanwendung besteht zu einem guten Teil darin, außerrechtliche Sachverhalte in rechtliche Sachverhalte (institutionell definierte und konstituierte Sachverhalte) umzuwandeln.[11]

Folglich wird eine „Wirklichkeit" eigener Art, eine institutionelle „Wirklichkeit", zuallererst konstituiert. Gesetzestexte spielen in diesem Vorgang eine zentrale Rolle. Doch kann diese Rolle häufig nicht einem einzelnen Rechtssatz (oder gar einem einzelnen Rechtsbegriff) zugeschrieben werden, sie ergibt sich vielmehr erst aus dem Zusammenspiel eines dichten Netzes von in der Rechtsarbeit jeweils neu herzustellenden Wissensrahmen, die im Wesentlichen ihr Fundament in Gesetzestexten – aber nicht ausschließlich (jedenfalls nur teilweise in den kanonischen Gesetzestexten) – haben und darüber hinaus in weiteren Texten der juristischen Binnenkommunikation.

Fazit: Das übergreifende Problem der juristischen Fachsprache sollte als ein funktionaler Zusammenhang aufgefasst werden, welcher soziale Sachverhalte, gesellschaftliche und kulturelle Deutungsmuster, institutionelle Rah-

---

[9] Jeand'Heur 1998: 1292.

[10] Vgl. auch Busse (1993), S.282ff.

[11] Siehe auch Searle 1997.

menbedingungen, fachsprachliche Spezial-Terminologie und fachspezifische Deutungszusammenhänge als Teil einer zusammenhängenden Praxis begreift.

* * *

3. These: Die Redeweise von *dem* Sachverhalt bzw. der Satz *Die Hauptverhandlung hat folgenden Sachverhalt ergeben* erscheint wegen seines (erkenntnistheoretisch) objektivistischen Duktus unangemessen. Denn der im Entscheidungstext durch die Gerichte **festgesetzte und niedergeschriebene Sachverhalt** unterscheidet sich in Umfang und Auswahl der als relevant eingeschätzten Aspekte von den Sachverhaltserzählungen durch Angeklagte, Zeugen und nicht-juristisch vor- und ausgebildete Personen und kann darüber hinaus zwischen den juristischen Funktionsträgern umstritten sein.[12] Eine Formulierung im Sinne von *folgender Sachverhalt wurde festgesetzt* würde die semiotisch bedingte und durch den juristischen Wissensrahmen vor-organisierte Perspektivierung des Lebenssachverhalts im Rahmen der juristischen „Zubereitungsfunktion" berücksichtigen.

Auf Grund der in Kapitel 9.2 *Umstrittene Sprecherhandlungen und ihr Bewirkungspotential* herausgearbeiteten Veränderungen bezüglich des Sprachhandlungstyps des *Sachverhalt-Festsetzens* zwischen der Revisionsinstanz des Oberlandesgerichts (und auch des Bundesgerichtshofs) und der Tatsacheninstanz des Landgerichts wird deutlich, dass die – vom Oberlandesgericht zur Sachverhaltsdarlegung gewählte Eröffnungsklausel (feststehende fachsprachliche Wendung als Phraseologismus) „Das Landgericht hat folgende Feststellungen getroffen" dem jeweiligen Abschnitt im Entscheidungstext als etikettierende Überschrift nicht gerecht wird, weil die durch die Revisionsinstanz vorgenommenen Textveränderungen (ohne erneute Tatsachenfestsetzung wegen des Revisionsverfahrens) doch von erheblichem Ausmaß sind.

* * *

4. These: Rechtliche und alltagsweltliche Konstitution von Sachverhalten unterscheiden sich grundlegend. Der **rechtssprachliche „Zugriff"** auf sog. Lebenssachverhalte vollzieht sich dadurch, dass der erst festzusetzende Sachverhalt aus der Perspektive eventuell relevanter Normtexte (bzw. Tatbestände und deren Merkmale) betrachtet wird, d.h. aus den juristisch vorgegebenen Tatbeständen in Form von Gesetzestexten werden die jeweils relevanten hinsichtlich des „Falls" ausgewählt. Es handelt sich demnach um einen Abgleich zwischen Tatbestand und Lebenssachverhalt oder Tatbestandsmerkmal und Sachverhaltseigenschaft. Sachverhaltseigenschaften, die keine Entsprechung in

[12] Vgl. dazu ausführlich die Erklärungen und Beispiele in Teil III Kapitel 9.1.

einem Tatbestandsmerkmal haben, fallen auf Grund der selektiven Wahrnehmung aus dem Raster heraus. **Alltagsweltliche „Zugriffe"** fokussieren die Sachverhalte und deren Eigenschaften ganzheitlich ohne eine solche vorgeschaltete Vergleichsfolie. Sie vergleichen vielmehr diese mit anderen (Lebens)Sachverhalten und kommen zu einem lebensweltlichen Vergleichsurteil auf der Grundlage allgemein soziokultureller und doch individuell divergierender Kriterien.

* * *

5. These: Bedeutsame vorgelagerte **Wertungen** vollziehen Juristen – für Laien quasi unsichtbar – bei repräsentativen/ assertiven und deklarativen Sprecherhandlungen. Diesen für Außenstehende vermeintlich neutralen Sprachhandlungen sind juristische Beurteilungen bereits immanent. Daraus folgt: der Benennungsakt als Klassifikationsakt ist der heikle, der juristisch umstrittene, der eigentlich kritische! Die evaluative Sprecherhandlung als nachgeordnete folgt ein Stück weit zwingend aus der Benennung und lässt nur noch geringen Bewertungsspielraum zu. In gemeinsprachlichen Texten wird mittels evaluativer Sprecherhandlungen ein Werturteil gefällt. Dabei wird der Benennungsakt an sich selten als semiotisch problematisch eingeschätzt, und die Sprecher sind sich in aller Regel seines Klassifikationscharakters nicht bewusst. Außerdem zieht eine alltagsweltliche Benennung nicht zwingend eine bestimmte Bewertungs- und Handlungsfolge (Rechtsfolge) nach sich, so wie dies im Rahmen richterlicher Entscheidungen mit der Etikettierung von Sachverhaltseigenschaften aus Normtexten der Fall ist.

Ein zentrales **Problem zwischen Rechtssprachgebrauch und Gemeinsprachgebrauch** besteht darin, dass die – im Rechtswesen und in der Justiz vollzogenen – repräsentativen / assertiven und deklarativen Sprecherhandlungen nicht als solche für den Normalbürger in Erscheinung treten oder erkennbar sind, sondern als evaluative. Insofern wirkt der juristische Diskurs für Außenstehende als hermetisch abgeriegelt bzw. nur bedingt nachvollziehbar (und weniger wegen unverständlicher Fachausdrücke, die teilweise erklärbar sind). Aufgrund dessen äußern nicht juristisch Vorgebildete in aller Regel völliges Unverständnis oder Zustimmung bezüglich richterlicher Entscheidungen, je nach subjektiver Einschätzung und Plausibilität. Das Nachvollziehen der repräsentativen / assertiven und deklarativen Sprecherhandlungen überfordert gewöhnlich den juristischen Laien, weil juristische Detailkenntnisse und Diskurserfahrungen hinsichtlich des In-Bezug-Setzens von Tatbeständen zu Lebenssachverhalten als ein Herstellen von Referenzbeziehungen vonnöten sind.

* * *

6. These: Auf Grund dessen ist Verständlichkeit keine Eigenschaft eines Textes, sondern eine interaktive Kategorie, die das Verhältnis von Textproduzent, Text und Textrezipient in spezifischen Situationen zu berücksichtigen hat. Deshalb erscheint m.E. der Ausdruck *Textverstehen* adäquat, der Terminus der *Textverständlichkeit* führt in die Irre. Daraus folgt: **Die Vermittlungsproblematik zwischen Recht und Alltag ist in einem anderem Licht zu sehen:** es handelt sich weniger um ein Problem auf Wortebene oder der Gesetzesformulierung als vielmehr um Schwierigkeiten auf Grund divergierender Sprachhandlungsmuster beim Prozess der textbasierten Normkonkretisierung in Bezug auf einen bestimmten Lebenssachverhalt.

Quellen- und Literaturverzeichnis

Verzeichnis der analysierten Gerichtsentscheidungen des Anhangs

- Urteil des **Amtsgerichts** Münsingen vom 09.11.1984
- Urteil der 2. kleinen Strafkammer des **Landgerichts** Tübingen vom 16.02.1987
- Beschluss des 4. Strafsenats des **Oberlandesgerichts** Stuttgart vom 17.12.1987
- Beschluss des 1. Strafsenats des **Bundesgerichtshofs** zu Karlsruhe vom 05.05.1988 [veröffentlicht in BGHSt 35, 270 = Entscheidungen des Bundesgerichtshofs in Strafsachen. 35. Band. Köln/ Berlin: Carl Heymanns Verlag 1989, S. 270 ff.]
- Urteil des 4. Strafsenats des **Oberlandesgerichts** Stuttgart vom 23.06.1988
- Urteil der 1. kleinen Strafkammer des **Landgerichts** Tübingen vom 19.10.1988
- Beschluss des 4. Strafsenats des **Oberlandesgerichts** Stuttgart vom 09.05.1989
- Beschluss des Ersten Senats des **Bundesverfassungsgerichts** vom 10.01.1995 [veröffentlicht in BVerfGE 92, 1 = Entscheidungen des Bundesverfassungsgerichts. 92. Band. Tübingen: J.C.B. Mohr (Paul Siebeck) 1995, S. 1 ff.]

Verzeichnis der zitierten Zeitungen und Zeitschriften

- *Badische Neueste Nachrichten* – Karlsruhe
- *Badische Zeitung* – Freiburg im Breisgau
- *Bayerische Staatszeitung* – München
- *Deutsches Allgemeines Sonntagsblatt* – Hamburg
- *Der Spiegel. Das deutsche Nachrichtenmagazin* – Hamburg
- *Die Rheinpfalz. Die Tageszeitung aus der Pfalz* – Speyer u.a.
- *Die Welt* – Hamburg, Berlin
- *Die Zeit. Wochenzeitung für Politik, Wirtschaft, Handel und Kultur* – Hamburg
- *Frankfurter Allgemeine Zeitung* – Frankfurt am Main

- *Frankfurter Rundschau. Unabhängige Tageszeitung* – Frankfurt am Main
- *Handelsblatt* – Düsseldorf
- *Münchner Merkur* – München
- *Neue Zürcher Zeitung* – Zürich
- *Staatsanzeiger für Baden-Württemberg* – Stuttgart
- *Staatszeitung von Rheinland Pfalz* – Mainz
- *Stuttgarter Zeitung* – Stuttgart
- *Süddeutsche Zeitung* – München

Literatur

ADAMZIK, KIRSTEN (1995): Textsorten – Texttypologie: eine kommentierte Bibliographie. Münster (Studium Sprachwissenschaft Band. 12).

ADAMZIK, KIRSTEN (Hg.) (2000): Textsorten. Reflexionen und Analysen. Tübingen (Textsorten Band 1).

ALEXY, ROBERT (1983): Theorie der juristischen Argumentation. Frankfurt.

ALTEHENGER, BERND (1983): Die richterliche Entscheidung als Texttyp. In: PETÖFI, JANÓS S. (Hg.): Texte und Sachverhalte. Aspekte der Text- und Wortbedeutung. Hamburg, S. 185–227.

ALTVATER, G. (1995): Anmerkung. In: Neue Zeitschrift für Strafrecht (NStZ), 15. Jg. Heft 6, 1995, S. 278–282.

AMELUNG, KNUT (1995): Sitzblockaden, Gewalt und Kraftentfaltung. In: Neue Juristische Wochenschrift (NJW) 48. Jg., 40. Heft 1995, S. 2584–2591.

APEL, KARL–OTTO (1973): Sprache und Ordnung. Sprachanalytik versus Sprachhermeneutik. In: APEL, KARL–OTTO (Hg.): Transformation der Philosophie. Band 1: Sprachanalytik, Semiotik, Hermeneutik. Frankfurt, S. 167–196.

ARISTOTELES: Rhetorik. Übersetzt, mit einer Bibliographie, Erläuterungen und einem Nachwort von Franz G. Sieveke. München 1980.

ARNOLD, JÖRG (1997): Die „neue" Auslegung des Gewaltbegriffs in §240 StGB – eine Nötigung der Strafrechtsdogmatik? In: Juristische Schulung 37. Jg., Heft 4, 1997, S. 289–294.

AUSTIN, JOHN L. (1962/^{2}1975): How to Do Things with Words? Oxford – Übersetzung: Austin, John L. (1972): Zur Theorie der Sprechakte. Stuttgart.

BALLSTAEDT, STEFFEN–P./ MANDL, HEINZ/ SCHNOTZ WOLFGANG & TERGAN, SIGMAR–OLAF (1981): Texte verstehen – Texte gestalten. München.

BALLWEG, OTTMAR (1982): Phronetik, Semiotik und Rhetorik. In: BALLWEG, OTTMAR/ SEIBERT, THOMAS–MICHAEL (Hg.): Rhetorische Rechtstheorie. Zum 75. Geburtstag von Theodor Viehweg. Freiburg/ München, S.27–71.

BARSALOU, LAWRENCE W. (1992): Frames, Concepts, and Conceptual Fields. In: ADRIENNE LEHRER/ EVA FEDER KITTAY (Ed.): Frames, Fields, and Contrasts. New Essays in Semantic und Lexical Organization. Hillsdale, S. 21–74.

BECKER, ANDREA (2001): Populärmedizinische Vermittlungstexte. Studien zu Geschichte und Gegenwart fachexterner Vermittlungsvarietäten. Tübingen (Reihe Germanistische Linguistik Band 225).

BECKER, ANDREA/ HUNDT, MARKUS (1998): Die Fachsprache in der einzelsprachlichen Differenzierung. In: HOFFMANN/ KALVERKÄMPER/ WIEGAND (Hg.), S. 118–133.

BECKER–MROTZEK, MICHAEL (1991): Kommunikation und Sprache in Institutionen. Ein Forschungsbericht zur Analyse institutioneller Kommunikation. Teil II: Arbeiten zur Kommunikation in juristischen Institutionen. In: Deutsche Sprache (DS). Zeitschrift für Theorie, Praxis, Dokumentation. 19. Jg. Heft 3 und 4/1991, S. 270–288 und 350–372.

BECKER–MROTZEK, MICHAEL (1999): Die Sprache der Verwaltung als Institutionensprache. In: HOFFMANN/ KALVERKÄMPER/ WIEGAND (Hg.), S. 1391–1402.

BECKMANN, SUSANNE (2001): Die Grammatik der Metapher. Eine gebrauchstheoretische Untersuchung des metaphorischen Sprechens. Tübingen (Linguistische Arbeiten Band 438)

BERTHOLD, SIEGWART (1993): Reden lernen. Übungen für die Sekundarstufe I und II, Frankfurt

BERZ, ULRICH (1995): Zur Nötigung im Straßenverkehr nach der „Sitzdemonstration"–Entscheidung des BVerfG. In: Neue Zeitschrift für Verkehrsrecht (NZV). 8. Jg. Heft 8 1995, S. 297–300.

BIERE, BERND ULRICH (1989): Verständlich–Machen. Hermeneutische Tradition – Historische Praxis – Sprachtheoretische Begründung. Tübingen (Reihe Germanistische Linguistik Band 92).

BIERE, BERND ULRICH (1991): Textverstehen und Textverständlichkeit. Heidelberg.

BIERE, BERND ULRICH (1998): Verständlichkeit beim Gebrauch von Fachsprachen. In: Hoffmann/ Kalverkämper/ Wiegand (Hg.), S. 402–407.

BIERWISCH, MANFRED/ LANG, EWALD (Hg.) (1987): Grammatische und konzeptionelle Aspekte von Dimensionsadjektiven. Berlin.

BRAUM, STEFAN (1995): Grundgesetzinterpretation und Strafrecht. In: Kritische Vierteljahresschrift für Gesetzgebung und Rechtswissenschaft (KritV). 78. Jg. Heft 1/1995, S. 371–396.

BRINKER, KLAUS (1985): Linguistische Textanalyse. Eine Einführung in Grundbegriffe und Methoden. Berlin (Grundlagen der Germanistik Band 29)

BRINKER, KLAUS/ ANTOS, GERD/ HEINEMANN, WOLFGANG/ SAGER, SVEN F. (Hg.) (2000/ 2001): Text– und Gesprächslinguistik. Ein internationales Handbuch zeitgenössischer Forschung. Zwei Halbbände. Berlin/ New York (Handbücher zur Sprach– und Kommunikationswissenschaft Band 16.1 und 16.2).

BRINCKMANN, HANS/ GRIMMER, KLAUS (Hg.) (1974): Rechtstheorie und Linguistik. Kassel (ohne Verlag, Gesamthochschule Kassel).

BROEKMAN, JAN M. (1984): Sprechakt, Norm und Insitution. In: KRAWIETZ, WERNER (Hg.): Theorie der Normen. Festgabe für Ota Weinberger. Berlin S. 17–28.

BÜLOW, EDELTRAUD/ SCHNEIDER, ROLF–H. (1981): Materialien zu einer Bibliographie der Rechtslinguistik. Münster (Institut für Allgemeine Sprachwissenschaft Heft 5)

BUNDESMINISTERIUM DER JUSTIZ (Hg.) (^{2}1999): Handbuch der Rechtsförmlichkeit. Empfehlungen des Bundesministeriums der Justiz zur einheitlichen rechtsförmlichen Gestaltung von Gesetzen und Rechtsverordnungen nach § 38 Abs. 3 GGO II. Köln.

BURGER, HARALD/ BUHOFER, ANNELIES/ SIALM, AMBROS (1982): Handbuch der Phraseologie. Berlin, New York.

BURKHARDT, ARMIN (1986): Soziale Akte, Sprechakte und Textillokutionen. A. Reinachs Rechtsphilosophie und die moderne Linguistik. Tübingen (Reihe Germanistische Linguistik Band 69).

BUSSE, DIETRICH (1989): Was ist die Bedeutung eines Gesetzestextes? Sprachwissenschaftliche Argumente im Methodenstreit der juristischen Auslegungslehre – linguistisch gesehen. In: MÜLLER, FRIEDRICH (Hg.), S. 93–148.

BUSSE, DIETRICH (1991): Der Bedeutungswandel des Begriffs „Gewalt“ im Strafrecht. Über insitutionell–pragmatische Faktoren semantischen Wandels. In: BUSSE, DIETRICH (Hg.): Diachrone Semantik und Pragmatik. Tübingen, S. 259–275 (Reihe Germanistische Linguistik Band 113).

BUSSE, DIETRICH (1992): Recht als Text. Linguistische Untersuchungen zur Arbeit mit Sprache in einer gesellschaftlichen Institution. Tübingen (Reihe Germanistische Linguistik Band 131)

BUSSE, DIETRICH (1992a): Textinterpretation. Sprachtheoretische Grundlagen einer explikativen Semantik. Opladen.

BUSSE, DIETRICH (1993): Juristische Semantik. Grundfragen der juristischen Interpretationstheorie in sprachwissenschaftlicher Sicht. Berlin (Schriften zur Rechtstheorie Heft 157).

BUSSE, DIETRICH (1994): Verständlichkeit von Gesetzestexten. In: Gesetzgebung heute. Heft 2/1994, S. 29–48.

BUSSE, DIETRICH (2000): Textlinguistik und Rechtswissenschaft. In: BRINKER/ ANTOS/ HEINEMANN/ SAGER (Hg.), S. 803–811.

BUSSE, DIETRICH (2000a): Textsorten des Bereichs Rechtswesen und Justiz. In: BRINKER/ ANTOS/ HEINEMANN/ SAGER (Hg.), S. 658–675.

BUSSE, DIETRICH/ HERMANNS, FRITZ/ TEUBERT, WOLFGANG (Hg.) (1994): Begriffsgeschichte und Diskursgeschichte. Methodenfragen und Forschungsergebnisse der historischen Semantik. Opladen.

BUSSE, DIETRICH/ TEUBERT, WOLFGANG (1994): Ist Diskurs ein sprachwissenschaftliches Objekt? Zur Methodenfrage der Historischen Semantik. In: BUSSE, DIETRICH/ HERMANNS, FRITZ/ TEUBERT, WOLFGANG (Hg.), S. 10–28.

CHEMNITZ, JÜRGEN (1996): Anmerkung zu § 240 StGB und BVerfGE 92, 1 In: Deutsches Autorecht DAR, 4/96, S. 140–141.

CHRISTENSEN, RALPH (1987): Das Problem des Richterrechts aus der Sicht der Strukturierenden Rechtslehre. In: Archiv für Rechts– und Sozialphilosophie Nr. 73, 1987, S. 75–92.

CHRISTENSEN, RALPH (1989): Was heißt Gesetzesbindung? Eine rechtslinguistische Untersuchung. Berlin (Schriften zur Rechtstheorie Heft 140).

CHRISTENSEN, RALPH (1989a): Der Richter als Mund des sprechenden Textes. Zur Kritik des gesetzespositivistischen Textmodells. In: MÜLLER, FRIEDRICH (Hg.), S. 47–91.

CHRISTENSEN, RALPH/ SOKOLOWSKI, MICHAEL (2001): Die Bedeutung von Gewalt und die Gewalt von Bedeutung. In: MÜLLER, FRIEDRICH/ WIMMER, RAINER (Hg.), S. 203–233.

DEUTSCHE AKADEMIE FÜR SPRACHE UND DICHTUNG (Hg.) (1981): Die Sprache des Rechts und der Verwaltung. Bearbeitet von Ingulf Radtke. Stuttgart (Der öffentliche Sprachgebrauch Band 2)

DER DEUTSCHUNTERRICHT „Gefrorene Sprache". Heft VI/1993. Hrsg. von GERHARD AUGST.

DIETRICH, RAINER/ KLEIN, WOLFGANG (Hg.) (2000): Sprache des Rechts. Themenheft 118 der „Zeitschrift für Literaturwissenschaft und Linguistik (Lili)". Stuttgart/ Weimar.

DREHER, EDUARD/ TRÖNDLE, HERBERT (1997): Strafgesetzbuch und Nebengesetze. 48., neubearbeitete Auflage des von Otto Schwarz begründeten und in der 23. bis. 37. Auflage von Eduard Dreher bearbeiteten Werkes. München (Beck'sche Kurzkommentare Band 10).

DROSDECK, THOMAS (1989): Die herrschende Meinung – Autorität als Rechtsquelle – Funktionen einer juristischen Argumentationsfigur. Berlin (Schriften zur Rechtstheorie Heft 137).

DUDEN. Grammatik der deutschen Gegenwartssprache (^{6}1998): Hrsg. von der Dudenredaktion. Band 4. Mannheim, Leipzig, Wien, Zürich.

DUDEN. Deutsches Universalwörterbuch (^{4}2001). Hrsg. von der Dudenredaktion. Mannheim, Leipzig, Wien, Zürich.

EGGS, EKKEHARD (1992): Argumentation. In: UEDING, GERT (Hg.): Historisches Wörterbuch der Rhetorik. Band 1. Tübingen, S. 914–991.

ELSPAß, STEPHAN (1998): Phraseologie in der politischen Rede. Untersuchung zur Verwendung von Phraseologismen, phraseologischen Modifikationen und Verstößen gegen die phraseologische Norm in ausgewählten Bundestagsdebatten. Opladen/ Wiesbaden.

ENGBERG, JAN (1993): Prinzipien einer Typologisierung juristischer Texte. In: Fachsprache. Internationale Zeitschrift für Fachsprachenforschung, -didaktik und Terminologie. 15.Jg. 1993, S. 312–338.

ENGISCH, KARL (^{1}1956/^{9}1997): Einführung in das juristische Denken. Stuttgart u.a..

ENTSCHEIDUNGEN DES BUNDESGERICHTSHOF IN STRAFSACHEN. 35. Band. Köln, Berlin 1989.

ENTSCHEIDUNGEN DES BUNDESVERFASSUNGSGERICHTS. Hrsg. von den Mitgliedern des Bundesverfassungsgerichts. Tübingen 1952 ff..

ERMER, THOMAS (1987): Politisch motivierte Sitzblockaden als Problem der strafbaren Nötigung. München (Rechtswissenschaftliche Forschung und Entwicklung Band 143).

FABRICIUS, SABINE (1991): Die Formulierungsgeschichte des § 240 StGB. Untersuchungen zur Entstehung und Entwicklung der Nötigungsnorm. Frankfurt.

FEILKE, HELMUTH (1994): Common sense–Kompetenz. Überlegungen zu einer Theorie des „sympathischen" und „natürlichen" Meinens und Verstehens. Frankfurt.

FEILKE, HELMUTH (1996): „*Weil*"–Verknüpfungen in der Schreibentwicklung. In: FEILKE, HELMUTH/ PORTMANN, PAUL R. (Hg.): Schreiben im Umbruch. Schreibforschung und schulisches Schreiben. Stuttgart, S. 40–53.

FELDER, EKKEHARD (1995): Kognitive Muster der politischen Sprache – Eine linguistische Untersuchung zur Korrelation zwischen sprachlich gefaßter Wirklichkeit und Denkmustern am Beispiel der Reden von Theodor Heuss und Konrad Adenauer. Frankfurt u.a. (Deutsche Sprache und Literatur Band 1490).

FELDER, EKKEHARD (1999): Rhetorik zwischen Instrumentalismus und Hermeneutik. In: Der Deutschunterricht 51. Jg, Heft 5/99: Rhetorik und Argumentation. (Hg.: Josef Klein), S. 79–93.

FELDER, EKKEHARD (1999a): Differenzen in der Konzeptualisierung naturwissenschaftlicher Grundlagen bei Befürwortern, Skeptikern und Gegnern der Gen–/ Biotechnologie. In: SATZGER, AXEL (Hg.): Sprache und Technik. Frankfurt, S. 35–49 (forum Angewandte Linguistik Band 36).

FELDER, EKKEHARD (2000): Nachhaltiges Erinnern durch sprachliches Handeln am Beispiel von Gedenkreden. In: Deutsche Sprache (DS). Zeitschrift für Theorie, Praxis, Dokumentation. 28. Jg. Heft 3/2000, S. 254–277.

FELDER, EKKEHARD (2000a): „Alles, was recht ist!" – Juristisches Argumentieren. In: Praxis Deutsch. 27. Jg. Heft 160: Argumentieren (Hg.: Otto Ludwig und Kaspar Spinner), S. 38–44.

FELDER, EKKEHARD (im Druck). Sprache als Medium und Gegenstand des Unterrichts. In: BREDEL, URSULA/ GÜNTHER, HARTMUT/ KLOTZ, PETER/

OSSNER, JAKOB/ SIEBERT–OTT, GESA (Hg.): Didaktik der deutschen Sprache – ein Handbuch. Paderborn.

FLEINER–GERSTER, THOMAS (1985): Wie soll man Gesetze schreiben? Leitfaden für die Redaktion normativer Texte. Bern/ Stuttgart.

FLUCK, HANS–RÜDIGER (1992): Didaktik der Fachsprachen. Aufgaben und Arbeitsfelder, Konzepte und Perspektiven im Sprachbereich Deutsch. Tübingen.

FLUCK, HANS–RÜDIGER ([5]1996): Fachsprachen. Einführung und Bibliographie. München.

FLUCK, HANS–RÜDIGER ([2]1997): Fachdeutsch in Naturwissenschaft und Technik. Einführung in die Fachsprachen und die Didaktik/ Methodik des fachorientierten Fremdsprachenunterrichts. (Deutsch als Fremdsprache). Unter Mitarb. v. Jü Jianhua, Wang Fang u. Yuan Jie. Heidelberg.

FRILLING, SABINE (1995): Textsorten in juristischen Fachzeitschriften. Münster/ New York.

FRILLING, SABINE (2000): Was heißt hier *Diebstahl*? Probleme einer Auseinandersetzung mit Rechtsnormen im Deutschunterricht. In: BECKMANN, SUSANNE/ KÖNIG, PETER–PAUL/ WOLF, GEORG (Hg.): Sprachspiel und Bedeutung. Festschrift für Franz Hundsnurscher zum 65. Geburtstag. Tübingen, S. 391–401.

FRITZ, GERD (1998): Historische Semantik. Stuttgart/ Weimar.

GADAMER, HANS–GEORG (1960/[6]1990): Wahrheit und Methode. Tübingen.

GARDT, ANDREAS (1998): Sprachtheoretische Grundlagen und Tendenzen der Fachsprachenforschung. In: Zeitschrift für germanistische Linguistik (ZGL) 26.1998, S. 31–66.

GAST, WOLFGANG (Hg.) (1996): Juristische Rhetorik. Tübingen (Jahrbuch Rhetorik Band 15).

GLONING, THOMAS (1996): Bedeutung, Gebrauch und sprachliche Handlung. Ansätze und Probleme einer handlungstheoretischen Semantik aus linguistischer Sicht. Tübingen (Reihe Germanistische Linguistik Band 170).

GÖPFERICH, SUSANNE (1995): Textsorten in Naturwissenschaften und Technik. Pragmatische Typologie – Kontrastierung – Translation. Tübingen (Forum für Fachsprachen–Forschung Band 27).

GRABOWSKI, JOACHIM/ HARRAS, GISELA/ HERRMANN, THEO (Hg.) (1996): Bedeutung, Konzepte, Bedeutungskonzepte. Theorie und Anwendung in Linguistik und Psychologie. Opladen .

GREWENDORF, GÜNTHER (Hg.) (1992): Rechtskultur als Sprachkultur. Zur forensischen Funktion der Sprachanalyse. Frankfurt.

GRICE, H. PAUL (1957/1971): Meaning. The Philosophical Review 66, S. 377–388; wieder in: STEINBERG, DANNY D./ JAKOBOVITS, LEON A. (eds): Semantics. An interdisciplinary reader in philosophy, linguistics and psychology. Cambridge: At the University Press, S. 53–59.

GRICE, H. PAUL (1989): Studies in the way of words. Cambridge, Mass./ London.

GROEBEN, NORBERT (1982): Leserpsychologie: Textverständnis – Textverständlichkeit. Münster.

GÜNTHER, KLAUS (1991): Möglichkeiten einer diskursethischen Begründung des Strafrechts. In: JUNG, HEIKE/ MÜLLER-DIETZ, HEINZ/ NEUMANN, ULFRIED (Hg.): Recht und Moral. Beiträge zu einer Standortbestimmung. Baden-Baden, S. 205-217.

GUSY, CHRISTOPH (1995): Anmerkung. In: Juristen Zeitung (JZ). 50. Jg., 15/16 – 1995, S. 782–783.

HABERMAS, JÜRGEN (1962/^{14}1983): Strukturwandel der Öffentlichkeit. Neuwied.

HABERMAS, JÜRGEN (^{4}1987): Theorie des kommunikativen Handelns. Zwei Bände. Frankfurt.

HABERMAS, JÜRGEN (1992): Faktizität und Geltung. Beiträge zur Diskurstheorie des Rechts und des demokratischen Rechtsstaats. Frankfurt.

HAFT, FRITJOF (1978): Juristische Rhetorik. Freiburg/ München.

HAFT, FRITJOF (^{6}1994): Recht und Sprache. In: KAUFMANN, ARTHUR/ HASSEMER, WINFRIED (Hg.): Einführung in Rechtsphilosophie und Rechtstheorie der Gegenwart. Heidelberg, S. 269–291.

HAHN, WALTER V. (1983): Fachkommunikation. Entwicklung – Linguistische Konzepte – Betriebliche Beispiele. Berlin/ New York (Sammlung Göschen Band 2223).

HARTMANN, DIETRICH (1980): Über den Einfluß von Fachsprachen auf die Gemeinsprache. Semantische und variationstheoretische Überlegungen zu einem wenig erforschten Zusammenhang. In: Fachsprachen und ihre Anwendung. Hrsg. von Claus Gnutzmann und John Turner. Tübingen, S. 27–48 (Tübinger Beiträge zur Linguistik Band 144).

HARTMANN, PETER (1970): Sprachwissenschaft und Rechtswissenschaft. Eine vergleichende Konfrontation. In: Rechtstheorie 1/1970, S. 45–68.

HARTMANN, PETER/ RIESER, HANNES (Hg.) (1974): Angewandte Textlinguistik I. Hamburg (Papiere zur Textlinguistik Band 2).

HASSEMER, WINFRIED (1972): Juristische Argumentationstheorie und juristische Didaktik. In: ALBERT, HANS/ LUHMANN, NIKLAS/ MAIHOFER, WERNER/ WEINBERGER, OTA (Hg.): Rechtstheorie als Grundlagentheorie der Rechtswissenschaft. Düsseldorf, S. 467–480 (Jahrbuch für Rechtssoziologie und Rechtstheorie Band 2).

HASSEMER WINFRIED (^{6}1994): Rechtssystem und Kodifikation: Die Bindung des Richters an das Gesetz. In: KAUFMANN, ARTHUR/ HASSEMER, WINFRIED (HG.): Einführung in Rechtsphilosophie und Rechtstheorie der Gegenwart. Heidelberg, S. 248–268.

HEINEMANN, WOLFGANG (2000): Textsorten. Zur Diskussion um Basisklassen des Kommunizierens. Rückschau und Ausblick. In: ADAMZIK (Hg.), S. 9–29.

HEINEMANN, WOLFGANG/ VIEHWEGER, DIETER (1991): Textlinguistik. Eine Einführung. Tübingen (Reihe Germanistische Linguistik Band 115; Kollegbuch).

HERBERMANN, CLEMENS–PETER (1995): Gebrauchsvielfalt, Mehrdeutigkeit und Bedeutungszusammenhang. In: HINDELANG, GÖTZ/ ROLF, ECKARD/ ZILLIG, WERNER (Hg.): Der Gebrauch der Sprache. Festschrift für Franz Hundsnurscher zum 60. Geburtstag. Münster, S. 147–175.

HERBERT, MANFRED (1995): Rechtstheorie als Sprachkritik. Zum Einfluß Wittgensteins auf die Rechtstheorie. Baden–Baden (Studien zur Rechtsphilosophie und Rechtstheorie Band 8).

HERINGER, HANS JÜRGEN (1974): Praktische Semantik. Stuttgart.

HERINGER, HANS JÜRGEN (1974a): Seminar: Der Regelbegriff in der praktischen Semantik. Frankfurt.

HERINGER, HANS JÜRGEN (1984): Textverständlichkeit. Leitsätze und Leitfragen. In: Zeitschrift für Literaturwissenschaft und Linguistik (LiLi). 14. Jg. Heft 55, 1984, S. 57–70.

HERINGER, HANS JÜRGEN (1990): Verstehen - eine wahrhaft interdisziplinäre Angelegenheit. In: Sprache und Literatur in Wissenschaft und Unterricht. 21. Jahrgang, Heft 66/1990, S. 47-61.

HERINGER, HANS JÜRGEN/ ÖHLSCHLÄGER, GÜNTHER/ STRECKER, BRUNO/ WIMMER, RAINER (1977): Einführung in die Praktische Semantik. Heidelberg.

HERMANNS, FRITZ (1994): Schlüssel–, Schlag– und Fahnenwörter. Zu Begrifflichkeit und Theorie der lexikalischen >politischen Semantik<. Bericht Nr. 81 der Arbeiten aus dem Sonderforschungsbereich 245 „Sprache und Situation". Heidelberg/ Mannheim (Institut für deutsche Sprache).

HERZBERG, ROLF DIETRICH (1996): Strafbare Nötigung durch Versperren des Fahrwegs? Kritische Überlegungen zum Sitzblockade–Beschluß des BVerfG und zum Autobahnblockade–Urteil des BGH. In: Goltdammer's Archiv für Strafrecht. 143, Heft 12, 1996, S. 557–568.

HERZBERG, ROLF DIETRICH (1997): Noch einmal: Zum Gewaltbegriff in 240 StGB und zu seiner „subjektiv–historischen Auslegung". In: Juristische Schulung 37. Jg., Heft 12, 1997, S. 1067–1069.

HERZBERG, ROLF DIETRICH (1998): Die Sitzblockade als Drohung mit einem empfindlichen Übel. In: Goltdammer's Archiv für Strafrecht. 145, 1998, S. 211–214.

HESSELHAUS, SEBASTIAN (1995): Rechtsprechung Verfassungsrecht. In: Juristische Arbeitsblätter Heft 10, 1995, S. 748–750.

HOFFMANN, LOTHAR (^{2}1985): Kommunikationsmittel Fachsprache – eine Einführung. Tübingen (Forum für Fachsprachen–Forschung Band 1).

HOFFMANN, LOTHAR (1998): Fachsprachen und Gemeinsprachen. In: HOFFMANN/ KALVERKÄMPER/ WIEGAND (Hg.), S. 157–168.

HOFFMANN, LOTHAR/ KALVERKÄMPER, HARTWIG/ WIEGAND, HERBERT ERNST (Hg.) (1998/1999): Fachsprachen. Ein internationales Handbuch zur Fachsprachenforschung und Terminologiewissenschaft. 2 Halbände. Berlin/ New York (Handbücher zur Sprach– und Kommunikationswissenschaft Band 14.1 und 14.2).

HOFFMANN, LUDGER (1983): Kommunikation vor Gericht. Tübingen.

HOFFMANN, LUDGER (1984): Mehrfachadressierung und Verständlichkeit. In: Zeitschrift für Literaturwissenschaft und Linguistik (LiLi). 14. Jg. Heft 55, 1984, S. 71–85.

HOFFMANN, LUDGER (Hg.) (1989): Rechtsdiskurse. Untersuchungen zur Kommunikation in Gerichtsverfahren. Tübingen (Kommunikation und Institution Band 11).

HOFFMANN, LUDGER (1992): Wie verständlich können Gesetze sein? In: GREWENDORF, GÜNTHER (Hg.), S. 122–154.

HOFFMANN, LUDGER (1998): Fachtextsorten in Institutionensprachen I: das Gesetz. In: HOFFMANN/ KALVERKÄMPER/ WIEGAND (Hg.), S. 522–528.

HOLLY, WERNER (1990): Politikersprache. Inszenierungen und Rollenkonflikte im informellen Sprachhandeln eines Bundestagsabgeordneten. Berlin/ New York.

HÖRMANN, HANS (1980): Der Vorgang des Verstehens. In: KÜHLWEIN, W./ RAASCH, K. (Hg.): Sprache und Verstehen. Band 1. Tübingen, S. 17–29.

HOYER, ANDREAS (1997): Der Sitzblockadenbeschluß des BVerfG und seine Konsequenzen für den Begriff der Drohung. In: Goltdammer's Archiv für Strafrecht. Band 144, 1997, S. 451–456.

HRUSCHKA, JOACHIM (1995): Die Nötigung im System des Strafrechts. In: Juristen Zeitung (JZ) 50. Jg., 15/16 – 1995, S. 737–745.

HRUSCHKA, JOACHIM (1996): Die Blockade einer Autobahn durch Demonstranten – eine Nötigung? In: Neue Juristische Wochenschrift (NJW) 49. Jg., 3. Heft 1996, S. 160–164.

HUNDSNURSCHER, FRANZ (1984): Probleme einer semantischen Beschreibung des Wortschatzes. In: Energeia Heft 10/1984, S. 30–45.

HUNDSNURSCHER, FRANZ (1991): Über den Zusammenhang von Wortsemantik, Satzsemantik und Textsemantik. In: CZUCKA, ECKEHARD (Hg.): „Die in dem alten Haus der Sprache wohnen." Beiträge zum Sprachdenken in der Literaturgeschichte. Helmut Arntzen zum 60. Geburtstag. Münster, S. 33–44.

HUNDSNURSCHER, FRANZ (1998): Pragmatische Wortsemantik. Zum pragmatischen Hintergrund einer gebrauchstheoretisch orientierten lexikalischen Semantik. In: SCHMITZDORF, EVA/ HARTL, NINA/ MEURER, BARBARA (Hg.): Lingua Germanica. Studien zur deutschen Philologie. Jochen Splett zum 60. Geburtstag. Münster u.a., S. 128–142.

HUNDSNURSCHER, FRANZ/ SPLETT, JOCHEN (1982): Semantik der Adjektive des Deutschen. Analyse der semantischen Relationen. Opladen (Forschungsberichte des Landes Nordrhein–Westfalen Band 3137/ Fachgruppe Geisteswisssenschaften).

HUNDT, MARKUS (1992): Einstellungen gegenüber dialektal gefärbter Standardsprache. Eine empirische Untersuchung zum Bairischen, Hamburgischen, Pfälzischen und Schwäbischen. Stuttgart.

JACKENDOFF, RAY S. (1983): Semantics and cognition. Cambridge/ Mass.

JARASS, HANS/ PIEROTH, BODO (52000): Grundgesetz für die Bundesrepublik Deutschland. Kommentar. München.

JEAND'HEUR, BERND (1989): Sprachliches Referenzverhalten bei der juristischen Entscheidungstätigkeit. Berlin (Schriften zur Rechtstheorie Heft 139).

JEAND'HEUR, BERND (1989a): Gemeinsame Probleme der Sprach– und Rechtswissenschaft aus der Sicht der Strukturierenden Rechtslehre. In: MÜLLER, FRIEDRICH (Hg.), S. 17–26.

JEAND'HEUR, BERND (1995): Bestimmtheitsgrundsatz und Gesetzesauslegung. Das BVerfG korrigiert seine Interpretation des Gewalt–Begriffs in § 240 StGB Abs. 1 StGB. In: Neue Justiz 9/1995, S. 465–467.

JEAND'HEUR, BERND (1998): Die neuere Fachsprache der juristischen Wissenschaft seit der Mitte des 19. Jahrhunderts unter besonderer Berücksichtigung von Verfassungsrecht und Rechtsmethodik. In: HOFFMANN/ KALVERKÄMPER/ WIEGAND (Hg.), S. 1286–1295.

JENS, WALTER (1985): Rede von Walter Jens vor dem Amtsgericht Schwäbisch Gmünd vom 24. Januar 1985. In: Berthold, Siegwart (1993): Reden lernen. Übungen für die Sekundarstufe I und II, Frankfurt, S. 106–110.

JOHNSON–LAIRD, PHILIP N. (1983): Mental models. Towards a cognitive science of language, inference, and consciousness. Cambridge.

KALVERKÄMPER, HARTWIG (1990): Gemeinsprachen und Fachsprachen – Plädoyer für eine integrierende Sichtweise. In: GERHARD STICKEL (Hrsg.): Deutsche Gegenwartssprache. Tendenzen und Perspektiven. Berlin/ New York, S. 88–133 (Institut für deutsche Sprache Jahrbuch 1989).

KARGL, WALTER (2001): Zur objektiven Bestimmung der Nötigung. In: Festschrift für Claus Roxin zum 70. Geburtstag am 15. Mai 2001. Hrsg. von Bernd Schünemann et al. Berlin, S. 905–916.

KATZ, JERROLD J. (1977): Popositional Structure and Illocutionary Force. A Study of the Contribution of Sentence Meaning to Speech Acts. Hassocks.

KAUFMANN, ARTHUR (61994): Rechtsphilosophie, Rechtstheorie, Rechtsdogmatik. In: KAUFMANN, ARTHUR/ HASSEMER, WINFRIED (Hg.): Einführung in Rechtsphilosophie und Rechtstheorie der Gegenwart. Heidelberg, S. 1–29.

KAUFMANN, ARTHUR/ HASSEMER, WINFRIED (Hg.) (61994): Einführung in Rechtsphilosophie und Rechtstheorie der Gegenwart. Heidelberg.

KELLER, RUDI (1984): Bemerkungen zur Theorie des Sprachwandels. In: Zeitschrift für germanistische Linguistik (ZGL), 12. Jg. 1984, S. 63–81.

KELLER, RUDI (^{2}1994): Sprachwandel. Von der unsichtbaren Hand in der Sprache. Tübingen .

KELLER, RUDI (1995): Zeichentheorie. Zu einer Theorie semiotischen Wissens. Tübingen.

KELLER, RUDI (1995a): Zeichenbegriff und Metaphern. In: HARRAS, GISELA (Hg.): Die Ordnung der Wörter. Kognitive und lexikalische Strukturen. Berlin, S. 179–192 (Institut für deutsche Sprache Jahrbuch 1993).

KELLER, RUDI (1996): Begriff und Bedeutung. In: Grabowski/ Harras/ Herrmann (Hg.), S. 47–66.

Keller, Rudi/ Kirschbaum Ilja (2000): Bedeutungswandel. In: Der Deutschunterricht 53. Jg, Heft 3/2000: Sprachwandel – Vom Sprechen zur Sprache. (Hg.: Helmuth Feilke), S. 41–53.

KIENPOINTNER, MANFRED (1992): Alltagslogik. Struktur und Funktion von Argumentationsmustern. Stuttgart/ Bad Cannstatt (problemata frommann–holzboog Band 126).

KIRCHHOF, PAUL (1987): Deutsche Sprache. In: ISENSEE, JOSEF/ KIRCHHOF, PAUL (Hg.): Handbuch des Staatsrechts der Bundesrepublik Deutschland. Band 1. Heidelberg, S. 745–771.

KISCHKEL, ROLAND (1992): Sprachwissen und Sprachtheorien. Zur rechtlichen und politischen Beschreibung von Sprache. Wiesbaden.

KLEIN, JOSEF (1987): Die konklusiven Sprechhandlungen. Studien zur Pragmatik, Semantik, Syntax und Lexik von BEGRÜNDEN, ERKLÄREN–WARUM, FOLGERN und RECHTFERTIGEN. Tübingen (Reihe Germanistische Linguistik Band 76).

KLEIN, JOSEF (1998): Politische Kommunikation als Sprachstrategie. In: JARREN, OTFRIED/ SARCINELLI, ULRICH/ SAXER, ULRICH (Hg.): Politische Kommunikation in der demokratischen Gesellschaft. Ein Handbuch mit Lexikon. Opladen, S. 376–394.

KLEIN, JOSEF (1999): Rhetorik und Argumentation. Eine Einführung. In: Der Deutschunterricht 51. Jg, Heft 5/99: Rhetorik und Argumentation. (Hg.: Josef Klein), S. 3–12.

KLEIN, JOSEF (2000): Komplexe topische Muster: Vom Einzeltopos zur diskurstyp–spezifischen Topos–Konfiguration. In: SCHIRREN, THOMAS/ UEDING, GERT (Hg.): Rhetorik und Topik. Ein interdisziplinäres Symposium. Tübingen, S. 623–649.

KLEIN, WOLFGANG (1980): Argumentation und Argument. In: Zeitschrift für Literaturwissenschaft und Linguistik (LiLi) 10. Jg. Heft 38/39, 1980, S. 9–57.

KLEINSTEUBER, HANS J. (1985a): Öffentliche Meinung. In: Nohlen/ Schultze (Hg.), S. 622–623.

KLEINSTEUBER, HANS J. (1985b): Öffentlichkeit. In: NOHLEN/ SCHULTZE (Hg.), S. 627–628.

KLUG, ULRICH ([4]1982): Juristische Logik. Berlin/ Heidelberg/ New York.

KNIFFKA, HANNES (Hg.) (1990): Texte zur Theorie und Praxis forensischer Linguistik. Tübingen (Linguistische Arbeiten Band 249).

KNIFFKA, HANNES (Ed.) (1996): Recent Developments in Forensic Linguistics. Frankfurt etc..

KNIFFKA, HANNES (Hg.) (2001): Forensische Linguistik. Eine Zwischenbilanz aus der Werkstatt eines ‚forensischen' Linguisten: Zur Analyse anonymer Autorenschaft. In: Linguistische Berichte Heft 185/2001, S. 75–104.

KÖLLER, WILHELM (1988): Philosophie der Grammatik. Vom Sinn grammatischen Wissens. Stuttgart.

KONERDING, KLAUS–PETER (1993): Frames und lexikalisches Bedeutungswissen. Untersuchungen zur linguistischen Grundlegung einer Frametheorie und zu ihrer Anwendung in der Lexikographie. Tübingen (Reihe Germanistische Linguistik Band 142).

KREY, VOLKER (1995): Das Bundesverfassungsgericht in Karlsruhe – ein Gericht läuft aus dem Ruder. In: Juristische Rundschau (JR) 1995, S. 221–228.

KREY, VOLKER (1995a): Kritische Anmerkungen anläßlich des Sitzblockaden–Beschlusses des Ersten Senats vom 10.01.1995. In: Juristische Rundschau (JR) 1995, S. 265–273.

KREY, VOLKER/ JÄGER, STEFAN (1998): Sitzblockaden als tatbestandsmäßige Nötigung mit Gewalt. Kriminalpolitische und strafrechtsdogmatische Sachgerechtigkeit (BGH) versus politisierte „Zeitgeistjudikatur" (gestützt auf das BVerfG). In: GUGGENBERGER, BERND/ WÜRTENBERGER, THOMAS (Hg.): Hüter der Verfassung oder Lenker der Politik? Das Bundesverfassungsgericht im Widerstreit. Baden–Baden, S. 151–160.

KREY, VOLKER/ NEIDHARDT, FRIEDHELM (1986): Strafrechtliche und sozialwissenschaftliche Darlegungen. Band 1: Zum Gewaltbegriff im Strafrecht: Teil 1, Probleme der Nötigung mit Gewalt (§ 240 StGB). In: Bundeskriminalamt (Hg.) (1986 ff.): Was ist Gewalt?

Auseinandersetzungen mit einem Begriff. 3 Bände. Wiesbaden (BKA-Forschungsreihe).

KROHN, WOLFGANG/ KÜPPERS, GÜNTER (1992): Emergenz. Die Entstehung von Ordnung, Organisation und Bedeutung. Frankfurt.

KÜHN, PETER (1995): Mehrfachadressierung. Untersuchungen zur adressatenspezifischen Polyvalenz sprachlichen Handelns. Tübingen (Reihe Germanistische Linguistik Band 154).

KÜPPER, GEORG/ BODE, KARL-CHRISTOPH (1993): Neuere Entwicklungen zur Nötigung durch Sitzblockaden. In: Jura Heft 4 1993, S. 187–194.

LADNAR, ULRIKE/ PLOTTNITZ, CORNELIA VON (Hg.) (1976): Fachsprache der Justiz. Ein Arbeitsbuch für den Deutschunterricht und die Gemeinschaftskunde auf der Oberstufe (Kollegstufe). Frankfurt u.a..

LAKOFF, GEORGE/ JOHNSON, MARK (1980): Metaphors We Live By. Chicago/ London .

LAKOFF, GEORGE (1987): Woman, Fire, and Dangerous Things. Chicago/ London.

LAMPRECHT, ROLF (1996) Zur Demontage des Bundesverfassungsgerichts. Beweissicherung und Bestandsaufnahme. Baden-Baden.

LARENZ, KARL (1960/[6]1991): Methodenlehre der Rechtswissenschaft. Berlin u.a..

LESCH, HEIKO H. (1995): Bemerkungen zum Nötigungsbeschluß des BVerfG vom 10.01.1995. In: Juristische Arbeitsblätter (JA), Heft 11 1995, S. 889–896.

LESCH, HEIKO H. (1995a): § 240 I StGB: Nötigung durch Blockaden bei Straßenblockaden. In: Juristische Arbeitsblätter (JA), Heft 12 1995, S. 921–923.

LEWANDOWSKI, THEODOR ([5]1990): Linguistisches Wörterbuch. 3 Bände. Heidelberg/ Wiesbaden.

LIEBERT, WOLF-ANDREAS (1994): Das analytische Konzept „Schlüsselwort" in der linguistischen Tradition. Bericht Nr. 83 der Arbeiten aus dem Sonderforschungsbereich 245 „Sprache und Situation". Heidelberg/ Mannheim (Institut für deutsche Sprache).

LIEBERT, WOLF-ANDREAS (1996): Die transdiskursive Vorstellungswelt zum AIDS-Virus. Heterogenität und Einheit der Textsorten im Übergang von Fachlichkeit und Nichtfachlichkeit. In: Kalverkämper, Hartwig/ Baumann,

Klaus–Dieter (Hrsg.): Fachliche Textsorten. Komponenten – Relationen – Strategien. Tübingen, S. 789–811 (Forum für Fachsprachen–Forschung Band 25).

LIEDTKE, FRANK/ WENGELER, MARTIN/ BÖKE,KARIN (Hg.) (1991): Begriffe besetzen. Strategien des Sprachgebrauchs in der Politik. Opladen.

LINKE, ANGELIKA/ NUSSBAUMER MARKUS (2000): Konzepte des Impliziten: Präsuppositionen und Implikaturen. In: BRINKER/ ANTOS/ HEINEMANN/ SAGER (Hg.), S. 435–448.

LÖWISCH, MANFRED (1995): Gewaltbegriff im Zusammenhang mit Sitzdemonstrationen – Anmerkung. In: Arbeitsrecht–Blattei Entscheidungssammlung 170.2 Nr. 41 (AR–Blattei ES), 31. Lieferung Okober 1995.

LÖWISCH, MANFRED/ KRAUß, ERNST–FRIEDRICH (1995): Die rechtliche Bewertung von Betriebsblockaden nach der Sitzblockadenentscheidung des Bundesverfassungsgerichts. In: Der Betrieb (DB), Heft 26 vom 30.05.1995, S. 1330–1331.

LUHMANN, NIKLAS (1990): Die Wissenschaft der Gesellschaft. Frankfurt.

LUHMANN, NIKLAS (1995): Das Recht der Gesellschaft. Frankfurt.

LUTTERMANN, KARIN (2000): Gesetzesinterpretation durch Juristen und Laien. Ein rechtslinguistischer Beitrag zum Nötigungstatbestand. In: Linguistische Berichte Heft 186/2001, S. 157–174.

MAAßEN, LUDWIG (1996): Massenmedien. Fakten – Formen – Funktionen in der Bundesrepublik Deutschland. Heidelberg.

MACHA, JÜRGEN (1992): Anmerkungen zur Schreibsprache eines Kölner „Hexenprothocolls" aus der Mitte des 17. Jahrhunderts. In: Rheinische Vierteljahrsblätter (= RhVjBl) 56/1992, S. 325–332.

MÖHN, DIETER (1977): Zur Entwicklung neuer Fachsprachen. In: Deutsche Gesellschaft für Dokumentation e.V. (DGD)(Hg.): Deutscher Dokumentartag 1976. Münster vom 4.10 – 7.10.1976. München, S. 311–321.

MÖHN, DIETER/ PELKA, ROLAND (1984): Fachsprachen. Eine Einführung. Tübingen (Germanistische Arbeitshefte Band 30).

MOTSCH, WOLFGANG/ VIEHWEGER, DIETER (1981): Sprachhandlung, Satz und Text. In: ROSENGREN, INGER (Hg.): Sprache und Pragmatik. Lunder Symposion 1980. Malmö, S. 125–153.

MÜLLER, FRIEDRICH (1975): Recht – Sprache – Gewalt. Berlin (Schriften zur Rechtstheorie Heft 39).

MÜLLER, FRIEDRICH (Hg.) (1989): Untersuchungen zur Rechtslinguistik. Interdisziplinäre Studien zu praktischer Semantik und Strukturierender Rechtslehre in Grundfragen der juristischen Methodik. Berlin (Schriften zur Rechtstheorie Heft 133).

MÜLLER, FRIEDRICH (1990): Notiz zur Strukturierenden Rechtslehre. In: CHRISTENSEN, RALPH (Hg.): Müller, Friedrich – Essais zur Theorie von Recht und Verfassung. Berlin, S. 120–134.

MÜLLER, FRIEDRICH ([2]1994): Strukturierende Rechtslehre. Berlin.

MÜLLER, FRIEDRICH ([7]1997): Juristische Methodik. Berlin.

MÜLLER, FRIEDRICH/ CHRISTENSEN, RALPH/ SOKOLOWSKI, MICHAEL (1997): Rechtstext und Textarbeit. Berlin (Schriften zur Rechtstheorie Heft 179).

MÜLLER, FRIEDRICH/ WIMMER, RAINER (Hg.) (2001): Neue Studien zur Rechtslinguistik. Dem Gedenken an Bernd Jeand'Heur. Berlin (Schriften zur Rechtstheorie Band 202).

NEGT, OSKAR/ KLUGE ALEXANDER ([6]1978): Öffentlichkeit und Erfahrung. Frankfurt.

NEUMANN, ULFRID (1986): Juristische Argumentationslehre. Darmstadt.

NEUMANN, ULFRID (1992): Juristische Fachsprache und Umgangssprache. In: GREWENDORF, GÜNTHER (Hg.): Rechtskultur als Sprachkultur. Zur forensischen Funktion der Sprachanalyse. Frankfurt, S. 110–121.

NIEDERHAUSER, JÖRG (1999): Wissenschaftssprache und populärwissenschaftliche Vermittlung. Tübingen (Forum für Fachsprachen–Forschung Band 53).

NOHLEN, DIETER/ SCHULTZE, RAINER–OLAF (Hg.) (1985): Politikwissenschaft. Theorien – Methoden – Begriffe. München/ Zürich (Pipers Wörterbuch zur Politik Band 1).

NOTHDURFT, WERNER (Hg.) (1995 ff): Schlichtung. Berlin/ New York (Schriften des Instituts für deutsche Sprache Band 5).

NUSSBAUMER, MARKUS (1993): Textbegriff und Textanalyse. In: EISENBERG, PETER/ KLOTZ, PETER (Hg.): Sprache gebrauchen – Sprachwissen erwerben. Stuttgart, S. 63–84.

NUSSBAUMER, MARKUS (1997): Sprache und Recht. Heidelberg (Studienbibliographien Sprachwissenschaft Band 20).

NUSSBAUMER, MARKUS (2000): <Prügelknaben, Besserwisser, Musterschüler, Saubermänner> ... – Juristen und Sprachkritik. In: GELLHAUS, AXEL/ SITTA, HORST (Hg.): Reflexionen über Sprache aus literatur– und sprachwissenschaftlicher Sicht. Tübingen S. 61–93 (Reihe Germanistische Linguistik Band 218).

NUSSBAUMER, MARKUS (2000a): Echo: Gesetzesverständlichkeit als interdisziplinäre Aufgabe. In: ZRP Heft 11/2000, S. 491–492.

OSTENDORF, HERIBERT (1995): Anmerkung zu BVerfGE 92,1 vom 10.01.1995. In: Arbeit und Recht (ArbuR) Heft 7–8/1995, S. 274–275.

OTTMERS, CLEMENS (1996): Rhetorik. Stuttgart (Sammlung Metzler Band 283).

OTTO, GERHARD (1970): Zwanzig Jahre Topik–Diskussion: Ertrag und Aufgaben. In: Rechtstheorie, 1. Band 1970, S. 183–197.

PAEFFGEN, HANS–ULLRICH (1999): Unzeitgemäße (?) Überlegungen zum Gewalt– und Nötigungsbegriff. In: Festschrift für Gerald Grünwald zum siebzigsten Geburtstag. Hrsg. von Erich Samson et al. Baden–Baden, S. 433–468.

PAUL, HERMANN (1886/^{5}1920): Prinzipien der Sprachgeschichte. Halle.

PERELMAN, CHAIM/ OLBRECHTSTYTECAS, L. (1958): Traité de l' Argumentation. La Nouvelle Rhétorique. Paris.

PETÖFI, JÁNOS S./ PODLECH, ADALBERT/ SAVIGNY, EIKE VON (Hg.) (1975): Fachsprache – Umgangssprache. Kronberg/ Ts.

PIIRAINEN, ILPO TAPANI (1980): Frühneuhochdeutsche Bibliographie. Literatur zur Sprache des 14.–17. Jahrhunderts. Tübingen (Bibliographische Arbeitsmaterialien Band 4).

PIIRAINEN, ILPO TAPANI (1997): Paarformeln in einem deutschen Rechtsbuch aus dem Jahre 1628. In: BARZ, IRMHILD/ SCHRÖDER, MARIANNE (Hg.): Nominationsforschung im Deutschen. Festschrift für Wolfgang Fleischer zum 75. Geburtstag. Frankfurt u.a., S. 37–42.

PINKAL, MANFRED (1985): Logik und Lexikon. Die Semantik des Unbestimmten. Berlin.

PODLECH, ADALBERT (1976): Rechtslinguistik. In: GRIMM, DIETER (Hg.): Rechtswissenschaft und Nachbarwissenschaften. Band 2. München, S. 105–116.

POLENZ, PETER V. ([2]1988): Deutsche Satzsemantik. Grundbegriffe des Zwischen–den–Zeilen–Lesens. Berlin/ New York.

PRIESTER, JENS–MICHAEL (1997): Der Verfassungsgerichts–Beschluß zur Nötigung durch Sitzblockaden – ein Schlag ins Wasser? In: SCHULZ, JOACHIM/ VORMBAUM, THOMAS (Hg.): Festschrift für Günter Bemmann. Baden–Baden, S. 362–386.

REICHERT–HAMMER, HANSJÖRG (1991): Politische Fernziele und Unrecht. Ein Beitrag zur Lehre von Strafrechtswidrigkeit unter besonderer Berücksichtigung der Verwerflichkeitsklausel des § 240 Abs. 2 StGB. Berlin (Strafrechtliche Abhandlungen Band 70).

REITEMEIER, ULRICH (1985): Studien zur juristischen Kommunikation. Eine kommentierte Bibliographie. Tübingen (Forschungsberichte des Instituts für deutsche Sprache Band 56).

RHEINLÄNDER, MARKUS (1997): Sitzblockaden– und/ oder Gewaltbegriffsentscheidung? – Zum Geltungsbereich von *BVerfGE* 92, 1 ff. – In: SCHULZ, JOACHIM/ VORMBAUM, THOMAS (Hg.): Festschrift für Günter Bemmann. Baden–Baden, S. 387–411.

RIESER, HANNES (1976): Sprachwissenschaft und Rechtstheorie. In: GRIMM, DIETER (Hg.): Rechtswissenschaft und Nachbarwissenschaften. Band 2. München, S. 117–142.

ROELLECKE, GERD (1995): Bio–Recht oder die Sanftmut von Gesäß–Protestierern. In: Neue Juristische Wochenschrift (NJW) 48. Jg., 23. Heft 1995, S. 1525–1527.

ROELCKE, THORSTEN (1991): Das Eineindeutigkeitspostulat der lexikalischen Fachsprachensemantik. In: Zeitschrift für germanistische Linguistik (ZGL) 19.1991, S. 194–208.

ROELCKE, THORSTEN (1999): Fachsprachen. Berlin (Grundlagen der Germanistik Band 37).

ROLF, ECKARD (1993): Die Funktionen der Gebrauchstextsorten. Berlin/ New York.

ROLF, ECKARD (1997): Illokutionäre Kräfte. Grundbegriffe der Illokutionslogik. Opladen.

ROLF, ECKARD (2000): Textuelle Grundfunktionen. In: BRINKER/ ANTOS/ HEINEMANN/ SAGER (Hg.), S. 422–435.

ROSENGREN, INGER (1980): Texttheorie. In: ALTHAUS, HANS PETER/ HENNE, HELMUT/ WIEGAND, HERBERT ERNST (Hg.): Lexikon der germanistischen Linguistik. Tübingen, S. 275–286.

ROSENGREN, INGER (Hg.) (1992/1993): Satz und Illokution. 2 Bände. Tübingen.

RÖTHLEIN, CORNELIA (1986): Der Gewaltbegriff im Strafrecht – unter besonderer Berücksichtigung der Sexualdelikte. München.

ROTTLEUTNER, HUBERT (1973): Rechtswissenschaft als Sozialwissenschaft. Frankfurt.

ROTTLEUTNER, HUBERT (1980): Plädoyer für eine empirische Argumentationstheorie. In: HASSEMER, WINFRIED/ KAUFMANN, ARTHUR/ NEUMANN, ULFRID (Hg.): Argumentation und Recht. Wiesbaden, S. 87–118 (Archiv für Rechts– und Sozialphilosophie: ARSP–Beiheft neue Folge Nr. 14).

SCHÄFER, KARL (1989): § 240. In: Strafgesetzbuch – Leipziger Kommentar. Hrsg. von Hans–Geinrich Jeschek, Wolfgang Ruß, Günther Willms. 10. Auflage. Berlin.

SCHENDERA, CHRISTIAN F. G. (2000): Die Erforschung der Verständlichkeit von normativen Texten. Eine kritische Darstellung von Modellen, Methoden und Ergebnissen. In: Zeitschrift für Sprachwissenschaft Heft 19.1/2000, S. 3–33.

SCHERNER, MAXIMILIAN (1984):Sprache als Text. Ansätze zu einer sprachwissenschaftlich begründeten Theorie des Textverstehens. Tübingen (Reihe Germanistische Linguistik Band 48).

SCHERNER, MAXIMILIAN (1989): Zur kognitionswissenschaftlichen Modellierung des Textverstehens. In: Zeitschrift für germanistische Linguistik (ZGL) 17.1989, S. 94–102.

SCHERNER, MAXIMILIAN (1991): Der ‚Horizont' – ein sprachliches ‚Kenntnissystem'? Ein kritischer Vergleich zweier texttheoretischer Begriffsbildungen vor dem Hintergrund neuerer Entwicklungen in der Kognitionswissenschaft. In: HARWEG, ROLAND/ KISHITANI, SHOKO/ SCHERNER, MAXIMILIAN (Hg.): Die deutsche Sprache – Gestalt und Leistung. Henning Brinkmann in der Diskussion. Zu seinem 90. Geburtstag. Münster, S. 229–251.

SCHERNER, MAXIMILIAN (1994): Textverstehen als „Spurenlesen" – Zur texttheoretischen Tragweite dieser Metapher. In: Canisius, Peter/

Herbemann, Clemens–Peter/ Tschauder, Gerhard (Hg.): Text und Grammatik. Festschrift für Roland Harweg zum 60. Geburtstag. Bochum, S. 317–340.

SCHERNER, MAXIMILIAN (1996): Text. Untersuchungen zur Begriffsgeschichte. In: Archiv für Begriffsgeschichte. Hrsg. von Gunter Scholtz (in Verbindung mit Hans–Georg Gadamer und Karlfried Gründer). Band 39. Bonn, S.103–160.

SCHERNER, MAXIMILIAN (2000): Kognitionswissenschaftliche Methoden in der Textanalyse. In: Brinker/ Antos/ Heinemann/ Sager (Hg.), S. 186–195.

SCHIFFAUER, PETER (1979): Wortbedeutung und Rechtserkenntnis. Berlin (Schriften zur Rechtstheorie Heft 85)

SCHMIDHÄUSER, EBERHARD (1989): Illusionen in der Normentheorie und das Adressatenproblem im Strafrecht. In: Juristen Zeitung (JZ). 44. Jg., 9 – 1989, S. 419–425.

SCHMIDT, SIEGFRIED J. (1976): Texttheorie. Probleme einer Linguistik der sprachlichen Kommunikation. München.

SCHMIDT, SIEGFRIED J. (1994): Kognitive Autonomie und soziale Orientierung. Konstruktivistische Bemerkungen zum Zusammenhang von Kognition, Kommunikation, Medien und Kultur. Frankfurt.

SCHMIDT, SIEGFRIED J. (1994a): Konstruktivismus in der Medienforschung. In: MERTEN, KLAUS/ SCHMIDT, SIEGFRIED J./ WEISCHENBERG, SIEGFRIED (Hg.): Die Wirklichkeit der Medien. Eine Einführung in die Kommunikationswissenschaft. Opladen, S. 592–623.

SCHMIDT, SIEGFRIED J. (1996): Die Welten der Medien. Grundlagen und Perspektiven der Medienbeobachtung. Braunschweig.

SCHMIDT, THOMAS (1995): Keine Strafbarkeit von Sitzblockaden als Nötigung. In: Juristische Schulung 35. Jg., Heft 7, 1995, S. 642–643.

SCHMIDT–WIEGAND, RUTH (1990): Rechtssprache. In: Handwörterbuch zur deutschen Rechtsgeschichte. Band 4. Hrsg. von Adalbert Erler und Ekkehard Kaufmann. Berlin 1990, S. 344–360.

SCHMIDT–WIEGAND, RUTH (1998): Anwendungsmöglichkeiten und bisherige Anwendung von philologisch–historischen Methoden bei der Erforschung der älteren Rechtssprache. In: HOFFMANN/ KALVERKÄMPER/ WIEGAND (Hg.), S. 277–283.

SCHNEIDER, JOCHEN/ SCHROTH, ULRICH (^{6}1994): Sichtweisen juristischer Normanwendung: Determination, Argumentation und Entscheidung. In: KAUFMANN, ARTHUR/ HASSEMER, WINFRIED (Hg.): Einführung in

Rechtsphilosophie und Rechtstheorie der Gegenwart. Heidelberg: Müller Juristischer Verlag, S. 470–503.

SCHOLZ, RUPERT (1995): Sitzblockade und Verfassung – Zur neuen Entscheidung des BVerfG. In: Neue Zeitschrift für Strafrecht (NStZ). 15. Jg. Heft 9, 1995, S. 417–424.

SCHÖNKE, ADOLF/ SCHRÖDER, HORST/ LENCKER, THEODOR/ ESER, ALBIN/ CRAMER, PETER/ TREE, WALTER (2001): Strafgesetzbuch. Kommentar. 26. Auflage. München.

SCHROEDER, FRIEDRICH–CHRISTIAN (1995): Sitzblockade keine Gewalt – BVerfG, NJW 1995, 1141. In: Neue Juristische Wochenschrift (NJW) 48. Jg., 10. Heft 1995, S. 875–878.

SCHROEDER, FRIEDRICH–CHRISTIAN (1996): Die Grundstruktur der Nötigung und die Möglichkeiten zur Beseitigung ihrer durch das BVerfG geschaffenen Lücken. In: Neue Juristische Wochenschrift (NJW) 49. Jg., 34. Heft 1996, S. 2627–2629.

SCHROTH, ULRICH (1980): Eine Methode der formalen Rekonstruktion von Gerichtsurteilen. In: HASSEMER, WINFRIED/ KAUFMANN, ARTHUR/ NEUMANN, ULFRID (Hg.): Argumentation und Recht. Wiesbaden, S. 119–126 (Archiv für Rechts- und Sozialphilosophie: ARSP–Beiheft neue Folge Nr. 14).

SCHROTH, ULRICH (1992): Präzision im Strafrecht. Zur Deutung des Bestimmtheitsgebots. In: GREWENDORF, GÜNTHER (Hg.), S. 93–109.

SCHROTH, ULRICH (^{6}1994): Philosophie und juristische Hermeneutik. In: HASSEMER, WINFRIED/ KAUFMANN, ARTHUR (Hg.): Einführung in Rechtsphilosophie und Rechtstheorie der Gegenwart. Heidelberg, S. 344–370.

SCHWARZ, MONIKA (1992): Kognitive Semantiktheorie und neuropsychologische Realität. Repräsentationale und prozedurale Aspekte der semantischen Kompetenz. Tübingen.

SEARLE, JOHN R. (1969): Speech acts. Cambridge.

SEARLE, JOHN R. (1975/1982): Eine Taxonomie illokutionärer Akte. In: SEARLE, JOHN R. (1982): Ausdruck und Bedeutung. Untersuchungen zur Sprechakttheorie. Frankfurt, S. 17–50. (Originaltitel: Searle, John R. (1975): A Taxonomy of Illocutionary Acts. In: Searle, John R. (1979): Expression and Meaning. Studies in the Theory of Speech Acts. Cambridge, p. 1–29).

SEARLE, JOHN R. (1983): Intentionality. An essay in the philosophy of mind. Cambridge etc.: Cambridge University Press.

SEARLE, JOHN R. (1997): Die Konstruktion der gesellschaftlichen Wirklichkeit. Zur Ontologie sozialer Tatsachen. Reinbek (Originaltitel: The Construction of Social Reality. New York 1995).

SEARLE, JOHN R./ VANDERVEKEN, D. (1985): Foundations of illocutionary logic. Cambridge.

SEIBERT, THOMAS–MICHAEL (1977): Zur Fachsprache in der Juristenausbildung. Sprachkritische Analysen anhand ausgewählter Textbeispiele aus juristischen Lehr– und Lernbüchern. Berlin (Schriften zur Rechtstheorie Heft 57).

SEIBERT, THOMAS–MICHAEL (1981): Aktenanalyse. Zur Schriftform juristischer Deutungen. Tübingen.

SEIBERT, THOMAS–MICHAEL (1983): Verständigungsschwierigkeiten zwischen Gericht und Betroffenen. In: Zeitschrift für Literaturwissenschaft und Linguistik (LiLi), 13. Jg. Heft 51/52, 1983, S. 59–73.

SEIBERT, THOMAS–MICHAEL (1996): Zeichen, Prozesse. Grenzgänge zur Semiotik des Rechts. Berlin (Schriften zur Rechtstheorie Heft 174).

SEIBERT, THOMAS–MICHAEL (2000): Grundlagen der Urteilsanalyse: Fall, Regel, Topos. In: FELDNER, BIRGIT/ FORGÓ, NIKOLAUS (Hg.): Norm und Entscheidung. Prolegomena zu einer Theorie des Falls. Wien/ New York, S. 127–152.

SEIFERT, RALPH WALTER MARIA (1996): Argumentation und Präjudiz. Zur argumentativen Verarbeitung von Vorentscheidungen durch die Justiz. Baden–Baden.

SIMON, JOSEF (1977): Sprachphilosophische Alternative. In: VIEHWEG, THEODOR (Hg.): Recht und Sprache. Wiesbaden, S. 1–11 (Archiv für Rechts– und Sozialphilosophie: ARSP–Beiheft neue Folge Nr. 9).

SINN, ARNDT (2000): Die Nötigung im heutigen System des Strafrechts. Baden–Baden (Gießener Schriften zum Strafrecht Band 2).

STEGER, HUGO (1991): Alltagssprache. Zur Frage nach ihrem besonderen Status in medialer und semantischer Hinsicht. In: RAIBLE, WOLFGANG (Hg.): Symbolische Formen, Medien, Identität. Jahrbuch 1989/90 des Sonderforschungsbereichs „Übergänge und Spannungsfelder zwischen Mündlichkeit und Schriftlichkeit". Tübingen, S. 55–112 (ScriptOralia Band 37).

STEYER, KATHRIN (1997): Reformulierungen. Sprachliche Relationen zwischen Äußerungen und Texten im öffentlichen Diskurs. Tübingen (Studien zur deutschen Sprache Band 7).

STÖTZEL, GEORG/ WENGELER, MARTIN (Hg.) (1995): Kontroverse Begriffe. Geschichte des öffentlichen Sprachgebrauchs in der Bundesrepublik Deutschland. Opladen.

STRAFGESETZBUCH – LEIPZIGER KOMMENTAR. Hrsg. von HANS–GEINRICH JESCHEK, WOLFGANG RUß, GÜNTHER WILLMS. 10. Auflage 1989. Berlin.

STRAßNER, ERICH ([2]1999): Zeitung. Tübingen (Grundlagen der Medienkommunikation Band 2).

STRAßNER, ERICH (2000): Journalistische Texte. Tübingen (Grundlagen der Medienkommunikation Band 10).

STRAUß, GERHARD (1996): Wort – Bedeutung – Begriff. Relationen und ihre Geschichte. In: Grabowski/ Harras/ Herrmann (Hg.), S. 23–46.

STRECKER, BRUNO (1987): Strategien des kommunikativen Handelns. Zur Grundlegung einer Grammatik der Kommunikation. Düsseldorf.

STRUCK, GERHARD (1971): Topische Jurisprudenz. Frankfurt.

SUHREN, GERHARD (1996): Gewalt und Nötigung im Straßenverkehr. In: Deutsches Autorecht (DAR), 65. Jg. 1996, S. 310–313.

TILCH, HORST (Hg.) ([2]1992): Deutsches Rechts–Lexikon. 3 Bände. München.

TIMPE, GERHARD (1989): Nötigung. Berlin (Schriften zum Strafrecht Heft 81).

TOULMIN, STEPHEN (1958): The Uses of Argument. Cambridge.

TRIER, JOST (1931): Der deutsche Wortschatz im Sinnbezirk des Verstandes. Zur Geschichte eines sprachlichen Feldes. I: Von den Anfängen bis zum Beginn des 13. Jahrhunderts. Heidelberg.

TRÖNDLE, HERBERT (2000): Irrungen und Wirrungen der verfassungsrechtlichen Rechtsprechung zu Sitzblockaden. In: 50 Jahre Bundesgerichtshof. Festgabe aus der Wissenschaft. Hrsg. von Claus–Wilhelm Canaris et al. München, S. 527–549.

TRÖNDLE, HERBERT/ FISCHER, THOMAS (2001): Strafgesetzbuch und Nebengesetze. 50., neubearbeitete Auflage des von Otto Schwarz begründeten, in der 23. bis. 37. Auflage von Eduard Dreher und in der 38. bis 49. Auflage von Herbert Tröndle bearbeiteten Werkes. München (Beck'sche Kurzkommentare Band 10).

UEDING, GERT (Hg.) (1992): Historisches Wörterbuch der Rhetorik. Band 1. Tübingen.

VATER, HEINZ ([2]1994): Einführung in die Textlinguistik. München.

VERLAUTBARUNG DER PRESSESTELLE DES BUNDESVERFASSUNGSGERICHTS Nr. 17/95 zur BVerfGE 92,1 vom 10.01.1995 „Die erweiterte Auslegung des Gewaltbegriffs in § 240 I StGB im Zusammenhang mit Sitzdemonstrationen verstößt gegen Art. 103 II GG.".

VIEHWEG, THEODOR ([5]1974): Topik und Jurisprudenz. Ein Beitrag zur rechtswissenschaftlichen Grundlagenforschung. München.

VIEHWEGER, DIETER (1987): Grundpositionen dynamischer Textmodelle. In: Fleischer, H. (Hg.): Textlinguistik und Stilistik. Berlin, S. 1–17.

VIEHWEGER, DIETER (1989): Coherence – Interaction of Moduls. In: HEYDRICH, WOLFGANG/ NEUBAUER, FRITZ/ PETÖFI, JÁNOS S./ SÖZER, EMEL (ed): Connexity and Coherence. Analysis of Text and Discourse. Berlin/ New York, S. 256–274.

WASSERMANN, RUDOLF (1981): Sprachliche Probleme in der Praxis von Rechtsetzung, Rechtspflege und Verwaltung. In: Deutsche Akademie für Sprache und Dichtung (Hg.), S. 128-142.

WASSERMANN, RUDOLF/ PETERSEN, JÜRGEN (Hg.) (1983): Recht und Sprache. Beiträge zu einer bürgerfreundlichen Justiz. Heidelberg.

WEIGAND, EDDA (1987): What sort of semantics is lexical semantics? In: BAHNER, WERNER/ SCHILDT, JOACHIM/ VIEHWEGER, DIETER (eds): Proceedings of the XIVth international congress of linguistics. Berlin, S. 1285–88.

WEIGAND, EDDA (1989): Sprache als Dialog. Sprechakttaxonomie und kommunikative Grammatik. Tübingen (Linguistische Arbeiten Band 204).

WENGELER, MARTIN (1996): Sprachthematisierungen in argumentativer Funktion. Eine Typologie, in: BÖKE, KARIN/ JUNG , MATTHIAS/ WENGELER, MARTIN (Hg.): Öffentlicher Sprachgebrauch. Praktische, theoretische und historische Perspektiven. Opladen, S. 413–430.

WERLEN, IWAR (1994): Verweisen und Verstehen. Zum Problem des inneren Beziehungsgeflechts in Gesetzestexten. In: Gesetzgebung heute. Heft 2/1994, S. 49–78.

WICHTER, SIGURD (1991): Zur Computerwortschatz–Ausbreitung in der Gemeinsprache. Elemente der vertikalen Sprachgeschichte einer Sache. Frankfurt (Germanistische Arbeiten zu Sprache und Kulturgeschichte Band 17).

WICHTER, SIGURD (1994): Experten– und Laienwortschätze. Umriß einer Lexikologie der Vertikalität. Tübingen (Reihe Germanistische Linguistik Band 144; Kollegbuch).

WICHTER, SIGURD (1995): Vertikalität von Wissen. Zur vergleichenden Untersuchung von Wissens– und insbesondere Wortschatzstrukturen bei Experten und Laien. In: Zeitschrift für germanistische Linguistik (ZGL) 23, S. 284–313.

WIMMER, RAINER (1979): Referenzsemantik. Untersuchungen zur Festlegung von Bezeichnungsfunktionen sprachlicher Ausdrücke am Beispiel des Deutschen. Tübingen (Reihe Germanistische Linguistik Band 19).

WIMMER, RAINER (1998): Zur juristischen Fachsprache aus linguistischer Sicht. In: Sprache und Literatur in Wissenschaft und Unterricht. 29. Jahrgang, Heft 81/1998, S. 8–23.

WIMMER, RAINER (Hg.) (1998): Sprache und Recht. Themenheft 81 der Reihe „Sprache und Literatur in Wissenschaft und Unterricht“. Paderborn/ München.

WIMMER, RAINER/ CHRISTENSEN, RALPH (1989): Praktisch–semantische Probleme zwischen Linguistik und Rechtstheorie. In: MÜLLER, FRIEDRICH (Hg.) (1989): Untersuchungen zur Rechtslingusitik. [...] Berlin, S. 27–46.

WITTGENSTEIN, LUDWIG (1958/^{11}1997): Philosophische Untersuchungen. Werkausgabe Band 1. Frankfurt.

WITTGENSTEIN, LUDWIG (1970): Eine philosophische Betrachtung. Werkausgabe Band 5. Frankfurt.

WOLSKI, WERNER (1980): Schlechtbestimmtheit und Vagheit. Methodologische Untersuchungen zur Semantik. Tübingen (Reihe Germanistische Linguistik Band 28).

WUNDERLICH, DIETER (1976): Studien zur Sprechakttheorie. Frankfurt.

WYGOTSKI, LEW SEMJONOWITSCH (1934/1979): Denken und Sprechen. Frankfurt.

ZIPPELIUS, REINHOLD (^{6}1994): Juristische Methodenlehre. München (Schriftenreihe der Juristischen Schulung Heft 93).

Anhang

- Urteil des **Amtsgerichts** Münsingen vom 09.11.1984
- Urteil der 2. kleinen Strafkammer des **Landgerichts** Tübingen vom 16.02.1987
- Beschluss des 4. Strafsenats des **Oberlandesgerichts** Stuttgart vom 17.12.1987
- Beschluss des 1. Strafsenats des **Bundesgerichtshofs** zu Karlsruhe vom 05.05.1988 [veröffentlicht in BGHSt 35, 270 = Entscheidungen des Bundesgerichtshofs in Strafsachen. 35. Band. Köln/ Berlin: Carl Heymanns Verlag 1989, S. 270 ff.]
- Urteil des 4. Strafsenats des **Oberlandesgerichts** Stuttgart vom 23.06.1988
- Urteil der 1. kleinen Strafkammer des **Landgerichts** Tübingen vom 19.10.1988
- Beschluss des 4. Strafsenats des **Oberlandesgerichts** Stuttgart vom 09.05.1989
- Beschluss des Ersten Senats des **Bundesverfassungsgerichts** vom 10.01.1995 [veröffentlicht in BVerfGE 92, 1 = Entscheidungen des Bundesverfassungsgerichts. 92. Band. Tübingen: J.C.B. Mohr (Paul Siebeck) 1995, S. 1 ff.]

Geschäftsnummer:
2 Cs 413/83
2 Cs 414/83
2 Cs 415/83
2 Cs 416/83

Amtsgericht Münsingen

Im Namen des Volkes

Urteil

Strafsache gegen

W. B. [...],

T. M. [...],

G. B. [...],

M. [...]

wegen gem. Nötigung

Das Amtsgericht Münsingen
hat in der Sitzung vom 09. November 1984, an der teilgenommen haben:
Richter am Amtsgericht Rainer als Strafrichter
EStA Zeile als Beamter der Staatsanwaltschaft
Just. Angest. Füllemann als Urkundsbeamter der Geschäftsstelle
für Recht erkannt:

Die Angeklagten W. B., T. M., G. B. und E. M. werden wegen des jeweils begangenen Vergehens der gemeinschaftlichen Nötigung jeweils zu der

Geldstrafe von 15 Tagessätzen

verurteilt.
Die Höhe des Tagessatzes beträgt bei W. B., T. M. und G. B. je 15,- DM, bei E. M. 25, -DM.
Die Angeklagten tragen die Kosten des Verfahrens und ihre notwendigen Auslagen.
Angewandte Strafvorschriften: §§ 240, 25 StGB

- 2 -

Gründe:

I.

1. Der Angeklagte W. B. [...] [hat] monatlich 550,-- DM zur Verfügung.

2. Der Angeklagte T. M. [...] erhält monatlich 700,- DM BAföG. Er hat noch Schulden in Höhe von 5000,- DM, die aus einer Zeit stammen, als er noch kein BAföG erhielt.

3. Die Angeklagte G. N. [...] [hat] monatlich 600,- DM zur Verfügung.

4. Die Angeklagte E. M. [...] erhält [...] monatlich 900,- DM. Sie hat Schulden in Höhe von rd.5000,- DM, die sie monatlich mit 500,- DM tilgt.

Die Angeklagten T. M., G. B. und E. M. sind nicht vorbestraft. Bei W. B. befindet sich eine Eintragung im Bundeszentralregister.

II.

Am 9. Mai 1983 fand vor dem Sondermunitionslager der Bundeswehr in Großengstingen eine angekündigte Blockadeaktion statt. Die Angeklagten W. B., T. M., G. B. und E. M. nahmen an dieser Aktion teil, indem sie sich gegen 17.30 Uhr auf der einzigen Zufahrt zu diesem Sondermunitionslager mit einer weiteren Person quer auf die Straße setzten, um Bundeswehrfahrzeugen die Zufahrt zu versperren. Als gegen 17.30 Uhr ein Fahrzeug der Bundeswehr, dessen Fahrzeugführer Hauptfeldwebel B. war, bei einer Versorgungsfahrt in das Lager einfahren wollte,

sah sich der Hauptfeldwebel B. angesichts der auf der Fahrbahn sitzenden Angeklagten gezwungen, den Befehl zum Anhalten zu geben. Das Fahrzeug hielt in einer Entfernung von rd. 5 m vor den Angeklagten. Die Angeklagten und die weitere Person wurden von Polizeibeamten mehrfach aufgefordert, die Straße zu räumen.
Außerdem wurden die Angeklagten vernehmbar auf die Strafbarkeit ihres Handelns hingewiesen. Da die Angeklagten trotz Aufforderungen auf der Fahrbahn sitzen blieben, mußten die Angeklagten von Polizeibeamten weggetragen werden, um dem Fahrzeug die Zufahrt zu ermöglichen. Durch die Blockade wurde das Fahrzeug der Bundeswehr um mindestens 10 Minuten aufgehalten.

III.

Die Angeklagten räumen den äußeren Sachverhalt ein, bestreiten jedoch mit Entschiedenheit, sich durch diese Handlung strafbar gemacht zu haben. Im übrigen beruht der Sachverhalt auf den Bekundungen der Zeugen M., E., Z., G., B., E. B. und D. K.

IV.

Die Angeklagten W. B., T. M., G. B. und E. M. haben sich jeweils eines Vergehens der gemeinschaftlichen Nötigung gemäß § 240, § 25 StGB schuldig gemacht.
Die Angeklagten haben - wie geplant und auch beabsichtigt - im bewußten und gewollten Zusammenwirken die Einfahrt eines Kraftfahrzeugs zum Sondermunitionslager der Bundeswehr in Großengstingen für längere Zeit verhindert. Die Angeklagten haben Gewalt im Sinne von § 240 StGB ausgeübt. Sie haben durch ihr Sitzen unwiderstehlichen psychischen Zwang auf die Insassen des herannahenden Fahrzeugs ausgeübt, so daß sich der Fahrzeugführer gezwungen fühlte, den Befehl zum Anhalten zu geben.
Das Verhalten der Angeklagten ist auch rechtswidrig. Die Anwendung der Gewalt ist zu dem von ihnen angestrebten Zweck verwerflich.

- 4 -

Der von den Angeklagten verfolgte Zweck, die Bevölkerung eindringlich und überzeugend auf die Gefahr der atomaren Rüstung hinzuweisen, ist achtenswert. Zur Verfolgung dieses achtenswerten Zieles sind jedoch nicht alle Mittel erlaubt. Die von den Angeklagten mit durchgeführte Aktion genießt nicht den durch das allgemeine Grundrecht der Meinungs- und Versammlungsfreiheit gewährten Schutz, bei deren Ausübung es mitunter zu zwangsläufiger Beeinträchtigung der Rechte Dritter kommt. Die Angeklagten jedoch hatten es hier von vornherein bewußt und gewollt darauf angelegt, andere mit psychischem Zwang in ihrer Bewegungsfreiheit zu behindern, sie zu blockieren.
Es gibt offensichtlich genügend andere strafrechtlich nicht relevante und grundgesetzliche geschützte Formen der Aufklärung der Bevölkerung, der Meinungsäußerung und der Meinungsveränderung.
Die grundgesetzlich garantierte Freiheit der Meinungsäußerung und des Protestes gewährt für sich keine Erfolgsgarantie. Wenn die Angeklagten glauben, durch bisherige Aktionen nichts oder nur sehr wenig erreicht zu haben, so mag dies an dem Inhalt ihrer Aussage oder der Art ihrer Meinungsäußerung liegen. Ein diesbezüglicher Mißerfolg rechtfertigt jedoch nicht, durch Straftaten die gewünschte Aufmerksamkeit auf sich zu lenken.
Die von den Angeklagten gewählte Handlungsweise ist auch nicht gerechtfertigt durch Notwehr, ebensowenig durch rechtfertigenden Notstand. Hier fehlt es offensichtlich an der Gegenwärtigkeit des Angriffes, bzw. der Gefahr.
Auch das im Grundgesetz verankerte Widerstandsrecht gem. Artikel 20 Abs. 4 Grundgesetz rechtfertigt nicht die Handlungsweise der Angeklagten. Die Geltendmachung dieses Widerstandsrechtes scheitert bereits an dessen Subsidiarität. Ein Recht zum Widerstand besteht nur, wenn andere Abhilfe nicht möglich ist. Das war hier offensichtlich nicht der Fall. Die Bevölkerung kann auch in anderer Weise ausreichend, eindringlich und umfangreich über die Gefahren des atomaren Wettrüstens informiert werden. Zudem gestattet dieses Widerstandsrecht nur Eingriffe in die Sphäre des Verfassungsbrechers selbst.

- 5 -

V.

Bei der Strafzumessung fand das positive Ziel und die anerkennungswerten Motive der Angeklagten sehr stark Berücksichtigung. Gewürdigt wurde jedoch auch das Ausmaß der von den Angeklagten verschuldeten Behinderung.
Nach Abwägung dieser Gesichtspunkte war die Geldstrafe von jeweils 15 Tagessätzen tat- und schuldangemessen, aber auch ausreichend, um die Strafzwecke zu erreichen. Die Höhe der Tagessätze wurde - den jeweiligen Einkommensverhältnissen der Angeklagten entsprechend - bei W. B., T. M. und G. B. auf je 15,- DM, bei E. M. auf 25,- DM festgesetzt.

VI.

Die Kostenentscheidung beruht auf § 465 Abs. 1 StPO.

gez. - Rainer -
Richter am Amtsgericht/F

Ausgefertigt
Münsingen, 11.12.1984
Urkundsbeamtin der Geschäftsstelle des Amtsgerichts

Just. Angestellte

Aktenzeichen:
2 Ns 27/85 u.a.

Landgericht Tübingen

Im Namen des Volkes

Gesch.-Nr. 2 Ns 27/85 u.a. URTEIL

Strafsache gegen: 1. W. B., [...]

2. T. M., [...]

3. G. B., [...]

4. E. M., [...]

5. M. S., [...]

wegen gemeinschaftlicher Nötigung.

- 1 a -

Auf die Berufungen der Angeklagten B., T. M., B. und E. M. sowie der Staatsanwaltschaft gegen das Urteil des Amtsgerichts Münsingen vom 9. November 1984 sowie die Berufung des Angeklagten S. gegen das Urteil desselben Gerichts vom 27. November 1984 hat die 2. kleine Strafkammer des Landgerichts Tübingen in der Sitzung vom 16. Februar 1987, an der teilgenommen haben:

Vorsitzender Richter am LG Grebe
als Vorsitzender
Sigrid Knuth, Rottenburg,
als Schöffin
Gerlinde Biesinger, Hirrlingen,
als Schöffin,
Staatsanwalt Rörig
als Beamter der Staatsanwaltschaft
Rechtsanwalt Nold, Tübingen,
als Verteidiger der Angeklagten B.,
Rechtsanwalt Langner, Horb
als Verteidiger der Angeklagten E. M.,
Rechtsanwalt Hemeyer, Tübingen
als Verteidiger des Angeklagten S.,
Justizassistent [...]
als Urkundsbeamter der Geschäftsstelle

für Recht erkannt:

- 1 b -

1. Die Berufung des Angeklagten S. gegen das Urteil des Amtsgerichts Münsingen vom 27. November 1984 wird auf seine Kosten

verworfen.

2. Die Berufung der Staatsanwaltschaft gegen das Urteil des Amtsgerichts Münsingen vom 9. November 1984 wird

verworfen.

3. Auf die Berufungen der Angeklagten B., T. M., G. B. und E. M. wird das Urteil des Amtsgerichts Münsingen vom 9. November 1984

aufgehoben.

Diese Angeklagten werden unter Übernahme der Verfahrenskosten und ihrer notwendigen Auslagen auf die Staatskasse

freigesprochen.

- 2 -

GRÜNDE:

I.

Das Amtsgericht erkannte mit Urteil vom 9. November 1984 gegen die Angeklagten B., T. M., G. B. und E. M. als Beteiligte an einer „Blockadeaktion", die am 9. Mai 1983 vor dem Sondermunitionslager der Bundeswehr in Großengstingen stattfand, jeweils wegen gemeinschaftlicher Nötigung im Sinne der §§ 240, 25 Abs. 2 StGB auf Geldstrafe von je 15 Tagessätzen. Deren Höhe setzte es bei E. M. auf 25,- DM, bei den anderen drei Angeklagten auf je 15,- DM fest.
Die hiergegen von diesen Angeklagten in zulässiger Weise eingelegte Berufung führt zu deren Freispruch; das Rechtsmittel der Staatsanwaltschaft, gerichtet auf höhere Bestrafung bleibt erfolglos.

Mit Urteil desselben Gerichts vom 27. November 1984 wurde gegen den Angeklagten S. wegen des nämlichen Tatvorwurfs, welchem eine „Blockade" vom 22. März 1983 zugrunde lag, eine Geldstrafe von 20 Tagessätzen zu je 10,- DM verhängt. Der zulässigen, auf Freispruch gerichteten Berufung dieses Angeklagten muß der Erfolg versagt bleiben.

- 3 -

II.

1. Der Angeklagte B. [...] [verdient] [m]it Nebenarbeiten [...] monatlich rund 800,- DM netto. Er ist - wie auch sämtliche Mitangeklagte - nicht vorbestraft.

2. Der Angeklagte T. M. [...] arbeitet [...] bei einem monatlichen Netto-Verdienst von etwa 2000,-- DM.

3. G. B. ist [...] [d]erzeit [...] arbeitslos, hat jedoch begründete Aussicht auf eine Stelle.

4. [...] [D]ie Mitangeklagte E. M., Schwester des Mitangeklagten T. M., [...] ist auf monatliche Arbeitslosenhilfe in Höhe von etwa 650,- DM angewiesen. Eine neue Arbeitsstelle kann sie aller Voraussicht nach demnächst antreten.

5. Der Angeklagte M. S. [...] verdient monatlich ca. 2000,- DM netto. Nach seinen Angaben ist ihm durch das vorliegende Strafverfahren die Übernahme ins Beamtenverhältnis verwehrt.

- 4 -

III.

Sämtliche Angeklagte halten - mit weiten Teilen der Bevölkerung - die in ihren Augen sich ständig steigernde Hochrüstung namentlich der Großmächte Sowjetunion und USA, insbesondere auch was Produzierung, Lagerung und potentiellen Einsatz von Atomwaffen betrifft, nicht nur für höchst gefährlich, sondern für nachgerade existenzbedrohend und lebensvernichtend. Demzufolge fühlen sie sich verpflichtet, hiergegen symbolische Zeichen zu setzen, die jedem nachdrücklich die Ohnmacht des einzelnen gegenüber solchen todbringenden Gefahren vor Augen führen sollen. Eine Möglichkeit, solches zu demonstrieren, sahen und sehen sie noch heute in von ihnen so bezeichneten „gewaltfreien Aktionen", zu welchen namentlich das Versperren der Zugänge und Zufahrten zu militärischen Einrichtungen durch Zusammenstehen oder gemeinsames Sitzen auf der Fahrbahn gehört. Zwei derartige „Blockadeaktionen" sind Gegenstand dieses Verfahrens:

1. Am 22. März 1983 gegen 10.00 Uhr fand sich eine Gruppe von 13 Personen, unter ihnen der Angeklagte S., vor dem Sondermunitionslager Großengstingen mit dem übereinstimmenden Ziel ein, die einzige befahrbare Zufahrt zum Depot den ganzen Tag über zu blockieren. Dies sollte absprachegemäß in der Weise geschehen, daß sich bei Annäherung eines Fahrzeugs alle oder mehrere Mitglieder der Gruppe auf die Fahrbahn setzten.

- 5 -

So sollten die Fahrzeugführer vor ihnen als einem „lebenden Hindernis" zum Anhalten veranlaßt werden. Für den Fall eines Polizeieinsatzes war abgesprochen, daß man sich ohne jede Widerstandsleistung von der Fahrbahn tragen lassen wollte. Entsprechend sollte verfahren werden, wenn ein Fahrzeug das Munitionslager wieder verlassen wollte.
Von der Aktion, auf die lediglich am Tage ihrer Durchführung morgens gegen 8.00 Uhr in der gut 20 Kilometer entfernt liegenden Stadt Reutlingen durch Flugblätter aufmerksam gemacht worden war, waren weder Polizei noch Bundeswehr vorher unterrichtet. So konnten diese auch keinerlei Vorkehrungen treffen, um den reibungslosen Verkehrsablauf zum und vom Depot sicherzustellen. Allerdings erhielt die Bundeswehr schon kurz nach 10.00 Uhr Kenntnis vom Vorgehen der „Blockierer". So konnte Oberstleutnant M., damals Standortkommandant in Großengstingen, alsbald die Polizei informieren und sich ihrer Hilfe bei der Räumung der Depotzufahrt versichern.
Darüber hinaus wurde vom Landratsamt Reutlingen sogleich fernmündlich eine Verfügung zur Auflösung der Versammlung eingeholt. Kenntnis erlangt hatten die Zuständigen der Bundeswehr auf folgende Weise:

Kurz nach 10.00 Uhr hatte sich Hauptmann B. mit einem Bundeswehrfahrzeug auf die Zufahrtsstraße zum Munitionslager begeben. Als er sich dem Leger näherte, war diese auf ihre gesamte Breite von rund 8 Metern von allen Mitgliedern der Blockierer-Gruppe, die sich teils stehend, überwiegend aber sitzend auf der Straße aufhielten, versperrt. B. hielt daher gezwungenermaßen an. Sein mehrfaches, nachdrücklich unterbreitetes Begehren,

- 6 -

die Durchfahrt freizugeben, beschieden die Demonstranten, mit vorne dran der Angeklagte S., abschlägig, wobei sie ihm unmißverständlich deutlich machten, „heute kommt niemand in das Lager rein". Nach nahezu 15-minütigem Warten und wiederholtem Pochen darauf, er möge durchgelassen werden, beugte sich B. dem Druck der Demonstranten, kehrte unverrichteter Dinge um und meldete den Vorfall umgehend in der Kaserne.
Etwa um 11.30 Uhr näherte sich der Müllcontainerfahrer M. auf besagter Zufahrtsstraße dem Depot. Er hatte als Angestellter eines Privatunternehmens den innerhalb eines festliegenden Zeitplanes auszuführenden Auftrag, im Munitionslager Müllentsorgung vorzunehmen. Auch ihm verweigerten alle Demonstranten mit Einschluß des Angeklagten S. unmißverständlich die Zufahrt.
So drehte er nach mindestens fünf Minuten vergeblichen Wartens um, bemerkte jedoch bei der Rückfahrt in Höhe der Kaserne ein Polizeifahrzeug in Richtung Lager fahren. In der zutreffenden Annahme, hierdurch könnte sich ihm nun doch eine Möglichkeit der Einfahrt ins Depot ergeben, schloß er sich mit seinem Müllwagen dem Polizeidienstfahrzeug an. Gegen 11.50 Uhr erreichte M. erneut die Blockadestelle. Dieses Mal saßen alle 13 Demonstranten, eingeschlossen der Angeklagte S., auf der Straße, so daß für den Müllwagenführer an ein Weiterkommen nicht zu denken war. Nunmehr unterrichtete PHK Z., der polizeiliche Einsatzleiter, alle Sperrer darüber, daß das Landratsamt Reutlingen die Versammlung untersagt habe, diese hiermit aufgelöst sei. Unmittelbar danach forderte Z. die Angesprochenen deutlich, freilich vergeblich auf, die Straße zu räumen. Dieses Ansinnen wiederholte er unmißverständlich noch zweimal, verbunden mit dem

Hinweis auf die Strafbarkeit des von den Demonstranten an den Tag gelegten Verhaltens. Da alle Aufforderungen Z., die Zufahrt zu räumen, nichts fruchteten, begann die Polizei kurz vor 12.00 Uhr mit der Räumung. Diese geschah derart, daß jeweils zwei Beamte eine der auf der Fahrbahn sitzenden Personen wegtrugen und diese sodann in einen seitab gestellten Polizeiwagen zur Fertigung von Identifizierungslichtbildern sowie zur Personalienfeststellung verbrachten. Die Blockierer ließen das Wegtragen widerstandslos über sich ergehen. Es kam weder zu Tätlichkeiten noch zu sonstigen Aggressionshandlungen physischer oder verbaler Art.
Nach vollständiger Räumung der Zufahrt, die nicht vor 12.10 Uhr beendet war, konnte der Müllfahrzeuglenker M. ins Lager einfahren. Er hatte sich mit einem Zeitverlust von insgesamt mindestens 30 Minuten abfinden müssen, was ihn jedenfalls zunächst vor allem deswegen beunruhigte, ja sogar verärgerte, weil er - später allerdings ausgebliebene - Vorhaltungen seines Chefs wegen der Nichteinhaltung seines Zeitplanes befürchtete. Im Laufe des frühen Nachmittags des 22. März 1983 kam es zu einer weiteren Blockade der Depotzufahrt. Bei dieser Aktion war der - nach seinen Angaben durch das polizeiliche Vorgehen bei der Identifizierung der Beteiligten „geschockte" - Angeklagte S. erwiesenermaßen nicht mehr anwesend.

2. Vor demselben Hintergrund und mit gleicher Zielsetzung beteiligten sich die Angeklagten B., T. M., B. und E. M. am 9. Mai 1983 an einer „Blockadeaktion" vor dem genannten Depot in Großengstingen. Auf diese war durch

- 8 -

ein am 6. Mai 1983 im Tübinger „Schwäbischen Tagblatt" erschienenes Inserat hingewiesen worden. Diese Anzeige weckte in den genannten vier Angeklagten den Entschluß, sich an der angesprochenen Aktion zu beteiligen. Durch das Inserat erhielten die Polizei bereits am 6. Mai, die Bundeswehr am 8. Mai 1983 Kenntnis. Letztere richtete sich deshalb durch entsprechende Planung rechtzeitig darauf ein, am 9. Mai 1983 nur unumgänglich notwendige Fahrten ins Munitionslager durchzuführen.
Das Inserat vom 6. Mai 1983 hatte folgenden Wortlaut:

> „Ankündigung von zivilem Ungehorsam.
> WER BLOCKIERT MIT?
> Um zu zeigen, daß wir uns durch die Münsinger Prozesse nicht einschüchtern lassen, werden wir am 9. Mai erneut bzw. zum ersten Mal das Atomwaffenlager bei Großengstingen gewaltfrei blockieren.
> V.i.S.d.P.: V. N., Tübingen..."

Vor dem Lager Großengstingen trafen die gemeinsam angereisten Angeklagten B., T. M., B. und E. M. mit einer Gruppe von 11 gleichgesinnten jungen Leuten zusammen. Alle Beteiligten waren sich darin einig, durch aktives Teilnehmen an einer Blockade der Lagerzufahrt „ein Zeichen zu setzen". Gegen 10.45 Uhr wollte Hauptfeldwebel B. in einem Bundeswehr-Pkw mit Post ins Lager einfahren. Als dieser einiger vor der Depoteinfahrt stehender oder sitzender Mitglieder der Demonstrantengruppe, unter den sich nicht die vier hier in Rede stehenden Angeklagten befanden, von Ferne ansichtig wurde und erkannt

hatte, daß er nicht ohne weiteres in das Lagerareal einfahren konnte, wendete er sein Fahrzeug, begab sich in die Kaserne zurück und meldete dort das Vorkommnis. Hierauf forderte Oberstleutnant M. kurz nach 11.00 Uhr Polizei an und erbat durch diese Räumung der Zufahrt für 12.15 Uhr, dem Zeitpunkt der mittäglichen Verpflegungsfahrt. Die Polizei erlangte ihrerseits beim zuständigen Landratsamt umgehend eine Auflösungsverfügung betreffend die Versammlung vor dem Depot.
Gegen 12.15 Uhr hatte ein Unimog der Bundeswehr mit dem Gefreiten K. am Steuer und Hauptfeldwebel B. als Beifahrer und Führer des Transports den Eingangsbereich zum Munitionslager erreicht.
Sie hatten Verpflegung für die dortige Besatzung an Bord. Ihre Weiterfahrt hinderten fünf Personen, die sich absprachegemäß und mit Wissen und Billigung der vier Angeklagten vor die Zufahrt setzten. Diese, nämlich B., T. M., B. und E. M., waren hieran nicht aktiv, also sitzend beteiligt; sie standen vielmehr, die Durchfahrt des Bundeswehrfahrzeugs nicht selbst behindernd, neben der Straße. Um 12.17 Uhr forderte PHK Z., der auch hier wieder polizeilicher Einsatzleiter war, die Blockierer unter Hinweis auf die behördliche Untersagungsverfügung und die Strafbarkeit ihres Tuns insgesamt dreimal auf, die Fahrbahn freizumachen. Da dies ergebnislos blieb, räumte die Polizei in der vorbeschriebenen Weise innerhalb von weniger als fünf Minuten den Straßenraum vor dem Zugang zum Depot, so daß das Militärfahrzeug jetzt unbehindert einfahren konnte.

Gegen 12.29 Uhr wollte der Fahrer K. das Lager wieder verlassen, sah sich jedoch daran gehindert, weil erneut fünf Personen, unter denen sich wiederum keiner der Angeklagten befand, auf der Straße sitzend verweilten. Deswegen schritt die Polizei zu neuerlicher Räumung nach bewährtem Muster; sie dauerte deutlich weniger als fünf Minuten.
Nachdem von den bis dahin als aktive Blockierer in Erscheinung getretenen zehn Personen – die mit den hiesigen Vorfällen im Zusammenhang stehenden Angeklagten befanden sich hierunter nicht – an Ort und Stelle die Ausweise einbehalten worden waren, verbrachte man sie zu etwa einen Kilometer vom Ort des Geschehens im Wald abgestellten Polizeifahrzeugen, fertigte Fotos und vernahm sie als Beschuldigte. Nach Beendigung dieser polizeilichen Maßnahmen begaben sie sich wieder in Richtung Sondermunitionslager.
Dort waren die übrigen fünf Personen, darunter die vier Angeklagten B., T. M., B. und E. M., bis zum Spätnachmittag verblieben.
Gegen 17.30 Uhr näherte sich erneut ein Verpflegungsfahrzeug der Bundeswehr dem Lager. Dessen Fahrer ließ sich nicht mehr ermitteln; Beifahrer war wiederum Hauptfeldwebel B. Auch dieses Mal war die Zufahrt durch fünf auf der Straße sitzende Personen versperrt. Unter ihnen befanden sich die Angeklagten B., T. M., B. und E. M.. Da die Blockierer trotz dreimaliger Aufforderung durch den Einsatzleiter PHK Z. die Straße nicht freimachten, schritt die Polizei

unter Einsatz von insgesamt nur sechs Beamten zur Räumung in derselben Art und Weise wie am Nachmittag. Nach weniger als fünf Minuten war die Fahrbahn frei und die Zufahrt ins Depot unbehindert möglich. Die vier Angeklagten wurden von der Polizei in die weiter entfernt stehenden Dienstfahrzeuge verbracht und dort als Beschuldigte vernommen.
Nach dem Einfahren des Lasters setzten sich acht Personen auf die Straße. Sie ließen sich bei der Ausfahrt des Militärlastwagens nach bekannter Art wegtragen. Unter ihnen waren nicht die Angeklagten, wohl aber diejenigen acht Blockierer, die sich bereits um die Mittagszeit als aktive Wegversperrer hervorgetan hatten. Von dieser letzten Behinderungsaktion wußten die Angeklagten nichts.
Bei keinem der geschilderten Abläufe kam es zu irgendwie gearteten Tätlichkeiten, Widerstandsleistungen oder auch nur verbalen Attacken.

IV.

Die vorstehenden Feststellungen gründen zunächst auf den umfassenden glaubhaften Einlassungen der Angeklagten. Diese haben die wesentlichen äußeren Abläufe so wie oben niedergelegt ausführlich und detailliert geschildert, Art und Umfang ihrer eigenen Tatbeteiligung nicht in Abrede gestellt und sich im übrigen umfassend zur Motivation geäußert, die sie zu dem ihnen vorgeworfenen Verhalten veranlaßt hat.

Hinsichtlich der Einzelumstände im Zusammenhang mit den polizeilichen Räumungsaktionen hat sich die Kammer weitgehend auf die detailgenauen, umfangreichen und verläßlichen Angaben der vor Ort eingesetzten erfahrenen, zuverlässigen und glaubwürdigen Beamten PHK Z., KOK E., KHM B. und KHM K. gestützt. Letzterer hat als federführender Autor zusammenfassender Ermittlungsberichte über die Vorgänge vom 22. März und vom 9. Mai 1983 zuverlässige Angaben namentlich über die Zeitdauer von Behinderungen und Räumungsaktionen machen können. Außerdem konnte er bezüglich der Blockade vom 9. Mai 1983 anhand seines minutiös und zeitnah an den Vorgängen gefertigten Berichts Genaues zu den nach Zahl und Namen an den Einzelaktionen jeweils beteiligten Personen vermitteln. Des weiteren hat die Kammer ihre Feststellungen an die erkennbar stets von Wahrheitsliebe getragenen, sachlich, korrekt und nüchtern vorgebrachten, von keinerlei Feindseligkeit getragenen Bekundungen der uneingeschränkt glaubwürdigen Bundeswehrangehörigen Oberstleutnant M., Hauptmann B. und Hauptfeldwebel B. geknüpft. Schließlich haben die Zeugen M. und K. umfassend, objektiv, stets sachlich bleibend und erkennbar um wahrheitsgemäßes Schildern trotz der zwischenzeitlich erheblichen Zeitspanne zu den Ereignissen vom 22. März und 9. Mai 1983 bemüht, dargetan, welchen Behinderungen sie sich im einzelnen als Fahrer zu den fraglichen Zeiten ausgesetzt sahen. An der Richtigkeit ihrer Aussagen zu zweifeln besteht kein Anlaß.

Nicht klären ließ sich, wer am Abend des 9. Mai 1983, als sich die Angeklagten B., T. M., B. und E. M. als Sitzblockierer selbst aktiv betätigten, Fahrer des behinderten

Bundeswehr-Lastwagens war. Hauptfeldwebel B. konnte hierzu, nach so langer Zeit einfühlbar, auch anhand der zu Rate gezogenen Einsatzfahrten-Kontrolliste der Bundeswehr nichts sagen. Der Gefreite K. schloß aus, zur fraglichen Stunde am Steuer gesessen zu sein. Er bekundete aus offensichtlich ungetrübter Erinnerung, nur einmal, nämlich zur Mittagszeit des 9. Mai 1983, beim Ein- und Ausfahren in – „allerdings geringe" - Schwierigkeiten gekommen zu sein. Der frühere Soldat K., hierzu befragt, verneinte glaubhaft und überzeugend, als Opfer in einer der hier in Rede stehenden Aktionen verwickelt gewesen zu sein.

V.

Nach diesen Feststellungen ist der Angeklagte S. der fortgesetzt begangenen gemeinschaftlichen Nötigung im Sinne der §§ 240, 25 Abs. 2 StGB schuldig. Der entsprechende Tatvorwurf ließ sich gegenüber den anderen vier Angeklagten nicht aufrechterhalten; sie sind aus Rechtsgründen freizusprechen.

- 14 -

Nach § 240 Abs. 1 StGB wird bestraft, wer einen anderen rechtswidrig mit Gewalt oder durch Drohung mit einem empfindlichen Übel zu einer Handlung, Duldung oder Unterlassung nötigt. Rechtswidrig ist die Tat, so § 240 Abs. 2 StGB, wenn die Anwendung der Gewalt oder die Androhung des Übels zu dem angestrebten Zweck als verwerflich anzusehen ist.

Sämtliche Angeklagte haben Gewalt im Sinne dieser Vorschrift angewendet: Hierunter ist nach herkömmlicher und bis heute aufrecht erhaltener Begriffsbestimmung zunächst zu verstehen die Entfaltung körperlicher Kraft, um den Angriffen zu einem von ihm nicht gewollten Verhalten durch Beseitigung eines tatsächlich geleisteten oder bestimmt zu erwartenden Widerstandes zu zwingen (LK-Schäfer 10. Auflage, § 240 Rdn. 5 m. w. N.). In Fortschreibung der bereits vom Reichsgericht eingeleiteten Rechtssprechung (vgl. RGSt 45, 153) orientieren sich diese und ein großer Teil der Rechtslehre jedoch seit geraumer Zeit an einem erweiterten sogenannten „vergeistigten" oder „entmaterialisierten" Gewaltbegriff. Danach liegt bereits dann Gewalt vor, wenn mit nur geringem körperlichen Kraftaufwand wie dem Niedersetzen und Verharren auf der Fahrbahn ein lediglich psychisch determinierter Prozeß in Lauf gesetzt wird (BGHSt 19, 263 und 23, 126, vor allem aber BGHSt 23, 46; BGH NStZ 1982, 158; OLG Stuttgart Die Justiz 1986, 417, Beschluß vom 31. Januar 1985 – 3 Ss 756/84 und NJW 1984, 1909; KG NJW 1985, 209; OLG Köln NJW 1986, 2443 und NStZ 1986, 30; OLG Düsseldorf NJW 1986, 942; aus dem Schrifttum LK – Schäfer aaO. Rdn. 16; Schönke – Schröder – Eser StGB 22. Aufl. Rdnrn. 7 ff. Vor § 234).

Diese Rechtsauffassung darüber, was als „Gewalt" im Sinne von

- 15 -

§ 240 StGB zu verstehen ist, teilt die Kammer, denn zu Recht verlagert dieser Gewaltbegriff seinen Schwerpunkt auf die beim Opfer eingetretene Zwangswirkung. Nur ein solches Gewalt-Verständnis trägt den subtilen und unterschwelligen Formen von Zwangseinwirkungen zwischen Menschen Rechnung und berücksichtigt in gebotenem und ausreichendem Maße, daß sich die Auslösung psychischer Hemmungen des Opfers bei diesem ebenso auswirken kann wie körperlicher Zwang. (So zutreffend etwa BayObLG JZ 1986, 404; OLG Köln NJW 1986, 2443; OLG Düsseldorf aaO.; OLG Koblenz NJW 1985, 2432; LK-Schäfer aaO. Rdn. 35). Unter Anwendung dieses weitgefaßten Gewaltbegriffes kann es keinem vernünftigen Zweifel unterliegen, daß sämtliche Angeklagte durch ihr aktives Teilnehmen an Sitzblockaden Gewalt ausübten. Ihr Verhalten ist nicht als rein passives „Sitzen" zu werten; vielmehr stellt sich ihr „Hinsetzen" als ein aktives Vorgehen dar, welches im Ergebnis dazu führte, daß ein heranfahrender Fahrzeugführer „notgedrungen" anhalten mußte, da ihm seine selbstverständlich sogleich getroffene Gewissensentscheidung verbot, seine Fahrt einfach fortzusetzen und dadurch einen oder mehrere Demonstranten möglicherweise zu verletzen oder sogar in Todesgefahr zu bringen. Gerade auf eine solche Entschließung des Fahrzeugführers hatten es die Demonstranten abgesehen: Sie bezogen das Aufgeben dessen ursprünglicher Absicht, weiterzufahren, bewußt in ihr Kalkül ein. Hierin liegt die für § 240 StGB, wie ausgeführt, ausreichende unwiderstehliche psychische Zwangswirkung auf der Opferseite.

Von den Angeklagten hat jedoch nur M. S. verwerflich gehandelt. Mit dem Merkmal der Verwerflichkeit ist ein sozialwidriges Verhalten umschrieben, dessen Eigenart darin besteht, daß es mit beachtlicher

- 16 -

Intensität die dem Opfer gegenüber dem Täter rechtlich garantierte Freiheit verletzt. Erfaßt werden soll die sozialethische Mißbilligung der für den erstrebten Zweck angewendeten Mittel. Danach bedeutet „verwerflich" zunächst etwa dasselbe wie „nach objektiven Maßstäben sittlich mißbilligenswert". Hierbei gelten freilich nicht Kriterien der Moral, vielmehr sind die Erfordernisse sozialgemäßen Verhaltens als Orientierungsrichtlinien angesprochen. Infolge der Notwendigkeit, über den Absatz 2 des § 240 StGB das zwingend gebotene Korrektiv zum extensiv entwickelten Gewaltbegriff zu gewinnen, wird die Grenze zur Qualifikation eines Verhaltens als „verwerflich" und damit zur strafbaren Nötigung erst erreicht, wenn das Vorgehen des Täters unter Berücksichtigung aller Umstände eindeutig so anstößig ist, daß es als gröberer, in erhöhtem Maße sittlich mißbilligenswerter Angriff auf die Entschlußfreiheit anderer der Zurechtweisung mit den Mitteln des Strafrechts bedarf.
Jeder Verständige muß danach ein derartiges Verhalten sittlich mißbilligen und als sozial unerträglich, nämlich als Unrecht empfinden (vgl. zum Ganzen BVerfG NJW 1987, 43 = JZ 1987, 138 mit insgesamt kritischer Anmerkung von Starck; BGHSt 17, 328, 331; 18, 389, 391; 19, 263, 268; BayObLG, OLG Stuttgart, OLG Köln, OLG Koblenz, OLG Düsseldorf jeweils aaO. s. auch BGHSt 34, 71 = NJW 1986, 1883; aus dem Schrifttum des Roxin JuS 1964, 375; LK – Schäfer aaO. Rdn. 70; Schönke-Schröder-Eser aaO. Rdn. 17 zu § 240; Dreher/Tröndle StGB 43. Aufl., Rdn. 7 zu § 240).
Dabei ist durch die Entscheidung des Bundesverfassungsgerichts aaO. nunmehr eindeutig klargestellt, daß die Bejahung nötigender Gewalt im Falle einer Erstreckung dieses Begriffes auf Sitzdemonstrationen nicht zugleich die Rechtswidrigkeit der Tat indiziert und, damit im Gefolge, dieser in jedem Falle den Stempel des Verwerflichkeitsurteils aufdrückt.
Danach hatte die Kammer eine Gesamtbetrachtung aller hier in Rede stehenden Abläufe namentlich nach Dauer, Ausmaß, Zahl und Vorgehensweise der jeweils Beteiligten, mithin der Qualität und Quantität ihres Verhaltens, ferner ihrer Zielsetzung, der Art und des Umfangs

- 17 -

notwendig gewordener Gegenmaßnahmen und schließlich der Auswirkungen auf den unmittelbaren und mittelbaren Adressatenkreis der Sitzdemonstrationen vorzunehmen. In dieser Würdigung aller Einzelfallumstände sind darüber hinaus, im Wege vergleichender Wertung sowohl im tatsächlichen als auch im rechtlichen Bereich, diejenigen Kriterien eingeflossen, die den vorstehend angeführten höchstrichterlichen und obergerichtlichen Entscheidungen entnommen werden können. Bei diesem Abwägen hat die Kammer auch die mit der Blockade verfolgten Fernziele der Demonstranten zwar nicht wertend (als „gut", „edel" oder „hehr") berücksichtigt, wohl aber insoweit in den Blick genommen, als die Demonstranten mit ihren Aktionen eindeutig uneigennützige, ausschließlich altruistische Anliegen verfolgten, die sich ohne Einschränkung und unter Hintanstellung eigener Vorteile oder materieller Ziele allein am Wohl und Wehe der Gesamtbevölkerung ausrichteten, getrieben von der Sorge um die Folgen weiterer atomarer Aufrüstung. Entgegen BayObLG aaO., OLG Stuttgart Die Justiz 1986, 417, OLG Koblenz aaO., Baumann NJW 1987, 36 und wohl auch Jakobs JZ 1986, 1064 ist eine Berücksichtigung des von den Angeklagten verfolgten Fernziels jedenfalls in dem beschriebenen Umfange nicht nur veranlaßt, sondern geboten (so zutreffend OLG Köln NJW 1986, 2443 und NStZ 1986, 30; Eser aaO. Rdn. 29 zu § 240, Wolter NStZ 1986, 249; vgl. auch BGHSt 17, 328 und 18, 389; offengelassen vom Bundesgerichtshof in BGHSt 34, 71 und vom OLG Düsseldorf aaO.).
Sie ist im übrigen durch die angeführte Entscheidung des Bundesverfassungsgerichts nunmehr unmißverständlich vorgegeben, wenn dort wiederholt und mit Nachdruck darauf abgehoben wird, die Verwerflichkeitsprüfung habe sich auf sämtliche Umstände des Einzelfalles zu erstrecken.

- 18 -

Danach gilt hier folgendes:
Den von den Angeklagten mitgetragenen Blockadeaktionen ist vieles gemeinsam. Versperrt wurde in jedem Falle die seinerzeit einzig befahrbare Zufahrtsstraße zu einer Bundeswehreinrichtung. Unmittelbarer Adressat der Aktion war der Wagenführer des jeweils sich nähernden Fahrzeugs. Bei der blockierten Zufahrt handelte es sich nicht um einen vom allgemeinen Straßenverkehr - womöglich noch dauernd oder häufig frequentierten - Verkehrsweg. Unter normalen Umständen war von vornherein wenig wahrscheinlich, daß andere als der Bundeswehr zugehörige Fahrzeuglenker am Ein- bzw. Ausfahren aus dem Sondermunitionsdepot gehindert werden könnten.
Nah- und Fernziele waren auf seiten der Angeklagten bei beiden Blockadeaktionen, wie vorstehend näher dargestellt, gleich.
Stets mußten die Sitzblockierer nach wiederholten Aufforderungen von der Polizei weggetragen werden. Dies ließen die Protestierer ausnahmslos ohne Widerstandsleistungen, Sperren, Sträuben oder sonstwie geartetes, gegen die einschreitenden Beamten gerichtetes Agieren über sich ergehen. Sowohl am 22. März als auch am 9. Mai 1983 sollte die Aktion nicht länger als einen Tag andauern.

Gleichwohl unterscheiden sich die beiden hier zur Beurteilung anstehenden Blockadeunternehmungen in entscheidenden Punkten wesentlich voneinander:
Auf die kurzfristig angesetzte Aktion vom 22. März 1983 waren weder Polizei noch Bundeswehr in irgendeiner Weise vorbereitet. Sie sahen sich vielmehr einer plötzlichen Sperraktion ausgesetzt, weswegen auch vor allem seitens der Bundeswehr keinerlei Vorkehrungen dahin getroffen werden konnten, durch entsprechende

Dienstplanänderungen etc. mögliche störende Auswirkungen der Aktion aufzufangen und diese so gering wie möglich zu halten. Dies war bei der bereits Tage zuvor öffentlich angekündigten Sitzdemonstration vom 9. Mai 1983 anders. Dort waren die Zuständigen ausreichende Zeit vorher informiert und konnten demzufolge – wie auch geschehen – rechtzeitig und in gebotenem Maße Vorsorge treffen.
Die Blockade vom Vormittag des 22. März 1983 betraf drei Fahrzeuge, darunter zweimal den Müllwagen des Zeugen M. Er wie auch zuvor Hauptmann B. wurden insgesamt jeweils über beträchtliche Zeiträume hin an der Zufahrt zum Depot gehindert. Der Fahrer M. war im übrigen nicht eine in den unmittelbaren Betrieb der Bundeswehr eingegliederte Person, hat vielmehr insoweit als Außenstehender zu gelten, der lediglich im Rahmen vertraglich übernommener Verpflichtungen seines Arbeitgebers Hilfsdienste zu verrichten hatte. Des weiteren muß bei der Aktion vom 22. März 1983 in vorliegendem Zusammenhang Berücksichtigung finden, daß sich bei jeder der drei in Rede stehenden Blockaden sämtliche Beteiligte, also jeweils insgesamt 13 Personen, auch tatsächlich auf die Straße gestellt oder, weit überwiegend, gesetzt hatten. Jedesmal befand sich mithin auch der Angeklagte S. unter den aktiven Blockierern. Hauptmann B., der Müllwagenfahrer M. und später die einschreitenden Polizeibeamten sahen sich sonach einem keineswegs bedeutungslosen Hindernis gegenüber, das zu beseitigen für die Polizei, als sie zur Räumung schritt, zwangsläufig einen nicht unbeträchtlichen zeitlichen und personellen Aufwand mit sich brachte. Im übrigen spielten sich die drei dem Angeklagten S. zuzurechnenden Sperraktionen innerhalb eines Zeitraumes von insgesamt nur etwa zwei Stunden ab.

Bei der unter Beteiligung der Angeklagten B., T. M., B. und E. M. durchgeführten Blockade vom 9. Mai 1983 kam es lediglich zur Behinderung zweier Bundeswehrfahrzeuge mit jeweils zwei Insassen. Diese wurden für eine sowohl im einzelnen als auch insgesamt nur recht geringe Zeitspanne die Zu- bzw. Ausfahrt versperrt. Keine dieser kurzfristig verzögerten Fahrten, waren sie auch zu Verpflegungszwecken veranlaßt, mußte zu einem gleichsam auf die Minute festgelegten Zeitpunkt durchgeführt werden. Die aufgetretenen, auch insgesamt noch als geringfügig einzustufenden Verzögerungen beeinträchtigten weder den Betrieb der Bundeswehr als solchen wesentlich, noch wirkten sie sich in erheblichem Maße einschneidend und massiv störend auf die Betroffenen in den jeweiligen Fahrzeugen oder im Depotgelände aus. Schließlich hatte die Kammer ihr besonderes Augenmerk auf das von den vier hier beteiligten Angeklagten am 9. Mai 1983 tatsächlich an den Tag gelegte Verhalten zu richten.
Sie müssen sich zwar – als Mittäter – sämtliche um die Mittagszeit sowie bei der Einfahrt am Abend dieses Tages durchgeführten Behinderungsaktionen zurechnen lassen. Grad und Ausmaß ihrer Tatbeteiligung und damit die Intensität ihres Verhaltens überhaupt verlieren insgesamt jedoch deshalb beträchtlich an Gewicht, weil sie aktiv nur an einer einzigen kurzen Sitzblockade teilnahmen. Bei gebotener Berücksichtigung und Wertung aller Einzelfallumstände kann es nicht unbeachtlich sein, ob – und gegebenenfalls wie oft – sich ein Demonstrant selbst aktiv einem herannahenden Verkehrsteilnehmer in den Weg stellt oder setzt, oder ob er eine solche Aktion anderer, mit deren Durchführung und Zielsetzung er sich solidarisch erklärt, lediglich dadurch mitträgt, daß er sich, wie hier die vier genannten

Angeklagten um die Mittagszeit des 9. Mai 1983, zwar nahebei, aber nicht im Verkehrsraum und damit nicht selbst die Zufahrt sperrend vor Ort aufhält. Ein derartiges Verhalten zwingt auch die Polizei nicht zum Einschreiten gegen diese Personen. Ihren Einsatz kann sie, wie hier und auch sonst stets geschehen, ausschließlich auf diejenigen Personen konzentrieren, die selbst auf der Fahrbahn durch Stehen oder Sitzen ein Hindernis darstellen. Unter diesen Umständen vermochte die Polizei auch die Fahrbahn jeweils nach ganz kurzer Zeit frei zu machen. Hierbei kam ihr entgegen, daß sich – auch darin unterscheidet sich die Aktion vom 9. Mai 1983 deutlich von derjenigen des 22. März 1983 – bei denjenigen Abläufen, die sich die Angeklagten B., T. M., B. und E. M. zurechnen lassen müssen, nie mehr als fünf Personen blockierend auf die Fahrbahn gesetzt hatten. Danach waren diese Angeklagten aus Rechtsgründen freizusprechen. Die Verfolgung von ihnen zweifelsfrei begangener Ordnungswidrigkeiten nach versammlungs- oder straßenverkehrsrechtlichen Vorschriften ist verjährt.

Angemerkt werden soll in diesem Zusammenhang allerdings, daß die Kammer nach allem die im Urteil des AG Schwäbisch Gmünd vom 15. Januar 1987 – 5 Cs 526/86 – anklingende Rechtsauffassung, nach der letztlich alle ähnlich oder gleich wie hier verlaufenden Blockadeaktionen nicht von § 240 StGB erfaßt werden, nicht teilt. Eine derartige Rechtsmeinung würde der erforderlichen Berücksichtigung <u>aller</u> Umstände des Einzelfalles und deren gebotenem gegenseitigen Abwägen, auch unter wertender Gegenüberstellung anderer vergleichbarer Vorgänge, nicht gerecht. So wenig wie alle angesprochenen derartigen Abläufe unterschiedslos zur Verurteilung wegen Nötigung führen dürfen, so wenig kann es solchenfalls stets zu Freisprüchen oder Verurteilungen alleine wegen Ordnungswidrigkeiten kommen.

- 22 -

Der Angeklagte S. ist der fortgesetzt begangenen gemeinschaftlichen Nötigung schuldig, §§ 240, 25 Abs. 2 StGB.
Ihm stehen weder Rechtfertigungsgründe allgemeiner Art zu Seite, noch kann er sich, worauf er im übrigen auch nicht abgehoben hat, auf einen Verbotsirrtum berufen. Vor allem bedarf es weiterer Ausführungen nicht, daß ein von ihm in Anspruch genommenes Recht zu „zivilem Ungehorsam" oder „gewaltfreiem Widerstand" eine Rechtfertigung gewaltsamer Nötigung nicht zu begründen vermag (so zutreffend BayObLg aaO.).

Schließlich stehen ihm für sein inkriminiertes Verhalten auch nicht die Grundrechte aus Artikel 5 und 8 Grundgesetz zur Seite. Insoweit teilt die Kammer uneingeschränkt die in Rechtsprechung und Lehre hierzu weit überwiegend vertretene, zutreffende Rechtsauffassung (vgl. etwa BVerfGE 69, 315; BayObLG aaO.; OLG Stuttgart Die Justiz 1986, 417 und NJW 1984, 1910; OLG Düsseldorf aaO. LK-Schäfer aaO. Rdn. 99).
Denn diese Freiheiten wären, wie in BayObLG JZ 1986, 405 zutreffend ausgeführt ist, „in ihrer Gesamtheit gerade dadurch gefährdet, daß einzelnen gestattet wäre, diese Rechte mit Gewaltanwendung gegenüber Dritten auszuüben. Gerade um der Freiheit der Meinung aller willen ist niemand berechtigt, tätlich in die Rechte anderer einzugreifen, insbesondere Gewalt auszuüben".

VI.

Bei der Strafzumessung hat die Kammer mildernd die bisherige Straflosigkeit des Angeklagten S. sowie seine anerkennenswerte Motivation bei der ohne gesteigerte kriminelle Energie von ihm mitgetragenen und als symbolisch betrachteten Aktion bewertet.

- 23 -

Art und Intensität der Gewaltanwendung hielten sich im unteren Bereich möglicher Erscheinungsformen. Andererseits war das Ausmaß der Beeinträchtigung mehrerer Personen sowohl einzeln als auch insgesamt keineswegs unbedeutend. Von einer Bagatelle läßt sich hier keineswegs sprechen. Deswegen hatte es bei der vom Strafrichter ausgesprochenen Geldstrafe von 20 Tagessätzen zu je 10,- DM zu bewenden.
Der an sich nicht fernliegenden Anwendung von § 59 StGB stand vor allem entgegen, daß der Angeklagte seine Beteiligung an der Aktion vom 22. März 1983 noch heute gutheißt. Deswegen ließ sich an eine Verwarnung mit Strafvorbehalt schon im Hinblick auf § 59 Abs. 1 Satz 1 Nr. 3 StGB nicht denken.

Die Kostenentscheidung folgt aus §§ 473 Abs. 1, 467 Abs. 1 StPO.

Grebe
Vorsitzender Richter am Landgericht

Geschäftsnummer:
4 Ss 361/87
2 Ns 27/85 verb. m.
2 Ns 28-30/85
LG Tübingen

Oberlandesgericht Stuttgart

- 4. Strafsenat -

Beschluß

in der Strafsache gegen

1. W. B. [...],

2. T. M. [...],

3. G. B. [...],

Verteidiger: Rechtsanwalt Siegfried Nold, Tübingen -,

4. E. M. [...],

Verteidiger: Rechtsanwalt H.-M. Langner, Horb/Neckar - ,

wegen gemeinschaftlicher Nötigung.

- 2 -

Der 4. Strafsenat hat in der Hauptverhandlung am 17. Dezember 1987 beschlossen:

Die Sache wird nach § 121 Abs. 2 GVG dem Bundesgerichtshof zur Entscheidung folgender Rechtsfrage vorgelegt:

Sind die Fernziele von Straßenblockierern bei der Prüfung der Rechtswidrigkeit der Nötigung oder nur bei der Strafzumessung zu berücksichtigen?

Gründe:

I.

1.
Das Amtsgericht Münsingen verurteilte die Angeklagten wegen gemeinschaftlicher Nötigung zu Geldstrafen von je fünfzehn Tagessätzen. Bei der Angeklagten E M. betrug die Tagessatzhöhe 25 DM, bei den übrigen Angeklagten je 15 DM. Gegen dieses Urteil legten die Angeklagten und zu deren Nachteil die Staatsanwaltschaft Berufung ein. Das Landgericht Tübingen verwarf die Berufung der Staatsanwaltschaft, hob auf die Berufung der Angeklagten das Urteil auf und sprach die Angeklagten frei. Hiergegen wendet sich die Revision der Staatsanwaltschaft mit der Sachrüge.

- 3 -

2.
Das Landgericht hat folgende Feststellungen getroffen:

Die Angeklagten beteiligten sich am 9. Mai 1983 an einer Blockadeaktion vor dem Sondermunitionslager Großengstingen. Da sie - mit weiten Teilen der Bevölkerung - die in ihren Augen sich ständig steigernde Hochrüstung namentlich der Großmächte Sowjetunion und USA für existenzbedrohend und lebensvernichtend hielten, fühlten sie sich verpflichtet, hiergegen symbolische Zeichen zu setzen, die jedem nachdrücklich die Ohnmacht des Einzelnen gegenüber solchen todbringenden Gefahren vor Augen führen sollen. Eine Möglichkeit, solches zu demonstrieren, sahen sie und sehen sie noch heute in „gewaltfreien Aktionen", zu welchen namentlich das Versperren der Zugänge und Zufahrten zu militärischen Einrichtungen durch Zusammenstehen oder gemeinsames Sitzen auf der Fahrbahn gehört. Auslösend für ihren Entschluß war eine am 6. Mai 1983 in der Tübinger Lokalzeitung erschienene Anzeige folgenden Wortlauts:

„Ankündigung von zivilem Ungehorsam. Wer blockiert mit? Um zu zeigen, daß wir uns durch die Münsinger Prozesse nicht einschüchtern lassen, werden wir am 9. Mai erneut bzw. zum ersten Mal das Atomwaffenlager bei Großengstingen gewaltfrei blockieren....".

Vor dem Lager Großengstingen trafen die gemeinsam angereisten Angeklagten mit einer Gruppe von elf gleichgesinnten jungen Leuten zusammen. Alle Beteiligten waren sich darin einig, durch aktives Teilnehmen an einer Blockade der einzig befahrbaren Zufahrt zum

Depot den ganzen Tag über „ein Zeichen zu setzen“. Gegen 10:45 Uhr wollte Hauptfeldwebel B. in einem Bundeswehr-Pkw mit Post ins Lager einfahren. Als er von ferne einige vor der Depoteinfahrt stehende oder sitzende Demonstranten, unter denen sich nicht die Angeklagten befanden, sah, wendete er und meldete in der Kaserne seine Beobachtung. Darauf forderte der Standortkommandant kurz nach elf Uhr Polizei an und erbat die Räumung der Zufahrt für 12:15 Uhr, dem Zeitpunkt der mittäglichen Verpflegungsfahrt. Die Polizei erlangte beim zuständigen Landratsamt eine Auflösungsverfügung für die Versammlung.

Gegen 12:15 Uhr versperrten fünf Personen, die sich absprachegemäß und mit Wissen und Billigung der vier Angeklagten vor die Zufahrt gesetzt hatten, einem Unimog der Bundeswehr die Durchfahrt. Hierbei handelte es sich um ein Verpflegungsfahrzeug für die Lagerbesatzung mit dem Gefreiten K. am Steuer und Hauptfeldwebel B. als Beifahrer und Führer des Transports.
Um 12:17 Uhr forderte der Einsatzleiter der Polizei die Blockierer unter Hinweis auf die behördliche Untersagungsverfügung und die Strafbarkeit ihre Tuns insgesamt dreimal auf, die Fahrbahn zu räumen. Da dies ergebnislos blieb, räumte die Polizei durch Wegtragen der Blockierer innerhalb von weniger als fünf Minuten die Zufahrt.

Als der Fahrer K. gegen 12:29 das Lager mit dem Fahrzeug wieder verlassen wollte, sah er sich daran von fünf auf der Straße sitzenden Personen, unter denen

- 5 -

sich keiner der Angeklagten befand, gehindert. Deshalb trug die Polizei in deutlich weniger als fünf Minuten die sitzenden Blockierer weg.

Während die zehn bislang aktiv in Erscheinung getretenen Blockierer von der Polizei zu etwa 1 km entfernt abgestellten Polizeifahrzeugen zur Aufnahme von Fotos und Beschuldigtenvernehmung gebracht wurden, blieben fünf Personen, darunter die Angeklagten, zurück. Nach Beendigung der polizeilichen Maßnahmen kehrten die zehn wieder zum Depot zurück.

Als gegen 17:30 erneut ein Verpflegungsfahrzeug, dessen Fahrer nicht ermittelt werden konnte - der Beifahrer war wieder Hauptfeldwebel B. -, in das Lager einfahren wollte, versperrten ihm fünf auf der Straße sitzende Personen - darunter alle Angeklagten - die Zufahrt. Da die Blockierer trotz dreimaliger Aufforderung durch den polizeilichen Einsatzleiter die Straße nicht freimachten, trugen sechs Polizeibeamte in weniger als fünf Minuten die Blockierer von der Straße. Die Angeklagten wurden in die weiter entfernt abgestellten Dienstfahrzeuge verbracht und dort als Beschuldigte vernommen. Nach der Einfahrt des Lkw setzten sich acht Personen auf die Straße und ließen sich wegtragen, als der Lkw ausfahren wollte. Von dieser Behinderung wußten die Angeklagten nichts.

Zu keinem Zeitpunkt kam es zu Tätlichkeiten, Wider-

- 6 -

standsleistungen oder auch nur verbalen Attacken.

3.
Das Landgericht sprach die vier Angeklagten aus Rechtsgründen frei. Es meint, die Angeklagten hätten zwar Gewalt angewendet, aber nicht verwerflich gehandelt. Verwerflichkeit sei erst gegeben, wenn das Vorgehen des Täters unter Berücksichtigung aller Umstände eindeutig so anstößig sei, daß es als gröberer, in erhöhtem Maße sittlich mißbilligenswerter Angriff auf die Entschlußfreiheit anderer der Zurechtweisung mit den Mitteln des Strafrechts bedürfe. Deshalb sei eine Gesamtbetrachtung aller hier in Rede stehender Abläufe namentlich nach Dauer, Ausmaß, Zahl und Vorgehensweise der jeweils Beteiligten, ferner ihrer Zielsetzung, der Art und des Umfangs notwendig gewordener Gegenmaßnahmen und schließlich der Auswirkungen auf den unmittelbaren und mittelbaren Adressatenkreis der Sitzdemonstration vorzunehmen. Die Fernziele dürften zwar nicht wertend als gut, edel oder hehr berücksichtigt werden, wohl sei aber in den Blick zu nehmen, daß die Anliegen uneigennützig und allein am Wohl und Wehe der Gesamtbevölkerung ausgerichtet seien. Insoweit sei eine Berücksichtigung des Fernziels geboten. Dies sei durch das Urteil des Bundesverfassungsgerichts vom 11. November 1986 (1BvR 713/83 u.a. = NJW 1987, 43 ff. sowie JZ 1987, 138 ff.) nunmehr unmißverständlich vorgegeben, wenn dort wiederholt und nachdrücklich darauf abgehoben werde, die Verwerflichkeit habe sich auf sämtliche Umstände des Einzelfalles zu erstrecken.

- 7 -

Gewicht hat die Strafkammer dem Umstand beigemessen, daß die Sitzdemonstration öffentlich angekündigt war und deshalb die zuständigen Dienststellen - wie auch geschehen - Vorsorge treffen konnten. Es seien lediglich zwei Bundeswehrfahrzeuge mit jeweils zwei Insassen für nur recht geringe Zeitspannen behindert worden. Zu einem exakten Zeitpunkt hätten die Fahrten nicht durchgeführt werden müssen. Die Verzögerungen seien noch als geringfügig einzustufen. Das besondere Augenmerk habe dem tatsächlich an den Tag gelegten Verhalten der Angeklagten zu gelten. Sie müßten sich zwar als Mittäter sämtliche um die Mittagszeit sowie bei der Einfahrt am Abend durchgeführten Behinderungsaktionen zurechnen lassen. Grad und Ausmaß ihrer Tatbeteiligung verlören jedoch beträchtlich an Gewicht, weil sie aktiv nur an einer einzigen kurzen Sitzblockade teilgenommen hätten. Bei der gebotenen Berücksichtigung und Wertung aller Einzelfallumstände könne es nicht unbeachtlich sein, ob ein Demonstrant sich aktiv einem herannahenden Verkehrsteilnehmer in den Weg stelle oder setze oder ob er eine solche Aktion lediglich aus Solidarität mittrage, indem er sich nur vor Ort aufhalte. Dadurch sei die Polizei nicht zum Einschreiten gezwungen gewesen. Zudem hätten nie mehr als fünf Personen die Fahrbahn blockiert. Nach allem seien die Angeklagten vom Vorwurf der Nötigung freizusprechen. Die Verfolgung der zweifelsfrei begangenen Ordnungswidrigkeiten nach Versammlungs- und Straßenverkehrsrecht seien verjährt.

- 8 -

II.

1.
Der Senat will auf die Revision der Staatsanwaltschaft das Urteil des Landgerichts aufheben. Einen zur Urteilsaufhebung führenden Mangel sieht der Senat darin, daß das Landgericht bei der Prüfung der Verwerflichkeit mittelbare Ziele der Angeklagten berücksichtigt hat und nicht auszuschließen ist, daß es deshalb zur Verneinung der Verwerflichkeit kam.

Ein weiterer Mangel des Urteils liegt zwar schon darin, daß das Landgericht einerseits zutreffend ausgeführt hat, die Angeklagten müßten sich als Mittäter „sämtliche um die Mittagszeit ... durchgeführten Behinderungsaktionen zurechnen lassen", sich andererseits aber nur mit der Einfahrt des Verpflegungsfahrzeugs um 12.15 Uhr befaßt hat, nicht aber mit dessen Ausfahrt um 12.29 Uhr. Dies ergibt sich daraus, daß die Kammer nur von der Behinderung von insgesamt zwei Bundeswehrfahrzeugen ausgegangen ist und auch keine Feststellungen darüber getroffen hat, wo sich die Angeklagten bei der Ausfahrt befanden. Außerdem ist in dem Urteil nicht berücksichtigt, daß bereits um 10.45 Uhr die Zufahrt blockiert wurde, weshalb der Zeuge B., der dies „von Ferne" gesehen hatte, wendete, um das Vorkommnis zu melden. Auch dies wäre als Teilakt der Nötigung - und zwar als Versuch - zu sehen, wobei freilich entgegen der Annahme des Landgerichts wegen der Höchstpersönlichkeit der verletzten Rechtsgüter kein Fortsetzungszusammenhang, wohl aber natürliche Handlungseinheit in Betracht käme. Das angefochtene Urteil läßt somit eine Würdigung des arbeitsteiligen Vorgehens der vier Angeklagten mit den weiteren elf Demonstranten im Hinblick auf das ganztägige Blockadeziel vermissen. Nur durch das rollierende Vorgehen gelang es den insgesamt fünfzehn Demonstranten, ihre Blockadeaktion den Tag über aufrechtzuerhalten.

Bei Aufhebung des Urteils aufgrund dieses Mangels wäre der Senat aber gleichwohl gehalten, zur Frage der Prüfung der Verwerflichkeit mit der Bindungswirkung des § 358 Abs. 1 StPO Stellung zu nehmen (vgl. BGHSt 17, 205, 207 f.; KK-Salger, 2. Aufl., § 121 GVG Rdnr. 31).

2.
Der Senat ist der Meinung, daß es bei der Zweck-Mittel-Relation im Rahmen des § 240 Abs. 2 StGB nur auf den unmittelbaren Zweck des nötigenden Verhaltens ankommt und deshalb die Fernziele bei der Verwerflichkeitsprüfung nicht zu berücksichtigen sind.
Der Senat läßt sich dabei von folgenden Gesichtspunkten leiten:

Bei der Auslegung des unbestimmten Rechtsbegriffs der Verwerflichkeit sollte die vom Täter hergestellte Beziehung zwischen Nötigungshandlung und dem erstrebten Zweck handlungs- und opfernah betrachtet werden. Nur so ist ein Urteil möglich, ob die Gewaltanwendung über ein billigenswertes Maß hinausgeht oder sozial noch erträglich ist. Das Motiv (der Beweggrund) des Täters darf dabei mit dem Zweck der Gewaltanwendung nicht gleichgesetzt werden.
Der Zweck kann zwar in mehreren sich aneinanderreihenden Stufen verfolgt werden, das im Bereich des reinen Beweggrundes liegende Endziel vermag aber den vorausgegangenen Stufen nicht die Verwerflichkeit zu nehmen.

- 10 -

Mit dem Merkmal „verwerflich“ wird weniger ein moralisch besonders verdammenswertes Verhalten bezeichnet, als vielmehr ein sozialwidriges Handeln, dessen Eigenart darin besteht, daß es mit beachtlicher Intensität die dem Opfer gegenüber dem Täter rechtlich garantierte Freiheit verletzt (Roxin, JuS 64, 377).

Wer andere Bürger in der Freiheit ihres Handelns beschränkt, um die Öffentlichkeit über seine politischen Ansichten zu informieren, macht diese Bürger ganz bewußt zum bloßen Werkzeug, zum Objekt seines Handelns; er mißachtet damit deren Menschenwürde. Die in der Negierung der Willensfreiheit der anderen Bürger zum Ausdruck kommende Intoleranz sollte strafwürdiges Unrecht und nicht lediglich Verwaltungsunrecht sein.

Ferner kann es bei der Entscheidung über die Rechtswidrigkeit einer tatbestandsmäßigen Nötigung nicht Aufgabe der Gerichte sein, die Gedankeninhalte zu bewerten, die durch die Protestaktion ins allgemeine Bewußtsein gerückt werden sollen. Es kann - schon auch wegen der Bestimmbarkeit staatlichen Strafens - nicht von der jeweiligen Einstellung der Tatrichter abhängen, wie ein Fernziel bewertet wird. So weist auch Tröndle (Festschrift für Karl Lackner, S. 634) darauf hin, daß im Hinblick auf die Unterschiedlichkeit der Fernziele und die Schwierigkeit der verläßlichen Feststellung eine Tatbestandsunbestimmtheit des § 240 zu besorgen sei. Außer der Abhängigkeit von persönlichen Einstellungen und politischen Standpunkten, würde die Beurteilung aber auch stark von geschichtlichen Ereignissen abhängen. Nicht hilfreich ist der Vorschlag, Fernziele

- 11 -

„politischer“ Natur einer inhaltlich „eingeschränkten“ Bewertung zu unterwerfen: Alles, was die Gesellschaft betrifft, ist letztlich politisch; es fehlen auch Maßstäbe für die eingeschränkte Bewertung, oder sie liegen jedenfalls im außerrechtlichen Raum. Auch die Forderung, die Fernziele zwar bei der Verwerflichkeitsprüfung zu erwähnen, sie jedoch „nicht vorrangig zu werten“, löst das Problem nicht. Das würde praktisch heißen, den Fernzielen doch keine entscheidende Bedeutung beizumessen. Eine solche Lösung vernebelt nur die systematische Stellung der Fernziele in der strafrechtlichen Beurteilung.
Nach Auffassung des Senats sollte dem Strafrichter eine Bewertung des Motivs (schon) bei der Beurteilung der Rechtswidrigkeit verwehrt sein (so auch Baumann, NJW 1987, 36 f.). Hiervon eine Ausnahme zu machen, ist nach Auffassung des Senats auch beim überragenden Gut des Friedens nicht möglich, zumal es sich über die Wege zu dessen Sicherung nicht im Gerichtssaal streiten läßt. In diesem Zusammenhang ist auch an andere hochrangige Ziele wie Kampf dem Verkehrstod, der Arbeitslosigkeit, dem Waldsterben usw. zu denken, denen auch durch Blockadeaktionen Nachdruck verschafft werden könnte.

Es mag für sich gesehen durchaus billigenswert sein, auf eine nach Ansicht eines Teiles der Bevölkerung verhängnisvolle, politische Fehlentwicklung hinzuweisen; dies ermächtigt diesen Bevölkerungsteil aber nicht, seiner Meinung dadurch besonderen Nachdruck zu verleihen, daß er sie mit weitreichenden Eingriffen in die Rechte Dritter verbindet. Das im Grundgesetz

- 12 -

verankerte Prinzip eines freien und ungehinderten öffentlichen Meinungsbildungsprozesses, dessen Bestandteil die in Art. 5 GG geschützte Meinungsfreiheit ist, eröffnet jedem Bürger eine Vielfalt von Möglichkeiten, seine Anliegen in Wort, Bild, Schrift oder Ton öffentlich vorzutragen (vgl. OLG Stuttgart, NJW 69, 1543). Daneben hat jeder die Möglichkeit, unter Wahrnehmung seines aktiven oder passiven Wahlrechtes an der politischen Willensbildung teilzunehmen. Das Grundgesetz sieht es jedoch nicht als zulässige Argumentationsart an, die Aufmerksamkeit der Öffentlichkeit dadurch zu gewinnen, daß mit Gewalt oder mit ohnehin verbotenen Handlungen die Rechte unbeteiligter Dritter verletzt werden, mag dies subjektiv auch noch so gut gemeint sein.

Dementsprechend hat nun auch das Bundesverfassungsgericht in seinem Urteil vom 11. November 1986 (NJW 1987, 43, 47) ausgeführt: „... Behinderungen und Zwangswirkungen werden ... nur so weit durch Art. 8 GG gerechtfertigt, wie sie als sozial-adäquate Nebenfolge mit rechtmäßigen Demonstrationen verbunden sind und sich auch durch zumutbare Auflagen nicht vermeiden lassen. An dieser Voraussetzung fehlt es, wenn die Behinderung Dritter nicht nur als Nebenfolge in Kauf genommen, sondern beabsichtigt wird, um die Aufmerksamkeit für das Demonstrationsanliegen zu erhöhen. Insoweit hat der Bundesgerichtshof schon im Laepple-Urteil dargelegt, daß die Verfassung zwar breiten Spielraum für öffentliche Einflußnahme eröffnet, daß aber niemand befugt sei, die öffentliche Aufmerksamkeit durch gezielte und absichtliche Behinderung zu steigern (BGHSt 23, 46, 56 f. = NJW 1969, 1770)."

Etwas anderes ergibt sich auch nicht aus dem Grundrecht der Versammlungsfreiheit (Art. 8 GG). Davon sind zwar sozialübliche und notwendig mit der Demonstration verbundene Belästigungen Dritter gedeckt, nicht aber gezielte Angriffe auf die Rechte unbeteiligter Dritter.

Die Respektierung derartiger Aktionen ist auch unvereinbar mit sonstigen Grundprinzipien des demokratischen Rechtsstaates. Kein noch so hoch anzusiedelndes Fernziel kann eine Verletzung der innerstaatlichen Friedenspflicht, einen Verstoß gegen das Prinzip der Gleichheit aller vor dem Gesetz und ein Hinwegsetzen über das Mehrheitsprinzip, das konstituierend für ein demokratisch verfaßtes Gemeinwesen ist, rechtfertigen.

Eine Behinderung, die von einer Demonstration ausgeht, ist deshalb nur dann nicht zu mißbilligen, wenn die Demonstranten die sozial-üblichen Ziele einer Demonstration verfolgen und sie sich mit ihrem Anliegen, das die verschiedensten Inhalte haben kann, unmittelbar an die Öffentlichkeit wenden (vgl. Haffke ZStW Band 84 (1972), S. 37 ff.). Anders wenn die Demonstranten gezielt in die freie Willensbetätigung Unbeteiligter eingreifen und die Öffentlichkeit gerade mit Hilfe der absichtlich hervorgerufenen Behinderungen auf ihr Anliegen aufmerksam machen wollen.

3.
Die gleiche Ansicht vertritt der 1. Strafsenat des Oberlandesgerichts Stuttgart im Urteil vom 13. August 1987 (1 Ss 448/87), wenn er ausführt, daß die Fernziele und Motive einer Sitzblockade nicht bei der im

Rahmen der Rechtswidrigkeit vorzunehmenden Verwerflichkeitsprüfung, bei der eine Würdigung der objektiven Berechtigung nicht zu umgehen wäre, sondern als subjektive Tatumstände bei der Strafzumessung zu würdigen seien.

Auch das Bayerische Oberste Landesgericht führt im Urteil vom 29. Juli 1987 (3 St 130/87) - nicht ganz übereinstimmend mit dem Leitsatz 3. b - aus, die Fernziele seien vom Amtsgericht zu Recht beim Rechtsfolgenausspruch gewürdigt worden. Wenn das Nahziel im Zusammenhang mit der Gewaltausübung als verwerflich anzusehen sei, vermöge auch das letztlich verfolgte Fernziel - z. B. das Eintreten für Frieden und Abrüstung - daran nichts zu ändern.

Auf der Linie der hier vertretenen Meinung legt auch das Oberlandesgericht Koblenz im Urteil vom 31. Juli 1986 (MDR 1987, 162 f.), wenn es im Anschluß an das Urteil vom 27. Juni 1985 (NJW 1985, 2432 f.) ausdrücklich darauf hinweist, daß für die Abwägung (im Rahmen der Verwerflichkeitsprüfung) ohne Bedeutung sei, welche Fernziele mit einer politisch motivierten Protestaktion verfolgt werden. Eine inhaltliche Bewertung des Zieles verbiete sich bereits deshalb, weil das mit dem Vorwurf der Nötigung befaßte Gericht ansonsten die ihm nicht zustehende Kompetenz wahrnehmen müßte, Meinungen zu zensieren und sie als anerkennenswert oder als abzulehnend einzustufen.

III.

1.
Dem Tatrichter mit der Bindungswirkung des § 358 Abs. 1 StPO einen Hinweis auf die Rechtsauffassung des Senats zu geben, sieht sich der Senat durch folgende Entscheidungen von Oberlandesgerichten gehindert:

Oberlandesgericht Köln, Urteil vom 22. Juli 1986 - Ss 376/85 - (NJW 1986, 2443),

Oberlandesgericht Düsseldorf, Urteil vom 11. Februar 1987 - 5 Ss 183/85 (MDR 1987, 692),

Oberlandesgericht Düsseldorf, Urteil vom 10. März 1987 - 2 Ss 171/86 - (NStZ 1987, 368),

Oberlandesgericht Zweibrücken, Urteil vom 28. August 1987 - 1 Ss 51/87 - .

Diese Entscheidungen betreffen die gleichen Sachverhalte wie hier.
Die Rechtsauffassung, die Fernziele seien bei der Verwerflichkeitsprüfung zu berücksichtigen, ist in diesen Entscheidungen die tragende Grundlage.

2.
Das Urteil des Bundesverfassungsgerichts vom 11. November 1986 - 1 BvR 713/83 (NJW 1987, S. 43 ff.) gibt zu der hier zu entscheidenden Frage nichts her. Es stellt zwar fest, daß der Strafrichter von Verfassungs wegen nicht

- 16 -

gehalten sei, bei der Verwerflichkeitsprüfung die Fernziele der Demonstranten zu berücksichtigen; es überläßt es aber ausdrücklich den Fachgerichten, die mit der Anwendung der Verwerflichkeitsklausel verbundene Berücksichtigung von Umständen zu bestimmen; dem Grundsatz der Verhältnismäßigkeit und dem Gebot schuldangemessenen Strafens könne auch durch die Einbeziehung der Fernziele und Tatmotive in die Strafzumessung Genüge getan werden.

Da sich der Bundesgerichtshof zu der Frage noch nicht geäußert hat - im Beschluß vom 24. April 1986 (BGHSt 34, 71 ff.) wurde eine Stellungnahme hierzu ausdrücklich offengelassen -, war die Sache nach § 121 Abs. 2 GVG vorzulegen.

Dr. Berroth	Steimle	Vogt
Vorsitzender Richter am Oberlandesgericht	Richterin am OLG	Richter am LG

Ausgefertigt:
Stuttgart, den 21.12.1987
Urkundsbeamtin der Geschäftsstelle des OLG
G.
Jusitzassistentin

ENTSCHEIDUNGEN DES BUNDESGERICHTSHOF
IN STRAFSACHEN
35. Band
1989 Carl HEYMANNS VERLAG KG KÖLN BERLIN

Zitierweise: BGHSt: 35, 270 = 35. Band, Seite 270

51

Die Fernziele von Straßenblockierern sind nicht bei der Prüfung der Rechtswidrigkeit der Nötigung, sondern ausschließlich bei der Strafzumessung zu berücksichtigen.

StGB § 240 Abs. 2
1. Strafsenat. Beschl. vom 5. Mai 1988 g. B. u.a.
1 StR 5/88
I. AG Münsingen
II. LG Tübingen
III. OLG Stuttgart

Gründe:

I. Die Angeklagten beteiligten sich am 9. Mai 1983 an einer Blockadeaktion vor dem Sondermunitionslager Großengstingen. Auslöser war eine Anzeige in der Tübinger Lokalzeitung vom 6. Mai 1983, in der zur "gewaltfreien" Blockade dieses Lagers am 9. Mai 1983 aufgefordert wurde, „um zu zeigen, daß wir uns durch die Münsinger Prozesse nicht einschüchtern lassen". Die Angeklagten waren sich mit den anderen elf angereisten jungen Leuten darin einig, durch Blockade der einzig befahrbaren Zufahrt zu dem Depot den ganzen Tag über „ein Zeichen zu setzen". Sie wollten damit gegen die in ihren Augen sich ständig steigernde Hochrüstung demonstrieren. In wechselnden Gruppen von jeweils fünf bis acht Personen versperrten die Teilnehmer im gegenseitigen Einverständnis im Laufe des Tages den ein- und ausfahrenden Post- und Verpflegungsfahrzeugen der Bundeswehr den Weg, indem sie sich auf die Fahr-

BGHSt 35, 271

bahn setzten. Aufforderungen der herbeigerufenen Polizei, die Fahrbahn zu räumen, leisteten sie keine Folge, obwohl sie auf die inzwischen ergangene Auflösungsverfügung des zuständigen Landratsamtes hingewiesen und über die Strafbarkeit ihres Verhaltens belehrt worden waren; sie ließen sich dann jedoch widerstandslos bei insgesamt vier Gelegenheiten durch Polizeibeamte von der Fahrbahn tragen.

Das Amtsgericht Münsingen verurteilte die Angeklagten wegen gemeinschaftlicher Nötigung zu Geldstrafen von jeweils fünfzehn Tagessätzen. Auf die Berufung der Angeklagten hob das Landgericht Tübingen dieses Urteil unter Verwerfung des zuungunsten der Angeklagten eingelegten Rechtsmittels der Staatsanwaltschaft auf und sprach die Angeklagten mit der Begründung frei, sie hätten zwar Gewalt angewendet, aber nicht verwerflich gehandelt. Nach Auffassung des Landgerichts ist das Verhalten der Angeklagten unter Berücksichtigung aller tatsächlichen Umstände einschließlich der Fernziele der Demonstranten nicht als „eindeutig so anstößig" anzusehen, "daß es als gröberer, in erhöhtem Maße sittlich mißbilligenswerter Angriff auf die Entschlußfreiheit anderer der Zurechtweisung mit den Mitteln des Strafrechts bedürfe".

Das zur Entscheidung über die Revision der Staatsanwaltschaft zuständige Oberlandesgericht Stuttgart möchte das Berufungsurteil aufheben. Es hält zwar schon die Würdigung der tatsächlichen Umstände des Gesamtgeschehens für unzureichend, erblickt aber einen wesentlichen Mangel auch in der Berücksichtigung der Fernziele der Demonstranten bei der Prüfung der Rechtswidrigkeit. Nach seiner Auffassung ist im Rahmen der Verwerflichkeitsprüfung nach § 240 Abs. 2 StGB allein auf den unmittelbaren Zweck des nötigenden Verhaltens abzustellen; die Berücksichtigung der Fernziele hält es erst bei der Strafzumessung für möglich.

Diese Auffassung mit Bindungswirkung nach § 358 Abs. 1 StPO zur Grundlage seiner aufhebenden Entscheidung zu machen, sieht sich das Oberlandesgericht Stuttgart durch die Entscheidungen des Oberlandesgerichts Köln vom 22. Juli 1986 Ss 376/85 (NJW 1986, 2443), des Oberlandesgerichts Düsseldorf vom 11. Februar 1987 5 Ss 183/85 (MDR 1987, 692)

BGHSt 35, 272

und vom 10. März 1987 - 2 Ss 171/86 (NStZ 1987, 368) sowie des Oberlandesgerichts Zweibrücken vom 28. August 1987 1 Ss 51/87 (NJW 1988, 716) gehindert. In den genannten Entscheidungen wird die Auffassung vertreten, bei Straßenblockaden müsse die Prüfung, ob eine rechtswidrige Nötigung vorliege, auch die Fernziele der Blockierer einbeziehen.

Das Oberlandesgericht Stuttgart hat deshalb die Sache mit Beschluß vom 17. Dezember 1987 (NStZ 1988, 129) gemäß § 121 Abs. 2 GVG dem Bundesgerichtshof zur Entscheidung vorgelegt und die Rechtsfrage wie folgt formuliert:

> „Sind die Fernziele von Straßenblockierern bei der Prüfung der Rechtswidrigkeit der Nötigung oder nur bei der Strafzumessung zu berücksichtigen?"

II. Die Vorlegungsvoraussetzungen sind gegeben.

1. Der Bundesgerichtshof hat die Rechtsfrage noch nicht entschieden. Der 2. Strafsenat hat sie in seinem Beschluß vom 24. April 1986 (BGHSt 34, 71) ausdrücklich offen gelassen (aaO S. 78). Allerdings hat der 3. Strafsenat bereits in einem Urteil vom 2. Oktober 1953 (BGHSt 5, 245) die Auffassung vertreten, „Zweck" im Sinne des § 240 Abs. 2 StGB sei allein das Verhalten, zu dem genötigt werden solle, ohne Bedeutung für die Frage der Rechtswidrigkeit sei also, welche weiteren Ziele der Angeklagte durch sein Verhalten erreichen wolle (aaO. S. 246). Dieses Urteil betrifft jedoch einen anderen Sachverhalt und beantwortet insbesondere die nach der Entscheidung des Bundesverfassungsgerichts vom 11. November 1986 (BVerfGE 73, 206) kontrovers entschiedene konkrete Frage nach dem Prüfungsmaßstab für die Rechtswidrigkeit von Straßenblockaden nicht. Nicht unberücksichtigt bleiben kann in diesem Zusammenhang schließlich, daß das Bundesverfassungsgericht die frühere Rechtsprechung des Bundesgerichtshofes zu § 240 Abs. 2 StGB zumindest teilweise ausdrücklich als „überholt" ansieht (vgl. den Beschluß vom 14. Juli 1987 NJW 1988, 693, 694). Die aufgeworfene Frage bedarf deshalb im Interesse der Rechtseinheit der höchstrichterlichen Klärung.

2. Das Oberlandesgericht kann die von ihm beabsichtigte Entscheidung nicht treffen, ohne von den in dem Vorlagebeschluß näher bezeichneten Entscheidungen der Oberlandesgerichte

BGHSt 35, 273

Köln, Düsseldorf und Zweibrücken, denen sich inzwischen das Oberlandesgericht Oldenburg (StV 1987, 489) angeschlossen hat, abzuweichen. Dem steht nicht entgegen, daß das angefochtene Berufungsurteil nach seiner Ansicht schon wegen unzureichender Würdigung der tatsächlichen Umstände im Rahmen des § 240 Abs. 2 StGB keinen Bestand haben kann. Es ist nicht gehalten, die Aufhebungsgründe auf diesen Teilaspekt zu beschränken. Die Begründung, mit der das Berufungsgericht die Verwerflichkeit aus Rechtsgründen verneint hat, ist vielmehr umfassend zu überprüfen. Die Frage, ob das Landgericht die Fernziele der Demonstranten zu Recht in die Verwerflichkeitsprüfung einbezogen hat, kann dabei nicht unentschieden bleiben. Damit wird die Vorlegungspflicht nach § 121 Abs. 2 GVG ausgelöst (BGHSt 17, 205, 207 f.; 24, 115, 117; 34, 127, 128 f.).

III. In der Sache selbst tritt der Senat der Rechtsauffassung des vorlegenden Oberlandesgerichts bei.

1. Die verfassungsrechtlichen Grenzen für die Auslegung des § 240 Abs. 2 StGB sind durch das Urteil des Bundesverfassungsgerichts vom 11. November 1986 vorgegeben. Danach ist der Strafrichter bei der Verwerflichkeitsprüfung von Verfassungs wegen nicht gehalten, die Fernziele der Demonstranten zu berücksichtigen (BVerfGE 73, 206, 261). Das bedeutet entgegen kritischen Stimmen im Schrifttum (vgl. Starck JZ 1987, 145, 148) nicht, daß es in das Belieben des einzelnen Strafrichters gestellt wäre, ob er diesen Zielen bei der Prüfung der Rechtswidrigkeit der Nötigung Bedeutung beimessen will. Die Frage ist mit der Verneinung eines verfassungsrechtlichen Gebots vielmehr als ein Problem des einfachen Rechts der abschließenden Klärung durch die ordentlichen Gerichte überlassen worden. Der Senat ist also rechtlich in der Lage, eine einheitliche, tatrichterliche Beurteilung der Vorlegungsfrage herbeizuführen, indem er sie in der einen oder anderen Richtung mit der sich aus § 121 Abs. 2 GVG ergebenden Bindungswirkung beantwortet. Er ist dabei lediglich an die übereinstimmende Auffassung aller für das genannte Urteil des Bundesverfassungsgerichts verantwortlichen acht Richter gebunden, daß die in dem sog. Laepple-Urteil (BGHSt 23, 46, 54 f.) vertretene Ansicht, Gewaltanwendung sei "praktisch indiziell" für die Verwerflichkeit der Nötigung, aus

BGHSt 35, 274

verfassungsrechtlichen Gründen abzulehnen sei (BVerfGE 73, 206, 256). Die genannte Auffassung bindet den Senat auch dann, wenn die zu ihrer Begründung dienende Interpretation der Entwicklung des Gewaltbegriffs in der Rechtsprechung des Reichsgerichts und des Bundesgerichtshofes (vgl. BVerfGE 73, 206, 239 f., 255) für den hier interessierenden Bereich der Sitzblockaden angreifbar sein sollte (vgl. dazu Starck in JZ 1987, 145, 146 und Otto in NStZ 1987, 212, ferner auch die früheren Darstellungen der Entwicklung von Brohm in JZ 1985, 501 und 504 und von Tröndle in Festschrift für Lackner S. 627, 629 f.). Der Entscheidung über die Rechtsfrage war deshalb die durch das Bundesverfassungsgericht (BVerfGE 73, 206, 255 f.) ausdrücklich als verfassungsrechtlich geboten erachtete Auffassung des 2. Strafsenats (BGHSt 34, 71, 77) zugrundezulegen, nach der auch bei Sitzblockaden die Rechtswidrigkeit der Nötigung unter Abwägung aller im Einzelfall für die Mittel-Zweck-Relation und ihre Bewertung wesentlichen Umstände zu prüfen ist.

2. In der Rechtsprechung der ordentlichen Gerichte ist die Frage, ob die Fernziele von Straßenblockierern bereits im Rahmen der Verwerflichkeitsprüfung nach § 240 Ab. 2 StGB oder erst bei der Strafzumessung Berücksichtigung finden dürfen, ebenso umstritten wie unter den Mitgliedern des Ersten Senats des Bundesverfassungsgerichts. Dessen Urteil vom 11. November 1986 war angesichts der darin zum Ausdruck kommenden unüberbrückbaren Meinungsverschiedenheiten nicht geeignet, diesen Streit zu schlichten. Während eine Reihe von Oberlandesgerichten (BayObLG NJW 1988, 718; OLG Koblenz MDR 1987, 162; OLG Stuttgart NJW 1984, 1909, 1910 und Justiz 1986, 417 sowie Urt. vom 13. August 1987 – 1 Ss 448/87 – m. w. Nachw.) die Rechtsansicht des vorlegenden Gerichts teilt, vertreten die eingangs erwähnten anderen Oberlandesgerichte die Gegenposition. Auch sie wollen allerdings das Fernziel der Demonstranten nur einer eingeschränkten Bewertung unter dem Gesichtspunkt unterziehen, ob es sich um eigensüchtige oder um vom Täter im Interesse der Allgemeinheit für wichtig erachtete Ziele (OLG Düsseldorf MDR 1987, 692, 693 und NStZ 1987, 368), um Protestaktionen zu die Allgemeinheit existenziell berührenden Fragen (OLG Köln NJW 1986, 2443,

BGHSt 35, 275

2445), um von billigenswerten Motiven und einem Gefühl der Verantwortung für die Allgemeinheit getragene und deshalb positiv zu bewertende Fernziele (OLG Oldenburg StV 1987, 489, 490) oder um ein uneigennütziges, an sich gemeinwohlorientiertes Verhalten (OLG Zweibrücken NJW 1988, 716, 717) handelt. Einigkeit besteht danach – soweit ersichtlich – in der obergerichtlichen Rechtsprechung in dem Grundsatz, daß es nicht die Sache des Strafrichters sein kann, die Rechtswidrigkeit der Nötigung von einer inhaltlichen Bewertung der politischen Ansicht abhängig zu machen, der durch die Sitzblockade erhöhte Aufmerksamkeit verschafft werden soll. Das entspricht auch der Auffassung der vier Richter des Bundesverfassungsgerichts, die eine Berücksichtigung der Fernziele im Rahmen der Verwerflichkeitsprüfung für erforderlich gehalten haben. Auch sie gehen davon aus, daß dem Richter kein Urteil darüber zusteht, „ob die vertretene Meinung richtig oder falsch ist"; sie stellen vielmehr darauf ab, ob es den Tätern um die Verfolgung uneigennütziger Zwecke oder "um einen Beitrag zum Meinungskampf in einer die Öffentlichkeit wesentlich berührenden Frage" geht (BVerfGE 73, 206, 258). Nur mit dieser Gegenposition hat sich der Senat im Rahmen der Beantwortung der vorgelegten Rechtsfrage auseinanderzusetzen.

3. Die Auffassung, die Fernziele der Blockierer seien – in der beschriebenen eingeschränkten Form – bei der Verwerflichkeitsprüfung zu berücksichtigen, ist weder dogmatisch noch rechtspolitisch zu billigen.

a) Schon die Struktur des Nötigungstatbestandes verbietet die Berücksichtigung von Fernzielen bei der Prüfung der Rechtswidrigkeit.

Allgemeiner strafrechtlicher Grundsatz ist, daß die Verwirklichung des gesetzlichen Tatbestands die Rechtswidrigkeit indiziert; sie entfällt nur dann, wenn die tatbestandsmäßige Handlung durch eine Gegennorm (etwa: Notwehr, § 32 StGB; Wahrnehmung berechtigter Interessen, § 193 StGB) erlaubt ist. Die Besonderheit des § 240 StGB besteht darin, daß die im Tatbestand aufgeführte Handlung – die Ausübung von Zwang im Sinne von Absatz 1 – die Rechtswidrigkeit nicht indiziert. Diese Ausnahme vom allgemeinen Verbrechensaufbau ist geboten,

BGHSt 35, 276

weil angesichts der Weite der Tatbestandsbeschreibung in Absatz 1 andernfalls zahlreiche im täglichen Umgang der Bürger miteinander als sozial-adäquat empfundene Verhaltensweisen erfaßt würden, ohne daß eine die Rechtswidrigkeit ausschließende Gegennorm dem entgegenstünde. Deshalb bestimmt § 240 Abs. 2 StGB, daß erst die Verquickung des Nötigungsmittels mit der angestrebten Verhaltensweise des Genötigten den Schluß auf tatbestandsmäßigrechtswidriges Verhalten begründen kann (BGHSt 2, 194, 196). Aufgabe des § 240 Abs. 2 StGB ist es somit zu bewirken, daß die Verbindung von Nötigungsmittel und angestrebter Verhaltensweise nur unter der einschränkenden Voraussetzung der Verwerflichkeit strafbar ist, wobei der Begriff "verwerflich" zugleich einen Wertungsmaßstab festlegt.

Aus dieser Funktion der Verwerflichkeitsklausel des § 240 Abs. 2 StGB ergibt sich, daß der darin genannte „angestrebte Zweck" nichts anderes sein kann als das in Absatz 1 genannte – das Ziel der Zwangsausübung bildende – Handeln, Dulden oder Unterlassen. Würde der „angestrebte Zweck" in Absatz 2 auch Ziele umfassen, die in Absatz 1 nicht genannt sind (bis hin zu „Fernzielen"), so würde das dem Aufbau des Tatbestands zuwiderlaufen und seinen Rahmen sprengen. Absatz 2 würde dann seinen Sinn verfehlen, die in Absatz 1 aufgeführten Merkmale zueinander in Beziehung zu setzen.

b) Die Verwendung des Wortes „verwerflich" besagt nichts anderes. Dieser Begriff ist – wie bereits ausgeführt – Maßstab für die Bewertung der Zweck-Mittel-Relation, gibt aber für sich keine Antwort auf die Frage, welche Umstände hierbei in Beziehung zu setzen sind. Die Beantwortung der vorgelegten Rechtsfrage erfordert deshalb keine grundsätzliche Stellungnahme zur Auslegung des Merkmals „verwerflich". Insbesondere gibt dazu auch die bisherige Rechtsprechung des Bundesgerichtshofes zur Frage der Verwerflichkeit keinen Anlaß.

Soweit darin ausgesprochen ist, die Verwendung des Wortes „verwerflich" in § 240 Abs. 2 StGB weise auf einen „erhöhten Grad sittlicher Mißbilligung" hin, die Grenze der Strafwürdigkeit sei erst erreicht, „wenn das Vorgehen des Täters unter Berücksichtigung aller Umstände eindeutig so anstößig ist, daß

BGHSt 35, 277

es als gröberer Angriff auf die Entschlußfreiheit anderer der Zurechtweisung mit den Mitteln des Strafrechts bedarf" (BGHSt 17, 328, 332), handelt es sich um einen von vielen Versuchen, dem Merkmal „verwerflich" festere Konturen zu geben. Es kann offen bleiben, ob dieser Versuch als geglückt anzusehen ist. Jedenfalls darf die Formulierung – wie jeder andere Satz in einem Revisionsurteil – als Antwort auf die im konkreten Prozeß zu beantwortenden Frage (vgl. BGHSt 18, 324, 326; 30, 160, 163; 34, 71, 76) nicht aus dem Zusammenhang gerissen, zum Gegenstand selbständiger Auslegung gemacht und dahin überinterpretiert werden, daß die Verwerflichkeitsprüfung sich allein oder in erster Linie nach moralischen Kriterien zu richten habe. Das Urteil knüpft im Gegenteil ausdrücklich an frühere Entscheidungen des Bundesgerichtshofes (BGHSt 1, 84, 86 f.; 5, 254, 256) an, in denen – in Abgrenzung von der in der ursprünglichen Fassung des § 240 Abs. 2 StGB enthaltenen Bezugnahme auf das gesunde Volksempfinden – das Rechtsempfinden des Volkes zum Maßstab für die Verwerflichkeitsprüfung erklärt wird. Abgesehen davon, daß es den Bundesgerichtshof nicht gehindert hat, in späteren Entscheidungen weniger einseitig auf Kriterien der Sittengesetze abzuheben und statt dessen auch die soziale Unerträglichkeit zu berücksichtigen (BGHSt 18, 389, 391 ff.) oder ganz auf vergleichbare abstrakte Definitionen zu verzichten (BGHSt 23, 46, 54 ff.; 34, 71, 76 ff.), stellt es den vom 3. Strafsenat im Jahre 1953 ausgesprochenen und bislang in der Rechtsprechung des Bundesgerichtshofes nicht aufgegebenen Grundsatz, daß Fernziele bei der Verwerflichkeitsprüfung unberücksichtigt bleiben müssen (BGHSt 5, 245, 246), nicht in Frage. Die zitierte Passage besagt – auf ihren sachlichen Gehalt zurückgeführt – nicht mehr als die Entscheidung des 2. Strafsenats vom 24. April 1986 (BGHSt 34, 71): Bei der Prüfung der Verwerflichkeit sind alle Umstände zu berücksichtigen, nicht jede Anwendung von Gewalt ist als verwerflich im Sinne des § 240 Abs. 2 StGB anzusehen, die Schwelle zur Strafbarkeit wird erst überschritten, wenn das Mißverhältnis zwischen Mittel und Zweck ein gewisses Mindestmaß überschritten hat. Davon geht im übrigen auch das sog. Laepple-Urteil aus, indem es ausdrücklich an dem Grundsatz festhält, daß die Formel des § 240 Abs. 2 StGB

BGHSt 35, 278

auch dann anzuwenden ist, wenn die Nötigung mit Gewalt begangen wird (BGHSt 23, 46, 54). Der vom Bundesverfassungsgericht gegen dieses Urteil erhobene Einwand kann sich also allenfalls gegen die Wertung richten, die Gewaltanwendung sei „praktisch indiziell" für die Verwerflichkeit der Nötigung, nur ausnahmsweise könnten besondere Umstände das Verwerflichkeitsurteil ausschließen (aaO. S. 55).

Auch die Tatsache, daß der Bundesgerichtshof vereinzelt subjektiven Momenten Bedeutung für die Frage der Verwerflichkeit beigemessen hat, besagt in diesem Zusammenhang nichts. Die Berücksichtigung der psychischen Situation des Täters bei der Gewaltanwendung – sofortige Erwiderung verwerflichen Drucks in „begreiflicher Wut" (BGHSt 17, 328, 332) oder Behinderung anderer Verkehrsteilnehmer in „vorübergehender Unmutsaufwallung" (BGHSt 18, 389, 392) – betrifft ersichtlich allein die Relation zwischen Gewaltanwendung und dem verfolgten Nahziel; allgemeine Grundsätze für die Beantwortung der Frage nach der Berücksichtigung von Fernzielen lassen sich daraus nicht herleiten. Der Senat braucht daher nicht zu entscheiden, ob an jener Rechtsprechung festzuhalten ist (vgl. die kritischen Ausführungen bei Roxin in JuS 1964, 373, 378).

c) Gegen die Berücksichtigung von Fernzielen im Rahmen der Verwerflichkeitsprüfung sprechen ferner allgemeine rechtssystematische Gesichtspunkte: Die Rechtswidrigkeit hat nicht nur Bedeutung für die Strafbarkeit des Täters. Jede Entscheidung zugunsten desjenigen, der Zwang im Sinne des § 240 Abs. 1 StGB ausübt, verkürzt den Freiheitsraum des Betroffenen und seine Schutzrechte (vgl. BGHSt 34, 71, 77 m. w. Nachw.). Sie darf deshalb nicht einseitig aus der Sicht des Täters beurteilt werden. Die vom Bundesverfassungsgericht im Zusammenhang mit der Prüfung der Verfassungsmäßigkeit des § 240 Abs. 2 StGB in der bisherigen Auslegung angestellte Überlegung, das Korrektiv der Verwerflichkeitsregel beschränke die Strafbarkeit und wirke sich insoweit zugunsten des Täters aus (BVerfGE 73, 206, 238 f.) , läßt sich aus diesem Grunde nicht dazu benutzen, materiell-rechtlich auch die durch eine Subjektivierung des Verwerflichkeitsurteils eintretende Verwischung der

BGHSt 35, 279

Konturen dieses Merkmals von vornherein als rechtsstaatlich hinnehmbar anzusehen.

Die Besonderheit des § 240 StGB beschränkt sich – wie bereits ausgeführt – auf die Ausnahme von dem allgemeinen Grundsatz, daß die Verwirklichung des gesetzlichen Tatbestandes nur dann nicht rechtswidrig ist, wenn die tatbestandsmäßige Handlung durch eine Gegennorm erlaubt ist (BGHSt 2, 194, 195). Die Verwerflichkeitsklausel des Absatzes 2 soll also nicht etwa einen eigenständigen – die Einheitlichkeit des allgemeinen Verbrechensaufbaus sprengenden – Rechtswidrigkeitsbegriff schaffen. Sie knüpft vielmehr mit den Worten „rechtswidrig ist die Tat" ausdrücklich an den allgemeinen Sprachgebrauch an. Bei der Frage, auf welche Umstände der in § 240 Abs. 2 StGB vorgeschriebene Maßstab anzuwenden ist, sind deshalb zur Vermeidung von Wertungswidersprüchen die für die Bestimmung der Rechtswidrigkeit allgemein geltenden Grundsätze zu beachten.

Für den Ausschluß der Rechtswidrigkeit durch Rechtfertigungsgründe knüpft das Gesetz, wie die §§ 32 ff. StGB zeigen, an objektive Kriterien an. Soweit in der Rechtsprechung oder durch ausdrückliche gesetzliche Regelung (§ 34 StGB) das Vorliegen sog. subjektiver Rechtfertigungselemente – etwa des Verteidigungswillens - gefordert wird (vgl. die Nachweise bei Hirsch in LK 10. Aufl. vor § 32 Rdn. 50), handelt es sich um Einschränkungen der Rechtfertigungsmöglichkeit, nicht – wie dies bei der Berücksichtigung von Fernzielen der Fall wäre – um ihre Erweiterung. Die Funktion der Rechtswidrigkeitsprüfung, nicht nur Grenzen für die Strafbarkeit des Täters zu setzen, sondern auch das Abwehrrecht des durch die Tat Beeinträchtigten und damit im Ergebnis die strafrechtliche Relevanz etwaiger Abwehrmaßnahmen eindeutig festzulegen, läßt unter dem Gesichtspunkt des Bestimmtheitsgrundsatzes (Art. 103 Abs. 2 GG) eine Beschränkung auf nach außen erkennbare objektive Umstände unverzichtbar erscheinen. Das Fehlen subjektiver Merkmale – wie etwa des Verteidigungswillens – kann sich allenfalls zu Lasten desjenigen auswirken, an dessen Person sie anknüpfen, für den sie also erkennbar sind. So ist denn auch in der Rechtsprechung zu § 240 Abs. 2 StGB bisher die Verwerflich-

BGHSt 35, 280

keit mit Recht als ein an objektive Kriterien anknüpfendes Merkmal betrachtet (BGHSt 19, 263, 268) und als „angestrebter Zweck" allein das Verhalten angesehen worden, zu dem genötigt werden soll (BGHSt 5, 245, 246). Es liegt auf der Hand, daß von diesen allgemeinen Grundsätzen nicht für einen Teilbereich – hier den der Straßenblockaden – abgewichen werden kann, ohne damit unkalkulierbare Rückwirkungen auf das Strafrechtssystem im ganzen zu provozieren.

d) Neben diesen schwerwiegenden rechtssystematischen Gesichtspunkten steht der Berücksichtigung von Fernzielen der Blockierer im Rahmen der Verwerflichkeitsprüfung aber auch entgegen, daß sich brauchbare objektivierbare Bewertungsmaßstäbe für solche Fernziele nicht aufstellen lassen. Da die politische Überzeugung der Blockierer keiner inhaltlichen Kontrolle durch den Richter unterzogen werden darf, müßten andere Kriterien gefunden werden, an denen das Ziel zu messen ist. Die dafür von den vier unterlegenen Richtern des Ersten Senats des Bundesverfassungsgerichts herangezogene für die Grenzen von Meinungsäußerungen entwickelte Unterscheidung zwischen Äußerungen im privaten, namentlich im wirtschaftlichen Verkehr und in Verfolgung eigennütziger Zwecke einerseits und Beiträgen zum Meinungskampf in einer die Öffentlichkeit wesentlich berührenden Frage andererseits (BVerfGE 73, 206, 258) mag bei der Entscheidung über die zivilrechtliche Zulässigkeit von Werturteilen hilfreich und ausreichend sein. Ihre Anwendbarkeit wird dagegen schon bei falschen Tatsachenbehauptungen und unrichtigen Zitaten selbst im Wahlkampf (BGH NJW 1984, 1102) verneint (BVerfGE NJW 1980, 2072; 1983, 1415). Eine Rückausnahme für die Anwendung von Gewalt verbietet sich der Sache nach von selbst. Sie scheitert aber darüber hinaus an der Unbestimmtheit der Abgrenzung, die einer Überprüfung unter den für das Strafrecht verfassungsrechtlich zu beachtenden Grundsätzen des Art. 103 Abs. 2 GG nicht standhält.

Ob eine die Öffentlichkeit wesentlich berührende Frage vorliegt, entscheidet sich nach der Art der Definition der Fernziele im Einzelfall. Begnügt man sich mit allgemeinen Kategorien wie „Frieden", „Freiheit", „Menschenrechte" oder „Umwelt-

BGHSt 35, 281

schutz", wird es kaum Anliegen geben, die sich nicht unter ein solches die Öffentlichkeit wesentlich berührendes Thema stellen lassen. Hebt man dagegen auf die zur Diskussion gestellte konkrete Forderung ab, so ist dies keineswegs selbstverständlich. Nicht jeder Weg, der angeblich zu einem allgemein erstrebten Ziel führt, wird die Allgemeinheit in gleicher Weise bewegen. Gerade die Vertreter von Mindermeinungen, die wegen ihrer eingeschränkten Überzeugungskraft auf wenig öffentliches Interesse stoßen, sind versucht, durch Sitzblockaden die Bevölkerung „wachzurütteln", "Zeichen zu setzen" und den Blick auf bisher aus ihrer Sicht zu wenig beachtete Gesichtspunkte zu lenken. Die Beurteilung, ob die Täter sich in billigenswerter Weise für die Lösung einer die Öffentlichkeit wesentlich interessierenden Frage eingesetzt haben oder ob eine militante Minderheit zu Unrecht den Mangel an Argumenten für einen Irrweg durch Anwendung verwerflichen Zwanges auszugleichen versucht hat, hinge damit letztlich doch von der nicht kalkulierbaren politischen Einstellung des zuständigen Richters zu der im Einzelfall erhobenen Forderung ab. Die unterschiedlichen Lösungsansätze der vier Richter des Ersten Senats des Bundesverfassungsgerichts und der für eine Einbeziehung der Fernziele eintretenden Oberlandesgerichte machen die unüberwindlichen Schwierigkeiten, hier feste allgemeinverbindliche Grundsätze herauszuarbeiten, deutlich.

Im übrigen erscheint fraglich, ob sich die Unterscheidung zwischen „eigennützigem" und „gemeinwohlorientiertem" Handeln (BVerfGE 73, 206, 258) im Bereich der Beurteilung von Sitzblockaden auf einen allgemeinen Konsens stützen läßt. Die Wertkategorien, die in diesem Zusammenhang in der öffentlichen Meinung anscheinend als maßgebend angesehen werden, lassen sich jedenfalls nicht auf einen so einfachen Nenner bringen. Die Solidaritätsbekundungen für gewaltsame Aktionen zur Durchsetzung „uneigennütziger" Ziele – etwa der Erhaltung von Arbeitsplätzen oder der Verbesserung von Arbeits- und Wirtschaftsbedingungen – legen nahe, daß in weiten Kreisen der Bevölkerung – je nach dem politischen Standort – eher Verständnis für die gewaltsame Durchsetzung existentieller und damit einfühlbarer eigener Interessen als für „altruistischen"

BGHST 35, 282

Gewalteinsatz radikaler politischer Gruppen besteht. Wollte man auf die Fernziele abstellen, so wäre in der Tat nicht einzusehen, warum ein Blockierer, der für seinen Arbeitsplatz und damit um seine Existenzgrundlage kämpft, strafrechtlich schlechter behandelt werden sollte als der Anhänger einer Minderheit, die ein von der gesamten Bevölkerung erstrebtes Ziel auf einem eigenwilligen, von der überwiegenden Mehrheit für ungeeignet erachteten Weg erreichen will.

e) Schließlich dürfen bei der Beantwortung der vorgelegten Rechtsfrage rechtspolitische Gesichtspunkte nicht außer Betracht bleiben. Die Anerkennung von Zielen, für deren Verwirklichung auch unter Anwendung von Zwang im Sinne des § 240 Abs. 1 StGB geworben werden dürfte, läßt die Gefahr einer Radikalisierung der politischen Auseinandersetzung entstehen, die in einem demokratischen Rechtsstaat nicht hinnehmbar ist. Es darf nicht übersehen werden, daß von dem Mittel der Sitzblockade zur Durchsetzung „gemeinwohlorientierter" Ziele bisher nur eine kleine Minderheit Gebrauch macht. Die Verneinung der Verwerflichkeit und damit der Rechtswidrigkeit im strafrechtlichen Bereich würde Hemmungen, der eigenen politischen Überzeugung durch Behinderungen des öffentlichen Verkehrs Nachdruck zu verschaffen, weitgehend beseitigen und die jeweiligen Gegner zu gleichartigen oder gar nachhaltigeren Aktionen zu ermutigen. Wollte man derartige Formen der politischen Auseinandersetzung als „rechtmäßig" ansehen, solange nicht „erschwerende Umstände (z.B. Behinderung von Krankentransporten, Einkesseln Dritter oder andere besonders intensive Behinderungen) hinzutreten" (BVerfGE 73, 206, 259), so könnte dies die Schleusen für schwerwiegende Beeinträchtigungen des inneren Friedens öffnen. Es liegt jedoch im hohen Maße im Allgemeininteresse, daß Auseinandersetzungen über hochpolitische Streitfragen frei von Gewalt bleiben. Dieses Ziel läßt sich nur erreichen, wenn die Grenzen zwischen den erlaubten Mitteln des Meinungskampfes und strafrechtlich relevanten Mißbräuchen des Demonstrationsrechts klar und unmißverständlich festgelegt bleiben und die Rechtsprechung an dem verfassungsgerichtlich (BVerfGE 73, 206, 250, 252) gebilligten Grundsatz festhält, daß niemand das Recht zu gezielten und

BGHSt 35, 283

bezweckten Verkehrsbehinderungen durch Sitzblockaden hat und es kein Fernziel geben darf, das die Verletzung des Selbstbestimmungsrechts Dritter und ihre Benutzung als Instrument zur Erzwingung öffentlicher Aufmerksamkeit für politische Ziele rechtfertigt. Die Friedenssicherungspflicht des Staates, die zur Unterbindung derartiger Zwangsmittel auch nach der Auffassung des Bundesverfassungsgerichts das Recht zu strafrechtlichen Sanktionen einschließt, verbietet deshalb die Berücksichtigung irgendwelcher Fernziele im Rahmen der Verwerflichkeitsprüfung nach § 240 Abs. 2 StGB. Dem Grundsatz der Verhältnismäßigkeit wird durch die Pflicht zur Gesamtabwägung bei der Beurteilung der Rechtswidrigkeit und zur strafmildernden Berücksichtigung von Motiven, die die Schuld geringer erscheinen lassen, in ausreichender Weise Rechnung getragen.

IV. Die Vorlegungsfrage ist daher wie aus dem Leitsatz ersichtlich zu beantworten.
Die Entscheidung entspricht dem Antrag des Generalbundesanwalts.

Schauenburg Maul Foth

Granderath Schimansky

4 Ss 361/87
2 Ns 27/85 verb. m.
2 Ns 28-30/85
LG Tübingen

Oberlandesgericht Stuttgart

Im Namen des Volkes

Urteil

In der Strafsache gegen

W. B., [...]

T. M., [...]

G. B., [...]

- 2 -

E. M., [...]

wegen gemeinschaftlicher Nötigung,

hat der 4. Strafsenat des Oberlandesgerichts Stuttgart in der Sitzung vom 23. Juni 1988, an welcher teilgenommen haben:

Vorsitzender Richter am Oberlandesgericht
Dr. B e r r o t h
- als Vorsitzender -

Richterin am Oberlandesgericht S t e i m l e
Richter am Landgericht B e h r i n g e r
- als beisitzende Richter -

Oberstaatsanwalt W a l t e r
- als Beamter der Generalstaatsanwaltschaft -

Justizassistentin G.
- als Urkundsbeamtin der Geschäftsstelle-

für Recht erkannt:

Auf die Revision der Staatsanwaltschaft wird das Urteil des Landgerichts Tübingen vom 16. Februar 1987 mit den Feststellungen

a u f g e h o b e n.

Die Sache wird zu neuer Verhandlung und Entscheidung, auch über die Kosten des Rechtsmittels, an eine andere Strafkammer des Landgerichts

zurückverwiesen.

G r ü n d e :

I.

1.
Das Amtsgericht Münsingen verurteilte die Angeklagten wegen gemeinschaftlicher Nötigung zu Geldstrafen von jeweils fünfzehn Tagessätzen. Auf die Berufung der Angeklagten hob das Landgericht Tübingen dieses Urteil unter Verwerfung des zu Ungunsten der Angeklagten eingelegten Rechtsmittels der Staatsanwaltschaft auf und sprach die Angeklagten frei.

2.
Nach den Feststellungen der Strafkammer beteiligten sich die

Angeklagten am 9. Mai 1983 an einer Blockadeaktion vor dem Sondermunitionslager Großengstingen. Da sie – mit weiten Teilen der Bevölkerung – die in ihren Augen sich ständig steigernde Hochrüstung namentlich der Großmächte Sowjetunion und USA für existenzbedrohend und lebensvernichtend hielten, fühlten sie sich verpflichtet, hiergegen symbolische Zeichen zu setzen, die jedem nachdrücklich die Ohnmacht des einzelnen gegenüber solchen todbringenden Gefahren vor Augen führen sollten. Eine Möglichkeit, solches zu demonstrieren, sahen und sehen sie noch heute in „gewaltfreien Aktionen", zu welchen namentlich das Versperren der Zugänge und Zufahrten zu militärischen Einrichtungen durch Zusammenstehen oder gemeinsames Sitzen auf der Fahrbahn gehört. Auslösend für ihren Entschluß war eine am 6. Mai 1983 in der Tübinger Lokalzeitung erschienene Anzeige folgenden Wortlauts:

„Ankündigung von zivilem Ungehorsam. Wer blockiert mit? Um zu zeigen, daß wir uns durch die Münsinger Prozesse nicht einschüchtern lassen, werden wir am 9. Mai erneut bzw. Zum ersten Mal das Atomwaffenlager bei Großengstingen gewaltfrei blockieren...".

Großengstingen trafen die gemeinsam angereisten Angeklagten mit einer Gruppe von elf gleichgesinnten jungen Leuten zusammen. Alle Beteiligten waren sich darin einig, durch aktives Teilnehmen an einer Blockade der einzig befahrbaren Zufahrt zum Depot den ganzen Tag über „ein Zeichen zu setzen".

Gegen 10.45 Uhr wollte Hauptfeldwebel B. in einem Bundeswehr-Pkw mit Post ins Lager einfahren. Als er von Ferne einige vor der Depoteinfahrt stehende oder sitzende Demonstranten, unter denen sich nicht die Angeklagten befanden, sah, wendete er und meldete in der Kaserne seine Beobachtung. Darauf forderte der Standortkommandant kurz nach 11.00 Uhr Polizei an und erbat die Räumung der Zufahrt für 12.15 Uhr, den Zeitpunkt der mittäglichen Verpflegungsfahrt. Die Polizei erlangte beim zuständigen Landratsamt eine Auflösungsverfügung für die Versammlung.

Gegen 12.15 Uhr versperrten fünf Personen, die sich absprachegemäß und mit Wissen und Billigung der vier Angeklagten vor die Zufahrt gesetzt hatten, einem Unimog der Bundeswehr die Durchfahrt. Hierbei handelte es sich um ein Verpflegungsfahrzeug für die Lagerbesatzung mit dem Gefreiten K. am Steuer und Hauptfeldwebel B. als Beifahrer und Führer des Transports. Um 12.17 Uhr forderte der Einsatzleiter der Polizei die Blockierer unter Hinweis auf die behördliche Untersagungsverfügung und die Strafbarkeit ihres Tuns insgesamt dreimal auf, die Fahrbahn zu räumen. Da dies ergebnislos blieb, räumte die Polizei durch Wegtragen der Blockierer innerhalb von weniger als fünf Minuten die Zufahrt.

Als der Fahrer K. gegen 12.29 Uhr das Lager mit dem Fahrzeug wieder verlassen wollte, sah er sich daran von fünf auf der Straße sitzenden Personen, unter denen sich keiner der Angeklagten befand, gehindert. Deshalb trug die Polizei in deutlich weniger als fünf Minuten die sitzenden Blockierer weg.

Während die zehn bislang aktiv in Erscheinung getretenen Blockierer von der Polizei zu etwa 1 km entfernt abgestellten Polizeifahrzeugen zur Aufnahme von Fotos und

Beschuldigtenvernehmung gebracht wurden, blieben fünf Personen, darunter die Angeklagten, zurück. Nach Beendigung der polizeilichen Maßnahmen kehrten die zehn wieder zum Depot zurück.

Als gegen 17.30 Uhr erneut ein Verpflegungsfahrzeug, dessen Fahrer nicht ermittelt werden konnte – der Beifahrer war wieder Hauptfeldwebel B. - , in das Lager einfahren wollte, versperrten ihm fünf auf der Straße sitzende Personen – darunter alle Angeklagten - die Zufahrt. Da die Blockierer trotz dreimaliger Aufforderung durch den polizeilichen Einsatzleiter die Straße nicht freimachten, trugen sechs Polizeibeamte in weniger als fünf Minuten die Blockierer von der Straße. Die Angeklagten wurden in die weiter entfernt abgestellten Dienstfahrzeuge verbracht und dort als Beschuldigte vernommen. Nach der Einfahrt des Lkw setzten sich acht Personen auf die Straße und ließen sich wegtragen, als der Lkw ausfahren wollte. Von dieser Behinderung wußten die Angeklagten nichts.

Zu keinem Zeitpunkt kam es zu Tätlichkeiten, Widerstandsleistungen oder auch nur zu verbalen Attacken.

3.
Das Landgericht sprach die Angeklagten mit der Begründung frei, sie hätten zwar Gewalt angewendet, aber nicht verwerflich gehandelt. Nach Auffassung des Landgerichts ist das Verhalten der Angeklagten unter Berücksichtigung aller tatsächlichen Umstände einschließlich der Fernziele der Demonstranten nicht als „eindeutig so anstößig" anzusehen, „daß es als gröberer, in erhöhtem Maße sittlich mißbilligenswerter Angriff auf die Entschlußfreiheit an-

derer der Zurechtweisung mit den Mitteln des Strafrechts bedürfe". Es sei eine Gesamtbetrachtung aller hier in Rede stehender Abläufe namentlich nach Dauer, Ausmaß, Zahl und Vorgehensweise der jeweils Beteiligten, ferner ihrer Zielsetzung, der Art und des Umfangs notwendig gewordener Gegenmaßnahmen und schließlich der Auswirkungen auf den unmittelbaren und mittelbaren Adressatenkreis der Sitzdemonstration vorzunehmen. Die Fernziele dürften zwar nicht wertend als gut, edel oder hehr berücksichtigt werden, wohl sei aber in den Blick zu nehmen, daß die Anliegen uneigennützig und allein am Wohl und Wehe der Gesamtbevölkerung ausgerichtet seien. Insoweit sei eine Berücksichtigung der Fernziele geboten. Dies sei durch das Urteil des Bundesverfassungsgerichts vom 11. November 1986 (1 BvR 713/83 u. a. = NJW 1987, 43 ff. sowie JZ 1987, 138 ff.) nunmehr unmißverständlich vorgegeben, wenn dort wiederholt und nachdrücklich darauf abgehoben werde, die Verwerflichkeit habe sich auf sämtliche Umstände des Einzelfalles zu erstrecken.

Gewicht hat die Strafkammer dem Umstand beigemessen, daß die Sitzdemonstration öffentlich angekündigt war und deshalb die zuständigen Dienststellen – wie auch geschehen – Vorsorge treffen konnten. Es seien lediglich zwei Bundeswehrfahrzeuge mit jeweils zwei Insassen für nur recht geringe Zeitspannen behindert worden. Zu einem exakten Zeitpunkt hätten die Fahrten nicht durchgeführt werden müssen. Die Verzögerungen seien noch als geringfügig einzustufen. Das besondere Augenmerk habe dem tatsächlich an den Tag gelegten Verhalten der Angeklagten zu gelten. Sie müßten sich zwar als Mittäter sämtliche um die Mittagszeit sowie bei der Einfahrt am Abend durchgeführten

Behinderungsaktionen zurechnen lassen. Grad und Ausmaß ihrer Tatbeteiligung verlören jedoch beträchtlich an Gewicht, weil sie aktiv nur an einer einzigen kurzen Sitzblockade teilgenommen hätten. Bei der gebotenen Berücksichtigung und Wertung aller Einzelfallumstände könne es nicht unbeachtlich sein, ob ein Demonstrant sich aktiv einem herannahenden Verkehrsteilnehmer in den Weg stelle oder setze oder ob er eine solche Aktion lediglich aus Solidarität mittrage, indem er sich nur vor Ort aufhalte. Dadurch sei die Polizei nicht zum Einschreiten gezwungen gewesen. Zudem hätten nie mehr als fünf Personen die Fahrbahn blockiert. Nach alledem seien die Angeklagten vom Vorwurf der Nötigung freizusprechen. Die Verfolgung der zweifelsfrei begangenen Ordnungswidrigkeiten nach Versammlungs- und Straßenverkehrsrecht seien verjährt.

II.

Mit der Revision rügt die Staatsanwaltschaft die Verletzung sachlichen Rechts.

Das Rechtsmittel hat Erfolg.

Die Fernziele von Straßenblockierern sind nicht bei der Prüfung der Rechtswidrigkeit der Nötigung, sondern ausschließlich bei der Strafzumessung zu berücksichtigen (vgl. im einzelnen Vorlagebeschluß des Senats vom 17. Dezember 1987 (Bl. 345 ff. d.A.) und Beschluß des Bundesgerichtshofs vom 05. Mai 1988, Bl. 398 ff. d.A.). Es ist nicht

- 9 -

auszuschließen, daß das Landgericht unter Berücksichtigung dieser Auffassung bei der Verwerflichkeitsprüfung nach § 240 Abs. 2 StGB zu einem anderen Ergebnis gekommen wäre.

Da bereits aufgrund dieses Mangels das Urteil im Ganzen aufzuheben und die Sache zur erneuten Entscheidung an eine andere Strafkammer des Landgerichts zurückzuverweisen ist, bedarf es keiner zusätzlichen Erörterung, daß die Ausführungen im angefochtenen Urteil jedenfalls nicht ausreichend erkennen lassen, ob der Tatrichter im Rahmen der für die Verwerflichkeitsprüfung vorgenommenen Gesamtwürdigung den Tatbeitrag der Angeklagten, die mit den übrigen elf Demonstranten im Hinblick auf das ganztägige Blockadeziel arbeitsteilig zusammengewirkt haben, in vollem Umfang festgestellt und rechtsfehlerfrei gewürdigt hat.

Dr. Berroth	Steimle	Behringer
- Dr. Berroth -	- Steimle -	- Behringer –
Vorsitzender Richter am Oberlandesgericht	Richterin am OLG	Richter am LG

Ausgefertigt
Stuttgart, den 23. Juni 1988
Urkundsbeamtin der Geschäftsstelle des OLG

Gesch. Nr. 1 (2) Ns 27, 28, 29 u. 30/85
AG Münsingen - 2 Cs 413, 414, 415 u. 416/83
OLG Stuttgart - 4 Sy 361/87

Im Namen des Volkes

Urteil

Strafsache gegen:

1) W. B. [...],	2) T. M. [...],
3) G. B. [...],	4) E. M. [...]

wegen gemeinschaftlicher Nötigung
Auf die Berufungen
gegen das Urteil des Strafrichters
in Münsingen vom 9. November 1984
hat die **1. Kleine Strafkammer des Landgerichts Tübingen**
in der Sitzung vom 19. Oktober 1988, an der teilgenommen haben:

Vorsitzender Richter am Landgericht Freuer	als Vorsitzender
Hans Armbruster, Eningen u.A.	als Schöffe
Margarete Abel, Altenstieg	als Schöffe
Oberstaatsanwalt Weller	als Beamter der Staatsanwaltschaft
bzgl. Ziffer 3: Rechtsanwalt Nold, Tübingen	als Verteidiger
bzgl. Ziffer 4: Rechtsanwalt Langner, Horb	als Verteidiger
Justitzassistent K.	als Urkundsbeamter der Geschäftsstelle

für Recht erkannt:
Auf die Berufungen der Angeklagten wird das Urteil des Amtsgerichts Münsingen vom 9. November 1984 im Rechtsfolgenausspruch dahingehend abgeändert, daß die Zahl der Tagessätze der Geldstrafen auf jeweils fünf und die Höhe des Tagessatzes bei den Angeklagten B., B. und M. auf jeweils 15 (fünfzehn) DM sowie beim Angeklagten M. auf 50 (fünfzig) DM festgesetzt wird.
Im übrigen werden die Berufungen der Angeklagten und der Staatsanwaltschaft als unbegründet verworfen.
Die Angeklagten tragen die Kosten ihrer Berufungen und der Revision. Jedoch werden die Berufungs- und Revisionsgebühren um ein Drittel ermäßigt. Auch wird ein Drittel der in beiden Rechtsmittelverfahren erwachsenen gerichtlichen und notwendigen Auslagen der Angeklagten der Staatskasse auferlegt.

- 1 a -

Der Staatskasse fallen die Kosten des Berufungsverfahrens und die notwendigen Auslagen der Angeklagten zur Last, die durch die Berufung der Staatsanwaltschaft verursacht worden sind.

Angewandte Strafvorschriften: §§ 240 Abs. 1 und 2, 25 StGB.

GRÜNDE:

Das Amtsgericht Münsingen hat die Angeklagten wegen gemeinschaftlicher Nötigung zu Geldstrafen von je 15 Tagessätzen verurteilt, wobei es die Tagessatzhöhe bei der Angeklagten E. M. auf 25,-- DM und bei den übrigen Angeklagten auf 15,-- DM festgesetzt hat.
Gegen das Urteil haben die Staatsanwaltanschaft mit dem Ziel einer höheren Strafe und die Angeklagten mit dem Ziel ihres Freispruchs Berufung eingelegt.
Das Landgericht verwarf die Berufung der Staatsanwaltschaft, hob auf die Berufung der Angeklagten das angefochtenen Urteil auf und sprach sie frei.
Hiergegen wandte sich die Staatsanwaltschaft mit ihrer form- und fristgerecht eingelegten Revision.
Das Oberlandesgericht legte die Sache gemäß § 121 Abs. 2 GVG dem Bundesgerichtshof zur Entscheidung der Rechtsfrage vor, ob Fernziele von Straßenblockierern bei der Prüfung der Rechtswidrigkeit der Nötigung oder nur bei der Strafzumessung zu berücksichtigen seien.
Der Bundesgerichtshof hat durch Beschluß vom 5. Mai 1988 die Frage dahin entschieden, daß die Fernziele von Straßenblockierern nicht bei der Rechtswidrigkeit der Nötigung, sondern ausschließlich bei der Strafzumessung zu berücksichtigen seien.
Daraufhin hat das Oberlandesgericht das Urteil des Landgerichts mit den Feststellungen aufgehoben und die Sache zur neuen Verhandlung und Entscheidung an eine andere Kammer des Landgerichts

- 3 -

zurückverwiesen.
Die Berufung der Staatsanwaltschaft hat keinen, die der Angeklagten beim Strafausspruch Erfolg gehabt.

A. Die Hauptverhandlung hat folgenden Sachverhalt ergeben:

1. a. Der Angeklagte W. B. [...]

b. Der Angeklagte T. M. [...]

- 4 -

c. Die Angeklagten G. B. [...]

d. Die Angeklagte E. M. [...]

Zu a. bis d.: Alle Angeklagten sind nicht vorbestraft.

2. Anfang Mai 1983 faßten mehrere Personen den gemeinsamen Entschluß, am 9. Mai 1983 den ganzen Tag über die einzige Zufahrt zum Sondermunitionslager der Bundeswehr bei Großengstingen durch wechselnde Gruppen von jeweils etwa 5 Personen

zu blockieren und dadurch den gesamten Fahrzeugverkehr vom und zum Lager zu unterbinden. Dadurch wollten sie den Dienstbetrieb der dortigen Bundeswehreinheit empfindlich stören. Sie rechneten mit dem Einsatz der Polizei. Ziel ihrer Blockade sollte sein, gegen die Stationierung der Lance-Raketen zu protestieren, weil sie befürchteten, daß dadurch die Gefahr eines Krieges mit Atomwaffen erhöht werde, der das Leben von vielen Millionen Menschen vernichten könnte. Zugleich wollten sie zum Ausdruck bringen, daß sie sich durch die Strafverfahren, die wegen anderer Blockadeaktionen beim Amtsgericht Münsingen liefen, nicht von weiteren Blockadeaktionen abhalten lassen wollten.

Zur Teilnahme an der geplanten Blockadeaktion riefen sie durch ein Flugblatt und ein Inserat in einer Tübinger Tageszeitung auf. Das Inserat lautete:
„Wer blockiert mit?
Um zu zeigen, daß wir uns durch die Münsinger Prozesse nicht einschüchtern lassen, werden wir am 9. Mai erneut, bzw. zum ersten Mal das Atomwaffenlager bei Großengstingen gewaltfrei blockieren.
V. i. .S. d. P.: V. N., Tübingen."

Die 4 Angeklagten, die das Inserat lasen, faßten den Entschluß, an der Blockadeaktion teilzunehmen.

Am 9. Mai 1983 fuhren sie gemeinsam von Tübingen vor das Sondermunitionslager der Bundeswehr bei Großengstingen, wo sie gegen 9.00 Uhr eintrafen und sich zu einer

- 6 -

großen Zahl weiterer Demonstranten gesellten; die Gesamtzahl der versammelten Blockadeaktionsteilnehmer schwankte im Laufe des Tages zwischen 15 und 40 Personen.
Mit den übrigen Demonstranten kamen die Angeklagten überein, daß sich wechselnde Gruppen von jeweils etwa 5 Personen auf die Fahrbahn der einzigen Zufahrt zum Sondermunitionslager setzen sollten, sobald sich ein oder mehrere Fahrzeuge der Bundeswehr der Lagereinfahrt nähern würden.
Der Standortälteste Oberstleutnant M., der am 5. Mai 1983 von der geplanten Blockadeaktion erfahren hatte, hatte als Verantwortlicher für die Sicherheit der Anlage eine Wachverstärkung in das Sondermunitionslager abgeordnet und die Weisung erteilt, daß während der Blockadeaktion die Fahrten dorthin auf das notwendige Mindestmaß beschränkt werden sollten.
Als Hauptfeldwebel B. am 9. Mai 1983 zwischen 10.30 Uhr und 10.45 Uhr in dienstlichem Auftrag mit einem ihm unterstellten Bundeswehrsoldaten als Fahrer in einem VW-Bus Postwendungen den Soldaten zum Sondermunitionslager bringen wollte, setzten sich etwa 5 Demonstranten auf die Fahrbahn, um ihn am Hineinfahren in das Sondermunitionslager zu hindern; währenddessen standen die übrigen Demonstranten, darunter die Angeklagten, am Straßenrand, um dadurch ihren gemeinsamen Blockadewillen zum Ausdruck zu bringen und die Sitzenden in ihrem Durchhaltewillen und -vermögen zu bestärken. Da die Sitzenden die ganze Breite der Fahrbahn blockierten, befahl Hauptfeldwebel B. dem Fahrer, etwa 2 bis 3 Meter vor ihnen zu halten. Er forderte die Sitzenden auf,

sie durchfahren zu lassen, was sie jedoch einmütig ablehnten. Da Hauptfeldwebel B. keine Möglichkeit sah, ohne Gewalt in das Sondermunitionslager zu gelangen, befahl er dem Fahrer, umzukehren und zur Kaserne zurückzufahren. Dort berichtete er das Geschehnis Oberstleutnant M., der bei der Polizeidirektion Reutlingen für die bevorstehenden Fahrten zur Versorgung der Soldaten im Sondermunitionslager mit Mittags- und Abendessen polizeiliches Eingreifen im Falle erneuter Zufahrtsblockierung beantragte; die Polizeidirektion Reutlingen holte eine Verfügung des Landratsamtes Reutlingen zur Auflösung der Versammlung der Demonstranten, zum Platzverweis und zur Durchführung der Vollstreckung ein. Mit dieser Verfügung fuhren Polizeibeamte zur Kaserne, wo sie gegen 12.00 Uhr eintrafen, um den Transport des Mittagessens für die Soldaten im Sondermunitionslager zu begleiten.

Während Hauptfeldwebel B. als Leiter des Transports mit dem ihm unterstellten Gefreiten K. als Fahrer mit dem Verpflegungsauto in Begleitung von 2 Polizeiautos zum Sondermunitionslager fuhr, setzten sich erneut 5 Demonstranten auf die Fahrbahn, um ihnen die Einfahrt zu verwehren; wiederum standen die übrigen Demonstranten, darunter die Angeklagten, mit demselben Willen sowie auf gleiche Art und Weise wie beim ersten Male am Straßenrand. Da Hauptfeldwebel B., der um 12.15 Uhr dort eintraf, wegen der in voller Breite versperrten Fahrbahn nicht weiterfahren konnte, ohne die Sitzenden zu verletzen,

- 8 -

ließ er den Gefreiten K. das Auto 3 bis 5 Meter vor ihnen halten. Um die Fahrt fortsetzen zu können, nahm er die Hilfe der herbeigerufenen Polizeibeamten in Anspruch. Deren Leiter Polizeihauptkommissar Z. forderte um 12.17 Uhr die Sitzenden zum Verlassen der Fahrbahn auf, wobei er ihnen die Verfügung des Landratsamtes Reutlingen bekannt gab und sie auf die Strafbarkeit ihre Verhaltens als Nötigung hinwies. Da sie auf der Fahrbahn blieben, wiederholte er nach einigen Minuten seine Aufforderung; als wiederum nichts geschah, forderte er sie nach einigen Minuten erneut dazu auf; da die Sitzenden auch die dritte Aufforderung nicht befolgten, wies Polizeihauptkommissar Z. um ca. 12.24 Uhr die Polizeibeamten an, die Sitzenden von der Fahrbahn wegzutragen, was innerhalb der nächsten Minuten geschah; jeweils 2 Polizeibeamte trugen einen Blockierer fort. Erst daraufhin konnten Hauptfeldwebel B. und Gefreiter K. ihre Fahrt ins Lager fortsetzen.
Als sie gegen 12.30 Uhr das Sondermunitionslager verlassen hatten, versperrten ihnen erneut 5 Personen, die sich auf die Fahrbahn gesetzt hatten, die Durchfahrt, während die übrigen Demonstranten, darunter die Angeklagten, mit demselben Willen sowie auf gleiche Art und Weise wie beim vorausgegangenen Vorfall, am Straßenrand standen. Alles wiederholte sich in gleicher Weise wie zuvor. Da die 5 Sitzenden trotz dreimaliger in zeitlichen Abständen von wenigen Minuten erfolgter Aufforderung durch Polizeihauptkommissar Z. auf der Fahrbahn blieben, mußte er erneut die Anordnung zum Wegtragen

- 9 -

der Personen erteilen. Wiederum trugen jeweils 2 Polizeibeamte einen von ihnen fort, bis gegen 12.40 Uhr die Fahrbahn geräumt war und die Soldaten ihre Fahrt fortsetzen konnten.
Um 17.00 Uhr erhielt Hauptfeldwebel B. den Auftrag, den Transport mit dem Abendessen zum Sondermunitionslager durchzuführen. Als er sich gegen 17.15 Uhr mit dem ihm unterstellten Bundeswehrsoldaten als Fahrer in dem Verpflegungsauto, begleitet von Polizeiautos, der Lagereinfahrt näherte, setzten sich die 4 Angeklagten und eine weitere Person auf die Fahrbahn, um die Lagerzufahrt zu blockieren, während die übrigen Demonstranten am Straßenrand zur Verstärkung deren Durchhaltewillens und –vermögens stehen blieben. Etwa 50 Meter vor den sitzenden Angeklagten fuhren die Polizeifahrzeuge an den linken Straßenrand, während Hauptfeldwebel B. auf sie zufuhr. Da sie sitzen blieben, ließ er den Fahrer 2 bis 3 Meter vor ihnen halten. Auch diesmal mußte Polizeihauptkommissar Z. nach dreimaliger in zeitlichen Abständen von jeweils rund 2 Minuten gemachter vergeblicher Aufforderung und nach Hinweis auf die Strafbarkeit des Blockierens als Nötigung die Polizeibeamten anweisen, die Sitzenden wegzutragen, was in gleicher Weise wie bei den vorausgegangenen Malen geschah. Gegen 17.30 Uhr konnten die Soldaten ihre Fahrt fortsetzen.

Als sie um 17.14 Uhr das Lager verließen, setzten sich 8 Demonstranten auf die Fahrbahn und bewirkten dadurch, daß Hauptfeldwebel B. erneut das Verpflegungsauto anhalten lassen mußte. Alles wiederholte sich in gleicher

Weise wie bei den vorangegangenen Fällen; nachdem Polizeihauptkommissar Z. die Sitzenden dreimal in ähnlichen zeitlichen Abständen wie bei den anderen Malen unter Hinweis auf die Strafbarkeit ihres Verhaltens als Nötigung zum Verlassen der Fahrbahn aufgefordert hatte, ohne daß sie dem Folge leisteten, ließ er die Fahrbahn durch die Polizeibeamten räumen, wobei jeweils 2 von ihnen einen Sitzenden wegtrugen. Erst danach konnten die Soldaten weiterfahren.

In sämtlichen Fällen wollten die Personen der jeweils blockierenden Sitzgruppe und zugleich die übrigen Demonstranten – darunter die Angeklagten – ihren eigenen Tatbeitrag und den der anderen als Teil der gemeinsam geplanten und durchgeführten Tat.

Beweggrund der Angeklagten für die Teilnahme an der Blockadeaktion war ihre Sorge und Angst vor den möglichen Gefahren einer atomaren Bewaffnung.

3. Der festgestellte Sachverhalt beruht auf den Einlassungen der Angeklagten, den glaubhaften Aussagen der Zeugen Oberstleutnant M., Hauptfeldwebel B., E.K., H.K., Polizeihauptkommissar Z. und Kriminalhauptmeister B. sowie den Auszügen aus dem Bundeszentralregister.

   Die Angeklagten haben den Sachverhalt als im wesentlichen – wie festgestellt - geschildert. Sie haben dargelegt, daß sie aufgrund der Zeitungsanzeige vom 5. Mai 1983 zum Sondermunitionslager bei Großengstingen gefahren seien und sich dort den Tag über zur Teilnahme an der Blockadeaktion aufgehalten hätten, wobei sie ihre Beweggründe dafür und ihren Tatbeitrag angegeben haben.

- 11 -

Hauptfeldwebel B. hat die 5 Sitzblockierungen, Polizeihauptkommissar die letzten 4 und E. K. die mittäglichen beschrieben. Oberstleutnant M. hat über die von ihm getroffenen Anordnungen und seine Bemühungen um den Polizeieinsatz sowie Polizeihauptkommissar Z. über den Polizeieinsatz berichtet. E. K. hat bekundet, daß er der Fahrer des Verpflegungsautos in der Mittagszeit gewesen sei. Die übrigen Fahrer haben sich nicht mehr feststellen lassen; H. K. hat sich nicht daran erinnern können, ob er bei einer der übrigen Fahrten des Tattages der Fahrer war.

B. Nach dem festgestellten Sachverhalt haben sich die Angeklagten der mittäterschaftlich begangenen Nötigung nach §§ 240, 25 StGB schuldig gemacht, weil sie gemeinschaftlich mit anderen Tätern Andere rechtswidrig mit Gewalt zu einer Handlung und Unterlassung genötigt haben.

Entgegen der Meinung der Verteidigung ist nicht nur der Vorfall, bei dem die Angeklagten sich auf die Fahrbahn setzten, Gegenstand des Verfahrens. Der Aburteilung unterliegt vielmehr die Tat, wie sie sich aufgrund des Ergebnisses der Hauptverhandlung nach der natürlichen Lebensauffassung als einheitlicher geschichtlicher Vorgang, einschließlich aller damit zusammenhängender Vorkommnisse, darstellt, mithin vorliegend die Blockadeaktion, die für den ganzen Tag geplant war und in einzelnen Sitzblockierungen durch wechselnde Gruppen von 5 bis 8 Demonstranten und unterstützendes

Dabeistehen der übrigen Demonstranten am Straßenrand durchgeführt wurde; die Sitzblockierung durch die Angeklagten hat von den übrigen Sitzblockierungen nicht losgelöst beurteilt werden können.

Die Angeklagten sind Mittäter, weil sie in bewußtem und gewolltem Zusammenwirken mit den übrigen versammelten Demonstranten gemeinschaftlich arbeitsteilig die Blockadeaktion durchführten. Ihre Tatbeiträge leisteten sie zum einen durch ihr Stehen am Straßenrand zur Stärkung des Durchhaltewillens und –vermögens der verschiedenen blockierenden Sitzgruppen und durch ihr eigenes blockierendes Sitzen auf der Fahrbahn.

Die Strafkammer hat bereits mehrfach in gleich gelagerten Fällen dargelegt, daß das Blockieren der Fahrbahn durch die Sitzenden Gewalt im Sinne von § 240 Abs. 1 StGB gewesen ist. Wie der Bundesgerichtshof in BGHST 23, 46, 54 zu einem Fall, der dem vorliegenden insoweit weitgehend entsprochen hat – der Arbeitskreis Kölner Hochschulen führte im Jahre 1966 einen „Sitzstreik" durch, welche den Straßenbahnverkehr an einem wichtigen Kreuzungspunkt in Köln für eine Stunde und an einem weiteren wichtigen Kreuzungspunkt derselben Stadt für eine noch längere Zeit blockierte ausgeführt hat, steht der Bewertung als Gewalt nicht entgegen, daß die Täter die Fahrzeuge „nicht durch unmittelbaren Einsatz körperlicher Kräfte aufhielten, sondern nur mit geringem körperlichen Kraftaufwand einen psychisch determinierten Prozeß in Lauf setzten"; entscheidend ist, „welches Gewicht der von ihnen ausgeübten psychischen Einwirkung zukam".

- 13 -

Stellen sich Menschen einem Auto entgegen, „so liegt darin die Ausübung eines Zwanges, der für den Fahrer sogar unwiderstehlich ist; denn er muß halten, weil er sonst einem Totschlag beginge. Durch den gleichzeitigen massiven Einsatz vieler Personen ... wird die Zwangseinwirkung noch gesteigert".

Dieser Gewaltbegriff steht nach der Entscheidung des Bundesverfassungsgerichts vom 11. November 1986 (NJW 1987, 43, 44) nicht im Widerspruch zur Verfassung. Er verstößt insbesondere nicht gegen das Bestimmtheitsgebot des Artikel 103 Abs. 2 GG; unbestimmte Rechtsbegriffe sollen und dürfen von den Gerichten ausgelegt werden; nur so ist es möglich, daß eine Fülle von möglichen und sich auch verändernden Verhaltensweisen von einer Norm erfaßt werden können.
Die Demonstranten, die auf der Fahrbahn saßen, versperrten dem Bundeswehrfahrzeug die einzige ihm zur Verfügung stehende Zufahrt zum Sondermunitionslager; Hauptfeldwebel B. war gezwungen, das Auto anhalten zu lassen, um das Überfahren der Sitzenden zu vermeiden; bei ihm löste das Blockieren der Straße eine seelische Tötungs- und Verletzungshemmung aus, aufgrund derer ihm keine andere Wahl blieb, als das Auto stoppen zu lassen, um die Sitzenden nicht in die Gefahr des Todes oder der Körperverletzung zu bringen. Eine solche Zwangswirkung wirkt sich ebenso aus wie körperlicher Zwang und ist deshalb diesem gleichzustellen (BayObLG JZ 1986, 405; OLG Koblenz NJW 1985, 2434).

Unrichtig ist der Einwand der Verteidigung, Hauptfeldwebel B. könne nicht Genötigter sein, weil er nur Beifahrer gewesen sei; sie hat vorgebracht, bloß Fahrer könnten genötigt werden; da die Fahrer der Vormittags- und Abendfahrten nicht mehr feststellbar seien, fehle es insoweit am Nachweis von Genötigten. Das trifft nicht zu; denn Hauptfeldwebel B. war als Vorgesetzter der Fahrer verantwortlich für die Fahrten; die Fahrer hatten seine Anordnungen für die Fahrten zu befolgen; Hauptfeldwebel B. war deshalb die genötigte Person; das Verhalten der sitzenden Blockierer zwang ihn bei jeder der 5 Fahrten, den Befehl zum Anhalten zu geben, um die Sitzenden nicht zu gefährden.
Darüber hinaus waren auch die jeweiligen Fahrer genötigt. Bei ihnen war ebenfalls der Zwang gegeben anzuhalten, um niemanden zu gefährden. Unschädlich ist, daß nicht jeder Fahrer festgestellt und dazu vernommen werden konnte; es stand letztendlich nicht im Belieben der Fahrer, ob sie anhalten wollten oder nicht, weil es sich um dienstliche Fahrten handelte, die sie durchzuführen hatten. Ihrer dienstlichen Aufgabe konnten sie nicht nachkommen, so lange die Blockierer auf der Fahrbahn saßen.
Die Blockadeaktion ist rechtswidrig gewesen, weil die Anwendung der Gewalt zum angestrebten Zweck als verwerflich anzusehen ist (§ 240 Abs. 2 StGB).
Das Bundesverfassungsgericht hat in seiner Entscheidung (aaO., 48) ausgeführt, daß angesichts der weiten Fassung des Gewaltbegriffs die Verwerflichkeit der Nötigung nicht schon durch die Anwendung von Gewalt indiziert sei; ob die Täter verwerflich gehandelt haben, sei unter Beachtung aller Umstände des Einzelfalls festzustellen.

Maßgeblich für die Beurteilung der Gewaltanwendung als verwerflich ist, ob sie zum erstrebten Zweck nach allgemeinem Urteil sittlich zu mißbilligen ist, über ein billigenswertes Maß hinausgeht und damit sozial unerträglich ist. Dazu hat es einer Gesamtwürdigung des Wertverhältnisses und des sachlichen Zusammenhangs von Zweck und Mittel bedurft, wobei außer dem Gewicht der betroffenen Rechte und Interessen vor allem auch der Umfang, die Stärke und die Dauer der Zwangseinwirkung mit zu berücksichtigen gewesen sind.

Die Blockadeaktion erstreckte sich über einen ganzen Tag, wobei 5 Gruppen von 5 bis 8 Personen die Fahrbahn versperrten und eine größere Zahl weiterer Demonstranten durch Stehen am Straßenrand sie in ihrem Durchhaltewillen und -vermögen bestärkten. Hauptfeldwebel B. und der Fahrer konnten beim ersten Mal gar nicht und bei den 4 weiteren Malen nur nach mehrminütiger Warterei und zwangsweiser Räumung der Fahrbahn die vorgesehene Fahrt fortsetzen. Zur Räumung war ein beträchtlicher Polizeiaufwand erforderlich; in keinem Fall standen die Sitzblockierer von selbst auf, sondern mußten jedesmal von mehreren Polizisten weggetragen werden. Außerdem waren Hauptfeldwebel B. und seine Fahrer nicht die richtigen Adressaten des Protestes; sie hatten nicht die erforderliche Entscheidungsgewalt über die Stationierung der Lance-Raketen und beförderten auch keine, sondern hatten die Soldaten des Lagers mit Post und Essen zu versorgen. Die Teilnehmer der Sitzblockade benutzten Hauptfeldwebel B. und seine Fahrer bewußt als bloße Werkzeuge, um die Öffentlichkeit über ihre politischen Auffassungen zu unterrichten. Ein solches Verhalten stellt eine

Mißachtung der Menschenwürde der betroffenen Soldaten dar, welche sittlich nicht zu billigen ist.
Bei der Verwerflichkeitsprüfung haben die Fernziele der Angeklagten – auf die Gefahren der atomaren Bewaffnung hinzuweisen und gegen die Strafverfahren wegen Blockadeaktionen zu protestieren – bei der Verwerflichkeitsprüfung nicht berücksichtigt werden dürfen, wie der Bundesgerichtshof durch Beschluß vom 5. Mai 1988 unter Beachtung der Entscheidung des Bundesverfassungsgerichts (aaO., 48) und ihm folgend das Oberlandesgericht im Urteil vom 23. Juni 1988 für das vorliegende Strafverfahren gemäß § 358 Abs. 1 StPO bindend entschieden haben.

Im übrigen wird darauf hingewiesen, daß die Angeklagten selbstverständlich das Recht gehabt haben, ihre Meinung über die Gefahren der atomaren Bewaffnung und die Strafverfahren wegen der Blockadeaktionen in Wort, Schrift und Bild frei zu äußern und zu verbreiten (Art. 5 Abs. 1 Satz 1 GG). Auch sind sie berechtigt gewesen, als Deutsche mit anderen Deutschen sich friedlich und ohne Waffen zu versammeln (Art. 8 Abs. 1 GG).
Beide Grundrechte haben ihnen jedoch nicht die Befugnis zum Blockieren der einzigen Zufahrt zum Sondermunitionslager der Bundeswehr verliehen; denn das Recht der Meinungsfreiheit gewährt nicht die Befugnis der eigenen Meinung durch Anwendung von Gewalt gegen Mitbürger allgemeine Beachtung zu verschaffen; das Recht der Versammlungsfreiheit berechtigt nicht, wie schon der klare Wortlaut der Grundrechtsbestimmung zum Ausdruck bringt, zu unfriedlichem – gezieltem, empfindlich verkehrsbehinderndem – Verhalten gegen Andere.

Ein Recht, die Öffentlichkeit durch Anwendung von Gewalt auf die eigene Meinung hinzuweisen, haben die Angeklagten nicht daraus herleiten können, daß sie geglaubt haben, sie könnten nur so ihre Bedenken gegen die ihnen gefährlich dünkende Stationierung der Lance-Raketen in der Bundesrepublik Deutschland wirksam zur Geltung bringen. Wenn sie gemeint haben, daß ihre politische Auffassung richtig sei, hätten sie versuchen müssen, ihr auf den Wegen , die der demokratische Rechtsstaat ihnen zur Verfügung stellt, Geltung zu verschaffen, anstatt, wie sie es getan haben, einen rechtswidrigen Weg zu beschreiten. Das Blockieren der einzigen Zufahrt zum Sondermunitionslager, das eine empfindliche Störung des Dienstbetriebes der betroffenen Bundeswehreinheit bewirkte, ist ein unverhältnismäßiges Mittel zur Erreichung des von den Angeklagten und den übrigen Teilnehmern gemeinsam befolgten Zwecks des Protestes gewesen.

Die Tat ist weder durch Notwehr nach § 32 StGB noch durch Notstand nach § 34 StGB gerechtfertigt gewesen. Eine Notwehrlage hat schon deshalb nicht vorgelegen, weil die Aufstellung der Lance-Raketen nicht rechtswidrig gewesen ist; denn sie ist unter Beachtung der internationalen Verpflichtungen der Bundesrepublik Deutschland und nach dem politischen Willen der Mehrheit der Kräfte, deren das deutsche Volk die politische Gewalt übertragen hat, erfolgt. Auch liegt kein Verstoß gegen Artikel 26 Abs. 1 GG vor, denn auszuschließen, ist, daß die Lance-Raketen außer im Verteidigungsfalle eingesetzt werden. An einer Notstandslage fehlte es bereits deshalb, weil die Aufstellung der Lance-Raketen keine gegenseitige Gefahr für

Leib, Leben, Freiheit, Eigentum oder ein anderes Rechtsgut beigeführt hat, wie die jahrzehntelange Erfahrung mit allen bisher in der Bundesrepublik Deutschland gelagerten, ebenfalls gefährlichen Waffen gezeigt hat.
Die Angeklagten haben vorsätzlich und unrechtsbewußt sowie gemeinschaftlich mit den übrigen Teilnehmern gehandelt; denn sie haben wissentlich und willentlich in Kenntnis der Rechtslage, auf die sie Polizeikommissar Z. hingewiesen hatte, in bewußtem und gewolltem Zusammenwirken mit den übrigen Teilnehmern die gemeinsam geplante Blockadeaktion mit den einzelnen Sitzblockierungen durchgeführt.

C. Bei der Strafzumessung hat zum Nachteil der Angeklagten gewirkt, daß die Fahrbahnblockierung 5 mal stattfand und die Räumung 4 mal zwangsweise durchgeführt werden mußte.
Dagegen hat zu ihren Gunsten gesprochen, daß sie bisher nicht vorbestraft gewesen sind. Auch hat es ihre Schuld in einem milderen Licht erscheinen lassen, daß sie aus Sorge um das Gemeinwohl, welches sie durch die Aufstellung der Lance-Rakten gefährdet sahen, handelten; sie wollten die Öffentlichkeit durch die Blockadeaktion vor den Gefahren einer atomaren Aufrüstung warnen; die Blockadeaktion war von ihrer Sorge und Angst um eine lebenswerte und sichere Zukunft getragen, die nicht ständig von der Gefahr eines Krieges mit Atomwaffen überschattet sein soll; ihre Beweggründe waren durchweg altruistischer Art; sie wollten nicht nur zu ihrem eigenen Wohl,

- 19 -

sondern auch zum Wohl der gesamten Bevölkerung tätig werden. Weiterhin hat Berücksichtigung gefunden, daß die Tat schon über 5 Jahre zurückliegt und die Angeklagten auch in der Zwischenzeit keine weiteren Straftaten verübt haben.

Angesichts des sehr langen Zeitraums, welcher zwischen der Tat und der Aburteilung liegt, hat die Strafkammer eine Einstellung des Verfahrens gemäß § 153 a StPO für angebracht gehalten, sie hat nicht erfolgen können, weil die Staatsanwaltschaft die dazu erforderliche Zustimmung nicht erteilt hat.

Eine Verwarnung der Angeklagten unter Strafvorbehalt ist ausgeschlossen gewesen, weil es an der Voraussetzung des § 59 Abs. 1 Nr. 2 StGB gefehlt hat; denn eine Gesamtwürdigung der Tat und der Persönlichkeit der Täter hat keine besonderen Umstände ergeben, nach denen es angezeigt gewesen wäre, sie von der Verurteilung zu Strafe zu verschonen; hierbei handelt es sich um solche Umstände, die Tat- und Täterpersönlichkeit besonders deutlich günstig gegenüber Durchschnittsfällen abheben.

Die Vorstrafenlosigkeit der Angeklagten und die Begehung der Tat aus ihrer politischen Überzeugung, zum Wohle der Allgemeinheit tätig zu werden, reichen dazu nicht aus.

Unter Abwägung aller Tatsachen ist eine Geldstrafe in Höhe der Mindesttagessatzzahl angemessen gewesen (§ 46 StGB); wenn auch die Verfehlung nicht zu den leichtest denkbaren gehört hat, so hat aber doch der seit der Tatbegehung verstrichene lange Zeitraum, in dem die Angeklagten sich straffrei und sozial anerkannt geführt haben, nunmehr dieses Mindestmaß als richtig erscheinen lassen.

Die Höhe der Tagessätze ist den wirtschaftlichen Verhältnissen der Angeklagten angepaßt (§ 40 Abs. 2 StGB).

D. Die Kostenentscheidung folgt aus § 473 Abs. 1, Abs. 2 Satz 1, Abs. 4 StPO.

Die Strafkammer hat den Erfolg der von den Angeklagten eingelegten Berufungen, die im Schuldspruch zu keiner Änderung und im Strafausspruch zu einer beträchtlichen Ermäßigung geführt haben, mit 1/3 bewertet. Dementsprechend hat sie bezüglich dieser Berufungen die Gebühren um 1/3 ermäßigt sowie die entstandenen gerichtlichen und notwendigen Auslagen der Angeklagten in Höhe von 1/3 der Staatskasse auferlegt, während den Angeklagten die übrigen gerichtlichen und eigenen notwendigen Auslagen zur Last fallen. Dasselbe hat für die Gerichtsgebühr sowie die gerichtlichen und notwendigen Auslagen der Angeklagten im Revisionsverfahren gegolten. Die Staatskasse hat die durch die Berufung der Staatsanwaltschaft entstandenen Kosten und notwendigen Auslagen der Angeklagten zu tragen.

Freuer
Vorsitzender Richter am Landgericht

4 Ss 119/89
1 (2) Ns 27, 28, 29
30/85 LG Tübingen

Oberlandesgericht Stuttgart

Beschluß

In der Strafsache gegen

1. W. B., [...]

2. T. M., [...]

3. G. B., [...]

- 2 -

4. E. M., [...]

wegen gemeinschaftlicher Nötigung,

Der 4. Strafsenat hat auf Antrag der Generalstaatsanwaltschaft und nach Anhörung der Beschwerdeführer am 9. Mai 1989 einstimmig beschlossen:

Die Revisionen der Angeklagten gegen das Urteil des Landgerichts Tübingen vom 19. Oktober 1988 werden als unbegründet **verworfen**, weil die Nachprüfung des Urteils aufgrund der Revisionrechtfertigung keinen Rechtsfehler zum Nachteil der Angeklagten ergeben hat (§ 349 Abs. 2 StPO).

Jeder Beschwerdeführer trägt die Kosten seines Rechtsmittels.

Dr. Berroth	Steimle	Fischer
- Dr. Berroth -	- Steimle -	- Fischer -
Vors. Richter am OLG	Richterin am OLG	Richter am LG

Ausgefertigt:
Stuttgart, den 19. Mai 1989
Urkundsbeamtin der Geschäftsstele
des Oberlandesgerichts

ENTSCHEIDUNGEN DES BUNDESVERFASSUNGSGERICHTS

Herausgegeben von den Mitgliedern
des Bundesverfassungsgerichts

92. Band

1995 J. C. B. Mohr (Paul Siebeck) TÜBINGEN

Zitierweise: BVerfGE 92, 1 = 92. Band, Seite 1

Nr. 1
Die erweiternde Auslegung des Gewaltbegriffs in § 240 I StGB im Zusammenhang mit Sitzdemonstrationen verstößt gegen Art. 103 II GG.

Beschluß des Ersten Senats vom 10. Januar 1995
- 1 BvR 718, 719, 722, 723/89 -

in den Verfahren über die Verfassungsbeschwerden 1. des Herrn M [...], der Frau M. [...], der Frau B. [...], des Herrn B. [...].

ENTSCHEIDUNGSFORMEL:
Der Beschluß des Oberlandesgerichts Stuttgart vom 9. Mai 1989 - 4 Ss 119/89 -, das Urteil des Landgerichts Tübingen vom 19. Oktober 1988 - 1 (2) Ns 27, 28, 29 und 30/85 - und das Urteil des Oberlandesgerichts Stuttgart vom 23. Juni 1988 - 4 Ss 361/87 - verletzen Artikel 103 Absatz 2 des Grundgesetzes. Sie werden aufgehoben. Die Sache wird an das Oberlandesgericht zurückverwiesen.
Damit wird der Beschluß des Bundesgerichtshofs vom 5. Mai 1988 - 1 StR 5/88 - gegenstandslos.
Die Bundesrepublik Deutschland und das Land Baden-Württemberg haben den Beschwerdeführern ihre notwendigen Auslagen je zur Hälfte zu erstatten.

BVerfGE 92, 2

GRÜNDE:

A.

Die Beschwerdeführer sind wegen gemeinschaftlicher Nötigung, begangen durch Sitzdemonstrationen vor einer militärischen Einrichtung, verurteilt worden. Sie rügen die Verletzung von Art. 103 Abs. 2 GG, die Beschwerdeführer zu 3) und 4) zusätzlich die Verletzung des Rechts auf ein faires Verfahren aus Art. 20 Abs. 3 GG.

I.

Der Verurteilung liegt eine Blockadeaktion vor dem Sondermunitionslager der Bundeswehr in Großengstingen zugrunde, in dem atomare Kurzstreckenraketen des Typs Lance gelagert waren. Mit der Aktion sollte gegen die Stationierung der Raketen protestiert werden. Zugleich richtete sie sich gegen die beim Amtsgericht Münsingen laufenden Strafverfahren wegen anderer Blockadeaktionen.

Die Beschwerdeführer hatten aufgrund eines Zeitungsinserats mit der Überschrift „Wer blockiert mit?“ den Entschluß gefaßt, sich an der Aktion zu beteiligen. Beweggrund war ihre Besorgnis über die Gefahren einer atomaren Bewaffnung. Sie fuhren am 9. Mai 1983 gemeinsam nach Großengstingen, wo sie um 9.00 Uhr eintrafen und sich zu den übrigen Demonstranten gesellten, deren Zahl im Lauf des Tages zwischen 15 und 40 Personen schwankte.

Als sich zwischen 10.30 Uhr und 10.45 Uhr ein Fahrzeug der Bundeswehr mit Postsendungen näherte, setzten sich fünf Demonstranten auf die Fahrbahn. Hauptfeldwebel B. gab wenige Meter vor den Sitzenden den Befehl zum Anhalten und forderte sie auf, Durchfahrt zu gewähren. Als dies ohne Erfolg blieb, ordnete er an, umzukehren und in die Kaserne zurückzufahren. Währenddessen standen die Beschwerdeführer mit den übrigen Demonstranten am Straßenrand.

Auf Veranlassung der Polizeidirektion Reutlingen ordnete das Landratsamt fernmündlich die Auflösung der Versammlung und einen Platzverweis an. Die Polizei wurde mit der Vollstreckung beauftragt. Als um 12.15 Uhr Hauptfeldwebel B. mit einem Ver-

BVerfGE 92, 3

pflegungsfahrzeug eintraf und die Demonstranten erneut die Zufahrt blockierten, gab Polizeihauptkommissar Z. die Verfügung des Landratsamts bekannt und wies auf die Strafbarkeit des Verhaltens wegen Nötigung hin. Nachdem die Demonstranten der Aufforderung nicht gefolgt waren, ordnete er an, die Sitzenden wegzutragen. Das Fahrzeug konnte daraufhin in das Sondermunitionslager einfahren. Gegen 12.30 Uhr wiederholte sich der Vorgang, als das Fahrzeug das Munitionslager wieder verlassen wollte.
Als sich Hauptfeldwebel B. und der ihm unterstellte Soldat in Begleitung von Polizei um 17.15 Uhr erneut mit einem Verpflegungsfahrzeug näherten, setzten sich die Beschwerdeführer und eine weitere Person auf die Fahrbahn. Die übrigen Demonstranten standen am Straßenrand. Wie zuvor forderte Polizeihauptkommissar Z. die Sitzenden zur Räumung der Straße auf und ordnete dann an, sie wegzutragen. Gegen 17.30 Uhr konnten die Soldaten die Fahrt fortsetzen. Bei der Ausfahrt des Fahrzeugs um 17.40 Uhr setzten sich acht Demonstranten auf die Straße, während die Beschwerdeführer am Straßenrand standen. Die Fahrbahn wurde wiederum geräumt.

II.

1. Das Amtsgericht hat die Beschwerdeführer wegen des Vergehens der gemeinschaftlich begangenen Nötigung zu einer Geldstrafe von 15 Tagessätzen zu je 15 DM für die Beschwerdeführer zu 1), 3), 4) und zu 25 DM für die Beschwerdeführerin zu 2) verurteilt.
Die Beschwerdeführer hätten in bewußtem und gewolltem Zusammenwirken die Einfahrt eines Kraftfahrzeugs in das Sondermunitionslager für längere Zeit verhindert. Dadurch hätten sie Gewalt im Sinne des § 240 StGB angewandt. Von ihrem Sitzen sei unwiderstehlicher psychischer Zwang auf die Insassen des Fahrzeugs ausgegangen, so daß sich der Fahrzeugführer gezwungen gesehen habe, dem Fahrer den Befehl zum Anhalten zu geben.
Die Tat sei auch rechtswidrig. Die Anwendung der Gewalt zu dem angestrebten Zweck sei verwerflich. Zwar sei der Zweck, die Bevölkerung überzeugend und dringlich auf die Gefahr der atoma-

BVerfGE 92, 4

ren Rüstung hinzuweisen, achtenswert. Zur Verfolgung dieses Ziels sei aber nicht jedes Mittel erlaubt. Da die Beschwerdeführer es bewußt und gewollt darauf angelegt hätten, andere mit psychischem Zwang in ihrer Bewegungsfreiheit zu hindern, könnten sie sich nicht auf den Schutz der Meinungsfreiheit und der Versammlungsfreiheit berufen. Wenn es den Beschwerdeführern nicht gelungen sei, durch Meinungsäußerungen den gewünschten Erfolg zu erzielen, so rechtfertige dies nicht die Erregung von Aufmerksamkeit durch Straftaten. Rechtfertigungsgründe lägen nicht vor; insbesondere könnten sich die Beschwerdeführer nicht auf Art. 20 Abs. 4 GG berufen.

Bei der Strafzumessung hätten das positive Ziel und die achtenswerten Motive der Beschwerdeführer Berücksichtigung gefunden. Jedoch sei auch das Ausmaß der verschuldeten Behinderung gewürdigt worden.

2. Das Landgericht hat diese Entscheidung auf die Berufungen der Beschwerdeführer und der Staatsanwaltschaft aufgehoben und die Beschwerdeführer freigesprochen, weil ihre Blockade unter Würdigung der Gesamtumstände und der Fernziele nicht verwerflich gewesen sei.

3. Auf die Revision der Staatsanwaltschaft hat das Oberlandesgericht dem Bundesgerichtshof die Frage vorgelegt, ob die Fernziele von Straßenblockierern bei der Prüfung der Rechtswidrigkeit der Nötigung oder nur bei der Strafzumessung zu berücksichtigen seien (NStZ 1988, S. 129 f.).

Der Bundesgerichtshof hat die Vorlagefrage mit dem angegriffenen Beschluß (BGHSt 35, 270) wie folgt beantwortet:

> „Die Fernziele von Straßenblockierern sind nicht bei der Prüfung der Rechtswidrigkeit der Nötigung, sondern ausschließlich bei der Strafzumessung zu berücksichtigen."

Das Oberlandesgericht hat daraufhin den Freispruch des Landgerichts mit den Feststellungen aufgehoben und die Sache an eine andere Strafkammer des Landgerichts zurückverwiesen.

4. Nachdem die Staatsanwaltschaft die Zustimmung zur Einstellung des Verfahrens gemäß § 153 a StPO nicht erteilt hatte, hat das Landgericht im weiteren Berufungsverfahren das Urteil des Amtsge-

BVerfGE 92, 5

richts lediglich im Rechtsfolgenausspruch geändert und die Geldstrafe auf die Mindesttagessatzzahl von 5 Tagessätzen (§ 40 Abs. 1 StGB) reduziert sowie die Höhe der Tagessätze für die Beschwerdeführer zu 2), 3) und 4) auf je 15 DM und für den Beschwerdeführer zu 1) auf 50 DM festgesetzt.
Nach dem festgestellten Sachverhalt hätten sich die Beschwerdeführer einer mittäterschaftlich begangenen Nötigung gemäß §§ 240, 25 StGB schuldig gemacht.
Gegenstand der Verurteilung sei nicht nur der Vorfall, bei dem sich die Beschwerdeführer auf die Fahrbahn gesetzt hätten, sondern die gesamte Blockadeaktion, die für den ganzen Tag geplant gewesen und in einzelnen Sitzblockaden durch wechselnde Gruppen von fünf bis acht Demonstranten und unterstützendes Dabeistehen der übrigen Demonstranten am Straßenrand durchgeführt worden sei. Die Beschwerdeführer seien Mittäter, weil sie bewußt und gewollt ihren Beitrag zur gemeinschaftlichen Blockadeaktion durch unterstützendes Stehen am Straßenrand und durch das Sitzen auf der Fahrbahn geleistet hätten.
Unter Hinweis auf die Rechtsprechung des Bundesgerichtshofs (BGHSt 23, 46 (54) - Laepple) hat das Landgericht die Blockadeaktion als Anwendung von Gewalt im Sinne von § 240 Abs. 1 StGB gewertet. Dies stehe nach der Rechtsprechung des Bundesverfassungsgerichts (BVerfGE 73, 206*) nicht im Widerspruch zur Verfassung. Genötigte Person sei Hauptfeldwebel B., der an der einzigen Zufahrt zum Sondermunitionslager gezwungen gewesen sei, das Fahrzeug anhalten zu lassen, um das Überfahren der Sitzenden zu vermeiden. Die Blockade der Straße habe bei ihm eine seelische Tötungs- und Verletzungshemmung ausgelöst, aufgrund derer ihm keine andere Wahl geblieben sei. Eine solche Hemmung wirke sich ebenso aus wie körperlicher Zwang und sei diesem deshalb gleichzustellen. Daß die jeweiligen Fahrer nicht hätten festgestellt werden können, sei unschädlich, weil es sich um dienstliche Fahrten gehandelt habe und die Fahrer die Anordnungen ihres Vorgesetzten hätten befolgen müssen.
Die Anwendung der Gewalt zu dem angestrebten Zweck sei auch als verwerflich im Sinne des § 240 Abs. 2 StGB anzusehen; die

BVerfGE 92, 6

Blockadeaktion sei deshalb rechtswidrig gewesen. Im Rahmen der Gesamtwürdigung der das Verwerflichkeitsurteil begründenden Umstände seien die Fernziele der Beschwerdeführer nicht zu berücksichtigen. Das Verwerflichkeitsurteil ergebe sich aus folgenden Umständen: Die Blockadeaktion habe einen ganzen Tag gedauert. Hauptfeldwebel B. habe die Fahrt beim ersten Mal gar nicht und bei den vier weiteren Malen erst nach mehrminütiger „Warterei" und zwangsweiser Räumung der Fahrbahn fortsetzen können. Zur Räumung sei ein beträchtlicher Polizeiaufwand erforderlich gewesen; in keinem Fall seien die Blockierer von selbst aufgestanden. Der Hauptfeldwebel und seine Fahrer seien nicht die richtigen Adressaten des Protests gewesen, da sie keine Entscheidungsgewalt über die Stationierung der Lance-Raketen gehabt und die Soldaten des Lagers nur mit Post und Essen versorgt hätten. Die Teilnehmer der Sitzblockade hätten den Hauptfeldwebel und seine Fahrer bewußt als bloße Werkzeuge benutzt, um die Öffentlichkeit über ihre politische Auffassung zu unterrichten. Ein solches Verhalten stelle eine Mißachtung der Menschenwürde der betroffenen Soldaten dar, welche sittlich nicht zu billigen sei.
Die Beschwerdeführer könnten sich nicht auf Art. 5 und 8 GG berufen; schon der klare Wortlaut des Art. 8 GG bringe zum Ausdruck, daß dieses Grundrecht nicht zu unfriedlichem Verhalten gegen andere berechtige.
Das Landgericht hat die Fernziele der Beschwerdeführer im Rahmen der Strafzumessung gewürdigt und auf die Mindesttagessatzzahl erkannt.

5. Das Oberlandesgericht hat die Revision der Beschwerdeführer gemäß § 349 Abs. 2 StPO als unbegründet verworfen.

III.

Mit ihrer Verfassungsbeschwerde rügen die Beschwerdeführer einen Verstoß gegen Art. 103 Abs. 2 und Art. 20 Abs. 3 GG durch die angegriffenen Entscheidungen.
Die Verurteilung wegen Nötigung des Beifahrers stelle eine abermalige Ausweitung des Gewaltbegriffs in § 240 Abs. 1 StGB dar

BVerfGE 92, 7

und verstoße gegen das Analogieverbot aus Art. 103 Abs. 2 GG. Auch die vier das Urteil des Bundesverfassungsgerichts vom 11. November 1986 tragenden Richter seien zu der Feststellung gekommen, daß die Gewaltanwendung in der Form eines psychisch determinierten Prozesses die Grenze des noch mit dem Analogieverbot Vereinbaren darstelle. Dabei sei davon ausgegangen worden, daß der psychisch determinierte Prozeß als solcher strafrichterlich festgestellt werden müsse. Die Grenzen der schon extrem weiten Auslegung des Gewaltbegriffs würden aber gesprengt, wenn auch das Stehen am Straßenrand eine mittäterschaftlich begangene Gewaltanwendung begründe und wenn die Vermittlung nötigender Gewalt über eine Mittelsperson als selbständiges Nötigungsopfer erfolge, die als Beifahrer gar nicht die Entscheidung treffen könne, Menschen zu überfahren oder nicht. Die Mittelsperson habe sich deshalb nicht in der Situation des Nötigungsopfers befinden können, da der Fahrer ohnehin angehalten hätte. Ein innerer psychischer Zwang habe beim Beifahrer nicht bestehen können, da es überhaupt nicht in seiner Macht gestanden habe, den Befehl zum Weiterfahren zu geben.

Nach Auffassung der Beschwerdeführer zu 3) und 4) verletzen die angegriffenen Entscheidungen auch das Rechtsstaatsprinzip und das Recht auf ein faires Verfahren, weil der Fahrer nicht festgestellt worden sei. Es seien durchaus Fälle denkbar, in denen ein Sitzen auf der Straße nicht als Gewalt im Sinne des § 240 StGB gewertet werden müsse, weil der Fahrer freiwillig oder aus anderen Motiven angehalten habe, so daß die Zwangswirkung entfalle. Ginge man nicht von dieser Möglichkeit aus, sei eine Beweisaufnahme über die Zwangswirkung beim Opfer unsinnig und unzulässig, da es andernfalls genügen würde zu beweisen, daß Demonstranten auf einer Straße gesessen haben und daß ein Fahrzeug vor ihnen angehalten hat. Die angegriffenen Entscheidungen ließen schon das bloße Verursachen des Anhaltens ausreichen. Damit sei aber das Tatbestandsmerkmal „Gewalt" in § 240 Abs. 1 StGB in seiner Auslegung durch den Bundesgerichtshof (BGHSt 23, 46) nicht erfüllt. Da der Fahrer nicht festgestellt worden sei, habe nach dem Grundsatz „in dubio pro reo" ein Freispruch erfolgen müssen.

BVerfGE 92, 8

Der Beschluß des Bundesgerichtshofs verstoße gegen das Gebot des Bundesverfassungsgerichts zur verfassungskonformen Interpretation des § 240 StGB. Das Bundesverfassungsgericht habe festgestellt, daß ein verfassungsrechtlich erheblicher Fehler vorliege, wenn die Strafgerichte bei Sitzblockaden die Verwerflichkeit ungeprüft ließen und sich damit begnügten, die Gewaltanwendung als indiziell für die Verwerflichkeit zu beurteilen (BVerfGE 73, 206 (260*)). Der Bundesgerichtshof verschließe sich dem und stelle letztlich doch auf die Indizwirkung der Gewaltanwendung ab, indem er die Verwerflichkeitsklausel auf das Verbrechensmerkmal der allgemeinen Rechtswidrigkeit reduziere.
Soweit der Bundesgerichthof als Zweck im Sinne des § 240 Abs. 2 StGB ausschließlich das unmittelbar abgenötigte Verhalten ansehe und die Berücksichtigung von Fernzielen bei der Verwerflichkeitsprüfung ausschließe, sei sein Beschluß außerdem unvereinbar mit tragenden Erwägungen des Bundesverfassungsgerichts. Nach der Auffassung des 2. Strafsenats des Bundesgerichthofs (BGHSt 34, 71 (77)) stelle der Umstand, daß die verursachte Verkehrsbehinderung von vornherein bezweckt gewesen sei, nicht stets eine hinreichende Bedingung für das Verwerflichkeitsurteil dar. Dem habe das Bundesverfassungsgericht mit der Maßgabe zugestimmt, daß die Verwerflichkeitsklausel bei Sitzblockaden nicht nur herangezogen werden könne, sondern aus verfassungsrechtlichen Gründen herangezogen werden müsse (BVerfGE 73, 206 (256*)). Daraus folge, daß unter dem angestrebten Zweck im Sinne des § 240 Abs. 2 StGB nicht lediglich das abgenötigte Verhalten, also die Verkehrsbehinderung, verstanden werden könne.
Die konsequente Anwendung der gegenteiligen Auffassung des Bundesgerichtshofs führe zur Indizwirkung der Gewalt für die Rechtswidrigkeit im Sinne des § 240 Abs. 2 StGB. Wenn unter dem angestrebten Zweck nur das unmittelbar abgenötigte Verhalten, das heißt das Abbremsen des Fahrzeugs, verstanden werde, sei dieses immer als verwerflich anzusehen. Bei Annahme der Prämisse des Bundesgerichtshofs bliebe kein Gesichtspunkt übrig, der die Verwerflichkeit ausschließen könnte. Weder auf die Dauer der Blockade noch auf deren vorherige Ankündigung oder sonstige

BVerfGE 92, 9

denkbare Tatumstände käme es dann noch an. Das verfassungsrechtliche Erfordernis, alle Umstände bei der Verwerflichkeitsprüfung zu berücksichtigen, werde durch die Beschränkung des Merkmals „angestrebter Zweck" völlig entwertet.

IV.

Zu den Verfassungsbeschwerden haben der Bundesminister der Justiz namens der Bundesregierung, das Justizministerium Baden- Württemberg sowie die Strafsenate des Bundesgerichtshofs Stellung genommen.

1. Nach Auffassung des Bundesministers sind die Verfassungsbeschwerden nicht begründet. Die angegriffenen Entscheidungen würden den Maßstäben gerecht, die das Bundesverfassungsgericht im Urteil vom 11. November 1986 (BVerfGE 73, 206*) entwickelt habe.

Von Verfassungs wegen sei es nicht geboten, die Fernziele bei der Verwerflichkeitsprüfung zu berücksichtigen; dem Grundsatz der Verhältnismäßigkeit und dem Gebot schuldangemessenen Strafens werde auch Genüge getan, wenn dies bei der Strafzumessung geschehe. Es sei deshalb nicht zu beanstanden, daß die Strafgerichte es in Auslegung und Anwendung des einfachen Rechts abgelehnt hätten, die Fernziele bei der Verwerflichkeitsprüfung zu berücksichtigen.

Das Argument des Bundesgerichtshofs, die Struktur des Nötigungstatbestandes verbiete die Berücksichtigung von Fernzielen bei der Prüfung der Rechtswidrigkeit, sei nicht zu beanstanden; es finde seine Stütze im Aufbau der Strafnorm und in der Funktion der Verwerflichkeitsklausel in § 240 Abs. 2 StGB. Auch soweit der Bundesgerichtshof objektiv vorliegende Umstände für den Ausschluß der Verwerflichkeit verlange, könne er sich auf allgemeine rechtssystematische Gesichtspunkte berufen.

Die Wertung des Landgerichts, daß das Handeln der Beschwerdeführer verwerflich gewesen sei, lasse einen Verstoß gegen spezifisches Verfassungsrecht nicht erkennen.

Die angegriffenen Entscheidungen hielten auch dem Maßstab des

Art. 103 Abs. 2 GG stand, soweit die Beschwerdeführer wegen des Stehens am Straßenrand als Mittäter bei der Nötigung des Beifahrers verurteilt worden seien. Der mögliche Wortsinn des Gesetzes als äußerste Grenze zulässiger richterlicher Interpretation werde dadurch nicht überschritten. Die tatsächlichen Feststellungen seien ebenfalls verfassungsrechtlich nicht zu beanstanden.

2. Auch nach Auffassung des Justizministeriums Baden-Württemberg sind die Verfassungsbeschwerden nicht begründet.

Die angegriffenen Entscheidungen verstießen nicht gegen das Gebot der verfassungskonformen Auslegung des § 240 StGB in dem Sinne, daß die Bejahung nötigender Gewalt in den Fällen einer Erstreckung dieses Begriffs auf Sitzdemonstrationen nicht schon zugleich die Rechtswidrigkeit der Tat indiziere.

Nach der das Urteil des Bundesverfassungsgerichts vom 11. November 1986 tragenden Auffassung sei der Strafrichter von Verfassungs wegen nicht gehalten, die Fernziele der Demonstranten bei der Verwerflichkeitsprüfung zu berücksichtigen. Damit stehe die Auffassung des Bundesgerichtshofs in Einklang, daß die Fernziele ausschließlich bei der Strafzumessung zu berücksichtigen seien. Der Bundesgerichtshof habe mit dem Beschluß die ihm zukommende Aufgabe wahrgenommen, die Frage der strafrechtlichen Berücksichtigung der Fernziele von Demonstranten einer einfachrechtlichen Klärung zuzuführen. Genau diese Aufgabe habe das Bundesverfassungsgericht dem Bundesgerichtshof auferlegt. Die Rüge der Beschwerdeführer, der Bundesgerichtshof führe die vom Bundesverfassungsgericht untersagte Indizwirkung des Tatbestandsmerkmals der Gewalt für die Rechtswidrigkeit im Sinne des § 240 Abs. 2 StGB „durch die Hintertüre" wieder ein, sei unbegründet. Der Bundesgerichtshof gehe vielmehr davon aus, daß bei der Prüfung der Verwerflichkeit - von den Fernzielen abgesehen - alle Umstände des Einzelfalles zu berücksichtigen seien. Dementsprechend habe auch das Landgericht alle Umstände des Einzelfalls bei der Beurteilung der Verwerflichkeit berücksichtigt.

Soweit die Beschwerdeführer unter dem Gesichtspunkt des Art. 103 Abs. 2 GG rügten, daß der Beifahrer kein taugliches Nötigungsopfer sei, liege dem bereits eine fehlerhafte einfachrechtliche

BVerfGE 92, 11

Beurteilung des Sachverhalts zugrunde. Gegenstand der Verurteilung der Beschwerdeführer als Mittäter sei die gesamte Blockade vom 9. Mai 1983, bei der sowohl die zum Teil festgestellten Fahrer als auch der Beifahrer Nötigungsopfer gewesen seien. Die Feststellung des Landgerichts, daß das Blockieren der Straße auch beim Beifahrer eine seelische Tötungs- und Verletzungshemmung ausgelöst habe, aufgrund derer ihm keine andere Wahl geblieben sei, als das Fahrzeug stoppen zu lassen, sei verfassungsrechtlich nicht zu beanstanden. Diese Zwangswirkung habe sich ebenso ausgewirkt wie körperlicher Zwang und sei daher diesem gleichzustellen.

3. Der Präsident des Bundesgerichtshofs hat Äußerungen verschiedener Strafsenate übersandt. Der 2., 3. und 4. Strafsenat haben auf ihre einschlägigen Entscheidungen hingewiesen (BGHSt 23, 46 und 34, 71; 5, 245 und 32, 165 (181 f.); 18, 389 und 34, 238). Von einer Stellungnahme unter Berücksichtigung des Verfassungsrechts haben sie abgesehen. Der 4. Strafsenat hat ergänzend ausgeführt, es sei aus kriminalpolitischen Erwägungen bedenklich, daß bei der gegenwärtigen Strafverfolgungspraxis berechtigterweise der Eindruck entstanden sei, „Fernziele" würden nur bei bestimmten Sitzblockaden nicht berücksichtigt, während sie bei anderen Blockaden (z.B. bei Betriebsstillegungen oder wegen Belastungen des Fernverkehrs) zum Absehen von Strafverfolgung führten. Dies sei der Akzeptanz der Nötigungsrechtsprechung des Bundesgerichtshofs abträglich.

B.

Die Verfassungsbeschwerden sind begründet.

I.

Die angegriffenen Entscheidungen des Landgerichts und des Oberlandesgerichts verstoßen gegen Art. 103 Abs. 2 GG.

1. Die Bedeutung von Art. 103 Abs. 2 GG hat das Bundesverfassungsgericht bereits in mehreren Verfahren dargelegt (vgl. zuletzt BVerfGE 71, 108 (114* ff.); 73, 206 (234* ff.)).
Danach enthält diese Regelung nicht nur ein Rückwirkungsver-

BVerfGE 92, 12

bot für Strafvorschriften. Sie verpflichtet den Gesetzgeber vielmehr auch, die Voraussetzungen der Strafbarkeit so konkret zu umschreiben, daß Anwendungsbereich und Tragweite der Straftatbestände sich aus dem Wortlaut ergeben oder jedenfalls durch Auslegung ermitteln lassen. Diese Verpflichtung dient einem doppelten Zweck. Sie soll einerseits sicherstellen, daß die Normadressaten vorhersehen können, welches Verhalten verboten und mit Strafe bedroht ist. Sie soll andererseits gewährleisten, daß die Entscheidung über strafwürdiges Verhalten im voraus vom Gesetzgeber und nicht erst nachträglich von der vollziehenden oder der rechtsprechenden Gewalt gefällt wird. Insoweit enthält Art. 103 Abs. 2 GG einen strengen Gesetzesvorbehalt, der die Strafgerichte auf die Rechtsanwendung beschränkt.

Das schließt allerdings nicht eine Verwendung von Begriffen aus, die in besonderem Maß der Deutung durch den Richter bedürfen. Auch im Strafrecht steht der Gesetzgeber vor der Notwendigkeit, der Vielgestaltigkeit des Lebens Rechnung zu tragen. Ferner ist es wegen der Allgemeinheit und Abstraktheit von Strafnormen unvermeidlich, daß in Einzelfällen zweifelhaft sein kann, ob ein Verhalten noch unter den gesetzlichen Tatbestand fällt oder nicht. Jedenfalls im Regelfall muß der Normadressat aber anhand der gesetzlichen Vorschrift voraussehen können, ob ein Verhalten strafbar ist. In Grenzfällen ist auf diese Weise wenigstens das Risiko einer Bestrafung erkennbar.

Für die Rechtsprechung folgt aus dem Erfordernis gesetzlicher Bestimmtheit ein Verbot analoger oder gewohnheitsrechtlicher Strafbegründung. Dabei ist „Analogie" nicht im engeren technischen Sinn zu verstehen; ausgeschlossen ist vielmehr jede Rechtsanwendung, die über den Inhalt einer gesetzlichen Sanktionsnorm hinausgeht. Da Gegenstand der Auslegung gesetzlicher Bestimmungen immer nur der Gesetzestext sein kann, erweist dieser sich als maßgebendes Kriterium: Der mögliche Wortsinn des Gesetzes markiert die äußerste Grenze zulässiger richterlicher Interpretation. Da Art. 103 Abs. 2 GG die Vorhersehbarkeit der Strafandrohung für den Normadressaten garantieren will, ist die Grenze aus dessen Sicht zu bestimmen.

BVerfGE 92, 13

Der Gesetzgeber hat also zu entscheiden, ob und in welchem Umfang er ein bestimmtes Rechtsgut, dessen Schutz ihm wesentlich (und notwendig) erscheint, gerade mit den Mitteln des Strafrechts verteidigen will. Den Gerichten ist es verwehrt, seine Entscheidung zu korrigieren. Würde erst eine über den erkennbaren Wortsinn der Vorschrift hinausgehende Deutung zur Strafbarkeit eines Verhaltens führen, so müssen sie zum Freispruch gelangen. Dies gilt auch dann, wenn infolge des Bestimmtheitsgebots besonders gelagerte Einzelfälle aus dem Anwendungsbereich eines Strafgesetzes herausfallen, obwohl sie ähnlich strafwürdig erscheinen mögen wie das pönalisierte Verhalten. Es ist dann Sache des Gesetzgebers zu entscheiden, ob er die Strafbarkeitslücke bestehen lassen oder durch eine neue Regelung schließen will.

2. § 240 StGB ist hinsichtlich der - hier allein einschlägigen - Gewaltalternative mit Art. 103 Abs. 2 GG vereinbar.

a) Die Nötigungsvorschrift des § 240 StGB stellt nach herrschender Meinung Angriffe auf die Freiheit der Willensentschließung und der Willensbetätigung unter Strafe. Die Freiheit der Willensentschließung und noch mehr die der Willensbetätigung unterliegt allerdings vielfältigen gesellschaftlichen Zwängen, die keineswegs alle als Unrecht gelten oder gar strafwürdig erscheinen. Der Gesetzgeber hat daher die Strafbarkeit auf die Verwendung bestimmter Mittel beschränkt. In seiner ursprünglichen Fassung stellte § 240 StGB die Nötigung „durch Gewalt oder durch Bedrohung mit einem Verbrechen oder Vergehen" unter Strafe (vgl. zu Vorgeschichte und Änderungen des Gesetzestextes Fabricius, Die Formulierungsgeschichte des § 240 StGB, 1991). Durch die Strafrechtsangleichungsverordnung vom 29. Mai 1943 (RGBl. I S. 339) wurde der Drohungstatbestand unter Rückgriff auf Vorarbeiten der Weimarer Zeit ausgeweitet. Strafbar war danach die „Drohung mit einem empfindlichen Übel". Zur Begrenzung des so erweiterten Tatbestands wurde gleichzeitig ein neuer Absatz 2 eingefügt, demzufolge die Tat rechtswidrig war, „wenn die Anwendung der Gewalt oder die Zufügung des angedrohten Übels zu dem angestrebten Zweck dem gesunden Volksempfinden widerspricht". Dadurch sollte klargestellt werden, daß es weder auf die Rechtmäßigkeit

BVerfGE 92, 14

oder Rechtswidrigkeit des Nötigungsmittels oder des Nötigungszwecks für sich allein ankam, sondern auf die Unangemessenheit der Verbindung von Mittel und Zweck im konkreten Fall (vgl. Schäfer, LK, 10. Aufl. 1989, § 240 Rdnr. 1). Das Dritte Strafrechtsänderungsgesetz vom 4. August 1953 (BGBl. I S. 735) hielt an der Ausweitung der Drohungsalternative fest, stellte aber den Maßstab für die Beurteilung des Zweck-Mittel-Verhältnisses von „gesundem Volksempfinden" auf „Verwerflichkeit" um. Durch das Erste Gesetz zur Reform des Strafrechts vom 25. Juni 1969 (BGBl. I S. 645) wurden die angedrohten Strafen gemildert.

b) Das Bundesverfassungsgericht hat in seinem Urteil vom 11. November 1986 (BVerfGE 73, 206* - Mutlangen), das ebenfalls Sitzdemonstrationen vor militärischen Einrichtungen betraf, die aus Protest gegen die atomare Nachrüstung stattfanden, § 240 StGB für vereinbar mit Art. 103 Abs. 2 GG erklärt, und zwar sowohl hinsichtlich des Gewaltbegriffs in Absatz 1 als auch der Verwerflichkeitsklausel in Absatz 2 dieser Vorschrift (a.a.O., S. 236 bis 239). Darauf wird verwiesen. Ob daran auch bezüglich des Absatzes 2 in vollem Umfang festzuhalten ist, bedarf hier keiner Entscheidung.

3. Dagegen verstößt die Auslegung des Gewaltbegriffs in § 240 Abs. 1 StGB durch die Strafgerichte gegen Art. 103 Abs. 2 GG.

Im Unterschied zur Verfassungsmäßigkeit der Norm war die Verfassungsmäßigkeit der Auslegung in dem Urteil vom 11. November 1986 (BVerfGE 73, 206*) streitig geblieben. Während vier Richter keinen Grund zur verfassungsrechtlichen Beanstandung dieser Auslegung sahen (a.a.O., S. 242 bis 244), hielten die vier anderen Richter sie für unvereinbar mit dem Bestimmtheitsgrundsatz (a.a.O., S. 244 bis 247). Die Entscheidung in dem damaligen Verfahren beruhte unter diesen Umständen auf § 15 Abs. 3 Satz 3 BVerfGG. Die verfassungsrechtliche Frage selber ist jedoch unentschieden geblieben (vgl. BVerfGE 76, 211 (217)). Sie wird nunmehr im Sinn der Unvereinbarkeit beantwortet.

a) Den angegriffenen Entscheidungen liegt das Verständnis des

BVerfGE 92, 15

Gewaltbegriffs zugrunde, das sich in der höchstrichterlichen Rechtsprechung im Lauf der Zeit entwickelt hat. Diese Entwicklung ist durch die abnehmende Bedeutung der Entfaltung körperlicher Kraft auf seiten des Täters und die wachsende Bedeutung der bei dem Opfer eintretenden Zwangswirkung gekennzeichnet (vgl. Blei, JA 1970, S. 19, 77, 141; Schäfer, LK, a.a.O., Rdnr. 7). Anfangs war unter Gewalt allein eine physische Einwirkung des Täters auf das Opfer, die bei diesem als körperlicher Zwang wirkte, verstanden worden, während es sich bei der Drohung um psychische Einwirkungen handelte, die vom Opfer als seelischer Zwang empfunden wurden. Zwar hat die Rechtsprechung bis heute daran festgehalten, daß Gewalt im Sinn des Nötigungstatbestands nur beim Einsatz körperlicher Kraft vorliegt. Doch ist das Maß der aufgewandten Kraft, die für nötig gehalten wird, damit von Gewalt gesprochen werden kann, stetig verringert und das Erfordernis einer körperlichen Zwangswirkung beim Nötigungsopfer gänzlich aufgegeben worden.

Den heutigen Stand der Rechtsprechung markiert das Laepple- Urteil des Bundesgerichtshofs aus dem Jahr 1969 (BGHSt 23, 46 (54)). Danach setzt Gewalt im Sinn von § 240 Abs. 1 StGB nicht den „unmittelbaren Einsatz körperlicher Kräfte" voraus. Es genügt vielmehr, daß der Täter „nur mit geringem körperlichen Kraftaufwand einen psychisch determinierten Prozeß" beim Opfer in Lauf setzt. Für die Strafbarkeit kommt es dabei entscheidend auf das „Gewicht der ... psychischen Einwirkung" an. Diese Interpretation, die gewöhnlich als „Vergeistigung" oder „Entmaterialisierung" des Gewaltbegriffs bezeichnet wird, findet ihren Grund in dem Bestreben, die Willensfreiheit in wirksamer Weise auch gegenüber solchen strafwürdigen Einwirkungen zu schützen, die zwar sublimer, aber ähnlich wirksam wie körperlicher Kraftaufwand sind (vgl. BGHSt 1, 145 (147); 8, 102 (103); BVerfGE 73, 206 (242*)).

Diese Ausweitung des Gewaltbegriffs durch die Rechtsprechung ist sowohl in der strafrechtlichen als auch in der verfassungsrechtlichen Literatur umstritten (vgl. die umfassenden Nachweise in BVerfGE 73, 206 (232* f.)). Das Mutlangen-Urteil des Bundesverfassungsgerichts hat die erhoffte Klärung wegen der Stimmengleich-

BVerfGE 92, 16

heit im Senat nicht herbeigeführt. Die Ausführungen zum Gewaltbegriff haben vielmehr ihrerseits Kritik gefunden (vgl. etwa Bertuleit/Herkströter, KJ 1987, S. 331; Calliess, NStZ 1987, S. 209; Kühl, StV 1987, S. 122; Meurer/Bergmann, JR 1988, S. 49; Otto, NStZ 1987, S. 212; Prittwitz, JA 1987, S. 17; Schmitt Glaeser, BayVBl. 1988, S. 454; Starck, JZ 1987, S. 145; Tröndle, Rebmann-FS, 1989, S. 481; Zuck, MDR 1987, S. 636), die je nach Standpunkt die tragende oder die nichttragende Auffassung betrifft.

b) Bei einer erneuten Überprüfung ist das Bundesverfassungsgericht mit fünf zu drei Stimmen zu der Auffassung gelangt, daß die den angegriffenen Entscheidungen zugrundeliegende Auslegung des Gewaltbegriffs mit Art. 103 Abs. 2 GG unvereinbar ist.

Der Begriff der Gewalt, der im allgemeinen Sprachgebrauch mit unterschiedlicher Bedeutung verwendet wird, muß hier im Zusammenhang des Normgefüges verstanden werden. Der Gesetzgeber wollte in § 240 StGB nicht jede Zwangseinwirkung auf den Willen Dritter unter Strafe stellen. Andernfalls wären auch zahlreiche Verhaltensweisen, die im Sozialleben, etwa im Erziehungswesen, in der Arbeitswelt oder im Verkehrsbereich, teils erforderlich, teils unvermeidlich sind, der Strafdrohung unterfallen. Um das zu vermeiden, hat er sich nicht damit begnügt, das pönalisierte Verhalten als Nötigung zu einer Handlung, Duldung oder Unterlassung zu beschreiben, sondern die Strafbarkeit einer derartigen Handlung von der Wahl bestimmter Nötigungsmittel abhängig gemacht, nämlich Gewalt oder Drohung mit einem empfindlichen Übel. Eine Ausweitung der Mittel im Wege der Interpretation, etwa auf List oder Suggestion, scheidet nach einhelliger Auffassung in Judikatur und Literatur aus. Das gilt selbst dann, wenn diese Mittel eine ähnliche Wirkung auf das Nötigungsopfer haben wie die beiden im Gesetz pönalisierten.

Art. 103 Abs. 2 GG setzt aber nicht nur der Tatbestandsergänzung, sondern auch der tatbestandsausweitenden Interpretation Grenzen. Die Auslegung der Begriffe, mit denen der Gesetzgeber die pönalisierten Mittel bezeichnet hat, darf nicht dazu führen, daß die dadurch bewirkte Eingrenzung der Strafbarkeit im Ergebnis wieder aufgehoben wird.

BVerfGE 92, 17

Da die Ausübung von Zwang auf den Willen Dritter bereits im Begriff der Nötigung enthalten ist und die Benennung bestimmter Nötigungsmittel in § 240 Abs. 2 StGB die Funktion hat, innerhalb der Gesamtheit denkbarer Nötigungen die strafwürdigen einzugrenzen, kann die Gewalt nicht mit dem Zwang zusammenfallen, sondern muß über diesen hinausgehen. Deswegen verband sich mit dem Mittel der Gewalt im Unterschied zur Drohung von Anfang an die Vorstellung einer körperlichen Kraftentfaltung auf seiten des Täters. Zwangseinwirkungen, die nicht auf dem Einsatz körperlicher Kraft, sondern auf geistig- seelischem Einfluß beruhen, erfüllen unter Umständen die Tatbestandsalternative der Drohung, nicht jedoch die der Gewaltanwendung. An der Körperlichkeit als Gewaltmerkmal hat die Rechtsprechung seitdem zwar festgehalten, auf die Kraftentfaltung jedoch so weitgehend verzichtet, daß nunmehr bereits die körperliche Anwesenheit an einer Stelle, die ein anderer einnehmen oder passieren möchte, zur Erfüllung des Tatbestandsmerkmals der Gewalt genügt, falls der andere durch die Anwesenheit des Täters psychisch gehemmt wird, seinen Willen durchzusetzen.

Das Tatbestandsmerkmal der Gewalt wird dadurch in einer Weise entgrenzt, daß es die ihm vom Gesetzgeber zugedachte Funktion, unter den notwendigen, unvermeidlichen oder alltäglichen Zwangseinwirkungen auf die Willensfreiheit Dritter die strafwürdigen zu bestimmen, weitgehend verliert. Es bezieht zwangsläufig zahlreiche als sozialadäquat betrachtete Verhaltensweisen in den Tatbestand ein, deren Strafbarkeit erst durch das Korrektiv der Verwerflichkeitsklausel in § 240 Abs. 2 StGB ausgeschlossen wird. Der Bundesgerichtshof hat sich deshalb veranlaßt gesehen, der Ausweitung des Gewaltbegriffs dadurch zu begegnen, daß er auf das „Gewicht" der psychischen Einwirkung abgestellt hat. Damit wird die Eingrenzungsfunktion aber einem Begriff aufgebürdet, der noch weit unschärfer ist als der der Gewalt. An einer befriedigenden Klärung, wann eine psychische Einwirkung gewichtig ist, fehlt es daher auch. Der Verweis auf das Korrektiv der Verwerflichkeit ist deswegen nicht geeignet, die rechtsstaatlichen Bedenken zu zerstreuen, denen die Ausweitung des Gewaltbegriffs durch die Rechtsprechung begegnet.

BVerfGE 92, 18

Die Auslegung des Gewaltbegriffs in der höchstrichterlichen Rechtsprechung hat folglich gerade jene Wirkungen, die zu verhüten Art. 103 Abs. 2 GG bestimmt ist. Es läßt sich nicht mehr mit ausreichender Sicherheit vorhersehen, welches körperliche Verhalten, das andere psychisch an der Durchsetzung ihres Willens hindert, verboten sein soll und welches nicht. In demjenigen Bereich, in dem die Gewalt lediglich in körperlicher Anwesenheit besteht und die Zwangswirkung auf den Genötigten nur psychischer Natur ist, wird die Strafbarkeit nicht mehr vor der Tat generell und abstrakt vom Gesetzgeber, sondern nach der Tat im konkreten Fall vom Richter aufgrund seiner Überzeugung von der Strafwürdigkeit eines Tuns bestimmt. Das eröffnet beträchtliche Spielräume bei der Strafverfolgung von Nötigungen. Die unterschiedliche Behandlung von Blockadeaktionen aus Protest gegen die atomare Nachrüstung einerseits und solchen zum Protest gegen Werksstillegungen, Gebührenerhöhungen, Subventionskürzungen oder Verkehrsplanungen andererseits belegt dies. Darauf hat auch der 4. Strafsenat des Bundesgerichtshofs in seiner Stellungnahme aufmerksam gemacht.

Die Ungewißheit, die dem erweiterten Gewaltbegriff anhaftet, ist auch nicht durch ein im Lauf der Zeit gefestigtes Verständnis seiner Bedeutung entfallen, zumal der Bundesgerichtshof in anderen Bereichen wie dem der Vergewaltigung von einem erheblich engeren Gewaltbegriff ausgeht (vgl. BGH, NJW 1981, S. 2204). Wie die eben erwähnten Beispiele zeigen, ist aber selbst die Strafbarkeit von Blockadeaktionen als Nötigung höchst ungewiß geblieben. Auch die fortbestehenden Divergenzen in Judikatur und Literatur hinsichtlich der strafrechtlichen Würdigung von Sitzdemonstrationen der vorliegenden Art (vgl. Schäfer, LK, a.a.O., Rdnr. 21 bis 27; Otto, NStZ 1992, S. 568) zeigen, daß sich eine gefestigte Rechtsauffassung bisher nicht hat bilden können.

Die erforderliche Bestimmtheit ergibt sich auch nicht daraus, daß aufgrund der höchstrichterlichen Rechtsprechung zumindest das Risiko der Bestrafung erkennbar ist. Abgesehen von der Fragwürdigkeit dieses Arguments, demzufolge das Risiko der Bestrafung um so höher ist, je vager ein Straftatbestand formuliert wird, kann es bei der Bestimmtheitsprüfung jedenfalls nur in bezug auf die

BVerfGE 92, 19

Norm, nicht auch in bezug auf ihre Auslegung herangezogen werden. Das Bundesverfassungsgericht wollte mit dem Verweis auf die Erkennbarkeit des Risikos dem Umstand Rechnung tragen, daß der Gesetzgeber auch im Strafrecht vor der Notwendigkeit steht, die Vielgestaltigkeit des Lebens in generellen und abstrakten Normen einzufangen, und nur denjenigen Grad an tatbestandlicher Präzision aufbringen kann, den der Regelungsbereich zuläßt (vgl. BVerfGE 71, 108 (115*)). Insoweit hängt die verfassungsrechtlich verlangbare Bestimmtheit von der Möglichkeit der gesetzlichen Beschreibung des als strafwürdig angesehenen Verhaltens ab. Der Grundsatz kann aber nicht Auslegungen einer unvermeidlich vagen Strafnorm rechtfertigen, welche die Unbestimmtheit abermals erhöhen und sich damit noch weiter vom Ziel des Art. 103 Abs. 2 GG entfernen.

Schließlich läßt sich die Ausweitung des Gewaltbegriffs auch nicht damit rechtfertigen, daß andernfalls unerwünschte Strafbarkeitslücken aufträten. Selbst wenn es zutreffen sollte, daß das mit der weiten Auslegung der Norm erfaßte Verhalten ähnlich strafwürdig ist wie das ihr unzweifelhaft unterfallende, bleibt es Sache des Gesetzgebers, die Strafbarkeitslücke zu schließen (vgl. BVerfGE 71, 108 (116*) m.w.N.).

Die nunmehr notwendige Eingrenzung des Gewaltbegriffs in § 240 Abs. 1 StGB obliegt zuvörderst den Strafgerichten, nicht dem Bundesverfassungsgericht. Die Rechtswidrigkeit von Sitzdemonstrationen nach anderen Vorschriften bleibt von dieser Entscheidung unberührt.

II.

Mit dieser Entscheidung wird der angegriffene Beschluß des Bundesgerichtshofs, der sich nur zur Verwerflichkeit von Sitzdemonstrationen gemäß § 240 Abs. 2 StGB zu äußern hatte und ihre Tatbestandsmäßigkeit im Sinn von Absatz 1 dieser Vorschrift voraussetzte, gegenstandslos. Da mit der Aufhebung des ersten Revisionsurteils des Oberlandesgerichts das freisprechende Urteil des Landgerichts wiederhergestellt ist, bedarf auch die erstinstanzliche Verurteilung durch das Amtsgericht keiner verfassungsgerichtlichen Überprüfung mehr.

BVerfGE 92, 20

III.

Ob die angegriffenen Entscheidungen weitere verfassungsmäßige Rechte der Beschwerdeführer, namentlich den Grundsatz des fairen Verfahrens und das Grundrecht der Versammlungsfreiheit, verletzen, kann danach offen bleiben.

(gez.) Henschel Seidl Grimm
Söllner Kühling Seibert
Jaeger Haas

Abweichende Meinung der Richter Seidl und Söllner und der Richterin Haas zum Beschluß des Ersten Senats vom 10. Januar 1995
- 1 BvR 718, 719, 722, 723/89 -

Es verstößt nicht gegen Art. 103 Abs. 2 GG, daß die Strafgerichte im Ausgangsverfahren in der Sitzblockade eine mittels Gewalt im Sinne von § 240 Abs. 1 StGB begangene Nötigung gesehen haben.

1. Der Senat geht in der vorliegenden Entscheidung im Einklang mit seiner früheren Rechtsprechung (BVerfGE 73, 206 (233* f.)) davon aus, daß das Tatbestandsmerkmal der Gewalt in § 240 Abs. 1 StGB dem Bestimmtheitsgebot des Art. 103 Abs. 2 GG genügt (Abschnitt B I 2* der Gründe). Die Auslegung der Norm, um die es hier allein geht, wird durch Art. 103 Abs. 2 GG nach den hierzu vom Bundesverfassungsgericht entwickelten Grundsätzen dahin eingeschränkt, daß sie den möglichen Wortsinn der Norm - beurteilt aus der Sicht des Normadressaten - nicht überschreiten darf (vgl. BVerfGE 73, 206 (235* f.); 85, 69 (73*); ebenso Abschnitt B I 1* der Gründe der vorliegenden Entscheidung). Auch innerhalb des möglichen Wortsinns darf die Auslegung nicht weiter gehen, als es Zweck und Sinnzusammenhang der Norm zulassen (vgl. BVerfGE 57, 250 (262*)).
Nach diesem Maßstab ist - entgegen der Auffassung der Senatsmehrheit - die Auslegung des Gewaltbegriffs durch die Strafgerichte im Ausgangsverfahren nicht zu beanstanden.

BVerfGE 92, 21

a) Nach dem Zweck des § 240 StGB, der die Freiheit der Willensentschließung und der Willensbetätigung schützen will (vgl. BVerfGE 73, 206 (237*) m.w.N.), kann allerdings das Tatbestandsmerkmal der Gewalt grundsätzlich nur im Sinne einer physischen Einwirkung (vgl. zu dieser Komponente des Gewaltbegriffs etwa: Brockhaus Enzyklopädie, 19. Aufl., Stichwort Gewalt) verstanden werden, während übertragene Bedeutungen, die der Gewaltbegriff nach allgemeinem Sprachgebrauch ebenfalls umfaßt (vgl. BVerfGE 73, 206 (242* f.) m.w.N.), ausscheiden. Der Normzweck fordert aber keine weitere Eingrenzung innerhalb dieses engeren Gewaltbegriffs. Auch der mögliche Wortsinn des Tatbestandsmerkmals ist nicht überschritten, wenn unter Gewalt eine physische Einwirkung jedweder Art, durch die das Opfer zu einer Handlung, Duldung oder Unterlassung genötigt wird, verstanden wird.

Wenn die Nötigung auf eine Unterlassung gerichtet ist, kann die physische Einwirkung nach dem möglichen Wortsinn des Gewaltbegriffs auch in der Errichtung eines körperlichen Hindernisses bestehen, das der beabsichtigten Handlung - hier der Fortsetzung der Fahrt - entgegensteht. Auf das Ausmaß der aufgewendeten Kraft kommt es dabei nicht an. Ebenso ist es nach allgemeinem Sprachverständnis nicht entscheidend, ob eine unmittelbare Einwirkung auf den Körper des Opfers, etwa in Form einer Berührung, vorliegt. Daß ein aggressives Verhalten nicht erforderlich ist, ergibt sich im übrigen auch aus dem Normzusammenhang, weil der Gesetzgeber im Strafgesetzbuch zwischen Gewalt und Gewalttätigkeit ausdrücklich unterscheidet (vgl. § 113 Abs. 2 Nr. 2, §§ 124, 125 Abs. 1 StGB).

Schließlich kommt es für das Vorliegen von Gewalt nicht darauf an, ob dem Opfer eine Chance bleibt, sich gegen den Zwang erfolgreich zu wehren. Es ist kein Kriterium des Begriffs der Gewalt im Sinne von § 240 Abs. 1 StGB, daß diese unwiderstehlich sein muß (vgl. schon RGSt 13, 49 (51)). Ob Fälle auszuscheiden sind, in denen die physische Einwirkung so gering ist, daß sie vom Opfer überhaupt nicht als ernstzunehmendes Hindernis für seine Willensentschließung und - betätigung empfunden wird, kann hier dahingestellt bleiben.

BVerfGE 92, 22

b) Durch eine Sitzblockade auf der Fahrbahn wird der Weiterfahrt herannahender Fahrzeuge ein körperliches Hindernis entgegengestellt. Das Blockieren des Wegs mit dem Ziel, die Fahrzeuginsassen von der Weiterfahrt abzuhalten, ist danach eine Form der körperlichen, nicht der lediglich psychischen Einwirkung auf die Willensentschließung und -betätigung der Fahrzeuginsassen. Davon geht auch der Bundesgerichtshof in der sogenannten Laepple-Entscheidung (BGHSt 23, 46 (54)) aus, auf die sich die Strafgerichte im Ausgangsverfahren bei der Bejahung des Gewaltbegriffs ausdrücklich bezogen haben. Die Einwirkung steht und fällt mit der errichteten Blockade.
Die - auch - psychische Einwirkung folgt erst daraus, daß der genötigte Fahrzeuginsasse in Fällen, in denen er das körperliche Hindernis durch Überfahren der Blockierer überwinden könnte, davon absieht, weil er diese sonst verletzen oder gar töten würde. Dieser psychisch determinierte Prozeß ist zwar entscheidend für den Erfolg der Blockade. Er ändert aber nichts daran, daß durch die Blockade selbst ein körperliches Hindernis bereitet wird. Der mögliche Wortsinn des Gewaltbegriffs wird unter diesen Umständen auch nicht dadurch überschritten, daß bei der Beurteilung der Auswirkung des Zwangsmittels entscheidend auf den durch das Zwangsmittel ausgelösten psychischen Prozeß abgestellt wird. Nach überkommenem Verständnis ist der Gewaltbegriff ganz allgemein nicht auf Einwirkungen beschränkt, die die Willensbetätigung unmöglich machen (vis absoluta), sondern umfaßt auch körperliche Einwirkungen, die einen psychischen Prozeß in Lauf setzen (vis compulsiva; vgl. dazu RGSt 64, 113 (116)).

c) Mit diesem Verständnis des Gewaltbegriffs wird nicht außer acht gelassen, daß in § 240 Abs. 1 StGB nicht jegliche Zwangseinwirkung mit Strafe bedroht ist, sondern nur eine solche mittels Gewalt oder durch Drohung mit einem empfindlichen Übel. Auch die Grenzen zwischen Gewalt und Drohung werden nicht verwischt. Die Fälle, in denen der Willensbetätigung ein körperliches Hindernis entgegengestellt wird, erlauben nicht nur eine abgrenzbare Zuordnung zum Gewaltbegriff, sondern unterscheiden sich auch klar von den Fällen der Drohung, in denen die Willensent-

schließung oder -betätigung nicht gegenwärtig körperlich behindert wird, sondern ausschließlich psychisch durch Inaussichtstellen eines Übels (vgl. BVerfGE 73, 206 (237*)).
Diese Auslegung des Gewaltbegriffs führt schließlich nicht dazu, daß sozialadäquates Verhalten bestraft wird. Dies wird vielmehr hinreichend dadurch ausgeschlossen, daß die Bestrafung nach dem Tatbestand des § 240 Abs. 1 StGB von der Absicht des Täters abhängt und der Tatbestand im übrigen in der Verwerflichkeitsklausel des § 240 Abs. 2 StGB ein Korrektiv findet, das verhindert, auch solche Verhaltensweisen zu pönalisieren, für die die angedrohte Sanktion nach Art und Maß unverhältnismäßig wäre (vgl. BVerfGE 73, 206 (253*, 254 f.)).

2. Es bedarf keiner Prüfung, ob eine Bestrafung aufgrund einer Auslegung, die mit dem möglichen Wortsinn der Strafnorm und den sonstigen Auslegungskriterien in Einklang steht, dann gegen das Bestimmtheitsgebot des Art. 103 Abs. 2 GG verstoßen kann, wenn die Auslegung so fern liegt, daß der Täter mit ihr und damit auch mit seiner Bestrafung nicht zu rechnen brauchte; denn im Ausgangsfall war jedenfalls aufgrund der gefestigten Rechtsprechung zu § 240 StGB erkennbar, daß Sitzblockaden der vorliegenden Art nach dieser Vorschrift bestraft werden konnten.

a) Für die Beurteilung der Bestimmtheit einer Strafnorm ist anerkannt, daß auch die Verwendung von Begriffen, die eine sehr weite Auslegung zulassen und aus diesem Grunde nach Art. 103 Abs. 2 GG Bedenken begegnen könnten, dem verfassungsrechtlichen Bestimmtheitserfordernis genügen, wenn sie durch eine gefestigte Rechtsprechung eine Auslegung erfahren haben, die dem Normadressaten hinreichend verdeutlicht, was die Bestimmung strafrechtlich verbietet (vgl. BVerfGE 26, 41 (43); 45, 363 (372); 57, 250 (262*); 73, 206 (243*) m.w.N.). Gleiches muß gelten, wenn man die Frage, mit welcher Auslegung der Norm in Grenzbereichen zu rechnen ist, nicht im Rahmen der Bestimmtheit der Norm, sondern unter dem Gesichtspunkt der Voraussehbarkeit der Auslegung prüft.

b) Daß Sitzblockaden der vorliegenden Art (und allgemein das Hindern der Weiterfahrt eines Fahrzeugs durch körperliches Da-

BVerfGE 92, 24

zwischentreten oder -setzen) das Tatbestandsmerkmal der Gewalt im Sinne von § 240 Abs. 1 StGB erfüllen und zur Strafbarkeit nach dieser Vorschrift führen konnten, entsprach im Zeitpunkt der Tat einer gefestigten Rechtsprechung, die sich in einer über hundertjährigen Entwicklung herausgebildet hatte. Das Reichsgericht sah bereits im Jahre 1885 das Einsperren von Personen in einem Zimmer, um sie an der Fortschaffung von Ware zu hindern, als Gewalt im Sinne von § 240 StGB an (RGSt 13, 49 (51)). In einer Entscheidung aus dem Jahre 1911 sah es nicht nur nötigende Gewalt, sondern sogar Gewalttätigkeit in einem Fall für gegeben an, in dem eine Menschenmenge einem Leichenzug den Weg versperrte, um die Beerdigung eines Selbstmörders in geweihter Erde zu verhindern (RGSt 45, 153 (156 f.)). In der Folgezeit entschied es, daß Gewaltanwendung vorliege, wenn der Täter durch Entgegentreten einem Fuhrwerk den Weg versperrt und den Fuhrwerkslenker dadurch zum Anhalten zwingt (RG, DJZ 1923, S. 371). Ebenso sah es Gewaltanwendung in einem Fall als gegeben an, in dem der Täter einer Radfahrerin den Weg mit seinem eigenen Fahrrad versperrte, um sie zum Absteigen zu zwingen (RG, HRR 1942, Nr. 193).

In der Zeit nach dem Zweiten Weltkrieg wurde diese Rechtsprechung vom Bundesgerichtshof (BGHSt 18, 389 (390): Verhinderung des Überholtwerdens durch Linksausscheren; BGHSt 23, 47 (54): Blockieren des Straßenbahnverkehrs durch auf dem Gleiskörper stehende oder sitzende Studenten) und von den Revisionsgerichten der Länder (vgl. etwa BayObLGSt 1953, 145 (147): Nötigung eines Kraftfahrers zum Anhalten mittels Versperren des Wegs durch Dazwischentreten; BayObLGSt 1963, 17 (20): Verhinderung der Einfahrt in eine Parklücke durch eine dort stehende Frau, die die Lücke für ihren Ehemann freihalten wollte; BayObLGSt 1970, 71 (72): Aufstellen des Täters vor einem Pkw, um den Fahrer an der Weiterfahrt zu hindern; OLG Karlsruhe, NJW 1974, S. 2144 (2147): Blockieren des Straßenbahnverkehrs) fortgesetzt.

c) Nach dieser Rechtsprechung, die auch in der Kommentarliteratur unbeschadet gewisser Bedenken zustimmend referiert worden ist (vgl. BVerfGE 73, 206 (242*) m.w.N.), stand außer Zweifel, daß für die Beschwerdeführer im Tatzeitpunkt vorhersehbar war,

BVerfGE 92, 25

daß ihr Verhalten als Nötigung mittels Gewalt im Sinne von § 240 Abs. 1 StGB angesehen werden würde. Daß sich in der Literatur kritische Stimmen fanden, die eine engere Eingrenzung des Gewaltbegriffs befürworteten, ändert daran nichts. Ebensowenig wurde die Vorhersehbarkeit der Anwendung von § 240 Abs. 1 StGB auf Fälle der vorliegenden Art durch das in Abschnitt B I 3 b* der Gründe erwähnte Urteil des Bundesgerichtshofs vom 1. Juli 1981 (NJW 1981, S. 2204) beeinträchtigt. Die abweichende Beurteilung des Tatbestandsmerkmals der Gewalt in dieser Entscheidung bezog sich ausdrücklich nur auf den Tatbestand des § 177 StGB, in dem die Gewalt zu den dort genannten besonderen Nötigungszielen in Beziehung stehen muß, so daß nach Auffassung des Bundesgerichtshofs eine darauf ausgerichtete besondere Zwangssituation vorliegen muß. Die Rechtsprechung zum Gewaltbegriff in § 240 Abs. 1 StGB wurde in der Entscheidung dagegen nicht in Frage gestellt (BGH, a.a.O., S. 2205). Auch in der Stellungnahme des 4. Strafsenats des Bundesgerichtshofs im Verfassungsbeschwerdeverfahren, auf die sich die Senatsmehrheit beruft, ist dies nicht geschehen. Im übrigen haben auch die Revisionsgerichte der Länder die dargelegte Rechtsprechung zum Gewaltbegriff bis zur Gegenwart uneingeschränkt fortgeführt (vgl. etwa BayObLG, NJW 1988, S. 718; OLG Düsseldorf, StV 1987, S. 393 (394); KG, NJW 1985, S. 209 (211); OLG Köln, NJW 1986, S. 333 (335); OLG Koblenz, NJW 1988, S. 720; OLG Schleswig, referiert bei Lorenzen, SHA, 1987, S. 101 (102); OLG Stuttgart, NJW 1984, S. 1909 (1910); NJW 1989, S. 1620 (1621)).

(gez.) Seidl Söllner Haas

Bei Fragen zur Produktsicherheit wenden Sie sich bitte an:
If you have any questions regarding product safety,
please contact:

Walter de Gruyter GmbH
Genthiner Straße 13
10785 Berlin
productsafety@degruyterbrill.com